Histoire de la politesse

Frédéric Rouvillois

Histoire de la politesse de la Révolution à nos jours

Flammarion

Pour Ambroise,
Pour Manon, Charles, Bathilde,
Margot et Gabrielle,
Pour Éloi,
Afin qu'ils comprennent, un jour, pourquoi leurs parents leur ont appris les bonnes manières.

Chez le même éditeur

Ken Alder, *Mesurer le monde. L'incroyable histoire de l'invention du mètre.*

Götz Aly, *Comment Hitler a acheté les Allemands.*

Alessandro Barbero, *Waterloo.*

Alessandro Barbero, *Le Jour des barbares. Andrinople, 9 août 378.*

Olivier Chaline, *Le Règne de Louis XIV.*

Robert Gellately, *Avec Hitler. Les Allemands et leur Führer.*

Robert Gellately, *Les Entretiens de Nuremberg.*

Jean-Louis Halpérin, *Histoire des droits en Europe.*

Gilles Havard et Cécile Vidal, *Histoire de l'Amérique française.*

Julian Jackson, *La France sous l'Occupation, 1940-1944.*

Annie Jourdan, *La Révolution, une exception française ?*

Ian Kershaw, *Le Mythe Hitler. Image et réalité sous le IIIe Reich.*

Daniel Lefeuvre, *Chère Algérie. La France et sa colonie, 1930-1962.*

Daniel Lefeuvre, *Pour en finir avec la repentance coloniale.*

Jean-Pierre Moisset, *Histoire du catholicisme.*

Sylvie Thénault, *Histoire de la guerre d'indépendance algérienne.*

ISBN : 978-2-0821-0324-4

Introduction

La politesse vient de loin, mais elle revient en force. Depuis quelques années, la presse, les médias constatent son grand retour, alors que des émissions de télé-réalité sont consacrées au savoir-vivre, que des cours de civilité sont dispensés dans les écoles ou les centres socioculturels, que les ouvrages, les articles, les tests et les jeux se multiplient, et que la vente de manuels de bonnes manières, qui avait connu un fléchissement certain dans les années soixante-dix, paraît à nouveau en plein essor... De la droite à la gauche, la presse unanime a ainsi salué les initiatives du Premier ministre britannique Tony Blair, qui affirmait en 2003 vouloir déclarer la guerre à l'incivilité et qui, après sa troisième victoire aux élections législatives, insistait sur la nécessité de rétablir une « culture du respect » ; consensus inhabituel qui s'était déjà manifesté quelque temps plus tôt, lorsque le ministre français de l'Éducation nationale décidait d'en faire une priorité pour l'École, ou que le ministre des Transports organisait une « Journée annuelle de la courtoisie au volant ». Comme si le savoir-vivre était désormais trop nécessaire, et trop sérieux, pour qu'on puisse en ricaner, ou faire mine de le tenir pour dérisoire.

Car parallèlement à ces initiatives, une grande enquête d'opinion, réalisée entre mars et avril 1999, révélait que les bonnes manières sont jugées particulièrement importantes par 68 % des Français ; selon un autre sondage, réalisé en octobre 2003 pour *Mme Figaro*, ce chiffre frôlerait les 70 %, la politesse arrivant en seconde position lorsque l'on interroge les Français sur les valeurs qu'ils souhaitent transmettre à leurs enfants : chiffres saisissants lorsqu'on sait que cette opinion n'était partagée que par 53 % d'entre eux il y a quinze ans, et par seulement 21 % en 1981... Et il ne s'agit pas, en l'occurrence, d'un nouvel avatar de l'éternel conflit entre adultes et adolescents, puisque dans leur grande majorité, ces derniers semblent partager ces idées et ces principes : à en croire un sondage Sofres paru en novembre 2003, les comportements que les « jeunes » jugent presque unanimement inadmissibles (insultes à un professeur, 96 %, manque de respect à ses parents, 94 %) sont constitués par des atteintes aux règles de politesse, perçues par eux comme beaucoup plus graves que bon nombre de délits susceptibles de sanctions pénales (travail au noir, fraude aux examens, consommation de stupéfiants). L'incivilité à l'égard des « vieux » ou des autorités, que la « culture Mai-68 » désignait naguère encore comme un droit imprescriptible, comme la manifestation normale d'un désir légitime d'affranchissement et d'épanouissement individuel, tend de nos jours à être considérée (à nouveau) comme une faute impardonnable. Certes, ni les sondeurs ni les sondés ne précisent ce qu'ils entendent exactement par « politesse », « respect » ou « bonnes manières ». Mais cela n'empêche pas de constater qu'un renversement de tendance a bien eu lieu, suscitant un véritable retour à des valeurs qui pouvaient sembler définitivement perdues.

Or, sans s'interroger pour le moment sur ses raisons profondes, sur sa consistance et sur sa pérennité, il faut constater que s'il y a retour, c'est parce qu'il avait eu déclin : parce que le savoir-vivre a connu, au cours du temps, des changements, des mutations profondes. En clair, c'est parce que la politesse a une *histoire* : une histoire non linéaire, discontinue, avec des hauts et des bas, des temps forts – la Restauration, les dernières décennies du XIXe siècle, peut-être le début du XXIe siècle –, et des temps morts – la Révolution française, l'après Mai-68 –, des tournants – la monarchie de Juillet, la Première Guerre mondiale –, des allers et des retours...

Si l'on affine le propos, on s'aperçoit qu'il n'existe pas seulement une histoire générale de la politesse – celle que l'on vient d'évoquer –, mais aussi une histoire particulière, celle des modes et des usages, des formes, des règles, des rites du savoir-vivre qui, eux, sont l'objet de variations permanentes, parfois très rapides. C'est ainsi qu'au cours de l'âge d'or de la politesse bourgeoise que représente le XIXe siècle, certaines pratiques apparaissent (le fumoir, la réception à jour fixe, le baisemain), tandis que d'autres tendent à disparaître (la corbeille de mariage), à se simplifier, ou au contraire, à se compliquer et à s'alourdir (comme les règles relatives au deuil).

Parallèlement à cette histoire, il existe une géographie du savoir-vivre. « Sans la politesse, remarquait l'essayiste Alphonse Karr au milieu du XIXe siècle, on ne se réunirait que pour se battre. Il faut donc ou vivre seul, ou être poli [1]. » C'est pourquoi, d'une manière ou d'une autre, la politesse existe dans toutes les sociétés humaines, dans tous les pays. Cependant, chacun d'entre eux possède la sienne, plus ou moins singulière et distincte de celle de ses voisins : « Si un commis voyageur limousin me dit : *tchin, tchin*, en levant son verre, je lui demande gentiment : plaît-il ? », racontait plaisamment le romancier Jacques Perret. « Et si, ayant pris congé d'un garagiste picard, je l'entends me crier : *bye-bye* !, je reviens sur mes pas m'informer gentiment du sens de cette locution et montrer l'intérêt que je porte au patois de la région. Le savoir-vivre n'est pas encore tout à fait international, et nous ferons notre possible pour qu'il ne le devienne pas. Avec la conscience universelle, la démocratie planétaire et l'économie mondiale, nous avons largement de quoi étancher notre soif d'absolu, sans aller instituer une planification du coup de chapeau ni rationaliser le bouquet d'anniversaire comme le diamètre des pneumatiques. Les mille façons d'envoyer un coup de chapeau ou un bouquet d'anniversaire concourent à cette diversité qui rend la condition humaine à peu près supportable. »

Chacun son savoir-vivre : « Certains étrangers, nordiques entre autres, s'indignent de nous voir épuiser un œuf à la coque avec ces bouts de pain taillés en mouillette. C'est leur droit : bon usage au-delà, mauvais genre en deçà. » Au sein d'un même pays, on discernera aussi, parfois, des variations sensibles : toujours pince-sans-rire, Jacques Perret prétendait qu'il serait possible « d'établir une carte de France où les régions seraient distinguées selon le protocole des embrassades. On y verrait par exemple un trait pointillé : limite nord du triple baiser, comme pour la culture de la vigne[2] » ou la tuile romaine.

Cette géographie du savoir-vivre est d'abord une géographie historique, chaque région, chaque pays subissant au cours du temps l'influence plus ou moins marquée de certains de ses voisins, sans pour autant perdre tout à fait sa singularité. En France, il a ainsi toujours existé des différences notables entre le savoir-vivre parisien, écho direct puis héritier de la Cour, et une politesse provinciale plus rustique, plus traditionnelle, en perpétuel décalage par rapport à la capitale, qui en la matière a toujours donné le ton, sans que nul ne songe à lui disputer ce privilège. Au sein même de la capitale, on discernera longtemps des distinctions marquées : « Sous Charles X, sous Louis-Philippe encore, notait l'historien Jacques Boulenger, chaque quartier de Paris avait son aspect particulier, ses mœurs, ses habitants, son "monde" pour mieux dire, et ces "mondes" ne se confondaient point », séparés par « mille nuances de politesse, de toilette, de manière et de langage »[3]. Mais cela signifie simplement que dans la capitale, certains cercles dominants, généralement regroupés dans certains lieux déterminés (le faubourg Saint-Germain jusqu'en 1830, le quartier de la chaussée d'Antin et la Nouvelle Athènes dans les années 1830-1840), donnent le ton aux autres, et de là, l'imposent de proche en proche à l'ensemble de la ville, puis du pays. C'est de Paris, en effet, que viennent les modes, les usages, mais également leur contestation – comme à l'époque révolutionnaire, après 1918, ou encore, après Mai-68, dans le prolongement de la libération des mœurs.

En revanche, s'il est bien une géographie (historique) de la politesse, on peut affirmer qu'il n'y a pas de sociologie du savoir-vivre : ou plus exactement, que celle-ci n'existe plus après la Révolution française, qui marque à cet égard une césure radicale – une césure dont Balzac rend compte dans un article paru en mai 1830, « Des mots à la mode » : « Maintenant que nos mœurs tendent à tout niveler, maintenant que le commis à douze cents francs peut l'emporter sur un marquis par la grâce des manières [...], les nuances seules permettent aux gens comme il faut de se reconnaître au milieu de la foule[4]. » Même si la politesse n'est pas unanimement connue, même si ses préceptes ne sont pas respectés de façon identique dans tous les milieux, elle n'en est pas moins, désormais, la même pour tous.

S'il en est ainsi, si la politesse a effectivement une histoire, c'est en raison de sa nature propre. Celle-ci possède, dans le langage courant, toute une série de synonymes approximatifs : civilité, savoir-vivre, bonnes manières, bienséance, bon genre, etc. Autant de termes désignant une certaine façon d'être et d'agir en société, et, par extension, les usages qui déterminent comment il faut se comporter pour être considéré comme poli et bien élevé. C'est notamment à cette acception « normative », souvent négligée par les historiens des mœurs, que l'on s'intéressera ici : à ces règles de bienséance, codifiées dans des ouvrages spécialisés, traités ou manuels de savoir-vivre, qui prescrivent, dans tel ou tel cas, avec telle ou telle catégorie de personnes, tel type de comportements, en condamnant les autres comme incorrects, incivils et malséants. On s'intéressera à ces règles, même s'il va de soi que la manière dont les individus se comportaient effectivement fournira un décor, un arrière-plan auquel on se réfèrera en permanence – bien qu'on ne puisse le connaître que de façon assez approximative, notamment à travers les romans, les mémoires, les divers témoignages ou les souvenirs du temps. Ainsi, lorsque l'on étudiera les préceptes du savoir-vivre, ce sera pour constater que ceux-ci n'ont jamais été strictement suivis, même lors des époques les plus « à cheval » sur les convenances, même dans les strates les plus élevées de la société.

Une fois admis que la politesse est à la fois un certain type de comportement, et un ensemble de préceptes déterminant comment il faut se comporter, on comprend sans peine que ces derniers ne sont nullement équivalents. Certains d'entre eux, les plus fondamentaux, se confondant avec la morale, sont aussi universels et immuables que celle-ci ; les autres, en revanche, se bornent à décliner ces premiers principes, de façon plus ou moins complexe et raffinée, en fonction des structures sociales, politiques, économiques, religieuses ou idéologiques en vigueur, dans un lieu et à une époque donnée. Ces usages s'avèrent donc aussi variables que les grands principes sont stables – au point qu'on ne peut manquer de les rapprocher des modes, vestimentaires ou culturelles, avec lesquelles ils présentent, on le verra, d'incontestables similitudes : certains de ces usages disparaissant aussi vite qu'ils sont apparus, alors que d'autres, sans que l'on comprenne très bien pourquoi, survivent durablement.

Ainsi, alors même que la France est universellement réputée pour son savoir-vivre depuis le règne de Louis XIV, on constate que la plupart des règles en vigueur ont considérablement évolué au cours des trois derniers siècles : en fait, il serait fort difficile d'en découvrir une seule qui ait subsisté à l'identique. Car ces règles, ces usages sont toujours, dans une certaine mesure, le reflet, déformé mais reconnaissable, de la société qu'ils prétendent régir. Ils ne se limitent pas, bien sûr, à reproduire à l'identique ce qui s'y pratique – mais ils ne sauraient non plus l'ignorer tout à fait, ni manifester un décalage trop considérable par rapport aux comportements ordinaires, sous peine de rester inefficaces et de paraître ridicules – comme peuvent aujourd'hui nous sembler les manuels de civilité du temps de Louis XVIII ou du président Sadi Carnot. En ce sens, une histoire du savoir-vivre est aussi (ou plutôt, devrait être) une histoire générale de la société, chaque usage s'enracinant dans cette réalité changeante – l'histoire de la politesse permettant, en retour, d'envisager sous un angle singulier les vicissitudes de l'aventure humaine, ses triomphes et ses faux pas... En bref, tenter d'esquisser une telle histoire ne consiste pas à dresser un catalogue narquois des usages surannés et des obligations obsolètes, ni à entreprendre une variation nostalgique sur le thème du bon vieux temps, ni même à essayer de prouver en quoi la politesse décomplexée des modernes serait préférable à l'étiquette hypocrite des anciens : comme toute histoire digne de ce nom, elle a pour ambition d'éclairer, d'une certaine manière, la réalité contemporaine, pour nous permettre de comprendre un peu moins mal où sont nos racines, ce qui s'est passé et ce qui pourrait advenir...

Toutefois, pour qu'une telle histoire soit lisible, pour qu'elle soit compréhensible, il faut pouvoir dégager, de la masse grouillante des faits, les lignes de force auxquelles s'ordonnent les innombrables variations des règles et le foisonnement des pratiques. L'histoire de la politesse en France, de la Révolution à nos jours, pourrait se découper en quatre temps successifs. Le premier débute autour de 1789 par une crise d'une extrême virulence, au cours de laquelle les plus radicaux tenteront de faire disparaître la vieille civilité française, où ils voient le fruit empoisonné de cet Ancien Régime dont ils rêvent d'éradiquer jusqu'au moindre souvenir. Mais cette tentative se solde vite par un échec retentissant, initié par la chute de Robespierre en juillet 1794, et achevé avec l'arrivée au pouvoir de Bonaparte après le coup d'État de Brumaire an VIII (novembre 1799) : les années qui suivent seront marquées par la condamnation de cette « antipolitesse » jacobine et par la réaffirmation des règles du savoir-vivre classique, qui ne se remettra jamais tout à fait des coups subis durant ce bref moment révolutionnaire. Pourtant, malgré, mais sans doute aussi, grâce à ces débuts catastrophiques, le XIXe siècle au sens large – qui s'étend de 1800 à la Première Guerre mondiale – peut être considéré comme l'âge d'or de la politesse bourgeoise. Cette longue période n'est évidemment pas homogène : elle connaît des décrochages significatifs, en 1814, avec la Restauration, en 1830, avec la flambée de l'anglomanie, en 1850 avec les débuts de l'embourgeoisement des campagnes, dans les années 1890, avec la mode fin de siècle, etc. Pourtant, elle présente un certain nombre de traits caractéristiques : notamment, le fait que les règles du savoir-vivre vont tout à la fois se sophistiquer, – devenant en général de plus en plus complexes, exigeantes, rigides –, et se diffuser jusque dans des couches relativement modestes de la société.

Cette seconde période s'achève avec la Grande Guerre. Certes, il n'existe pas, en la matière – celle que prend pour objet l'historien des représentations, des mœurs et des comportements –, de césures nettes ni de frontières tranchées : c'est ainsi que bon nombre de règles de bienséance commencent à s'altérer plusieurs années avant la Grande Guerre – comme l'obligation faite aux femmes de ne pas fumer –, alors que d'autres subsisteront sans changements notables durant les décennies suivantes, et parfois jusqu'à nos jours. Toutefois, le premier conflit mondial n'en marque pas moins un tournant capital, en matière de savoir-vivre comme dans l'ordre politique, intellectuel, économique et social : tout se tient, du reste, et le déclin de la bienséance bourgeoise résulte en particulier de la remise en cause des conditions, notamment matérielles et psychologiques, qui avaient permis son essor tout au long du siècle précédent. Au cours de cette troisième période – le temps des ruptures, de 1914 à la Libération –, on assiste en effet à l'inversion du mouvement que l'on observait durant la période précédente, avec une irrésistible tendance à la simplification des usages et à la disparition de certains d'entre eux, ceux qui sont devenus impraticables ou qui paraissent illégitimes.

Enfin, avec le début des années 1950 s'ouvre l'ère des incertitudes, la nôtre : d'un côté, se poursuit le mouvement de déconstruction initié durant l'entre-deux-guerres, et le rétrécissement progressif des groupes sociaux respectueux des usages du savoir-vivre traditionnel ; mais, par ailleurs, semble aussi s'amorcer, notamment depuis les années 1990, une certaine prise de conscience de leur importance, ainsi que l'apparition de nouvelles bienséances, correspondant à des pratiques et à des activités naguère inconnues, inhabituelles ou inavouables.

Le flux et le reflux ? À une époque où un certain renouveau du savoir-vivre semble coexister avec une remise en cause radicale de ses principes et de son esprit, on jugera sur pièces de la pertinence de la métaphore – et en songeant au passé, on pourra s'interroger sur ce que pourrait être, dans nos sociétés post-modernes et mondialisées, l'avenir de la politesse.

I

La politesse en Révolution (1789-1800)

Pourquoi donc faire débuter une histoire de la politesse en France avec la Révolution ? Au premier abord, ce choix paraît un peu étrange, la courtoisie française étant réputée, et les Français, fréquemment décrits comme le peuple le plus poli d'Europe, dès la seconde moitié du XVIIe siècle : c'est l'époque où La Rochefoucauld proclame que « la bienséance est la moindre de toutes les lois, et la plus suivie », alors qu'Alceste, le misanthrope de Molière, reproche à ses contemporains d'être trop polis pour être honnêtes. Au cours des décennies suivantes, les ouvrages des premiers codificateurs du savoir-vivre classique, l'ambassadeur Antoine de Courtin, auteur du *Nouveau traité de la civilité qui se pratique en France parmi les honnestes gens* (1671), ou le très prolifique abbé Morvan de Bellegarde, sont traduits en allemand (1708), en espagnol (1743) ou en anglais (1765), Voltaire voyant dans cette diffusion de la politesse l'un des traits saillants du siècle de Louis XIV. « De tout temps, écrira au début de la Restauration l'auteur du *Manuel de l'homme de bon ton*, la politesse française a été citée comme le modèle de la grâce, de la galanterie et de la véritable obligeance[1]. »

Or, le contenu même de cette politesse, de cette bienséance, privée ou publique, semble assez stable : avant comme après la Révolution, les préceptes majeurs demeurent à peu près inchangés – une fois passé le gros de la tempête durant laquelle on va tenter, en vain, de les abolir. En apparence, le XIXe siècle et le début du XXe ne sont donc, en la matière, que le prolongement des siècles précédents. Mais en apparence seulement : car si les règles subsistent, le « système » où elles s'inscrivent, l'esprit qui les anime, leur logique propre se sont substantiellement transformés à la suite de la Révolution.

« Le jacobinisme, écrit Mme de Genlis dans ses *Mémoires* publiés en 1825, avait supprimé toute espèce de compliments en proscrivant toutes les bienséances[2]. » Venant d'une femme qui, au début du XIXe siècle, jouera un rôle stratégique dans le renouveau du savoir-vivre, la remarque n'est pas sans intérêt : mais elle importe surtout en ce qu'elle traduit la stupeur des contemporains de la Révolution, confrontés à une offensive inédite contre l'ensemble des anciens usages, et contre leur principe même. Car ce qui se produit alors ne se ramène pas simplement à des infractions, même massives et répétées, aux règles du savoir-vivre ; il s'agit de quelque chose de beaucoup plus fondamental.

Considérée de façon générale, comme l'ensemble plus ou moins cohérent des règles de bienséance et des sanctions qui les accompagnent, la politesse a pour but d'assurer un certain nombre de fonctions sociales précises : intégration (dans le groupe où elle est en vigueur), distinction (par rapport aux autres groupes, ou à ceux qui n'appartiennent pas au groupe), hiérarchisation (des individus au sein du groupe), régulation (des comportements dans le groupe, afin de prévenir ou de résoudre les conflits). Or, ces fonctions, qui tout à la fois justifient et conditionnent l'existence des règles de savoir-vivre, peuvent elles-mêmes faire l'objet d'une contestation. Par exemple, la hiérarchisation, qu'impliquent nécessairement de telles règles (puisqu'elles supposent la reconnaissance de différences, de préséances, de gradations, etc.), pourra se voir récusée au nom de l'égalité, de l'idéal démocratique ou de la fraternité entre les hommes. De même, l'idée d'une distinction – entre individus ou entre groupes – pourrait être combattue au nom d'une vision unanimiste, consensuelle ou totalitaire, de la société.

Ce type d'attitude ne relève donc en rien de la banale « impolitesse », qui consiste seulement à transgresser, sciemment ou non, telle ou telle règle particulière. Il paraît plutôt constitutif de ce que l'on appellera ici l'« antipolitesse » – dans la mesure où il s'attaque directement aux fondements mêmes de la politesse en vigueur, souvent qualifiée de fausse politesse, quitte d'ailleurs à les remplacer par d'autres, dans le but d'établir les bases d'une politesse nouvelle, parfois dite « véritable », par opposition à l'ancienne.

Sous une forme ou sous une autre, cette « antipolitesse » a toujours existé. Sous l'Ancien Régime, par exemple, on en rencontre une forme caractérisée, qui reproche aux règles de bienséance, non point leurs présupposés inégalitaires, mais leur caractère hypocrite, et mensonger. Une « antipolitesse » morale, en somme, souvent nourrie d'un christianisme rigoriste, et dont on trouve une illustration aussi fameuse que caricaturale dans le personnage d'Alceste, le Misanthrope de Molière. Dès la première scène de la pièce, Philinte, le galant homme, se fait violemment rabrouer par Alceste, qu'une gravure de l'époque dessinée par Boucher représente calé dans son fauteuil, l'air furieux, et détournant ostensiblement le regard :

> Je vous vois accabler un homme de caresses [...]
> Et quand je vous demande après quel est cet homme,
> À peine pouvez-vous dire comme il se nomme ;
> Votre chaleur pour lui tombe en vous séparant,
> Et vous me le traitez, à moi, d'indifférent.
> Morbleu ! c'est une chose indigne, lâche, infâme,
> De s'abaisser ainsi jusqu'à trahir son âme ;
> Et si, par un malheur, j'en avais fait autant,
> Je m'irais, de regret, pendre tout à l'instant.

Le simple fait de prodiguer des amabilités à un quasi-inconnu, estime Alceste, et de se plier ainsi aux préceptes du savoir-vivre, relève ni plus ni moins de l'infamie.

Posture caricaturale ? Certes : mais pour que Molière ait pris la peine de tourner ce discours en ridicule, il faut bien qu'il ait eu quelques partisans – lesquels pouvaient se réclamer aussi bien de l'austérité calviniste, ou du jansénisme en plein essor, que d'une interprétation rigide des enseignements de l'Église catholique. Telle est d'ailleurs la thématique centrale des *Réflexions chrétiennes* du jésuite Claude de La Colombière qui, au nom de la religion, s'attaque violemment au monde, aux mondanités, et même à ce qu'il appelle le « respect humain ». « Le monde, écrit-il, n'est qu'une dissimulation continuelle [...], une comédie perpétuelle. On prend un masque en y entrant. » D'où la conclusion, plutôt sombre : « Notre siècle qui se polit tous les jours, semble aussi se corrompre tous les jours de plus en plus, je ne sais s'il y eut jamais de temps où l'on eût plus de sujets de se retrancher entièrement de la vie civile. » « Il faut absolument rompre ce commerce, et se bannir de ces compagnies » : « Si vous suivez les maximes de Jésus-Christ, vous condamnez les manières du monde, vous foulez aux pieds ses idoles »[3].

Mais ces formes, morales ou religieuses, de l'antipolitesse n'ont eu, dans la France de Louis le Grand puis dans celle des Lumières, qu'une portée marginale. Il en va tout autrement de la forme politique, violemment égalitaire, qui va se manifester sous la Révolution française – avec la flambée la plus radicale, la plus systématique que la France ait connue.

I

Une offensive violente

« Les bonnes manières, déclarait à la fin du XVIIIe siècle le publiciste anglais Edmund Burke, sont plus importantes que les lois, et c'est d'elles que les lois dépendent en grande partie[1]. » À beaucoup d'égards, cette observation, qui résume la philosophie de l'Ancien Régime, éclaire en négatif les raisons, les finalités, mais aussi la virulence extrême de l'offensive révolutionnaire contre les bienséances.

La défaite des gens comme il faut

Si les révolutionnaires s'attaquent à la politesse telle qu'on la pratique à l'époque, c'est à la fois par opposition à l'Ancien Régime, et au nom des principes mêmes de la Révolution.

Pour reconstruire, il faut commencer par détruire. Si le système honni, si le « despotisme atroce » qu'ils viennent de renverser était effectivement fondé sur les « bonnes manières », on comprend mieux le mot de Saint-Just, déclarant avec le sérieux d'un prophète inspiré que « la grossièreté est une sorte de résistance à l'oppression », et précisant, sur le même ton : « Là où l'on censure les ridicules, on est corrompu, là où l'on censure les vices, on est vertueux. Le premier tient de la Monarchie, l'autre de la République[2]. »

Les révolutionnaires peuvent d'ailleurs, sur ce point, se réclamer de Rousseau aussi bien que de Montesquieu. Celui-ci affirmait au livre XIX de *L'Esprit des lois* que « l'époque de la politesse des Romains est la même que celle de l'établissement du pouvoir arbitraire. Le gouvernement absolu produit l'oisiveté, et l'oisiveté fait naître la politesse. Plus il y a de gens dans une nation qui ont besoin d'avoir des ménagements entre eux et de ne pas déplaire, plus il y a de politesse. » Au règne frelaté de l'oisiveté, de la courtisanerie et de la politesse, le vrai républicain opposera donc celui, plus austère, de la loi et des mœurs... C'est d'ailleurs grâce à la loi que l'on pourra imposer enfin les principes de la Révolution – avec lesquels la bienséance d'antan apparaît radicalement incompatible. Cette fausse politesse était « la perte du cœur » et « le fléau de l'union sociale »[3], explique ainsi Louis-Marin Henriquez dans ses *Principes de civilité républicaine, dédiés à l'enfance et à la jeunesse, sous les auspices de Jean-Jacques Rousseau.* L'invocation de Jean-Jacques ne relève pas du hasard : c'est d'abord chez lui que les révolutionnaires ont puisé cette thématique, qui constitue le cœur de l'un des textes les plus fameux du philosophe, son *Discours sur les sciences et les arts*, primé en 1750 par l'Académie de Dijon. La politesse, écrit-il alors, « cette douceur de caractère et cette urbanité de mœurs qui rendent [...] le commerce si liant et si facile », est peut-être à son apogée dans la France de Louis XV : « [...] c'est par elle, sans doute, que notre siècle et notre nation l'emporteront sur tous les temps et sur tous les peuples ». Mais il s'agit d'une qualité trompeuse : la politesse permet d'avoir « les apparences de toutes les vertus sans en avoir aucune », et de paraître bon alors qu'on est profondément mauvais : « avant que l'art eût façonné nos manières et appris à nos passions à parler un langage apprêté, nos mœurs étaient rustiques, mais naturelles ; et la différence des procédés annonçait, au premier coup d'œil, celle des caractères [...]. Aujourd'hui que des recherches plus subtiles et un goût plus fin ont réduit l'art de plaire en principes, il règne dans nos mœurs une vile et trompeuse uniformité [...] : sans cesse la politesse exige, la bienséance ordonne ; sans cesse on suit des usages, jamais son propre génie. On n'ose plus paraître ce qu'on est [...]. On ne saura donc jamais bien à qui l'on a affaire [...]. Quel cortège de vices n'accompagnera point cette incertitude ! Plus d'amitiés sincères ; plus de confiance fondée. Les soupçons, les ombrages, les craintes, la froideur, la réserve, la haine, la trahison, se cacheront sans cesse sous ce voile uniforme et perfide de la politesse »[4].

Quarante ans plus tard, c'est bien cela que lui reprochent les révolutionnaires : d'aller à l'encontre de l'égalité, de la fraternité et de la vertu, dont ils prétendent vouloir faire les fondements du nouveau régime et de l'humanité régénérée. La politesse contre l'égalité républicaine : tel est le complot que dénonce Hébert, le rédacteur du journal *Le Père Duchesne*, en rapportant les paroles d'un contre-révolutionnaire masqué : « Tous les gueux, que nous aurions faits mettre à genoux devant un écu nous parlent aujourd'hui le chapeau sur la tête. Il n'y a plus ni rangs ni distinctions ; le citoyen porteur d'eau et le citoyen banquier sont sur la même ligne, c'est au contraire un honneur de n'avoir ni sol ni maille, et on n'obtient aucune considération si l'on n'est pas ce qu'on appelle un véritable sans-culottes[5]. » Au fond, accusent les révolutionnaires, la politesse n'est qu'un moyen, criminel et dissimulé, de se distinguer, de se placer au-dessus des autres, et par contrecoup, de les humilier en les rabaissant. C'est d'ailleurs cette attitude qui, en avril 1794, provoque la colère de Robespierre, pourtant peu amateur de grossièretés gratuites. Au cours d'un débat au club des Jacobins, un homme d'origine modeste avait pris la parole pour dénoncer les dernières conspirations – on est alors au paroxysme de la Terreur, et les révolutionnaires voient des complots partout –, dans un langage si peu châtié qu'il suscite des murmures ironiques dans l'assistance. Indigné, Robespierre l'interrompt, puis se retourne vers les ricaneurs pour leur faire honte de leur attitude – leur révérence envers la politesse du langage, manifestement aristocratique, puisqu'elle s'avère, en l'occurrence, incompatible avec les idéaux d'égalité et de fraternité.

Incompatible, également, avec la « vertu républicaine ». Celle-ci, assure Henriquez, « crie à tous les Français, par la bouche de l'immortel Jean-Jacques Rousseau, Malheur à celui qui parle autrement qu'il ne pense[6] ». Cette idée se retrouve chez tous les révolutionnaires : la politesse, vertu des apparences, n'est qu'une apparence de vertu, un autre nom du mensonge, de la tromperie et de la duplicité. Tel est l'argument que développe l'auteur, anonyme, du *Secrétaire des républicains*, dans un modèle de lettre « sur la fausse politesse » : « Tous les jours [...] on trouve dans les sociétés des hommes polis ; ils ne sont pas ordinairement sincères. La politesse n'est, dans ces gens-là, que superficielle et toujours empruntée. Cette espèce d'individus que je me fais scrupule d'appeler des hommes, ne peuvent se soutenir longtemps. À peine les a-t-on suivis, que l'on connaît toute l'hypocrisie de leur fausse politesse [...]. Ces hommes (le nom m'échappe) sont les fléaux de la société. Crois-moi, mon cher ami, ne te laisse point séduire par leurs faux dehors[7]. »

À l'inverse, le vrai républicain se doit, dans un régime politique que Montesquieu disait fondé sur la vertu, de pratiquer à tout propos la franchise et de bannir résolument la dissimulation. « Nulle considération, nul intérêt, nulle crainte ne doivent abaisser l'âme d'un homme libre à trahir la vérité, sa patrie ou son devoir », souligne ainsi Gerlet, l'auteur de *Pensées républicaines pour tous les jours de l'année*, qui note dans le même mouvement que « la candeur [...] est la compagne de l'homme libre[8] ». En définitive, les motifs de l'offensive sont simples, comme le confirme solennellement Robespierre dans son grand *Discours sur les principes de morale politique*, prononcé à la Convention le 17 février 1794. Si le savoir-vivre d'Ancien Régime n'y est pas expressément cité, il apparaît de toute évidence du côté des ténèbres du passé, et semble même constituer, de façon implicite, un dénominateur commun à toutes les perversions, à tous les maux que le Jacobin se propose d'éradiquer : « Nous voulons, déclare-t-il alors, substituer dans notre pays la morale à l'égoïsme, la probité à l'honneur, les principes aux usages, les devoirs aux bienséances, l'empire de la raison à la tyrannie de la mode [...], la grandeur d'âme à la vanité [...], les bonnes gens à la bonne compagnie, le mérite à l'intrigue, le génie au bel esprit, la vérité à l'éclat [...], un peuple magnanime, puissant, heureux, à un peuple aimable, frivole et misérable, c'est-à-dire, toutes les vertus et tous les miracles de la République à tous les vices et les ridicules de la monarchie[9]. » Pour reprendre la formule d'un certain Rolin, agent secret du ministre de l'Intérieur sous la Terreur, la Révolution a pour but d'assurer la défaite des « gens comme il faut, et non comme ils devraient être[10] ».

Figures de l'anti-politesse

Historiquement, socialement, moralement, la politesse paraît intimement liée à l'Ancien Régime. C'est pourquoi les éléments les plus radicaux de la Révolution, qui peu à peu gagnent du terrain, s'approchent du pouvoir après le 10 août 1792, puis, l'emportant enfin après mai 1793 et l'élimination des Girondins, vont entreprendre d'en renverser les usages et les règles – tout en sanctionnant ceux qui, leur étant restés fidèles, apparaissent du coup politiquement suspects.

Étant donné ces objectifs, il n'est pas surprenant que cette offensive se manifeste en premier lieu dans les rapports sociaux – et en particulier, dans l'ordre du langage et de la parole. À cet égard, on peut mentionner, bien sûr, le goût prononcé de certains auteurs ou de certains journaux des premières années de la Révolution pour la grossièreté et la trivialité. Il s'agit pour eux de choquer ceux que l'on désigne avec mépris du nom d'« honnêtes gens », de « gens de bon ton », ou encore, de « gens comme il faut ». En les choquant, on prouve à peu de frais sa ferveur révolutionnaire. C'est ainsi qu'Hébert, le rédacteur du *Père Duchesne*, la feuille favorite des sans-culottes, émaille ses articles d'invraisemblables litanies de jurons et d'ordures, de « b... », de « f ... », de « J... F... », de « pelle au cul », de « Capet », dont il se prévaut comme d'un irrécusable brevet de civisme – ce qui ne l'empêchera pas, du reste, d'être arrêté pour complot et exécuté le 24 mars 1794. À l'inverse, Hébert, s'adressant à un modéré comme Camille Desmoulins, lui reproche de parler « le langage des muscadins [dont il partage] les sentiments autant que les manières ». Pour lui, tout se tient : les manières révèlent les sentiments, les idées, les convictions profondes, et celui qui se comporte ou qui parle comme un aristocrate, en est forcément très proche ; on doit donc l'avertir « qu'il frise de près la fatale cravate » [11]. En clair, il mérite la guillotine.

Cette grossièreté diluvienne explique en partie le succès d'Hébert et de son *Père Duchesne* auprès des milieux populaires, des sans-culottes et des soldats, mais aussi, observe un historien, « dans les boudoirs des grandes dames républicaines » où « l'on vit quelquefois le soucieux Sieyès se dérider en lisant les grandes colères ou les grandes joies du brutal sermonneur ». Elle n'en demeure pas moins assez artificielle – en privé, on rapporte qu'Hébert montrait « l'extérieur le plus agréable et les manières les plus élégantes » [12] –, et relativement marginale.

Au total, elle apparaît assez peu significative, en comparaison de certaines mesures apparemment moins spectaculaires : et l'on songe ici à l'interdiction du vouvoiement, ou de termes comme « Monsieur » ou « Madame », qui constitue le point fort de l'offensive révolutionnaire contre la politesse d'Ancien Régime, en même temps que « l'une des tentatives les plus célèbres et les plus hardies pour changer nos mœurs sociales et fonder chez nous la démocratie sur la fraternité [13] », comme le déclarait avec emphase l'historien socialiste Aulard.

La première attaque en règle contre ces expressions figure dans un article paru le 14 décembre 1790 dans *Le Mercure national.* La langue française, déclare l'auteur, un certain « C*** B***, Homme libre », doit être régénérée par la révolution, car : « Il ne suffit pas qu'une langue soit riche en mots, il faut encore [...] qu'avec de fausses idées, elle ne présente pas des images continuelles de servitude et d'abjection [14]. » Tel est le cas de la langue française, qui depuis l'époque féodale, serait devenue tout ensemble plus polie, et « moins vraie ». Cette corruption se manifeste d'abord, poursuit C*** B***, par « l'absurde et ridicule usage d'appeler [le supérieur] vous, au lieu de toi », manière de s'exprimer incontestablement « féodale » ; quoi de plus humiliant, en effet, que d'être tutoyé par quelqu'un qu'il faut vouvoyer ? Cette corruption du « jargon poli » se traduit, ensuite, par l'usage des termes Sieur, Monsieur ou Madame, qui attestent eux aussi du caractère inégalitaire des rapports sociaux. Or, cet état de la langue française est « l'une des principales causes de notre abrutissement et de notre asservissement ». Voilà pourquoi l'auteur propose « à tous les bons citoyens, à tous les amis de la liberté et de l'égalité », de sacrifier « promptement un usage de préjugé aux principes éternels de la vérité ». En rétablissant « la langue pure et simple de la nature », s'attendrit C*** B***, en prohibant le vouvoiement, en remplaçant les mots Monsieur, Madame par Citoyen ou Citoyenne et en appelant chacun par son patronyme, « bientôt, nous aurons recouvré nos véritables droits, et rétabli l'égalité ». Comme si les choses et les mots étaient si inextricablement liés les uns aux autres, qu'il suffirait de ne plus dire les premières, pour les faire disparaître.

L'offensive émane de « gens délicats et bien élevés [15] », et en particulier, d'une jeune aristocrate gagnée aux idéaux républicains, la fille d'un académicien, Mlle de Kéralio, dont Michelet insinue qu'elle-même ne respectait point le tutoiement qu'elle exigeait d'autrui [16]. Ce qui n'empêche pas la proposition du *Mercure national* d'avoir un écho immédiat auprès des clubs politiques, des Sociétés fraternelles et de la Mairie de Paris, où dès l'année suivante on substitue le terme de Citoyen à celui de Monsieur. Quant au tutoiement, il est imposé peu à peu sous la pression de la rue. Le 4 décembre 1792, un orateur ayant observé que « le mot *Vous* était contre le droit de l'égalité », l'assemblée générale des sans-culottes de Paris bannit ce « reste de féodalité », et exige le *Tu*, « comme le vrai mot digne des hommes libres [17] ». Au même moment, la Société populaire de Sceaux déclare que désormais, ses membres « se traiteront de frères, se tutoieront et s'appelleront par citoyens en abjurant solennellement le mot monsieur ».

La radicalisation de la Révolution va conforter cette tendance. Après l'élimination des Girondins, hostiles à de telles familiarités, les sans-culottes tentent même d'imposer légalement la prohibition du vouvoiement. Le 10 brumaire an II (20 octobre 1793), une députation des Sociétés populaires de Paris déclare à la Convention que « beaucoup de maux résultent encore de cet abus [qui] entretient la morgue des pervers et l'adulation ; sous le prétexte du respect, il éloigne les principes des vertus fraternelles ». La députation réclame donc une loi portant réforme de ces vices. Et comme cette règle paraît essentielle, ils réclament qu'elle soit strictement sanctionnée : il faut que les réfractaires au tutoiement soient déclarés suspects, comme « se prêtant par ce moyen à la morgue qui sert de prétexte à l'inégalité »[18]. C'est toujours la même idée : dis-moi comment tu parles, je te dirai qui tu es ; laisse-moi t'apprendre comment on doit parler, et tu deviendras quelqu'un d'autre : un vrai républicain.

Finalement, les sans-culottes ne seront pas suivis, pas plus que le député Basire, qui reprend leur proposition le 21 brumaire : mais celle-ci suscite chez les plus radicaux des révolutionnaires un réel enthousiasme, dont témoigne *La Parfaite Égalité, ou les Tu et Toi*[19], une comédie écrite par « le citoyen » Dorvigny, représentée pour la première fois le 23 décembre 1793.

Le principal personnage, Francœur, prend connaissance par le journal de la motion qui demande que « dorénavant chaque individu, en s'adressant à un autre, soit tenu de le tutoyer ». « Il y a bien longtemps que j'avais cette idée-là ! », s'exclame-t-il. « Mais puisque la voilà énoncée par un autre, je veux du moins être des premiers à la mettre en pratique ». Il commence par l'appliquer à ses domestiques et décide d'imposer l'usage le soir même, où doit avoir lieu le dîner de fiançailles de sa fille Adélaïde, et de son riche prétendant, Gourmé. On devine aisément la suite. Gourmé est un aristocrate à peine dissimulé, que le valet Nicolas appelle ironiquement « M. de la Politesse », et qui refuse absolument que des inférieurs le tutoient. Il entend, dit-il, se faire respecter ; à quoi Francœur rétorque : « Pour du respect... oh, c'est un mot rayé du dictionnaire des républicains ». Mais Gourmé s'entête, et au nom de la politesse – le mot revient sans cesse dans sa bouche –, se montre insupportable avec tout le monde : ce qui arrange les affaires d'Adélaïde, qui, bien entendu, en aime secrètement un autre, Félix, brave et vertueux républicain qui, très opportunément, revient le soir même du champ de bataille où il a reçu une glorieuse blessure.

Dans le vaudeville, le discours politique constitue donc un arrière-plan omniprésent : notamment lorsqu'il est question des effets de ces mesures, décrits sur un mode idyllique par la citoyenne Francœur : « Quel tableau ravissant m'a enchanté les yeux et le cœur ! Partout dans Paris je n'ai vu que des frères, des amis... Hommes, femmes, enfants, tout le monde se tutoie, s'embrasse ! Plus de fierté, plus de distinction. La morgue est bannie et l'Égalité triomphe. » La réconciliation universelle, ce vieux rêve utopique, est à portée de loi. « C'est, confirme son mari, une preuve du progrès que la raison fait parmi nous. » Quant à ceux qui vouvoient ou disent Monsieur, ceux qui se réclament de la politesse ou des bonnes manières, ce ne sont que des aristocrates, qui n'aiment ni la loi, ni l'égalité, ni la république, et qui sont « au moins bien suspects ». Cette comédie de propagande, on le voit, n'oublie rien : pas même le châtiment des pervers. À ce titre, elle aura droit à un éloge vibrant dans *Le Moniteur*, déclarant qu'il n'est pas de pièce « plus patriotique, et qui atteigne mieux le but où doit tendre tout ouvrage de ce genre, celui de développer parfaitement les décrets qu'on y célèbre, et d'en faire sentir l'esprit, d'en montrer tous les avantages, et de les faire aimer »[20].

Finalement, aucune loi ne sera adoptée. Mais au fond, celle-ci n'est déjà plus nécessaire : adopté par le tout puissant Comité de salut public, l'usage du tutoiement est désormais officieusement obligatoire, et sa pratique se généralise, dans la société comme dans les armées[21] ou au sein de l'administration. Quant aux contrevenants, s'ils évitent la peine capitale que leur destinaient les sans-culottes, ils n'échappent pas à toute sanction, loin de là. Le jour de la Noël 1793, au Procope, rue de l'Ancienne-Comédie, un garçon de café, peu au fait du récent triomphe de la Fraternité, a la fâcheuse idée de vouvoyer deux citoyens qu'il est en train de servir ; ceux-ci s'emportent, le conspuent, craignant peut-être qu'on les soupçonne de complicité : « Ils l'appelèrent esclave, rapporte un mouchard du ministère de l'Intérieur qui assiste à la scène, et l'injurièrent même de façon révoltante, d'autant que ce garçon [était] très vieux et qu'il s'excusa, en se reprenant du mot vous, en disant toi. Ils invectivèrent tout le café, en disant que le patriotisme les engageait à remettre les citoyens dans les bons principes. » Cette malencontreuse erreur, due à l'habitude ou à la fatigue, aurait pu se terminer fort mal pour le garçon étourdi, si ses accusateurs, étant sortis « des bornes honnêtes de tous bons républicains », n'avaient été engagés à sortir du café, « ce qu'ils firent avec bien de la peine »[22]. L'histoire ne nous dit pas si le concierge qui avait placé sur la porte de l'écrivain Guinguené une pancarte portant les mots : « Ici, on s'honore du titre de citoyen et on se tutoie. Ferme la porte s'il vous plaît[23] », eut autant de chance que le garçon du Procope.

En province, les choses vont parfois encore plus loin qu'à Paris. En témoigne une délibération prise le 24 brumaire an II (14 novembre 1793) par le comité révolutionnaire du département du Tarn, qui à elle seule résume toute l'affaire :

> Le Comité révolutionnaire,
> Considérant qu'il est de l'essence de son institution de contribuer de tout son pouvoir à l'anéantissement des abus du régime ancien [...] Considérant que les principes éternels de l'égalité ne peuvent pas souffrir qu'un citoyen dise *vous* à un autre citoyen qui lui répond par *toi* ;
> Considérant que le mot *vous* adressé à un particulier choque également les règles de la raison, du bon sens et même de la vérité rigoureuse, puisqu'un particulier n'est pas plusieurs ;
> Considérant enfin que le langage d'une nation régénérée ne doit plus être celui d'une nation esclave, mais qu'il doit être le signe et le garant de sa régénération.
> Arrête :
> Article 1er : Le mot *vous* dans les pronoms ou dans les verbes, quand il n'est plus question que d'un seul individu, est dès en ce moment

banni de la langue des Français libres et il sera dans toutes les occasions remplacé par le mot *tu* ou *toi*.
Article 2 : Dans tous les actes publics ou privés, le *tu* ou le *toi* sera scrupuleusement substitué au *vous* quand il s'agit d'un individu.
Article 3 : Le présent arrêté sera imprimé, affiché et envoyé aux sociétés populaires et aux autorités constituées du département du Tarn [24].

Au même moment, un interdit similaire frappe les termes *Monsieur* et *Madame*. Dès le 22 septembre 1792, le lendemain de l'abolition de la monarchie, Charlier proclame à la Convention que « lorsque la Révolution est complètement faite dans les choses, il faut la faire aussi dans les mots. Le titre de Citoyen doit seul se trouver dans tous les actes émanés de vous. Le mot *Monsieur* ou *Sieur*, dérivé de *Monseigneur*, ne doit plus être une qualification en usage » [25].

Certains, comme Brissot, vont jusqu'à se demander si le mot *Citoyen*, substitué à *Monsieur*, ne risque pas à son tour de réintroduire une « distinction », un nouveau genre de hiérarchie. Ne vaudrait-il pas mieux, à la romaine, ne faire précéder les noms d'aucun titre, quel qu'il soit ? « Si cette simplicité semble rudesse, si elle nous semble prématurée, ajournons-la ; mais ajournons aussi la République [26] ! »

On renonce néanmoins à suivre ce parti extrême : le terme de *Citoyen* est adopté, et se substitue à *Monsieur* jusque dans le répertoire dramatique : le 26 avril 1794, tous les directeurs de théâtre reçoivent l'ordre officiel de faire disparaître des pièces qu'ils font jouer mots et titres interdits, et de les remplacer par des termes « civiquement corrects ». Ils vont s'empresser de corriger les textes, y compris ceux d'auteurs anciens et prestigieux : dans *Le Misanthrope* de Molière, on retouche ces deux vers, qui définissaient l'homme mal poli :

Il tutoie en parlant ceux du plus haut étage
Et le nom de Monsieur chez lui est hors d'usage

Qui deviennent :

Le nom de citoyen est chez lui hors d'usage
Et d'être tutoyé lui paraît un outrage[27].

Et cette chasse aux mots interdits se poursuit partout, jusque dans les endroits les plus incongrus, comme les églises, les écoles ou les collèges : car « il ne s'agit pas, déclare Robespierre, de former des messieurs, mais des citoyens »[28].

Quant à ceux qui osent encore prononcer les termes anciens, ils apparaissent suspects, au même titre que ceux qui persistent à pratiquer le vouvoiement : c'est ainsi que le 24 janvier 1794 (5 pluviôse an II), le Comité révolutionnaire des Quinze-Vingt soupçonne un vieux marchand de bois, Jean-Baptiste Gentil, de tolérer chez lui l'usage des mots indicibles : « Il a toujours conservé un esprit de grandeur[29] », assurent ses accusateurs : c'est donc un mauvais citoyen, un contre-révolutionnaire en puissance, qu'il importe de châtier à la mesure de son crime. De même, en ventôse an II, un marchand de tabac âgé de 68 ans est épuré de la Société populaire du Bon Conseil, dont il avait été jusque-là un membre ponctuel et dévoué, pour avoir malencontreusement appelé « Monsieur » son président[30]... Dans la République idéale, expose alors Saint-Just, « on élève les enfants dans l'amour du silence et le mépris des rhéteurs. Ils sont formés au laconisme du langage[31] ». Effectivement, il y a des moments et des lieux où il vaut mieux savoir se taire.

Au-delà du langage, l'égalitarisme et l'obsession de la fraternité se manifestent dans tous les rapports sociaux : entre hommes et femmes, parents et enfants, entre amis, ou encore entre inférieurs et supérieurs.

La place des femmes dans la Révolution française est évidemment trop complexe pour pouvoir être évoquée en quelques lignes. Ce que l'on peut rappeler, c'est que les principales héroïnes de la Révolution, comme Olympe de Gouges ou Théroigne de Méricourt, revendiquent, par la parole et par l'action, une stricte égalité des sexes. Dans sa *Déclaration des droits de la femme* datée de 1791, Olympe proclame que « la Femme est libre et demeure égale à l'Homme en droits », que « le principe de toute souveraineté réside essentiellement dans la Nation, qui n'est que la réunion de la Femme et de l'Homme », et enfin, que si « la Femme a le droit de monter sur l'échafaud, elle doit avoir également celui de monter à la tribune »[32]. Quant à Théroigne de Méricourt, elle fonde en 1790 le club des Amis de la Loi, où les femmes comme les hommes ont le droit de vote, et reçoit en 1792 une couronne civique pour sa participation active à l'insurrection du 10 août. Plus de différences, plus de hiérarchies : la femme nouvelle n'entend plus se situer, avec l'homme, dans le rapport classique séduction/protection que le XVIIIe siècle avait porté à son paroxysme. D'où un renversement complet des codes en vigueur.

C'est ce qui ressort par exemple d'une anecdote rapportée par Henriquez, jacobin militant et auteur de manuels de bienséance républicaine, qui évoque dans l'un d'eux le cas d'une « ci-devant », depuis longtemps farouchement démocrate, qui décide de divorcer de son mari, un aristocrate émigré. En raison de sa fortune, elle commence par être suspectée. Par bonheur, un loyal sans-culotte, témoin de son civisme, plaide sa cause et obtient sa liberté. C'est ici que les choses se corsent. Relâchée, et remise en possession de ses biens, la femme « invita le sans-culotte à la venir voir » : c'est elle qui prend l'initiative. « Celui-ci ayant refusé plusieurs fois, se détermina à se rendre aux sollicitations de cette citoyenne, et alla chez elle avec un de ses amis ». Et la jeune femme de lui déclarer sa flamme : « Si je t'offrais une récompense pécuniaire, je t'offenserais ; je crois que je puis te prouver ma gratitude d'une manière plus digne de toi... Prends ma main, et partage, en m'épousant, les richesses que mon cœur met bien au-dessous du bonheur que j'aurais à te posséder »[33].

Désormais, en vertu de l'égalitarisme républicain, la femme qui le souhaite peut prendre en main son destin matrimonial, et adopter des comportements et des manières difficilement concevables sous l'empire des anciens usages. On retrouve une idée analogue dans les modèles de lettres de divorce – le divorce par consentement mutuel ayant été reconnu par la loi du 20 septembre 1792 – que propose au même moment le *Secrétaire des républicains* : « Nous nous sommes mariés sans être amants. Une telle union ne doit point durer dans un temps de liberté, dans ce temps qui durera toujours. Je crois ne pas t'être désagréable en te proposant le divorce. C'est le moyen de nous rendre réciproquement la liberté », écrit le mari. « Citoyen, répond l'épouse, j'accepte la proposition que tu me fais. »[34] Les choses semblent parfaitement simples : la politesse, les raffinements du siècle passé n'ont plus cours. Tout va-t-il donc pour le mieux ? En fait, explique Michelet, ceci n'était pas du goût de toutes les femmes : c'est même pour cette raison qu'elles furent, à l'en croire, « les principaux agents de la réaction. La négligence voulue du costume, l'adoption du langage et des habitudes populaires, le débraillé de l'époque » leur étaient insupportables. « Les femmes se jugeaient annulées : sous ce gouvernement farouche, elles n'eussent été qu'épouses et mères[35] » – alors que le siècle précédent les avait accoutumées à être bien autre chose...

Avec les rapports entre parents et enfants, on se trouve confronté à un autre cas de figure. D'un côté, en effet, certains des acteurs les plus durs de la Révolution, sans-culottes, enragés, etc., se laissent volontiers séduire par un discours utopique, à maints égards précurseur des totalitarismes à venir, qui implique un relâchement, sinon une rupture absolue des liens familiaux. Pour les plus radicaux d'entre eux, l'enfant appartient à la République, et non plus à ses parents, dès l'âge de cinq ans, voire dès sa naissance. Dans l'ordre social rendu conforme aux principes, expliquera ainsi, quelques décennies plus tard, celui qui est alors l'adjoint du communiste Babeuf, Buonarotti, « la patrie s'empare de l'individu naissant pour ne le quitter qu'à sa mort[36] ». Dans ce cas, l'amour fraternel se serait substitué au respect filial, et l'égalité à la hiérarchie.

Sans aller si loin, le relâchement des liens familiaux peut se traduire par une contestation de l'autorité paternelle – que l'opinion publique semble il est vrai avoir du mal à accepter. « On trouve étrange un arrêté de la Commune qui ne permet plus aux maîtres ni aux pères et mères de corriger leurs enfants d'aucune manière corporelle, ce qui, dit-on, est cause que les enfants deviennent très méchants[37]. » Car même ceux qui nourrissent de telles espérances, les situent dans un avenir lointain : en attendant, le respect dû aux parents doit subsister, même s'il s'exprime désormais sur un mode simplifié, désacralisé et rationalisé : « Nous ne sommes plus au temps du cérémonial », explique l'auteur du *Secrétaire des républicains*, qui rappelle qu'il faut désormais cesser d'envoyer à ses parents des vœux de bonne année, « cette lettre ridicule et bizarre » dont la politesse ancienne faisait une obligation : « Je ne crois pas, écrit ainsi un fils à son père, que tu sois fâché de ne plus [les] recevoir [...]. C'est un usage que le républicain doit annuler. Les bienfaits d'un père sont autrement [précieux] ; il n'y a point de jour marqué pour lui témoigner la reconnaissance qui, dans un fils, doit être continuelle... » Et le père d'opiner, en réponse : « Combien d'hypocrisie ! Que de faux baisers ! Il faut que le vice n'ait plus de subterfuges, et la vertu n'a plus besoin d'époque »[38].

Ce qui, dans ce manuel de correspondance républicaine, semble n'être qu'une recommandation, prend dans la vie quotidienne un tour parfois plus menaçant. Trois ans plus tard, la République proclamée, la célébration du Jour de l'an – le 12 nivôse – est interdite : « La mort à qui fera des visites ! » commentent les Goncourt, historiens aussi partiaux que perspicaces. « La mort à qui osera des compliments ! Et les gouvernants vont jusqu'à faire décacheter, ce jour-là, toutes les lettres à la poste, pour s'assurer si tous ont oublié le calendrier grégorien et les souhaits de bonne année »[39]. Plus que des historiens, les frères Goncourt sont des romanciers, et l'on sent qu'ils dramatisent à plaisir la situation. Pourtant, le fait est que ceux qui célèbrent le « Jour de l'an » sont désormais suspects, comme le note un agent secret du ministre de l'Intérieur dans un rapport du 31 décembre 1793 : « L'Ancien Régime n'est pas encore supprimé dans les cœurs. On voit partout à Paris les trois quarts des citoyens s'apprêter pour souhaiter une bonne année[40]. » Le lendemain, un autre mouchard, Rolin, confirme dans son rapport :

« Les anciens préjugés ont bien de la peine à disparaître. On a remarqué que, quoique l'année [républicaine] soit déjà au quart, beaucoup de citoyens ne la considèrent encore que commençant à ce jour. Les visites ont existé presque comme de coutume ; dans les rues mêmes on a entendu des citoyens se souhaiter une bonne année » – ce qui est un comble, et une information qui mérite bien d'être rapportée au ministre. « Il faut du temps, conclut Rolin, pour oublier des préjugés, des habitudes que nous avons contractés en naissant »[41].

Sous le signe de la fraternité, les rapports entre amis acquièrent, notamment chez Saint-Just, une valeur fondamentale, presque équivalente aux rapports matrimoniaux ou aux rapports de filiation. De cette conception fusionnelle de l'amitié résultent certaines pratiques, comme les « baisers de la fraternité[42] », ainsi que des principes nouveaux, en particulier, une franchise de tous les instants : « Les petites considérations sont le tombeau des grandes choses », déclare alors doctement Gerlet, qui explique que « c'est insulter ses amis que de les remercier de quelque chose »[43].

Sur tous les plans, « les mœurs », comme le dit Robespierre, doivent remplacer les usages, manifestations répréhensibles d'une politesse décidément suspecte, et d'un « bon genre » intrinsèquement aristocratique.

L'égalité semble, il est vrai, plus difficile à imposer dans les rapports hiérarchiques. Ici, l'antipolitesse révolutionnaire se ramène, à rebours des manières anciennes, à une tentative de neutralisation, de nivellement des différences.

Les plus fréquents, à l'époque, sont ceux qui unissent le maître de maison à ses domestiques. La question, on le verra plus loin, occupera longuement, au XIXe siècle, tous les auteurs de traités de savoir-vivre. Sous la Révolution, le parti pris est de nier le caractère fondamentalement inégalitaire de la relation : « Le domestique qui te sert, souligne Prévost dans sa *Véritable Civilité républicaine*, est semblable à toi. Le besoin, peut-être l'adversité, l'a forcé à te vendre ses services. Aies pour lui les soins qu'en pareil cas tu voudrais qu'on te donnât. Peut-être un jour seras-tu toi-même à sa place[44] ». Dans une note un peu gourmée, l'auteur du *Secrétaire des républicains* précise d'ailleurs que, dorénavant, « on appelle *hommes* ou *femmes de confiance* ceux que la fortune réduit à servir leurs égaux. Ce terme n'est pas insultant comme l'était celui de laquais ou domestique[45] ».

C'est cette même égalité que les sans-culottes parisiens, pointe ultime du radicalisme révolutionnaire, tentent alors d'imposer dans les armées : pas question d'y voir survivre la vieille étiquette et le protocole ancien, qui manifestent les mêmes inégalités, les mêmes différences que les règles de politesse. Le 25 novembre 1792, sur proposition de la section des Halles, l'assemblée de la Société fraternelle de l'Homme armé décrète n'admettre en la matière « aucune distinction que celles indispensables pour le commandement ». Rétablir les distinctions conduirait en effet à « détruire l'unité d'action du service et les principes d'égalité et de fraternité »[46]. Quant à Hébert, il laisse la parole à un simple soldat, qui s'interroge : pourquoi les généraux et les officiers « sont-ils couverts de galons d'or ? Des républicains doivent-ils se distinguer par de beaux habits ? Si nous sommes tous égaux, F..., il faut faire cesser l'aristocratie des habits et surtout dans l'armée[47] ! »

Si l'antipolitesse révolutionnaire se manifeste de façon éclatante dans les rapports sociaux, elle prétend régir aussi les comportements individuels, qu'il s'agisse des apparences ou des attitudes.

Ainsi, les premières ne sauraient-elles dissimuler la vérité ni altérer l'égalité. Tel est le principe qui domine, à cette époque, la philosophie de l'habillement. En la matière, la simplicité est devenue la règle. Le vêtement, et notamment le linge, note Prévost, doit être toujours propre, non par souci d'élégance, mais par hygiène, parce que sinon, « les sueurs le rongent [...], et il devient nuisible au corps ». Si chaque nation a ses modes, « il est plus digne de l'homme libre de n'en suivre aucune qui soit gênante ou fasse contracter au corps de fausses positions ».

Mais ce qui importe ici, derrière le vêtement, c'est l'idéologie, qui impose d'éviter les parures affectées : car « c'est de cette espèce de magie dont se servaient les tyrans pour nous en imposer ». Sans elle, « le bon sens n'aurait pas louvoyé pendant si longtemps, et la liberté n'eut pas été si tardive[48] ».

Potentiellement, le costume est lourd de signification, dans sa forme, sa couleur ou ses ornements. C'est pourquoi, dans la grande tradition de l'utopie, certains révolutionnaires rêvent d'imposer un habit uniforme aux enfants, et à terme, pourquoi pas, à tous les citoyens. « Français ! », écrit ainsi un médecin de Strasbourg, un certain docteur Faust, en conclusion d'une brochure au titre prometteur, *De quelques idées sur un vêtement uniforme et raisonné à l'usage des enfants*, « Français ! Votre constitution, votre liberté et votre bonheur reposent sur l'égalité. Ce n'est que lorsque vos enfants [...] seront habillés sans distinction d'un vêtement idéal, uniforme, libre et ouvert, décoré des couleurs saintes de la Nation et de la Patrie [...] que naîtra une égalité naturelle et véritable parmi vous ». Pour la couleur, c'est la rayure qui a la préférence du docteur Faust : « Je préférerais pour le coup d'œil et la propreté l'étoffe rayée à celle du bleu uni. On pourrait, pour plus grand agrément, y ajouter une raye rouge, pour avoir les trois couleurs nationales »[49].

Quant au reste, vu la puissance de séduction inhérente au costume, la méfiance est de rigueur. Certes, admet Prévost, une certaine élégance est permise, mais dans de très strictes limites, parce que, chez les Républicains, « le superflu des vêtements » est un vol fait à l'État, et le luxe, un crime contre la société[50].

En outre, le port de certains vêtements dans certains lieux ou à certains moments peut avoir des connotations explicitement politiques – et notamment, contre-révolutionnaires. La municipalité de Saint-Georges-La-Montagne, une petite ville du département de la Vienne, décrète ainsi que quiconque s'habillera les dimanches et fêtes de manière plus propre et plus soignée que les jours de travail, enfreignant par là même le nouveau découpage du temps imposé par le calendrier républicain, sera considéré comme suspect, et en cas de récidive, poursuivi comme tel [51]. En 1794, dans un bourg des Alpes-Maritimes, on verbalise un citoyen parce qu'il s'est montré, le jour du décadi, qui remplace le dimanche, affublé de ses habits de travaux ordinaires, vêtu avec une malpropreté jugée incompatible avec la bienséance républicaine. À l'inverse, à Châtillon-sur-Seine, un certain Huguenin, ferblantier de son état, est condamné à dix jours de prison pour avoir mis le dimanche « un bel habit de drap vert pomme, avec de beaux boutons de nacre ». « Ce n'est pas moi qui suis en prison, disait-il, c'est mon habit. [52] » Mais cette rigueur n'est pas toujours praticable, et à Paris, par exemple, note un mouchard en janvier puis en février 1794, « les spectacles se ressentent encore de l'ancien dimanche, l'affluence du peuple y est plus grande et la toilette plus soignée » – sans qu'il soit possible de sévir [53]...

Dans le même ordre d'idées, les manuels de civilité républicaine encouragent les citoyens à une certaine hygiène élémentaire. « Une propreté affectée devient ridicule, observe Prévost. C'est ce que les sans-culottes ont appelé très ingénieusement la propreté muscadine. Mais il ne faut pas non plus qu'un homme se néglige au point d'être sale et dégoûtant », ce qui pourrait nuire au rôle qu'il assume au sein de la cité. Ainsi, précise-t-il encore, on doit peigner ses cheveux, et « les laver même parfois » afin d'éviter, à force, la formation d'une « crasse épaisse » qui pourrait procurer... des maux de tête. De même, on doit garder la figure assez propre, pour éviter les boutons, et « parce qu'un visage couvert de crasse annonce un homme qui néglige son corps et [...] inquiète par les facultés vicieuses de son âme » [54]. Une propreté minimale est donc républicaine.

En revanche, parfums et maquillage, accessoires luxueux et narcissiques, sont jugés politiquement suspects. Dans *La Cité du soleil*, utopie communiste écrite au début du XVIIe siècle par l'Italien Campanella, on punit de mort, comme coupables de mensonge, celles qui se fardent le visage. Sous la Révolution, on ne va pas si loin, mais on réprouve ce genre de pratique, même après la fin de l'épisode robespierriste ; ainsi, le bon père de famille républicain mis en scène par Henriquez gourmande-t-il sa fille, trop maquillée pour être honnête : et son frère, le petit Prosper, de se moquer de sa sœurette : « Oh, la muscadine[55] ! » Quelques mois auparavant, en décembre 1793, un mouchard rapportait à ce propos une opinion qu'il semblait partager : « On désirerait que l'usage de la poudre, indigne des sans-culottes et des républicains, fût sévèrement proscrit dans toute l'étendue de la République[56]. » De fait, le contraste avec l'Ancien Régime est saisissant. Alors qu'il était naguère presque indécent d'aller dans le monde sans un copieux maquillage, un voyageur anglais, Twiss, visitant la capitale durant l'été 1792, avouait n'avoir plus vu « aucun visage peint, si ce n'est au théâtre[57] ».

Mais la modestie des apparences doit se traduire aussi dans les attitudes et les comportements. Et l'on remarque ici, une fois de plus, que les révolutionnaires ne prônent pas une disparition de la politesse, mais plutôt, son inversion : ils rêvent d'une civilité renouvelée, prenant le contre-pied des usages anciens, et caractérisée par deux traits, la décence et le sérieux.

Le XVIIIe siècle, on le sait, n'était pas d'une excessive pudibonderie. « La pudeur de la femme du XVIIIe siècle, écrivaient élégamment les Goncourt, ignorait bien des modesties acquises depuis par la pudeur de son sexe [...] Il y avait dans les mœurs une naïveté, une liberté, une certaine grossièreté ingénue qui en faisait, dans toutes les classes, assez bon marché. Comme la pudeur n'entrait point dans les agréments sociaux, on ne l'apprenait guère à la femme, et c'est à peine si on lui en laissait l'instinct. » Mariée, la femme « recevait au lit, à la toilette où elle s'habillait et où l'indécence était une grâce ». Quant à son époux, « s'il avait bien soupé, il donnait volontiers à ses amis le spectacle du sommeil et du réveil de sa femme ». « Modestie, bienséance, le XVIIIe siècle travaille à dispenser la femme de ces misères »[58].

La Révolution, au contraire, va s'empresser de les rétablir, développant un copieux discours sur ce thème[59] : « Si le peuple aime la vertu, la frugalité ; si l'effronterie disparaît des visages ;

si la pudeur rentre dans la Cité, je reconnais que vous aurez fait une révolution [60] ! », déclare ainsi Saint-Just dans son rapport du 23 ventôse an II – oubliant au passage les interminables poèmes pornographiques qu'il rédigeait trois ans plus tôt. Quant à l'auteur de *La Véritable Civilité républicaine*, Prévost, il souligne, après avoir fait l'éloge du bain, que par décence, il faut « éviter de le faire en public ». « Un jeune républicain, ajoute-t-il, doit fuir les endroits passagers [...]. Il serait à propos qu'il eût toujours sur lui une chemise [61]. » Et la règle vaut *a fortiori* pour le beau sexe, auquel la pudeur s'impose dorénavant comme une loi intangible. Pudeur du costume, des attitudes, du langage : chez les femmes, déclare le conventionnel Prieur (de la Côte-d'Or) à la tribune de l'Assemblée, « la décence embellit toutes les autres qualités », et chez elles, « les autres qualités, sans la décence, ne sont rien [62] ». C'est d'ailleurs après avoir été fessée en public par des Montagnardes qui l'accusaient de modération que Théroigne de Méricourt sombre dans la folie. Comme si la violence du geste alliée à l'indécence de la chose avait eu raison de la Minerve républicaine...

L'austérité républicaine se traduit enfin par l'exigence de retenue et de sérieux – qui, là encore, s'oppose à l'esprit de plaisanterie qui épiçait le comportement poli à la fin de l'Ancien Régime. Parmi les « bonnes mœurs à enseigner aux jeunes républicains », Prévost recommande en particulier de ne plaisanter jamais, et d'éviter l'ironie ou les bons mots. Il précise d'ailleurs qu'« il ne faut pas que l'homme libre se serve de sa voix avec cette prétention si ridicule dans les muscadins. L'homme ne doit pas parler avec affectation [...]. Parler haut est le propre de l'insolence et de l'orgueil ; parler avec modération, voilà ce qui convient à l'homme digne de la Liberté » [63]. Sur ce plan aussi, les préceptes de la civilité révolutionnaire sont assortis de sanctions parfois sévères : c'est ainsi qu'à Paris, le 17 septembre 1793, un certain Étienne Gide, négociant en horlogerie, est arrêté au motif qu'il parle souvent par ironie : d'où l'on déduira aisément qu'il se sent supérieur aux autres, et qu'il est un ennemi caché de ce qu'Hébert appelait la Sainte Égalité[64].

2

UN FEU DE PAILLE

L'attaque contre la politesse, on l'a vu, commence au moment où la Révolution se radicalise, fin 1790, s'accentue à l'été 1792, alors que les sans-culottes accèdent à la scène politique, et culmine sans doute au début de l'an II, dans les mois qui suivent la chute des Girondins. C'est alors que l'on fait les propositions les plus audacieuses, que l'on généralise le tutoiement et que l'on entreprend de sanctionner ceux qui, ne respectant pas la nouvelle bienséance démocratique, montrent par là qu'ils sont encore des hommes du passé, des amis de l'Ancien Régime. La montée en puissance de l'antipolitesse révolutionnaire suit donc exactement le processus de radicalisation.

Cependant, le mouvement s'essouffle rapidement. Il subit de plein fouet la chute des hébertistes et de l'extrême gauche de la révolution, éliminés par le Comité de salut public fin mars 1794, et le reflux consécutif du parti des sans-culottes. C'est à ce moment qu'un certain Bouin, dans un libelle intitulé *Réflexions sur les abus d'autorité que commet le comité révolutionnaire de la section du temple*, dénonce comme dangereux pour la révolution ceux qui la font « regarder comme nous ramenant à un état de grossièreté et de rusticité », notamment en rudoyant et en tutoyant les femmes, « à l'égard desquelles le tutoiement est à tous égards peu convenable, peu généreux et peu moral ». Arrive enfin la flèche du Parthe : « Sans doute, ce tutoiement est le langage de l'égalité, mais pourquoi l'employer à l'égard des femmes, qu'à tous autres égards nous nous refusons de regarder comme nos égales, puisque nous ne leur accordons pas les mêmes droits ? »[1]. En bref, les révolutionnaires se doivent d'être logiques avec eux-mêmes : l'égalitarisme dans les manières ne sera pas de mise tant qu'une stricte égalité politique n'aura pas été instaurée.

À la Convention, le 4 juin 1794, Prieur de la Côte-d'Or reconnaît qu'« il est sage, sans doute, d'avoir remis en honneur le tutoiement, qui n'avait été exclu du discours que par la servitude et qui n'y paraissait plus guère que pour outrager l'égalité ; mais la grossièreté du style et du caractère, qui se reproduit d'une manière si révoltante, est un autre excès : les charmes des affections douces sympathisent avec la mâle austérité de la démocratie ». On devine où il veut en venir : après avoir combattu la bienséance affectée de l'Ancien Régime, de « ceux que l'on nommait gens de bon ton et qui étaient presque tous l'opprobre des mœurs » – garde-toi à droite ! –, il s'agit de combattre l'impolitesse outrée des enragés et des hébertistes – garde-toi à gauche ! « Dans les commencements de la Révolution, précise Prieur, il pouvait être permis [...] d'employer quelquefois un langage très familier : mais la familiarité exclut-elle la décence ? » En tous cas, elle ne justifie en rien « cet usage grossier qui, sous le nom de jurement, ne présente jamais que les images du blasphème ou celles de l'obscénité », et ne peut ainsi que « souiller des bouches républicaines »[2]. Plus que jamais, la politesse représente un enjeu politique de tout premier ordre.

Charmes et sarcasmes du vous

Ce reflux de l'antipolitesse s'accélère après Thermidor et la chute de Robespierre – le fait de se moquer de la « civilité » jacobine devenant alors une façon de prendre parti, le moyen aussi d'exorciser le terrible souvenir de la Terreur, comme le montre une comédie montée le 27 avril 1795 (8 floréal an III) au théâtre de la Cité-Variétés, *L'Intérieur des comités révolutionnaires, ou les Aristides modernes*. Trois membres du comité révolutionnaire de

Dijon, Aristide, ancien chevalier d'industrie, Scévola, ex-garçon coiffeur, et Caton, jadis « laquais escroc » d'une courtisane, mettent en doute le civisme d'un de leurs collègues, le citoyen Dufour – seul honnête homme fourvoyé dans ce comité. À cet effet, ils interrogent Deschamps, le domestique de Dufour, qui, sans penser à mal, a la très mauvaise idée d'appeler son maître « M. Dufour ». « Que signifie cette expression ? M. Dufour ! », s'étrangle Caton ; et Aristide d'insinuer : « C'est que Dufour t'ordonne de l'appeler monsieur, n'est-ce pas ? Puis d'en déduire dans son procès-verbal : « Ce jourd'hui, au comité révolutionnaire de Dijon, est comparu Charles-François Deschamps, au service du citoyen Dufour [...] lequel nous a déclaré que ledit citoyen Dufour est un conspirateur forcené, qui cherche à rétablir l'Ancien Régime en exigeant des citoyens qui sont à son service qu'ils emploient des qualifications féodales et justement proscrites. » Mais Deschamps se récrie : il refuse de signer ce qu'on lui a fait dire – et la comédie continue : « Eh bien, citoyen, je viens vous prier... »

Aristide : Qu'est-ce que c'est que vous ?
Scévola : C'est encore son Dufour qui ne veut pas qu'on le tutoie. Écris, écris.

Et Aristide d'écrire que ledit Dufour est un ennemi prononcé de l'égalité ; qu'il regrette la distinction des ordres et le règne de la noblesse, en tolérant chez lui de vieilles locutions qui rappellent la servitude et l'esclavage.

Cette satire mordante, représentée quelques mois seulement après la chute de Robespierre, vaudra à son jeune auteur, Ducancel, un véritable triomphe, très significatif de l'état de l'opinion publique : la pièce sera jouée dans toute la France, et rééditée à plusieurs reprises, sous forme de livre, dans les années suivantes...

Bientôt, déplorait le ci-devant abbé Grégoire, « la société sera réinfectée de gens comme il faut [3] ». Bientôt, les anciens usages retrouveront droit de cité... Prédiction rapidement confirmée, notamment dans l'ordre du langage, avec le retour des termes interdits, comme Monsieur et Madame... Peu à peu, le mot Citoyen tend à paraître dérisoire et ridicule, et beaucoup ne l'emploient plus qu'à l'égard des subalternes, comme pour accentuer leur infériorité, ce qui a pour effet d'exaspérer les « patriotes »[4]. Hier sacré, le titre est devenu risible.

C'est dans ce contexte que l'on doit resituer les tentatives de résistance qui se manifestent notamment au sein du Conseil des Cinq-Cents, la chambre basse du Parlement instituée par la Constitution de 1795 ; en février 1798, le député breton Jean-René Gomaire propose d'adopter une loi visant à abolir l'usage des mots *Sieur* et *Monsieur* dans les lettres de change, où ils semblent réapparaître de plus en plus souvent ; le 16 avril, une Commission spéciale rend un premier rapport, qui renoue avec tous les poncifs de l'antipolitesse jacobine : « Certes, concède le rapporteur, Gerla, je ne veux pas bannir la politesse du commerce de la société : mais l'urbanité républicaine ne se compose pas des formules d'un régime esclave », comme Monsieur, qui signifie « maître », et implique donc des idées « incompatibles avec notre pacte social ». D'où la nécessité d'aller encore plus loin, et d'étendre la prohibition à « toutes sortes de relations sociales »[5]. Cette proposition sera adoptée à l'unanimité par le Conseil. Mais on ne s'arrête pas là.

Dans un second rapport, rendu le 22 juillet de la même année, Gerla déclare avec emphase qu'il faut songer aux sanctions ; et à ce propos, il dévoile le côté désespéré de l'entreprise. Il faut, écrit-il, sévir notamment contre l'usage verbal, l'usage quotidien de ces termes. Il le faut, à la fois parce que la majorité républicaine « attend la mesure pénale avec impatience », pour ne pas voir empirer le mal, et pour « propager » l'usage du titre de citoyen chez tous ceux qui « le dédaignent aujourd'hui »[6].

Faute d'une loi qui ne sera pas adoptée, le gouvernement républicain, qui tient à ses symboles, exige encore, en 1799, que les ouvreuses des théâtres parisiens disent « Citoyen » aux spectateurs, plutôt que « Monsieur »[7]. À cette époque, un commis de l'administration ou un agent public employant ce terme suspect est toujours passible de poursuites. Mais rien n'y fait : l'usage ancien revient irrésistiblement, restauration qui suscite du reste d'innombrables incidents, comme en 1795, lorsqu'un garçon limonadier est pris à partie par un boulanger qu'il a appelé « Citoyen ». Malgré les ordres, on ne se gêne plus, même en public, pour employer les mots interdits ou pour conspuer les titres obligés : un an à peine après la chute de Robespierre, l'auteur d'un pamphlet antijacobin n'hésite pas à introduire son libelle par cette phrase qui semble un pied de nez à l'égalitarisme austère : « J'ai reçu, Monsieur, la lettre infiniment polie que vous me faites l'honneur de m'adresser [8] »...

Comme le mot « citoyen », et pour les mêmes raisons, le tutoiement ne survivra pas longtemps à Thermidor. Le 13 mars 1795 (23 ventôse an II), au Café de Foy, une rixe éclate parce qu'un simple particulier a osé tutoyer un général [9]. À l'École normale, le 3 avril, le célèbre critique littéraire Laharpe, jacobin repenti, justifie d'ailleurs le retour aux formes anciennes en renversant les arguments avancés jadis en faveur du tutoiement : celui-ci, déclare-t-il alors, « est propre aux pays despotiques comme la Russie. La différence du vous et du toi est une source inépuisable de richesses qu'on peut appeler idiotiques, nationales. Le respect est une chose naturelle envers certains êtres ; il ne faut donc pas songer à en abolir le signe. Répandre la grossièreté dans le langage était un calcul des bandits [10] ». À la Convention, le tutoiement cesse d'être de rigueur à partir de juin 1795. Ainsi, même s'il reste obligatoire dans certaines institutions stratégiques ou symboliques, comme l'armée ou l'École polytechnique, on peut considérer qu'à cette date, l'antipolitesse révolutionnaire a perdu la partie.

C'est ce dont prend acte, avec un remarquable opportunisme, un personnage que l'on a déjà croisé au plus fort de la tourmente révolutionnaire, Henriquez, auteur, à l'époque, d'un manuel de civilité « à l'usage des jeunes sans-culottes », mais qui, le vent ayant tourné, réprouve désormais jusqu'à l'usage de ce « mot insignifiant que l'intrigue a forgé pour jeter la zizanie parmi les hommes [11] » – de même qu'il réclame, du reste, la « dépanthéonisation » de Marat, associé aux « forfaits des Jacobins » [12].

En fait, tous les conseils qu'il prodiguait naguère semblent s'être nuancés, et parfois inversés. Exemple caractéristique, la galanterie réapparaît au détour d'une phrase qui réhabilite aussi le vouvoiement : « Il ne devrait exister aucune différence à reprendre un homme ou femme, mais une politesse que la civilité ne rejette pas, permet que l'on s'y prenne avec plus de ménagements. On peut dire à un homme *Tu te trompes*, ou *Vous vous trompez*. On devrait de même le dire à une femme, mais on prend une tournure plus polie : *Je crois que vous êtes dans l'erreur ; on vous a mal instruite sur tel ou tel fait*. Voilà tout ce que tolère la véritable civilité. » Manière biaisée de dire que c'est désormais ce qu'exige la bienséance : le vouvoiement est à nouveau de rigueur avec les femmes, et facultatif sinon. « Si la civilité, reprend Henriquez, exige de la franchise, elle est ennemie de cette rudesse qui décèle un manque absolu d'éducation. » Elle est, précise encore un personnage mis en scène dans son ouvrage, « une vertu qui établit entre les hommes un commerce doux, honnête, qui prévient par des manières polies, sans fausseté comme sans affectation »[13].

Éloge de la mesure, goût de la nuance, sens de la modération ? Encore un effort, et les républicains seront revenus aux formes les plus classiques de la politesse – alors que quelques mois seulement se sont écoulés depuis la flambée de l'an II. Dans le grand discours qu'il prononce le 31 décembre 1794 pour l'ouverture du Lycée, Laharpe condamne solennellement les « brigands » et leur façon de parler, mélange de « jactance emphatique et de grossièreté triviale », « comme si la grossièreté et l'indécence étaient essentiellement républicaines[14] ». Dès 1796, on cesse d'ailleurs de faire paraître de nouveaux manuels de civilité républicaine : à croire que cette dernière n'a déjà plus cours, et que l'on veut en revenir aux classiques – avant que d'autres, comme la comtesse de Genlis, ne viennent prendre le relais...

Toutefois, il faut noter tout de même que si les interdits ont disparu avec le dogme de l'antipolitesse, et quoique les règles du savoir-vivre réapparaissent petit à petit, la pratique laissera longtemps à désirer.

D'une part, en effet, on va outrer, on va exagérer la politesse – par exemple, sur le plan de la décence de l'expression. Après avoir lu ou entendu les termes les plus orduriers dans la presse officielle ou dans la bouche des gouvernants, on invente par réaction des périphrases invraisemblablement pudibondes, à l'instar de celle qu'imagine le poète Castel, dans son poème « Les plantes » (1797) pour désigner le fumier : « Là, sous un peu de terre, on concentre les feux/Que la paille a reçu des coursiers généreux. »

Mais d'autre part, les nouveaux riches de la Révolution, les parvenus du Directoire se montrent, après avoir frôlé la mort de si près, beaucoup plus soucieux de vivre que de savoir-vivre – comme les Goncourt le raconteront plus tard avec une jubilation mal dissimulée : « Les jeunes gens parlent aux femmes le chapeau sur la tête ; un vieillard est-il prévenant auprès d'elles, les jeunes gens moquent cette caricature. Ramasse-t-on l'éventail d'une femme, la femme ne remercie pas. La salue-t-on, elle ne rend pas le salut. Est-on beau, elle vous lorgne. Est-on laid, elle vous rit au nez ! [...] Toutes les convenances violées, toutes les décences bannies, toutes les fortunes déplacées, tous les liens sociaux rompus, tous les ordres confusionnés, – ce monde, qui est une cohue, a mis sa vie à jouir. [...] Les mœurs arrivent, toutes choses aidant, à une corruption telle que les femmes en reviennent à se blaser, même sur le scandale[15]. »

En brumaire an VIII, la chute du Directoire mettra fin à ces mauvaises mœurs.

Certes, on rencontre encore, dans les premières années du Consulat, un écho très assourdi de l'antipolitesse révolutionnaire, sous forme de réticences, d'ailleurs plus morales qu'idéologiques, et non dénuées d'ambiguïté, envers les « belles manières » de jadis. C'est ainsi que Louis Dubroca se félicite du retour à la bienséance : « En un moment où la France [...] retourne à ses mœurs, à ses autels, à son caractère magnanime, toute faible que soit la voix qui lui rappelle cette urbanité qui lui commanda l'amour de l'univers, cette voix sert aussi la patrie. » Mais il s'empresse de distinguer la civilité de la politesse qui, se proposant

« de plaire et de le séduire [...] prête aussi son voile à la fausseté et au persiflage, à la bassesse et à la flatterie. C'est une beauté qui mêle tous les jours [...] des poissons parmi les fleurs ». Pour en rendre compte, l'auteur reprend du reste l'explication habituelle. La politesse est née de la servitude ; « sa délicatesse augmente en raison de la corruption des mœurs ». Il faut donc lui préférer la civilité, plus austère, et qui par là même, ne présente « point de pareils dangers »[16]. Trois ans plus tard, en 1805, on retrouve une tonalité similaire dans un manuel attribué à J.-B. Costard, *L'Homme de bonne compagnie, ou l'Art de plaire dans la société*, dont l'auteur dissimule mal sa défiance pour certains rituels caractéristiques du savoir-vivre, comme « les sottes visites » auxquelles les oisifs consacrent leurs loisirs, et pour le caractère fastidieux de « toutes ces manières, toutes ces révérences ». « La vieille Cour aimait le ton majestueux ; aujourd'hui on n'en veut plus, et les courtisans actuels se rendraient aussi ridicules, s'ils affectaient les manières de nos aïeux, que s'ils en portaient les habits »[17].

Mais tout ceci ne tarde pas à s'effacer. L'historien Jean-Paul Bertaud a décrit « la petite guerre des honneurs et des préséances » que se livrent, dès 1799, les autorités civiles et militaires – les archives nationales conservent, en cinq gros cartons, plus d'un millier de documents relatifs à ces querelles d'étiquette qui émaillent la vie publique locale entre 1799 et 1815, et qui manifestent cette résurrection spontanée des usages anciens. Ainsi, en octobre 1802, le président du tribunal de Castelnaudary exige que l'on en revienne à la « pureté des règles », qui implique la prééminence des magistrats, successeurs des parlements et des autres cours souveraines[18]. Et ce qui se passe en province n'est que le reflet du retournement en train de se produire à Paris, notamment sous l'impulsion de Bonaparte. Siège du pouvoir consulaire de 1799 à 1804, les Tuileries se peuplent de courtisans qui « singent les manières du Versailles des rois et sont soumis à un semblant d'étiquette empruntée aux Bourbons ». Une étiquette qui devient officielle après 1804, en même temps que la Cour s'institutionnalise : « L'Empereur désire aussi qu'elle surpasse en grandeur et en magnificences les cours des rois de l'Europe. Une pédagogie des bienséances et une organisation du protocole et de l'étiquette sont donc nécessaires. Des officines s'ouvrent, des guides et des codes de politesse paraissent pour enseigner les bonnes manières. L'homme du monde y apprend à se bien comporter dans les salons et à la promenade, au jeu et au bal, au concert ou au cercle »[19]. Napoléon, avec l'appui de Talleyrand, fait appel à diverses autorités, à la comtesse de Genlis par exemple, fraîchement revenue d'émigration, ou à un vieil aristocrate de province qui, rapportera l'Empereur, « se présenta comme un oracle qui va révéler le secret des âges et la chaîne des temps. On parvint, avec son aide, à retrouver les lois de l'ancienne étiquette et à en composer un volume aussi important que celui du Code civil[20] » ; de fait, l'*Étiquette du Palais impérial* (1806) codifie tout, gestes et paroles, jusque dans le moindre détail – et précise par exemple, une règle parmi des milliers, que, lorsqu'au bal, sa Majesté veut aller danser, le chambellan s'approche et reçoit d'elle son épée et son chapeau. Ce lustre renouvelé, qui de l'étiquette officielle s'étend naturellement à l'ensemble de la bienséance, suffira à faire taire les dernières voix dissonantes.

Postérité de l'anti-politesse

À l'égard de la politesse, la Révolution ne représente qu'une parenthèse historique. Sans durée, elle sera également sans réelle postérité, ou plutôt, sans postérité directe. Le fait mérite d'autant plus d'être noté qu'au XIXe siècle, outre-Atlantique, subsiste une vigoureuse contestation républicaine de la politesse, alors qu'en France, à la même époque, la violence de l'offensive révolutionnaire, associée au traumatisme de la Terreur, paraît avoir durablement discrédité ce discours. D'où l'intérêt d'un parallèle entre ces deux expériences divergentes.

Au XIXe siècle, les États-Unis sont en effet, avec la France, le seul grand pays occidental à avoir été marqué par une révolution démocratique. Mais contrairement à la France, il semble qu'y survive un courant d'hostilité à la politesse, perçue comme attentatoire à la franchise et à l'égalité républicaines. On ne saurait certes en exagérer l'influence effective : au cours de ce siècle, paraissent aux États-Unis plusieurs centaines d'ouvrages consacrés au savoir-vivre, manifestant un besoin et un désir de respectabilité et de distinction très largement répandus, même en dehors des grandes métropoles urbaines de la Nouvelle-Angleterre. Pour autant, ce courant ne paraît pas aussi négligeable qu'il l'est devenu en France à la même époque.

La différence se comprend aisément. Aux États-Unis, le phénomène révolutionnaire n'a eu ni la même signification, ni la même portée, ni la même virulence qu'en France, et il n'a pas connu non plus le processus de reflux, puis de négation et de diabolisation, qu'ont entraîné la chute de Robespierre, la faillite du Directoire et la Restauration. En outre, l'antipolitesse américaine pouvait se réclamer d'une (très légitime) volonté de rupture avec les traditions de l'ancienne puissance coloniale.

Elle pouvait également se prévaloir de quelques modèles aussi augustes qu'incontestables, comme Benjamin Franklin. En 1784, celui-ci avait écrit à ce propos une bagatelle ironique, *Remarques sur la politesse des sauvages de l'Amérique septentrionale* ; mais c'est surtout dans son *Autobiographie* – traduite en français dès 1797, sept ans à peine après sa mort –, que le « bonhomme Franklin » se glorifiait de n'avoir jamais « cessé de transgresser le code des bonnes manières anglo-américaines pour inventer à sa place un nouveau type d'identité sociale, celle du républicain américain chez qui la simplicité est le drapeau de la vertu[21] ».

Tel est du reste, dans les premières décennies du XIXe siècle, le sentiment qu'affirment partager les étrangers visitant ce pays que Baudelaire décrit « gigantesque et enfant », naïvement fier de « son développement matériel anormal et presque monstrueux », mais « naturellement jaloux du vieux continent »[22]. C'est ainsi, par exemple, que la romancière anglaise Frances Trollope constate avec effroi à quel point « leurs fallacieuses idées d'égalité, qui sont l'objet d'un vrai culte dans les classes laborieuses de la population blanche », s'avèrent finalement « dommageables aux manières et à la moralité des Américains[23] ». Les *gentlemen* de Cincinnati, note au passage le héros du roman de Taine, Frédéric Thomas Graindorge, « vont eux-mêmes faire leur marché, mangent avec leurs couteaux, crachent incessamment, même à table, et sur les robes des dames[24] ».

Pure imagination ? En partie sans doute, mais pas tout à fait, comme certains Américains en conviennent volontiers, à l'instar de l'auteur d'un manuel de politesse paru en 1883 qui reconnaît que « le savoir-vivre n'est pas un code de lois ou de formalités que nous auraient imposé les cours d'Europe. La société américaine a ses règles à elle, qui tiennent compte de ce qu'il y a de meilleur dans tous les codes existants, et qui sont parfaitement adaptées aux besoins d'un régime républicain[25] ». L'Américain ne conçoit pas de supériorités sociales, et son idée de l'égalité lui interdit de révérer quiconque, explique ainsi Samuel Robert Welles dans son *Pocket Manual of Republican Etiquette*[26]. D'autres, en revanche, avouent que pour la plupart de leurs compatriotes, « impolitesse est synonyme de système républicain[27] ».

Telle est d'ailleurs la position expressément revendiquée, sur un mode comique, par un écrivain aussi populaire que Mark Twain, qui accable de sarcasmes les bienséances bourgeoises, et projette même d'écrire un pastiche burlesque des manuels de savoir-vivre, envisageant toutes les circonstances de la vie sous l'angle exclusif des bonnes manières. Ainsi, explique-t-il, « un jeune homme qui s'apprêterait à secourir une jeune femme prise dans un incendie devrait commencer par lui déclarer : bien que ce soit par le décret d'un sort cruel que je me trouve gratifié du gracieux privilège de faire votre connaissance, accordez-moi, Mademoiselle (mettre ici son nom si on le connaît), l'honneur inestimable de vous offrir l'assistance d'un bras loyal et sincère face au destin ardent qui étend présentement sur vous son aile cramoisie (la formule est à apprendre par cœur, et l'on pourra s'y exercer en privé). Ce petit discours pourrait être adapté à d'autres circonstances, tout aussi dramatiques : ainsi, dans les cas de secours offerts aux victimes d'un ouragan, d'un tremblement de terre, d'un emballement de chevaux ou d'une collision de chemins de fer (s'il n'y a pas d'explosion), il suffira de remplacer "destin ardent" par "destin fatal" ; et dans les cas de naufrages ordinaires ou tout autre procédé de noyade, il faudra dire "destin aquifère". Aucune autre modification n'est requise car "aile cramoisie" va bien pour tous les désastres de caractère majestueux, et c'est une expression particulièrement heureuse, d'une grande finesse stylistique[28] ». Dans une nouvelle intitulée *Un pari de milliardaires*, Mark Twain se moque en particulier des aberrations du savoir-vivre britannique, implicitement opposé à la simplicité américaine : le héros, bien mis mais à jeun depuis plusieurs jours, est invité à un dîner dans le très grand monde : « Il arriva ce qui est inévitable avec ce déplorable et navrant système anglais qui fait passer avant tout la question de préséance : on ne dîna pas pour ne pas enfreindre le protocole. Les Anglais d'ailleurs prennent toujours la précaution de manger chez eux lorsqu'ils sont invités à dîner, car ils se méfient du tour[29]. »

Sur un mode plus péremptoire, en tout cas plus acide qu'humoristique, telle est aussi l'idée que l'on retrouve, en 1870, sous la plume d'un critique de l'*Atlantic Monthly*, contestant le principe même d'un manuel de savoir-vivre à l'usage des Américains. « Toute la sagesse requise de celui qui aspire à vivre en bon républicain peut être résumée en trois règles, qui peuvent tenir sur ses manchettes en papier réversible : se tenir à l'écart de la bonne société. Être propre, simple et honnête. Ne jamais rougir d'une bévue. Au-delà, tout n'est que vanité[30]. »

Aux États-Unis, la relative fréquence de ce discours semble donc attester l'existence d'un véritable courant, et d'une pratique habituelle : celle que stigmatise Baudelaire lorsqu'il évoque « le débraillé [...] du noble pays de Franklin, l'inventeur de la morale de comptoir, le héros d'un siècle voué à la matière. Il est bon d'appeler sans cesse le regard sur ces merveilles de brutalité, en un temps où l'américanomanie est devenue presque une passion de bon ton[31] ». Ou celle que dénonce encore, en 1868, un polygraphe bonapartiste viscéralement américanophobe, Fernand Giraudeau, dans une uchronie antilibérale où il imagine avec horreur la France de 1998, une France d'où la politesse a totalement disparu, ce dont se félicite l'un des personnages : « Noble simplicité, mon ami, noble simplicité ; manières, franches et sincères ; sans-gêne qui met tout le monde à son aise ; chacun fait ce qu'il veut : [au restaurant], on se lève, on circule, on parle, on s'étend, on met ses pieds sur la nappe, on fume, on crache partout ; ô Liberté ! Liberté ! Tu es dans nos mœurs comme dans nos lois ! Ce que tu appelles politesse, toi, ce n'est que de la contrainte, de l'abaissement, de la dégradation et du mensonge[32] ! »

En France, en revanche, l'antipolitesse égalitaire et démocratique semble avoir pratiquement disparu – même chez les républicains militants et dans la classe ouvrière, où seules des individualités exceptionnelles, les « forts en gueule des ateliers », continuent d'affecter une grossièreté de principe, diluvienne et contestataire. En 1869, Ernest Renan, renversant la perspective, y voit même la garantie que ce pays ne deviendra jamais (véritablement) républicain : « La monarchie, écrit-il, répond à des besoins profonds de la France. Notre amabilité seule suffit pour faire de nous de mauvais républicains. Les charmantes exagérations de la vieille politesse française, la courtoisie qui nous met aux pieds de ceux avec qui nous sommes en rapport, sont le contraire de cette raideur, de cette âpreté, de cette sécheresse que donne au démocrate le sentiment perpétuel de son droit. La France n'excelle que dans l'exquis, elle n'aime que le distingué, elle ne sait faire que de l'aristocratique[33]. »

Si l'antipolitesse persiste, c'est donc de façon marginale, au sein des groupes les plus radicaux, ou à certaines époques de crise.

La révolution de 1848, notamment durant ses premiers jours, paraît pourtant sur le point de renouer avec l'antipolitesse des sans-culottes. C'est ce que ressent Balzac, comme il l'écrit à sa maîtresse, Mme Hanska, restée en Pologne, dans une lettre du 26 février 1848 : « Paris est au pouvoir de la plus vile canaille. J'en suis à combiner mon départ, car les mesures les plus révolutionnaires se succèdent avec rapidité. Tout citoyen est garde national. Enfin, ils ont déjà prononcé cette fatale trinité : liberté, égalité, fraternité. On se tutoie[34]. » À Paris, dans le climat insurrectionnel qui suit la chute de la monarchie de Juillet, ceux qui se qualifient eux-mêmes de « montagnards », à l'instar de leurs modèles de 1793, ne font usage du terme *Monsieur* que sur le mode de l'insulte, pour désigner ceux qu'ils suspectent d'être des « réacs », des ennemis de la république. C'est ce que rapporte un certain Chenu, ex-capitaine des gardes du préfet de police montagnard Caussidière : interpellé par un de ses subordonnés qui lui donne du « M. le préfet », ce dernier le corrige aussitôt : « Dites *citoyen* ». Un peu plus tard, menacé d'être remplacé, le citoyen préfet s'écrie : « Le premier qui vient pour prendre ma place, je le f... à la porte. Car je veux que ces messieurs, et il appuya sur le mot, sachent bien qu'on ne renverse pas Caussidière [...]. Toi, capitaine, tu vas m'organiser militairement une armée révolutionnaire.[35] » Le retour en force du « parti de l'ordre » et la répression de ces groupes extrémistes après les journées de juin y mettra un terme. Quand à Balzac, rassuré, il restera sagement à Paris, à préparer le retour de sa belle.

Après la chute du second Empire, sous la Commune, ceux qui se réclament de la tradition hébertiste prétendront en adopter, avec les principes, le ton et les (mauvaises) manières. Pour eux, un tel comportement conserve en effet une portée révolutionnaire, en ce qu'il vise à déstabiliser l'ordre établi. C'est ce qu'explique Eugène Vermeersch, qui avait alors relancé *Le Père Duchesne*, dans un mémoire écrit en exil, quelque temps après la chute de la Commune : « C'est moi [...] qui voulus qu'on reprît la forme littéraire employée primitivement par Hébert ; cette langue grossière, émaillée de jurons anciens et d'un peu d'argot moderne, devait, à mon sens, produire l'effet d'un coup de pistolet dans un lustre ; on nous remarquerait d'abord à cause du scandale de notre style, et il ne nous resterait plus qu'à justifier la curiosité publique par la suite de nos idées et la logique de nos déductions[36]. ». Et cette posture semble coïncider, à l'époque, avec certains comportements qu'Edmond de Goncourt, reporter officieux dans un Paris en pleine crise révolutionnaire, constate avec stupeur : « Signe des temps : je vois un homme en coupé, qui se mouche avec ses doigts par la portière. » « Il y a incontestablement un enragement parmi la population parisienne, note-t-il quelques jours plus tard. Je vois aujourd'hui une femme qui n'est pas du peuple, qui a un âge vénérable, une bourgeoise mûre, enfin, je la vois donner sans provocation un soufflet à un homme qui se permettait de lui dire de laisser les Versaillais en paix.[37] » Le savoir-vivre bourgeois demeure une politesse des temps ordinaires : il n'a cours qu'en période normale. En revanche, dès lors que les relations sociales se trouvent bouleversées par des crises, notamment politiques ou militaires, ses règles ne s'appliquent plus que de façon sporadique, aléatoire et incertaine : c'est alors le respect de la norme qui tend à devenir exceptionnel, l'incroyable se produisant en revanche sans que personne ne s'en offusque. Toutefois, cette impolitesse instinctive, cette grossièreté spontanée ne se pense pas, et surtout, elle cesse aussitôt que les choses sont revenues à la normale.

Quelques années plus tard, le journal de Jules Vallès, *Le Cri du peuple*, disparu avec la Commune puis relancé en 1883, se fera une spécialité de ce type de débordements – ainsi, lorsqu'il scandalise l'opinion par un article intitulé « Guerre aux morts », dont l'auteur, Lucien-Victor Meunier, déclare que « se découvrir devant un corbillard ou une tombe, c'est rendre un hommage simplement à la pourriture ». Sur un mode plus intime, quoique dans une perspective analogue, on peut citer encore un vétéran de l'anticléricalisme, l'étrange baron de Ponnet, qui lorsque sa fille décide, en 1867, d'entrer dans les ordres, « envoie à ses amis une imitation de faire-part de décès signé de sa griffe habituelle, Écrasons l'infâme[38] ». Mais il ne s'agit que d'attitudes ultra-marginales, sinon folkloriques, réservées à des cercles restreints et sans la moindre audience.

En France, la Révolution a tué l'antipolitesse après lui avoir donné une ampleur inouïe. Mais elle n'a n'en a pas moins eu un effet considérable sur les règles du savoir-vivre, qui vont sortir changées, sinon bouleversées, de cette épreuve.

II

L'âge d'or de la politesse bourgeoise

(1800-1914)

Dans son *Dictionnaire des usages du monde* paru sous la Restauration, la comtesse de Genlis affirme que les bienséances « furent tout à fait abolies depuis l'année 1792 jusqu'à l'an 1800, où l'on commença à en reprendre quelques-unes [1] ». De fait, on multiplie les manuels de politesse entre 1800 et 1814, comme si l'on entendait prendre une revanche sur la grossièreté révolutionnaire et la corruption du Directoire. Pourtant, ce renouveau s'effectue suivant un esprit que la gouvernante du duc d'Orléans juge à raison très différent de celui qui régissait les anciens usages. Et elle n'est pas la seule à le penser : paru en 1808, le *Code de la politesse, ou Guide des jeunes gens dans le monde*, par M. B..., qui se présente comme le premier véritable traité de savoir-vivre de l'époque post-révolutionnaire, reproche à ses concurrents, publiés les années précédentes, leur côté « suranné » et rétrograde [2] : la bienséance a changé, depuis le temps de Louis XVI...

Sous l'Ancien Régime, en effet, le savoir-vivre se forme et se modifie à partir d'un lieu unique : la Cour, centre de gravité de la haute société, de la vie mondaine et des bons usages à l'époque de Louis XIV [3] ; une Cour prolongée par les « salons » sous les règnes de ses deux successeurs, Louis XV et Louis XVI. En ce lieu, qui en est la source, la politesse joue un rôle majeur, même si elle y est souvent pratiquée, et considérée, avec une certaine désinvolture, notamment au XVIIIe siècle : elle n'est ni rigide ni revêche, ou du moins, ne devrait pas l'être. « Mme de *** et la maréchale de Luxembourg sont les personnes de la société qui attachent le plus d'importance à l'élégance des manières et à ce qu'on appelle l'usage du monde et au bon ton, rapporte à ce propos Mme de Genlis dans les *Souvenirs de Félicie L****, publiés au début de l'Empire. Mais la première, ajoute-t-elle, est souvent ridicule parce qu'elle pousse la politesse jusqu'à l'affectation, et la décence jusqu'à la pruderie. La Maréchale, avec les mêmes opinions, est aimable, parce qu'elle a plus d'aisance et moins de gravité. Quand on manque à l'étiquette ou qu'on emploie une mauvaise expression, Mme de *** s'indigne et méprise ; dans le même cas, la Maréchale plaisante et se moque. » Or, « dans les choses de ce genre, les sentences solennelles ne produisent aucun effet, mais les moqueries assez plaisantes pour être citées sont des arrêts sévères, on n'en appelle point »[4].

Un savoir-vivre centralisé, mais détendu, « décoincé », pourrait-on dire, et assez souple : la politesse et l'étiquette ne règnent pas à la cour de France en souveraines despotiques – ne serait-ce que parce que les considérations mondaines doivent céder le pas, sous la Monarchie très chrétienne, à la religion catholique et aux devoirs individuels qu'elle impose. Du reste, elle ne remet pas en question les barrières sociales qui cloisonnent cette société d'ordres : un bourgeois, même parfaitement poli, féru d'étiquette et respectueux des règles de bienséance, ne se rapprochera que superficiellement du gentilhomme : leurs comportements peuvent sembler identiques, ils continuent d'appartenir à des castes irréductiblement distinctes.

Au contraire, le savoir-vivre moderne, post-révolutionnaire, est (relativement) « décentralisé ». À la place de la haute société d'Ancien Régime se constitue certes, « sous l'Empire, une autre "bonne société", dont le centre se trouve en général à la cour napoléonienne ; mais dont l'incidence sur tous les détails de la vie, dont la minutie et la délicatesse de manières ne peuvent se comparer – en raison des changements dans les conditions de vie –, à l'ancienne. Dorénavant, la vie mondaine cultivée et le bon goût ne vivront que sur l'héritage du XVIIIe siècle »[5]. Un héritage interprété et réapproprié par des élites sociales à la fois plus dispersées, et plus homogènes que sous l'ancienne monarchie : ainsi, ce n'est plus vraiment la Cour, ni même l'aristocratie qui donnent le ton, c'est (ou ce sera bientôt) la bourgeoisie – qui, après avoir supplanté puis absorbé la noblesse, reprend pour son compte les usages anciens pour en faire un signe de reconnaissance et un moyen de distinction.

En France, comme du reste en Grande-Bretagne ou aux États-Unis, l'âge d'or de la politesse au XIXe siècle est étroitement lié à l'essor de la bourgeoisie, particulièrement sensible à partir de la monarchie de Juillet. Autour de 1850, à côté de la grande bourgeoisie d'affaires et d'industrie, on compte en France 65 000 avocats, 17 000 médecins, 20 000 officiers ministériels, 540 000 employés de commerce, 300 000 fonctionnaires, 400 000 détaillants. Il y a plus de 660 000 porteurs de rentes en 1854, et près de 1 300 000 en 1870[6] : toute une classe moyenne qui voit dans la pratique des « bonnes manières » un moyen de parvenir, un passeport social, en même temps que la meilleure façon de se distinguer du monde rural encore dominant, et d'un prolétariat ouvrier en plein essor. On devient bourgeois lorsqu'on se comporte comme un bourgeois : et le savoir-vivre apparaît, au sein d'une société à la fois égalitaire et hiérarchisée[7], comme une nouvelle « savonnette à vilains »... Le grand seigneur d'avant 89 n'avait pas à être poli pour se sentir supérieur ; le petit-bourgeois du XIXe siècle, lui, en a un besoin impérieux.

Mais pour pouvoir jouer ce rôle social nouveau qui lui est désormais assigné, le savoir-vivre va subir une mutation profonde. Il devra notamment être codifié, afin de pouvoir être connu, appliqué et diffusé. Jusqu'à la Révolution, les règles du savoir-vivre, transmises oralement au sein des familles, se retrouvaient, en ordre dispersé, dans les écrits des moralistes. À quelques exceptions près, on ne faisait pas l'effort de ranger ces préceptes en ordre et en système, sauf pour les enfants, à qui étaient destinés le *Civilitate morum puerilium* d'Érasme (1526) et *La Civilité puérile et honnête* de Jean-Baptiste de La Salle (1713), deux volumes aussi sommaires que fréquemment réédités, avec d'infinies variantes. En revanche, on semble estimer que les adultes n'ont pas vraiment besoin de ce type d'ouvrages : au sein d'une société à la fois stable et hiérarchisée, soit ils occupent une situation telle qu'ils ne peuvent ignorer la bienséance, soit ils la méconnaissent, mais n'en ont pas l'usage – et peuvent donc se borner aux préceptes un peu rustiques de la civilité puérile. Au XIXe siècle, au contraire, c'est précisément la mobilité sociale, la naissance et l'essor rapide d'une classe moyenne, qui vont rendre ce genre de littérature indispensable. Le même phénomène se produit d'ailleurs outre-Manche, et outre-Atlantique, où la production de manuels de bonnes manières paraît avoir été, paradoxalement, la plus prolifique, avec une moyenne de cinq à six par an entre 1870 et 1914. Mais la France n'est pas en reste : au XIXe siècle, on publie plusieurs centaines d'ouvrages consacrés plus ou moins directement au savoir-vivre, « codes », « manuels », traités complets ou abrégés, guides ou dictionnaires : ouvrages innombrables, mais qui sont aussi très lus, jusque dans des couches assez modestes de la population, et inlassablement réédités. L'un des plus fameux, les *Usages du monde* de la baronne Staffe, publié pour la première fois en 1889, en est déjà à sa 131e édition en 1899, dix ans après sa parution, sans pour autant saturer le marché. La concurrence se porte fort bien, au contraire, et dans ces mêmes années paraissent, entre autres, *Le Savoir-Vivre et ses usages dans la société actuelle* (1892) de Mme de Grandmaison, *Les Usages du monde dans la société moderne* (1898) de la marquise de Pompeillan, *Le Code du cérémonial* (1898) de la comtesse de Bassanville, et *La Politesse pour tous* (1893) de la comtesse Berthe. Au passage, on remarquera qu'à partir des années 1860, ces manuels sont généralement rédigés par des dames – étant destinés principalement à un public féminin – portant des titres de noblesse – puisqu'il s'agit de montrer à la petite et à la moyenne bourgeoisie comment on est censé se comporter dans la haute société, et ce que l'on doit faire pour « en être ». Peu importe d'ailleurs que ces titres soient le plus souvent improbables, ou manifestement usurpés : le snobisme naïf qu'ils révèlent éclaire la fonction sociale de ces ouvrages, et ce qu'en attendent les lecteurs[8]...

En France, ce genre littéraire à succès se rattache à un autre mouvement, initié sous l'Empire, et qui marque en profondeur la France du XIXe siècle, la codification du droit. Celle-ci répond aux mêmes exigences, et à la même logique : permettre au plus grand nombre d'accéder à des normes simples, clairement et précisément énoncées, dont on escompte qu'elles seront par conséquent effectivement respectées par leurs destinataires. Régie dans l'ordre du droit par les dispositions du Code civil, du Code de commerce et du Code pénal, la société bourgeoise le sera, dans la sphère intime, par les différents manuels de savoir-vivre, souvent intitulés « codes » ou présentés comme tels ; des manuels qui, en un sens, se substituent à la Cour et aux salons d'Ancien Régime dans leur fonction d'élaboration ou d'énonciation de ces règles.

Enfin, tout comme la codification du droit tend à lui donner une certaine fixité, les manuels de savoir-vivre confèrent à la bienséance un caractère systématique, minutieux, sophistiqué, qui contraste avec la souplesse et l'approximation de la politesse prérévolutionnaire. À en croire les observateurs de l'époque, cette rigidité remonterait à l'étiquette contrainte en usage à la cour impériale, et au ton « exagéré, emphatique, guindé[9] » qui, de là, se serait répandu sur l'ensemble de la politesse française. Or, contrairement aux espoirs des nostalgiques de l'Ancien Régime, celle-ci ne retrouvera ni son lustre ni sa simplicité bon enfant, ce que Balzac appelait « la gracieuse franchise du XVIIIe siècle ». Car à la rigidité napoléonienne va bientôt se substituer un rigorisme d'un autre genre, importé d'Angleterre, qui marquera en profondeur les codes du savoir-vivre à partir de 1830.

L'admiration sans retenue pour ce qui vient d'outre-Manche, modes, goûts, manières, sensibilité, se répand en France dès la chute de l'Empire – au point que Béranger y consacre une chanson sarcastique, « Les boxeurs, ou l'anglomane » :

Quoique leurs chapeaux soient bien laids
God dam ! Moi j'aime les Anglais :
Ils ont un si bon caractère !

Comme ils sont polis ! Et surtout
Que leurs plaisirs sont de bon goût[10] !

Pourtant, elle demeure sous la Restauration dans des limites assez étroites, et n'explose vraiment, sur tous les plans, qu'avec la révolution de 1830 et l'avènement d'une monarchie parlementaire imitée du modèle anglais. En ce qui concerne la bienséance, c'est également à partir de ces années-là que l'on commence à s'inspirer systématiquement de ce pays « garrotté de convenances[11] » : alors que la mode masculine adopte définitivement le goût anglais, alors que les hommes de la haute société entreprennent de se réunir dans des clubs (le Jockey-Club est fondé en 1833 sous le patronage de Lord Seymour) et de s'intéresser aux sports, on voit apparaître toute une série d'usages nouveaux, par exemple, concernant le rituel des repas ou l'organisation des réceptions, rebaptisées « *routs* » – terme bientôt francisé approximativement en « raout » –, qui font dire à Balzac que « l'Angleterre semble tenir à ce que le monde entier s'ennuie comme elle[12] ». Ainsi, c'est sous le règne du roi bourgeois, Louis-Philippe, que la France va s'enticher de la politesse *à l'anglaise*, laquelle correspond parfaitement aux attentes, aux besoins et aux stratégies de la nouvelle classe dominante. Et cette influence anglaise sera d'autant plus déterminante que la révolution de Juillet va entraîner pour de longues années « l'exil intérieur » de la haute aristocratie légitimiste du faubourg Saint-Germain, qui depuis la Restauration donnait le ton, jouant le rôle d'un conservatoire officieux de l'ancienne courtoisie française. Après le départ des Bourbons, le faubourg « boude », comme on dit alors, il se retire, renonçant du coup à son influence politique et sociale. La Cour – celle de Louis-Philippe, qui monte sur le trône grâce à la révolution de 1830 – ayant, au même moment, cessé de constituer en la matière la référence incontestable qu'elle était redevenue avec Napoléon, puis sous la Restauration[13], le champ est laissé libre aux promoteurs d'une politesse fortement teintée d'anglomanie, jusque dans les termes qu'elle utilise pour désigner ses idéaux ou ses pratiques, *fashionable*, *gentleman*, *dandy*, *smoking*, *flirt*, etc. Bref, la révolution de 1830 prolonge et conforte, en la matière, les effets de celle de 1789, contribuant à imposer durablement ce tour nouveau, plus tendu, plus sérieux : plus *bourgeois*, en un mot.

D'ailleurs, c'est précisément parce qu'il connaît le savoir-vivre dans ses moindres détails, souvent inventés de toutes pièces par les auteurs de manuels, que le bourgeois rejoint les élites et se distingue du bas peuple. En France comme aux États-Unis, l'homme de bon ton n'est pas simplement celui qui se tient correctement à table ou en public, c'est celui qui, en outre, saura se servir de couverts à fromage, à poisson, à homard, à tortue, à huîtres, à melon, et qui saluera impeccablement qui de droit en s'adressant à lui dans les formes requises.

Voilà pourquoi on peut légitimement considérer le XIXe siècle au sens large, de 1800 à 1914, non point certes comme l'apogée de la politesse française, que beaucoup situeraient plutôt à la fin de l'Ancien Régime, mais comme l'âge d'or de ce savoir-vivre bourgeois, né après la Révolution, et dans l'ombre duquel nous vivons encore.

3

L'ÉTIQUETTE INTIME

La nuit tombe ; sans dire un mot, l'homme se prépare, se cravate soigneusement ; il enfile un smoking, installe sur la nappe les cristaux et l'argenterie, puis s'assoit et se livre, comme chaque soir, au rituel classique du dîner bourgeois. Scène banale ? Scène tout à la fois dérisoire et désespérante dans le film *The Omega man* (1971), où le héros incarné par Charlton Heston, unique rescapé d'une épidémie qui a anéanti l'humanité, rejoue inlassablement, pour lui seul, le cérémonial de la politesse. Dérisoire, dans la mesure où le savoir-vivre ne se pratique et ne se conçoit que dans un cadre social, au sein d'un groupe : tout comme le langage, il n'est jamais un comportement solitaire. Sur son île déserte, Robinson Crusoé ne parle pas – à qui s'adresserait-il ? Mais il ignore également, et pour la même raison, les règles d'une bienséance qui, dans sa situation, ne pourrait avoir qu'un caractère aberrant. À l'inverse, lorsqu'à la fin du XIXe siècle, le duc de Broglie, « aimable vieillard qui avait conservé toute la courtoisie de l'Ancien Régime », se mettait seul « en habit noir pour dîner, servi par un vieux maître d'hôtel [1] », il bénéficiait du moins de la compagnie de ce dernier, sans parler de sa réputation mondaine, qui justifiait à elle seule qu'il se prêtât au jeu.

La politesse a par définition un caractère social. Même lorsque l'on semble seul concerné, on est poli avec, par et pour les autres. Et lorsque sous la monarchie de Juillet, Mme Celnart évoque, dans son *Guide de la politesse*, la bienséance envers soi-même, c'est pour décrire les soins et les attentions que chacun se doit, en vue d'être présentable et correct en société : une propreté rigoureuse, un habillement décent, un maintien étranger à tout laisser-aller. Cette bienséance individuelle, chacun doit l'observer, « même en quittant le lit, et sans avoir d'autres témoins [2] » que soi-même – mais en vue des personnes que l'on rencontrera bientôt.

Ce premier corps de règles de savoir-vivre peut être qualifié de politesse privée ; elle recouvre, pour l'essentiel, les usages de la toilette et les codes vestimentaires ; elle rencontre également les relations entre hommes et femmes.

La bienséance envers soi-même

« Parmi tous les usages du savoir-vivre, l'ignorance de ceux qui concernent la toilette dénote le plus la vulgarité [3] », déclare gravement Mme d'Alq au début de la IIIe République. Cette idée, que l'on trouve exprimée tout au long du siècle, relève pratiquement de l'évidence : « Les fonctions sociales de la bienséance vestimentaires, explique à ce propos l'historien Philippe Perrot, revêtent une importance toute particulière par sa nature immédiatement visible. Ces lois permettent, avant même la parole ou le geste, de repérer aussitôt le contrevenant plus ou moins ignorant, et de le remettre à sa juste place [4] » – ou de constater, à l'inverse, que la personne que l'on croise connaît les usages du savoir-vivre, et qu'elle les pratique correctement. « De même qu'un seul mot suffit pour trahir une origine, à révéler un passé ou un présent équivoque, remarque ainsi Éliane de Sérieul sous le Second Empire, il en est de même d'une malencontreuse guipure, d'un volant, d'une plume, d'un bracelet, surtout d'une boucle d'oreille ou de tout autre ornement ambitieux, pour préciser une condition sociale ou assigner un numéro d'ordre aux yeux de l'homme ou de la femme qui a du tact. Certaines affectations de mise sont des fautes d'élégance, comme certaines locutions sont incompatibles avec la distinction du langage [5]. »

Histoire d'un gant

Il existe donc des règles de l'habillement, mais quelle est leur nature exacte ? S'agit-il de politesse, ou bien d'autre chose ? Pour répondre à cette question préalable, on peut examiner d'un peu plus près l'histoire mouvementée d'un accessoire paradigmatique : le gant, et ses vicissitudes.

À la fin du XIXe siècle, celui-ci est en effet devenu, pour la femme comme pour l'homme de bon ton, l'un des accessoires essentiels de la toilette : « La civilité exige aujourd'hui, écrit Alfred Franklin en 1895, que l'on reste presque toujours ganté hors de chez soi[6]. » « On se gante, explique au même moment la baronne Staffe, pour sortir dans la rue ; pour aller à la promenade, à l'église, au jardin, en visite, en voyage, en soirée, au bal, au théâtre. Lorsqu'on va dîner en ville, on quitte, en arrivant chez l'amphitryon, son chapeau et son manteau, mais on garde ses gants jusqu'à ce qu'on soit à table. Alors, seulement, on les retire et on les glisse dans sa poche[7]. » On se gante lorsque l'on sort, mais aussi lorsque l'on reçoit : même l'après-midi, les femmes reçoivent gantées[8]. Il existe alors un type et une couleur de gant pour chaque activité et chaque moment de la journée. Mais sur ce plan, la seconde moitié du XIXe siècle ne représente qu'un moment particulier d'une histoire en dents de scie. Si elle constitue, indéniablement, l'apogée du gant, il n'en a pas toujours été ainsi – et il n'en ira pas toujours de même.

Au XVIIIe siècle, on le porte peu. En février 1732, sous Louis XV, *Le Mercure de France* prédit même que « l'on prendra bientôt l'usage d'avoir toujours les mains à nu, et de proscrire entièrement les gants, dont on commence à se passer ». Et en effet, au cours des décennies suivantes, le port des gants tend à devenir marginal. Dans ses *Souvenirs*, la duchesse d'Abrantès affirme ainsi qu'à la fin du siècle, « un homme ne portait jamais de gants, si ce n'est à la chasse ou bien à cheval. Cette coutume était tellement une loi de rigueur, que lorsque les hommes allaient faire une promenade à cheval et qu'au retour ils entraient dans l'écurie pour y laisser leurs chevaux, s'ils oubliaient d'ôter leurs

Max Klinger, dessin tiré de la série *Histoire d'un gant*, 1878

gants, les palefreniers avaient un droit dont ils usaient : l'un d'eux allait vite cueillir quelques fleurs et venait présenter un bouquet à celui qui avait oublié d'ôter ses gants. C'était une amende à laquelle il fallait se soumettre[9] ».

Strictement limité, le port du gant est alors assimilé à une certaine négligence, à un genre de laisser-aller : on le met dans la rue ou à la campagne ; à l'inverse, dès lors que le lieu, l'activité ou la personne que l'on rencontre exigent une attitude de respect, voire de déférence, il apparaît indispensable, au regard de la bienséance, de se déganter. Ainsi, l'étiquette interdit-elle, au XVIIIe siècle, que l'on garde ses mains gantées à l'église, lorsque l'on offre ou que l'on reçoit quelque chose, ou encore, lorsque l'on se présente devant un supérieur. Mme Campan rapporte ainsi que la marquise de Pompadour était entrée un jour chez la reine, portant une corbeille de fleurs, et cela, « sans gants, par signe de respect[10] ».

Mais au XIXe siècle, la signification du gant s'inverse : jadis rustique, signe de décontraction et de relâchement, il devient au contraire l'accessoire caractéristique du maintien et du bon ton, et se diffuse à l'ensemble de la société bourgeoise. Toutefois, ce succès, ce retournement n'est pas immédiat. En 1841, l'auteur d'une *Physiologie du gant*, G. Guénot-Lecointe, dédie son œuvre « à l'intéressante portion du genre humain qui met des gants », et souligne, quoique sur un mode ironique, la nouveauté de ce propos. Le gant, s'exclame-t-il, « a envahi toutes les classes ». À ce titre, il est devenu « l'expression la plus avancée de la civilisation moderne » – et surtout, le critère de l'homme bien élevé : « la Providence, poursuit-il, nous donne l'esprit ; les études mènent à la science ; le gant seul indique le rang que nous occupons sur l'échelle de Jacob[11] » : il révèle à lui seul la distinction de son propriétaire.

C'est du reste ce qu'éprouve Alexandre Dumas en 1818, au cours d'un bal à Villers-Cotterêts ; âgé de seize ans à peine, il a été chargé de faire danser la nièce de l'abbé du lieu, une Parisienne ravissante, et il se prend pour un second Faublas, un Casanova de sous-préfecture, bref, un grand séducteur, sans se douter du côté très démodé et très « province » de son allure ; diverses mésaventures l'ayant contraint à délaisser un instant sa cavalière avant que le bal ne commence, il tente maladroitement de s'expliquer :

> En effet, Mademoiselle, répondis-je en balbutiant, je m'étais aperçu que...
> – Que vous aviez oublié vos gants ; je comprends cela. Vous ne vouliez pas danser sans gants, et vous aviez raison. »
> Je jetai les yeux sur mes mains nues, et je devins pourpre. Je portai machinalement mes mains à mes poches. Hélas, je n'avais pas de gants.

Sur le point de sombrer dans le ridicule le plus noir, Dumas, affolé, avise un jeune homme, un certain Fourcade, récemment arrivé de Paris, occupé à enfiler une superbe paire de gants tout neufs ; il s'approche de lui, et le supplie de lui rendre un immense service, lui donner ses gants : « Oui, explique-t-il, j'ai invité à danser Mademoiselle Laurence, cette jeune fille qui est là assise, et je me suis aperçu, au moment de me mettre en place, que j'ai oublié mes gants. Vous comprenez la situation [12] ?... » Dieu merci, Fourcade lui cède volontiers ses gants – d'autant qu'il a dans sa poche une seconde paire, neuve elle aussi, qu'il conserve comme une roue de secours, au cas où la première paire crèverait. Cette anecdote – rapportée par Dumas dans ses *Mémoires* dédiées au comte d'Orsay, l'arbitre des élégances du milieu du siècle –, indique que le mouvement de glorification du gant a bien commencé – un Parisien, une Parisienne ne dansent pas sans en porter –, mais qu'il n'est pas achevé : d'abord, parce que l'usage n'a pas atteint la province, Dumas et Fourcade étant les seuls hommes gantés du bal, ensuite, parce que l'on ne porte pas encore de gants tout au long de la journée, ainsi qu'on le fera quelques années plus tard.

Humoristiques ou sérieux, ces ouvrages laissent supposer que le basculement, et l'essor consécutif du gant, ont probablement eu lieu entre les dernières années de la Restauration et les débuts de la monarchie de Juillet, époque d'ailleurs fertile en la matière.

En revanche, ils ne permettent pas de répondre à la question cruciale : d'où vient ce revirement ? Quelles en sont les causes ?

On est évidemment enclin à le rattacher à l'horreur compulsive de la nudité qui se manifeste à la même époque sur différents plans, du sous-vêtement féminin à l'ameublement, méticuleusement nappé, houssé, capitonné, recouvert et caché : mais on ne fait alors que déplacer le problème. Or, s'il est difficile de l'élucider, c'est précisément parce qu'en ce domaine, le savoir-vivre, la bienséance touchent à la *mode*, parfois jusqu'à se confondre avec elle – et que la mode ne s'explique pas. De là aussi, sans doute, les variations particulièrement fréquentes et rapides qui affectent ce type de règles de politesse.

Sur ce dernier point, le cas du gant apparaît encore particulièrement significatif. Au moment même où elle célèbre son triomphe, au début des années 1890, la baronne Staffe constate en effet l'amorce d'un revirement. « Autrefois, explique-t-elle, les hommes de l'aristocratie seuls portaient le gant », bientôt imités en cela par des catégories sociales de plus en plus modestes. Mais c'est précisément cette démocratisation qui, par contrecoup, aurait conduit certains aristocrates soucieux de se distinguer à revenir à la mode ancienne, à laisser leurs gants au placard et à s'exhiber les mains nues. Une attitude que la baronne, manifestant ici le conservatisme typique des auteurs de manuels de savoir-vivre, juge à la fois sotte et prétentieuse : « Les hommes du monde doivent le reprendre pour conserver leurs mains en état de parfaite netteté[13] »... et pour se conformer à l'usage général. Un usage dont elle perçoit mal qu'il n'est, au fond, qu'une mode passagère – de même, du reste, que les couleurs qu'elle préconise : la baronne célèbre les teintes épinard, mastic, sang de bœuf, brun foncé, dont l'auteur de *La Physiologie* estimait jadis, narquois, qu'elles « exercent un charme infini sur les merveilleuses de la province[14] », mais elle omet le jaune, qui fut pourtant, un demi-siècle plus tôt, le critère incontestable du bon ton. « Il n'y a plus, écrivait alors Alphonse Karr, que deux classes d'hommes en France... ceux qui portent des gants jaunes et ceux qui n'en portent pas. Quand on dit d'un homme qu'il porte des gants jaunes, qu'on l'appelle un gant jaune, c'est une manière concise de dire un homme comme il faut. C'est en effet tout ce qu'on exige pour qu'un homme soit réputé comme il faut[15]. »

Au moment où écrit la baronne, la mode est donc en train de s'inverser, alors même qu'elle semblait presque consubstantielle au savoir-vivre bourgeois – en même temps, notons-le, que tend à s'estomper la hantise de la nudité, victime des arguments hygiénistes et des premiers balbutiements de la pratique sportive. Quelques années avant la Première Guerre mondiale, on considère qu'un homme doit désormais savoir aller « les mains visibles. Si vous vous présentiez chez quelqu'un les mains couvertes d'une peau empruntée : "Quel est, penserait-on, quel est ce distrait ou ce mélancolique[16] ?" » Le balancement perpétuel des usages et des modes se poursuit donc, inexorable.

En la matière, le savoir-vivre doit donc, malgré cette liaison étroite, être distingué de la mode – de même qu'il ne se confond pas avec la richesse, la somptuosité ou l'élégance ; la distinction implique essentiellement un sens aigu de la mesure, de la proportion et des convenances : du tact avant toute chose. « Mettre sa toilette en harmonie, non seulement avec soi-même, son caractère, son humeur, son âge, sa physionomie, son teint, la couleur de ses yeux, de sa chevelure, mais encore avec la fortune et le rang que l'on occupe dans le monde, avec les événements et les heures de la journée, avec les époques de l'année, avec les espaces que l'on traverse, voilà, note Philippe Perrot, l'un des premiers arcanes de la bienséance vestimentaire[17]. »

Le savoir-vivre de la toilette implique donc simplement que l'on sache s'habiller en fonction du moment, de l'activité et de l'environnement : ce qui vaut pour les femmes, comme pour les hommes.

La femme entre chic et mesure

Au XIXe siècle, les manuels de bonnes manières, « par le conformisme de leurs prescriptions, par le souci de divulguer les normes les plus reconnues et les plus légitimes [...] témoignent bien plus justement des comportements que les journaux de mode[18] » – dont le principal objectif est précisément de rompre avec les canons en vigueur, de faire preuve d'imagination et de créativité. C'est donc aux premiers qu'il faut s'en tenir si l'on veut cerner les éléments d'un savoir-vivre vestimentaire au XIXe siècle – aux manuels, et non à des auteurs comme Despaigne qui, dans son *Code de la mode* paru en 1866, déclare qu'une femme du monde qui veut être bien mise et se conformer aux bienséances doit avoir au moins sept à huit toilettes par jour, tout en affirmant que « le costume n'est plus une étiquette »[19]. Pour Mme d'Alq, par exemple, il est inutile d'avoir plus de quatre genres de toilettes : le déshabillé pour l'intérieur, une toilette du matin pour les courses en ville, les voyages ou le mauvais temps ; une toilette de jour utilisée lors des visites, des promenades et des réceptions, et enfin, une toilette du soir, qui pourra servir au concert, au théâtre et même au bal[20] – à quoi s'ajoutera naturellement un certain nombre d'accessoires.

Sitôt levée (aussi furtivement que possible), et lavée, la femme bien élevée revêtira une confortable robe de chambre, ou un joli peignoir, et se coiffera d'un petit bonnet de batiste. Ainsi parée, elle « peut rester la matinée vêtue assez tard dans ce charmant négligé et paraître même au déjeuner lorsque ce repas se fait en famille, dans l'intimité la plus grande[21] » – le déjeuner en question ayant lieu à l'époque au cours de la matinée. Le terme de négligé ne doit cependant pas être pris au pied de la lettre : comme le souligne Mme Celnart sous la monarchie de Juillet, il est fort souhaitable que sous le peignoir, la femme au lever porte au moins un demi-corset, « car il est très malséant pour une dame de n'être point du tout lacée[22] ».

Après le déjeuner, pour les courses, les visites aux fournisseurs ou les promenades, spécialement à pied, la mode privilégie l'aspect pratique. En revanche, pour les visites, moment essentiel de la sociabilité féminine à partir des années 1830, une certaine élégance est de mise. Sur ce point, il faut faire la part des choses, et savoir distinguer l'usage effectif des fantasmes luxueux propagés par des chroniqueurs de mode. Sous le second Empire, Despaigne affirme ainsi que « la robe princesse en soie de belle étoffe reste la toilette à la mode. Cette coupe de robe subsiste depuis plusieurs années, et n'a subi que quelques légères modifications ; elle est trop jolie pour disparaître entièrement ; à la ville, en voiture, à la promenade, nous la verrons longtemps encore ». Et le même déplore vivement que « la robe courte a paru parfois dans les visites. C'est une audace. Elle menace d'envahir, dit-on, l'intérieur et le salon[23] ».

À l'extrême fin du XIXe siècle, les manuels de bonnes manières se contentent de noter qu'il n'y a guère de règles intangibles pour la toilette de la femme en visite, sinon, une fois encore, le sens de la mesure.

Celle qui reçoit, la maîtresse de maison, porte une toilette d'intérieur, dite robe de réception, qui doit surtout, souligne la baronne Staffe, être conçue « de façon à ne pouvoir écraser celle d'aucune des femmes qui se présentent[24] ». Quant à celle qui visite, elle devra, quelle que soit sa fortune, éviter l'étalage de bijoux, de fourrures, d'étoffes précieuses et de dentelles de prix : un luxe tapageur la perdrait de réputation plus sûrement encore qu'un certain négligé. Il faut savoir s'adapter ; c'est pourquoi les théoriciens du savoir-vivre distinguent, sur ce point, les toilettes ordinaires, utilisées pour les visites aux intimes, celles de ses amies que l'on ne dérange jamais et que l'on peut visiter à tout moment – en ce cas, un tailleur suffira –, et « les toilettes de grande visite », qui, note la comtesse de Gencé, visent non seulement « à donner bonne opinion du goût de la femme qui les porte, mais encore à faire honneur à la personne que l'on visite[25] ». Cependant, même ces dernières devront rester proportionnées à la situation de l'une et de l'autre, ainsi qu'aux circonstances : visitant une amie endeuillée, il sera de bon ton de porter des vêtements sombres, extériorisant la part que l'on prend à sa douleur ; en visite chez une amie malade, au contraire, il commande d'éviter tout ce qui pourrait l'attrister en lui faisant songer à la mort[26]. Le soir, enfin, la femme pourra se permettre des décolletés vertigineux, qui le matin ou dans la journée auraient paru déplacés, sinon scandaleux ; elle le pourra, à condition de participer à un dîner d'apparat, à une fête ou à un bal, qui sont effectivement les (seuls) moments où le luxe, la profusion, et en un sens, la sensualité, peuvent se déployer sans heurter les principes rigides de la bienséance.

À côté des vêtements, les accessoires tiennent une place décisive dans l'économie de la toilette. À ce propos, il va de soi que seuls les accessoires visibles, dotés d'une dimension sociale, sont susceptibles d'intéresser le savoir-vivre. Mais ils sont fort nombreux, même si, dans ce foisonnement, trois paraissent plus particulièrement significatifs, les bijoux, le parfum et le chapeau – les gants ayant été évoqués plus haut.

Le bon ton commande, pour les bijoux, ce que Philippe Perrot appelle joliment « une sorte d'ascèse dans le luxe[27] ». Leur choix, insiste en effet Mme d'Alq, est « soumis à des règles rigoureuses. On ne porte pas les mêmes bijoux à tel âge qu'à tel autre, dans telle circonstance que dans telle autre ; [...] et la société a édicté à cet égard des lois qu'il est utile de connaître pour les observer[28] », toute infraction pouvant être considérée comme une insupportable faute de goût.

L'une des pires consiste à porter des diamants en plein jour : « Cela sent la parvenue d'une lieue[29] », commente la comtesse de Bassanville sous le second Empire. Mais l'interdit s'assouplit progressivement au cours des décennies suivantes. Au début de la IIIe République, si les boucles d'oreilles, les colliers, les bracelets, et *a fortiori*, les rivières de diamants restent prohibés, on peut à la rigueur se permettre des bagues. Cependant, le mouvement vers une tolérance accrue se poursuit inexorablement : au début du XXe siècle, la toilette de visite autorise l'usage de sautoirs et de pendentifs.

Une autre faute consiste à porter des bijoux qui ne sont pas – ou qui ne sont plus – de son âge. Une jeune fille, par exemple, ne portera jamais de diamants, excepté le soir de son mariage, si un bal est organisé. Les pierres précieuses sont en effet réservées aux femmes mariées, les jeunes filles devant se contenter de bijoux de fantaisie, onyx, corail ou turquoises « à la russe » montées sur argent. À l'inverse, après trente-cinq ans, estime Mme d'Alq, « les femmes doivent s'abstenir de bijoux jeunes [...], car à un certain âge, il vaut mieux ne porter aucun bijou, si l'on ne peut en avoir d'une valeur réelle[30] ». Autrement dit, seules les vraies riches ont droit aux bijoux : passé un certain âge, il serait de mauvais goût que des dames plus modestes se permettent de porter ce qui ne peut être que de la joaillerie de pacotille. Enfin, les bijoux demeurent interdits aux veuves, du moins durant le « grand deuil » – à l'exception des bijoux en jais ou en cheveux, noirs ou sombres, qui se portent à tout âge et en toutes circonstances. En résumé, rien ne vaut la sobriété et la discrétion, qui reste en la matière le critère du bon goût.

Rester discrète – la recommandation vaut aussi pour les odeurs, à une époque où l'on parfume tout, les corps, mais aussi les gants, les mouchoirs et les lettres. Ne vous parfumez pas à l'excès, recommande donc la baronne Staffe à ses lectrices[31]. Ne forcez jamais la dose, et privilégiez les parfums légers – l'iris et la violette, la vanille ou le citron : « Les parfums violents, trop pénétrants, ne conviennent qu'à celles qui veulent attirer l'attention. Dans ce cas, les parfums agissent comme les couleurs vives et opposées, comme le verbe haut, les parades et la piaffe. Une femme qui possède une véritable distinction n'exhale qu'un parfum délicat[32] ». Dernier conseil, unanime : n'utiliser en toute hypothèse qu'un seul parfum, le mélange des odeurs ayant des effets encore plus désastreux, encore plus perturbants sur les personnes délicates, que les fragrances violentes ou capiteuses.

Au même titre que les gants, et pour les mêmes raisons, notamment symboliques, le chapeau est au XIXe siècle un accessoire essentiel de la toilette féminine, et l'un des plus révélateurs. Il correspond en effet à l'image de la femme telle que se la représente la bourgeoisie dominante, un être moralement supérieur à l'homme, mais physiquement inférieur, un bibelot précieux et fragile que l'on doit protéger contre les menaces sans nombre qui l'environnent. D'où le rôle du chapeau, tout à la fois parure, et armure. Cette protection, la femme doit la conserver tant qu'il existe une « menace », si virtuelle, si théorique soit elle. C'est ainsi, estime la baronne Staffe, qu'il est incivil de paraître au casino sans chapeau, où l'on risque à tout moment de rencontrer des inconnus dont on ignore jusqu'au nom [33]. Cet interdit s'étend jusqu'aux visites, et pour les mêmes raisons : on ne sait jamais qui l'on pourrait y croiser. Et il va sans dire qu'il en ira de même dans la rue, en voyage, en promenade, à l'église, etc. À l'inverse, aller nu-tête relève à la fois du sans-gêne et de l'impudeur la plus extrême – et il n'y a, estiment les manuels de savoir-vivre qui se font ici l'écho de l'opinion bourgeoise, que dans les couches les plus basses du peuple que les femmes se permettent de sortir « en cheveux », sans chapeau. Les autres, les dames comme il faut, savent qu'elles ne peuvent s'en passer que chez elles, au bal ou dans certaines réceptions – là où, symboliquement, elles n'ont rien à craindre de personne.

Toutefois, pour le chapeau comme pour les gants, il ne suffit pas d'avoir, encore faut-il savoir : savoir le porter, et ce, bien que le chapeau ne serve pas aux femmes, comme aux hommes, d'accessoire obligé dans le rituel du salut. Quels que soient donc sa taille (qui connaît des hauts et des bas tout au long du siècle), sa fraîcheur (indispensable sous peine de déconsidération), sa forme et ses ornements (variables à l'infini, du modeste au somptueux), il faudra prendre garde à sa position, car « la richesse d'un chapeau, avertit Éliane de Sérieul, ne l'empêchera pas, s'il est trop élevé au-dessus de la tête, de donner un air bête à une physionomie douce et rêveuse ; un air méchant à la femme à la beauté sévère et réfléchie [34] ».

Chapeau haut-de-forme et habit noir

Au XIXe siècle, le vêtement masculin intéresse beaucoup moins les manuels de savoir-vivre, les revues ou les chroniques de mode que celui des femmes. Depuis la Restauration, conçu

sur le modèle anglais, il tend de plus en plus à l'uniformité et à l'austérité, contrastant en cela avec la diversité, la profusion, la somptuosité des vêtements féminins. Pour l'homme du monde et le bourgeois, le XIXᵉ est le siècle de l'habit noir et du haut-de-forme. Néanmoins, cette simplicité n'en demeure pas moins soumise à des codes – chaque partie de la journée se caractérisant par un vêtement particulier, chaque accessoire faisant l'objet de règlementations minutieuses, qu'il s'agisse des gants, de la canne ou de la cravate – épicentre de la bienséance vestimentaire masculine.

Comme le constatent déjà, à l'époque, les plus sagaces observateurs de la société bourgeoise, le vêtement du matin, celui que l'on porte au réveil, ce vêtement qui est pour les femmes le plus modeste de la journée, est pour les hommes le plus luxueux : « D'autant plus somptueux, observe ainsi A. Debay dans son *Hygiène vestimentaire*, que le costume extérieur de la ville est plus simple [...]. Autrefois, lorsque ces étoffes composaient le vêtement de ville, lorsque la mode permettait les broderies d'or, les galons, les passementeries, etc., le déshabillé était fort peu de chose, mais aujourd'hui que la mode impose au duc et au bourgeois, au financier et au commis, l'habit noir et le chapeau rond, Messieurs les riches se dédommagent de cette insipide uniformité par un costume intérieur magnifique[35]. »

Il faut bien quelque chose pour se distinguer, et pour briller un peu. Car dès que l'on quitte son domicile, le costume de drap noir constitue un impératif incontournable – au moins depuis le début de la monarchie de Juillet, où même les traditionalistes les plus enragés finissent par délaisser le vieil habit « à la française » et le bicorne de jadis. Ce costume de rigueur ne se décline que sous deux formes principales, vouées chacune à une partie de la journée et à un type d'activité : la redingote et l'habit.

La première, issue du *riding coat* anglais, s'est imposée au XIXe siècle comme le vêtement de ville par excellence – même si certains constatent qu'il s'agit d'un costume parfois difficile à porter, précisément à cause de sa sévérité. On admet, il est vrai, qu'elle soit agrémentée d'un gilet – lequel connaîtra au cours du siècle des fortunes diverses, quant à sa forme, aux couleurs admises, à la richesse et à la matière des boutons, etc. ; on va jusqu'à autoriser que le pantalon ne soit pas de la même étoffe, ni du même ton : la bienséance tolère à cet égard des carreaux ténus ou des raies discrètes. Mais la redingote demeure la base incontestable. Elle est ainsi considérée comme la véritable tenue des visites : pour y procéder, l'habit serait excessif, et le veston – réservé à la campagne, aux voyages ou aux affaires –, exagérément familier. À la fin du siècle, le membre d'un club revenant de voyage sans avoir eu le temps de se changer doit, s'il veut dîner au club dans cette tenue, en demander par écrit l'autorisation au président. Tout au plus pourra-t-on se contenter de la jaquette – « vêtement d'homme qui, par-derrière, est fait comme une redingote, mais dont les pans de devant s'arrondissent ou s'évasent jusqu'à la hauteur des genoux », précise au début du XXe siècle le *Nouveau Larousse illustré* –, et uniquement lorsque l'on rend visite à des amis ou à des familiers chez qui l'on est fréquemment reçu. À l'inverse, on estime, notamment sous le second Empire, que se présenter en redingote chez un supérieur constitue « une grossière incivilité[36] ». « Il serait aussi ridicule de sortir le matin en habit, que d'entrer dans un salon le soir en redingote », observe à l'époque François de Mortemart Boisse[37].

Le soir, en effet, pour les dîners de cérémonie, les bals, seul est admis l'habit noir – drap doublé de soie, pantalon assorti, gilet de satin noir ou de piqué blanc : toute autre forme, tout autre coupe, toute autre couleur paraîtraient inconvenantes.

L'affaire est-elle pourtant aussi simple que cela ?

Le fait est qu'au début du XXe siècle, le choix du costume approprié, frac ou redingote, suscite encore des débats vigoureux, sinon perfides – comme en témoigne ce que l'on pourrait appeler « l'Affaire de la redingote du président Fallières ». Ce dernier, en visite d'État en Angleterre, avait été convié par le roi Édouard VII à un grand dîner au palais de Buckingham, l'invitation officielle prescrivant... la redingote. Stupeur de part et d'autre de la Manche : un journal à très gros tirage, *L'Écho de Paris*, pour tenter d'éclairer cette gravissime question, entreprit d'interroger celui que l'on considérait, en France, comme l'arbitre des élégances, André de Fouquières. La réponse de celui-ci émettait l'hypothèse que le roi avait voulu établir une différence, dans le costume, entre le dîner de « grand gala » (en habit) et le dîner de « demi-gala » (en redingote) : ce qui lui valut immédiatement une cinglante réplique du grand critique stendhalien Jean de Mitty, « toute licence, sauf contre le frac », parue dans le *Gil Blas* du 29 mai 1908 : Mitty reprochait vertement à Fouquières d'avoir prétendu que le roi d'Angleterre voulait innover en prescrivant la redingote. À quoi Fouquières prit la peine de répondre, cette fois dans le journal *La Vie parisienne*, reconnaissant que l'« On porte la redingote aux *five o'clock*, aux conférences, aux ventes de charité. Mais on la quitte vers sept heures, chez soi, où l'on trouve l'habit préparé – l'habit, tenue obligatoire de tout gentleman "qui se met à table." » Et il ajoutait qu'au fond, tout le monde était d'accord, y compris les Anglais, puisque le problème venait en l'espèce d'une erreur de traduction du carton d'invitation, et qu'avant le dîner royal, le président Fallières avait bien été prié de venir en habit[38]...

En outre, si l'habit noir constitue la norme durant une grande partie du siècle, il va sans dire que celle-ci n'existe et n'est respectée que dans les strates les plus élevées de la société française, celles qui donnent le ton : à la grande soirée où elle est conviée avec son mari chez le marquis d'Andervilliers, Emma Bovary constate que, si certains le portent avec plus d'élégance que d'autres, tous les messieurs sont en habit – et un seul d'entre eux est en habit bleu. Mais il n'en va pas de même dans le milieu à la fois plus mêlé, plus composite et plus modeste dont elle est issue, réunissant des gros paysans et des personnes de la petite ou de la moyenne bourgeoisie, et où se manifeste une extrême diversité dans le vêtement, y compris lors de grands jours comme le mariage. À celui de Charles et d'Emma, précisément, les messieurs, « suivant leur position sociale différente [...] avaient des habits, des redingotes, des vestes, des habits-vestes ; – bons habits, entourés de toute la considération d'une famille, et qui ne sortaient de l'armoire que pour les solennités ; redingotes à grandes basques flottant au vent, à collet cylindrique, à poches larges comme des sacs ; vestes de gros drap, qui accompagnaient ordinairement quelque casquette cerclée de cuivre à sa visière ;

habits-vestes très courts, ayant dans le dos deux boutons rapprochés comme une paire d'yeux, et dont les pans semblaient avoir été coupés à même un seul bloc par la hache du charpentier. Quelques-uns encore (mais ceux-là, bien sûr, devaient dîner au bas bout de la table) portaient des blouses de cérémonie, c'est-à-dire dont le col était rabattu sur les épaules, le dos froncé à petits plis et la taille attachée très bas par une ceinture cousue[39] ». Du reste, le costume ne dépend pas seulement du statut social, mais aussi de l'impression que l'on veut donner, de la figure, bonne ou mauvaise, que l'on souhaite présenter. En tête du cortège nuptial, donnant le bras à Mme Bovary mère, le père d'Emma, ravi de marier sa fille, porte un chapeau de soie neuf et un habit noir dont les parements lui couvrent les mains jusqu'aux ongles, tandis que M. Bovary père, « méprisant au fond ce monde-là, était venu simplement dans une redingote à un rang de boutons, d'une coupe militaire[40]. » Le choix du vêtement est donc un moyen parmi d'autres de manifester sa politesse, ou, au contraire, de se montrer impoli.

En 1889, le Sénat est réuni en Haute Cour pour juger le général Boulanger, accusé d'avoir voulu renverser la République. L'heure est grave : mais une question occupe les sénateurs : comment doivent-ils s'habiller pour y siéger ? Les autorités conseillent l'habit noir, seul conforme aux cérémonies austères, mais les sénateurs renâclent, jugeant peut-être le conseil mal venu, ou le frac trop Ancien Régime. Bon nombre d'entre eux, rapporte *L'Univers illustré* du 27 avril 1889, sont donc arrivés au palais du Luxembourg « en redingote, en jaquette, voire même, en veston, trouvant, sans doute, que ce costume simple et sans prétention convient mieux à leur genre de beauté. Que voulez-vous, ironise le journaliste, on ne peut pas obliger un membre de la chambre haute à se déguiser en gentleman[41] ».

La cravate, écrit Balzac, « répand comme un parfum exquis dans toute la toilette », étant « à la toilette ce que la truffe est à un dîner »[42]. Elle constitue l'accessoire décisif, à une époque où ceux-ci acquièrent une importance inédite.

En habit ou en redingote, en effet, seul un œil averti distingue du premier coup le duc et pair de l'employé aux écritures. C'est donc à d'autres signes que l'on va repérer les différences : à leurs cannes (en particulier vers la fin du siècle), à leurs gants, bien sûr, mais d'abord et surtout, à leurs cravates, comme le déclare encore Balzac dans un article publié en juin 1830, « De la cravate, considérée en elle-même et dans ses rapports avec la société et les individus ». « Sous l'Ancien Régime, chaque classe de la société avait son costume ; on reconnaissait à l'habit le seigneur, le bourgeois, l'artisan. Alors, la cravate [...] n'était rien qu'un vêtement nécessaire, d'étoffe plus ou moins riche, mais sans considération, comme sans importance personnelle. Enfin les Français devinrent tous égaux dans leurs droits, et aussi dans leur toilette, et la différence dans l'étoffe ou la coupe des habits ne distingua plus les conditions. Comment alors se reconnaître au milieu de cette uniformité ? Par quel signe extérieur distinguer le rang de chaque individu ? Dès lors était réservée à la cravate une destinée nouvelle : de ce jour, elle est née à la vie publique, elle a acquis une importance sociale ; car elle fut appelée à rétablir les nuances entièrement effacées dans la toilette, elle devint le critérium auquel on reconnaîtrait l'homme comme il faut et l'homme sans éducation[43]. »

Accessoire par excellence, la cravate a pourtant été sujette, de la Révolution au début du XXᵉ siècle, à des variations assez rapides[44].

Honnie des révolutionnaires, qui se découvrent le cou ou remplacent ce symbole aristocrate par un simple chiffon noué en foulard, réapparaissant après la Terreur, en particulier chez les Incroyables, qui en font une manière de manifeste contre-révolutionnaire, c'est sous la Restauration, à l'époque où Balzac publie sa *Physiologie de la toilette*, qu'elle connaît son heure de gloire. C'est alors que l'on publie, à l'usage des hommes élégants, un *Cravatiana ou traité général des cravates considérées dans leur origine, leur influence politique, physique et morale, leurs formes, leurs couleurs et leurs espèces* (1823), suivi, en 1827, d'un *Art de mettre sa cravate de toutes les manières connues et usitées*, enseigné et démontré en seize leçons, par le baron Émile de L'Empesé, puis l'année suivante, d'un *Code de la cravate*. Un « code » qui, quel que soit son caractère parodique, indique bien qu'il est ici question de règles, autrement dit, non seulement de savoir-faire, mais aussi, de savoir-vivre.

À l'époque, souligne Balzac « de toutes les parties de la toilette, la cravate est la seule qui appartienne à l'homme, la seule où se trouve l'individualité. De votre chapeau, de votre habit, de vos bottes, tout le mérite revient au chapelier, au tailleur, au bottier, qui vous les ont livrés dans tout leur éclat ; vous n'y avez rien mis du vôtre. Mais pour la cravate, vous n'avez ni aide ni appui ; vous êtes abandonné à vous-mêmes ; c'est en vous qu'il faut trouver toutes vos ressources. [...] Tant vaut l'homme, tant vaut la cravate. Et, à vrai dire, la cravate, c'est l'homme ; c'est par elle que l'homme se révèle et se manifeste [45] ». Savoir vivre, c'est alors savoir prendre le temps (considérable) de nouer correctement sa cravate, un privilège réservé à l'élite oisive qui donne encore le ton à la mode et à la bienséance.

Mais les choses changent après 1830 et l'avènement de la monarchie de Juillet, dominée par des élites bourgeoises plus actives, et ne qui disposent pas des loisirs – ni des motivations – que nécessitait naguère le rite complexe de la cravate. C'est pourquoi cette dernière se simplifie, alors même que son volume, ainsi d'ailleurs que son rôle social, tend à se réduire.

Il va sans dire qu'elle reste néanmoins obligatoire, dès l'adolescence, et pratiquement, à tout moment de la journée. On n'exhibe pas plus la nudité de son cou que celle de ses mains. Ce qui variera, ce sont, en fonction de l'âge et du moment, la forme, l'ampleur, qui s'accroît à mesure que l'on vieillit, et la couleur, noire pour la ville, blanche pour les cérémonies, les dîners et les bals – certains personnages distingués ou poseurs, comme M^e^ L'Ambert, le (ridicule) héros du roman d'Edmond About, *Le Nez d'un notaire*, affectant toutefois de ne jamais quitter la cravate blanche, et refusant obstinément de se laisser aller à l'excessive décontraction de la cravate noire.

Si l'on a omis d'évoquer le parfum, c'est parce que ce dernier doit demeurer aussi discret que possible – même si certains, dans le grand monde, n'hésitent pas à se faire remarquer par leurs fragrances d'iris, de lavande ou de violette, quitte à encourir les sarcasmes des malveillants : on cite à ce propos une anecdote relative au marquis de Modène, grand seigneur hautain et coquet, qui, regagnant son fauteuil à l'Opéra, est invectivé par une dame avec laquelle il est en froid : « Quelles horreurs que ces parfums ! » Aussitôt, le marquis se retourne, et réplique, toisant la coupable : « Madame, je ne vous empêche pas de sentir mauvais[46]. »

La grammaire galante

« L'image d'un XIXe siècle sombre et triste, austère et contraignant pour les femmes, est une représentation spontanée[47] » – mais sommaire, et partiellement inexacte. Car si le Code civil adopté en 1804 place effectivement les femmes sous la dépendance de leurs maris, s'il en fait, en un sens, des êtres inférieurs, sous tutelle, il faut reconnaître que la société, l'opinion, la littérature en donnent une image très différente.

À l'homme, la domination physique, et donc l'autorité, le commandement, la volonté. L'homme, déclare ainsi la baronne Staffe est « celui que la nature et la société ont fait le plus fort[48] ». Mais à la femme revient la supériorité morale.

Dans les années 1830, Mme Celnart recommandait à cette dernière de ne jamais oublier que si « elle peut être homme par la supériorité de son esprit, par sa force de volonté [...], à l'extérieur elle doit être femme ! Elle doit présenter cet être fait pour plaire, pour aimer, chercher un appui, cet être différent de l'homme et si ressemblant à l'ange[49] » – lequel se situe, comme le comprennent alors toutes ses lectrices, incommensurablement au-dessus de l'homme. Et à la même époque, Balzac stigmatisait, sous les traits altiers de Mme Rabourdin, ce qu'il appelait

LA GALANTERIE FRANÇAISE

ironiquement « la femme supérieure », celle qui prétend briller par son esprit ou par ses talents, indépendamment de son mari et au-dessus de lui. « Dès les premiers jours de leur mariage, en se sentant aimée et admirée par Rabourdin, Célestine fut sans façons avec lui, elle se mit au-dessus de toutes les lois conjugales et de politesse intime, en demandant au nom de l'amour le pardon de ses petits méfaits ; et comme elle ne se corrigea point, elle domina constamment » – ce qui constitue, laisse entendre le romancier, une faute caractérisée au regard de ces lois, celles du « savoir-vivre marital » de l'époque[50].

Au total, la femme apparaît donc tout à la fois supérieure, et inférieure – placée dans un état ambigu qui participe de la perfection angélique et de la fragilité enfantine. Perçue comme essentielle, cette différence entre les sexes doit, à tout prix, être préservée, et mise en valeur.

La reine et le chevalier

Considérés comme foncièrement différents, hommes et femmes obéissent, dans leurs rapports mutuels, à des règles distinctes, conçues en fonction de ce qui les caractérise.

Du côté des hommes, leur supériorité physique et leur infériorité morale impliquent qu'ils doivent aux femmes protection (parce qu'ils sont plus forts), et respect (puisqu'elles sont moralement au-dessus d'eux). Quant aux femmes, leur état leur vaut certes de multiples privilèges, mais il entraîne aussi des contraintes et des interdits innombrables. Pour reprendre un jargon familier aux juristes, on peut dire que la politesse leur impose surtout des obligations *de ne pas faire*, bref, des interdits, en rapport avec ce que l'on suppose être leur nature, à mi-chemin entre l'ange et l'enfant – alors que les hommes, êtres actifs, volontaires, agissants, se voient imposer pour l'essentiel des obligations de faire.

La nature et la société, explique sans rire la baronne Staffe, ont fait l'homme plus fort afin qu'il soit le protecteur de la femme[51]. La réalité que dévoilent les mémoires, les journaux ou les rapports de police est évidemment beaucoup moins idyllique, la femme, à quelque milieu qu'elle appartienne, étant au XIXe siècle fréquemment victime de violences physiques infligées par son mari, ou son amant. Mais le savoir-vivre se situe sur un autre plan, celui des principes, là où la force masculine n'a qu'une fonction protectrice, ce qui se traduit par une multitude de préceptes – parfois quelque peu byzantins lorsqu'on oublie de les rapporter à ce qui les fonde.

Ainsi, note Mme Celnart, « la décence exige qu'un cavalier offre son bras à la dame qui se promène avec lui ; la galanterie exige qu'il lui demande la permission de porter ce qu'elle peut avoir de gênant à la main, comme un sac, un livre, une ombrelle (le soleil étant passé) ; en cas de refus, il doit insister. Est-on accompagné de deux dames, on ne peut se dispenser de donner le bras à chacune d'elles [52]. » Dieu merci, le cas est exceptionnel, le malheureux promeneur se trouvant alors face à un terrible cas de conscience, puisque la règle exige impérativement qu'on offre à une dame son bras *gauche* – et qu'il est somme toute assez rare qu'on en ait deux...

Mais alors, pourquoi le bras gauche ? Parce que la dame qu'il accompagne se trouve alors sous sa protection, l'homme devant, tandis que la femme s'appuie sur son bras gauche, conserver libre son bras droit pour être à même de la défendre en cas de besoin. La défendre, explique à ce propos la comtesse de Gencé, doit être pris ici « dans son acception la plus étendue. Défendre veut dire aussi bien protéger matériellement contre les dangers que faciliter les voies, écarter la foule, en un mot assurer le passage et diriger la marche ». Or, « si l'on se trouvait dans l'obligation de protéger la dame contre des malfaiteurs [...] c'est assurément le bras droit qui serait le plus utile. Aussi l'usage d'offrir le bras gauche a-t-il pour lui d'être logique, et c'est le bon sens qui, en matière de savoir-vivre, fournit les plus sages inspirations ». Cependant, la règle détaillée par la comtesse de Gencé au début du XXe siècle ne semble ni très ancienne – en 1838, Mme Celnart n'en fait nulle mention – ni très stricte. Beaucoup d'hommes, estimant que le côté droit est la place d'honneur, « persistent à offrir, comme on faisait jadis, le bras droit à leur cavalière ». De fait, pour danser, c'est le bras droit que les cavaliers offrent aux dames, l'idée de protection n'ayant alors plus de raison d'être, et c'est également ce qu'ont toujours fait ceux qui portent l'épée, les militaires par exemple, « non pas pour dégainer à l'aise, mais pour marcher plus librement et pour ne pas embarrasser le pas de leur cavalière »[53].

Cette protection symbolique se traduit par la position occupée dans l'espace. L'homme entre ainsi le premier au restaurant et dans tous les lieux publics, il monte et redescend l'escalier devant, non en tant que supérieur (ni bien sûr, quoi que pensent naïvement certains de nos contemporains, pour les empêcher de reluquer les mollets des femmes, d'ailleurs parfaitement dissimulés sous l'amoncellement des jupes, jupons, robes et dentelles), mais comme défenseur, s'assurant par là que « sa dame » n'encourt aucun risque. De même, dans la rue, il laisse à la femme le haut du pavé, c'est-à-dire la partie du trottoir la plus éloignée de la rue, faisant écran entre elle et le caniveau – souvenir des temps déjà lointains où celui-ci n'était qu'un infect bourbier –, et plus largement, avec l'extérieur. Il s'agit du reste, note Mme Celnart, d'une « marque de déférence également due à ceux qui ont des droits à notre respect[54] » – ce qui montre combien déférence et protection peuvent être intimement liées, l'homme jouant en l'occurrence le rôle d'un garde du corps.

Ces jeux d'espace se retrouvent dans l'enceinte confinée des voitures, où les places du fond, à droite, sont réservées aux dames ; et jusque dans l'intimité de la chambre à coucher, où là encore, la femme a droit, rappelle Marsan à ses lecteurs masculins, à la place du fond : « Tu la dérobes aux regards, tu la gardes, tu la protèges [...]. Si les circonstances t'imposent un lit de coin de mur, elle se glisse contre le mur, toujours pour la raison que j'ai dite. Tu veux mettre ta personne entre la sienne et l'univers[55]. »

La gestion de l'espace est ici la manifestation d'une protection symbolique. Mais la politesse n'exclut pas que celle-ci puisse, à l'occasion, devenir bien réelle. Ainsi, lorsque la femme qu'il accompagne se trouve offensée par un autre, c'est à l'accompagnateur, au cavalier, qu'il appartiendra d'exiger des excuses, et le cas échéant, de demander réparation par les armes : comme si c'était effectivement lui, et non la femme qu'il accompagne, qui avait subi l'affront. Il est vrai qu'un duel opposant un homme à une femme serait non seulement contraire à tous les usages, mais proprement inconcevable : en aucun cas, un homme bien élevé ne saurait porter la main sur une femme, ni une dame comme il faut, se battre avec un homme. Ce qui n'est pas toujours sans conséquences : en juin 1888, Alphonse Daudet sera sur le point de se battre en duel avec le journaliste Gabriel Astruc, qui avait écrit un article insultant sur son épouse – celle-ci allant jusqu'à menacer son mari de divorce s'il ne parvenait à laver l'affront. Dans un autre genre, lorsque Mme Caillaux, la femme du ministre des Finances, voudra châtier le directeur du *Figaro* Gaston Calmette d'avoir laissé publier la correspondance adultère de son mari, elle choisira, tout duel étant impossible, de l'assassiner à coups de revolver. On raconte à l'époque que lorsque des gendarmes étaient venus l'appréhender, la meurtrière les aurait apostrophés : « Ne me touchez pas, je suis une dame [56] ! »

Mais l'homme, protecteur né de la femme, lui doit aussi le respect : celui qui est dû à sa supériorité morale. Un respect qui se marque en particulier à travers le salut, généralement considéré comme le plus élémentaire des signes extérieurs de la politesse. « Un inférieur, dans quelque hiérarchie que ce soit, devra toujours saluer son supérieur. Toutefois, un homme âgé saluera le premier un jeune homme, si ce dernier est accompagné d'une dame. Même dans l'armée, cette règle sera rigoureusement observée. Un général devra saluer le premier n'importe quel lieutenant, s'il est en compagnie d'une dame. Il devra faire de même pour un adjudant [57] ». La femme, quelle qu'elle soit – pourvu, précise tout de même la baronne Staffe, qu'elle ait une tenue décente et un maintien convenable [58] – aura donc droit à la déférence naturellement due aux supérieurs, ou aux anciens, et cela, quel que soit le lieu de la rencontre : lorsqu'une dame entre chez lui, un maître de maison s'incline en principe aussi profondément devant elle, que s'il entrait lui-même dans son salon.

Pourtant, si le principe est stable, incontesté, la mise en œuvre de cette déférence due aux femmes – notamment à travers le salut, on le verra plus loin – paraît sujette à des modes assez fluctuantes.

La femme était-elle donc, ainsi que le prétend la baronne Staffe, « reine dans la société », et révérée par l'homme « comme un être plus délicat que lui, comme une personne précieuse »[59] ? Disons plutôt qu'elle en avait l'ambition, ou la nostalgie. Nostalgie du temps mythique où « le prince de Ligne, président du Sénat belge, découvrait sa tête blanche devant toutes les filles de basse-cour du château de Bel-Œil », du temps où « l'orgueilleux Louis XIV levait son chapeau empanaché devant une blanchisseuse »[60]. Une reine ? C'est ce qu'elle était autrefois, soupire la comtesse de Genlis : avant la Révolution. Avant celle-ci, dans la bonne compagnie, « les femmes étaient traitées par les hommes avec presque tous les usages respectueux prescrits pour les princesses du sang ; ils ne leur parlaient en général qu'à la tierce personne ; ils ne se tutoyaient jamais entre eux devant elles. Lorsqu'on leur adressait la parole, c'était toujours sur un ton de voix moins élevé que celui qu'on avait avec des hommes. Cette nuance de respect, conclut mélancoliquement Mme de Genlis, avait une grâce qui ne peut se décrire[61] ».

Si elle n'est plus tout à fait reine, elle demeure sacrée, intouchable, ce qui constitue encore un privilège considérable, comme le confie Maurice Barrès à Anna de Noailles à propos d'un ragot colporté par la baronne Deslandes : « Les femmes ont vraiment une irresponsabilité, une toute-puissance monstrueuse. D'homme à homme, ma position serait simple ; je dirais "mais à qui furent montrées ces lettres ? À M. X. ? Je vais en causer avec lui." Ce serait tout agrément. Mais ici, outre les complications de détail, il y a que Mme D., avec son privilège de femme, peut répondre : "je sais ce que je sais, je dis ce que je dis, et je refuse toute explication"[62] ». Et ce, sans que celui qu'elle met dans l'embarras ou qu'elle accule au désespoir puisse démentir sans se ridiculiser, ni la provoquer en duel, ultime solution pour trancher, entre hommes, les atteintes à la bienséance et les questions d'honneur. En bref, la femme est à certains égards en position de force.

Pourtant, cette reine, cette intouchable est aussi une esclave : car sa dignité, sa supériorité lui imposent en retour des obligations souvent plus lourdes que celles qui pèsent sur l'autre sexe. Par ailleurs, bénéficiaires de la protection des hommes, les femmes renoncent du même coup à toute volonté, à tout pouvoir, à toute autorité – autre que mondaine, ou domestique.

En premier lieu, sa supériorité morale et mondaine fait de la femme la gardienne naturelle de la politesse et du savoir-vivre. Ce lieu commun se trouve longuement et pesamment développé, dès 1801, dans un poème médiocre qui connaîtra pourtant un prodigieux succès, *Le Mérite des femmes*, de Gabriel Legouvé. Dans l'avant-propos, l'auteur explique que seules les femmes pourront ramener le peuple français « à sa première urbanité, qu'il a presque perdue » avec la Révolution. Elles seules, en effet, « polissent les manières ; elles donnent le sentiment des bienséances ; elles sont les vrais précepteurs du bon ton et du bon goût ; elles sauront nous rendre [...] l'affabilité, qui était un de nos traits distinctifs »[63]. C'est ce que répète encore, un demi-siècle plus tard, la première livraison d'une nouvelle revue féminine, *Le Conseiller des Dames* : « Les femmes, a dit quelque part Mme de Staël, mènent la société. C'est surtout en France que ce spirituel axiome trouve sa juste application. Ce sont les dames de nos salons qui enseignent les règles de la véritable élégance ; elles seules, dans ces temps de laisser-aller, ont défendu de leur influence civilisatrice les principes du bon goût, les traditions des belles manières et la politesse exquise légués par nos aïeux[64]. »

Mais pour cette raison même, la femme, et plus encore la jeune fille, se trouvent soumises à des contraintes particulièrement pesantes. Sur elles pèsent certaines restrictions, certains interdits inconnus aux hommes. Ainsi – on y reviendra plus loin –, le tabac est-il généralement interdit aux femmes, étant considéré jusqu'à la fin du XIXe siècle comme spécifiquement masculin. Beaucoup plus contraignant : jusqu'à un âge relativement avancé, une demoiselle ne doit sortir qu'accompagnée par un très proche parent, ou par une dame plus âgée, qui prend alors le titre de chaperon et doit remplir avec vigilance son rôle de surveillant.

Au début du siècle suivant, certains continuent d'y voir un interdit majeur, même si d'autres, à l'instar de la comtesse de Gencé, constatent avec un brin de résignation que ce « vieux principe de la politesse française est aujourd'hui battu en brèche », puisqu'on va jusqu'à autoriser désormais les jeunes filles, dès l'âge de vingt ou vingt et un ans, à sortir seules pour des courses en ville, des messes matinales ou des visites de charité[65].

En réalité, on entrevoit ici une seconde série de contraintes qui, dans l'ordre du savoir-vivre, sont la contrepartie de la protection dont bénéficie la femme : le corollaire de la faiblesse qu'on lui prête, et que la bienséance la contraint de mettre en avant. Supposée faible et fragile, elle doit notamment renoncer à tout ce qui se rapporte au pouvoir et à l'autorité, à la force et à la violence, jugés spécifiquement masculins.

Pour cette raison, la femme doit éviter les discussions politiques – qui la feraient se mêler de ce qui ne la regarde pas. Comme l'affirmait déjà Mme de Genlis au tout début du XIXe siècle, se souvenant sans doute des héroïnes ambiguës de la Révolution, « il faut convenir qu'en général, les femmes ne sont point faites pour gouverner, ni pour se mêler des graves intérêts de la politique ». La preuve ? « On n'en trouverait peut-être pas une seule de 20 ans qui, possédant une éclatante beauté, consentit (si l'échange était possible) à la perdre pour acquérir un trône[66]. » Par conséquent, et même si pour cela il lui faut feindre, elle devra « dans cette conversation insinuer son ignorance et s'excuser de n'être pas à même de prononcer un jugement ». « La femme, confirme d'ailleurs la baronne Staffe, n'impose pas ses convictions personnelles [...] ; un de ses grands charmes est de ne pas se poser en supérieure de l'homme, quelles que soient son intelligence et sa force morale[67]. »

Tel reste le leitmotiv de la bienséance féminine jusqu'à la guerre de 1914 : l'effacement, la discrétion doivent marquer chaque geste, chaque attitude. La démarche, par exemple, doit rester « modeste et mesurée », sans cette précipitation qui, selon Mme Celnart, nuit à la grâce décente qui caractérise la femme[68]. Cette dernière, ajoute la comtesse Drohojowska, doit se montrer aimable, prévenante, gracieuse, mais surtout, « joindre à ces qualités une immense réserve »[69]. Au début du siècle suivant, la baronne Staffe ou la marquise de Pompeillan ne disent pas autre chose, lorsqu'elles affirment qu'« une vraie femme du monde se montrera réservée en tout et partout, chez elle, chez autrui, et surtout en public »[70].

Par conséquent, on interdit, notamment aux jeunes filles, tout ce qui pourrait aller à l'encontre de ce principe. « Pas de *shake-hand* brutal, pas de croisement de jambes, pas de propos d'atelier ni de turf, pas de jugements catégoriques sur les hommes ou les femmes, pas de familiarité avec les Messieurs », rappelle la comtesse de Gencé. À ce propos, il va sans dire que toute initiative amoureuse est strictement prohibée par les usages. Suivant le mot célèbre, un homme qui fait la cour est un galant homme, alors qu'une femme qui ferait de même serait une femme galante. Tout ce à quoi l'on autorise les jeunes filles est de prêter une oreille courtoise aux galanteries délicates, « si tant est, poursuit la comtesse, que la galanterie n'est qu'une forme un peu précieuse de politesse »[71].

À cet égard, le XIXe siècle, « le siècle de la virginité[72] », comme on l'a parfois qualifié, paraît aussi éloigné du précédent, l'âge d'or des « civilités érotiques[73] », que de la fin du XXe siècle et de sa libération sexuelle. C'est qu'entre la chute de l'Ancien Régime et le siècle suivant, il y a le souvenir traumatisant de la Révolution – où l'on vit en France, rapporte Mme de Genlis, « des jeunes femmes de très bon air se présenter en public presque toutes nues comme des Lacédémoniennes ; tutoyer les jeunes gens ; [...] donner en public, sous leur nom, des pièces de vers érotiques qui n'auraient dues être signées que par des hommes[74] ». La bienséance féminine, au XIXe siècle, se construira donc par réaction à ces bacchanales révolutionnaires, réelles ou supposées : sur un ton austère qui coïncide du reste avec l'esprit et les dispositions du Code Napoléon, promulgué en 1804.

Il faudra attendre les dernières décennies du siècle pour voir s'amorcer une détente significative[75]. C'est l'époque où les femmes à la mode se mettent à l'escrime[76], l'époque aussi où apparaît le *flirt*, « petite guerre entre les deux sexes où tout n'est que jeu et simulacre », à en croire Paul Bourget, que l'on considère alors comme le romancier par excellence de la psychologie mondaine. « Le bon Littré, que je viens d'avoir la curiosité de consulter sur ce mot nouveau, le définit : mot anglais qui signifie le petit manège des jeunes filles auprès des hommes, et des hommes auprès des jeunes filles ». Mais précisément, cette symétrie paraît, en France, encore passablement inconvenante. Lorsque l'on est une dame, on ne badine pas avec l'amour. « Certains flirts, commente le prude Bourget, salissent une femme plus que la possession. La rose coupée sur sa tige peut rester fraîche et pure. La rose, même en bouton, même sur le rosier, – mais tripotée –, est pire que fanée[77] ».

Époux, discrets époux

Au XIXe siècle, ainsi qu'on l'a déjà noté, l'intimité, et bien sûr la sexualité, demeurent à peu près exclus du champ de la politesse. « Le culte de la virginité, l'angélisme romantique et l'exaltation de la pudeur imposent au bourgeois fervent de se représenter la chambre et le lit conjugal comme un sanctuaire et un autel où se déroule l'acte sacré de la reproduction[78]. » La sexualité se situe ainsi, à l'égard du savoir-vivre, dans un angle mort : un auteur aussi leste qu'Edmond de Goncourt s'offusque lorsque la fille de Gautier le consulte sur la place du lit conjugal de sa future chambre : « Je me prends un peu à rougir, pour la jeune mariée, de l'exhibition en public de ce meuble sur lequel l'imagination des visiteurs l'étend déjà dans une pose conjugale. Je trouve de bon goût l'interdiction anglaise de la chambre à coucher de la femme mariée. » Certes, lui-même finit par comprendre qu'il commence à être un peu « vieux jeu », et qu'en la matière, les choses changent rapidement : ainsi, lorsqu'on évoque devant lui, en 1884, « la liberté de paroles des femmes du grand monde de vingt ans, comparée à la liberté de paroles des femmes de trente ans », et les « cochonneries qu'elles osent risquer » en public[79]. Mais sur ce plan, l'évolution des mœurs n'affecte en rien les préceptes du savoir-vivre, qui restent d'une pudibonderie intransigeante.

Par conséquent, les époux ne sont appréhendés, sous l'angle des bonnes manières, qu'à travers leur vie extérieure, dans les comportements qui se déroulent sous le regard d'autrui : en public, ou en famille.

En public, ce sont les règles générales évoquées précédemment qui s'imposent aux époux : ceux-ci sont en effet envisagés, non point comme tels, mais comme un homme et une femme, astreints l'un et l'autre aux obligations ordinaires de leur sexe. Ainsi doivent-ils impérativement demeurer réservés l'un avec l'autre. Sous la monarchie de Juillet, Mme Celnart déclare que, même récemment mariés, les époux devront « s'interdire en public toute marque de tendresse trop vive, de soin trop exclusif ». En effet, « des époux qui, en société, se placent constamment l'un auprès de l'autre, qui conversent, qui dansent ensemble, et s'embrassent, n'échappent point au ridicule que leur cachent leurs sentiments. » La raison de cet interdit ne vient pas seulement du puritanisme de l'époque, elle tient aussi à l'idée que « dans le monde, on doit avant tout éviter d'être personnel : or, un mari ou une femme, c'est un autre soi ; il faut l'oublier[80] ».

Au début du XXe siècle, Chambon rappelle l'une des conséquences de ce précepte : si, dans l'intimité, le *Tu* entre époux « vient naturellement aux lèvres par l'habitude de la cohabitation », en public, en revanche, « l'usage de la société est le *Vous*[81] ». Dans l'intimité, il paraît effectivement plus « normal » de se tutoyer : les correspondances privées indiquent d'ailleurs que tel est l'usage ordinaire, y compris dans les milieux les plus relevés. Lorsque le comte de Serre, futur garde des sceaux de Louis XVIII, est nommé président de la cour d'appel de Colmar en janvier 1815, il l'annonce à sa femme en la tutoyant tendrement : « Bon jour, bon an, ma tendre et bien aimée amie, te voilà Première Présidente d'Alsace. » De même, lorsque François Guizot, calviniste austère et futur président du Conseil de Louis-Philippe, écrit à sa première épouse : « Avec toi, ma Pauline, je ne puis rien regretter, rien désirer, tout est bon, tout est complet. » Et quand, durant les Cent-Jours, Mme de Rémusat, petite-nièce de Vergennes, correspond avec son mari en exil, c'est encore dans les mêmes termes : « Je suis heureuse de te devoir des habitudes de modération dans mes opinions »[82].

Plus généralement, le tutoiement entre homme et femme est souvent perçu comme le signe et la preuve d'une liaison amoureuse. C'est ainsi que les frères Goncourt assistent un soir, chez la princesse Mathilde, à une discussion entre Flaubert et George Sand, lorsque « tout à coup, dans les *Vous* de Flaubert à Mme Sand, un *Tu* échappa à Mme Sand dans sa réponse. La Princesse nous jette un regard. Est-ce un *Tu* d'amante ou de cabotine[83] ? » Le tutoiement n'est pas innocent ni anodin : il manifeste, sans plus de précisions, l'existence d'une relation intime, et Balzac peut se contenter d'indiquer la rupture entre un amant et sa maîtresse par le passage subit, chez l'un et l'autre, du *Tu* au *Vous*, de même qu'il se sent obligé, lorsqu'il adresse à sa maîtresse secrète Mme Hanska des lettres qui pourraient être lues par des indiscrets, de lui écrire « chère comtesse » et « vous »[84]. C'est pourquoi le tutoiement en public sera longtemps ressenti comme un tantinet obscène – comme si on levait, en l'utilisant devant d'autres, un coin du voile de l'intimité amoureuse ou conjugale. Et au début du XXe siècle, les auteurs de manuels de bonnes manières continuent de rappeler qu'« il est plus distingué de ne pas se tutoyer en public », même si certains d'entre eux concèdent qu'on ne peut plus aller « jusqu'à dire que le tutoiement constitue une faute contre le savoir-vivre[85] ».

Incontestablement, il y a deux poids et deux mesures. On doit se comporter différemment en public, et entre soi…

Dans le même ordre d'idées, le savoir-vivre proscrit, en public, les petits noms familiers, affectueux ou amoureux : à la fin du XIXe siècle, le milieu littéraire parisien fera longtemps des gorges chaudes de l'anecdote rapportée par Paul Bourget, qui racontait avoir entendu la femme de Zola dire à son mari : « Minet, veux-tu un chocolat[86] ? » En particulier, rappelle Aline Raymond, « jamais, sous aucun prétexte et dans aucune occasion, les époux ne doivent s'interpeller par leur nom de famille » – genre « Paturot », ou « Maman Verdurin ». « Rien, ajoute-t-elle, n'indique davantage une ignorance complète des éléments du savoir-vivre […]. Cela est du dernier commun en même temps que fort ridicule[87] ». En public, on dira donc Monsieur à son mari, Madame à son épouse ; à la rigueur, on emploiera le nom de baptême, et par exception, des mots comme « mon ami », « ma chère amie ».

En fait, ce sont les règles habituelles qui s'appliquent – et en particulier, l'obligation de rester courtois en toutes circonstances.

Alors que les opinions autorisées divergent parfois sur le sens et la portée de certains principes de politesse, elles se montrent sur ce point parfaitement stables et concordantes : « Un homme qui n'applique les règles du savoir-vivre qu'avec les étrangers et les oublie dans sa famille n'est pas un homme du monde : il n'en a que le vernis[88] ». Ce jugement, prononcé en 1898 par la marquise de Pompeillan se retrouve, tout au long du siècle, assorti de justifications à la fois utilitaires – il est absurde d'être poli dans le monde, avec des inconnus que l'on ne rencontrera peut-être plus jamais, et impoli chez soi, avec des personnes dont on attend tout le bonheur de sa vie – et morales.

Dans ce cadre privilégié, la politesse consistera d'abord à éviter rigoureusement que les discussions ne dégénèrent en conflits, et de là, en scènes de ménage. La baronne Staffe rappelle aux époux qu'en cas de discussion, « s'ils savent retenir tout mot blessant ou simplement impoli, le bon accord ne tardera pas à se rétablir, et l'un des conjoints, le plus doué, ne tardera pas à céder. Au contraire, un mot piquant, une parole injurieuse appellent l'orage et souvent le maintiennent à jamais au firmament conjugal[89] ». Où l'on perçoit très clairement la dimension pratique de la politesse, fondement de la pérennité familiale et de la paix des ménages, indispensable dans une société qui interdit le divorce, ou qui le regarde avec la plus grande suspicion.

Quant à l'intimité conjugale, précise Mme Celnart, elle peut certes dispenser de l'étiquette, mais pas des égards. Seules les brutes se figurent qu'en famille, tout est permis. « En présence de sa femme ou de son mari, on ne doit jamais se livrer à la satisfaction des besoins qui entraînent avec eux une idée de dégoût, ni aux soins de toilette, qui devant tout autre que soi-même blessent la décence ou la propreté » – comme se laver les pieds, se couper les ongles, sortir du bain[90], etc.

En résumé, pour le XIXe siècle bourgeois, le couple, même dans son intimité, ne saurait être un *no man's land* de la politesse – celle-ci étant d'autant plus importante que l'on a tendance à la négliger alors que les enjeux sont décisifs, puisqu'en dépend l'avenir même de la famille, à la merci des conséquences parfois incalculables d'une parole déplacée, d'un geste mal interprété, bref, d'une quelconque impolitesse.

4

En famille

Une dame de la très haute aristocratie, la princesse de ***, avait invité à dîner la maîtresse de piano de sa fille, à laquelle elle s'intéressait, « et comme elle savait que cette jeune personne, orpheline de mère, vivait avec son père très âgé, elle l'engagea, raconte Mme d'Alq, à amener le vieillard avec elle, afin qu'il ne restât pas seul. C'était un ancien officier retraité fort honorable, qui se comporta très bien pendant le dîner ; mais au salon, après avoir savouré sa tasse de café et les liqueurs, se trouvant assis confortablement dans un grand fauteuil auprès du feu, où la princesse l'avait installé, pendant que sa fille faisait de la musique à l'autre bout de la pièce entourée de ses auditeurs, le bon vieillard se laissa aller peu à peu au sommeil ; un ronflement sonore domina tout à coup un “pianissimo con expressionne”. Chacun se retourna, le sourire sur les lèvres ; la jeune fille, rouge d'indignation, s'élança sur son père, et le réveilla brusquement ; le vieillard s'excusa tout penaud, mais les sourires discrets s'étaient effacés pour faire place à une froideur embarrassée. La princesse ***, depuis ce moment, cessa d'estimer sa protégée, qui n'avait pas su respecter le sommeil de son père [1] ». Cette anecdote assez cruelle, et excessivement romanesque, dont Mme d'Alq dit avoir été témoin, illustre l'importance primordiale du lien familial dans l'ordre du savoir-vivre : un lien qui prévaut sur tous les autres, et dont la transgression mérite les pires châtiments.

Au XIXe siècle, âge d'or du savoir-vivre, Robinson, le héros de Daniel Defoe, n'est plus à la mode. La figure du bon Sauvage, dont Robinson peut être perçu comme un prolongement, ne correspond plus aux aspirations du temps. Il est supplanté, dans les cœurs comme sur les tables de chevet de la bourgeoisie, par un épigone radicalement différent, le *Robinson suisse* (1812) de Wyss. Ce dernier met en scène, non pas un solitaire, mais un père de famille, sa femme et ses quatre fils, qui vont reconstituer, sur l'île où ils ont été jetés par un naufrage, une petite Suisse exotique aussi polie que policée. « Le *Robinson* anglais restera un beau et bon livre, écrit le romancier Charles Nodier, mais le *Robinson* suisse mérite peut-être la première place parmi tous les ouvrages destinés à l'enseignement des enfants et à celui des hommes. Ne cherchez ni dans les romans ni dans les écrits plus spéciaux [...] un code d'éducation physique, intellectuelle, morale, à préférer à celui-ci. Je voudrais qu'il pût se trouver, mais vous ne le trouveriez pas [2] ». L'idée est claire : le XIXe siècle, largement revenu de l'individualisme du siècle précédent, voit dans la famille le premier cercle social, celui où s'effectue véritablement l'apprentissage de l'homme, et en particulier, celui du savoir-vivre en société.

Soyez complaisans

Les temps ordinaires

En 1868, dans un pamphlet mordant, l'écrivain Arnould Fremy prétend constater un profond refroidissement de la sociabilité et des affections familiales, menacées, selon lui, par le « ver rongeur de l'impolitesse ». Un ver qu'il croit déceler sur tous les plans, et à tous les niveaux : entre mari et femme, entre frères, qui laissent s'instaurer l'habitude déplorable d'un sans-gêne illimité, entre gendres et beaux-parents, et même, entre parents et enfants. La politesse est dans la mesure, mais celle-ci ne se trouve plus nulle part : alors que les pères oublient trop souvent que « l'on n'a jamais le droit de rudoyer ce que l'on aime », les mères ont du mal à ne pas afficher l'amour passionné qu'elles portent à leurs enfants, et vont parfois jusqu'à laisser voir combien tout ici-bas leur est indifférent à côté de leur progéniture. Sans parler de « celles qui ont pour habitude de rapporter, avec des éclats de rire interminables, les mots de leurs chers petits, si comiques, soi-disant si spirituels ! Dire qu'elles n'ont jamais eu une âme charitable auprès d'elles pour leur faire observer que le mioche n'a jamais varié depuis que le monde est monde. [...] Comment arriver à dresser la liste complète de toutes les incivilités, fautes d'éducation et de bon goût qui se produisent sans cesse à l'ombre de la maternité[3] ? »

Pères brutaux, enfants mal élevés encouragés dans leurs inconvenances par des mères abusives toujours prêtes à tolérer les inconduites de leurs chers bambins : cette approche plus que grinçante ne reflète sans doute qu'une part de la réalité. D'autres écrivains, moins amers que Fremy, d'autres témoins également ne tarissent pas d'éloges sur les familles françaises. « C'est vraiment délicieux, écrit en 1841 lady Blessington, la maîtresse en titre du comte d'Orsay, de voir la chaude affection qui existe entre parents en France, et les attentions respectueuses des enfants envers leurs père et mère[4]. »

En fait, la littérature du temps dessine les contours d'une réalité plus complexe, – qui peut osciller, comme le montre l'œuvre de Balzac, largement consacrée à ce type de rapports, entre l'égoïsme monstrueux des filles Goriot ou de la marquise d'Espard, furieuse de se voir aborder en public par ses grands fils qui pourraient faire deviner son âge véritable[5], et le dévouement sublime de tant d'autres personnages de *La Comédie humaine*, que ce soit à l'égard de leurs parents, de leurs grands-parents ou de leurs enfants.

En tout cas, le savoir-vivre en famille ne va pas suffisamment de soi pour que l'on puisse se dispenser de rappeler, comme la plupart des manuels de bonnes manières publiés au XIXe siècle, à quel point il est nécessaire de le connaître et de le pratiquer. On retrouve ici l'idée entrevue plus haut, à propos des rapports conjugaux : plus on est proche, et plus on a tendance à oublier la politesse, alors que c'est précisément là qu'elle s'avère le plus indispensable. « Des têtes insouciantes et légères, plutôt que mauvaises, se figurent qu'en famille tout est permis ; d'autres s'imaginent qu'il serait ridicule de se gêner, et que le respect, la politesse, l'amabilité, etc., doivent se réserver exclusivement pour les étrangers. Que de malheurs irréparables, cependant, poursuit Mme d'Alq, naissent ou dérivent de cet abandon des convenances, de cet oubli des bonnes manières ! Que d'existences troublées par cette fausse idée, dont sont imbus les hommes, particulièrement, qu'il est possible de se dédommager en famille des courbettes que l'ambition leur fait faire au dehors[6]... » Ce savoir-vivre dans la famille, si important mais si facilement négligé, peut donc s'envisager sous deux aspects principaux : du côté des parents, et du côté des enfants.

Tes père et mère honoreras...

Côté enfants, le principe essentiel est que ces derniers doivent, en toute hypothèse, manifester à leurs parents un respect, une déférence et une gratitude de chaque instant.

Quel que soit leur âge, leur position sociale et celle de leurs parents, « ces derniers, reprend Mme d'Alq, doivent occuper en tout et partout la première et la meilleure place. [...] On se trompe étrangement lorsque l'on croit honorer et satisfaire des amis et des indifférents en leur donnant le pas sur ses parents ascendants. Disons-le bien haut pour les esprits légers qui tiennent plus à l'estime du monde qu'à l'accomplissement de leurs devoirs. En ne respectant pas leur famille, ils ne s'attirent que le mépris de ceux-là même qui les raillent, et ils accusent le plus complet manque de savoir-vivre[7] » – comme dans l'anecdote de la pianiste et de la princesse évoquée au début de ce chapitre. On note à cet égard que ce n'était point le vieux père bafoué qu'il importait alors de défendre, du moins, ce n'était pas lui en tant qu'individu, puisqu'il fut sans doute la victime indirecte de la disgrâce de sa fille – mais le principe intangible suivant lequel un enfant respecte ses parents, quoi qu'ils aient fait et où qu'ils se trouvent.

« Tes père et mère honoreras » : l'impératif biblique, expressément repris par le Code civil, se retrouve dans l'ordre du savoir-vivre – au point que les égards que l'on doit à ses parents dépassent ceux que l'on doit aux autres, et autorisent même à déroger aux principes classiques du protocole. Ainsi, « à un parent, vieux, âgé, infirme, on offrira le bras, un fauteuil, quoique l'étiquette prescrive de l'offrir de préférence à l'étranger présent[8] ». Auprès de ce dernier, qui aurait dû obtenir la place d'honneur, un simple mot suffira pour s'excuser, et celui qui oserait s'en offusquer montrerait à la fois un manque de cœur et une absence de tact.

Cette obligation de respect se traduit à chaque instant, et à tout âge. C'est ainsi que les jeunes enfants, ceux qui habitent chez leurs parents, ne doivent jamais se présenter devant eux le matin « sans leur dire bonjour et les embrasser. C'est, explique la comtesse de Gencé, une coutume qui, dans les bonnes familles, ne se perd jamais quel que soit l'âge des enfants. Il en est de même, le soir, avant le coucher[9] ». Le respect suppose aussi que l'on s'efface en toute hypothèse devant ses parents, qu'on leur laisse toujours la première place, le meilleur morceau d'un plat, le fauteuil le mieux situé, la chambre la plus confortable, etc. Dans une voiture à cheval, par exemple, une fille, quel que soit son âge, cédera à ses parents les places du fond, considérées comme les plus prestigieuses – sauf lorsqu'elle est mariée, auquel cas ce sera son père qui lui cédera la place. Ici, c'est en effet une autre série de règles qui prend le dessus, celle qui gouverne en général les rapports entre les deux sexes, dominés, on l'a vu plus haut, par la supériorité morale de la femme sur l'homme, et par la nécessité d'assurer la protection de la première. Une logique que l'on retrouve du reste à d'autres occasions. Ainsi, « il est reçu qu'une mère fasse passer ses enfants devant elle pour entrer dans une voiture ou dans une porte, jusqu'à leur première communion ; après cet âge, les garçons ne passeront qu'après leur mère ; mais pour les filles, il en est autrement, et jusqu'à l'âge de vingt et un ans, elles passent devant leurs parents ». Non qu'elles n'auraient pas à les respecter autant que leurs frères, mais « parce qu'il est supposé que [leurs parents] doivent toujours avoir les yeux sur elles ». En somme, le savoir-vivre exige que l'on observe en famille les mêmes usages qu'avec des étrangers ; et qu'on les suive même « avec plus de ponctualité et plus d'empressement [10] », y compris entre frères et sœurs, avec lesquels il faut toujours rester poli, ou avec ses beaux-parents.

Outre ce respect sans faille, les enfants ont un devoir de gratitude qu'ils doivent manifester « pour la plus légère marque d'obligeance dont on les favorise ». Voilà pourquoi « ils diront toujours merci lorsqu'on leur remettra un objet ou lorsqu'on leur évitera une peine. » Certes, « beaucoup d'enfants oublient de le faire, et l'on dirait qu'ils considèrent ces petits services comme l'acquittement, par leurs parents, d'une dette envers eux »... Mais cette attitude n'est pas admissible : comme dans la vie de tous les jours, le « merci » ne souffre aucune dispense. Enfin, conclut la comtesse de Gencé, « c'est surtout vis-à-vis de leur mère qu'ils doivent se montrer attentionnés. Ils lui témoigneront, en outre de la tendresse filiale, les égards réservés à l'étrangère la plus vénérable [11]. »

En revanche, ni ce respect ni cette gratitude n'impliquent nécessairement que l'on *vouvoie* ses parents, ni que l'on soit vouvoyé par ces derniers. Sur ce plan, deux partis s'affrontent tout au long du siècle, cette question dessinant du reste les contours d'un clivage plus général, qui se fait jour dans la société mais qui se reflète dans les manuels de bonnes manières, entre les tenants d'une approche rigoriste du savoir-vivre, et les partisans d'une politesse plus... familière. Les premiers, comme la comtesse de Bardi au début du second Empire, prônent une extrême retenue – au sein de la famille, décrète-t-elle par exemple, « les embrassements et les autres caresses sont réprouvés par la bonne compagnie ». Ils conseillent par conséquent « de ne point admettre le tutoiement dans l'intimité ». Pourquoi ? Parce que « la moindre discussion, quand on se tutoie, prend un caractère vulgaire, et dans les rues », preuve imparable, « les gens du peuple ne manquent jamais de se tutoyer dès qu'ils commencent à s'injurier. Ne regardez point le tu et le toi comme une preuve d'attachement, mais de familiarité qui ne prouve rien [12] ». Quinze ans plus tard, une autre rigoriste, la comtesse Dash, reprend la même idée lorsqu'elle recommande aux mères qui souhaitent « faire leur chemin dans le monde » : « Ne souffrez pas que vos enfants vous tutoient. Conservez le respect extérieur [...]. Le tutoiement engendre nécessairement la familiarité, et la familiarité en ce cas est un grand écueil [13]. » Mais d'un autre côté, les partisans d'une politesse moins rigide se réjouissent, à l'instar de Mme Celnart au début de la monarchie de Juillet, que l'usage a prévalu de tutoyer ses père et mère, un usage où ils voient un « affectueux abandon [14] ». À l'époque, la remarque peut d'ailleurs se réclamer de modèles prestigieux, et en premier lieu, de la famille royale, celle de Louis-Philippe et de Marie-Amélie, où la rigueur de l'éducation n'empêche pas le tutoiement [15].

Certains auteurs estiment qu'il faut laisser les familles libres de choisir le ton qu'elles préfèrent : « Tutoyez [vos parents] s'ils vous tutoient, conseille ainsi Louis Verardi sous le second Empire ; s'ils ne vous tutoient pas, ne les tutoyez pas [16]. » Mais d'autres vont jusqu'à condamner le vouvoiement au sein de la famille : « Dans certains pays, dans certaines familles, observe la comtesse de Gencé au début du XXe siècle, les parents ne tutoient pas les enfants. Nous, qui tutoyons les nôtres et qui avons tutoyé nos parents, éprouvons toujours de la surprise à entendre pratiquer cette mode. En général, le tutoiement est réciproque entre les parents et les enfants. Dans le cas où, pour des raisons quelconques, on aurait habitué les enfants à dire “vous” à leurs parents, il serait préférable, pour ces derniers, et pour l'affirmation plus significative de leur tendresse, de tutoyer leurs enfants. À l'égard des grands-parents et des autres membres de la famille, le tutoiement est facultatif[17]. » Ce qui laisse entendre qu'entre parents et enfants, il ne l'est point. Au même moment, Chambon souligne dans son *Dictionnaire du savoir-vivre* la survivance de coutumes locales qui diffèrent de l'usage ordinaire. Ainsi, « en Bretagne, parents et enfants, frères et sœurs conservent le vous d'allure grave, plus déférent, qui écarte la familiarité excessive des enfants vis-à-vis des parents[18] ». Mais cet usage, à l'en croire, semble devenu assez marginal, et somme toute, très provincial. Dans l'une des pièces les plus connues de Sacha Guitry, *Mon père avait raison*, ce jeu sur le vous et le tu constitue même le point de départ de l'intrigue : le petit Maurice, dix ans, ayant frappé à la porte-fenêtre du bureau de son père, refuse d'y pénétrer tant que celui-ci dit : « Entrez ». « Mais que veux-tu que je dise ? », lui demande son père, exaspéré. « Entre », répond l'enfant. Et il le lui rappelle au début de l'acte II, situé vingt ans plus tard : « Réellement, je ne pouvais pas admettre que tu me dises “vous”... »[19]. D'ordinaire, c'est donc le tutoiement qui s'impose. À la veille de la Grande Guerre, les rigoristes ont perdu la partie.

Du côté des parents, la première marque de la politesse tient à leur capacité à enseigner le savoir-vivre à leur progéniture. « C'est dans les familles, observe la comtesse de Gencé, que se forment l'esprit et le cœur de l'enfant. » C'est pourquoi, ajoute-t-elle, « les parents doivent être sévères avec les enfants dès le berceau. Les pires habitudes sont vite contractées. Ne tolérez ni les cris ni les exigences. Habituez l'enfant à s'exprimer correctement. [...] Ne riez pas de ses colères ni de ses bons mots. Ne le mettez pas en avant et ne le recevez pas au salon les jours de réception [...]. Ne supportez pas qu'il parle sans être interrogé ni à table, ni quand il se trouve avec ses parents en compagnie d'amis. » Mais l'essentiel, en la matière, vient moins de la sévérité des parents, que de l'exemplarité de leur conduite. Les parents éviteront donc « les conversations qui peuvent blesser l'innocence de leurs enfants. Ils s'abstiendront de prononcer une parole déplacée ou de se montrer, devant leurs enfants dans une tenue incorrecte ou débraillée[20] ». Ce qui importe avant tout, c'est qu'ils puissent constituer un modèle, une référence stable pour leurs enfants.

La vie quotidienne

Les repas sont, pour la famille, la première occasion, sinon la plus fréquente, de mettre en œuvre ces règles du savoir-vivre intime.

Sur ce plan, le XIXe siècle apparaît d'ailleurs en rupture avec le siècle précédent, en particulier quant à l'heure des repas. Alors qu'au XVIIIe siècle, on déjeune le matin entre six et huit heures, on dîne en tout début d'après-midi et l'on soupe après neuf heures, il s'opère aux alentours de 1800, à Paris du moins, une véritable révolution des horaires. Pour des raisons essentiellement liées aux besoins des activités commerciales, on s'affranchit des anciennes coutumes : « Aujourd'hui, écrit en 1807 un observateur de la vie parisienne, les fonctionnaires publics, les banquiers, les négociants, etc., dînent à quatre, cinq, six ou sept heures. Il n'y a plus que la classe des ouvriers, des anciens rentiers et quelques marchands qui dînent à deux heures[21]. » Dîner trop tôt devient ridicule, et il est même de bon ton, pour se distinguer, de dîner le plus tard possible. « À force de retarder l'heure du dîner, on finira par ne dîner que le lendemain », commente ironiquement, en 1828, l'auteur d'un manuel de gastronomie, « Ancien maître d'hôtel du président de la Diète de Hongrie »[22]. Sans aller aussi loin, le fait est que, tout au long du XIXe, l'heure du dîner est peu à peu reculé, à sept heures sous le Second Empire, à huit dans les dernières décennies du siècle[23].

L'une des conséquences de ce décalage, estiment certains historiens de la vie privée, est d'avoir remis à l'honneur un repas jusque-là fort négligé, le déjeuner, désormais servi entre dix heures et midi. En réalité, l'évolution paraît avoir été plus chaotique qu'ils ne le pensent : témoin, la « Nouvelle théorie du déjeuner » publiée par Balzac en mai 1830, qui démontre, sur un ton comique, que la question des horaires, et celle de l'importance du déjeuner, sont encore loin d'être tranchées : « En ce moment, note Balzac, le déjeuner n'est plus qu'un préjugé. Qui déjeune ? Quelques clercs de notaire, d'avoués, ou des entrepreneurs : vieilles mœurs ! Aujourd'hui, déjeuner est un mot ; mais ce n'est pas une chose, et un homme qui s'occuperait de cela comme d'un repas serait jugé[24] ».

Ce qui n'est pas contestable, en revanche, c'est que le souper a disparu de l'horizon de la vie bourgeoise, victime de l'inexorable décalage du dîner[25]. Au temps de Balzac, il n'est déjà plus qu'un repas de fêtards, de riches oisifs ou de courtisanes, qui peuvent se payer le luxe, comme le rappelle nostalgiquement Dumas, de se mettre à table vers onze heures ou minuit, de se dire qu'ils ont encore six ou huit heures de loisirs entre la veille et le lendemain, et d'y dépenser sans compter l'esprit et les bons mots. Mais au moment où Dumas écrit ses *Mémoires*, au début des années 1850, le souper n'est pratiquement plus qu'un lointain souvenir : il a disparu au moment où s'imposait le cigare, et c'est même à la conjonction malencontreuse de ces deux événements que Dumas impute la dégénérescence de l'esprit français : « Nous aurons, écrit-il, autant d'esprit en France en 1950, qu'il y en a aujourd'hui en Hollande[26]. » Quoi qu'il en soit, le souper, au XIXe siècle, n'intéresse plus directement la vie familiale.

Le repas de famille par excellence, c'est donc le déjeuner, auquel on n'invite d'ailleurs jamais d'étrangers, sauf à la campagne. Ce qui n'empêche que ce repas de fin de matinée doit se plier, lui aussi, aux préceptes du savoir-vivre, auxquels s'ajoutent, en l'espèce, quelques règles spécifiques.

La première de ces règles est peut-être la relative modestie de ce qui est servi, et du service lui-même. Ainsi, ironisait déjà Balzac,

On ne met pas les coudes sur la table.

sous peine de paraître dépassé, démodé, vieillot, ridicule en un mot, « vous devez servir un déjeuner sans nappe ». « Après celle de mettre une nappe sur la table », « la plus grande faute que l'on puisse commettre [...] est d'y laisser paraître une bouteille. La mode exige impérieusement que l'on ne boive que de l'eau le matin. Demander du vin, c'est avoir l'air d'un maçon, d'un ancien soldat du train, d'un vieux professeur émérite, d'un fiacre... » Dernier impératif : n'y servir que des mets légers : le déjeuner n'a pas à devenir un autre dîner ; c'est pourquoi « les personnes qui entendent la vie élégante proscrivent également la viande et le poisson, le matin[27] ». L'idéal, estiment les gens de bon ton à la fin de la Restauration, serait de s'en tenir aux œufs (si possible à la coque), à la salade, aux légumes et aux fruits. Celui que prennent Emma et Charles Bovary chez le marquis d'Andervilliers au lendemain de leur mémorable soirée ne dure d'ailleurs que dix minutes[28] : pas le temps d'avaler grand-chose d'autre.

Cet idéal de frugalité se trouve, il est vrai, vivement combattu par ceux que Jean-Paul Aron appelle « des solitaires, des hérétiques, des dandies » : sous la monarchie de Juillet, certains se régalent de « déjeuners monstres », comme ces personnages de Balzac qui consomment, à trois, six douzaines d'huîtres, six côtelettes à la Soubise, un poulet Marengo, une mayonnaise de homard, des petits pois, une croûte aux champignons, arrosés de trois bouteilles de vin de Bordeaux, de trois bouteilles de champagne, « plus les tasses de café, de liqueur, sans compter les hors-d'œuvre [29] ». Mais de tels débordements demeurent marginaux, et cinquante ans après, l'idéal d'un déjeuner diététique semble partagé par nombre des contemporains de la baronne Staffe : le bon usage veut que l'on n'y serve que des viandes froides, ou grillées. Beaucoup de hors-d'œuvre, mais jamais de viandes en ragoût, de soupe, ou de pâtisseries chaudes [30] – ce qui s'entend, à l'époque, des plats salés : pâtés de viandes, d'huîtres ou de macaronis. Dans ces déjeuners quotidiens dits « à la fourchette », « les plats froids jouent un grand rôle. Une maîtresse de maison, reconnaît Mme d'Alq, y utilise habilement les restes de la veille. Elle fait même préparer à dessein certains rôts du dîner, veaux et volailles, plus copieux qu'il ne serait nécessaire, afin d'en avoir pour le lendemain. Il va sans dire que ceci n'est que pour les repas de famille ; lorsqu'on a des convives, des pièces entières, quoique froides, sont seules admises sur la table [31] ». On note ici un grand absent, le fromage, qui, à quelques (rares) exceptions près, est considéré jusqu'à la fin du XIXe siècle avec une certaine défiance, sinon un peu d'horreur, – dans *Le Ventre de Paris*, Zola le compare aux charognes, et Dumas lui-même, pourtant « goinfre notoire, lui manifeste une distance gênée et peureuse : on n'en saurait consommer beaucoup ; il est indigeste, parfois dangereux [32] ». Faute de fromage, il n'existe pas non plus, semble-t-il, de règles précises déterminant la façon dont il faut le découper, ou le manger avec bienséance. On les inventera par la suite.

L'une des singularités du déjeuner tient à la relative décontraction de l'étiquette, liée à son caractère familial et intime. Les hommes ne se mettent pas en habit pour déjeuner, la veste est même permise lorsque l'on déjeune seul avec sa femme et ses enfants. « Dans le même cas, la robe de chambre, pour la maîtresse de céans, est parfaitement admise ; mais aussi élégante qu'elle soit, elle est trop "déshabillée" et sans-façon pour recevoir des convives [33] ». Ni trop ni trop peu : symétriquement, des vêtements somptueux seraient du plus grand ridicule, sans parler des diamants, signalant sans recours possible la parvenue mal dégrossie. Cette décontraction se traduit aussi par le fait qu'on s'y assoit à sa guise, à la bonne franquette, sans souci des préséances.

Le petit déjeuner du matin, ou collation, appelle peu de commentaires. Comme pour le déjeuner, le vin n'y est plus de mise, contrairement à ce qui se pratiquait habituellement au XVIIIe siècle : on lui préfère le café, et surtout, le thé. Comme les autres repas, il exige une extrême propreté de la table et des couverts. Comme eux, il ne se sert, en principe, que dans la salle à manger – pièce « inventée » par la bourgeoisie post-révolutionnaire[34], et qui constitue le lieu stratégique du savoir-vivre gastronomique progressivement codifié dans les premières décennies du XIXe siècle.

Le dîner en famille est plus intéressant, notamment parce qu'il exige « une étiquette relative[35] ». Chacun doit y tenir son rang, assurer son rôle et ne pas empiéter sur celui des autres. Ainsi, il n'est pas admis que la maîtresse de maison, ou la bonne, découpent la viande qui y sera servie : il n'appartient pas aux femmes d'user d'instruments tranchants, symboles trop évidents d'une violence et d'une force qui leur est étrangère, et c'est donc à l'homme de la maison qu'incombe cette tâche – comme le rappelle Anatole France en 1900, dans une scène épique de *Monsieur Bergeret à Paris* :

> — C'est un petit poulet de grain, dit la vieille Angélique en posant le plat sur la table.
> — Eh bien ! Veuillez le découper, dit M. Bergeret inhabile aux armes, et tout à fait incapable de faire office d'écuyer tranchant.
> — Je veux bien, dit Angélique ; mais ce n'est pas aux femmes, c'est aux messieurs à découper la volaille.
> — Je ne sais pas couper.
> — Monsieur devrait savoir.
> Ces propos n'étaient point nouveaux ; Angélique et son maître les échangeaient chaque fois qu'une volaille rôtie venait sur la table. Et ce n'était pas légèrement, ni certes pour épargner sa peine, que la

servante s'obstinait à offrir au maître le couteau à découper, comme un signe de l'honneur qui lui était dû. Parmi *les paysans* dont elle était sortie et chez les petits bourgeois où elle avait servi, il est de tradition que le soin de découper les pièces appartient au maître [...]. Elle savait à quoi l'honneur oblige un bourgeois qui dîne dans sa maison et elle s'efforçait, à chaque occasion, d'y ramener M. Bergeret.

— Le couteau est fraîchement affûté, Monsieur peut bien lever une aile.

— Angélique, veuillez couper cette volaille[36].

« Dans les maisons où il n'y a qu'une bonne, confirme la baronne Staffe, le maître de maison découpe et, pour décharger l'unique domestique, au lieu de lui faire présenter le plat, on le fait circuler de convive à convive, commençant bien entendu par la mère, puis par le père[37] », à moins qu'une personne plus âgée ne vive avec la famille. Après quoi, ce sont les filles qui se servent, même lorsqu'elles sont beaucoup plus jeunes que les garçons.

Outre les réunions quotidiennes que constituent les repas, outre les soirées et les dimanches, la famille se rassemble de façon régulière à l'occasion des fêtes, religieuses ou non, qui ponctuent l'année : anniversaires de naissance ou de mariage, fêtes patronymiques, réveillons de Noël et du Nouvel An, Pâques – les fêtes des mères, des pères, des grands-parents, etc., sont en revanche inconnues, étant d'invention ou d'importation beaucoup plus récente.

Les fêtes patronymiques – le jour de la fête du saint patron –, et de façon plus subsidiaire, les anniversaires, donnent lieu, dans toutes les bonnes familles, explique la comtesse de Gencé, à des réunions joyeuses en l'honneur de la personne que l'on fête. S'il s'agit des parents, les tout jeunes enfants leur adressent des compliments appris par cœur, accompagnés de bouquets modestes, ou leur offrent un petit travail qu'ils ont réalisé. Quant aux souhaits, ils « sont généralement adressés la veille au soir de la fête, à la fin du repas pendant lequel on s'est bien abstenu de parler de la fête, pour rendre la surprise plus agréable et plus complète[38]. »

Tout au long de l'année, les occasions de s'offrir des présents se succèdent. Au XIXe siècle, l'usage des cadeaux de Noël demeure relativement inhabituel, sauf en ce qui concerne les enfants – « Mais il gagne du terrain, d'année en année », constate la baronne Staffe en 1891, « et c'est une bonne chose, puisque cette coutume septentrionale permet d'être agréable à ses amis une fois de plus. [...]. Ceux qui voudraient prendre cette habitude seront sans doute bien aise de savoir que les présents de Noël sont de même nature que les cadeaux du Jour de l'an, à savoir : fleurs, bonbons, bijoux, porcelaines, objets de toilette, etc.[39]. »

Les invitations de la nuit de Noël, en principe limitées à la famille, se font en revanche sans cérémonie, sur une simple carte de visite. De même, le réveillon doit conserver une certaine sobriété, dans le ton comme dans les toilettes et dans l'ordonnancement du repas. Le dîner se présente sous la forme d'un buffet, où l'on pose sur la table un certain nombre de mets traditionnels, comme la bouillie de Noël ; cette dernière, parfumée à la vanille, est contenue dans une soupière que l'on pose au centre de la table, et se mange en premier, avec des macarons, des gaufres et des gaufrettes au sucre. Suivent la charcuterie, qui réunit boudins blancs et noirs, cochon de lait, dinde froide truffée, jambons entourés de houx, et les desserts, bonbons, fruits glacés et sucreries à profusion. Quant aux alcools, il est d'usage de n'y servir que du bordeaux : ni champagne, ni madère, ni liqueurs. Dans le même esprit, il va de soi, même lorsque l'on reçoit des amis pour le réveillon de Noël, comme on en prend l'habitude dans les dernières années du XIXe siècle, que l'on ne danse jamais à cette occasion[40].

La présence des enfants au repas de réveillon n'est pas indispensable : certains manuels de bonnes manières la déconseillent même formellement, et suggèrent plutôt, à l'instar de Mme d'Alq, de leur organiser, vers 9 heures du soir, « un petit réveillon autour d'un arbre de Noël, qui, ne leur causant pas de fatigue, ne leur laissera que de bons souvenirs[41] ».

Autre singularité : l'usage veut que l'on éloigne les domestiques, laissés (pour une fois) à leurs dévotions ou à leurs plaisirs, et que les hommes servent les dames.

Les cadeaux se font généralement quelques jours plus tard, à l'occasion du réveillon du Nouvel An – fête païenne, et donc plus débridée que celle de Noël, durant laquelle il est d'usage, passant par-dessus les pudeurs usuelles, d'embrasser à minuit toutes les personnes présentes : ce qui donne lieu parfois à quelques scènes savoureuses, comme lorsque, le 31 décembre 1849, la princesse Mathilde reçoit chez elle, parmi beaucoup d'autres personnes, son cousin Louis Napoléon Bonaparte, alors président de la République, et celle qui n'est pas encore sa femme, Eugénie de Montijo : quelques minutes avant l'heure, Louis Napoléon est sur le point de s'éclipser, lorsque sa cousine Mathilde, avançant l'aiguille de l'horloge, s'écrie : « Minuit ! Tout le monde s'embrasse ! » – ce qui met Eugénie dans le plus grand embarras, celle-ci refusant obstinément ce genre de familiarités qui, dit-elle, ne sont pas d'usage dans son pays [42].

À propos des cadeaux, les guides de savoir-vivre du XIXe insistent fréquemment sur un principe significatif, celui qui veut que seuls les égaux (du même sexe) et les supérieurs (par l'âge, la position, l'ascendance, etc.) puissent en offrir à Noël et au Jour de l'an. Les inférieurs n'en rendent pas : tout au plus peuvent-ils faire des présents à leurs supérieurs, parents, maîtres, etc., à l'occasion des fêtes patronymiques ou des anniversaires, avec cette précision, apportée par la baronne Staffe, qu'une femme « ne doit jamais faire de présents à un homme, fût-il son fiancé ». Elle fait ici allusion à l'antique coutume selon laquelle une fiancée devait offrir avant le mariage une chemise de nuit à son promis : une coutume à l'époque encore vivace dans certaines provinces, mais qui est tombée en désuétude à Paris – ce dont la baronne, peu sensible à la poésie du geste, se réjouit avec emphase : « Aujourd'hui, ce présent [...] paraîtrait ridicule, et presque choquant, car nos idées ont beaucoup changé sur une foule de points, et nous avons une certaine réserve et une retenue que nos aïeux ignoraient [43]. » En ce temps où une certaine pudibonderie tend à dominer les esprits, cette règle ne souffre plus aucune exception : une dame comme il faut ne fait jamais de présents à un homme.

Un monsieur bien élevé, en revanche, peut offrir des cadeaux à ses « inférieurs » à Noël, pour le Jour de l'an, à Pâques ou au 1er avril – dans ces deux derniers cas, l'usage étant alors de les présenter, qu'ils soient modestes ou somptueux, dans un emballage en forme d'œuf ou de poisson. En outre, ce monsieur poli ne devra pas oublier les « étrennes » qu'il a l'obligation de donner à certaines personnes : domestiques, gardes-chasse, concierges, etc. Il serait malséant de les oublier, et plus encore, de se montrer trop ladre.

Maîtres et valets

« Les serviteurs font partie de notre existence, quoi qu'on puisse dire », observe la baronne Staffe à la fin du XIXe siècle[44]. Jusqu'à la Première Guerre mondiale, en effet, les domestiques représentent, y compris dans des milieux relativement modestes, un élément essentiel de la vie quotidienne. Si les cohortes de laquais en livrée sont l'apanage exclusif de la haute noblesse et de la très grande bourgeoisie, rares sont les familles où il n'y a ni bonne ni cuisinière – le code et les usages précisant que ces domestiques habitent chez leurs maîtres, ce qui resserre encore l'intimité de leurs rapports.

Dans ce contexte, la question du savoir-vivre importe donc au plus haut point, puisque d'elle dépend en bonne partie l'harmonie qui régnera au sein du foyer. Or, sur ce plan, les choses ne vont plus de soi. Le XIXe siècle tout entier semble en effet dominé par un mythe, celui du « bon domestique d'autrefois », opposé au médiocre serviteur d'aujourd'hui. Cette image idyllique, diffusée par le roman et la littérature populaire, trouve des relais dans des ouvrages plus « sérieux », comme dans un essai paru en 1885, *Domestiques et maîtres*, signé « un magistrat » :

Le domestique, autrefois, était attaché à la famille, à la maison de ses maîtres. Il servait de père en fils avec amour et dévouement, avec orgueil même. Le père léguait à son fils les mêmes devoirs et la même affection. La famille alors n'abritait que des êtres unis par le sentiment. Le domestique s'identifiait tellement avec le maître qu'en parlant des enfants, de l'honneur et des biens de celui-ci, il disait : Nos enfants ! Notre réputation ! Nos biens ! C'est à son vieux domestique que le père de famille confiait ce qu'il avait de plus cher, ses enfants, dont le pieux serviteur avait été tour à tour, suivant leur âge, le camarade, le protecteur, le mentor ou l'ami. La nourrice qui donnait son lait à l'un des enfants ne sortait plus de la maison : elle était comme la seconde mère de son nourrisson. Elle vivait et mourait attachée à la famille, dont elle était l'un des membres les plus chers[45].

Certes, constate l'auteur avec bien d'autres, la condition des domestiques avant 1789 était plus dure, et leur existence plus frugale. Surtout, l'infériorité foncière de leur statut était alors admise comme une évidence : les domestiques, déclarait Fénelon au début du XVIIIe siècle, sont regardés à peu près comme des chevaux, leur maître se croit d'une autre nature qu'eux[46]. Une évidence d'ailleurs consacrée par le droit d'Ancien Régime : alors que le maître avait la liberté d'injurier ses domestiques (Pendard ! Maraud ! Faquin !), l'insolence de ces derniers était punie du carcan et de peines d'amende ou de bannissement – il est vrai très rarement infligées. En revanche, cette différence fortement marquée, cette hiérarchisation incontestable permettaient en pratique, dans la vie quotidienne, des rapports assez familiers et peu protocolaires : « Maîtres et domestiques confondaient leur existence dans une étroite intimité. L'intérieur des vieilles familles d'autrefois nous apparaît sous la forme de petites réunions intimes autour d'un foyer de cuisine où chacun disait son mot. » Or, constate encore cet auteur, ce domestique à l'ancienne n'existe plus guère, « effacé par le progrès social[47] ».

Il n'existe plus pour des raisons qui tiennent aux maîtres au moins autant qu'aux « employés de maison », comme on les appelle de plus en plus souvent. Les premiers ne voient désormais dans leurs serviteurs que des salariés qu'ils peuvent renvoyer à leur guise, par caprice ou lorsqu'ils ne font plus l'affaire, et avec lesquels ils n'ont que des liens strictement juridiques, dépourvus d'affection et de sentiments. Il paraît « commode au maître, constate alors Mademoiselle Dufaux de la Jonchère, de rester ainsi dégagé de toute obligation morale envers son serviteur et de s'en tenir à la lettre stricte du pacte consenti[48] ». De nos jours, constate de son côté la baronne Staffe, « les maîtres sont à l'égard des domestiques d'une hauteur et d'une sécheresse permanente[49] ». Toute bienveillance a disparu.

De même, les domestiques considèrent leurs maîtres comme des patrons auquel ils ne sont attachés que parce qu'ils les payent mieux que les autres, mais auxquels ils vouent en même temps un sentiment mêlé de méfiance et de suspicion, leur reprochant au fond une condition qu'ils jugent honteuse – comme l'est devenu, progressivement, le terme même de *domestique*.

En dépit de la dimension mythique de cette figure idéalisée du « domestique autrefois », ces observations convergentes ne semblent pas dénuées de pertinence – notamment lorsque les auteurs signalent à cet égard l'importance de la rupture révolutionnaire qui, au nom du principe d'égalité, était allée jusqu'à abolir la notion même de domesticité (Déclaration des droits de l'homme de 1793, article 18), et par criminaliser toute idée d'une différence entre maîtres et valets. Désormais, de par la loi, tous se trouvent placés sur le même plan, et les injures, par exemple, sont réprimées de la même façon, qu'elles viennent des maîtres ou des serviteurs. Il n'existe plus entre eux de différences de nature : mais du coup, il n'y a plus de barrières incontestées et infranchissables, il n'y a plus de ces frontières dont l'existence même permettait une certaine liberté de ton, de langage et d'allure.

Ainsi, au XIXe siècle, c'est l'égalité légale entre maîtres et domestiques, héritée de la Révolution, qui suscite par contrecoup la rigidification de leurs rapports, spécialement en ce qui concerne la politesse – qui apparaît désormais comme l'ultime barrière entre les uns et les autres. Une barrière d'ailleurs bien fragile. En

1886, un an après, on parle encore dans tous les salons parisiens de « l'échauffourée de valetaille » qui s'est produite lors d'un bal chez la princesse de Sagan, de « cette émeute de larbins au bas du grand escalier, crachant des injures à leurs maîtres et à leurs maîtresses [...] déshonorant les gens demandant leurs voitures au milieu des M... et de saloperies ignobles, de cette insurrection salissante de la haute domesticité, qu'il avait fallu réduire par un bataillon de sergents de ville » : événement inédit où Edmond de Goncourt croit discerner « un caractéristique symptôme d'une fin de société[50] », la prémonition du Grand Soir.

Nombre de critiques estiment que la politesse entre maîtres et serviteurs est désormais toute extérieure, mécanique, froide et superficielle. Du côté des domestiques, elle se traduit effectivement par un « protocole » sophistiqué, traduisant en gestes et en paroles une hiérarchisation qui n'existe plus par ailleurs. Un protocole dont les règles vont d'ailleurs se préciser et se systématiser au cours du XIXe siècle : il suffit, pour s'en rendre compte, de comparer l'étiquette encore rudimentaire évoquée sous la monarchie de Juillet par Mme Celnart[51], et le cérémonial minutieux décrit un demi-siècle plus tard par Mademoiselle Dufaux de la Jonchère[52].

Les domestiques, explique cette dernière, doivent manifester à chaque instant un respect sans failles. Ainsi, ils ne parlent à leurs maîtres qu'à la troisième personne, obligation décrite par la comtesse de Gencé comme étant « d'usage absolu[53] » : un domestique qui y manquerait se rendrait presque coupable d'une faute professionnelle. Vers 1914, lorsque Proust engage sa servante Céleste Albaret, il constate, très courtoisement d'ailleurs, qu'elle ne sait rien faire : absolument rien, pas même « parler à la troisième personne ». « Là, raconte Céleste dans ses *Mémoires*, j'ai répondu. J'ai dit : Non, Monsieur, et je ne saurai jamais. Il y avait une raison : j'ignorais ce que c'était[54] », ce dont Proust, qui l'embauche tout de même, s'amuse beaucoup.

Ce qui semble alors une évidence immémoriale est pourtant une innovation inconnue au XVIIIe siècle. On ne sait si elle résulte d'un caprice qui serait devenu une mode, ou si elle manifeste le désir d'imiter en privé les usages de la Cour : elle traduit en tout cas, de façon saisissante, la tendance au durcissement des règles du savoir-vivre après la Révolution française.

Autre manifestation de cette même tendance, l'obligation stricte d'utiliser les termes Monsieur, Madame, Mademoiselle, ainsi que les titres nobiliaires, qui ne doivent jamais être omis, quelles que soient les circonstances ou la phrase prononcée. « Si petit que soit l'enfant, le domestique doit accompagner son prénom de la qualification de : "Monsieur, Mademoiselle" en parlant de lui. Mais s'adressant à lui-même, l'adjonction du prénom est un acte de familiarité que le domestique ne doit pas se permettre. [...] Une fille unique est désignée par le mot "Mademoiselle". Mais un garçon, fût-il grand et n'eût-il plus son père, n'est jamais appelé "Monsieur" tout court. Son prénom est joint tant que sa mère est seule maîtresse de la maison[55]. »

Le respect dû aux maîtres exige en particulier que les domestiques ne restent jamais assis devant eux, sauf si leurs fonctions l'exigent. S'ils sont à table, ils doivent se lever dès que leurs maîtres entrent dans la pièce ; en revanche, ceux-ci ne sauraient abuser de la situation, et ils doivent donc les faire rasseoir dès qu'ils ont reçu cette marque de déférence. Pareillement, lorsqu'il s'avère matériellement impossible aux domestiques de rester debout en présence de leurs maîtres, par exemple, lors d'attentes interminables dans des jardins, l'étiquette leur permet « de s'asseoir un peu à l'écart, sur le siège le plus modeste, sans même qu'ils aient à attendre l'assentiment ». « Dans un véhicule quelconque, ils s'assoient à reculons. Cependant, si leurs maîtres, pour quelque motif que ce soit, se plaçaient ainsi, ils se mettraient dans l'autre sens. La règle est qu'ils s'assoient en face et non pas à côté d'eux. Dans une salle d'attente, dans un wagon, ou tout autre endroit, où les places ne seraient libres que d'un seul côté, ils tâcheraient de se mettre à l'écart, ou du moins, s'ils étaient obligés de rester côte à côte avec le maître, ils éviteraient de s'adosser, de se renverser en arrière, et ils conserveraient l'attitude correcte que le savoir-vivre impose à toute personne bien élevée[56] ».

Le respect implique, de la part des domestiques, une attitude empreinte de modestie. Lorsqu'ils marchent avec leurs maîtres, l'usage veut qu'ils restent toujours derrière eux, et derrière les personnes d'un rang supérieur, même s'il s'agit de tout petits enfants ; s'ils prennent un escalier avec leurs maîtres, ils retardent d'une marche ; et s'ils sont forcés de marcher à côté d'eux, ils se réservent ce que l'on nomme le bas du pavé – côté trottoir –, laissant à ceux qu'ils accompagnent le côté du mur. L'usage leur refuse tout ce qui manifeste le pouvoir et la force : c'est ainsi que les domestiques mâles doivent rester tête nue dans la maison, et qu'en général, il leur est interdit de porter la moustache, réservée aux maîtres[57].

Respectueux, modestes, décents, les serviteurs doivent savoir rester d'une extrême discrétion. Ainsi, ils ne répondent pas aux ordres qu'on leur donne, mais se contentent de s'incliner en silence, de sortir sans mot dire, et d'exécuter les ordres en question. Dans certaines maisons, cette règle va jusqu'à interdire au domestique de souhaiter le bonjour et le bonsoir à ses maîtres. Au fond, sa présence physique doit être aussi imperceptible que possible, de même, d'ailleurs, que ses contacts corporels avec ses maîtres : c'est la raison pour laquelle, par exemple, il ne leur présente rien de la main à la main, sauf ce qui, matériellement, ne pourrait se déposer sur un plateau.

Comme le constate Mademoiselle Dufaux de la Jonchère, « il ne suffit pas d'exécuter la besogne obligatoire, encore faut-il l'accomplir dans les formes voulues[58] ». Des formes qui, on le voit, sont aussi précises que contraignantes.

En principe, les maîtres sont tenus, eux aussi, de respecter leurs domestiques : il existe à cet égard une certaine symétrie, que rappellent au XIXe siècle tous les auteurs de manuels. Ainsi, recommandait Mme Celnart sous la monarchie de Juillet, « les devoirs de cette sorte de bienséance exigent que vous ne commandiez jamais à vos domestiques avec hauteur et dureté. Chaque fois qu'ils vous rendent quelque service, elle réclame un mot, un geste, ou du moins, un regard de remerciements[59] » Sur ce point, la comtesse Dash va jusqu'à déclarer que l'on doit être, avec ses domestiques, encore « plus poli qu'avec ses égaux, parce que s'il en était autrement, ils auraient le droit de se plaindre, et de pareilles plaintes ne peuvent pas être admises[60] ». Les ordres qu'on leur donne doivent l'être sur un ton courtois, sans sécheresse, et toujours assortis d'un « s'il vous plaît » et d'un « merci »[61].

Au cours du XIXe siècle, bon gré mal gré, la bienséance exige donc que l'on respecte un équilibre : « Dans les rapports réciproques des maîtres et des domestiques, écrit ainsi la comtesse de Gencé, on ne trouvera pas moins de devoirs que de droits du côté des premiers. » Le maître bien élevé ne se montrera ni arrogant ni familier avec ses gens ; il ne cherchera jamais à les blesser ni à les humilier. Et ce qui vaut pour le maître vaut pour ses enfants. « J'ai connu, raconte encore la comtesse, une petite fille de huit ans qui passait son temps à épier les domestiques pour rapporter ensuite à ses parents, trop confiants et trop faibles, leurs moindres gestes. On donnait, bien entendu, toujours raison à l'enfant qui, lorsqu'elle ne trouvait pas de prétextes suffisants pour faire gronder les serviteurs par son père, engageait directement la lutte avec la femme de chambre ou la cuisinière, poussait à bout leur patience et allait se plaindre. Un jour, le père s'était mis dans une colère violente contre le valet de chambre qui avait brisé un petit vase de valeur. La fillette, enchantée de voir invectiver le malheureux serviteur, assistait à la scène et répétait à son père : "Mets-le donc à la porte, papa. Chasse-le !" Dans les cas de ce genre, est-il besoin de dire que la faiblesse des parents est gravement coupable ? » – coupable à l'égard des domestiques, mais aussi à l'égard de leurs enfants, pour la déplorable éducation qu'ils leur donnent[62].

Pourtant, sur ce plan aussi, les idées changent. À cet égard, la baronne Staffe manifeste bien l'évolution des mentalités qui tend à envisager le rapport entre maîtres et serviteurs sur un mode à la fois égalitaire, sentimental et misérabiliste. Pour elle, le domestique est d'abord un déshérité, qui échange un peu de sa dignité humaine contre « quelques pièces d'argent », au bénéfice d'un maître qui n'a sur lui d'autre supériorité que celle, purement fortuite, de la fortune. Alors que les domestiques semblent de plus en plus amers, les maîtres deviennent honteux. Pour la baronne Staffe, ils doivent d'ailleurs assumer, en guise de compensation, le rôle de protecteurs, chargés « d'effacer les démarcations injustes »[63] issues des hasards de la vie. C'est pourquoi ils doivent à leurs serviteurs la sympathie, en même temps que le respect. Au fond, le rapport entre les maîtres et leurs domestiques tend à se calquer sur celui qui devrait exister entre parents et enfants.

Mais l'évolution n'est pas dénuée d'ambiguïtés. Derrière le rêve du serviteur-ami de la baronne Staffe se dissimule la réalité, moins riante, du domestique-salarié, à qui l'on n'a plus aucun cadeau à faire dès lors qu'on le paie ; une réalité que l'on perçoit un demi-siècle plus tard à travers les recommandations de Liselotte, lorsque celle-ci précise, dans l'édition de 1950 de son *Guide des convenances*, que « la politesse ne consiste pas à commander en ayant l'air de s'excuser », et que l'on ne doit remercier ses domestiques que « de temps à autre ; le faire à chaque ordre exécuté deviendrait un automatisme ridicule[64] ».

Les grands jours

Rythmée par les repas, les réunions dominicales, les anniversaires et les fêtes religieuses, la vie de la famille connaît aussi un certain nombre d'événements marquants, à la périodicité irrégulière mais à l'importance considérable : ces « grands jours » que constituent la naissance et le baptême, le mariage ou le décès.

En la matière, le savoir-vivre impose des règles de conduite d'autant plus précises que l'événement est capital – mais qui appellent néanmoins deux remarques, sur leur uniformité, et sur leur stabilité.

Celle-ci s'avère en effet assez variable. Si la bienséance concernant le baptême ne change que de façon marginale, des lendemains de la Révolution à la guerre de 1914, les obligations relatives au mariage ou au deuil, en revanche, subissent dans le même temps des mutations plus significatives, qui vont en général – mais pas nécessairement – dans le sens d'une rigidité et d'une sophistication accrues.

De la même façon, leur uniformité semble encore assez relative dans les premières décennies du XIXe siècle : sur ces questions, les manuels de savoir-vivre de l'époque continuent d'ailleurs d'opposer Paris au reste de la France. En 1838, par exemple, Mme Celnart constate qu'en province, on conserve encore, en matière de mariage, « beaucoup de coutumes surannées et communes, comme le don d'un jabot de dentelle au futur par sa future », l'exhibition des jarretières de la mariée, ou le fait, pour celle-ci, d'assister au dîner de noces dans une toilette de couleur[65]. Cependant, les mentalités évoluent rapidement ; sous le second Empire, Louis Verardi remarque ainsi que dans la plupart des cas, « les provinces ont adopté les habitudes de la capitale », ou du moins, qu'elles sont peu à peu en train de le faire : la politesse tend à s'uniformiser en se centralisant : « d'où il résulte qu'en traitant [...] des usages de Paris, rassure Verardi, mes conseils seront également utiles dans toutes les villes de France, en y faisant les légères modifications que les usages des localités nécessitent[66] ». Durant la seconde moitié du XIXe, ces particularismes tendront d'ailleurs à disparaître – pour renaître parfois vers la fin du siècle, lorsque ces provinces deviendront les conservatoires d'usages abandonnés par la capitale...

Naître

Au XIXe siècle, la naissance proprement dite se fait, sinon dans le secret, du moins dans une certaine discrétion. Une femme enceinte, rappelle ainsi Mme d'Alq, cesse d'aller dans le monde, au théâtre et au bal, en visite ou en promenade, partout où elle risque de dévoiler son état à des inconnus[67]. Dans certains milieux, influencés par les usages anglo-saxons, la grossesse tend à être considérée comme impudique.

Ce n'est que lorsqu'elle cesse, et que « l'heureux événement » a bien eu lieu, que la vie sociale et les règles du savoir-vivre reprennent leurs droits. Dans les jours qui suivent la naissance, des lettres de faire-part sont envoyées aux parents, aux amis et aux connaissances – usage qui traduit déjà certains flottements, notamment quant aux délais d'envoi. Alors que certains manuels de bonnes manières exigent la plus extrême célérité – pas plus de trois jours selon Mme d'Alq –, d'autres, au contraire, conseillent de prendre son temps. Ainsi, estime la comtesse de Gencé, dans la mesure où « l'existence des petits êtres est toujours précaire [...], il n'est pas trop de quinze jours pour savoir si l'on est sûr de les conserver. La mère elle-même est souvent gravement exposée pendant cette période, durant laquelle on peut toujours redouter les pires surprises. Ce sera donc au bout de quinze jours environ que les parents annonceront officiellement à leurs connaissances l'heureux événement[68] ». Le délai préconisé détermine d'ailleurs la rédaction du faire-part. Lorsqu'il est bref, et que la femme est encore alitée, c'est au père, et à lui seul, qu'il reviendra d'annoncer la naissance : « Monsieur *** a l'honneur de vous faire part que sa femme est heureusement accouchée d'un garçon (ou d'une fille) ; la mère et l'enfant se portent bien. Le... 18... » Quand le délai est plus long et que l'accouchée a eu le temps de se remettre de ses émotions, on peut admettre que les parents fassent part ensemble de la naissance de leur enfant. Lorsqu'on reçoit le faire-part, on doit, dans la semaine qui suit, envoyer sa carte, « à moins qu'on ne soit très intime, auquel cas, écrit Mme d'Alq, on écrit au père pour le féliciter, en demandant des nouvelles en réponse[69] ».

Mais c'est surtout avec le baptême que le savoir-vivre impose des obligations minutieuses.

La première, et la plus décisive, porte sur le choix des parrain et marraine. Sur ce point, les manuels de politesse de la seconde moitié du XIXe siècle et du début du XXe sont formels : au premier-né, on donnera pour parrain son grand-père paternel et pour marraine sa grand-mère maternelle, au second, son grand-père maternel et sa grand-mère paternelle, « et ainsi de suite, dans les deux familles, par rang d'âge et alternances de sexe, s'il est possible[70] ». « Toutefois, précise la comtesse de Gencé, la règle n'est vraiment stricte qu'en ce qui concerne les grands-parents[71]. » Et encore ceux-ci peuvent-ils céder leurs prérogatives à des étrangers, jugés plus susceptibles de fournir à l'enfant, par la suite, un appui social efficace. « Mais alors, avertit la baronne Staffe, c'est aux grands-parents de vous tenir quitte[72] », et d'accepter, gracieusement, d'être remplacés par un étranger dans cette fonction qui leur revient de droit.

En fait, cette règle, présentée et perçue comme un impératif catégorique, n'est pourtant pas antérieure au dernier tiers du XIXe siècle. Ainsi, en 1853, non seulement Louis Verardi ne l'évoque pas, mais il laisse entendre que l'on peut parfaitement être le parrain (ou la marraine) de l'enfant d'un supérieur. Ce constat renvoie d'ailleurs à une pratique, très vivement décriée mais relativement fréquente à l'époque, qui consiste, pour s'épargner la peine de choisir un parrain et une marraine – et l'ennui de leur faire subir ce qui est très souvent décrit comme une pénible corvée mondaine –, à prendre pour cet office ses propres domestiques, voire le premier pauvre venu. Une telle pratique se rencontrait déjà la veille de la Révolution, ainsi que le rapporte Louis Sébastien Mercier dans son *Tableau de Paris* : « Plusieurs riches, pour abréger, font aujourd'hui comme les plus pauvres : ils prennent le bedeau de la paroisse pour parrain et la mendiante au tronc pour marraine. Un gueux à qui l'on donne un écu va répondre devant le prêtre de la croyance de M. le marquis[73]. »

La règle consistant à faire des grands-parents des parrains et marraines de droit semble donc correspondre, elle aussi, au mouvement général de durcissement que l'on a déjà perçu par ailleurs. Les dérogations à cet impératif ne se justifient, estiment les manuels de savoir-vivre de la fin du XIXe, que par l'appui, social ou mondain, plus solide, que le parrain pourra assurer à son filleul. C'est pourquoi l'on peut proposer à des inférieurs d'être le parrain de leur enfant, à condition de le faire avec tact et délicatesse, alors qu'il serait malséant de se proposer pour remplir ces fonctions envers ses égaux, et plus encore, envers ses supérieurs.

La qualité de parrain et de marraine implique en effet des obligations spirituelles assez lourdes, dans le cadre de la société encore religieuse qu'est la France du XIXe siècle. Auparavant, elle suppose aussi, surtout de la part du parrain, des dépenses considérables en vue de la cérémonie du baptême. Tout d'abord, parrain et marraine font à la mère de l'enfant un cadeau dont la nature et la valeur dépendront de leur situation, ainsi que de celle de la mère : « Si c'est une femme pauvre, quelques bouteilles de bon vin, pour la réconforter pendant sa convalescence », seront du meilleur effet, écrit par exemple Mme d'Alq... La marraine donne ensuite à son filleul le bonnet et la robe de baptême, parfois assortis d'une pelisse, alors que son parrain se charge d'un cadeau beaucoup plus conséquent : dans le grand monde, l'usage veut qu'il offre un service d'argenterie ou de vermeil composé d'une timbale, d'un couvert et une cuillère à bouillie, gravés au chiffre de l'enfant. La veille du baptême, le parrain envoie à la marraine, sa « commère », un bouquet, parfois un bibelot ou des gants, et en tout cas un certain nombre de boîtes de dragées – qui, envoyées aux amis et aux connaissances, serviront à annoncer le baptême, dans la mesure où l'on n'envoie ni faire-part ni invitation pour cette cérémonie[74]. C'est en principe en accord avec le parrain et la marraine que seront déterminés les prénoms de l'enfant, l'un venant de la marraine, l'autre du parrain, le troisième des parents, qui sera généralement le prénom d'usage.

Après la cérémonie, le parrain remet au prêtre ou au ministre qui a baptisé l'enfant une boîte de dragées dans laquelle il aura placé une pièce d'or ou d'argent. Si c'est un prélat qui officie, il évitera ce genre d'impair, et le priera d'accepter un objet du culte en métal précieux. Le parrain distribuera en outre des gratifications financières à la nourrice, aux domestiques, aux enfants de cœur, au carillonneur, etc., également glissées dans des cornets ou des sacs de dragées.

Une fête et un repas de gala réunissant les parents, la famille et les amis intimes, sont ensuite offerts par le père – à moins de circonstances exceptionnelles et douloureuses, précise la baronne Staffe[75]. Le parrain et la marraine, père et mère spirituels du baptisé, y seront les « héros du jour », placés en général au centre de la table. Enfin, l'usage veut que le mari de la marraine – ou ses parents si elle n'est pas mariée – invitent le parrain à un dîner de cérémonie durant la semaine (d'autres préconisent la quinzaine, ou le mois) qui suit le baptême. Et les devoirs des parrains et marraines ne font que commencer... Outre leur devoir d'assistance et de conseil, ils doivent à leur filleul des étrennes au Nouvel An, un cadeau pour sa communion, ses succès scolaires, son mariage, etc., et ils se doivent, entre eux, les politesses et les présents d'usage entre amis bien élevés. La fonction, on le voit, est presque autant sociale, sinon mondaine, que spirituelle, et elle exige du temps et de l'aisance. C'est d'ailleurs pour cela qu'elle est fréquemment présentée comme un devoir pénible par les auteurs de manuels du début du XIXe siècle – comme Horace Raisson, qui conseille aux lecteurs de son *Code civil* de n'accepter « la corvée du parrainage » que lorsqu'ils ne peuvent s'en dispenser[76].

La grande affaire du mariage

De même que les rituels relatifs à la naissance ne commencent qu'après celle-ci, les règles du savoir-vivre relatives au mariage ignorent pudiquement toute la période, longue ou brève, qui précède la demande officielle : elles n'en appréhendent que « les préliminaires », où se déploie un arsenal de prétextes et de faux-semblants, un art du paraître et de la dissimulation tout à fait éprouvé, visant en particulier à ne pas avertir la jeune fille des intentions du jeune homme tout en les lui laissant deviner. Ainsi, ce dernier pourra la rencontrer au bal, ou encore, au théâtre, dans la loge de sa mère, sous prétexte d'accompagner une connaissance commune, qui le présente. « Quand le jeune homme s'est retiré, explique la baronne Staffe, la mère de la jeune personne attire sur lui l'attention de cette dernière, par quelques mots sur ses manières, son aspect physique, etc., et voit quelle impression il a produit sur sa fille. Il est encore préférable que des amis communs les réunissent à un dîner intime, organisé pour la circonstance et auquel assistent, cela va sans dire, les parents de la jeune personne. Ceux-ci ont la prudence de ne pas instruire leur fille du but de la réunion. [...]. Mais, dira-t-on, elle devine bientôt de quoi il s'agit, dans cette réunion intime où elle est la seule fille à marier et où elle rencontre un "Monsieur" qu'elle connaît à peine ou même pas du tout. N'importe, mieux vaut la laisser dans un doute salutaire [...]. Ces mêmes amis communs sont chargés de faire connaître l'effet respectivement produit. Si la jeune fille ne plaît pas, on ne lui parle de rien. » Elle aura été évincée sans le savoir, et sans humiliation. Quoi qu'il en soit, « le secret est toujours inviolablement gardé par tout le monde, en cas d'échec de part ou d'autre »[77].

Ce n'est qu'en cas de réussite, lorsque les jeunes gens se plaisent, que le mécanisme s'enclenche. Et l'on distingue alors trois moments successifs : la demande suivie des fiançailles, le contrat et, enfin, l'officialisation, réalisée par le mariage proprement dit.

La demande reste, au XIXe siècle, un moment crucial et fortement ritualisé. Au point, constatent les manuels de politesse des premières années du siècle suivant, qu'elle a fini par devenir une convention aussi fastidieuse qu'inutile, puisque l'on sait d'avance, lorsqu'on va demander officiellement la main d'une jeune fille, quelle sera la réponse de ses parents.

Cependant, même dépourvue d'enjeu véritable, la demande demeure soumise à une étiquette précise. Ainsi, ce n'est jamais le prétendant lui-même qui fait cette demande, mais celui qu'on appelle son « ambassadeur », en général son père, à défaut, un vieil ami ou un supérieur. Celui-ci se présente chez les parents de la jeune fille dans une toilette très soignée – gants, habit et cravate blanche –, à une heure déterminée à l'avance. C'est aux parents, et spécialement au père, que l'ambassadeur fait la demande : la jeune fille ne doit pas assister à l'entrevue ; en théorie, elle devrait même ignorer ce qui s'y trame. D'autant que c'est à ce moment que seront évoquées les questions matérielles et, en particulier, le chiffre de sa dot, élément déterminant pour la suite des événements. Une fois officiellement agréé, et dûment averti par l'ambassadeur, le prétendant, en habit de cérémonie, fait au plus vite une visite aux parents de la jeune fille – précédé d'un bouquet blanc qui, idéalement, devra être renouvelé chaque jour, jusqu'au mariage, en signe de la fraîcheur de son amour. Au terme de la visite, on appelle la jeune fille afin que le jeune homme lui adresse, respectueusement, l'expression de sa reconnaissance. « Une petite comédie d'ignorance et de surprise se joue souvent à ce moment[78] », note Mme d'Alq, la jeune fille étant bien venue à feindre la surprise. Quant au prétendant, il doit s'abstenir de se montrer verbeux, sentimental ou prétentieux, et par-dessus tout, faire preuve de tact. Ni trop ni trop peu : « La froideur serait malséante, avertit la baronne Staffe, mais l'expression du bonheur doit être contenue[79]. »

Cette visite a une importance stratégique : c'est à l'issue de celle-ci, lorsque le jeune homme s'en va, que la jeune fille a le droit de lui tendre la main, et même, de la laisser étreindre par celui qui est désormais son « futur ». C'est aussi pendant la visite que l'on fixe le jour des fiançailles, à une date très rapprochée, et que l'on détermine les personnes qui seront invitées à cette fête.

Organisées par les parents de la jeune fille, les fiançailles demeurent en principe une fête strictement familiale, à laquelle il serait de mauvais ton de donner une publicité et un retentissement excessifs. C'est pour cette raison, afin de bien marquer le caractère intime de la fête, que le dîner, au cours duquel les fiancés sont assis l'un à côté de l'autre au milieu de la table, doit être confortable, mais relativement simple, sans luxe ni ostentation... Les fiançailles sont déclarées solennellement au moment du dessert ; quant à la bague de la fiancée – généralement ornée de perles ou de pierres blanches, jamais d'un rubis ni d'une émeraude –, elle est glissée au doigt de la jeune fille par son fiancé, qui est alors autorisé « à porter à ses lèvres cette main qui vient de recevoir son anneau [80] » ; parfois, comble de l'impudicité, le jeune homme obtiendra même des parents de sa future la permission de l'embrasser sur le front, ou... sur les cheveux. « Toutefois, précise Mme de Gencé, il est préférable que les fiancés s'en tiennent à la poignée de main [81]. »

À ce premier dîner, au cours duquel le fiancé et ses parents sont présentés à la famille de sa future épouse, succède un second, dans les jours qui suivent, chez les parents du futur mari. À partir de ce moment, en outre, le jeune homme est autorisé à fréquenter chez la jeune fille, c'est-à-dire à s'y rendre aussi souvent qu'il le désire. En un sens, il est déjà de la famille.

La durée des fiançailles est relativement brève, quelques mois tout au plus. Durant cette période, les parents des fiancés doivent évidemment être discrets, surtout à l'égard des étrangers, sur les aspects financiers du mariage, qu'ils soient d'ailleurs déçus ou enchantés. Toute remarque sur ce point pourrait passer pour impolie, voire vulgaire. Pourtant, la question des intérêts matériels demeure à l'époque absolument déterminante : on n'épouse pas quelqu'un en dehors de son milieu, et une jeune fille non dotée, comme un jeune homme sans situation, risquent fort de rester célibataires.

La question matérielle prend bien sûr la forme de la dot, mais aussi, celle de la corbeille et du trousseau. Ce dernier, donné par les parents de la jeune fille, se compose du linge de corps de la mariée, de toilettes simples, ainsi que de l'ensemble du linge de maison, pour une valeur qui se monte d'ordinaire à 5 % de la dot [82]. Quant à la corbeille de mariage, en vannerie, en marqueterie ou en bois précieux, elle est envoyée par le fiancé à sa future épouse au matin de la signature du contrat. Elle contient des cadeaux, robes, bijoux, bibelots, fourrures, châles de cachemire ou dentelles, etc., d'une valeur souvent considérable – habituellement 20 % de la dot [83]. Au point que certains fiancés aux revenus modestes garnissent la corbeille de cadeaux qu'ils ne pourront payer, plus tard, qu'avec l'argent de la dot. Dès les premières décennies du XIXe siècle, une coutume apparaît dans certains milieux, qui consiste à remplacer la corbeille par une bourse pleine de pièces d'or, ou par quelques gros billets glissés dans une enveloppe, afin de permettre à la jeune femme de choisir librement les cadeaux qui la tentent. Cependant, se félicite la baronne Staffe en 1891, « cette innovation a froissé les délicatesses de sentiment du plus grand nombre des fiancés, et la vieille mode a prévalu ». En revanche, l'habitude qui consistait à exposer le contenu de la corbeille et du trousseau, « d'un goût fort contestable, est complètement tombée en désuétude chez les gens qui se piquent de véritable délicatesse[84] ».

Mais c'est naturellement la dot qui constitue, en la matière, la pièce de résistance. Elle donne lieu, après les tractations menées au jour de la présentation, à la signature d'un contrat de mariage à l'occasion duquel il est d'usage de donner une fête brillante : celle que l'on célébrait jadis le jour même de la noce. Étrange inversion des priorités décrite par Balzac dans le roman qui porte ce titre – *Le Contrat de mariage* : à l'occasion de la signature de celui de sa fille, Mme Evangélista décide de donner dans son hôtel de Bordeaux une fête d'un luxe inouï à laquelle elle a prié toute la bonne société de la ville, « la nuit des camélias », dont les préparatifs ont duré pas moins de quarante jours. « Vers huit heures, au moment de la dernière discussion, les gens curieux de voir les femmes en toilettes descendant de voiture se rassemblèrent en deux haies de chaque côté de la porte cochère. Ainsi, la somptueuse atmosphère de fête agissait sur les esprits au moment de signer le contrat [...]. Les deux notaires dînèrent avec les deux fiancés et la belle-mère. Le premier clerc [...] chargé de recevoir les signatures pendant la soirée en veillant à ce que le contrat ne fût pas indiscrètement lu, fut également un des convives. » En l'occurrence, les notaires sont, juste après les fiancés, les véritables héros de la fête : après la signature officielle du contrat, l'usage veut d'ailleurs qu'ils soient autorisés à embrasser la fiancée, et si un bal est organisé, la seconde danse de la jeune fille leur appartient de droit. Quant au futur, Paul de Manerville, il en profite pour se permettre quelques (très discrètes) privautés : « Armant déjà son amour de la légalité, Paul se plut à baiser le bout des doigts de Natalie, à effleurer son dos de neige, à frôler ses cheveux en dérobant à tous les regards les joies de cette émancipation illégale ». Enfin, le contrat dûment négocié, accepté, paraphé et signé, « les joueurs se mirent au jeu, les jeunes filles et les jeunes gens dansèrent, le souper se servit, et le bruit de la fête s'apaisa vers le matin, au moment où les premières lueurs du jour blanchirent les croisées ». Quelques jours plus tard, en revanche, le mariage lui-même, célébré à minuit et presque à la sauvette, se déroule dans la plus extrême sobriété, « après une soirée passée en famille avec les quatre témoins auxquels Mme Evangélista donna le long repas qui suit le mariage légal »[85].

Usage essentiel de la société bourgeoise, la dot va pourtant faire l'objet, dans les décennies qui précèdent la Grande Guerre, de critiques de plus en plus vives, dont se font l'écho les romans et le théâtre. Elle tend à être perçue comme un archaïsme, mais aussi comme un problème : la dot pouvant apparaître tout à la fois comme le moyen de « vendre » sa fille – celles qui n'en bénéficient pas n'ayant le choix qu'entre l'impudicité et le célibat –, et celui de lui acheter un mari, « porte ouverte à toutes les audaces chez les femmes[86] », à toutes les veuleries chez leurs époux. Certains, comme le dramaturge Brieux dans une série de pièces « à thèse » montées dans les premières années du XXe siècle (*La Petite Amie*, 1902 ; *Maternité*, 1903), font donc la guerre, à la suite de Michelet, à cet usage qu'ils jugent amoral et délétère. D'autres se contentent, à l'instar d'un personnage des *Demi-Vierges* (1894) de Marcel Prévost, de constater que, depuis 1880, deux valeurs jusque-là incontestées se sont littéralement effondrées, la pudeur des jeunes filles et le montant de leur dot[87]. D'autres encore, comme Sacha Guitry dans *Un beau mariage*, représenté pour la première fois en octobre 1911, continuent d'en faire un argument comique et dramatique, ainsi qu'on le faisait au XVIIIe siècle, mais non sans laisser entrevoir la fragilité de ses bases : le héros de la pièce, Maurice de Varençay, joué par Guitry lui-même, ne se décidant à accepter la (grosse) dot et la (jolie) femme qui l'accompagne que « parce que – ce sont les derniers mots de la pièce – ça n'a aucune importance de se marier [88] ».

Depuis le début du XIXe siècle et l'adoption du Code civil, le mariage civil précède obligatoirement le mariage religieux. Le premier demeure très sobre ; entièrement déterminé par la loi, il ne relève en rien des préceptes spécifiques du savoir-vivre – à l'exception, peut-être, d'un usage assez plaisant : la mariée signe la première l'acte de mariage, puis offre la plume ou le stylo au marié, qui la salue alors en lui disant, avec un sourire : « Merci, Madame ». Elle l'est effectivement depuis quelques secondes, depuis qu'elle a signé le registre, et son mari sera le premier à lui donner ce titre – que personne d'autre que lui ne devra employer jusqu'à la cérémonie religieuse.

Contrairement au mariage civil, celle-ci se trouve entièrement régie, sauf bien sûr pour ce qui relève en propre de la liturgie, par les préceptes du savoir-vivre. Ainsi, le costume des mariés : la toilette de la femme, souligne la baronne Staffe, doit rester simple et virginale – ni diamants ni dentelles de prix. Quant au marié, il porte l'habit, ou le grand uniforme s'il est militaire ; en revanche, la simple redingote doit être proscrite, malgré l'influence des modes britanniques, sur ce point plus décontractées que les françaises.

Avant la cérémonie, la famille et les personnes invitées à composer le cortège de la mariée se réunissent chez les parents de celle-ci. Quand tout le monde est là, on se rend à l'église en voiture. À la fin du XIXe siècle apparaît un nouvel usage, suivant lequel la mariée est assistée par des « pages », de jeunes garçons appartenant à sa famille ou à celle de son mari, habillés avec élégance, et chargés de porter son livre de messe, son bouquet, etc. Ces pages, qui deviendront au XXe siècle nos « enfants d'honneur », doivent se tenir en permanence à proximité de la mariée. Une fois descendu de voiture, le cortège se forme suivant un ordre imposé : la mariée occupant le premier rang au bras de son père, elle est suivie par le marié au bras de sa mère, puis par la mère de la mariée conduite par le père du marié, les demoiselles et les garçons d'honneur, et enfin, les témoins. La mariée prend le bras gauche de son père, sauf s'il est militaire et en uniforme, auquel cas elle s'appuiera sur son bras droit – imitée en cela par toutes les autres femmes du cortège. À l'entrée du cortège dans l'église, tous les invités se lèvent. En principe, précise la baronne Staffe, « ceux qui sont venus pour l'époux sont à droite de la nef, ceux qui sont venus pour la mariée se sont placés à gauche[89]. »

Parmi les usages problématiques, et qui tendent à disparaître, on peut citer le « poêle », qui est un lourd voile tenu par les garçons d'honneur les plus jeunes, ou par les enfants de familles que l'on tient à honorer[90], au-dessus de la tête des mariés pendant la bénédiction. Au début du XXe siècle, la comtesse de Gencé affirme que l'on a supprimé cette coutume, à laquelle, explique-t-elle, « la coiffure des mariés résistait rarement[91] » – mais sa concurrente la baronne Staffe se montre moins péremptoire, se bornant à souligner que les jeunes gens qui tiennent le poêle « doivent prendre garde d'endommager la coiffure de la jeune femme et de déranger les cheveux du marié[92] ».

Les anneaux, en revanche, constituent un élément stable de la cérémonie. C'est le mari qui passera l'alliance au doigt de la mariée, celle-ci ôtant alors son gant pour la recevoir – les manuels de savoir-vivre rappelant à ce propos que ces anneaux sont des symboles, non des bijoux, et qu'il serait par conséquent de mauvais goût de porter des alliances ouvragées, travaillées, excessivement larges ou ornées de pierreries. Dernier détail : si la femme mariée doit impérativement porter son alliance, son port par le mari n'est nullement obligatoire, et il est même perçu comme quelque peu incongru.

Au moment où le prêtre pose les questions sacramentelles aux époux, il est encore d'usage, dans la première moitié du XIXe siècle, que l'un et l'autre consultent leurs parents, en silence, par un signe de tête respectueux, avant de répondre le « oui » qui les engagera à jamais. Cet échange muet peut d'ailleurs avoir lieu un peu plus tôt, à la lecture du contrat, par exemple, ou lors du mariage civil – comme dans la scène que relate Cuvillier-Fleury, le précepteur du duc d'Aumale, racontant le mariage de la fille du roi Louis-Philippe, la princesse Louise, et de Léopold, roi des Belges, de plus de vingt ans son aîné. La scène se passe à Compiègne, le 9 août 1832. « À neuf heures, lecture du contrat dans le salon du Conseil ; scène imposante. Toute la famille royale rangée devant la table ; attitude de la princesse Louise ; tremblements de sa tête chargée de diamants et de fleurs [...]. Léopold prononce le oui ; la princesse consulte son père pour répondre et fait un signe de tête ; elle paraît accablée[93]. » Mais elle obéit, résignée, et chuchote le « oui » à son tour. D'ordinaire, cependant, c'est à l'église qu'à lieu cette ultime demande des futurs époux à leurs parents. À la fin du siècle, seule la jeune fille se soumet encore à ce simulacre de demande, en se tournant légèrement, à l'instant décisif, vers son père et sa mère : simple manifestation de déférence, puisqu'en toute hypothèse, le mariage civil est déjà conclu.

Les formalités accomplies, la mariée sort de l'église au bras de son mari, le père de la mariée offrant alors son bras à la mère de son gendre. À leur suite, le cortège se reforme, les invités sortant dans l'ordre où ils sont arrivés, et devant aller saluer les nouveaux époux, en principe à la sacristie où ceux-ci sont allés signer le registre. La mariée doit-elle alors être embrassée par les gens de la noce ? Là encore, l'usage paraît incertain : il se pratique dans le peuple et dans certaines familles bourgeoises, observe Mme Celnart au début de la monarchie de Juillet, mais dans les « classes supérieures », la mariée n'embrasse que son père, sa mère et ses nouveaux parents, et « encore n'est-ce que dans la sacristie[94] ».

Après la cérémonie, les pratiques sont également variables. Toutefois, on constate, comme dans le roman de Balzac cité plus haut, une tendance à la simplification et à l'allégement de la fête des épousailles. À la noce d'Emma et de Charles Bovary, dans la Normandie rurale du milieu du siècle, on reste seize heures à table, puis l'on recommence le lendemain « et quelque peu les jours suivants[95] ». Mais la fête s'abrège à mesure que l'on gravit l'échelle sociale et que l'on se rapproche de la capitale. À Paris, dans le grand monde, elle ne dure plus qu'une demi-journée, constate la comtesse de Gencé dans les premières années du XXe siècle ; bien souvent, on se contente même d'un simple « déjeuner dînatoire », ou d'un lunch plus ou moins luxueux offert aux parents et aux proches. Pour justifier cette évolution et ces réceptions « ultra-rapides », on a allégué le désir des mariés de partir au plus tôt en voyage de noces[96]. Mais l'explication ne tient pas : à la même époque, le fait de partir sur le champ en voyage de noces tend à être perçu comme franchement démodé : « c'est devenu bourgeois », ironise un article paru en 1894 dans le mensuel *La Grande Dame*[97]. En fait, il est probable que cette tendance à la simplification des réceptions soit liée, elle aussi, au raidissement des préceptes du savoir-vivre, aisément offusqué par les débordements scabreux, les lourdes blagues et les assauts de grivoiserie qui constituaient jadis l'ordinaire des repas de noces – ces « plaisanteries d'usage » qu'Emma Bovary supplie son père de bien vouloir lui épargner, au grand désappointement de certains invités[98]. La meilleure façon d'y couper court sera de ne pas organiser de banquet de noces, et de décaler la fête lors de la signature du contrat, évidemment moins propice à ce type de débordements.

Pour revenir un instant au voyage de noces, ce n'est pas cette absence, lointaine ou non, qui clôt le cycle du rituel matrimonial : ce sont les visites que les jeunes mariés rendent aux personnes avec lesquelles ils désirent poursuivre des relations, et qui commencent un mois après la cérémonie. La vicomtesse Nacla, dans le petit livre qu'elle consacre à la question en 1897 (*Il ! Le choisir, le garder*), appelle cela « la mise en route de la barque conjugale[99] » : les époux ont alors (re)trouvé leur place dans le groupe, et la mécanique peut enfin se remettre à fonctionner de façon normale.

L'importance sociale et symbolique du mariage est si grande, que le divorce, même avant son abolition en 1816 et après son rétablissement en 1884, reste très mal considéré, et en tout cas, presque ignoré des codes de bienséance. Dans le grand monde, qui continue de donner le ton en la matière, « les malheureuses se trouvant dans cette situation alors méprisée, rapporte Pringué, se voyaient toutes portes fermées. La duchesse de Mouchy qui avait gardé une grande affection pour une de ses très chères amies, divorcée et remariée, n'ayant jamais voulu admettre cet état, et cependant désirant correspondre avec elle, lui faisait porter ses lettres par un valet de pied, mais ne mettait jamais l'adresse sur l'enveloppe, se refusant à y inscrire le nouveau nom, aveu ostentatoire de la faute[100] ». Il faudra attendre la grande rupture de la guerre pour voir les mentalités évoluer sur ce point.

Porter le deuil

De même qu'il ignore, ou peu s'en faut, la naissance en tant que telle, de même qu'il entoure les préliminaires du mariage d'un arsenal de faux-semblants, d'apparences et de mensonges, le savoir-vivre du XIXe siècle laisse pratiquement de côté la dimension personnelle de la mort – qui avant la Révolution occupait une place centrale. Comme l'a remarqué Philippe Ariès, l'acteur principal de la scène n'est plus le mourant, c'est désormais celui qui porte le deuil.

Or, si la préparation spirituelle, l'agonie, et plus encore le cadavre, se trouvent escamotés des traités de politesse, c'est parce que la mort devient alors l'« un des actes de la vie sociale », ce qui va se traduire, constate Alain Montandon par « une normalisation très rigide des cérémonies », un mouvement de codification qui contraste de façon saisissante avec le silence qui caractérisait, en la matière, les siècles précédents. « Si la liberté laissée était autrefois assez grande pour l'appréciation des convenances, réglées par de grands principes généraux, désormais l'individu se trouve en face d'un système de prescriptions d'une grande précision »[101]. Comme l'écrit la baronne Staffe à la fin du XIXe siècle, le deuil, « marque extérieure de la douleur [...] a des règles qui doivent être très sévèrement observées[102] » – et tout particulièrement, sur trois plans successifs : l'annonce du décès, les funérailles elles-mêmes, puis les formes du deuil.

Aussitôt après le décès et la déclaration en mairie, il s'agit d'en aviser la famille, les proches et les amis, ce que l'on peut faire de deux manières différentes, au moyen d'un faire-part de convocation, qualifié au début du XIXe siècle de « billet d'enterrement » ; ou par un faire-part d'information, qui se borne à informer ses destinataires du triste événement.

Les manuels de politesse vont parfois jusqu'à détailler les caractéristiques physiques et typographiques du premier : format, qualité du papier, ornements, largeur du liseré noir, etc. Celui-ci a en effet un rôle stratégique : c'est là que l'on va rappeler les noms, prénoms, âge, qualités, titres, grades et décorations du défunt. Les historiens constatent d'ailleurs la profusion verbale qui finit par les caractériser : le laconisme, d'usage dans les premières décennies du XIXe siècle, tend à devenir, vers le milieu de celui-ci, « une marginalité, presque une hérésie au regard des conventions[103] ».

En revanche, il faut noter que les femmes restent très longtemps exclues des faire-part d'invitation des cortèges mortuaires : interdit qui, à la fin du XIXe siècle, commence d'ailleurs à paraître franchement anachronique, et de plus en plus indéfendable, à certaines observatrices : « Ainsi donc, s'écrie par exemple Jeanne d'Antilly dans la chronique féminine du *Journal pour tous*, ce n'est pas "distingué" de mettre son nom auprès de celui pour toujours effacé de l'être que l'on pleure ? Tout cela, voyez-vous, c'est un reste de l'antique hypocrisie qui voulait que la femme, lorsqu'un deuil entrait dans sa maison, fût supposée accablée, écrasée sous les voiles de crêpe. Un cortège funèbre, une cérémonie mortuaire étaient une affaire de "représentation" à laquelle une femme condamnée à l'effacement perpétuel ne devait prendre aucune part. [...] Les êtres inférieurs n'ont rien à voir en ces réunions, où la pompe et la solennité le disputent à la dignité. Arrière les femmes ! Soyez "distinguées", c'est-à-dire, ne comptez pour rien dans ces sortes d'affaires. Vos nerfs fragiles et votre pudeur vous recommandent de vous faire oublier. » En clair, conclut-elle, « tout cela est peut-être très moyenâgeux et tout à fait roi-soleil, mais vraiment c'est inique et stupide[104] ».

Mais les usages évoluent, du moins... sur le papier : à la fin du siècle, la veuve et les différentes femmes de la famille figurent enfin sur le faire-part, et la coutume ancienne suivant laquelle l'invitation aux convois et aux funérailles n'était adressée qu'au nom des membres masculins de la famille ne subsiste plus que dans certains cercles restreints de l'aristocratie.

Ce faire-part d'invitation est envoyé très largement, à toutes les personnes liées, d'une manière ou d'une autre, au défunt et à sa famille. On n'y répond que lorsqu'on ne peut assister aux obsèques, par des excuses et des condoléances – conformément aux règles d'un genre littéraire strictement codifié, exposé dans des manuels de correspondances qui sont comme le pendant des traités de savoir-vivre.

Les personnes assistant à un enterrement auxquelles elles ont été invitées se plieront, elles aussi, à des règles strictes. En particulier, elles doivent être vêtues de noir, ou de couleurs sombres.

À ce propos, si les femmes finissent par figurer sur le faire-part, l'usage veut qu'elles n'assistent qu'au service religieux célébré pour le repos de l'âme du défunt. En revanche, seuls les hommes se rendent à son domicile et accompagnent le convoi jusqu'au cimetière. Au début de la monarchie de Juillet, selon Mme Celnart, nulle part en France les femmes ne vont jusqu'au cimetière, « à moins qu'elles ne soient de très basse classe[105] ». « Ordinairement, confirme Clarisse Juranville quarante ans plus tard, une épouse ou une mère n'assistent pas aux funérailles de celui qu'elle a perdu, à moins pourtant qu'elle ne se sente le cœur assez fort et assez ferme pour donner au cher défunt ce suprême et dernier témoignage de son affection. On a vu plusieurs fois de pauvres mères fendre la foule des hommes qui les séparaient de leur enfant et vouloir marcher les premières près du cercueil. Dans ces circonstances, les usages sont mis de côté et personne ne peut y trouver à redire[106]. »

Le cortège funéraire demeure donc en principe exclusivement masculin, le plus proche parent, et à défaut, l'héritier ou l'ami le plus intime, marchant devant, les autres parents suivant en masse, puis les amis, les connaissances, etc. Dans ce cortège, on marche tête découverte, en silence, dans un maintien triste et recueilli, sans toutefois manifester de façon excessivement voyante la douleur que l'on ressent[107] – argument avancé, du reste, pour justifier l'absence des femmes, que l'on juge incapables d'une telle retenue. Ce recueillement doit être respecté par tous ceux qui rencontrent un convoi funèbre. Ainsi, il leur est interdit de traverser un tel cortège ; en outre, la règle veut que les femmes s'inclinent devant un cercueil, et que les hommes se découvrent pour le saluer respectueusement.

Après les funérailles, la coutume varie de façon significative suivant que l'on se trouve en ville, et notamment à Paris, ou à la campagne. À la ville, les personnes ayant assisté à la messe ou aux funérailles rentrent chez elles après avoir porté leurs cartes, cornées à l'envers, chez le membre de la famille qui leur a adressé l'invitation ; à la campagne, en revanche, et dans tous les lieux dont l'éloignement a conduit les invités à faire parfois de longs trajets, un repas froid ou une collation sont servis à l'issue des funérailles. Durant ces repas, où les proches parents du défunt s'abstiennent de paraître[108], toute jovialité, et même, toute conversation un tant soit peu animée dénoterait un manque absolu de savoir-vivre. Même à ce moment, le recueillement continue d'être la règle – ce qui n'empêche pas cette dernière d'être fréquemment transgressée.

En ce qui concerne le deuil, deux phénomènes retiennent surtout l'attention, qui vont apparemment dans le même sens, alors qu'ils relèvent en réalité de principes et de logiques contraires : le durcissement des rites, et l'idée que l'on doit prendre le deuil de ses descendants, enfants, petits-enfants, neveux et nièces.

L'élément le plus visible de l'évolution concerne la durée des deuils, très précisément codifiée dans les manuels de savoir-vivre, et qui tend à s'accroître de façon sensible à partir des années 1850-1860[109].

« Les usages du deuil, expliquait Horace Raisson sous la Restauration, sont réglés en France d'une manière immuable, d'après le degré de parenté ou d'alliance[110] ». Il distinguait en ce sens le grand deuil du deuil ordinaire. Le premier concerne les parents les plus proches : père et mère, pour lesquelles on le porte six mois, grands-parents (quatre mois et demi), mari (un an et six semaines), femme (six mois), frères et sœurs (deux mois). Quant au deuil ordinaire, il se porte après le décès des oncles et tantes (trois semaines), des cousins germains (quinze jours) et issus de germains (huit jours), ou encore, des oncles à la mode de Bretagne (onze jours). Ces « tarifs », qui correspondent à peu près à ceux qu'avait établis, sous la Régence, l'ordonnance du 23 juin 1716, sont encore en vigueur au début du second Empire, lorsqu'Horace Raisson publie la 14e édition de son *Code civil*.

Pourtant, on donne aussi un autre sens à cette distinction : le grand deuil ne s'entend plus alors en fonction de la personne que l'on pleure, mais comme la période la plus rigoureuse du deuil, celle au cours de laquelle les veuves, par exemple, ne devront porter, comme on le précise dans les dernières décennies du XIXe siècle, « que des vêtements de laine noire, cachemire ou mérinos, châle long et carré, chapeau en crêpe, voile très long en crêpe à large ourlet, bonnet à barbes en crêpe, col et fichu de crêpe, gants de soie, filoselle ou castor, bijoux de jais ou en acier bronzé. Cheveux [...] lisses, non bouclés ni ondulés[111] ».

À cette époque, il y a déjà quelque temps que les règles relatives à la durée des deuils se sont durcies : ainsi, la bienséance exige désormais que le deuil des veuves, le plus long de tous, ne dure plus un an et six semaines, mais deux ans – Mme d'Alq jugeant même peu convenable qu'une veuve, surtout si elle a des enfants, le porte moins de trois ans. Le grand deuil, qui occupe alors toute une année, est souvent conçu plus strictement encore que dans le manuel que l'on vient de citer : la baronne Staffe, qui se prête volontiers au jeu de la surenchère, exige durant cette période le port d'un chapeau à long voile *tombant sur le visage* (elle prend la peine de le souligner), d'une coiffe couvrant les cheveux, et pas le moindre bijou, « même ceux de bois durci[112] ».

Mais les veuves ne sont pas les seules concernées : le veuf porte désormais le deuil durant dix-huit mois, dont neuf de grand deuil – ce qui est aussi le tarif pour le deuil des parents ; la mort des grands-parents impose un deuil d'un an, dont six mois de grand deuil ; le deuil d'un frère ou d'une sœur dure dix mois, et non plus deux, comme au début du siècle, dont cinq mois de grand deuil. À partir d'un certain âge, constatera Victor Hugo, on finit par rester en noir tout au long de l'année...

Outre le costume, et les règles précisément codifiées relatives au grand deuil, au deuil ordinaire et au demi-deuil, – ce dernier étant lui-même susceptible de nuances et gradations à mesure que l'on se rapproche de la fin de la période exigée par la bienséance –, la mort d'un proche impose un certain nombre d'obligations, et d'interdits.

Sur ce plan, les prescriptions de la politesse sont beaucoup plus sévères pour les femmes, qui peuvent assumer le deuil dans sa plénitude, que pour les hommes, contraints, quoi qu'il en soit, de poursuivre des relations d'affaires ou de travail. À un homme, il sera donc simplement prescrit d'éviter les réunions nombreuses pendant la période du grand deuil. Pendant le demi-deuil, il lui sera loisible d'assister aux réunions qui n'ont pas un caractère de fête. En revanche, précise la comtesse de Gencé, il ne paraîtra « dans aucun bal, ni aucune partie de plaisir pendant la durée de son deuil, et il sera préférable qu'il n'accepte pas d'invitation à dîner, même d'invitation officielle. S'il agissait différemment, on ne manquerait pas de critiquer sa conduite, de trouver qu'il s'acquitte mal de ses derniers devoirs envers ses parents et qu'il pratique bien à la légère le culte du souvenir[113] ».

Pourtant, constatent les observateurs, tous les hommes sont loin de respecter à la lettre ces diverses obligations, et beaucoup s'en affranchissent, rapidement et sans vergogne. Certains vont même jusqu'à profiter des largesses du Code civil, qui autorise le veuf à se remarier à l'issue d'un délai de six mois, bien qu'au regard des lois du savoir-vivre, il se trouve encore (et pour trois mois) en grand deuil. En bref, même si les convenances mondaines interdisent de profiter de cette tolérance légale, il n'est pas rare qu'elles soient transgressées.

Pour les femmes, le savoir-vivre est encore plus strict. Ainsi, elles ne reçoivent aucune visite avant que six semaines au moins se soient écoulées depuis la mort de leur époux, y compris les visites de condoléances, qu'elles n'auront le droit de rendre que six semaines, au plus tôt, après les avoir reçues – « soit trois mois pendant lesquels on reste enfermée chez soi. Lorsqu'au bout de ce temps on rompt sa clôture volontaire, il est admis qu'on arrivera chez les gens qu'on doit voir, le jour où ils reçoivent [...], de très bonne heure, afin de ne rencontrer personne dans leur salon [...]. Durant la première moitié du deuil, on s'abstient de tout plaisir, de toute distraction. Dès le commencement de la seconde période, on se permet des conférences sérieuses, les expositions ; on fait des visites, on reprend son jour. Vers la fin du deuil – deux mois avant son expiration – on rétablit son *five o'clock* tea, on donne à dîner, on assiste à un concert ». Enfin, « le deuil terminé, on commence à reparaître dans de petites soirées, sans danser encore ». Sur le plan vestimentaire, « il y aura encore une légère transition avant de s'habiller comme tout le monde. On commence par des nuances discrètes, neutres ou foncées [114] ».

La rigueur de ces règles n'interdit pas, toutefois, certains arrangements, lorsque d'autres considérations d'importance entrent en ligne de compte. Au tout début du XXe siècle, en novembre 1903, le père de Marcel Proust, le professeur Adrien Proust, meurt le jour même où sa belle-fille, sans avoir appris son décès, accouche dans des conditions si dramatiques qu'elles mettent sa vie en péril ; elle est si gravement souffrante dans les jours qui suivent, que l'on décide de lui cacher la triste nouvelle. Mais comment faire, sans éveiller ses soupçons ? Sa belle-mère, la veuve du professeur Proust, va imaginer un subterfuge, qui consiste à tricher avec les convenances : venue visiter la malade, elle quitte en grand deuil son domicile rue de Courcelles, mais en emportant une toilette de rechange aux couleurs gaies, qu'elle enfile dans l'entrée avant de pénétrer dans la chambre de la convalescente[115].

L'autre innovation majeure concerne le deuil des enfants. Au début du siècle, il est d'usage de ne pas le porter. C'est ce que rappelle, en 1806, *L'Étiquette du palais impérial*, qui fixe le protocole officiel du régime napoléonien : elle précise ainsi que, conformément à l'usage, l'Empereur ne prendrait pas le deuil si son fils ou son petit-fils venaient à mourir – alors qu'en revanche, toutes les autres personnes auraient à le porter[116].

Trente ans plus tard, on estime toujours qu'un père et une mère n'ont pas à assister à l'enterrement de ceux qu'ils ont perdus, à qui ils « ne doivent pas donner cette marque de déférence[117] ». La tristesse, bien naturelle, n'implique pas pour autant que l'on porte le deuil : il s'agit de deux choses bien distinctes, et qu'on doit se garder de confondre. « Remarquez, explique ainsi la comtesse Dash sous le second Empire, qu'il n'est point ici question de sentiments, mais d'étiquette, c'est-à-dire, de ce qui est strictement dû » ; or, en la matière, les parents ne doivent rien à leurs enfants. « Le deuil étant un signe de respect, on n'est pas tenu de porter celui de ses enfants », même si, reconnaît la comtesse, « il est peu de mères qui s'en dispensent » – ce qu'elle ose d'ailleurs juger critiquable : « Je trouve [...] une exagération un peu marquée de s'entourer de crêpes pour la perte d'un marmot de quelques semaines ou de quelques mois. Les jeunes femmes sont assez portées à afficher leurs sentiments avec une sorte d'emphase, et réellement, si c'est un chagrin, ce n'est pas un malheur dont on ne puisse se consoler »[118]. Mais cette dureté cesse bientôt d'être de mise, avant de devenir franchement inacceptable. En 1879, Clarisse Juranville observe que si les deuils d'ascendant à descendant ne sont toujours pas obligatoires, « une innovation qui paraît se répandre dans les familles est le deuil qu'on porte de ses enfants ». « Les parents frappés par la mort de leur enfant, écrit également la comtesse de Gencé, portent souvent le deuil aussi longtemps qu'une veuve : c'est-à-dire pendant deux ans, dont une année de grand deuil[119]. »

C'est donc dans ces années que s'effectue le tournant – un tournant particulièrement significatif, puisqu'il annonce, paradoxalement, les remises en cause du rituel qui auront lieu, au nom du sentiment, au cours du XXᵉ siècle.

5

EN PUBLIC

« Donner à dîner est une importante affaire, la plus importante peut-être pour le Bourgeois, celle qui demande le plus d'attention et de soin :

– Qui inviterons-nous ? dit-il à sa femme aussitôt qu'il en est question ; qui ferons-nous trouver ensemble ? Quel jour conviendrait le mieux ? Aurons-nous du poisson, ou n'en aurons-nous pas ? Attendons-nous le départ de ton oncle ? Dînerons-nous dans la salle à manger ou dans ta chambre, chère amie, en faisant retirer ton lit et celui des enfants ? etc., etc.

Il faut une quinzaine au moins de préparation pour le dîner le plus ordinaire, et les derniers jours sont entièrement consacrés à la méditation, au recueillement, à la composition du repas. Le Bourgeois le plus facile à manier, celui dont l'humeur a toujours paru la plus égale, n'est parfois plus le même le jour où il donne à dîner ; c'est un ours, un hérisson, un bâton embarrassé », s'amuse Henry Monnier – l'inventeur du personnage de M. Prud'homme, archétype comique du bourgeois louis-philippard. Or, si le bourgeois se montre angoissé à l'approche du dîner, c'est par peur de manquer aux règles du savoir-vivre, et d'en subir les conséquences : « Nous serons ridicules, ce qui, certes, est bien plus triste encore que d'être pendu[1]. »

Même s'il s'agit d'une caricature, il est probable que l'on se trouve assez près de la réalité : celui qui voudrait respecter au pied de la lettre les préceptes de la bienséance tels qu'ils se trouvent déclinés par les manuels de savoir-vivre de l'époque –

à l'instar du petit-bourgeois dépeint par Monnier, qui les connaît trop mal pour faire autrement –, serait effectivement dans une situation assez délicate. D'autant plus que le dîner et les différents modes de réception sont loin d'être les seuls cas de figure relevant de la « politesse publique ». On reçoit, mais on visite aussi, à la ville ou à la campagne, on se rencontre, on se salue, on fume, on voyage, on correspond, et chacune de ces activités sociales obéit à des règles spécifiques, qu'il faut connaître et pratiquer si l'on veut être considéré comme une « personne polie », et échapper à la désapprobation ou au ridicule.

Réceptions et visites

En ville, au XIXe siècle, on reçoit à deux moments distincts : au cours de la journée, tout d'abord, où auront lieu les « visites » ; puis le soir, à dîner ou à danser.

À une époque où les rentiers sont nombreux, où l'on a du temps et où le téléphone n'existe pas encore, les visites constituent l'un des éléments essentiels de la sociabilité. Des visites qui ne s'effectuent pas de façon anarchique ou aléatoire, mais suivant des usages et un ordre assez stricts, notamment en ce qui concerne le moment où il est licite de les rendre : pour les femmes de l'aristocratie ou de la bourgeoisie, le fait d'avoir un « jour » pendant lequel elles reçoivent tous ceux qui veulent bien venir les voir représente sans doute le trait le plus original de cette sociabilité, foisonnante mais organisée.

« De plus en plus », constate non sans un peu d'étonnement le comte russe Paul Vassili dans ses observations sur la société parisienne parues en 1887, « l'usage se répand de ne faire ses politesses qu'aux jours et aux heures [2] ». On doit donc commencer par s'interroger sur la genèse de cet usage singulier – et sur ce point, on trouve des éclaircissements capitaux chez un autre témoin, Delphine de Girardin, et plus précisément, dans une de ses *Lettres parisiennes*, datée du 29 mars 1837. « Les

— Je serai ravie de vous voir...
— Quand recevez-vous ?
— Le sixième mardi après le premier mercredi du mois, sauf le dernier...
— Laissez-moi réfléchir.

indifférents, écrit-elle alors, sont devenus quelque chose de si important dans la vie, qu'on est bien forcé de l'arranger pour eux. Autrefois, on avait deux ou trois amis intimes, amis de cœur, de bourse et d'esprit, avec qui on osait penser, devant qui l'on osait souffrir, craindre, espérer, rougir même [...] ; puis enfin les jours de grandes fêtes, c'est-à-dire une fois par an, on recevait deux cents personnes, trois cents au plus, dont on n'entendait jamais parler pendant le reste de l'année. Maintenant le cœur a grandi, ou plutôt il s'est créé une monnaie banale qui lui permet de faire vivre une vingtaine d'amis intimes, une centaine de relations affectueuses, et six cents indifférents qui ont droit de visites et de causeries en votre demeure, et qui peuvent tomber chez vous les jours de tristesse, de fièvre, de mauvaise humeur, de paresse, de travail, d'inspiration... ou de bonheur, ce qui est beaucoup plus grave, selon nous. Or, comme cet accroissement de visites devenait une sorte de fléau, comme il n'a jamais été dans l'intention des gens du monde de se faire un martyre de la politesse, et que nous savons beaucoup trop bien vivre pour rien sacrifier au savoir-vivre, nous avons imaginé de consacrer un jour de la semaine à la plèbe de nos amis, c'est-à-dire à ceux que nous n'aimons pas assez pour leur donner la liberté de venir quand ils le veulent, mais qu'il nous semble assez flatteur de connaître pour que nous désirions nous parer de leur présence de temps en temps. L'usage de recevoir les visites du matin à jour fixe, usage déjà très à la mode depuis quelques années dans ce qu'on nomme le grand monde, se généralise chaque jour davantage[3] ». Voilà pour l'origine, qui remonterait donc approximativement, en croire à cette fine observatrice qu'est Mme de Girardin, aux dernières années de la Restauration ou aux débuts de la monarchie de Juillet – certaines reines de la mode, comme la comtesse Apponyi, la femme de l'ambassadeur d'Autriche, celle que Balzac appelait « la divine Thérèse », pouvant être considérées comme ses initiatrices [4].

Avant d'aller plus loin et d'examiner les règles qui vont se construire autour de cette pratique des « jours », on peut noter que celle-ci ne fait pas l'unanimité, et que Mme de Girardin elle-même la considère comme une aberration : « Il en résulte ceci : les personnes qui se voyaient souvent ne se voient plus du tout, parce que rien n'est plus difficile que de saisir ce malheureux jour. Si vous le manquez une fois, il vous faut attendre la semaine suivante, et puis une migraine, une affaire, vous retiennent chez vous, et voilà quinze jours de passés. Le lendemain vous seriez libre, vous pourriez aller voir votre amie, mais le lendemain elle ne veut pas de vous ; son cœur vous est ouvert le samedi, le jeudi, le dimanche ; les autres jours il vous reste fermé comme sa porte ; car ne croyez pas que l'on ait voulu dire : je suis toujours chez moi le samedi, pour vous donner un moyen certain de venir sans perdre vos pas, non : je suis chez moi le samedi, signifie : je ne veux pas de vous les autres jours. Ce n'est pas tout encore : cette amie vous offense, vous et les personnes qui ont de l'affection pour elle, en vous recevant avec vingt autres indifférents, car ces jours-là elle n'est jamais seule ; et puis enfin elle mécontente les gens qui ne l'aiment point, qui se font une corvée de lui faire une visite, et à qui elle ôte la ressource d'envoyer une carte chez elle, ou l'heureuse chance de la trouver sortie [5] ».

Un demi-siècle plus tard, le comte Paul Vassili n'est pas beaucoup plus enthousiaste : « Les visites de jour ne sont généralement pas récréatives ; recevoir de trois à sept quiconque se présente, a quelque chose d'un peu solennel et ennuyeux. Quoi qu'on fasse, il manque toujours en ces occasions de cette intimité, de cet abandon qui font le charme de toute réunion ; j'ai souvent pensé que ces réceptions diurnes demandent chez la maîtresse de maison plus d'art de conversation, plus de grâce communicative pour créer une atmosphère agréable, qu'il n'en faut pour animer une grande soirée [6]. »

Cette pratique, souvent décrite avec une certaine défiance, va pourtant rapidement s'imposer – comme Mme de Girardin semble d'ailleurs le deviner. Quelques décennies plus tard, l'usage s'est généralisé, le « jour » des dames étant indiqué sur leurs cartes de visites et dans divers journaux ou annuaires, comme le *Livre d'or des salons, adresses à Paris et dans les châteaux*, lancé en 1888, et qui paraîtra chaque année jusqu'à la Grande Guerre. L'usage manque certes un peu de spontanéité, mais la baronne Staffe s'en félicite, comme la plupart de ses contemporaines : « C'est une excellente habitude, pour les visiteurs aussi bien que pour les visités. Les premiers sont certains de ne pas frapper inutilement à une porte, les seconds garantissent leur liberté pour le reste de la semaine[7] » ; la sécurité des uns entraîne d'ailleurs une contrainte pour les autres, puisque seul un cas de force majeure pourra justifier le fait de ne pas recevoir au jour prévu.

Pour les visites en tant que telles, la réglementation ne s'établit toutefois que petit à petit, et il faut attendre la fin du XIXe siècle pour trouver, dans les manuels de savoir-vivre, une typologie complète des visites.

Parmi ces dernières, on distingue tout d'abord des visites semi-officielles, qualifiées de « visites de cérémonie » : ce sont celles que se doivent entre eux les officiers d'un même régiment, les magistrats d'un même tribunal, les fonctionnaires d'un même ministère, ainsi que leurs épouses respectives. Celles-ci sont obligatoires à certaines occasions, pour le Nouvel An, à l'entrée en fonctions ou au départ[8]. À cela s'ajoutent des visites de convenance, consistant à aller voir certaines personnes à leur jour, à intervalles réguliers mais espacés ; des « visites de digestion », qui ont lieu, à titre de remerciement, dans les huit jours qui suivent une invitation à un dîner ou à un bal auquel on a assisté (dans le cas contraire, une carte suffira) ; des visites de noces, dues par les jeunes mariés au retour de leur voyage de noces ; des visites de condoléances, six semaines au plus tôt après le décès de la personne que l'on pleure ; ou encore, des visites d'arrivée, que l'on fait lorsque l'on s'installe à la campagne ou dans une ville de province, aux personnes avec lesquelles on souhaite entrer en relation.

Ces différentes visites obéissent, pour l'essentiel, à des règles analogues. Ainsi, en ce qui concerne le moment où elles peuvent avoir lieu : lorsqu'une personne a un jour de réception, c'est ce jour-là, et aux horaires précisés, qu'il faut impérativement aller la voir, sauf si l'on est lié à elle par des rapports de grande intimité – « sous peine de paraître désirer de ne pas la trouver chez elle », précise Mme d'Alq, hypothèse effectivement assez probable, puisque la règle veut que l'on rende toutes les visites qui vous ont été faites, ce qui entraîne automatiquement un agenda assez chargé. Lorsque cette personne n'a pas de jour officiel, on évite naturellement toute visite le dimanche et les jours fériés, et avant deux heures de l'après-midi ou après six heures. « Plus tôt, on risquerait de trouver les personnes qui reçoivent à leurs occupations du matin, ou à leur toilette ; plus tard, on aurait l'air d'un convive à dîner »[9]. À Paris, cette règle connaît d'ailleurs des exceptions, les visites après l'heure du dîner étant admises, parfois jusqu'à minuit et au-delà. Dans son roman *Armance*, publié en 1827, Stendhal dépeint même l'une des reines des salons parisiens de la Restauration, la comtesse d'Aumale, qui « avait remarqué que la pendule d'un salon, en sonnant minuit, renvoie chez eux la plupart des ennuyeux, gens fort rangés ; et elle recevait de minuit à deux heures[10] ».

Quoi qu'il en soit, ces visites doivent être brèves : une visite de cérémonie ne doit pas dépasser dix ou quinze minutes, et l'on jugerait aussi malséant de s'éterniser durant des heures, que de prendre congé aussitôt après être arrivé : « Il faut penser, souligne avec esprit la baronne Staffe, que les maîtres de la maison ne peuvent trouver des sujets de conversation fort variés ni bien abondants, lorsqu'ils reçoivent les gens pour la première fois, ou qu'ils ne les aperçoivent qu'une fois l'an[11] », dans la première quinzaine de janvier. Quel que soit le type de visite, l'usage veut que l'on quitte la place quelques minutes après l'arrivée d'un nouveau visiteur, et que l'on n'attende jamais pour partir le départ de la personne arrivée après soi – qui pourrait avoir quelques communications confidentielles à faire à la maîtresse de maison... Une règle qui, toutefois, n'est de rigueur que dans les salons exigus de la petite et moyenne bourgeoisie : dans ceux des grands bourgeois ou de la haute noblesse, le problème ne se pose pas en ces termes...

Toute visite doit être rendue, et elle devra l'être en principe dans les huit jours qui suivent : celui qui dépasserait ces délais impératifs pourrait être considéré comme portant une atteinte grave à la politesse. Quant à celui qui, plutôt que de rendre une visite, enverrait simplement une carte en retour, il manifesterait ainsi la volonté formelle de cesser tous rapports avec celui qui l'a visité. Ce qui pourrait passer pour une simple négligence peut se révéler en réalité un acte d'une extrême violence sociale.

Lors de la visite, nombre de devoirs s'imposent, au visité comme au visiteur. Lorsque l'hôte est une femme, comme c'est généralement le cas, elle doit, en toutes choses, faire honneur à ceux ou à celles qu'elle reçoit, sans jamais les écraser, et en faisant en sorte de les mettre en valeur. Il en va ainsi pour sa toilette, pour la place qu'elle occupe dans son salon, pour la manière dont elle participera à la conversation – « Il lui faut savoir écouter et faire écouter ceux qu'elle excelle à faire parler », écrit alors Arthur Meyer, le directeur du *Gaulois*, croqué par Sem ci-contre : « Une véritable maîtresse de maison saura offrir la raquette mais se gardera de lancer le volant [12]. »

Il en va de même, enfin, pour la façon dont elle se doit d'accueillir ses visiteurs. S'agit-il d'une femme, la maîtresse de maison se lève et fait quelques pas vers elle ; si c'est un homme, elle reste assise, sauf s'il s'agit d'un vieillard ou d'un homme illustre, auxquels il sied de manifester une certaine déférence. Lorsque les visiteurs prennent congé, l'hôte ou l'hôtesse se lèvera, et, en fonction de leur position mondaine et de leur sexe, les reconduira plus ou moins loin : alors qu'une maîtresse de maison mène en principe les hommes jusqu'à la porte du salon, et les femmes jusqu'à l'entrée de l'escalier, le maître de maison accompagnera les dames jusqu'à leur voiture. Sur ce plan, on retrouve donc, fortement marquée, la dissymétrie des rapports entre les sexes : la femme, même veuve et âgée, devra éviter de rendre seule une visite à un homme, recommandation qui se transforme

en impératif catégorique lorsqu'elle est jeune ; réciproquement, une jeune fille ne reçoit jamais seule de visites masculines. Et même lorsqu'elle est mariée, elle « fait aussi bien de ne pas recevoir les amis masculins de son mari en l'absence de celui-ci, en dehors du jour de réception [13] ». Si elle ne peut faire autrement, le visiteur masculin doit éviter de prolonger sa visite : au-delà d'un quart d'heure, la jeune femme est tenue de l'éconduire, en prétextant une raison quelconque. Par ailleurs, en l'absence de sa femme, un homme laissera entrer les visiteuses qui se présenteront pour le jour de son épouse, mais fera en sorte que celles-ci ne restent que quelques instants.

À l'égard de ses visiteurs, l'hôte doit se montrer disponible et ne jamais manifester de préférence marquée pour tel ou tel d'entre eux : les lois de l'hospitalité exigent que l'on maintienne entre tous les invités la plus grande égalité afin de n'en blesser et de n'en offenser aucun ; les romanciers, les chroniqueurs, les journalistes et les mémorialistes de l'époque nous montrent, il est vrai, que cette obligation se trouve alors très fréquemment transgressée, dans le plus grand monde comme dans la plus petite bourgeoisie.

Si les hôtes ont des devoirs à l'égard de leurs visiteurs, leurs domestiques en ont également. Ainsi, les jours où leurs maîtres reçoivent, ceux-ci ne frappent jamais à la porte du salon lorsqu'ils ont à introduire une personne en visite ; en revanche, « ils ne peuvent omettre cette précaution, s'ils ont à se présenter à l'improviste, pendant que ces mêmes visiteurs sont encore au salon » : on ne sait jamais... Durant les visites, lorsqu'une affaire urgente réclame la présence des maîtres, c'est au domestique qu'il appartient de les prévenir, tout en restant aussi discret que possible, et sans mettre les visiteurs au courant de ce qui se passe.

Dans ce cas, « le domestique n'a pas à se préoccuper d'interrompre la conversation ; le savoir-vivre oblige, au contraire, les visiteurs à se taire dès qu'il paraît : sa présence en pareil cas supposant toujours des motifs de force majeure, qu'il importe de respecter ». Avec les visiteurs, le domestique doit d'ailleurs observer la plus grande discrétion et rester sur son quant-à-soi : ainsi, il devrait demeurer dans une réserve polie, même si ces derniers entreprenaient d'engager la conversation avec lui, contrairement aux usages qui désapprouvent ce type de relations de supérieurs à inférieurs [14].

De leur côté, les visiteurs doivent eux aussi se plier aux principes de la bienséance, du maintien et de la discrétion. Il leur faut naturellement faire bonne figure, à leur hôte, et aux autres invités : « Rien ne peut dispenser des frais de gaieté, d'obligeance, d'amabilité, d'esprit... si l'on en possède [15] » : rien, pas même la fatigue ou la maladie – et c'est pourquoi Anna de Noailles, après une visite où, prise d'un violent mal de tête, elle a fait grise mine à Maurice Barrès et à sa femme, leur fait porter le soir même, à neuf heures, un long billet d'excuses où elle se reproche amèrement son attitude « d'insensibilité »[16].

Outre les règles qui imposent aux femmes de se présenter aux visites dans une élégante toilette de ville, et aux hommes, de porter la redingote, ou l'habit lorsque ces visites ont lieu après six heures du soir, le savoir-vivre exige que, lorsque l'on entre dans le salon, on commence par saluer la maîtresse de maison en s'informant de sa santé, avant de procéder à un salut collectif aux autres visiteurs présents. En principe, c'est à la maîtresse de maison qu'il appartient de présenter les uns aux autres les visiteurs qui ne se connaissent pas.

Côté maintien, l'usage, affirment les manuels de savoir-vivre, voudrait qu'un homme garde son chapeau à la main pendant toute la durée de la visite, sans jamais l'abandonner, sans le poser sur une table, par terre ou sur un fauteuil, ni présenter au regard des autres l'extérieur de son couvre-chef : en exhiber la coiffe peut en effet paraître indiscret, vaguement obscène, et en tout cas, passablement ridicule, faisant ressembler celui qui tient ainsi son chapeau à la main à « un pauvre tendant sa coiffure pour recevoir l'aumône. [...] Cela est effectivement grotesque, confirme la baronne Staffe, et les personnes moqueuses raillent impitoyablement les maladroits. Je ne veux pas dire que ce soit généreux, mais il faut éviter de donner aucune prise contre soi aux esprits sarcastiques[17] ». Pour le coup, il semble pourtant que la chère baronne se soit avancée un peu vite – la règle selon laquelle on ne montre pas la coiffe de son chapeau étant loin d'être certaine, de même que celle qui exige qu'on le garde à la main, comme le montre une scène piquante de *La recherche du temps perdu*. Lors d'une visite chez la marquise de Villeparisis, le neveu de celle-ci, le baron de Charlus, s'apprête à partir, lorsque le narrateur constate avec inquiétude qu'il a pris, parmi les chapeaux qui se trouvent posés sur le tapis, celui « au fond duquel il y avait un G et une couronne ducale », qui l'avait intrigué un instant auparavant – ledit narrateur ignorant encore que le baron appartient effectivement à la famille ducale des Guermantes. D'où le quiproquo qui s'ensuit :

— Vous feriez bien de faire attention, monsieur, lui dis-je. Vous avez pris par erreur le chapeau d'un des visiteurs.
— Vous voulez m'empêcher de prendre mon chapeau ?
Je supposais, l'aventure m'étant arrivée à moi-même peu auparavant, que, quelqu'un lui ayant enlevé son chapeau, il en avait avisé un au hasard pour ne pas rentrer nu-tête et que je le mettais dans l'embarras en dévoilant sa ruse. Aussi je n'insistai pas [18].

Jeux de cartes

Au même titre que les visites elles-mêmes, les cartes de visite qui, comme leur nom l'indique, ont pour principal objet d'être déposées à cette occasion, sont devenues de véritables institutions. Elles ont suscité des règles complexes, assimilées par ceux qui prétendent au savoir-vivre, et des contraintes parfois considérables pour ceux qui se piquent de le pratiquer.

Le duc de Lévis-Mirepoix évoquait, en 1937, le cas d'une de ces grandes dames du temps jadis, traversant Paris et faisant déposer des cartes par son valet de pied – lorsque celui-ci, rouge de confusion, se penche tout à coup vers elle par la portière de la voiture, et l'avertit qu'il ne lui reste plus de cartes. « Comment, plus de cartes ? Déjà ? », s'étonne cette dernière. « Je me suis trompé, bredouille le valet, j'ai pris un jeu de 32 au lieu d'un jeu de 52 [19]. » Autour de 1900, estimait la comtesse Jean de Pange, une dame comme il faut avait à déposer, en moyenne, entre 1 000 et 1 500 cartes de visites par an – certaines d'entre elles ayant recours pour cela aux services mercenaires de « poseurs de cartes » fournis par le *High Life*, le Bottin mondain de l'époque [20].

Pour ce qui est des cartes de visite, on constate qu'elles connaissent au cours du siècle un certain nombre de variations mineures. Sous la Restauration, à en croire le *Manuel de l'homme de bon ton* [21], elles sont encore souvent manuscrites, comme elles l'étaient au XVIIIe siècle ; elles seront bientôt gravées – les cartes imprimées étant jugées communes. À part cela, la mode, en la matière, n'intervient qu'à la marge, pour déterminer le papier, bristol fort ou vélin nacré, wathman ou parchemin translucide, la taille, plus ou moins grande, la forme, un rectangle plus ou moins allongé, ou la typographie des caractères : le gothique, brièvement à la mode avec la vague romantique et néo-médiévale, paraît affreusement démodé ou terriblement province sous la IIIe République, et même malséant pour les cartes de femmes, pour lesquelles on considère que seule l'anglaise est convenable. De même, les couronnes dont les membres de certaines grandes familles ornaient le haut ou le coin droit de leurs cartes de visite, un temps à la mode, se raréfient et tendent à disparaître vers la fin du XIXe siècle – certains exégètes du savoir-vivre estimant alors qu'il faut bannir des cartes toute espèce de fioritures, arabesques ou dorures, y compris sur la tranche.

Pour l'essentiel, cependant, c'est-à-dire pour ce qui s'y trouve inscrit, les règles semblent relativement stables. Ainsi, la carte d'un homme ne comportera jamais le terme Monsieur, mais seulement son prénom (voire l'initiale de celui-ci), son nom, sa profession et son adresse. Les titres de noblesse, s'il y a lieu, sont mentionnés avant le prénom et le nom, tout comme les grades militaires les plus élevés, ceux des officiers supérieurs ou des généraux. En revanche, un tel usage serait considéré comme prétentieux et, pire encore, comme passablement ridicule, s'il était adopté par des officiers de grades subalternes – qui se contenteront donc de faire figurer leur grade *après* leur nom.

Les cartes de femmes, mariées ou veuves, ne portent que le nom, jamais le prénom, précédé du mot Madame (ou Mademoiselle, si elle est célibataire et âgée d'au moins trente ans). En revanche, on admet que ce nom soit précédé par le prénom du mari, ou par l'initiale de celui-ci. Par ailleurs, prohibition absolue, l'adresse ne s'y trouve jamais inscrite ; s'il faut impérativement qu'elle la laisse au destinataire de la carte, elle la rajoutera, au crayon, au bas de celle-ci. Outre le nom, la seule mention susceptible de figurer sur une carte de femme sera celle de son jour de réception.

Enfin, les cartes collectives de personnes mariées portent le nom du mari précédé des mots Monsieur et Madame, ou des titres de noblesse (baron et baronne, comte et comtesse, marquis et marquise, etc.), sauf pour les militaires de haut rang, pour lesquels s'opère une dissociation entre les époux, du type : le général et Madame de X. Contrairement aux cartes de femme ou de jeunes filles, les cartes d'un couple comportent en principe l'adresse de celui-ci.

Si le libellé des cartes de visite est précisément codifié, leur usage l'est également, au point d'atteindre parfois à des subtilités byzantines. Lorsque, pour une raison quelconque, l'on entre dans une maison où l'on n'est pas attendu, un jour ou à une heure qui ne sont pas spécialement affectés à la réception, l'usage veut que l'on remette sa carte au domestique qui ouvre la porte, ou qu'on la glisse sous la porte d'entrée si personne ne vient répondre.

Si les personnes que l'on avait l'intention de visiter sont absentes ou indisponibles, on cornera la carte en rabattant largement un coin de celle-ci par-dessus le nom. Pour une visite de condoléances, on déposera une carte cornée à gauche et à l'envers, par-dessous le nom. Le fait de corner sa carte manifeste ainsi, outre le fait que l'on est passé soi-même la déposer, l'intention de rendre visite : plus précisément, on considère qu'elle équivaut à une visite effective, et qu'elle crée en retour, pour celui chez qui on est venu la déposer, les mêmes obligations que si cette visite avait effectivement eu lieu [22] : en particulier, l'obligation de rendre cette visite, ou du moins, d'aller à son tour déposer une carte cornée chez celui qui en a déposé une chez vous. À l'inverse, une carte déposée sans corne ni pli manifeste que l'on n'avait pas l'intention de rendre visite : elle n'entraîne donc pas, du point de vue mondain, les mêmes conséquences que la carte cornée.

Mais on ne dépose pas de carte n'importe comment, ni à n'importe qui. Ainsi, un homme seul qui vient visiter un couple dépose, pour marquer son passage et son intention, deux cartes cornées, l'une à destination du mari, l'autre, pour la femme. Une dame seule ne déposera sa carte que chez une autre femme – jamais chez un homme, que la bienséance, on l'a noté plus haut, lui interdit de visiter sans être accompagnée. Et lorsqu'un ménage en visite un autre, il dépose une carte collective, à laquelle le mari ajoute sa carte personnelle.

L'usage des cartes ne se limite pas aux visites : on doit en remettre, estime ainsi Mme d'Alq, à toutes les politesses que l'on reçoit, « que ce soit une invitation, un cadeau, une lettre de faire-part d'un mariage, d'une mort ou d'une naissance, un événement joyeux ou malheureux survenu dans une famille, son départ à soi ou son arrivée [23] ».

En principe, la carte de visite se déposera donc cornée, mais vierge. Il peut arriver toutefois, dans certaines hypothèses, que l'on soit amené à y inscrire certaines lettres, « graffiti d'accompagnement » qui permettent à celui qui la reçoit de connaître, sans qu'un seul mot soit échangé, le motif de la visite. Ainsi, sur une carte portée à l'occasion d'un mariage, les abréviations *p.c.m.*, « pour communiquer mariage », ou *p.m.*, indiquent que c'est bien pour cela que l'on s'est déplacé, de même que, sur une carte déposée chez un malade, les lettres *p.p.n.*, « pour prendre nouvelles ».

Ces abréviations peuvent cependant s'avérer lourdes de sous-entendus. Il en va ainsi des trois lettres *p.p.c.*, « pour prendre congé », qui figurent en principe sur les cartes de départ, celle que l'on remet avant de s'absenter pour un temps relativement long, notamment avant un voyage ou les vacances d'été : c'est ainsi que les célèbre alors, dans des vers d'une mièvrerie insigne consacrés aux cartes de visite, la poétesse Anaïs Ségalas (1814-1895) :

> Lorsque le mois de mai vient remplir nos corbeilles,
> Sur vos beaux vernis éclatants,
> Nous lisons *p.p.c.* ; sur ces lettres vermeilles
> Se voit la griffe du printemps [24].

C'est ainsi également que l'usage s'en répand dans les milieux chics du monde entier, Emily Holt consacrant par exemple un paragraphe entier de son *Encyclopædia of Etiquette*, parue à New York en 1901, à ces « *p.p.c. Cards* » issues de la pratique française[25].

Mais ces trois lettres sont parfois beaucoup moins innocentes, et peuvent dissimuler – comme le fait, évoqué plus haut, de ne pas rendre une visite – la violence feutrée d'une rupture définitive : M. de Phocas, le héros du roman éponyme de Jean Lorrain, envoie des perles roses et des fleurs rares, accompagnées d'une carte sur laquelle il a simplement inscrit les trois lettres fatidiques, aux maîtresses qu'il a décidé de quitter : pas un mot de plus, pas le moindre commentaire.

Et sur ce point, la fiction ne dépasse pas la réalité, comme le montre une anecdote douloureuse vécue par le grand historien Hippolyte Taine. À la fin de l'année 1886, celui-ci est en train d'achever son monumental ouvrage, *Les Origines de la France contemporaine*. Sa dernière partie, « Le Régime moderne », débute par un long portrait de Napoléon, sur lequel Taine, réflexion faite et preuves à l'appui, porte un jugement sévère. Or, il se rend compte que ce jugement risque d'offenser les milieux bonapartistes, encore puissants, la famille de Napoléon et tout spécialement la princesse Mathilde, avec laquelle il est en relations suivies et très amicales depuis de nombreuses années. « Aussi, avant de publier son étude dans *La Revue des deux mondes*, rapporte l'éditeur de sa correspondance, M. Taine alla loyalement trouver la princesse pour lui demander si elle s'y opposerait : "Ma conclusion sur l'Empereur, lui dit-il, est celle-ci : le plus grand génie des temps modernes, un égoïsme égal à son génie. Jugez et décidez. Plutôt que de vous froisser en aucune façon, je renoncerais à publier ces deux articles en quelque sorte en vedette, et ils ne paraîtraient que plus tard en volume." La femme généreuse et droite qu'était la princesse Mathilde répondit à ce discours loyal comme on pouvait s'y attendre : Publiez[26]. »

Mais la princesse ne mesurait apparemment pas la sévérité de ces articles, et à quel point ils lui seraient insupportables. Au surlendemain de la parution du premier, le moins sévère des deux, elle écrit à Taine une lettre qui est déjà un modèle de colère ravalée : « Monsieur, j'ai lu dans votre article intitulé Napoléon Bonaparte, que ma grand-mère était parcimonieuse et qu'elle était sans souci de la propreté. Permettez-moi de relever cette double erreur », la lettre se terminant par une formule qui, venant d'une amie intime, apparaît d'une froideur absolue : « Veuillez recevoir, Monsieur, l'expression de tous mes sentiments distingués. » Taine s'en alarme aussitôt : « Je regrette d'autant plus de vous avoir choquée, répond-il aussitôt à Mathilde, que, probablement, dans mon second article, je vais vous choquer davantage. [...] Mais je ne me résignerais pas à perdre une amitié comme la vôtre ; je l'ai éprouvée, depuis vingt ans, si constante et si loyale, que je suis sûr de ma gratitude personnelle ; tout ce que je vous demande, c'est d'y croire, quoi qu'il advienne, et d'agréer, encore une fois et pour toujours, mon attachement et mon respect[27]. » Mais c'est trop tard : après la parution de l'article suivant, le 1er mars 1887, la princesse Mathilde se contentera de faire déposer chez Taine une carte vierge, sans un mot, sans un nom, les trois lettres *p.p.c.* – où certains contemporains malicieux verront l'abréviation de « Princesse Pas Contente »[28]... – manifestant, par leur absolue brutalité, le caractère définitif et catégorique de la rupture. De ce jour, la princesse et l'historien cessèrent toute relation.

Le soir venant...

La journée est terminée. Le soir arrive, et avec lui, d'autres vêtements, d'autres règles, et d'autres activités – aux premiers rangs desquelles, le dîner.

Aussi somptueux soit-il, celui-ci se trouve naturellement soumis aux principes de base du savoir-vivre, à la « civilité puérile et honnête » que nous avons rappelée plus haut en évoquant les repas de famille. Mais les dîners de cérémonie ou de gala, où les hommes doivent porter l'habit noir et la cravate blanche et les femmes, le grand décolleté, sont aussi soumis à des usages spécifiques – portant sur le comportement des invités et des maîtres de maison, sur la façon dont on se place à table, sur la manière dont on va les servir et sur ce que l'on va leur offrir. Et c'est d'ailleurs par cela qu'il faut commencer : car en ce qui concerne les menus, le XIXe siècle connaît, autour des années 1850-1860, une rupture majeure, qui éclaire par contrecoup bon nombre de ces règles, et la plupart des mutations que l'on y observe.

Jusqu'au milieu du siècle, en effet, domine ce qu'on appelle le « repas à la française ». Celui-ci comprend trois services, conçus comme trois séquences successives, chacun d'entre eux étant caractérisé par plusieurs séries de plats spécifiques. Le premier service comprend ainsi les potages, les hors-d'œuvre, les relevés et les entrées, le second, les rôts, rôtis, légumes et entremets, le troisième, enfin, étant celui des desserts. Dans le cadre de chacune de ces séquences, tous les plats sont présentés simultanément sur la table, qu'ils ont aussi pour vocation d'orner, et placés sur des réchauds et sous des cloches qui les maintiennent à bonne température.

Durant chaque service, le dîneur abordera les plats présentés dans l'ordre qui lui convient, sans que personne puisse y trouver à redire : en la matière, rien n'est imposé, c'est la liberté qui domine. Ainsi, pendant le premier service, il paraîtrait logique de commencer par le potage qui, déclare le grand cuisinier Carême sert à « humecter et à exciter le tube digestif[29] », ou par les hors-d'œuvre, « dont l'effet nécessaire, écrit Berchoux en 1802 dans son poème *La Gastronomie*, est d'ouvrir l'appétit et d'exciter les sens[30] ». Mais on pourrait fort bien débuter par les entrées – plats chauds, généralement en sauce, de volailles et de gibier, timbales de pâtes ou casseroles de riz, nimbées à l'époque d'un exotisme piquant –, ou par les relevés – parmi lesquels figurent souvent la dinde truffée, la côte braisée, le filet à la financière, la perdrix en daube, la truite à la Chambord ou la tête de veau au naturel[31]. Il n'existe pas d'ordre de passage, et si le nombre des plats présentés est considérable, eux-mêmes, en revanche, ne sont pas très abondants, n'étant pas destinés à être dévorés par l'ensemble des dîneurs – qui doivent plutôt picorer, et pour l'essentiel, se contenter des plats posés sur les réchauds à proximité desquels ils sont assis. « À l'intérieur des séquences, commente à ce propos l'historien Jean-Paul Aron, la disparité ne témoigne pas d'un souci d'économie ou d'une soudaine modération, mais d'une vision du monde, le *pluralisme qualitatif*[32]. » Ce premier service ne se prolonge pas : au bout d'une demi-heure, trois quarts d'heure au plus, on dessert la table afin de faire place au second, consacré aux rôts et aux entremets, desservi à son tour une demi-heure plus tard, pour passer au troisième, celui des desserts.

Comme nombre de rituels complexes, de moins en moins praticables à une époque où la vie s'accélère, où le temps se raréfie, le service à la française décline à partir de la monarchie de Juillet : s'il a son charme, celui de la variété, il paraît excessivement lourd et compliqué. En outre, il présente d'incontestables inconvénients gastronomiques : en dépit des réchauds, généralement peu efficaces, on arrive le plus souvent à manger froid – y compris les sauces sublimes auxquelles les cuisiniers ont parfois consacré des heures de travail, certaines tendant à se figer, d'autres, qui ne supportent pas de bouillir, risquant de tourner ou de s'aigrir.

À ce service à la française va donc se substituer progressivement le service dit « à la Russe », qui correspond aux idéaux dominants à partir du milieu du siècle : au pluralisme de naguère se substituent, remarque Jean-Paul Aron, « les points de vue de l'unité et de la quantité ; la répartition uniforme des différents mets entre tous les convives ; la conformité de la taille et du poids des produits au nombre des mangeurs[33]. » En bref, une approche plus rationnelle et plus utilitariste que celle qui prévalait sous la Restauration. Dans les premières années du XXe siècle, la cause est entendue : le service à la française paraît presque totalement abandonné au profit du service à la russe.

Avec ce dernier, tout semble se simplifier. Les plats, qui ne participent plus à l'ornement de la table où ils ont été remplacés par des fleurs, y figurent dans l'ordre prévu par le menu, apportés les uns après les autres sans avoir eu le temps de refroidir ; quant aux pièces importantes, elles sont présentées par le maître l'hôtel ou par la bonne avant d'être découpées puis servies aux invités, la dissection étant alors exécutée par les gens de service, sur une crédence dans la salle à manger ou à la cuisine. Le service à la russe, où chaque invité, ayant le même menu que ses voisins, est assuré d'être servi de tous les plats ainsi que de tous les vins qui y figurent, paraît donc plus simple que le service à la française ; toutefois, il nécessite un plus grand nombre de domestiques, et surtout, une organisation beaucoup plus rigoureuse – ce qui va transformer de façon significative le rôle de la maîtresse de maison.

Dans le cadre d'un tel dîner, la question du service devient en effet primordiale. Or, c'est à la maîtresse de maison qu'il appartient de le régler à l'avance, et tout d'abord, d'enseigner à ses domestiques comment il faut servir lorsqu'il y a du monde. Ceux-ci, souligne la comtesse de Gencé, « doivent être lestes, adroits et avoir les yeux fixés sans cesse sur la maîtresse de maison afin de deviner les ordres que, devant des étrangers, elle n'a pas le loisir de donner explicitement. Ils doivent surveiller en même temps chacun des convives et ne les laisser manquer à aucun instant, ni de vin, ni de pain, ni d'aucun objet utile. Dans les bonnes maisons, un convive ne doit jamais se trouver dans le cas d'avoir à réclamer quelque chose[34] », les domestiques devant prendre l'initiative de le servir. Après le potage, dont les assiettes sont desservies une par une sans jamais être empilées, les domestiques ont à servir les plats successifs en les présentant à la gauche du convive, au niveau du coude, de façon à ce que celui-ci puisse se servir sans difficulté. Le service – plats et vins, ces derniers étant offerts à droite du convive – obéit à un ordre rigoureux : on commence par la dame assise à la droite du maître de maison, puis on sert celle qui se trouve à sa gauche, puis toutes les autres, en respectant les préséances et en terminant par la maîtresse de maison ; après quoi seulement l'on passe aux hommes, là encore, dans l'ordre hiérarchique, en débutant par celui qui se trouve à la droite de la maîtresse de maison, et en terminant par le maître de maison. Un ballet qui se répète, puisqu'à l'exception du potage et du fromage, tous les plats sont présentés une seconde fois, même aux personnes qui ne se sont pas servies les premières.

Après chaque plat, le domestique enlève les assiettes et les remplace ; il change le couvert lorsque le service le requiert, et même, dans les maisons les plus riches, selon une mode que l'on dit alors importée d'Angleterre, après chaque plat. Sous la Restauration, l'auteur du *Code gourmand*, Horace Raisson, estime qu'il n'est permis qu'aux gens modestes de ne pas remplacer les fourchettes à chaque mets nouveau ; « après le poisson, nul n'est exempt de ce devoir[35] ». Même chose pour le dessert, pour lequel l'ingéniosité des orfèvres a inventé un équipement complet, aussitôt adopté avec entrain par le snobisme bourgeois.

À table, la bienséance détermine aussi la façon dont il faut se tenir. Certaines de ses règles sont pérennes : ainsi, celle qui exige des hommes qu'ils ne s'assoient qu'après les femmes, ou qu'ils ne déplient leurs serviettes qu'après elles et, en tout cas, après la maîtresse de maison. Cette serviette ne s'attache jamais au cou ni aux vêtements – pratique que Mme d'Alq juge « tout à fait surannée[36] ». Elle reste sur les genoux, à demi pliée, et l'on ne s'en sert, au-dessus de la table, que pour s'essuyer la bouche. Ceux qui font autrement risquent de s'attirer la réprobation des puristes ou des esprits chagrins – à l'exemple de Babinski, *alias* Ali-Bab, auteur d'un *Traité de gastronomie* renommé : invité un jour au château de Grosbois pour y goûter le fameux lièvre à la royale du chef cuisinier, le plus grand gourmet français du début du XXe siècle le déguste les yeux mi-clos, en extase, sans même s'apercevoir que ses voisines de table se scandalisent de sa serviette nouée autour du cou[37]... Quant au vieux duc de Laverdière, qu'Emma Bovary remarque à la place d'honneur chez le marquis d'Andervilliers, ce n'est pas à son titre qu'il doit de pouvoir manger « courbé sur son assiette remplie, et la serviette nouée dans le dos comme un enfant[38] », mais à son grand âge et à son gâtisme avancé.

Le corps, à table, doit se faire aussi discret que possible. Si l'on se tient droit, sans se pencher ni s'affaler, c'est pour éviter qu'il ne touche la table, seuls les avant-bras – et non les coudes, le torse ou le ventre – pouvant porter sur la nappe. De la même manière, on doit autant que possible se garder de toucher son assiette avec la main – par exemple, pour l'incliner en vue de terminer son potage (interdiction), pour la pousser devant soi après l'avoir vidée afin de manifester son désir d'en reprendre (interdiction formelle), pour la porter à sa bouche (interdiction absolue) ou pour y verser du vin : les mots font défaut, il n'y a plus que les charretiers qui se le permettent encore, note Louis Verardi, qui constate aussi qu'« on ne trinque plus à table », et que « flairer le vin et le boire à petites gorgées, comme un dégustateur, est une chose grossière qui n'est permise qu'à un cabaretier qui va acheter du vin à la Rapée »[39].

Cette volonté de limiter au maximum les contacts physiques avec la nourriture se traduit aussi par l'obligation de ne manger les fruits qu'avec une fourchette et un couteau, armé en outre d'une cuillère à entremets lorsqu'il s'agit de recueillir les noyaux, que l'on déposera ensuite sans bruit dans son assiette. Impératif qui suscite parfois des problèmes insolubles : « Doit-on, oui ou non, manger les asperges à la main ? [...] La fantaisie des gens est, pour le moins, aussi tenace que le rigorisme de quelques augures du savoir-vivre. Il est certain que les trois quarts des gens prennent à la main la branche de l'asperge, et en séparent l'extrémité avec les dents. » Mais « cette mode est considérée comme par trop sans-gêne, et il convient, dans le monde, d'adopter la mode dite faussement mode anglaise, et qui consiste à détacher dans l'assiette, au moyen de la fourchette, la partie de l'asperge qui se mange et de la porter à sa bouche, toujours avec la fourchette[40] ».

Peut-être faut-il rapporter aussi à cette phobie du corps, à cette spiritualisation, ou plutôt, à cette dématérialisation du rapport à la nourriture, l'interdiction faite aux convives de toute remarque flatteuse, de tout compliment à la maîtresse de maison sur la qualité de sa cuisine, la délicatesse des mets ou l'arrangement du dîner. Sur ce point, affirme Mme d'Alq en 1879, « l'éducation, le savoir-vivre, le ton de la bonne société » sont formels : on ne doit jamais louer un plat, sauf « s'il s'agit d'une pièce vraiment rare et extraordinaire[41] ». Cette prohibition ne s'affirme pourtant qu'au cours de la seconde moitié du siècle, pas avant : sous la Restauration, par exemple, Alexandre Martin, après avoir rappelé qu'il n'appartient évidemment pas au maître ou à la maîtresse de maison de vanter les plats et les vins de leur table, observait qu'il fallait laisser ce soin aux convives [42] – libres, alors, de complimenter les amphitryons à leur guise et d'exprimer leur satisfaction pour la succulence du repas qui leur était offert. Ceux qui reçoivent, on vient de le dire, ne sauraient complimenter leur propre table ; mais ils seraient encore plus mal venus de la critiquer devant leurs invités, comme dans une petite « scène comique » d'Henry Monnier, *Le Tyran de la table*, où le maître de maison, M. Bouché, ne cesse de débiner le service et la nourriture : « Il est à remarquer que jamais ici on n'a pu dîner à l'heure, c'est chose impossible » ; « Voilà un potage détestable ! » ; « Nous vous faisons faire un bien mauvais dîner » [43] – au point de lasser la patience des invités, et de susciter le rire (gêné ?) des spectateurs devant tant d'impairs accumulés...

La phobie du corps et du contact ne connaît que quelques rares exceptions – le pain, qui se rompt à la main et ne se coupe jamais. Toutefois, dans ses formes paroxystiques, elle semble avoir une ancienneté toute relative, ne s'affirmant qu'à partir du milieu du siècle – en même temps que le service à la russe, qui traduit du reste une même tendance à la sophistication des règles. On mesure d'ailleurs sa nouveauté en comparant les usages qu'elle impose avec ceux, infiniment moins pointilleux, qui se pratiquaient habituellement dans les premières décennies du siècle. La princesse Mathilde rapporte ainsi que son père, le roi Jérôme, mort en 1860, « mangeait la salade avec les doigts, et quand on lui disait que ce n'était pas propre, il répondait : "De mon temps, si nous ne l'avions pas fait, nous aurions été grondés, on nous aurait dit que nous avions les mains sales" [44] ! ». Un autre exemple ? En 1825, dans sa *Physiologie du goût*, qui est à la fois la bible, la somme et le chef-d'œuvre de la littérature gastronomique française, Brillat-Savarin déclare que « les choses frites sont bien reçues dans les festins ; elles y produisent une variation piquante ; elles sont agréables à la vue, conservent leur goût primitif, et *peuvent se manger à la main, ce qui plaît toujours aux dames*[45] » : une remarque qui paraîtrait plus que déplacée, presque scandaleuse un demi-siècle plus tard. Là encore, on peut penser que le triomphe du service à la russe, en plein accord avec la tendance dominante, n'y est pas pour rien.

À l'inverse, ce même triomphe va entraîner la désuétude de certains usages, comme le « rince-bouche », d'ailleurs dénoncé par Brillat-Savarin comme une « affectation de propreté prétentieuse ». En vertu de cette innovation, alors en usage dans les maisons les plus distinguées de Paris, « des domestiques, vers la fin du dessert, distribuent aux convives des *bowls* pleins d'eau froide, au milieu desquels se trouve un gobelet d'eau chaude. Là, en présence les uns des autres, on plonge les doigts dans l'eau froide, pour avoir l'air de les laver, et on avale l'eau chaude, dont on se gargarise avec bruit, et qu'on vomit dans le gobelet ou dans le *bowl*. Je ne suis pas le seul qui se soit élevé contre cette innovation, également inutile, indécente et dégoûtante [...]. Depuis l'apparition officielle de ces *bowls* innovés [...] je déplore les aberrations de la mode[46]. » Au début du second Empire, celle-ci est considérée par certains comme un usage presque établi[47], bien que d'autres observateurs la jugent déjà vieux jeu, et caractéristique de maisons arriérées[48]. Et de fait, le rince-bouche disparaît dans les décennies qui suivent, jugé à la fois indécent et matériellement impossible dans le cadre serré du nouveau service : il est même prohibé, note la comtesse de Gencé, de se laver les doigts dans l'eau du rince-bouche, « puisque, à table, le pain est le seul aliment qu'il soit permis de toucher avec les doigts[49] ». Preuve supplémentaire de la variabilité des usages en la matière, mais aussi de leur logique.

Une fois indiquée cette mutation majeure – dans la façon de concevoir le dîner –, on peut en évoquer les règles du jeu, du début à la fin.

Le point de départ sera une invitation – nécessairement faite par écrit, et au moins une semaine à l'avance, sauf s'il s'agit d'un dîner d'intimes. Le savoir-vivre commande que l'on y réponde, par lettre, dans les vingt-quatre heures : à un écrit, il faut toujours répondre par écrit, et le plus vite possible.

La bienséance exigeant que l'on accepte de bonne grâce une telle invitation, il faut dans le cas contraire justifier et motiver son refus « avec toute la politesse dont on est capable », recommande Alexandre Martin en 1828 dans son *Manuel de l'homme du monde*. Spécialiste reconnu de la gastronomie et de la gourmandise, auteur, la même année, de manuels de l'amateur d'huîtres, de truffes et de café, Martin, fort soucieux des bonnes choses, est aussi très à cheval sur les horaires. « On ne doit, précise-t-il, arriver que quelques minutes avant l'heure fixée ; ce précepte est d'une obligation sévère. Les provinciaux, les gens sans usages ou étrangers aux usages de Paris, qui arrivent une heure ou deux avant l'heure fixée pour le repas, troublent tout une maison. » Mais si arriver excessivement en avance sent un peu sa province, « arriver trop tard présente un autre inconvénient ; si on vous attend pour se mettre à table, le dîner languit, le rôti brûle, les entremets se refroidissent et les crèmes tournent, tandis que vingt convives pestent contre votre négligence [...]. Si, comme cela arrive ordinairement, on commence sans vous » – les maîtres de maison ne pouvant en principe accorder plus de cinq minutes de grâce à un retardataire « sans risquer de blesser les invités déjà arrivés » –, « vous venez comme un vrai trouble-fête ; vous dérangez l'ordonnance du service »[50] – d'autant qu'il s'agit, à l'époque où écrit Alexandre Martin, d'un service à la française. Du reste, arriver en retard pourrait laisser penser que l'on ne vient que pour manger, sans se soucier de l'amphitryon. Dans tous les cas, estiment les manuels de savoir-vivre, la meilleure solution pour le retardataire serait alors de rentrer chez lui, ou de dîner seul au restaurant, quitte à se confondre en excuses dans les jours qui suivent.

Pour les invités présents, la perspective est plus riante. Les convives arrivés, explique Alexandre Martin, le maître de maison, après les avoir présentés les uns aux autres, se lève dès que l'on annonce qu'il est servi, et passe le premier dans la salle à manger.

Tout le monde le suit, chaque cavalier présentant la main à une dame. À en croire Mme de Genlis, il s'agirait d'une innovation récente : le protocole compliqué de l'entrée dans la salle à manger, le fait pour les hommes de se précipiter, sitôt le repas annoncé, pour donner le bras aux dames en fonction de leur rang, affirme-t-elle dans son *Dictionnaire des étiquettes*, ne se pratiquait avant la Révolution que dans les villes de province. À Paris, les invités arrivés dans la salle à manger, « on se plaçait à son gré, et le maître et la maîtresse de maison trouvaient facilement le moyen d'engager les quatre femmes les plus distinguées de l'assemblée à se mettre à côté d'eux »[51]. Ce n'est qu'au cours du XIXe siècle que vont s'établir des normes plus rigides.

Une fois les convives placés conformément aux règles de préséance, plus personne ne se lève avant que l'hôte n'ait donné l'exemple. C'est lui qui, le repas terminé, sortira le dernier de la salle à manger. Sur ce plan, on a toutefois noté la féminisation graduelle du protocole dînatoire : quelques décennies après la Restauration, le domestique ou le maître d'hôtel n'annonce plus « Monsieur est servi », mais « Madame est servie » ; dans les premières années de la IIIe République, le maître de maison passe toujours le premier, donnant le bras à la dame la plus vénérable, aussitôt suivi par son épouse qui prend le bras gauche de l'homme le plus âgé ou doté de la situation la plus haute[52] ; mais, au début du XXe siècle, on considère qu'elle doit fermer la marche, n'entrant dans la salle à manger qu'après tous les couples d'invités, comme pour manifester le contrôle total qu'elle exerce désormais sur la cérémonie.

Elle doit en effet être vigilante sur tout, sur ce que l'on mange à sa table, bien entendu, mais également sur le choix des invités, leur placement, la qualité du linge, de la vaisselle, de l'argenterie, des cristaux, des fleurs, sur la température de la pièce ou l'intensité de la lumière. La maîtresse de maison, en outre, « ne doit pas quitter ses convives un seul instant. Elle doit s'occuper d'eux exclusivement, pendant toute la durée du repas [...]. Elle doit tout voir et ne pas hésiter à procurer à chaque convive ce qui lui manque. C'est, bien entendu, à ses voisins de table, qui sont toujours les convives les plus importants, qu'iront ses attentions les plus délicates[53] ».

On note ici une certaine inégalité entre invités, inhérente au protocole, que l'historien Alfred Franklin dénonçait en 1889 comme une innovation regrettable : « En dehors des repas officiels, et surtout à dater du XVIIIe siècle, l'étiquette sur ce point fut beaucoup moins sévère qu'elle ne l'est aujourd'hui, même dans la bourgeoisie. Par le fait de leur présence à une même table, une égalité réelle s'établissait entre tous les convives, et un maître de maison eût rougi d'imposer à l'une des personnes priées par lui, les petites mortifications qui attendent de nos jours tout invité d'humble condition[54]. »

Vers la fin du siècle, cette égalité a disparu, même si les fanatiques de la préséance sont un peu considérés comme des énergumènes, à l'exemple de Boni de Castellane[55] ou du comte Aymery de La Rochefoucauld qui, « très exigeant quant au rang et à la qualité de ses hôtes [...], se montrait fort pointilleux sur les questions d'étiquette. Lorsqu'on l'invitait, raconte André de Fouquières, les maîtresses de maison, sachant qu'il attachait la plus grande importance à la place qui lui serait réservée à leur table, et qu'il avait souci d'avoir partout le pas sur tous, prenaient bien garde de ne pas le blesser par une étourderie, et étudiaient à l'avance les moindres détails, afin d'éviter un impair sur lequel, si bénin qu'il eût été, M. de La Rochefoucauld n'aurait pas pu transiger ». Et ce grand seigneur de demander, un jour qu'il avait été impossible à une maîtresse de maison de l'avoir à sa droite, à la place d'honneur : « Est-ce qu'on sert de tous les plats à la place où je suis ? » On s'amusait un peu, certes, des manies de M. de La Rochefoucauld, conclut Fouquières. « Mais si sa rigueur excessive faisait parfois sourire, on sentait bien qu'elle valait mieux que la désinvolture de certains, qu'elle était, plutôt que de l'orgueil [...], un refus aux abdications »[56].

Pour revenir à la maîtresse de maison, celle-ci ne peut se montrer de mauvaise humeur, même s'il se produit dans le service une erreur ou une maladresse. De même, recommande la

— Mon ami, où f...tons-nous le nonce?

comtesse de Gencé, « elle s'efforcera de manger de bon appétit pour encourager les convives à en faire autant. Elle ne laissera pas un convive manger seul, et s'il retourne à un plat, elle l'imitera pour lui tenir compagnie[57] ». C'est à elle qu'il appartiendra de diriger la conversation, d'éviter les sujets qui fâchent et de mettre en valeur l'esprit de ses convives, de faire vivre la soirée – pour ne pas risquer le genre de déconvenue qui arriva un jour à Anna de Noailles, à qui le célèbre dandy Robert de Montesquiou racontait s'être beaucoup amusé à un dîner chez Maurice Barrès,

« tandis qu'il avait trouvé que c'était bien ennuyeux chez elle, quelques jours après[58] ».

Les invités, après avoir pris le café au salon – la mode anglaise consistant à servir le café à table n'ayant jamais été pleinement reçue en France –, ne sauraient en profiter pour s'éclipser. Dans ce système d'échanges, de droits et de devoirs réciproques que constitue toujours la politesse, on estime qu'un convive doit au moins une heure de présence après le dîner à celui qui l'a invité, étant entendu que s'il peut disposer de sa soirée, il serait bon qu'il la lui consacre tout entière. En outre, il devra également à son hôte, dans les huit jours, ce que l'on appelle alors une « visite de digestion » – dénomination curieuse, au regard de cette volonté permanente de spiritualiser la nourriture et d'effacer la présence des corps...

« On dansera »

Points forts de la vie mondaine, les réceptions et les bals suscitent en revanche assez peu d'usages spécifiques.

En principe, il va de soi qu'ils ont bien lieu le soir – même si quelques originales, comme la célèbre comtesse Apponyi, la femme de l'ambassadeur d'Autriche à Paris, lancent dans les dernières années de la Restauration des « déjeuners dansants » à la mode viennoise, avec des invitations qui stupéfient le grand monde : « M. le comte et Mme la comtesse Apponyi prient M... de leur faire l'honneur d'assister au bal qu'ils donneront jeudi matin. On se réunira à midi[59]. » À midi ! Mais comment s'habiller ? Toilette de jour ? Habit du soir ou de l'après-midi ? Diamants, ou parures simplifiées ? Grande perplexité : la première fois, Antonin de Noailles vient en redingote couleur fumée-de-Londres, gilet drapé chamois et pantalon bleu, la princesse de Ligne en « ménagère flamande en costume de kermesse », la princesse Galitzine sans chapeau, la princesse d'Arenberg en robe blanche très simple, mais ornée d'une broche en émeraude d'une grosseur prodigieuse. Chacun fait ce qui lui plaît, en somme. Mais il va sans dire que ce type de festivité, somptueuse, déréglée et « décalée », reste marginal. Les déjeuners dansants se pratiqueront principalement à l'ambassade d'Autriche, sans susciter de véritable mode.

Ailleurs, loin du boulevard Saint-Germain, et du haut en bas de la société bourgeoise, les réceptions ont lieu le soir. Comme pour les dîners, les invitations doivent être faites au moins huit jours à l'avance ; comme pour le reste de la vie sociale, les règles en vigueur ne sont pas les mêmes pour les deux sexes, ni pour les différents âges. Les principales différences avec les dîners tiennent à un certain durcissement de l'étiquette. Ainsi, lorsqu'on est invité pour la première fois dans une maison, il sera d'usage de déposer sa carte ou de faire une visite après, mais également avant le bal. Au cours de celui-ci, on retrouve un principe déjà évoqué à propos des visites, mais remis en cause lors des dîners, selon lequel le maître de maison doit porter une attention égale à tous ses visiteurs, et ne pas manifester de préférence marquée pour l'un d'entre eux au détriment des autres. Contrairement à ce qui se passe dans la salle à manger, « dans un salon, tout le monde a droit à une part égale de soins et de prévenances[60] » ; et il en va de même au bal, où « la règle veut que le maître de la maison et ses fils fassent danser, au moins une fois, toutes les femmes présentes qui dansent. C'est un devoir qu'on ne peut enfreindre [...]. De même, il est de règle absolue qu'un jeune homme invité dans une maison prie à danser, avant toute autre, la maîtresse de céans, ou sa fille ; ce n'est qu'après avoir pris engagement avec elles qu'il peut inviter d'autres personnes ». Après l'avoir invitée, ladite invitation étant dûment inscrite sur un carnet de bal, le jeune homme en question ne devra pour rien au monde oublier d'aller chercher sa danseuse : il commettrait sinon une inconvenance grossière qui l'exposerait à être insulté par le père, le frère ou le cavalier de cette personne – ce qui ne lui laisserait le choix qu'entre de très plates excuses à la jeune fille qu'il a humiliée sans le vouloir et un duel en bonne et due forme. « Au bal, avertit Mme d'Alq, il faut de la mémoire avant tout[61]. » Il faut également des jambes et du savoir-faire : « Un valseur inhabile est un instrument de supplice pour la danseuse à laquelle il est échu », note Alexandre Martin en 1828, et il vaudrait donc mieux qu'il s'abstienne : mais comme un jeune homme est invité précisément pour cela, il serait préférable qu'un danseur médiocre décline systématiquement toute invitation aux bals, plutôt que d'y faire piteuse figure en public.

Du savoir-faire, donc, mais aussi du savoir-vivre : Alexandre Martin, encore lui, remarque que c'est un « grand manque de tact » que de « se croire obligé de faire la conversation avec sa danseuse et de l'accabler de questions sur ces choses insignifiantes qui ne veulent rien dire, et auxquelles il faut cependant répondre, comme : il fait bien chaud ; aimez-vous la danse, mademoiselle[62] ? ». Pour d'autres raisons, il est mal vu de ricaner derrière son éventail et de chuchoter avec son cavalier, tout comme il serait incivil d'inviter toujours la même danseuse, et de laisser supposer ainsi quelque intimité illicite.

Au bal, les obligations ne pèsent pas uniquement sur les hommes, même s'ils sont les premiers concernés. Une jeune fille qui danse se doit en effet d'accepter indistinctement tous ceux qui l'invitent, ou de les refuser tous et de cesser de danser ; celle qui refuserait une danse à un cavalier sous le prétexte qu'elle est fatiguée puis qui accepterait de la danser avec un autre s'attirerait les plus graves désagréments – et en particulier, une réputation détestable. Il en irait de même d'une jeune fille qui manifesterait ostensiblement sa mauvaise humeur et son dépit de n'être pas invitée à danser.

Lorsqu'il s'agit, non d'un bal, mais d'une simple réception au salon, c'est-à-dire de l'ordinaire de la vie mondaine, les contraintes sont moins nombreuses. Ainsi, écrit la comtesse de Bassanville, la maîtresse de maison n'est-elle pas obligée, comme lors des visites de la journée, de rester inactive, à la même place, totalement dévouée et uniquement soucieuse de ses visiteurs ; l'usage admet qu'elle puisse aller et venir dans le salon, qu'elle se mette au jeu, à sa table de travail ou à sa broderie, et qu'elle laisse les invités se divertir à leur guise. C'est ainsi que fonctionne, dans les années 1860, le salon de la princesse Mathilde à Saint-Gratien. En ville, les devoirs de la maîtresse de maison sont un peu plus exigeants, puisqu'elle doit toujours se lever, où qu'elle soit et quoi qu'elle fasse, pour aller saluer ceux qui entrent ou qui sortent de chez elle – et qu'en outre, il lui appartient en principe de présenter entre elles les personnes qui ne se connaissent pas.

Et l'on aborde ici une question délicate, qui se pose au salon ou au bal, comme lors de dîners ou de simples visites, celle des présentations. Celles-ci, remarque en effet Mme d'Alq, « offrent des nuances presque imperceptibles qui composent tout un code dont il ne faut pas omettre les règles, sous peine de manquer de savoir-vivre[63] ». De ce « code » se dégagent toutefois deux idées principales.

La première est qu'il faut éviter les présentations intempestives : dans la mesure du possible, on ne doit présenter entre elles que des personnes qui désirent l'être, c'est-à-dire qui ont manifesté le désir de nouer, même de façon limitée, des relations sociales. C'est pourquoi il est souhaitable, avant de présenter une personne à une autre, de les consulter séparément pour savoir si une telle présentation leur serait agréable. Parfois, les circonstances laissent présumer un tel désir : lorsque, dans un salon, deux invités qui ne se connaissent pas entament une conversation, il appartiendra à la maîtresse de maison d'en tirer les conséquences, de prendre les devants et de les présenter l'un à l'autre. Quand il s'agit de personnes ayant des positions inégales, cette précaution devient impérative : il faut alors demander au supérieur s'il accepte de se voir présenter un inférieur, et ne point risquer de lui imposer une corvée pénible.

Seconde règle fondamentale : on présentera toujours l'inférieur au supérieur, jamais l'inverse. Une personne plus jeune sera ainsi présentée à une autre plus âgée, un homme à une femme, un lieutenant à un général, un avocat à un haut magistrat, un comte à un duc, un curé à un évêque, etc. Les choses se corsent, il est vrai, lorsque les positions, sociales ou autres, ne sont pas aussi clairement tranchées, et que les deux personnes sont de même sexe, apparemment du même âge, et à peu près de la même situation : laquelle faut-il alors présenter, ce choix impliquant qu'on la suppose inférieure à l'autre ? Comment faire pour ne pas froisser inutilement des susceptibilités ? Faute de mieux, certains manuels de savoir-vivre conseillent de tourner la difficulté, par exemple, en nommant simplement une personne à l'autre : M. X, M. Y. Au fond, l'étiquette et le protocole ne règlent que les questions les plus simples ; les autres relèvent du tact du maître ou de la maîtresse de maison.

Parties de campagne

Au XIXe siècle, qui est, entre autres choses, celui des chemins de fer, la bourgeoisie et l'aristocratie reçoivent à la ville, mais aussi à la campagne – réceptions qui peuvent se traduire soit par des séjours, éventuellement prolongés, soit par des parties de chasse, auxquelles il est de bon ton de convier ses connaissances. Dans tous les cas, le savoir-vivre est omniprésent, et il impose un certain nombre de règles de conduite – qu'il faut suivre si l'on veut être réinvité.

À propos de ces séjours à la campagne, le duc de Lévis-Mirepoix et le comte Félix de Vogüé distinguent « l'invitation d'apparat » et l'invitation intime.

Faute de temps, d'argent et de personnel, la première tend à devenir de plus en plus rare à l'époque où ils écrivent, entre les deux guerres, mais elle était relativement fréquente au XIXe siècle. Ces réceptions, que l'on appelle alors les « grandes séries », se caractérisent par le nombre important des invités, par le fait que l'invitation fixe à l'avance la durée du séjour, et, surtout, par le côté très impersonnel de ce mode d'accueil. « Celui qui reçoit se donne une peine globale, pour l'ensemble des invités, sans avoir à se préoccuper de chacun d'eux. Ensuite, celui qui est reçu, si l'on admet que de vivre chez autrui n'est pas sans amener quelque contrainte, la sentira plus légère, en cette occurrence, que dans une intimité exercée sans discernement. L'indépendance, et des maîtres de maison, et de l'invité, est respectée grâce à un protocole tacite ».[64]

En vertu de celui-ci, l'invité qui arrive au château n'a pas à se présenter à ses hôtes, étant conduit directement à sa chambre par un domestique attitré – et inversement, ses hôtes n'ont même pas à le recevoir. Ils ne se rencontreront que plus tard, à l'heure du thé ou du dîner. Telle est la règle, et seuls certains invités de marque échappent à cette apparente négligence, ayant l'honneur d'être reçus, sur le perron du château, au moment de leur arrivée.

Dans ce contexte très particulier, le repas du soir se plie à l'étiquette classique du dîner en ville, à ce détail près qu'il appartient ici à la maîtresse de maison d'indiquer le moment où la soirée prend fin, et où les invités peuvent aller rejoindre leurs appartements ; au XIXe siècle, avant la lumière électrique, c'est alors qu'a lieu la « cérémonie des bougeoirs », exceptionnel moment d'intimité au cours duquel « le maître de maison, près d'une table du vestibule couronnée d'une lueur tremblotante, remettait à chacun le lumignon entouré de son globe[65] ».

Le lendemain de son arrivée, l'invité continue de bénéficier de la plus large indépendance : la matinée lui appartient, on ne s'occupe pas de lui ; s'il n'est pas chasseur, il en dispose à sa guise, en paressant dans sa chambre ou en s'aventurant dans la maison, généralement bien pourvue de bibliothèques et de billards, ou dans le parc. Quant aux après-midi, elles se partagent entre promenade, bridge et conversation. Rien de très contraignant, rien de très exaltant non plus, il est vrai.

Une des rares obligations, outre celle d'assister aux déjeuners et aux dîners, concerne le pourboire, ou « étrennes », dû par l'invité aux domestiques de la maison, et spécialement aux personnes qui se sont occupées de lui. On ne saurait s'y dérober, et même s'il n'existe aucun tarif, il serait jugé malséant de descendre au-dessous d'un minimum. Quant aux modalités concrètes, le duc de Lévis-Mirepoix conseille de glisser discrètement le pourboire dans la main du maître d'hôtel, qui le répartira ensuite entre le personnel, à l'instant du départ. « Le châtelain, s'il est présent, regarde ailleurs, et le serviteur bien stylé remercie avec une déférence invariable, sans rien laisser percer de sa satisfaction ou de son dépit[66]. »

Parallèlement à ces réceptions, fastueuses mais glacées, il est également d'usage de recevoir, à la campagne, de façon plus détendue et plus intime : dans ce cas, l'étiquette se trouve évidemment réduite au strict nécessaire. « Ici, tout est guidé par la délicatesse du cœur, c'est lui et lui seul qui indique les nuances avec lesquelles l'hôte doit être traité. On saura deviner ce qu'il faut lui laisser de liberté, même de solitude, et comment il convient, en même temps, de répondre à son besoin d'écouter et de se faire entendre. Quant à celui qui vient, on ne lui demande pas de masquer son moi, comme dans la vie du monde. Au contraire [...]. Qu'il se montre gai, s'il est gai, triste, s'il est triste[67] ».

C'est ce que les Goncourt, Flaubert et bien d'autres, écrivains, peintres, sculpteurs, pratiqueront chez la princesse Mathilde Bonaparte parfois plusieurs mois par an, durant des décennies. « Après dîner, on se rassemblait dans la galerie tendue de perse verte à fleurs multicolores qui s'ouvrait sur la véranda menant au parc. La princesse se tenait à un bout, repliée dans une sorte de boudoir derrière deux paravents, un ouvrage perpétuellement entre les mains ; sur la table ronde une lampe en porcelaine de Chine, des journaux illustrés et des livres offerts, des albums, un plateau de laque avec dessus maints petits objets [...]. On lisait, on causait. Certains jouaient au piquet, au baccarat, au loto. Les Goncourt s'amusaient à feuilleter les croquades de Giraud. Et l'attention s'engourdissait, la conversation commençait à flotter [...]. D'habitude Mathilde se couchait de bonne heure. On se séparait avant le dernier train pour Paris, vers onze heures[68]. »

Mais ce type d'accueil n'est pas réservé aux princes des arts et de la pensée : certains parasites mondains de haut vol le pratiquent à longueur d'année – à l'instar de Gabriel-Louis Pringué, qui a pour unique talent de bien porter l'habit, mais qui n'en passe pas moins l'essentiel de son temps dans les châteaux des uns et des autres : trois mois d'arrière-saison et un mois d'été au château de Chaumont-sur-Loire chez la princesse Amédée de

Broglie, une quinzaine de jours chez le duc de Rohan au château de Josselin, quelques semaines par-ci par-là... À propos de Chaumont, Pringué raconte d'ailleurs qu'il y avait là toujours « une quinzaine d'invités à demeure pour plusieurs semaines, en dehors des hôtes de week-end et des passagers volants, comme les appelait Mme de Broglie, ceux qui ne restaient qu'un jour ou deux ». Tout ce petit monde se pliant volontiers à l'étiquette farfelue imposée par la maîtresse des lieux : déjeuner à 13 heures 30 en toilette élégante pour les femmes et tenue sportive pour les hommes, goûter (pantagruélique) au grand salon à partir de 17 heures, la princesse n'arrivant souvent que vers 19 heures, dîner de cérémonie annoncé à 20 heures 30, en grand décolleté pour les dames, habit et cravate blanche pour les messieurs, mais ne commençant en général qu'une heure plus tard, lorsque la princesse daignait redescendre de ses appartements. Après dîner, retour au salon, où la princesse, assise seule dans son fauteuil au coin de la cheminée, prenait son café et accordait audience à ses invités. « Vers minuit, Mme de Broglie commençait son bridge, qui durait souvent jusqu'à l'aube[69]. »

À la campagne, loin des plaisirs de la ville, des spectacles et des réceptions, la chasse constitue au XIXe siècle la principale distraction, pour soi-même et pour ceux que l'on y invite. D'où, là encore, l'existence d'un savoir-vivre spécifique, détaillé dans certains manuels de politesse, et qui va jusqu'à susciter la publication d'ouvrages spécialisés, comme celui de Michel Anty, *Le Savoir-Vivre à la chasse, usages et bienséances cynégétiques*, paru à la veille de la Première Guerre mondiale. Comme de juste, cet auteur prétend être le premier à avoir traité systématiquement « de la façon dont un homme bien élevé doit se comporter quand il chasse avec des compagnons, et des usages auxquels il doit se soumettre à cette occasion[70] ». Or, cette politesse, à laquelle il est « indispensable » de se conformer, ne va pas de soi, puisqu'elle comporte un certain nombre de règles « tout à fait spéciales » ; en outre, elle est souvent mal respectée, l'auteur notant qu'il est souvent plus difficile de se plier à la civilité en plein air, au milieu des champs et des bois, pris par la passion de la chasse, que lorsque l'on se trouve confortablement installé dans un salon bourgeois. « Des hommes du monde connus pour leur urbanité sont incapables de se posséder quand ils tiennent un fusil ; ils se conduisent vis-à-vis de leurs compagnons avec un sans-gêne frisant la grossièreté[71] » – un constat que l'on retrouvera, par la suite, à propos de la conduite automobile.

On peut ici distinguer trois moments successifs : avant, avec la question des invitations, pendant la partie de chasse, et à l'issue de celle-ci.

La forme de l'invitation, tout d'abord, variera en fonction de l'importance de la chasse. S'il s'agit d'une simple chasse amicale, l'invitation, verbale, ne comporte aucun protocole, aucune cérémonie, remarque la comtesse de Gencé : « L'hôte sait qui il invite ; l'invité n'ignore pas dans quelles conditions de familiarité il sera reçu. Les parties de chasse où règne ainsi la camaraderie sont, de toutes, les plus agréables. On se préoccupe plus du confortable que des élégances. Il suffit que les vêtements des chasseurs soient chauds, le gîte bien clos et les repas copieux[72] ». Si au contraire il s'agit d'une chasse importante à laquelle se trouvent conviées de nombreuses personnes, ou encore d'une partie organisée dans le cadre d'une société de chasse, l'invitation sera écrite : un bristol gravé précisera le lieu, l'horaire, le nom de celui qui invite et, inscrit à la plume, le nom de l'invité. Cette carte est adressée huit jours au moins avant la date fixée, et il est indispensable d'y répondre immédiatement. Indispensable, également, d'arriver à l'heure au rendez-vous, en costume de chasse, avec un fusil de qualité et des cartouches. « À une chasse par invitation écrite, on doit se présenter dans une tenue correcte, quoique, bien entendu, simple et commode. Vêtements chauds, chemise de flanelle, veston de velours, bottes solides à l'épreuve de l'humidité, chapeau de feutre mou ou de velours assorti, autant que possible, aux vêtements : tel est l'uniforme ordinaire du chasseur dont le négligé ne surprendra personne[73]. » Le costume est adapté à l'activité, et la politesse, une fois encore, sera dans la mesure : le chasseur, d'une irréprochable propreté, ne doit ressembler ni à un vagabond ni à une gravure de mode.

Rappelons au passage qu'à l'époque la chasse demeure une activité presque exclusivement masculine. Ainsi la comtesse de Gencé remarque-t-elle que si des invitations peuvent être adressées aux femmes comme aux hommes, « les dames n'assistent pas à la chasse, et prennent seulement part aux repas qu'elles contribuent souvent à préparer[74] ». Sans doute faut-il tempérer le propos : quelques années plus tôt, à l'extrême fin du siècle, la baronne Staffe constatait, tout en la réprouvant vivement, une tendance à la féminisation de ce sport. Et Mme Louise d'Alq, en 1879, citait déjà quelques exemples en ce sens – comme celui « d'une de nos plus charmantes Parisiennes, la jeune comtesse de St.-C. qui, pour ne pas se séparer de son mari, se chausse bravement de fortes demi-bottes, revêt un jupon court, et l'accompagne courageusement, avec un délicieux petit fusil en bandoulière, abattant la perdrix à ses côtés[75] ». Cependant, il s'agit d'un cas marginal, et qui, à l'époque, heurte de plein fouet les principes du bon ton : « Je ne cite point cet exemple comme étant à imiter », s'excuse d'ailleurs Mme d'Alq. Quelles que soient les raisons de la petite comtesse, la chasse, activité sanguinaire par excellence, reste en effet peu compatible avec l'idée que l'on se fait alors de la femme, être sublime mais fragile.

Durant la chasse proprement dite, la première règle est celle de la prudence : celle-ci forme, note Michel Anty, « l'abc du savoir-vivre[76] ». Elle implique de ne pas se placer sur la même ligne que les autres chasseurs, de ne jamais tirer par-dessus leur tête, dans leur direction ou au hasard dans des fourrés, de décharger son arme ou de casser son fusil avant de franchir les haies et les obstacles. La seconde de ces règles est tout bonnement la courtoisie : les chasseurs qui, sur le terrain, n'aiment pas se gêner et affectent de se moquer des convenances ne peuvent être considérés comme de bons chasseurs, même s'ils sont des tireurs d'élite ; pour mériter ce titre, en effet, il faut aussi être « poli et prévenant ». Ainsi, en plaine, le chasseur courtois laissera son voisin tirer le premier ; se comportant avec tact et délicatesse, il veillera, quelle que soit son habileté, à ne pas tuer trop de gibier, à rester modeste et à ne pas faire le tartarin. En cas de contestation, il abandonnera spontanément la pièce litigieuse ; dans le même esprit, Anty conseille à ses lecteurs, bourgeois ou aristocrates, d'éviter à tout prix les altercations avec des paysans qu'ils pourraient croiser lors de la chasse : « Souvent ils sont criards, grossiers, irascibles, violents. Si nous sommes apostrophés sans motifs par un rustre rageur et malappris [...], laissons-le vomir ses injures », et passons notre chemin. Enfin, cette courtoisie doit s'étendre à tous : si l'on est invité, elle est de règle avec les autres invités, avec leurs chiens, ou encore, avec les rabatteurs ou le garde-chasse de son hôte.

Après la chasse, se pose la question de la répartition du gibier. Si l'on s'en tient à la loi, « le gibier appartient à ceux qui l'ont tué, mais la politesse, d'accord avec l'usage, oblige les invités à le laisser au propriétaire ». Celui-ci le redistribue ensuite de façon équitable (chaque chasseur recevant alors sa « bourriche »), lui-même ne conservant un certain nombre de pièces que si la chasse a été fructueuse et que les bourriches sont bien remplies. Il va sans dire que toute récrimination sur ce plan serait une atteinte impardonnable à la plus élémentaire bienséance.

La chasse durant en principe toute la journée, une collation du midi est généralement servie aux participants. S'il n'y a pas de dames, entre chasseurs, « on se place comme l'on peut, comme l'on veut, à la bonne franquette ; il n'est question ni d'étiquette ni de préséances » lors de ce repas qui participe pleinement de la chasse elle-même. Mais dans les chasses importantes, il est également d'usage d'organiser un dîner à l'issue de la partie – au cours duquel les principes du savoir-vivre retrouvent leur autorité habituelle. « Le rustique chasseur se transforme en homme du monde »[77]. Ce qui variera, c'est l'étiquette en question : dans les milieux aristocratiques et la grande bourgeoisie, où le smoking est de rigueur pour les hommes, la robe décolletée pour les femmes, « une gaieté bruyante est sévèrement proscrite », ainsi que le fait de parler de chasse. Dans des milieux plus simples, on tolérera une plus grande décontraction et une certaine liberté de langage, à condition bien sûr qu'il n'y ait à table ni femmes ni enfants.

Physiologie du tabac

« Maxime, en toute philosophie, fumait, à moitié endormi dans un coin du fiacre. Il voulut jeter son cigare, mais elle l'en empêcha [...]. Je te dis que j'aime l'odeur du tabac, s'écria-t-elle. Garde ton cigare... *Puis, nous nous débauchons, ce soir... je suis un homme, moi*[78]. » Ce passage de *La Curée*, de Zola, attire l'attention sur une activité qui perturbe profondément, durant tout le siècle, les codes de la politesse – et qui manifeste en outre de façon très claire un phénomène que l'on a déjà rencontré, la dissymétrie des règles de bienséance applicables aux hommes et aux femmes. Avant de s'intéresser aux usages régissant les rencontres en public, il faut donc s'arrêter un instant sur la question, très controversée, du tabac.

Du côté des hommes, il semble que la question soit prise en compte sous l'angle particulier du savoir-vivre dès la Restauration : « Nous nous moquons des peuples qui mâchent du bétel, écrit alors Mme de Genlis ; la coutume de fumer n'est pas moins bizarre[79]. » C'est en effet l'époque où l'usage du « tabac chaud », pipe et cigare, tend à se généraliser, et à se substituer au « tabac froid ». Auparavant, le tabac, que l'on se bornait à consommer « froid », prisé ou chiqué, restait un vice solitaire, que l'on pratiquait sans dégager de fumée, et donc, sans véritablement gêner ni incommoder les autres. Désormais, avec le tabac chaud, ces derniers, et spécialement les femmes, sont directement concernés. En exergue de sa « Physiologie du cigare », publiée dans *La Caricature* du 10 novembre 1831, Balzac place le mot d'un fumeur insolent et observateur : « Les Parisiennes n'ont que deux antipathies, les crapauds et la fumée de tabac[80]. » Or, elles se trouvent désormais mises à rude épreuve : car le cigare ou la pipe, comme le notait déjà Balzac un an et demi plus tôt dans sa « Nouvelle théorie du déjeuner », sont devenus « comme un délire. Il est impossible de faire trois pas à Paris sans aspirer le nuage empesté de quelque insolent tabacolâtre. Ces horribles fumeurs nous imposent leur haleine empestée, et tous prennent à plaisir le vent sur les femmes et les tabacophobes [81] ». Le tabac est devenu une mode, et de première envergure.

Sept ans plus tard – alors que Balzac constate dans son *Traité des excitants modernes* que « le cigare infeste l'état social [82] » –, Delphine de Girardin observe à son tour que « la passion du cigare devient si générale, que nous connaissons des maisons *fashionables* où l'on fait arranger une salle à fumer, comme on a une salle à manger. Au cercle des Arts, un des salons est exclusivement consacré à cet exercice [83] ».

C'est donc à peu près à ce moment, vers 1836-1837, que naît ce que l'on appellera bientôt le fumoir, une pièce où il est d'usage que les hommes, et eux seuls, aillent s'enfermer, et s'enfumer, après le dîner. « Quand il ne se trouve pas de fumoir dans l'appartement, précise M. Chambon au début du XXe siècle, le maître de maison fait apporter les cigares et les cigarettes dans la salle à manger [84] », tandis que les femmes vont au salon. Mais d'autres solutions sont aussi pratiquées. Dînant chez Victor Hugo avec d'autres écrivains en décembre 1875, Edmond de Goncourt raconte qu'en sortant de table, il s'en va avec le poète Théodore de Banville fumer une cigarette dans l'escalier, un fumoir n'ayant pas encore été installé chez son hôte. Enfin, dans les milieux plus modestes, l'usage impose de quitter l'appartement pour aller fumer à loisir, sans gêner sa compagne : c'est ce que note déjà Auguste Luchet dans *Les Mœurs d'aujourd'hui*, un petit essai goguenard paru au début du second Empire : « On ne reste plus les uns chez les autres maintenant ; adieu les après-dînées d'hommes et de femmes, heures frivoles et poudrées d'amour où le cœur quelquefois se mettait à deux avec l'esprit ; où la parole se donnait la peine d'être recherchée et polie ; où l'on sentait, en causant, monter à soi de douces chaleurs ; où l'on parlait bienfaisance, belles actions, beaux arts, tendresse, plaisir, bonheur, poésie, vertu même, par hasard ! Le café pris maintenant, et quasi sans dire bonsoir, vous voyez, l'été, de beaux messieurs sortir et, comme des filles de joie, faire le boulevard, crachant à qui marche derrière eux des camouflets et des brandons. [...] L'hiver, ces messieurs ont l'estaminet ou le cercle, selon le monde dont ils sont. On y pense pesant ou méchant, quand on y pense ; on y parle grossier quand on parle ; les sentences ont goût d'écurie et de gaieté de mauvaise maison. Mais on y fume[85]. »

Dans la bonne société, telle est aussi l'origine du smoking, qui apparaît comme un complément au fumoir. « C'était en Angleterre, précise le duc de Lévis-Mirepoix, un vêtement apporté aux convives masculins à l'issue du dîner. Ils le revêtaient, quittant le frac, au moment où les femmes avaient abandonné la salle à manger dans laquelle ils demeuraient pour fumer. Puis, le dernier cigare éteint, ils remettaient l'habit, tenu à l'écart du tabac. Ainsi pouvaient-ils retourner au salon sans risquer d'incommoder les "ladies" par une odeur tenue à l'époque pour indésirable[86]. »

À la fin du siècle, l'usage du tabac semble donc quasi universel : « Tous les hommes, ou presque tous, aujourd'hui, sont fumeurs », constate alors la baronne d'Orval. Pourtant, « il ne résulte pas de cette généralisation que tous sachent fumer avec élégance et en observant les lois de la bonne éducation[87] ». Passons sur le cas de ceux qui, ne sachant pas fumer du tout, se rendent aussitôt ridicules, comme Charles Bovary aux yeux (peu indulgents il est vrai) de sa femme : « Il fumait en avançant les lèvres, crachant à toute minute, se reculant à chaque bouffée. Tu vas te faire mal, dit-elle dédaigneusement. Il déposa son cigare, et courut avaler à la pompe, un verre d'eau froide[88]. » Mais il ne suffit pas de savoir, il faut le faire suivant des règles élaborées au cours du siècle, et qui visent pour l'essentiel à protéger la femme de cette pollution spécifiquement masculine qu'elle est censée abhorrer.

Les règles en question vont d'ailleurs s'assouplir, tout en se sophistiquant, à mesure que l'usage se banalise. En 1830, au début de la mode, Balzac suggère au préfet de police de « parquer les fumeurs » et de leur interdire de fumer à l'extérieur de leurs domiciles, au motif qu'« un homme fumant dans la rue abuse de la liberté individuelle[89] » en portant atteinte à celle d'autrui.

diction de fumer, d'une part, et, d'autre part, le droit d'autoriser, mais aussi, d'interdire aux hommes de fumer en leur présence.

Au milieu du XIXe siècle, la femme dispose encore du pouvoir, absolu et incontesté, de permettre (ou de refuser) à un homme de fumer devant elle, cette pratique étant encore considérée par certains comme inconvenante. Mais ce pouvoir va petit à petit s'étioler. À la fin du second Empire, déjà, Louise d'Alq estime qu'en l'état actuel des usages, « la femme doit autoriser le cigare afin qu'on ne se passe pas de sa permission, et parce qu'une concession appelle une concession ». Si elle doit l'autoriser, l'homme, de son côté, ne devra demander la permission, et l'accepter, qu'avec discernement, sans abuser, « afin de ne pas obliger la femme à revendiquer ses droits »[95]. Enfin, au début du XXe siècle, la comtesse de Gencé reconnaît que si l'homme a toujours à en faire la demande, la femme, de son côté, « doit toujours accorder la liberté de fumer à un monsieur qui lui en demanda la permission. [...] Ce n'est qu'en cas d'indisposition réelle et apparente qu'elle aura le droit de refuser cette autorisation, et encore le fera-t-elle avec mille circonlocutions. Elle dira, par exemple : Monsieur, je suis tout à fait désolée de vous priver de cette satisfaction, mais je me sens souffrante, et je craindrais que la fumée ne m'indisposât davantage ». De même, « une femme dira toujours à un homme de ne pas jeter le cigare qui tient à la main lorsqu'il la rencontre[96] ».

Les hommes ont l'interdiction de fumer en présence de femmes avant d'en avoir obtenu la permission, mais celle-ci ne saurait pratiquement plus leur être refusée. De fait, à l'époque, les refus sont devenus exceptionnels, extravagants, presque mythiques. Un des hommes du monde les plus en vue de ce temps, Pringué, raconte ainsi avoir rencontré avant-guerre, chez la princesse Amédée de Broglie, une « très vieille patricienne de grand style » qui, jeune fille, avait connu Balzac. « Pendant une de ses visites, un jeune homme, avant d'allumer sa cigarette, lui demanda si la fumée la gênait. Je l'ignore, Monsieur, répondit-elle, car personne ne s'est jamais permis de fumer devant moi[97]. » Cette réponse, qui lui paraît suffisamment extraordinaire pour être citée, on la rencontre déjà, autour des années 1870, sous la plume de Louise d'Alq, qui en parle comme de « la fameuse réponse » de la vieille dame[98]. En clair, on se trouve ici en présence d'une rumeur, d'un mythe – quelqu'un *aurait osé dire cela* – qui atteste bien, semble-t-il, de l'évolution des esprits en la matière.

Cette évolution résulte sans doute de la banalisation de l'usage du tabac chez les hommes ; mais elle s'explique aussi par la levée progressive de l'interdit pesant sur les femmes. Dès lors que celles-ci se mettent à fumer, elles perdent le droit d'interdire aux hommes de faire de même.

Dans les années 1840, la fumeuse est encore une exception presque monstrueuse, une dépravée, en tout cas une anormale – le cas George Sand ne faisant que confirmer le soupçon. Un demi-siècle plus tard, les choses ont déjà bien changé : celle qui fume est tout au plus une originale, qui peut en outre se réclamer de nombre de princesses et de souveraines, – et en particulier, de l'impératrice Élisabeth d'Autriche, Sissi, fumeuse invétérée.

Sans doute l'usage rencontre-il encore des résistances : la baronne Staffe persiste à conseiller à la « femme chic » de s'en abstenir, car celle qui fume « est bien près de renoncer à toutes les sujétions imposées à son sexe, souvent fort sagement[99] ». La comtesse de Gencé souligne de son côté, avec un frémissement d'horreur, que « nombre de jeunes filles américaines ou russes fument la cigarette. Elles portent avec elles leur petit nécessaire de fumeuses, et ne se font pas scrupule d'offrir une cigarette à leurs amis ou même aux jeunes gens qu'elles rencontrent chez ces dernières[100] ». Dans *La Tunique sans couture*, le romancier anglais Maurice Baring met ainsi en scène, au début du siècle, une jeune fille de dix-sept ans, Alex Linsky, qui, se promenant avec son précepteur, lui demande, alors que celui-ci allume une cigarette en sa présence : « Donnez m'en une, s'il vous plaît, j'aime tant fumer, mais on ne me le permet que dans les grandes occasions[101]. » Dieu merci, reprend la comtesse de Gencé, « nous avons encore la chance de ne pas compter ces usages comme familiers chez nous[102] ».

Mais quoi qu'il en soit, tout s'accélère, et l'interdit s'estompe peu à peu. En 1878, Goncourt s'étonne encore, mais sans plus, du spectacle de deux femmes étendues au milieu d'une pelouse à Saint-Cloud, fumant des cigarettes après avoir pique-niqué, « et lançant au ciel des bouffées de fumée [103] ». Mais une vingtaine d'années plus tard, en 1896, dans les colonnes du *Journal pour tous*, Jeanne d'Antilly publie un article, « Aimez-vous la cigarette ? », où elle évoque la grossièreté des anciennes pour mettre en relief la délicatesse des modernes, jusque dans l'art de fumer, et pour se moquer de celles qui continuent de faire grise mine : « Tout cela me revenait à l'esprit l'autre soir tandis qu'après dîner, quelques charmantes jeunes femmes fumaient leur cigarette au grand scandale de quelques personnes se trouvant là. “Pouah, ma chère ! ... Empester le tabac !...” Puis un soupir : “En quels temps vivons-nous, ô Dieu ! ”... Que ces âmes délicates et ces fragiles odorats se rassurent. Au souvenir du passé [...], qu'elles soient indulgentes pour le présent. Entre la femme au nez barbouillé dont parlait la belle-sœur du Roi et notre contemporaine qui tient du bout des lèvres un tube de papier blanc d'où s'exhale une fumée légère et dont tout à l'heure il ne restera plus trace, à qui revient l'avantage, s'il vous plaît ? [...] Ne dites pas de mal de la petite cigarette blanche et mignonne, propre et discrète [...] que tient, du bout des lèvres, une bouche d'où sortent, avec une légère fumée, de si jolies paroles. Et puis vous, ô esprits grincheux, habituez-vous au nouveau [104] ! » De fait, M. Chambon constate alors que « la coutume exotique d'offrir des cigarettes aux femmes s'infiltre dans la bonne compagnie. [...] Quoi que vaille cette mode au point de vue de la parfaite distinction, elle plaît beaucoup [105]... » Même si « il sied aux jeunes filles de s'abstenir de cette excentricité » qui « implique une trop grande liberté de gestes et d'allure », l'évolution a bien eu lieu. L'interdit est sur le point de disparaître, annonçant des mutations bien plus profondes dans la façon de concevoir le rôle et la place de la femme, ses droits et ses obligations...

Du salut et de ses rituels

En matière de rencontres, tout dépend, au fond, de la personne que l'on croise : est-elle connue, ou du moins, susceptible d'être présentée ? Dans ce cas, la rencontre se traduira par le salut. Est-elle inconnue, comme celles que l'on rencontre dans la rue, au théâtre ou en voyage ? Alors, les préceptes du savoir-vivre se relâchent : le salut devient facultatif, voire incongru, la règle essentielle étant alors de gêner le moins possible la personne en question.

Lorsque l'on rencontre une personne que l'on connaît, les lois et les usages de la sociabilité trouvent à s'appliquer : le salut que l'on fait ou que l'on rend, à cette occasion, à la personne que l'on croise, a précisément pour objet de reconnaître le lien de connaissance, et le degré de respect qu'on lui doit. D'où l'importance de ce rituel du salut – lequel variera d'ailleurs, en fonction de la situation, et surtout, du sexe de la personne rencontrée.

Au XIXe siècle, ce rituel est à la fois complexe, et codifié – au point de susciter ces dissertations mi-cocasses mi-savantes dont raffolent les lecteurs de l'époque, comme celle que publie P. Pascal dans un ouvrage collectif à grand succès, *Le Diable à Paris* : « Le salut et la façon de s'aborder, écrit cet auteur, qui sont caractérisés d'une manière si différente dans les diverses parties du monde, ont surtout à Paris des formes particulières. [...] Toute l'échelle sociale se retrouverait au besoin dans la gradation des courbes que dessinent les divers saluts. Du maréchal de France au mendiant, du fat au plat, les inflexions sont innombrables dans leur variété, et la plus habile dissertation mathématique ne pourrait les reproduire. Le salut est comme les caractères, il est altier, simple, bonhomme, insultant, bienveillant, froid, humiliant, bas, naïf, gourmé, orgueilleux, triste, inquiet, misérable, audacieux. Tel salut irrite, tel autre touche et émeut. Les rapports sociaux et les nuances des positions s'y dessinent d'une manière éclatante, mais rapide. Avant que les deux salutateurs se soient raffermis sur leurs jambes, vous jugez de la distance qui les sépare ;

bonhomme, insultant, bienveillant, froid, humiliant. . . . bas. . .

et une fois raffermi sur leurs pieds et le ballet terminé, le niveau de l'habit noir efface l'inégalité. »

Comme sur beaucoup d'autres plans, on le voit, la connaissance des usages, la pratique correcte du savoir-vivre apparaît comme un élément socialement discriminant. Les pauvres ignorent le salut, « ils ne savent pas se courber ». En revanche, à mesure « qu'on remonte dans les degrés de la civilisation, la souplesse du salut augmente ; elle atteint sa dernière courbe dans les salons des rois et des grands. Il y a peut-être au fond de cet usage du salut un immense ridicule, inaperçu parce qu'il est en usage, mais qui frapperait des yeux inaccoutumés à le voir[106]. »

Le salut, lorsque l'on croise une connaissance dans la rue, dans un salon ou dans un cercle, est obligatoire, on y reviendra. Pourtant, ainsi que l'on vient de le noter, ses formes exactes apparaissent variables, et d'ailleurs soumises aux modes et aux évolutions. À la rigueur, chacun salue à sa manière, sans que les autres puissent s'en offenser. C'est ce que rapporte Proust, dans *À la recherche du temps perdu*, à propos de la très aristocratique famille des Guermantes. Ces derniers, écrit-il, « étaient si nombreux que même pour ces simples rites, celui du salut de présentation par exemple, il existait bien des variétés. Chaque sous-groupe un peu raffiné avait le sien, qu'on se transmettait des parents aux enfants comme une recette de vulnéraire ou une manière particulière de préparer les confitures[107] ». Mais si ces

. . . naïf, gourmé, ... orgueilleux, triste, ...

formes sont variables à l'infini, le salut lui-même, en revanche, est obligatoire : le refus de saluer, assimilé à la fois à une offense et à une inconvenance, serait donc susceptible de sanctions dans l'ordre particulier de la politesse, des sanctions pouvant aller jusqu'au duel, et pour le moins, jusqu'à la rupture. C'est ce que Proust, observateur décidément irremplaçable du snobisme de son époque, décrit dans une scène cruelle de *Du côté de chez Swann*.

Cette fois, le coupable est Legrandin, bourgeois lettré que les parents du narrateur fréquentent à Combray – et qui, d'ordinaire, se montre avec eux d'une politesse exquise. Mais un jour, après la messe, le narrateur et son père croisent Legrandin marchant à côté d'une châtelaine du voisinage qu'ils ne connaissent que de vue et de réputation, celle d'une personne vertueuse et au-dessus de tout soupçon. Or, à leur salut « à la fois amical et réservé », cette réserve se justifiant par un souci de discrétion, « M. Legrandin avait à peine répondu, d'un air étonné, comme s'il ne nous reconnaissait pas, et avec cette perspective du regard particulière aux personnes qui ne veulent pas être aimables et qui, du fond subitement prolongé de leurs yeux, ont l'air de vous apercevoir comme au bout d'une route interminable et à une si grande distance qu'elles se contentent de vous adresser un signe de tête minuscule pour le proportionner à vos dimensions de marionnettes [108] ». L'attitude paraît tellement singulière, et si choquante, qu'un conseil de famille est réuni pour en débattre –

. . inquiet, misérable. . . . . audacieux. . . . . .

lequel considère finalement, à l'unanimité, que le père du narrateur « s'était fait une idée, ou que Legrandin, à ce moment-là, était absorbé par quelque pensée », ce qui expliquerait son apparente impertinence. Cet avis semble d'ailleurs confirmé le lendemain soir par l'attitude à nouveau courtoise de Legrandin, croisé lors d'une promenade, et qui vient à eux main tendue et sourire aux lèvres. « Hélas ! nous devions définitivement changer d'opinion sur Legrandin. Un des dimanches qui suivit [...], comme la messe finissait [...], nous vîmes sur le seuil brûlant du porche, dominant le tumulte bariolé du marché, Legrandin, que le mari de cette dame avec qui nous l'avions dernièrement rencontré, était en train de présenter à la femme d'un autre gros propriétaire terrien des environs. La figure de Legrandin exprimait une animation, un zèle extraordinaire ; il fit un profond salut avec un renversement secondaire en arrière, qui ramena brusquement son dos au-delà de la position de départ [...]. Ce redressement rapide fit refluer en une sorte d'onde fougueuse et musclée la croupe de Legrandin que je ne supposais pas si charnue ; et je ne sais pourquoi cette ondulation de pure matière, ce flot tout charnel, sans expression de spiritualité et qu'un empressement plein de bassesse fouettait en tempête, éveillèrent tout à coup dans mon esprit la possibilité d'un Legrandin tout différent de celui que nous connaissions [...]. Cependant, nous sortions du porche, nous allions passer à côté de lui, il était trop bien élevé pour détourner la tête, mais il fixa de son regard soudain chargé d'une rêverie profonde un point si éloigné de l'horizon qu'il ne put nous voir et n'eut pas à nous saluer[109]. » En réalité, et c'est là toute l'explication de l'affaire, Legrandin, quoi qu'il prétende, est irrémédiablement snob, et tient à éviter à tout prix que les gens des châteaux, qu'il côtoie avec délices, apprennent qu'il est aussi en rapport avec des petits-bourgeois, comme le père du narrateur : d'où ses impolitesses à répétition – qui entraîneront une sorte de rupture, un refroidissement significatif et durable de leurs relations. Ici, le salut, ou son absence, est un symptôme : la pierre de touche de la politesse.

À quoi s'ajoute, dans le prolongement du salut, l'appellation, la connaissance du titre auquel a droit celui que l'on rencontre : autre critère, et autre motif de conflits, d'ailleurs. M. de Guermantes, dans la cour de son hôtel, discute avec le baron et la baronne de Norpois lorsqu'un artisan giletier qui occupe une échoppe dans la cour, Jupien, s'approche pour dire un mot au baron, qu'il appelle « monsieur Norpois », ne sachant exactement son nom et ses qualités. M. de Guermantes, par ailleurs en conflit de voisinage avec Jupien, en profite pour s'indigner de ces déplorables manières : « Ah ! Monsieur Norpois, ah ! C'est vraiment trouvé ! Patience ! bientôt ce particulier vous appellera citoyen Norpois ! s'écria, en se tournant vers le baron, M. de Guermantes. Il pouvait enfin exhaler sa mauvaise humeur contre Jupien qui lui disait "monsieur" et non "M. le duc"[110] ».

L'appellation, la façon dont on doit s'adresser à la personne que l'on rencontre et que l'on vient de saluer constitue l'un des critères les plus sûrs de la connaissance des usages. En l'occurrence, Jupien ne commet d'ailleurs qu'une faute relativement vénielle en omettant de l'appeler M. le duc lorsqu'il s'adresse à M. de Guermantes. En principe, en effet, seuls les domestiques, ou assimilés, donnent à leur maître, ou aux personnes reçues par celui-ci, leur titre de noblesse à la suite du terme Monsieur ; tous les autres se contenteront de ce dernier mot, sauf, et c'est ici que vient se loger l'incorrection que M. de Guermantes reproche à Jupien, lorsque l'on s'adresse à un duc.

Le salut manifeste de façon visible la tendance lourde, déjà notée sur d'autres plans, à la rigidification des usages, et la montée en puissance d'une certaine phobie du contact physique, surtout entre personnes de sexes différents. Le baiser, en particulier, encore permis sous l'Empire entre des hommes et des femmes sans liens de parenté ni de longue amitié, notamment à l'occasion de fêtes [111], apparaît franchement grossier quelques décennies plus tard. On ne se touche plus, ou à peine, et le moins possible.

Une première catégorie de saluts consiste donc en une inclinaison, plus ou moins marquée, de la tête ou du buste : Chambon, au début du XXe siècle, distingue ainsi le salut à la française, « souple, aimable, élégant », « celui des gentilshommes d'autrefois », du salut à l'anglaise alors en vogue dans les salons, qu'il juge fort peu gracieux : « Les pieds sont sur une seule ligne, le buste est raide, les bras tombent abandonnés, et le mouvement de la tête est à sec, automatique, comme serait celui d'une poupée de bois [112]. » L'une de ses contemporaines, Mme Aline Raymond va jusqu'à déclarer ce « petit salut de la tête » « grotesque et malhonnête ». C'est qu'il s'agit ici, en l'occurrence, de montrer un véritable respect, une réelle déférence : et non pas de se laisser aller à un réflexe machinal, auquel on n'accorde manifestement aucune importance.

La poignée de main forme une seconde catégorie de saluts, où les rôles se trouvent intervertis. Dans le simple salut, le salut à la française, c'est à l'inférieur qu'appartient l'initiative : à l'homme, donc. Dans la poignée de main, c'est exactement le contraire, puisque c'est toujours à la femme qu'il revient de tendre la main la première, « sauf le cas de parenté, souligne Mme Raymond, et à condition d'être un ascendant » [113]. La raison, explique la baronne Staffe, vient de ce que « c'est la reine qui parle la première, et dans les rapports mondains, la femme est reine [114] ». Mais la raison véritable tient surtout au contact physique que suppose la poignée de main, et qui était absent du salut à la française : l'homme n'a jamais le droit de se saisir d'une femme. Lorsqu'il serre la main qu'elle lui a tendue, il ne doit le faire qu'avec délicatesse, avec franchise, sans rapidité exagérée mais sans lenteurs suspectes : sauf à être très lié avec elle, « un homme qui retiendrait dans ses mains les mains d'une dame, observe Mme de Gencé, pécherait gravement contre la bienséance [115] ». Quant à Chambon, il estime que le respect dû au sexe faible va jusqu'à exiger qu'un homme, « à moins d'intimité », ne serre la main d'une femme qu'en restant ganté [116] : manifestation ultime de cette phobie évoquée à l'instant.

Naissance du baisemain

À la fin du XIXe siècle, une mode nouvelle, assez étrange, semble s'imposer dans certains milieux : « La vieille poignée de main française, noble et digne, au bout du bras tendu droit, et même le secouement britannique, brusque et cordial, avaient paru manquer de chic, et l'on voyait, observe Aline Raymond, jeunes gens et jeunes filles, le coude levé à la hauteur de la tête et recourbé en aileron, se livrer à une contorsion pénible autant que disgracieuse [117]. » Cette coutume bizarre, explique malicieusement Chambon, nous viendrait d'Angleterre, tout comme le *shake-hand.* Un jour, souffrant d'un épouvantable furoncle sous le bras droit, la reine Victoria se trouva obligée de saluer de cette manière aussi incongrue que disgracieuse. Ignorant la cause de cette posture inédite, la société s'en enticha aussitôt, « et le snobisme fit le reste [118] ».

Mais si cette mode bizarre est unanimement décriée, il en est une autre qui, apparue à la même époque, ne va rencontrer que des applaudissements : le baisemain.

Aussi étrange que cela puisse paraître, le baisemain – qui est au savoir-vivre à la française ce que la tour Eiffel est à Paris – est une invention ou plutôt une redécouverte tardive, puisque la généralisation de sa pratique ne remonte qu'au début du XXe siècle. En 1907, Chambon constate ainsi avec bonheur que « la coutume du baisemain, si joliment respectueuse, rentre dans les mœurs d'où elle avait été si maladroitement et si fâcheusement exilée [119] ». Au moment où il l'écrit, le renouveau de cet usage semble donc tout frais : de fait, le manuel de la baronne Staffe, le best-seller indiscuté du genre, n'y fait allusion ni dans son édition de 1890, ni dans celle de 1899 ; de même, l'imposant *Dictionnaire* Larousse de 1896 ignore totalement la pratique mondaine : en fait de baisemain, il n'évoque que la version médiévale – « hommage féodal consistant à baiser la main du seigneur » –, l'étiquette en vigueur dans certaines cours d'Europe, où la coutume veut que l'on baise la main du souverain, et enfin, un usage ancien, « fort à la mode sous Louis XIII ». Depuis le XVIIIe siècle, il semble donc que le baisemain ait presque disparu – si l'on excepte les rapports amoureux, où il n'est que le prélude à d'autres transports, et les manifestations de déférence dues aux princesses royales, les uns et les autres étant évidemment étrangers à l'ordre de la politesse usuelle. Précisons encore : si on le rencontre au cours du siècle, c'est presque exclusivement sur le mode épistolaire, certains messieurs particulièrement délicats, ou empressés, concluant leurs lettres en « baisant respectueusement la main » de leur correspondante : mais il n'est pas question pour eux de passer à l'acte, et d'y voir autre chose qu'une jolie formule de politesse – de même que ceux qui, comme Théophile Gautier sous le second Empire, reprennent la vieille formule espagnole du « beso a usted los pies », je vous baise les pieds : cela s'écrit, certes, mais cela ne se fait pas...

Comme geste, le baisemain avait donc disparu : ce que déploraient certaines observatrices – par exemple, cette « Parisienne » anonyme qui prédit d'ailleurs, en 1895, un beau succès à ceux qui oseraient renouer avec cet usage [120]. Cinq ans plus tard, en 1900, la baronne d'Orval sera la première à saluer sa résurrection ; mais elle n'en parle encore que comme d'une sympathique curiosité : « Quelques hommes du meilleur monde, écrit-elle, rééditent la coutume du baisemain, ce geste galant dont la mode s'inspira de Richelieu [121]. »

Ce qui ne l'empêchera pas, conformément aux prédictions, de s'implanter rapidement : à la veille de la Grande Guerre, Mme Raymond s'en félicite, notant « avec plaisir qu'on semble revenir beaucoup à la jolie mode du baisemain. [...] Presque partout à Paris, quand une femme tend la main à un homme, celui-ci, au lieu de la serrer comme il ferait de la main d'un camarade, fait le mouvement de porter à ses lèvres le bout des doigts qu'on lui offre[122] ».

Cet usage entend manifester un surcroît de déférence : « Le geste d'un homme, d'un jeune garçon inclinés sur la main d'une femme est d'une grâce et d'une délicatesse exquises. Il est bien plus déférent que le *shake-hand* cavalier, distribué indifféremment aux hommes, aux femmes, aux jeunes filles, aux garçonnets, tous confondus dans la même égalité[123]. » D'où certaines règles, qui semblent s'imposer d'emblée – même si elles demeurent en réalité flottantes, incertaines et débattues jusque vers le milieu du siècle : ainsi, celle qui veut que le baisemain ne soit dû qu'aux dames – ce qui signifie qu'on ne baise pas la main d'une jeune fille, ni même, précise la comtesse de Magalon en 1932, celle d'une très jeune femme[124]. Ou encore, dans un salon, lors d'une visite par exemple, l'usage, s'il y a plus de trois ou quatre dames, est de s'en tenir à la seule maîtresse de maison : on ne saurait distribuer des baisemains à la chaîne, à la façon d'un automate, comme on ferait de simples saluts ou de banales poignées de main.

Si toutes les dames ont droit au baisemain, tous les hommes – et même les petits garçons – peuvent le pratiquer, à condition bien sûr de savoir l'accomplir avec une aisance absolue : il faut s'en abstenir si l'on redoute sa propre gaucherie.

Quant aux modalités, elles sont, à l'origine, très simples. « Pour le baisemain, écrit Chambon, la femme dégante sa main droite. L'homme s'incline profondément et, de ses lèvres, effleure le bout des doigts. Il ne soulève pas la main : c'est lui qui se courbe[125]. » Mais déjà, la mode évolue. La comtesse de Magalon précise qu'il faut « prendre délicatement entre le pouce et l'index le bout des doigts tendus, les élever doucement et s'incliner avec grâce pour y poser ses lèvres ». « Cette main que tu baises, explique jovialement Eugène Marsan, tu ne t'abîmes pas sur elle. Tu n'as pas à marquer une admiration désordonnée. À peine si tu te penches. Tu l'élèves, sans brusquerie, tandis qu'elle fait, si elle est bien apprise, la moitié du chemin. Il faut savoir. Le baiser lui-même est léger comme un souffle[126]. »

Ce cérémonial subtil et raffiné ne peut se pratiquer correctement, à l'extérieur, que dans certains lieux déterminés, laissés à vrai dire à l'appréciation des intéressés : « On peut, poursuit Marsan, baiser la main [...] dans la rue Vaneau, non dans la rue de Babylone, qui est trop passante. » Bien entendu, on le peut aussi « rue de la Paix, parce que c'est elle, en dépit de la foule, et non pas sur les boulevards[127] ». Tout dépend aussi des circonstances : « un mouvement spontané qui, dans la joie du revoir, pousse à prendre la main d'une amie intime pour la porter à ses lèvres, même dans la rue, n'est nullement de mauvais ton[128] », assure le duc de Lévis-Mirepoix. En bref, résume André de Fouquières, l'augure du bon ton Belle Époque, « on ne baise pas la main d'une femme dans une rue fréquentée, dans un véhicule public, sur un quai de métro, dans un lieu de travail, partout où ce geste galant paraîtrait insolite[129] ». En la matière, le tact, le goût l'emportent sur la règle, qui ne peut-être qu'indicative – d'autant que le baisemain lui-même n'a jamais été considéré comme obligatoire.

Mais cet usage suscite une dernière question : pourquoi réapparaît-il tout à coup, au cours des premières années du XXe siècle ? Qui en est l'auteur, et d'où vient-il précisément ? À en croire la romancière Élizabeth von Arnim, le baisemain se pratique en Allemagne vers la fin des années 1890, à l'époque où il va s'implanter en France. Dans *Élizabeth et son jardin allemand* (1898), elle met ainsi en scène un junker poméranien qui s'y prête avec emphase, se cassant en deux à la grande surprise de la jeune Anglaise qui assiste à la scène – et qui, ignorante de cet usage exotique, avance la main droite pour se la faire baiser elle aussi :

« — Saviez-vous, a demandé Irais en voyant son mouvement, que c'est la coutume ici de baiser la main des femmes ?
— Seulement celle des femmes mariées », ai-je ajouté pour la mettre à l'aise, jamais celle des jeunes filles.

Elle a précipitamment retiré sa main.
« La jolie coutume », a-t-elle soupiré avant de noter scrupuleusement ce détail pittoresque dans son grand carnet[130].

Pour une fois, et bien que personne ne reconnaisse, à l'époque, cette paternité sulfureuse, c'est donc peut-être d'outre-Rhin, et non pas d'outre-Manche, que provient l'usage du baisemain.

Mais l'existence d'un modèle n'explique en rien son succès : pourquoi, à l'époque, cet usage baroque est-il parvenu à s'implanter en France ? Pour tenter d'y répondre, on peut commencer par noter que c'est aussi à ce moment que renaît, chez les dames, un très ancien usage, oublié depuis longtemps, et qui procède du même esprit : la révérence. « Depuis quelques années, observe ainsi la comtesse de Magalon dans son *Guide mondain* (1932), dans nombre de salons, les femmes ont ressuscité la révérence, ce joli salut de nos aïeules qui consiste à plier légèrement le buste en infléchissant le genou et à se redresser doucement en arrière dans un geste plein de grâce et de noblesse[131]. » En réalité, c'est là encore à l'extrême fin du XIXe siècle que la révérence revient, subitement, à la mode : « D'abord, raconte la baronne d'Orval, ce furent les petites filles qui apprirent à saluer en faisant la référence, et en baisant la main des femmes ; puis cet usage s'étendit aux jeunes filles en supprimant le baiser, enfin, les jeunes femmes le cultivent, surtout les jeunes mariées[132]. » Quant au baisemain, ce sont les hommes qui vont se l'approprier.

Or, cette renaissance a lieu au moment précis où la plupart des commentateurs commencent à constater par ailleurs un certain relâchement des usages. « Nous nous sentions, en quelque sorte, de très courageux libérés, en genèse de révolte sourde contre l'intransigeance des principes dont la férule austère avait domestiqué la vie de nos familles pendant des générations », rapporte ainsi Gabriel-Louis Pringué dans ses souvenirs mondains[133].

Comme c'est souvent le cas en la matière, un mouvement suscite par réaction le mouvement inverse. Au relâchement patent d'une frange de la « bonne société » réplique en quelque sorte le durcissement de certains usages, et le rétablissement de certains autres – comme la révérence, ou le baisemain. On retrouvera le même phénomène, dans certains milieux, durant la seconde moitié du XXe siècle.

La politesse avec des inconnus, ceux que l'on peut rencontrer dans la rue, dans les lieux publics ou dans les transports en commun, est par définition infiniment plus réduite, plus rudimentaire. Pour l'essentiel, elle a pour but d'éviter un conflit ouvert, et elle se ramène donc à causer le moins de gêne possible à ceux que l'on croise, c'est-à-dire à ne leur fournir aucun motif d'animosité. Dans la rue, par exemple, où « chacun a droit à toute sa liberté, chaque fois que vous entravez la liberté des autres, explique la comtesse de Gencé, vous leur devez une excuse. Si, sur votre route, vous interrompez, pour une raison quelconque, la marche d'un passant, dites : "Pardon, Monsieur !" ou "Pardon, Madame !" Un homme devra, en outre, se découvrir » [134]. C'est pourquoi il serait mal élevé de lire son journal grand ouvert en marchant dans la rue, de tenir sa canne sous le bras ou d'effectuer avec elle de grands moulinets, de laisser son chien divaguer au hasard, et de façon générale, de ne pas prendre garde aux autres passants : le sans-gêne n'est jamais justifiable. Mais la politesse n'ira pas tellement au-delà : si, passant près d'un homme, une femme laisse échapper un objet, celui-ci devra le ramasser et le lui remettre, mais tout en conservant à son égard la plus extrême réserve, et bien sûr, sans en profiter pour engager la conversation. Cette même réserve interdit en revanche que l'on ramasse un objet « intime » que l'on a vu tomber, comme un mouchoir ou un peigne : il serait en effet très malséant de toucher, avec la main, des accessoires en contact avec le corps de cette inconnue ; dans ce cas, on se bornera donc à lui signaler l'accident. Elle interdit enfin ce que certains appellent les « excès de politesse » : « Beaucoup d'hommes, remarque ainsi la comtesse de Gencé, loin d'ignorer les usages, sont portés à en faire un abus ridicule. Évitez l'obséquiosité et les empressements maladroits. Dans la rue, une dame embarrassée laisse tomber son parapluie. Vous trouverez étrange qu'un monsieur se précipite du trottoir opposé et traverse la chaussée au pas de course pour venir le ramasser. [...] La politesse, pour être goûtée des personnes qui en sont l'objet, doit être discrète et, dans les cas exceptionnels, sagement raisonnée[135]. »

Ce devoir de réserve s'applique naturellement dans la rue et dans les lieux publics, avec des personnes que l'on ne croise qu'un instant, de façon fortuite, que l'on a que le temps d'apercevoir et que l'on ne reverra sans doute jamais plus. Mais il est également de rigueur dans les transports publics, ou en voyage, et par exemple, dans le train, où se marque à nouveau la différence entre hommes et femmes au regard du savoir-vivre. En voyage, les dames, note Clarisse Juranville, sont tenues à une extrême réserve : « elles doivent éviter de lier conversation avec les personnes qui les entourent et qu'elles ne connaissent pas ; elles doivent se borner à répondre poliment et brièvement aux questions qui leur sont adressées. Pour se donner une contenance et se tirer d'embarras, elles peuvent lire un bon ouvrage dont elles auront eu soin de se munir. La raison de cette réserve, c'est qu'on ignore ce que sont les gens qui vous entourent [...]. Ils peuvent se familiariser avec vous et, en voyage surtout, il ne faut donner aucune prise à la familiarité[136] » – mère de tous les relâchements, aïeule de tous les vices. Dans un compartiment, une femme devra surtout rester discrète. Enfin, le voyage terminé, elle prendra congé des autres voyageurs en se bornant à un simple salut si l'on n'a pas causé, et à une brève formule de politesse dans le cas contraire.

Si, pour les femmes, la réserve constitue dans de telles circonstances la règle fondamentale, les hommes, eux, sont surtout tenus de respecter les autres, de ne pas leur infliger gêne et désagréments. « Restez à votre place – au propre et au figuré[137] », recommande la comtesse de Gencé... « Taisez-vous » : il est toujours malséant d'entreprendre inconsidérément les autres voyageurs sur les motifs de leur déplacement, sur leur condition, ou encore, sur ses avantages, sa fortune, ses relations, sa situation ou ses problèmes familiaux...

« N'empiétez pas sur l'espace des autres » : sur ce point, le savoir-vivre en voyage peut paraître rustique, et en tout cas, très en retrait par rapport à la politesse qui régit ordinairement les relations entre les deux sexes. Ainsi, privauté absolument inconcevable dans un salon, un homme peut-il rester couvert à côté d'une femme dans une voiture fermée, même s'il ne lui en a pas demandé l'autorisation [138]. De même, il n'aura pas à céder à une femme la place qu'il occupe, celle-ci fût-elle la meilleure du compartiment, et même si la dame en question, arrivée en retard, se trouve de son côté fort mal installée : « Le coin est toujours la place recherchée dans un compartiment. Vous serez bien venu à abandonner votre coin à une dame, mais rien ne vous oblige à faire à une étrangère des démonstrations de courtoisie qui, dans certains cas, pourraient être mal appréciées. » Mais réciproquement, ce droit de garder sa propre place interdit d'empiéter sur celles des autres. « Ne faites pas de courants d'air, ne fumez pas et ne mangez pas » : à moins, bien sûr, d'avoir demandé et obtenu la permission des autres voyageurs, et à condition d'être sûr de ne pas les incommoder. « Tels sont, à peu près, les commandements auxquels doit se conformer le parfait voyageur » [139].

L'art de la correspondance

Au XIXe siècle, on se visite, on se reçoit, on se rencontre, on se salue – et l'on *s'écrit.* On s'écrit même sans arrêt, non seulement faute de mieux, et parce qu'il n'existe à l'époque aucun autre moyen de communiquer avec des personnes absentes, mais également parce que l'art épistolaire est considéré alors comme un art à part entière : on lui doit des chefs-d'œuvre anciens, telles les lettres de Mme de Sévigné ou de Voltaire, mais aussi des réussites modernes, qui figurent parmi les ouvrages les plus lus du XIXe siècle, comme les *Lettres* d'Eugénie de Guérin à son frère Maurice, ou les innombrables volumes de correspondance de Lacordaire. Sans prétendre à cette qualité, la correspondance ordinaire, celle des bourgeois et des aristocrates, obéit néanmoins à des règles exigeantes, tant sur le fond que sur la forme : « Une lettre, remarque à ce propos la comtesse de Gencé, peut tenir lieu d'une démarche, d'une visite ou d'une conversation. On peut écrire par lettre ce que l'on n'a ni le moyen ni l'occasion de dire. La correspondance joue donc un grand rôle dans les rapports sociaux, et, à ce titre, le savoir écrire fait partie du savoir-vivre[140]. » Il suppose la pratique de règles précises – d'où le succès éditorial des innombrables manuels de correspondance, ou *Parfait secrétaire*, souvent rédigés par les mêmes auteurs que les traités de savoir-vivre. Ces derniers consacrent d'ailleurs presque toujours un chapitre à ce que l'auteur du *Manuel de l'homme de bon ton*, paru sous la Restauration, qualifie de « bienséance et cérémonial épistolaire ». « Le cérémonial des lettres, écrit-il alors, consiste en certains égards et en certaines formules consacrées par l'usage, dictées par la civilité, le respect, et graduées suivants l'âge, le sexe, le rang ou le pouvoir de la personne avec laquelle on est en correspondance. Il faut saisir les convenances, et bien voir quel rang on occupe à l'égard des gens à qui l'on écrit[141]. »

Cependant, avant même de s'interroger sur les égards, les formes ou les formules, il faut distinguer deux types de correspondances, puisqu'à côté des lettres que l'on écrit pour le plaisir, librement, il existe une correspondance obligatoire à laquelle on ne saurait se soustraire sans manquer gravement à la bienséance. Suscitée par les exigences de la vie sociale et mondaine – réponse à une invitation, rédaction d'un faire-part de baptême, de fiançailles, de mariage ou de décès –, celle-ci apparaît assez concise, et très stéréotypée : le ton, la forme répondent à des codes relativement stricts, et qu'il n'est pas question de transgresser – tout comme il est exclu de changer les formules qui figurent sur le faire-part. Cette correspondance sociale, et obligatoire, constitue le cœur des manuels spécialisés, qui proposent des choix de formules quasiment prêtes à l'emploi. La baronne Staffe en fournit d'ailleurs une parfaite illustration en mettant en scène, dans sa *Correspondance dans toutes les circonstances de la vie*[142], une famille confrontée aux divers événements de l'existence, et entretenant à ce propos une correspondance abondante, couvrant à peu près toutes les hypothèses concevables en la matière : lettre d'une mère veuve à un vieil ami, lettre de la mère de la jeune fille à celle du prétendant pour fixer la date du mariage, lettre de la mère d'un fiancé à un parent pour le prier de servir de témoin à son fils, lettre d'une tutrice au fiancé de sa pupille pour lui expliquer le silence de sa fiancée, lettre d'une jeune fille à une jeune femme pour demander des conseils sur des questions d'étiquette mondaine, lettre d'un châtelain à son vétérinaire pour le prier de venir soigner un cheval, lettre d'un garde-chasse à son maître, etc.

Tout y passe, donc, mais l'essentiel reste constitué, ainsi qu'on l'a dit plus haut, par les modèles de réponse obligatoires. À un faire-part de décès – en l'espèce, celui de la vieille douairière de Seillac –, la baronne Staffe propose un choix de réponses sur cartes de visite adaptées à la situation de chacun, ainsi qu'à ses liens supposés avec la famille de la morte. La roturière Mme Frappont « apprend la triste nouvelle avec une vive émotion. Elle exprime à M. et à Mme de Seillac sa douloureuse sympathie et ses affectueux sentiments » ; Mlle de Constelle, une amie de la famille, beaucoup plus chic que la précédente, « qui se souvient du charme exquis de la baronne douairière de Seillac, prie ses enfants de croire à la part douloureuse qu'elle prend aux grands malheurs qui les frappent » ; quant au lieutenant colonel Figrat, supérieur immédiat du fils de la baronne, il « envoie au capitaine et à Mme de Seillac l'expression de sa sympathie et de son affection sincère »[143]. « Les lettres de condoléances sont les plus difficiles à écrire, surtout si l'on ne se rend pas compte du genre de la douleur que doit éprouver la personne à laquelle on écrit. Car le même malheur ne nous fait pas souffrir tous de la même façon. Le caractère influe sur la forme du chagrin. Si l'on ignore la nature, les sentiments de ceux que la destinée vient de frapper, la manière dont ils ont accueilli l'affliction, il faut se borner à quelques mots de sympathie, de crainte de froisser leur chagrin par de longues phrases maladroites[144]. » C'est pourquoi le stéréotype, même figé, apparaît en définitive préférable aux risques de la fantaisie : en l'occurrence, on le voit, il suffira de changer les noms.

La correspondance facultative, si elle n'est pas corsetée par des exigences formelles du même ordre, se heurte à d'autres types d'écueils, notamment celui du style. Comme l'écrit déjà l'auteur du *Manuel de l'homme de bon ton*, la politesse en la matière consiste surtout à rester clair, sobre, à « éviter les grands mots et tout ce qui sent la recherche et la prétention[145] » : tout ce qui pourrait faire basculer la lettre dans le pompeux, c'est-à-dire dans le ridicule.

Dans tous les cas, correspondance officielle ou facultative, les abréviations sont jugées de mauvais goût, de même que l'emploi des chiffres, sauf pour indiquer une date ou une somme d'argent. Par exemple, on n'écrira jamais, en parlant d'un parent de celui à qui l'on s'adresse, « M. votre père », et on ne conclura pas une lettre en lui serrant « 1000 fois la main ». Tout ce qui traduit une volonté de moindre effort, de facilité, est assimilé, non sans raisons, à une moindre déférence, à un moindre respect : une telle attitude ne sera donc permise qu'à l'égard des intimes.

L'une des règles cardinales de la politesse en général, on l'a vu, est de prendre garde aux autres, de faire en sorte de ne pas les gêner et de ne pas empiéter sur leur liberté. Dans l'ordre de la correspondance, comme d'ailleurs dans celui de la conversation, cette règle implique que l'on ne parle, et que l'on n'écrive, que si l'on a quelque chose dire. Il est aussi indispensable de répondre quand on vous écrit que quand on vous parle, insiste la baronne Staffe : « C'est pour cette raison que les gens qui n'ont rien à faire ne doivent pas abuser, pour leur plaisir, du temps des gens qui travaillent, et qui sont trop polis pour laisser sans réponse des lettres sans intérêt » : en somme, « il faut tâcher de ne pas parler de la température, sauf bien entendu si l'on écrit à des parents proches, à des amis si affectueux qu'ils peuvent prendre quelque intérêt à savoir si vous avez froid ou chaud[146]. »

En ce qui concerne la forme et les formules à utiliser, elles varient en fonction de la personne à qui l'on écrit, égale, inférieure ou supérieure.

Lorsque l'on écrit à des égaux, précise Mme d'Alq, l'usage prescrit de commencer la lettre, vers le milieu de la page, par la « formule d'appel », les mots Monsieur, chère Madame, mon cher Henri, ou toute autre appellation ou formule laissée, dans les lettres personnelles, à la discrétion de l'auteur. On écrit directement sous ces mots, sans laisser de marge, et en terminant à deux centimètres du bas de la feuille ; on recommence de l'autre côté, au quart à peu près de la hauteur du papier, et il en va de même pour les pages suivantes. La « formule de courtoisie », en ce cas réduite, telle que « tout à vous », « votre dévoué », etc., se place sur une ligne isolée à la fin de la lettre, juste au-dessus de la signature.

Cette dernière varie selon la situation de la personne qui signe : dans les années 1870, par exemple, la règle veut qu'une jeune fille signe par son prénom et par son nom de famille. Un jeune homme, en revanche, signera de l'initiale de son prénom puis de son nom de famille, à moins qu'il n'ait des parents du même nom, auquel cas il signera de son prénom entier. Une femme mariée signe de l'initiale de son prénom, suivi du nom de famille de son mari. En revanche, signer « femme une telle », ou « veuve une telle » lorsque l'on a perdu son mari, est suranné, vulgaire et incorrect : une veuve signera de son prénom et de son nom de jeune fille, suivie de « veuve d'untel »[147].

Quant à la date, elle s'écrit, au choix, soit en haut de la première page à droite, soit à gauche, en dessous de la signature. On note sur ce point une variation minime, la règle étant encore, sous la Restauration, de dater les lettres à des égaux ou à des relations d'affaires en haut à droite, et de réserver les datations en bas à gauche aux lettres respectueuses, celles que l'on écrit à des supérieurs. En revanche, une idée subsiste, selon laquelle l'espace entre la ligne de la date et le début de la lettre « doit être d'autant plus grand qu'est plus grande la considération que l'on doit au destinataire[148] ». Ainsi, lorsque l'on s'adresse à un inférieur, on commencera plus haut dans la page ; au contraire, on commencera un peu plus bas, s'il s'agit d'un supérieur.

L'idée, en ce cas, est en effet de manifester le respect que l'on doit au destinataire de la lettre en ne ménageant pas le papier. Dans ses *Mémoires*, Alexandre Dumas raconte comment, jeune employé de bureau sous la Restauration, on lui apprend, avec le plus grand sérieux, à plier les lettres : « Car il y a, lui enseigne alors son chef, le chevalier de Broval, dix façons de plier une lettre, selon la qualité de celui à qui on l'adresse » : en carré pour les rois, les princes et les ministres, mais oblong (le chevalier insiste) pour les inspecteurs et sous-chefs de division [149]. En 1830, le *Manuel de l'homme de bon ton* rappelle lui aussi qu'il faut, pour écrire à un supérieur, utiliser une feuille entière et non coupée – celle-ci étant réservée aux correspondances avec des inférieurs ou des familiers. De même, il est alors d'usage de laisser une large marge à gauche. La manifestation ultime de ce principe, suivant lequel la dépense exprime la déférence, apparaît avec les suppliques adressées à de hauts personnages, qui ne se rédigent que sur de très grandes feuilles de papier, dit « papier ministre », où la marge occupe un bon tiers de la page, et où l'on n'écrit qu'au recto. Mais on peut en voir également un signe dans le fait de répéter, dans ce type de lettre, la formule d'appel (qui est, dans certains cas exceptionnels, une formule spécifique), alors qualifiée de « traitement » : « c'est pourquoi je remercie votre Excellence d'avoir bien voulu... » ; ou encore, dans la longueur, inutile mais déférente, des « formules de courtoisie » : « veuillez agréer je vous prie, M..., l'expression de mon plus profond respect » (pour des personnes plus âgées que soi), « de ma haute considération », « de mes plus respectueux hommages » (pour une femme).

Sur ce plan, il est vrai, les règles dépendent largement de la mode, qui introduit parfois des nuances rétrospectivement difficiles à discerner. En 1830, par exemple, l'auteur du *Manuel de l'homme de bon ton* estime qu'on les simplifie peut-être un peu trop ; il n'est permis qu'entre égaux de mettre : « j'ai l'honneur de vous saluer » ; et rappelez-vous, quoique beaucoup de jeunes gens s'imaginent le contraire, que la formule « j'ai l'honneur d'être, etc. » est beaucoup moins respectueuse que celle : « je suis, etc. »[150]. Ayant pris de l'âge, des rides et des cheveux blancs, les jeunes gens visés par l'auteur – la génération des Hugo, Musset ou Vigny – auront l'occasion de méditer sur la fragilité des choses humaines en constatant la disparition de ces nuances : un demi-siècle plus tard, en effet, on juge vieillis et surannés des termes comme « votre servante » et « votre serviteur », sauf lorsque l'on adresse une supplique à un très haut personnage. On considère aussi qu'assurer quelqu'un de ses civilités empressées est froid et démodé, et l'on préfère à cette formule « sentiments distingués », ou « compliments empressés » ; de même, les manuels spécialisés enseignent qu'« il faut distinguer entre les mots *assurance* et *expression*, *recevoir* et *agréer* : à un supérieur, on n'offre pas l'assurance, mais bien l'expression, on ne le prie pas de recevoir, mais d'agréer »[151].

Pour ce qui est de l'adresse du destinataire, l'usage voulait au XVIIIe siècle que l'on répète le titre devant son nom : « Monsieur », ou « Madame », puis, à la ligne suivante, « M. X » ou « Mme Y » ; Cette règle qui, prétend la baronne Staffe, manifestait « un excès de politesse », équivalait au formulaire latin *Dominus*, *Dominus*, qui indiquait la supériorité d'un seigneur féodal sur de simples feudataires. C'était une façon d'humilité, comme celle qui fait encore écrire au bas d'une lettre : « votre très obéissant serviteur[152] ». Or, force est de constater que cette formule, décrite sous la Restauration comme « un vieil usage que l'on ne suit plus aujourd'hui[153] », et au début de la IIIe République, comme le propre de personnes qui « ne sont certainement pas de la première jeunesse[154] », perdurera tout au long du siècle, et même au-delà, au moins dans certains milieux soucieux de distinction. En 1937, le duc de Lévis-Mirepoix et le comte Félix de Vogüé écrivent ainsi de cet usage qu'« il n'est pas encore archaïque, mais simplement très courtois, quand on veut témoigner des égards plus attentifs » à une personne donnée[155] : spectaculaire manifestation de la relativité des modes et des certitudes dans l'ordre du savoir-vivre.

Les milieux qui conservent cet usage au cours du XIXe siècle persistent également, dans les dernières décennies de ce siècle, à bouder l'enveloppe gommée, et à sceller leurs lettres d'un cachet de cire. « On fera bien de se conformer à l'usage du cachet de cire, en fermeture de lettre, si on veut être classé parmi les gens élégants[156] », ironise à ce propos la baronne Staffe, qui trouve tout ceci un peu ridicule – sans parler de ceux qui, par souci de distinction, différencient les couleurs de la cire en fonction de l'objet de la lettre : rose pour une invitation à un bal, blanc pour les billets de félicitations, mordoré pour une demande de renseignements, etc. En fait, il n'y a que deux nuances à observer lorsque l'on cachette son courrier : le rouge, couleur du pouvoir et de la majesté, pour les pétitions, les lettres officielles ou très cérémonieuses, et le noir pour les lettres de deuil.

Des dangers du téléphone

Ces règles minutieuses, tantôt contraignantes, tantôt poétiques, apparaissent pourtant, vers la fin du XIXe siècle, gravement menacées par une innovation technologique majeure, dont le dramaturge Jules Clarétie tente non sans effroi d'imaginer les conséquences : le téléphone. « Je sais bien, écrit-il en avril 1880 dans *La Vie à Paris*, que nous vivons dans un siècle où la science marche à pas de géant ; je sais bien qu'il est parfaitement ridicule de faire du paradoxe à propos d'inventions nouvelles ; c'est là de l'esprit démodé. [...] Il n'en est pas moins permis, je pense, de se demander quelles modifications formidables le progrès amènera dans nos mœurs, notre façon de dire, de sentir, de penser même, et je vois et prévois, dès aujourd'hui, par exemple, dans l'installation des téléphones et l'usage des dépêches télégraphiques la perte de tout un art délicat et charmant, profondément français : l'art épistolaire – cette causerie la plume à la main.

Il est évident que lorsqu'on pourra converser d'un bout de Paris à l'autre sans sortir de son cabinet, le papier à lettres sera chose parfaitement inutile. On assure qu'il y a déjà deux ou trois cents téléphones installés autour de nous ; c'est huit ou neuf cents personnes qui peuvent jusqu'à un certain point laisser leur encrier vide. Lorsque nous aurons deux ou trois mille téléphones sillonnant Paris, adieu le cher bavardage par lettre : la grande ville ressemblera à une vaste assemblée de gens atteints de surdité et penchés, du matin au soir, sur leur cornet acoustique. [...] Invention admirable, je n'en disconviens pas, et d'une utilité criante, soit dit sans jeu de mots [...]. Mais je n'en persiste pas moins à croire que, si la conversation y gagne, l'art épistolaire et la simple urbanité y perdront. »

Pour lui, la correspondance ne sera pas la seule victime de ces inventions. « À quoi bon des visites, par exemple, avec le téléphone ? Un simple souhait à travers l'espace : "Vous allez bien ? – Fort bien, merci !" Tout est dit. L'instrument redevient silencieux et la politesse est faite. » Elle est faite sans que l'on ait eu à s'habiller, à se déplacer, à se saluer, à se soumettre aux rites exigés par la visite, et sans avoir non plus, en retour, à recevoir la visite de la personne en question. Tout s'accélère, on ne perd plus de temps.

Toutefois, estime Jules Clarétie, c'est surtout « l'art bien français et bien féminin de la correspondance » qui se trouve mis en péril par le téléphone – et surtout, par le télégraphe et les déplorables habitudes qu'il donne. « La dépêche télégraphique est à la fois le succédané et le fléau de la lettre [...]. Le télégraphe est à l'art épistolaire ce que le reportage est à la littérature. Il l'active et le supprime. On n'a pas grands frais de style à faire pour enserrer une communication quelconque dans vingt mots. Les adjectifs deviennent inutiles, les épithètes pittoresques sont encombrantes et coûteuses. On remplace par le langage enfantin des nègres cette claire et brillante langue française, qui compte justement des chefs-d'œuvre exquis en ce genre et en cet art particulier. Qui sait vraiment si nous aurions la correspondance de Mme de Sévigné en supposant que le télégraphe eût été inventé du temps de Louis XIV ? » En définitive, même s'il est inutile de se lamenter, « le télégraphe supprimera à la longue

– cela est bien certain – tout un genre littéraire », et tout un pan du savoir-vivre : « Il n'y a rien à dire à cela et rien à faire. Le monde marche ; personne ne l'arrêtera en chemin. »

Au même moment, Clarétie assiste à la naissance et aux balbutiements de ce qu'on appellera bientôt la carte postale. « Les femmes d'esprit, les mondaines, les oisives [...] ont inventé ces papiers élégants, ces bouts de carton chiffrés qui laissent à peine de quoi loger sèchement trois ou quatre lignes abrégées, avec une signature au bout. Elles ont mis à la mode ces tablettes anglaises au format exigu qui semblent dire à celui qui écrit : "Pas de longueurs ! Aucune expansion ! Laconisme et économie de temps !" [...] Il suffira, pour être correct, de remplir, sur ces cartonnages réglementaires, quelque passage laissé en blanc, et c'est à peine si quelques variantes dénoteront le degré d'intimité unissant celui qui envoie la lettre à celui qui la reçoit. Uniformité presque complète. Mais comme toute peine sera évitée [157] ! »

Tout le monde n'est pas aussi pessimiste que Clarétie : la baronne Staffe, par exemple, une dizaine d'années plus tard, s'enthousiasme pour le côté pratique des nouveaux supports, comme la « carte-correspondance », un morceau de carton, long ou carré selon la mode, qui s'insère dans une enveloppe assortie et s'emploie entre gens du même monde, la « carte-lettre », la « carte postale », idéale pour les communications « très courtes et insignifiantes » : et la baronne de se moquer du « beau monde », de ces « gens superlativement élégants [qui] se croiraient perdus dans l'esprit des autres, s'ils profitaient de ces inventions économiques, modernes et pratiques » [158].

Et au fond, il n'y a que le téléphone et le télégraphe qui inquiètent un peu l'optimiste baronne : « Il serait très malheureux de voir les communications téléphoniques et les dépêches télégraphiques se substituer entièrement aux correspondances écrites. Il y a beaucoup de gens qui disent plus de choses, montrent mieux la grâce de leur esprit, se font plus complètement connaître en écrivant qu'en parlant. On perdrait bien si le temps venait où cette sorte de gens ne s'exprimeraient plus par lettres[159]. ». Quoi qu'on fasse, il y a un lien indéfectible entre l'écrit et le savoir-vivre.

6

CHÂTIER L'IMPOLITESSE

Un soir, la jeune Catherine Morland, l'héroïne du roman de Jane Austen, *L'Abbaye de Northanger* (1818), accepte avec enthousiasme l'invitation de M. et Mlle Tillney, qui lui proposent une promenade pour le lendemain ; mais ce jour-là, Catherine, partant avec quelqu'un d'autre pour des raisons indépendantes de sa volonté, laisse en plan les Tillney, qu'elle croise en chemin sans pouvoir, malgré ses supplications, faire arrêter la voiture où elle a pris place. La faute, elle en a parfaitement conscience, est involontaire : mais au regard des usages, elle n'en est pas moins constituée. Le lendemain de cette mésaventure, Catherine décide donc de faire amende honorable, et se rend chez les Tillney, où elle remet sa carte au valet ; mais, quelques instants plus tard, celui-ci revient lui dire, très gêné, que Mlle Tillney est sortie. « Catherine repartit, le rouge de la mortification au front. Elle était presque persuadée que Mlle Tillney se trouvait bel et bien chez elle et qu'elle s'estimait trop gravement offensée pour la recevoir » – et, en effet, elle l'aperçoit de loin sortir de la maison. « Catherine poursuivit son chemin, au comble de la mortification. Si elle s'était laissé aller, elle aurait presque pu s'irriter d'une impolitesse qui révélait à quel point on était irrité contre elle, mais elle réprima son ressentiment en se souvenant de son propre manquement aux usages. Elle s'était rendue coupable envers les Tillney selon les règles du savoir-vivre mondain. Dans quelle mesure pourrait-on lui pardonner son incorrection sans enfreindre les convenances ?

Avec quelle insolence et quelle sévérité risquait-elle avec raison d'être payée de retour [1] ? »

Catherine vient de comprendre que s'il n'existe, en matière de savoir-vivre, aucune échelle des peines évidente ou consensuelle, – d'où son incertitude initiale –, il y a toujours une sanction possible : un châtiment infligé à ceux qui ont violé, d'une façon ou d'une autre, les codes de la politesse.

De même que l'on apprend dans les facultés de droit qu'il n'existe pas de règle juridique qui ne soit assortie d'une sanction, on explique aux enfants que toute impolitesse mérite une punition. Sur ce plan, le parallèle entre le droit et la politesse s'impose comme une évidence. On peut donc s'arrêter, un instant, au petit jeu des similitudes et des dissemblances.

Parmi les premières, il y a bien sûr le fait que toute règle, si insignifiante soit-elle, est pourvue d'une sanction, proportionnée à la gravité de la faute commise, c'est-à-dire, en définitive, à l'importance de la règle qui a été transgressée. Dans le droit comme dans la politesse, obligations et interdits n'ont pas tous la même valeur : la prohibition du tapage nocturne, celle du vol et celle du parricide ne sont pas équivalentes ; le mauvais usage des couverts à poisson semble moins répréhensible que le fait de se moucher dans les rideaux ou de cracher dans l'assiette de sa voisine. À cette hiérarchie des obligations et des fautes correspond, par conséquent, une échelle des sanctions. En matière de savoir-vivre, les impairs véniels vaudront à leurs auteurs des reproches, des blâmes, des moqueries silencieuses ; le ridicule public viendra sanctionner des fautes plus graves, alors que des infractions caractérisées pourront entraîner l'exclusion du groupe, la mise à l'écart du fautif, voire, le recours à la violence – le duel étant conçu, au moins jusqu'à la fin de la Première Guerre mondiale, comme la sanction ultime de ces usages.

Mais si les ressemblances avec le droit s'avèrent souvent frappantes, elles ne sauraient dissimuler la singularité des règles de politesse – qui tient, fondamentalement, à leur origine : au fait qu'il s'agit seulement de règles « sociales », émanant de façon informelle du groupe lui-même, et non de ses représentants attitrés. Celles-ci sont par conséquent relativement floues, incertaines, variables, dans leur valeur comme dans leur contenu.

Ne faisant pas l'objet d'une codification véritable, ni d'une hiérarchisation officielle, elles pourront être, dans certains cas, plus rigoureuses que les normes juridiques, puisque la faute sera réprimée même lorsqu'elle n'est pas intentionnelle – ainsi, la « gaffe », erreur sur la situation ou sur les sentiments de l'interlocuteur –, même lorsqu'elle n'est pas prouvée – la rumeur étant prise pour argent comptant –, et même, parfois, alors qu'elle n'a pas été commise – on n'invitera pas quelqu'un que l'on soupçonne d'être mal élevé –, ou qu'elle l'a été il y a fort longtemps : en la matière, l'infraction est virtuellement imprescriptible. Le temps ne compte pas. Dans certains cas enfin, l'impolitesse, comme le manquement à l'honneur, pourra rejaillir sur la famille du coupable, qui subira alors la même réprobation sociale : ce qui signifie que l'infraction n'est pas strictement personnelle, et que l'on pourra être puni pour la grossièreté d'un proche ; c'est pour cette raison que Théophile Gautier, ayant laissé sa fille épouser un goujat, refuse, note ironiquement Edmond de Goncourt, de laisser celui-ci « se produire dans la société qu'il voit, avant de l'avoir fait passer, dans le huis-clos, à un cours d'éducation et de bonnes manières [2] » – afin de ne pas y être ostracisé par sa faute.

Mais dans le même temps, les règles de bienséance paraissent aussi plus lâches : la princesse Bibesco, évoquant dans son roman *Égalité* (1935) le grand monde de la fin du XIXe siècle, parle de « sa censure capricieuse et fort injuste, [de] sa morale deux poids deux mesures [3] ». Incertitude des normes, incertitude des sanctions aussi, qui restent pour l'essentiel de l'ordre du non-dit, et auxquelles les manuels de savoir-vivre ne consacrent pratiquement jamais le moindre paragraphe, comme si elles n'existaient pas, ou plutôt, comme si elles étaient inavouables, et qu'il était finalement un peu malséant de les évoquer.

Du reste, on touche ici à un point singulier : c'est qu'il peut être impoli de signaler à quelqu'un son impolitesse – et donc, de prétendre le sanctionner pour cela. La sanction est sans doute nécessaire : mais elle est également très problématique, car elle « peut se retourner contre le juge. C'est le juge qui offense en se permettant de blâmer. C'est lui qui est un peu coupable parce qu'il s'autorise à jeter la pierre le premier[4] ». Les seuls à qui l'on puisse reprocher systématiquement leur incorrection sont les « inférieurs », enfants, employés ou domestiques, afin, précisément, de les « corriger » : quasiment muets sur les sanctions, les traités de politesse sont d'ailleurs beaucoup plus prolixes lorsqu'il s'agit des punitions susceptibles d'être infligées aux enfants, et des devoirs des parents ou des maîtres en la matière. Au fond, ce qui peut paraître impoli, c'est de pointer ce que l'on estime être l'impolitesse d'un égal.

Voilà pourquoi – différence supplémentaire avec le droit – il arrivera souvent que la sanction ne soit pas prononcée, pour éviter de la voir rejaillir sur celui qui la prononce. On en trouve quelques exemples savoureux dont le *Journal* du très mondain abbé Mugnier : ce dernier manque rarement de relever les impolitesses de ses hôtes, écrivains, aristocrates ou grands bourgeois, sans jamais oser les reprendre, mais sans pour autant s'y résigner, et paraissant bouillir de fureur, mais en silence, le nez dans l'assiette. « Dîné, hier (5 juin 1899), 11, rue de Sèvres. Huysmans n'a pas la conversation variée ni élevée. Il répète souvent le mot *gueule* à propos de tout ». « Dîné, ce soir, chez Huysmans (31 août 1902). Les *salauds*, les *voyous* pleuvaient dans sa conversation. Il était très loquace ». « Dîné, hier soir (12 juillet 1903) chez Henri Germain. Madame s'obstine à ne pas me mettre à sa droite. On ne ferait pas cela dans l'aristocratie[5]. »

On peut donc renoncer à la sanction, soit parce qu'elle serait impolie, soit, comme en l'espèce, parce qu'elle serait impolitique (si l'on veut être réinvité, ce qui était le cas du cher abbé, plus porté sur les mondanités gastronomiques que sur la charité chrétienne). Enfin, la faute commise peut être oubliée, excusée (il serait impoli de refuser les excuses), ou même, pardonnée. Le pardon, qui en droit est (et doit rester) exceptionnel, paraît au contraire très habituel dans l'ordre du savoir-vivre. « Les personnes qui savent vivre, et qui ont beaucoup de politesse », observait déjà, à la fin du XVIIe siècle, un autre ecclésiastique, l'abbé Jean-Baptiste Morvan de Bellegarde, « excusent aisément les petits défauts des autres, ou elles les dissimulent : ce n'est pas qu'elles ne les sentent : mais elles les excusent et les tolèrent [...] pour épargner la confusion de ceux qui y sont tombés ». « Si la faute n'a pas de conséquences, il vaut mieux faire semblant de l'ignorer »[6].

À la fois plus lâches et plus rigoureuses, ces « sanctions diffuses » ne correspondent donc pas réellement à l'image que s'en faisait Durkheim au début du XXe siècle, lorsqu'il les décrivait comme de simples copies atténuées des sanctions légales. Ce qu'il avait parfaitement compris, en revanche, c'est leur intérêt, et l'éclairage qu'elles peuvent fournir. « Si vous voulez découvrir les règles de la vie morale, écrivait-il, commencez par les sanctions[7]. » C'est pourquoi on ne pouvait évoquer la politesse bourgeoise sans consacrer un chapitre à ces sanctions, prévues et infligées, qui peuvent aller du dérisoire au tragique, de la moquerie au duel, en passant par les tribunaux...

La mort par le ridicule

Scène de (grand) genre chez les Guermantes. Le valet de pied, à qui Madame a demandé d'apporter au salon une (immense) photographie, avoue sa confusion : « Madame la duchesse, c'est si grand que je ne savais pas si ça passerait dans la porte. Nous l'avons laissée dans le vestibule ». Puis le valet reprend : « J'ai aussi oublié de dire à Madame la duchesse que Mme la comtesse Molé avait laissé ce matin une carte pour Mme la duchesse. – Comment, ce matin ? dit la duchesse d'un air mécontent et trouvant qu'une si jeune femme ne pouvait pas se permettre de laisser des cartes le matin. – Vers dix heures, Madame la duchesse. – Montrez-moi ces cartes. » Nous y voilà !

« Le valet de pied rentra avec la carte de la comtesse Molé, ou plutôt avec ce qu'elle avait laissé comme carte. Alléguant qu'elle n'en avait pas sur elle, elle avait tiré de sa poche une lettre qu'elle avait reçue, et gardant le contenu avait corné l'enveloppe qui portait le nom : La comtesse Molé. Comme l'enveloppe était assez grande, selon le format du papier à lettres qui était à la mode cette année-là, cette "carte" écrite à la main se trouvait avoir presque deux fois la dimension d'une carte de visite ordinaire. "C'est ce qu'on appelle la simplicité de Mme Molé, dit la duchesse avec ironie. Elle veut nous faire croire qu'elle n'avait pas de carte et montrer son originalité. Mais nous connaissons tous ça, n'est-ce pas, mon petit Charles, nous sommes un peu trop vieux et assez originaux nous-mêmes pour apprendre l'esprit d'une petite dame qui sort depuis quatre ans. Elle est charmante, mais elle ne me semble pas avoir tout de même un volume suffisant pour s'imaginer qu'elle peut étonner le monde à si peu de frais que de laisser une enveloppe comme carte et de la laisser à dix heures du matin. Sa vieille mère souris lui montrera qu'elle en sait autant qu'elle sur ce chapitre-là." Swann ne put s'empêcher de rire en pensant que la duchesse qui était du reste un peu jalouse du succès de Mme Molé, trouverait bien dans "l'esprit des Guermantes" quelque réponse impertinente à l'égard de la visiteuse ».

Le crime commis par Mme Molé ? Une double, une triple, une quadruple impolitesse : la carte qui n'en est pas une, le format incongru, l'heure trop matinale pour être acceptable, l'originalité affectée d'une jeune femme qui ne sait pas tout à fait rester à sa place. La faute appelle donc une sanction proportionnée. Sur ces entrefaites, le valet de pied a tout de même fini par apporter la photographie, protégée par une immense enveloppe.

« Hé bien, vous déferez cela bien soigneusement, ordonna Mme de Guermantes au domestique [...]. Vous n'abîmerez pas non plus l'enveloppe. » « Il faut même que nous respections l'enveloppe, me dit le duc à l'oreille en levant les bras au ciel. Mais Swann, ajouta-t-il, moi qui ne suis qu'un pauvre mari bien prosaïque, ce que j'admire là-dedans, c'est que vous ayez pu trouver une enveloppe d'une dimension pareille. Où avez-vous déniché cela ? – C'est la maison de photogravure qui fait souvent ce genre d'expédition. Mais c'est un mufle, car je vois qu'il a écrit dessus : la duchesse de Guermantes, sans madame. » « "Je lui pardonne", dit distraitement la duchesse, qui tout d'un coup paraissant frappée d'une idée qui l'égaya, réprima un léger sourire ».

La muflerie lui suggère la sanction à infliger à la comtesse, qui se bornera à grossir, de façon démesurée, chacun des éléments saillants de la faute commise : « Vous prendrez l'immense enveloppe des photographies de M. Swann, dit-elle au domestique et vous irez la déposer, cornée de ma part, ce soir à dix heures et demie, chez Mme la comtesse Molé." Swann éclata de rire[8]. »

Tel est l'objet de la sanction : ridiculiser l'auteur de l'infraction, en rire, et surtout, en faire rire à ses dépens.

Faire sentir ou faire voir le ridicule d'un certain comportement n'est pas la seule sanction morale prévue en cas de violation du code de savoir-vivre. On peut également y répondre par le blâme, le reproche, la correction, l'admonestation. Mais ces sanctions « sérieuses », et qui se prennent au sérieux, ne sont pratiquement applicables, on l'a vu, qu'à l'encontre de personnes sur lesquelles on exerce une autorité. À l'égard des égaux, d'adultes dans la même situation sociale, celles-ci paraîtraient déplacées, sinon franchement inconvenantes, le redresseur de torts se plaçant de son propre fait en position d'arbitre et de bourreau – et par là même, peut-être, de victime d'un fâcheux retour de bâton. C'est ce que constatait l'abbé Morvan de Bellegarde dans ses *Réflexions sur le ridicule*. « Ce n'est guère par l'envie qu'on a de corriger les gens, de les rendre meilleurs, qu'on les censure. C'est pour prendre un ascendant sur eux, et pour montrer une supériorité de génie ». C'est assez bien vu. Ce qui l'est moins, en revanche, c'est la solution que l'abbé suggère : « Une manière délicate de reprendre ceux qui font des fautes, c'est de le faire en général, et sans s'adresser directement à la personne qui s'est oubliée, afin de lui épargner la confusion. Cette manière détournée fait plus sûrement son effet ; elle redresse, sans avoir l'aigreur de la réprimande[9]. »

En réalité, cette censure indirecte mais publique s'avère encore plus humiliante qu'un blâme formulé en tête-à-tête. Témoin, la saynète rapportée par Marcel Proust, observateur insurpassable des petites ignominies de la vie mondaine. Nous sommes chez M. et Mme Verdurin, « le patron et la patronne », qui reçoivent leurs fidèles. « Si l'on se permettait d'ouvrir la fenêtre, ce manque d'éducation faisait que le Patron et la Patronne échangeaient un regard révolté. Au bout d'un instant, Mme Verdurin demandait un châle, ce qui donnait le prétexte à M. Verdurin de dire d'un air furieux : “Mais non, je vais fermer la fenêtre, je me demande qu'est-ce qui s'est permis de l'ouvrir”, devant le coupable qui rougissait jusqu'aux oreilles[10]. » Si, effectivement, l'invité qui ouvre une fenêtre sans en demander la permission s'est rendu coupable d'une (légère) entorse aux codes du savoir-vivre, il paraît infiniment moins grossier que celui qui le réprimande sans en avoir l'air – et qui commet au passage une faute de français si épouvantable que le narrateur ne prend même pas la peine de la souligner.

Ici, on perçoit une différence supplémentaire entre la norme juridique et la règle de politesse. Cette dernière doit, en toute hypothèse, être appliquée ou sanctionnée avec tact et circonspection. Elle relève de l'esprit de finesse plutôt que de l'esprit de géométrie, ce que les (épouvantables) Verdurin, encore mal dégrossis, semblent avoir beaucoup de mal à comprendre – ainsi qu'on le verra à nouveau un peu plus loin. En la matière, le sérieux est rarement de mise. Morvan de Bellegarde observait à ce propos que « les personnes trop austères, et qui ne pardonnent rien, pèchent souvent contre la politesse[11] ». Lorsque la faute est vénielle, comme c'est ici le cas, le sérieux paraîtra incongru, déplacé. Et lorsqu'elle est vraiment lourde, ce sont d'autres châtiments, d'ordre social, judiciaire, voire physique, qui seront infligés aux coupables. Bref, en cas d'infraction bénigne, le rire apparaît comme la sanction normale, la seule qui soit appropriée.

À cet égard, rien de nouveau sous le soleil. Molière, considéré comme « le législateur des bienséances de son temps [12] », consacrait déjà à ce cas de figure l'une de ses comédies les plus cocasses, *Les Précieuses ridicules* (1659), où d'odieuses petites demoiselles vont être ridiculisées pour prix de leur impolitesse.

Deux jeunes gens, La Grange et du Croisy, sont présentés à Madelon et Cathos, jeunes filles de bonne maison malheureusement entichées des romans précieux de Mme de Scudéry, qui les conduisent à mépriser les usages traditionnels et la politesse ordinaire. La leçon est éternelle : précieuses au XVIIe siècle, elles auraient été rousseauistes au XVIIIe, romantiques au XIXe, snobs, futuristes ou surréalistes au XXe – et, affectant le même comportement, elles auraient mérité le même genre de supplice. Mais reprenons. Les deux garçons sont donc présentés aux donzelles par le père de Madelon, Gorgibus, dans le but de les marier. Celles-ci, furieuses du procédé, vont faire subir à leurs soupirants, qui sont aussi leurs hôtes, une invraisemblable série de rebuffades, les traitant avec mépris, se chuchotant à l'oreille, ne leur répondant pas, ou par oui et par non, bâillant, se frottant les yeux et demandant l'heure.

Ici, la sanction de l'impolitesse sera aussi une manière de vengeance. La Grange et du Croisy déguisent deux laquais, Mascarille et Jodelet, en marquis et en vicomte, puis les envoient courtiser ces demoiselles – ce qu'ils vont feindre avec succès, ces dernières prenant leurs sottises pour des mots d'esprit, et leur grossièreté pour le comble du raffinement. Jusqu'au moment où, la supercherie enfin dévoilée, les demoiselles se trouvent à leur tour cruellement ridiculisées : « Je crève de dépit », s'écrie Madelon. « C'est une pièce sanglante qu'ils nous ont faite. »

La sanction peut être rude. À la même époque, La Rochefoucauld, dans l'une de ses *Maximes*, note que « le ridicule déshonore plus que le déshonneur ». Mais il est vrai que la faute était lourde : « Oui, avoue Gorgibus, c'est une pièce sanglante, mais qui est un effet de votre impertinence [...]. Ils se sont ressentis du traitement que vous leur avez fait ».

En effet, la sanction consiste, presque toujours, à outrer, à grossir certains des traits de l'affront. On l'a vu avec la carte que la duchesse de Guermantes fait porter à la comtesse Molé, on le retrouve ici, où la fatuité des précieuses, qui les poussait à mépriser leurs braves soupirants, se trouve prise à son propre piège. Ce qui importe, d'ailleurs, ce ne sont pas les moyens, mais le résultat : le rire, et le ridicule qui pèse alors sur celui qui a enfreint les codes : « Nous allons servir [...] de risée à tout le monde, constate Gorgibus, et voilà ce que vous vous êtes attiré par vos extravagances. »

La seule différence significative tient au caractère, public ou privé, du châtiment – et l'on retrouve ici ce que l'on observait plus haut à propos des réprimandes fulminées avec un sadisme balourd par les Verdurin. Le ridicule privé, sans témoins, ne tire pas à conséquence. Mais il reste exceptionnel : le jeu consiste précisément à prendre les autres à partie, et à les faire rire, avec soi, de la faute commise et de son auteur. C'est pourquoi certains vont jusqu'à condamner par principe tout recours à la raillerie. Celle-ci, note ainsi l'abbé Morvan de Bellegarde, « est d'un usage difficile, et même dangereux. [...] Il faut qu'elle réjouisse les indifférents sans blesser les intéressés ; ce pas est glissant [13] ». Deux siècles plus tard, la vicomtesse Nacla estime encore que « le bon goût interdit de souligner le ridicule des autres [...]. Comme le ridicule est une arme redoutable, il est interdit de l'employer [14] ».

Redoutable, en raison des dégâts qu'il peut occasionner dans certains cas. Là encore, bien sûr, pas question de généraliser : l'éventail des conséquences est large. Parfois, les effets sont nuls, ou peut s'en faut : on se contente de faire rire, et le public, et le coupable. Un exemple est rapporté par « l'arbitre des élégances » du début du XXe siècle, André de Fouquières, à propos du salon de Mme Aubernon de Nerville. Cette dame donnait chaque semaine un dîner littéraire de douze couverts qu'elle dirigeait avec autorité, la sonnette à la main, afin que chacun puisse parler à son tour sur un sujet préparé à l'avance. Un soir, l'un des douze, le dramaturge Louis Ganderax, est réprimandé par

Mme Aubernon pour avoir parlé bas de son voisin : « Vous dites, Ganderax ? » Par cette question, c'est elle qui se met dans son tort. Et l'interpellé, de répliquer : « Je redemandais des petits pois[15]. »

Mais il arrive que les choses aillent beaucoup plus loin, à la mesure de la honte ressentie par celui dont on vient publiquement de dévoiler la grossièreté, et le ridicule : la Madelon des *Précieuses* jure ainsi de se venger, ou d'en mourir. Sous l'Ancien Régime, le ridicule peut coûter une carrière, et les mémoires, les souvenirs, les romans de l'époque fourmillent de ces malheureux, qu'une banale infraction aux règles de politesse, et les moqueries qui l'ont sanctionnée, ont contraint à quitter la Cour et à s'exiler à la campagne.

Après la Révolution, et jusqu'au début du XXe siècle, le monde ne se limitant plus à la Cour, les conséquences d'un impair cessent d'être si fatales. L'épée de Damoclès n'est plus qu'un fleuret moucheté, qui pique mais ne tue pas, comme dans la scène, évoquée par Edmond de Goncourt, qui met aux prises la princesse Mathilde Bonaparte et l'écrivain Juliette Adam. En avril 1882, lors d'un dîner musical chez Guiseppe de Nittis, le peintre des élégances parisiennes, ces deux fortes femmes, la nièce de Napoléon et l'égérie des républicains, se rencontrent pour la première fois. « À la fin de la soirée [...] Mme Adam s'est fait présenter à la Princesse, et comme elle est allée à elle la main tendue, la Princesse a pris la main, mais après avoir fait à la présentée une révérence jusqu'à terre – la révérence que l'autre aurait dû lui faire. » Commentaire de Goncourt : « Une espièglerie pas mal Princesse[16]. » Comme tous ceux qui assistent à la scène, Mme Adam a compris le message : les deux femmes ne se reverront plus.

Cependant, si le ridicule ne tue plus, il peut encore blesser : en particulier, lorsqu'il débouche sur d'autres types de sanctions. En cas d'impolitesse, on continue en effet de pratiquer la double, voire la triple peine, et la moquerie peut n'être que le prélude à l'exclusion, ou la cause d'un duel...

Chasser le coupable

La moindre atteinte aux codes et aux modes peut susciter la raillerie. Citons, pour mémoire et pour le plaisir, le fait d'offrir du café au lait, qui d'après la « Nouvelle théorie du déjeuner » (1830) de Balzac, ne serait pas une faute, mais un ridicule. « Il n'y a plus que les portières qui prennent cette miction populacière [17]. » Ou encore – cette fois, c'est Goncourt qui commente – le fait de manifester une politesse exagérément pointilleuse : Victor Hugo, extrêmement courtois avec les dames, n'en laissait jamais partir une seule sans lui mettre sur le dos sa capeline ou son manteau : venant de lui, « c'était si bien fait » qu'on ne pouvait qu'admirer ; mais « chez un autre, c'eût été ridicule », déplacé, comme le serait le fait de baiser la main à sa concierge. On peut donc rire de tout, ou presque.

En revanche, les sanctions sociales, comme la rupture ou l'exclusion du groupe, ne se justifient qu'en cas de faute grave. Dans le cas contraire, lorsque la disproportion entre la faute et la sanction semble par trop évidente, c'est, on l'a déjà noté, cette dernière qui paraîtrait inconvenante, et risible. À titre d'exemple, même s'il se situe hors de France, on ne peut s'empêcher de citer cette page ironique du *Livre des snobs*, de W. M. Thackeray, à prendre entièrement au second degré :

> Un homme [...] jadis commit devant moi une action [...] abominable. Cet homme donc étant à table avec moi au café de l'Europe, restaurant situé, comme chacun sait, en face du grand Opéra, et le seul où un gentleman qui se respecte puisse dîner à Naples, cet homme, dis-je, mangeait ses pois avec son couteau. Je m'étais tout d'abord épris de lui, après une rencontre dans le cratère du mont Vésuve ; nous avions été dévalisés de compagnie et mis à rançon par des brigands de la Calabre [...] : j'avais pu, en ces circonstances, apprécier sa vive intelligence, la bonté de son cœur et la variété de ses connaissances, mais je ne l'avais point encore vu avec une assiette de pois devant lui ; et la manière dont il se comporta en leur présence me causa le plus violent chagrin.

Après un pareil acte de sa part, et cela dans un lieu public, il ne me restait qu'un parti à prendre, c'était de rompre nos rapports. Je chargeai un ami commun [...] d'avertir ce gentleman, avec tous les ménagements possibles, que tout était fini entre nous, et que des faits regrettables, mais qui ne portaient en aucune manière atteinte à l'honneur de M. Marrowfat et à la considération que j'avais pour lui, m'obligeaient à renoncer à l'intimité qui s'était établie entre nous. En conséquence, nous étant rencontrés ce soir-là même au bal de la duchesse de Montefiasco, nous prîmes mutuellement congé l'un de l'autre.

Il ne fut bruit à Naples que de cette séparation [...]. Marrowfat m'avait plus d'une fois sauvé la vie : mais, en bonne conscience, qu'eût fait à ma place un gentleman anglais ?

La cause de ma querelle avec Marrowfat resta ensevelie au fond de mon âme pendant quatre années entières. Nous nous rencontrions dans les palais aristocratiques de nos amis et de nos parents. Nous étions côte à côte dans les joies de la danse et du festin, mais toujours étrangers l'un à l'autre ; il semblait que tout fût fini entre nous : enfin arriva le 4 juin de l'an dernier.

C'était chez sir George Golloper : il était placé à la droite, votre humble serviteur à la gauche de la ravissante lady Golloper. Des pois figuraient sur la table : c'était, je m'en souviens, autour de jeunes canetons. Un frisson parcourut tous mes membres quand je vis servir Marrowfat ; je détournai la tête, le cœur tout malade, craignant de voir le terrible couteau disparaître sous ses affreux maxillaires. O surprise, ô bonheur ! Mon homme se servit de sa fourchette de la façon la plus catholique. Il laissa reposer sur la nappe l'acier tranchant qui nous avait jadis brouillés. Les vieux souvenirs se pressèrent alors en foule dans mon esprit ; je me rappelai ses anciens services, notre aventure avec les brigands, sa conduite de galant homme dans l'affaire de la comtesse Dei Spinachi, le prêt qu'il m'avait fait de 1 700 livres. Je fus sur le point d'éclater en larmes de joie, et d'une voix tremblante d'émotion : « George, mon garçon ! m'écriais-je, George Marrowfat, mon cher ami, un verre de vin ! »

La rougeur le gagna, et, remué jusqu'au fond des entrailles, George me répondit d'une voix presque aussi tremblante que la mienne :

> « Eh bien, Franck, que voulez-vous ? Du johanisberg ou du madère ? »
> Je l'eusse pressé sur mon cœur si nous n'avions été en si nombreuse compagnie. Lady Golloper ne se doutait guère du motif de l'émotion qui envoya le canard que j'étais en train de découper se promener sur sa robe de satin rose. Cette excellente femme pardonna ma maladresse, et le maître d'hôtel emporta l'oiseau.
> Depuis lors nous fûmes avec George les meilleurs amis du monde [18].

La leçon est claire. Il est ridicule de sanctionner aussi violemment une entorse aussi dérisoire à une « règle » aussi incertaine – celle qui interdisait aux gens bien élevés, autour des années 1840, de manger des pois à la pointe de leur couteau au lieu d'utiliser leur fourchette. Dans cet ordre d'idées, on comprend mieux – cela se passe un quart de siècle plus tard –, les conseils prodigués par Frédéric Thomas Graindorge – le héros du roman éponyme de Taine – à son neveu Anatole Durand « sur la manière dont il doit se conduire dans le monde » :

> Je vous engage à ne point imiter les façons modernes, qui consistent à traiter les grands-parents en camarades. Si, par exemple, pour me féliciter, vous veniez me taper sur le ventre et me dire : “bravo, mon bonhomme, hurrah pour l'oncle littéraire !” il y aurait à cela plusieurs inconvénients. Sam, mon domestique, vous conduirait à la porte, ou moi je vous jetterais par la fenêtre.
> Vous pouvez mettre sur vos cartes Anatole en toutes lettres. Anatole ennoblit Durand ; cela sera surtout nécessaire si vous vous mariez : Mme Anatole Durand. Ces prénoms en toutes lettres sont aujourd'hui des savonnettes à vilains. Mais si jamais je trouvais sur une de vos cartes Anatole du Rand, ou d'Urand, faites votre deuil des dollars que j'ai ramassés dans le porc salé et dans les huiles [19].

(Toutes) petites causes (très) grands effets.

Cependant, même si la règle est ici plus consistante (respecter ses parents, ou son patronyme), et même si la transgression paraît plus grave, la sanction reste limitée : il s'agit d'une rupture à caractère privé, et non pas d'une exclusion, laquelle est dotée d'un caractère social fortement accusé. La rupture tient encore de la vengeance. L'exclusion, en revanche, relève bien de la sanction. Comme telle, il arrive d'ailleurs qu'elle soit expressément prévue par les règlements intérieurs de certains clubs ou sociétés mondaines. « En cas d'infraction grave [...] aux lois de l'honneur ou de la bienséance », dispose l'article 22 des statuts du Jockey-Club, le « Cercle des ducs », « le comité est tenu de convoquer une assemblée générale qui décide s'il y a lieu à prononcer l'exclusion du membre qui s'en sera rendu coupable[20] ».

Ici, la sanction sera prononcée au terme d'une procédure quasi juridictionnelle. On constate la gravité de la faute, on instruit l'affaire, avant de convoquer l'assemblée générale qui, le cas échéant, infligera au coupable la peine qu'il mérite, l'exclusion. Mais il ne peut en aller ainsi qu'au sein de groupes fortement institutionnalisés, comme celui dont on vient de rappeler les statuts. Dans les salons, en revanche, à Paris ou en province, les procédures d'exclusion sont le plus souvent informelles – la sanction étant décidée, et infligée, parfois sans même qu'on ait eu à la formuler explicitement, comme le montre la comtesse de Boigne, évoquant le salon de la princesse de Poix au début des années 1820. « Un certain M. Brénier, médecin de Nancy, député de la Chambre introuvable et qui avait été adopté par la société ultra à cause de la violence de ses opinions, disait un jour à l'abbé de Montesquiou, qui donnait un de ses coups de griffe aux ministres ses successeurs : “Monsieur l'abbé, vous ne devriez jamais oublier que vous avez de très grands droits à être fort modeste” : cette brutalité expulsa le médecin de la société, et personne n'y perdit, car il était aussi absurde que grossier, mais le mot resta[21]. »

Il suffit que les membres du groupe, salon, société, coterie, s'accordent, même de façon informelle ou implicite, sur l'infraction et sur le châtiment qu'elle mérite. Car, bien sûr, il n'est pas question de châtier un innocent ; il faut, au moins en apparence, que l'exclu soit coupable, et que chacun en convienne. C'est ainsi que les Verdurin, toujours eux, se débarrassent de Swann tombé en disgrâce : en lui prêtant des fautes qu'il eût été incapable de commettre. Le docteur Cottard, dînant chez eux, s'en enquiert.

« "Mais est-ce que nous ne verrons pas M. Swann, ce soir ? Mais j'espère bien que non ! s'écria Mme Verdurin, Dieu nous en préserve, il est assommant, bête et mal élevé." Cottard à ces mots manifesta en même temps son étonnement et sa soumission, comme devant une vérité contraire à tout ce qu'il avait cru jusque-là, mais d'une évidence irrésistible ; et baissant d'un air ému et peureux son nez dans son assiette, il se contenta de répondre : "Ah ! ah ! ah ! ah ! ah !" [...] Et il ne fut plus question de Swann chez les Verdurin [22]. »

La preuve de la faute, on l'a vu, n'a pas à être apportée. En la matière, il n'existe pas de présomption d'innocence. C'est même plutôt la culpabilité qui est présumée, au gré des rumeurs et des humeurs dominantes. Ce dont le baron de Charlus fait l'expérience après avoir été, à son tour, exclu du clan Verdurin pour cause d'inconduite supposée : « Quant au côté mondain de l'incident, le bruit se répandit que M. de Charlus avait été mis à la porte de chez les Verdurin au moment où il cherchait à violer un jeune musicien. Le bruit fit qu'on ne s'étonna pas de voir M. de Charlus ne plus reparaître chez les Verdurin, et quand par hasard il rencontrait quelque part un des fidèles qu'il avait soupçonnés et insultés, comme celui-ci gardait rancune au Baron qui lui-même ne disait pas bonjour, les gens ne s'étonnaient pas, comprenant que personne dans le petit clan ne voulût plus saluer le baron [23]. »

Mettre à la porte : le terme même rappelle combien à distance peut être ténue entre la sanction morale et la sanction physique, entre l'exclusion et l'expulsion de force. C'est ce que comprend à ses dépens le héros du *Nez d'un notaire*, d'Edmond About, l'un des best-sellers des années 1860. À la suite de diverses péripéties, M. L'Ambert, richissime notaire du Tout-Paris, s'est fait greffer le nez d'un charbonnier auvergnat dont il prend parfois, très involontairement, l'accent effroyable et les expressions un peu rustiques. Cette fois-ci, le phénomène se produit malencontreusement dans le grand monde, chez son ami et client le marquis de Villemaurin, à qui le notaire est venu porter le contrat de mariage de sa fille avec le jeune duc de Lignant.

> On annonça M. L'Ambert. Il avait ses lunettes d'or et souriait gravement, comme il convient en pareille occurrence. Bien cravaté, ganté juste, chaussé d'escarpins comme un danseur, le chapeau sous le bras gauche, le contrat dans la main droite, il vint rendre ses devoirs à la marquise, fendit modestement le cercle donc elle était environnée, s'inclina devant elle et dit : « Madame la marquige, j'apporte le contrat de votre damigelle. » Mme de Villemaurin leva sur lui deux grands yeux ébahis. Un léger murmure circula dans l'auditoire. M. L'Ambert salua de nouveau et reprit : « Chaprichti ! Madame la marquige, ch'est cha qui va être un beau jour pour la jeune perchonne ! » Une main vigoureuse le saisit par le bras gauche et le fit pirouetter sur lui-même. À cette pantomime, il reconnut la vigueur du marquis. « Mon cher notaire, lui dit le vieillard en le traînant dans un coin, le carnaval permet sans doute bien des choses, mais rappelez-vous chez qui vous êtes et changez de ton, s'il vous plaît. » « Mais, mouchu le marquis... » « Encore !. Vous voyez que je suis patient ; n'abusez pas. Allez faire vos excuses à la marquise, lisez-nous votre contrat, et bonsoir. » « Pourquoi des èchecuges, et pourquoi bonchoir ? On dirait que j'ai fait des bêtiges, fouchtra ! » Le marquis ne répondit rien, mais il fit signe aux valets qui circulaient dans le salon. La porte d'entrée s'ouvrit, et l'on entendit une voix qui criait dans l'antichambre : « Les gens de M. L'Ambert ! » Étourdi, confus, hors de lui, le pauvre millionnaire sortit en faisant des révérences et se trouva bientôt dans sa voiture, sans savoir pourquoi ni comment[24].

Il n'y a souvent qu'un pas, vite franchi, de l'exclusion à la violence – mais il s'avère fréquemment moins cocasse que dans le roman d'About, comme on le montre dans un épisode, parfaitement tragique, de *À la recherche du temps perdu*, qui s'achève sur rien moins que la mort du « fautif », coupable d'avoir émis quelques réserves sur le talent d'un violoniste à la fin d'un concert organisé chez les Verdurin. « C'est bien rendu, hein, demanda Verdurin à Saniette. Je crains seulement, répondit celui-ci en bégayant, que la virtuosité même de Morel n'offusque un peu le sentiment général de l'œuvre. Offusquer, qu'est-ce que vous voulez dire ? hurla M. Verdurin tandis que des invités s'empressaient, prêts, comme des lions, à dévorer l'homme terrassé [...]. » Tentant de se justifier, le malheureux Saniette s'enfonce, s'embourbe lamentablement, au point que Verdurin finit par le chasser : « Et moi, je vous dis de vous en aller, cria M. Verdurin, grisé par sa propre colère, en lui montrant la porte du doigt, l'œil flambant. Je ne permets pas qu'on parle ainsi chez moi ! Saniette s'en alla en décrivant des cercles comme un homme ivre. Certaines personnes pensèrent qu'il n'avait pas été invité pour qu'on le mît ainsi dehors. » Frappé d'une attaque dans la cour de l'hôtel, Saniette s'effondre. Mais Verdurin se contente de le faire ramener chez lui : « Ce ne sera rien », assure-t-il. Saniette en mourra quelques semaines plus tard[25].

Il arrive fréquemment que la violence affleure derrière la bienséance, ainsi qu'on le verra après un bref crochet du côté des tribunaux, chargés, dans certaines hypothèses assez particulières, de sanctionner les atteintes à des règles qui sont aussi, mais pas seulement, des règles de politesse...

L'injure saisie par le droit

Ce ne sont évidemment pas les usages du savoir-vivre en tant que tels qui vont être sanctionnés par les tribunaux, civils ou pénaux, mais des normes légales relevant du droit positif. L'inverse n'est d'ailleurs pas concevable, puisque même si un législateur épris de belles manières ou un despote aussi éclairé que bien élevé décidaient que les atteintes aux préceptes du savoir-vivre seraient désormais censurées par les juridictions de l'État, cette simple décision aurait pour effet automatique d'en faire des règles de droit. Ce sont donc bien des normes juridiques qui sont sanctionnées, mais des normes qui, dans certains cas, ne se distinguent que par leur forme et leur valeur des règles de bienséance. Ainsi, on censure des actes qui, par ailleurs, constituent (aussi) des infractions aux règles de politesse. Et il arrive même que l'on sanctionne très sévèrement, lorsque l'acte (ou l'impolitesse) en question heurte des intérêts sociaux éminents. Tel est le cas des différentes variétés de l'injure – exemple particulièrement significatif de ces questions, à mi-chemin du droit et de la bienséance.

Si l'on envisage la question sous l'angle du contenu des règles dont la transgression peut être sanctionnée, on repère deux catégories d'injures, les unes, portant publiquement atteinte à la bienséance, les autres, violant l'obligation de respect dû à certaines personnes.

La sanction judiciaire des « injures verbales » est évidemment antérieure à la Révolution et au XIXe siècle. Dans le cadre de l'ancien droit, il semble même qu'elle constitue une part non négligeable des affaires traitées. Une recherche récente portant sur le présidial de Montpellier montre qu'entre 1750 et 1780, sur cette période de trente ans qui précède la Révolution, les injures verbales représentent plus de 20 % du contentieux traité par cette juridiction [26].

Leur sanction constitue donc une nécessité sociale majeure, bientôt prise en compte par les rédacteurs du Code pénal de 1810, dont l'article 375 incrimine les injures et expressions outrageantes « qui ne renfermeraient l'imputation d'aucun fait précis, mais celle d'un vice déterminé » ; « si elles ont été proférées dans des lieux ou réunions publiques, insérées dans des écrits imprimés ou non, qui auraient été répandus et distribués, la peine sera d'une amende de 16 francs à 500 francs ». L'article 376 prévoit quant à lui que « toutes autres injures ou expressions outrageantes qui n'auront pas eu ce double caractère de gravité et de publicité ne donneront lieu qu'à des peines de simple police ». Ces dispositions seront abrogées sous la Restauration, et il faut finalement attendre la loi du 29 juillet 1881 pour que la notion se trouve enfin définie de manière précise : « Toute expression outrageante, termes de mépris ou invective qui ne renferme l'imputation d'aucun fait est une injure. » Cette dernière se distingue de la diffamation, qui vise, elle, un fait déterminé. Elle a un caractère outrageant qui s'appréciera en fonction du contexte particulier dans lequel elle a été proférée : c'est ainsi qu'en 1915, la cour d'appel de Paris reconnaît le caractère injurieux du terme « boche », ce qui n'eût évidemment pas été le cas un demi-siècle plus tôt.

De façon générale, le droit pénal distingue encore, dans la logique établie dès 1810, entre les injures publiques, constitutives d'un délit, et l'injure non publique, qui n'est qu'une contravention. Ainsi la gravité de l'infraction correspond-elle à celle de l'atteinte à la bienséance. Sur ce plan, le parallèle entre les deux ensembles de règles s'avère étroit, même s'il connaît quelques exceptions : en droit pénal, l'injure ne sera pas punie lorsqu'il existe une « excuse légale de provocation », la provocation, en l'espèce, devant provenir de la personne injuriée elle-même, ou de quelqu'un qui aurait agi sur son ordre. On constate ici un décalage entre la règle pénale et les principes du savoir-vivre, lesquels ignorent de telles « excuses légales », puisqu'il demeure impoli de répondre grossièrement à un mufle qui vous a insulté.

Le charivari appartient à une catégorie particulière de délits, qualifiés par le Code pénal de « tapage injurieux ». Ici, l'injure doit être entendue au sens large, le charivari présentant par lui-même un caractère offensant. Cette pratique populaire très ancienne consiste en effet en un « bruit tumultueux accompagné de sifflets, huées, bruits de casseroles, qu'il est de coutume d'effectuer dans certaines régions à l'occasion d'un remariage devant le domicile des époux, ou devant la maison de personnes ayant suscité un mécontentement [27] ». Les anthropologues qui, à la suite de Lévi-Strauss, se sont penchés sur cette (étrange) pratique, y ont vu la sanction collective, plus ou moins spontanée, d'entorses au « code moral populaire », et notamment de « manquements aux normes matrimoniales admises [28] » : en résumé, le moyen de compenser un scandale, celui qui résultait de l'atteinte à ces normes, par un autre scandale, celui que l'on va faire, de la façon la plus bruyante possible, devant le domicile des « coupables ». Mais alors que ces derniers – même lorsqu'ils ont épousé une vieille maîtresse, une veuve richissime ou un jeune tendron, ou qu'ils ont transgressé une coutume ancestrale –, n'ont rien fait de formellement contraire aux lois en vigueur, ceux qui organisent le charivari pour les en blâmer enfreignent les dispositions du Code pénal – même quand ledit charivari n'est pas accompagné de termes de mépris, d'invectives ni d'insultes spécifiquement adressées à une personne en particulier. Les charivaris ne sont pas, du reste, le seul cas de tapage injurieux puni par le code. Celui-ci condamne aussi, sur ce même fondement, les insultes échangées sur la voie publique, comme dans une affaire jugée en 1851 où une certaine dame veuve Martin et sa fille Bathilde étaient poursuivies pour avoir « proféré, sur la voie publique, des injures qui ont occasionné un rassemblement [...]. Le rassemblement provoqué par des injures proférées dans un lieu public impliquant nécessairement une atteinte portée à la tranquillité publique ». Quant au fait qu'il s'agissait en espèce d'une « discussion d'intérêts entre parents » – ainsi que l'avait habilement fait valoir l'avocat des dames Martin –, il ne justifiait pas la relaxe : « Les liens de parenté, notait un commentateur anonyme, n'effacent pas, dans l'espèce, le caractère pénal des injures, et [...] tout rassemblement, quelle que soit l'impulsion qui l'a formé, s'il a été provoqué par un tapage injurieux, tend à troubler la tranquillité publique[29] ».

Dans le même sens, sera aussi puni sur ce fondement un individu qui, dans un débit de boissons, prononce des mots grossiers ou outrageants ; un crieur de journaux élégamment intitulés *Le Cochon* et *Le Cornard*, attribuant ces qualificatifs choisis aux passants qui refusaient de les lui acheter[30] ; ou encore, le propriétaire d'une machine à vapeur faisant fonctionner bruyamment le sifflet de celle-ci au passage d'un convoi funèbre, dans le but purement malveillant de troubler les assistants[31].

Toutes les paroles ne se valent pas : tout dépend du lieu où on les prononce, et de la personne à qui on les adresse. À cet égard, les codes ne font qu'officialiser une idée que l'on retrouve en permanence dans l'ordre du savoir-vivre : le conjoint, les parents et les dépositaires de l'autorité publique ont droit, de par leur situation ou les fonctions qu'ils assurent, à des égards particuliers.

Certains types d'atteintes à la politesse relèvent, non du droit pénal, mais du droit de la famille. Ainsi, le Code civil prévoit expressément que « les époux pourront réciproquement demander le divorce pour excès, sévices ou injures graves de l'un d'eux envers l'autre » (article 231). L'une des grandes questions qui se poseront, tout au long du XIXe siècle, aux juges chargés d'appliquer cet article du Code – avant l'abolition du divorce par la loi du 8 mai 1816, puis après son rétablissement par celle du 27 juillet 1884, mais aussi entre ces deux dates, à propos de la séparation de corps – sera d'établir ce qu'il faut entendre ici par « injure grave ». La doctrine et la jurisprudence dominantes vont se contenter de considérer le préjudice causé, l'injure grave étant alors définie simplement comme un « manquement criant à l'obligation de respect mutuel que [...] l'essence même du mariage impose au conjoint [32] ». L'injure grave, au fond, est une atteinte frontale à la politesse qui doit gouverner à tout moment les rapports entre époux.

En pratique, on rencontre deux cas de figure dans les annales de la jurisprudence, le fait de manquer soi-même de respect à son conjoint, et le fait de tolérer qu'on lui manque de respect.

Le premier cas est conçu assez largement : il comprend « tous les actes, écrits, paroles, qui témoignent du mépris ou de l'aversion d'un époux vis-à-vis d'un autre et qui sont de nature à porter atteinte à sa dignité et à sa considération [33] ». Pour qu'une telle atteinte se réalise, il faut en général que l'injure ait été commise en public, et non dans le secret de l'alcôve. Ainsi, constitueront des « injures graves » le fait de traiter sa femme de « canaille » devant ses enfants ; de déclarer devant témoins qu'elle n'était plus vierge au moment de son mariage ; ou encore, de lui imputer, en public, des maladies vénériennes. La politesse, et son contraire, n'existent que dans le cadre du groupe social. À ce propos, justement, on peut noter que les injures graves peuvent ne concerner le conjoint que par ricochet, lorsqu'elles ont été adressées à ses parents. En 1909, par exemple, on accorde le divorce à un homme dont l'épouse, « femme capricieuse et légère », avait envoyé à sa belle-mère une lettre effectivement dépourvue d'aménité, émaillée de termes aussi suaves que « vieille criminelle », « famille de crapules », etc. « Une telle manifestation de sa haine et de son mépris pour son mari et ceux dont elle s'obstine à vouloir porter le nom, dira la Cour, constitue à l'égard de D... (son époux) une injure réfléchie d'une exceptionnelle gravité »[34].

Un autre type d'injure grave consiste à tolérer que l'on manque de respect à son conjoint, en sa présence, au domicile conjugal. Sur ce plan, le Code civil, dont l'article 213 énonce que « le mari doit protection à sa femme », et le Code du savoir-vivre, qui fait de cette idée de protection le fondement ultime de l'ensemble des rapports entre hommes et femmes, l'officiel et l'officieux, sont parfaitement d'accord.

On notera encore un ou deux détails, confirmant que l'on se situe bien dans une zone frontalière relevant à la fois du droit et du savoir-vivre : une expression offensante qui, prononcée à l'occasion d'un emportement passager, ne saurait être qualifiée expressément d'impolitesse, ne suffirait pas non plus à entraîner le divorce pour cause d'injure grave. Autre manifestation significative de cette même idée : le fait que les juges, lorsqu'ils sont amenés à déterminer si il y a ou non « injure grave », vont prendre en compte la condition sociale des époux. Quand celle-ci est « inférieure », les juges estimeront en général qu'ils ne pouvaient avoir des règles de bienséance qu'une connaissance très relative, et une pratique limitée ; dans ce cas, l'usage d'expressions ordurières qui, dans un milieu « plus relevé », constitueraient indubitablement des « injures graves » au sens du Code, ne seront considérées que comme des grossièretés banales, habituelles, insuffisantes par conséquent pour justifier un divorce ou une séparation de corps – ainsi que l'affirme encore la Cour de cassation dans un arrêt du 25 mai 1898. En 1825, la Cour de cassation avait déjà jugé, à propos d'un mari, M. de Lamarthonie, qui laissait ses domestiques abreuver sa femme de « grossières injures », que « de tels faits, qui seraient insuffisants pour séparer des époux placés dans les dernières classes de la société, prennent, parmi les personnes d'un état et d'un rang élevé dans l'ordre social, un caractère d'une gravité qui peut devenir un moyen de séparation de corps[35] ».

Cette distinction ne vaut, il est vrai, que dans le cadre du droit de la famille, pour la notion d'« injures graves ». En revanche, elle n'est plus admise lorsque c'est l'intérêt général, et non plus un simple intérêt particulier, qui est en cause. Ainsi, en matière de tapage injurieux, ne sauraient constituer une excuse « les habitudes des gens de la campagne, qui croient toujours se faire entendre en criant très fort », ni le fait que « ces mauvais penchants, presque toujours tolérés, sont le résultat d'une éducation négligée »[36].

Au XVIIIe siècle, les injures des enfants envers leurs parents sont sévèrement châtiées : le droit pénal les considère, de même que toute injure commise par un inférieur envers son supérieur, comme des « injures qualifiées », méritant de par leur nature des peines plus fortes que celles qui frappent les auteurs d'injures verbales simples[37]. On rapporte ainsi le cas d'un fils condamné au fouet, en 1758, pour avoir traité son père de poltron ; dans le même sens, un arrêt rendu en 1731 décrète de prise de corps un fils à qui l'on reproche d'avoir dit des injures grossières contre sa mère[38].

Au siècle suivant, cette rigueur persiste sous l'empire du Code civil qui, sur ce point, dispose que « l'enfant, à tout âge, doit honneur et respect à ses père et mère » (article 371). Obligation stricte, dont on prévoit très précisément les sanctions : « Le père qui aura des sujets de mécontentements très graves sur la conduite d'un enfant » (article 375) pourra le faire détenir en prison pendant une durée qui ne saurait dépasser un mois si l'enfant a moins de seize ans, mais qui pourrait aller jusqu'à six mois pour les enfants mineurs âgés de seize ans révolus. À ce propos, l'article 378 précise qu'il n'y aura, dans l'un et l'autre cas, aucune écriture ni formalité judiciaire, « si ce n'est l'ordre d'arrestation, devant lequel les motifs ne seront pas énoncés » : on doit en effet demeurer aussi discret que possible. Quant au père, précise l'article 379, il pourra toujours abréger la durée de la détention qu'il a requise contre son enfant. En revanche, « si, après sa sortie, l'enfant tombe dans de nouveaux écarts, la détention pourra être de nouveau ordonnée de la manière prescrite aux articles précédents. » « Si un jeune lecteur curieux ouvre ce volume sans autorisation, écrit en 1890 l'auteur d'une « étude psychologique, anecdotique et pratique » sur les enfants mal élevés, nous lui conseillons de bien relire le présent chapitre, afin de n'oublier jamais[39] ».

Sous l'Ancien Régime, un certain type d'injure, le blasphème, défini comme « une parole injurieuse proférée contre l'honneur de Dieu », constitue « le plus grand de tous les crimes »[40]. « Les blasphémateurs, écrit l'abbé Meusy dans son *Code de la religion et des mœurs*, ont toujours été regardés avec exécration en France. Nos Rois ont porté contre eux les loix les plus sévères, et ordonné les supplices les plus flétrissants. » À ce propos, il cite un passage des mémoires de l'abbé de Choisy rapportant que la reine régente, mère du jeune Louis XIV, ayant un jour entendu son fils jurer, le fit mettre en prison dans sa chambre pour deux jours, tout roi qu'il fût – ce qui, assure l'abbé, « lui inspira une vive horreur d'un crime qui va insulter Dieu jusque dans le ciel[41] ». Ce respect s'étend alors aux évêques et aux prêtres, comme le rappelle une Déclaration royale du 13 décembre 1698 : « L'outrage fait aux prêtres est mis au nombre des sacrilèges, comme étant une profanation des ordres sacrés dont le prêtre est revêtu ».

Après la Révolution, alors que la religion catholique a cessé d'être le culte officiel de l'État, cette protection spécifique contre les injures, sans disparaître tout à fait, perd de son intensité, et s'étend aux ministres des autres cultes : toute personne ayant, par le geste ou la parole, outragé ces derniers dans l'exercice de leurs fonctions, est passible, en plus de l'amende prévue par le droit commun, d'une peine d'emprisonnement qui peut aller jusqu'à six mois (article 262 du Code pénal de 1810). Sur un plan parallèle, on note qu'au lendemain de la loi sur la séparation de l'Église et de l'État, le 16 mai 1906, le tribunal correctionnel de Paris condamnera, mais pour « tapage injurieux », un camelot anticlérical qui, déguisé en ecclésiastique, distribuait dans la rue des « prospectus inconvenants », comme on dit pudiquement à l'époque.

Si les prêtres bénéficient d'une protection, elle est au fond comparable à celle qui profite, sur ce plan, à tous les dépositaires de l'autorité publique, et inférieure à celle dont bénéficient, selon l'article 222 du Code pénal, les magistrats des ordres administratifs et judiciaires : celui qui aura proféré contre eux « quelque outrage par paroles tendant à inculper leur honneur ou leur délicatesse » sera puni d'un emprisonnement d'un mois à deux ans, et de deux à cinq ans si l'outrage a eu lieu à l'audience...

La sévérité des peines en question indique à elle seule les objectifs poursuivis par le législateur : c'est parce que les inconvenances, les impolitesses sanctionnées portent atteinte, en outre, à des intérêts socialement reconnus et protégés : à l'ordre public ou à la dignité privée.

Les injures proférées peuvent porter atteinte à l'ordre public de façon directe, constituant un trouble effectif – c'est le cas du charivari –, ou de façon indirecte, puisqu'une dispute qu'elles suscitent pourra aisément dégénérer, et déboucher sur des actes de violence.

Le charivari apparaît toujours potentiellement dangereux. Dès la fin du XVIIe siècle, l'abbé Jean-Baptiste Thiers, dans son *Traité des jeux*, en proposait d'ailleurs une définition qui en laisse transparaître l'ambiguïté foncière : « La canaille et les gens de nulle importance se font quelquefois un grand divertissement de ce qu'ils appellent charevaris, charivaris ou charibaris, afin de tirer quelques sommes d'argent des nouveaux mariés ou de les charger de confusion [42] ». Assez souvent, en effet, le blâme collectif contre des « secondes noces disproportionnées », des comportements contraires aux usages ou des attitudes non conformes, débouche finalement sur un système – parfois très rodé – d'extorsion de fonds ou d'exactions en tout genre, le tout impliquant fréquemment des foules importantes, plusieurs dizaines, voire, dans les villes, plusieurs centaines de personnes.

C'est pourquoi les autorités publiques vont percevoir le charivari, notamment à partir de la fin du XVIIIe siècle, comme un facteur de troubles et de débordements, que celui-ci relève d'ailleurs du simple vandalisme, qu'il vire au rançonnement ou qu'il prenne une tournure plus franchement politique, sinon insurrectionnelle – ainsi que ce sera fréquemment le cas au XIXe siècle. Le nombre et la virulence des charivaris semblent d'ailleurs croître aux alentours des épisodes révolutionnaires qui ponctuent l'histoire de la France au XIXe siècle. Rassemblant des masses instables dans une ambiance de transgression, de violence brute, sinon de saturnale, le charivari n'est jamais une simple atteinte à la courtoisie. Il peut être ressenti comme l'étincelle qui menace de mettre le feu aux poudres. Et au fond, quoique de manière moins accusée, il en va de même de tout tapage injurieux, qui risque toujours de provoquer un rassemblement, et de se retourner contre les autorités.

Mais le recours au tribunal peut être également justifié par la défense de l'ordre privé. En matière de mariage, on l'a vu, l'injure grave justifie le divorce lorsqu'elle paraît susceptible de porter atteinte à la dignité du conjoint offensé.

Cette idée de dignité permet du reste de donner une interprétation large de la notion d'injure grave, comme le montre une affaire jugée par le tribunal de Nîmes le 5 juin 1894. Mlle K., mariée le 28 février 1893 à M. D., le fils d'un gros bourgeois, directeur d'usine de la région de Beaucaire, avait demandé le divorce le 21 avril de la même année. Elle reprochait à son mari, qu'elle prétendait impuissant, de s'être livré sur elle à des « pratiques honteuses ou contre nature » dont témoignaient apparemment des traces d'ongles sur son épiderme. En l'espèce, le juge considéra ces « caresses libidineuses », ces « attouchements qu'aucune honnête femme ne saurait supporter », comme constitutives d'une injure grave. Il importe que les maris « sachent que traiter leur femme comme une fille, les flétrir et les souiller par des attouchements contre nature, dépraver leur cœur et leur corps par des pratiques aussi immorales que périlleuses pour leur santé, c'est leur faire la plus sanglante injure qui puisse les atteindre. » Pour couronner cette affaire passablement sordide, le juge relèvera en outre les injures adressées à sa bru par le père du conjoint, le patron de l'usine : « petite pécore », « elle a dû rouler partout » – assénées sans que le mari, apparemment dépassé par les événements, ait tenté quoi que ce soit pour protéger son épouse... Dans ce climat à la Zola, ou à la Mirbeau, le tribunal de Nîmes n'aura aucune hésitation à accorder le divorce à Mme D...

Brève histoire du duel

La première fonction sociale de la politesse est de faciliter et d'adoucir la vie en commun, en évitant les conflits et en se substituant à la violence. Il semble donc assez paradoxal que celle-ci puisse, dans certains cas limites, sanctionner les attaques au savoir-vivre. En réalité, le paradoxe n'est qu'apparent – puisqu'il est hors de question que la violence pure et simple puisse sanctionner de façon adéquate des infractions aux codes de bienséance. Si elle se manifestait, elle paraîtrait à juste titre au moins aussi inconvenante que le comportement qu'elle prétendrait châtier. Illustration comique de cette évidence, le père Fenouillard, créé par l'un des ancêtres de la bande dessinée, Christophe, à qui l'on doit également deux autres grandes figures du panthéon littéraire des familles, le Sapeur Camembert et le Savant Cosinus. Agénor Fenouillard, ex-bonnetier à Saint-Rémi-sur-Deule (Somme inférieure), et archétype de la balourdise petite-bourgeoise, décide un beau jour de partir voyager autour du monde avec sa femme et ses deux filles, Artémise et Cunégonde. Arrivée au Havre, toute la petite famille monte dans un tramway, et y éprouve avec horreur le fameux sans-gêne britannique, en la personne d'un sujet de sa gracieuse Majesté qui ose s'asseoir tout contre l'auguste Mme Fenouillard. « L'œil de

M. Fenouillard se courrouce : Monsieur, crie-t-il à l'impoli, je vous somme de vous lever. » L'Anglais refusant au motif qu'il n'est pas encore arrivé à destination, Fenouillard, ne faisant ni une ni deux, lui assène un coup de parapluie sur la tête... et reçoit un uppercut en retour. « Puis les combattants, expulsés du tramway, continuent sur la voie publique à exprimer leur mécontentement respectif.[43] »

Qu'une impolitesse ait été commise par le Britannique, peut-être par ignorance, soit. Mais la riposte de Fenouillard est bien plus inconvenante encore – et en l'espèce, parfaitement ridicule. Lorsque la disproportion s'accentue encore entre la peine et la faute, on peut passer rapidement du risible au tragique – comme dans cet épisode d'*À la recherche du temps perdu* qui met en scène, dans les coulisses d'un théâtre, Saint-Loup, aristocrate brillant, par ailleurs exaspéré par l'attitude de sa maîtresse qu'il est en train d'observer, un journaliste fumant le cigare, et le narrateur, qui ne peut en supporter la fumée et qui tousse à s'en étrangler : Saint-Loup se retourne alors vers le journaliste, et, touchant légèrement son chapeau, lui demande :

> Monsieur, est-ce que vous voudriez bien jeter votre cigare, la fumée fait mal à mon ami. [...]
> Il n'est pas défendu de fumer, que je sache ; quand on est malade, on n'a qu'à rester chez soi, dit le journaliste. [...]
> En tout cas, Monsieur, vous n'êtes pas très aimable, dit Saint-Loup au journaliste, toujours sur un ton poli et doux, avec l'air de constatation de quelqu'un qui vient de juger rétrospectivement un incident terminé. À ce moment, je vis Saint-Loup lever son bras verticalement au-dessus de sa tête comme s'il avait fait signe à quelqu'un que je ne voyais pas, ou comme un chef d'orchestre, et en effet [...] après les paroles courtoises qu'il venait de dire, il abattit sa main, en une gifle retentissante, sur la joue du journaliste.
> Maintenant qu'aux conversations cadencées des diplomates, aux arts riants de la paix, avait succédé l'élan furieux de la guerre, les coups appelant les coups, je n'eusse pas été trop étonné de voir les adversaires baignant dans leur sang. [...] Heureusement le journaliste qui,

trébuchant sous la violence du coup, avait pâli et hésité un instant, ne riposta pas [44]. »

En définitive, risible ou tragique, la violence, lorsqu'elle est pure, spontanée, déréglée, paraîtra toujours grossière, qu'elle soit le fait d'un Guermantes ou d'un Fenouillard. Elle ne devient admissible que lorsqu'elle est organisée et ritualisée – lorsqu'elle est « polie », en somme, et policée, comme dans le cas du duel, qui demeure, jusqu'à la fin de la Première Guerre mondiale, un accessoire indispensable des codes de savoir-vivre. Un accessoire auquel les traités de politesse consacrent parfois de substantiels développements, à l'instar de Goujon, qui, dans son *Manuel de l'homme de bon ton* paru en 1825, n'estime pas déplacé d'y évoquer « un usage auquel un jeune homme peut être obligé de se sacrifier. Il ne faut qu'un mot lâché imprudemment, des paroles mal interprétées ou rendues infidèlement, pour aigrir un homme insociable, pointilleux, qui ne connaît d'autre explication et d'autres raisons que son épée, et pour s'attirer une affaire d'honneur. Sur ce point, il n'est pas permis en France de balancer sans s'exposer à perdre toute considération [45] ».

Le duel, bien qu'il constitue une manifestation extrême, et pour cette raison, très controversée des règles du savoir-vivre, n'en n'apparaît pas moins révélateur de la mentalité dominante. Sur le long terme, de la Révolution à nos jours, sa pratique coïncide en effet assez exactement avec l'évolution du rapport à la politesse. Condamné à l'époque révolutionnaire, il réapparaît sous l'Empire, la Restauration et la monarchie de Juillet, et se diffuse alors jusque dans les milieux les plus modestes, sinon les plus mal famés. Malgré d'innombrables tentatives de répression, il demeure vivace, et presque banal, jusqu'à la Grande Guerre. Après 1918, en revanche, il va se raréfier d'un coup, pour devenir exceptionnel, voire folklorique, et il finira pratiquement par disparaître après la Libération. Aux différents âges de la politesse correspondent ainsi différents moments, distincts et caractéristiques, de l'histoire moderne du duel. Or, s'il en va ainsi, ce n'est point par hasard, mais en raison des liens étroits qui existent entre les deux, le duel étant à la fois la sanction ultime des règles de politesse, et l'un des objets les plus caractéristiques de ces règles, qui en régissent de façon très stricte l'engagement, le déroulement et les suites.

Le duel comme sanction

Si le duel a pour fonction de réprimer des atteintes extrêmes au savoir-vivre, il est évident qu'il n'a pas pour vocation de sanctionner toutes les règles de politesse. Un invité mal élevé qui s'essuierait à la nappe de la salle à manger, une orpheline amoureuse et trop pressée qui ne respecterait pas les délais du deuil, un visiteur distrait qui oublierait de corner sa carte ou de retirer son chapeau ne sauraient évidemment en être menacés. Ils sont passibles, au pire, des châtiments moraux et sociaux que l'on a évoqués plus haut.

Pour qu'il puisse être question de duel, il faut, en premier lieu, que l'impolitesse commise puisse s'interpréter comme une offense, par quelqu'un qui s'estimera personnellement atteint. Or, si certaines fautes sont évidemment susceptibles d'être jugées offensantes – un regard appuyé, ironique ou méprisant, un geste ou un mot déplacé, un salut ostensiblement refusé, une moquerie par trop verte, une injure, etc. – d'autres, *a priori*, y échappent : en soi, la simple grossièreté ou le mauvais goût ne méritent pas la mort. Mais il est vrai aussi que la moindre impolitesse peut finalement y conduire, par ricochet, en suscitant une raillerie, à laquelle il sera parfois répliqué par une injure : c'est-à-dire par une offense en bonne et due forme – celle-ci étant définie par le comte de Châteauvillard comme « toute parole, tout écrit, dessin, geste, coup, blessant l'amour-propre, la délicatesse ou l'honneur d'un tiers[46] ».

Encore faut-il, pour justifier un duel, que l'offense soit suffisamment grave. Sur ce point, les innombrables « Codes du duel » qui paraissent au XIXe siècle s'accordent sans difficultés. Il ne saurait être question de se battre pour des peccadilles ni de se laisser entraîner inconsidérément. C'est ce que souligne déjà, au milieu de la Restauration, le *Manuel de l'homme de bon ton* : « L'homme de bon sens ne doit pas être tellement esclave de l'opinion, qu'il aille mettre l'épée à la main, parce qu'un étourdi, un querelleur ou un brutal, ne connaît pas la valeur des mots, a de l'humeur ou la tête échauffée par les suites d'un repas. On se trompe souvent dans le monde sur le vrai point d'honneur ; il faut apprendre à le discerner du faux, pour ne proposer et n'accepter de défi que dans les occasions où l'honneur a réellement reçu quelque atteinte[47]. »

En pratique, le problème vient ici de ce que la gravité de l'offense relève entièrement de l'appréciation des intéressés et de leurs témoins – les uns et les autres pouvant être plus ou moins pointilleux, rigides ou laxistes. C'est pourquoi les nombreux publicistes qui s'intéressent à la question vont tenter de préciser, de codifier les « fautes » et leur degré de gravité : bref, de faire pour le duel ce que les juristes impériaux avaient entrepris naguère pour le droit pénal. « Les injures, ironise à ce propos un détracteur du duel, Alfred d'Almbert, sont classées comme des articles de loi ; il en est qui peuvent être pardonnées, d'autres demandant une vengeance implacable[48]. » Auteur d'une demi-douzaine d'ouvrages sur la question, Gabriel Letainturier-Fradin distingue quant à lui trois types d'offenses : les offenses simples, n'entachant pas l'honneur (qualificatifs violents, plaisanteries déplacées), à propos desquelles le duel peut et même doit être évité ; les offenses graves, qui portent atteinte à la dignité de l'offensé. « Lorsque cela est possible, l'affaire doit être réglée par la voie judiciaire, le duel devant toujours être envisagé comme l'ultime ressource. » Enfin, les offenses graves suivies de voie de fait : en ce cas, commente l'auteur, « le duel nous paraît fatalement indispensable, si, bien entendu, les deux adversaires, appartenant à la même classe de la société, peuvent se mesurer ensemble[49]. »

On aperçoit ici une dernière condition : pour qu'il puisse y avoir duel, encore faut-il que l'offense que l'on estime avoir subi soit le fait d'un égal. Un homme du monde ne saurait en effet se mesurer, quelle que soit l'offense qu'il en a reçu, à un vieillard (de plus de soixante ans, précisent les codes), à un enfant (de moins de vingt et un ans), à un infirme (avec une tolérance pour les borgnes, qui pourront cependant refuser le duel au pistolet), à un individu manifestement sans honneur, ou appartenant à une catégorie sociale trop nettement inférieure à la sienne : un officier ne se battra pas avec un soldat, un maître avec son valet, un bourgeois installé avec un marlou, etc. Avec les premiers, le combat est impossible, parce qu'on ne pourrait y respecter le principe, capital, de l'égalité des armes : au lieu d'un duel, on aurait un assassinat. Avec les autres, individus déshonorés ou inférieurs, on estime qu'étant donné leur situation, ils ne sauraient en aucun cas porter atteinte à l'honneur d'autrui : leurs injures sont insignifiantes, et sans conséquences, comme le serait le coup reçu d'un animal – de même qu'au XVIIIe siècle, les grandes dames se laissaient déshabiller devant leurs domestiques sans considérer pour autant porter atteinte aux exigences de la pudeur.

En outre, il va sans dire qu'un homme du monde ne saurait se mesurer avec une femme, à la fois parce qu'il contreviendrait au principe d'égalité des armes, et parce qu'il violerait l'obligation fondamentale, qui lui impose de protéger toute personne du sexe faible. Évidence qui est pourtant contestée par certaines dans les dernières décennies du siècle : en février 1889, alors que la mode est à l'escrime féminine, Gérôme, chroniqueur de *L'Univers illustré*, rapporte avoir entendu une jeune femme soutenir en public que « les hommes y regarderaient à deux fois avant de manquer à une femme, s'ils savaient que leur galanterie audacieuse les expose à une affaire sur le terrain ». Mais la déclaration n'aura pas de suites.

Châtiant certaines impolitesses particulièrement graves, le duel constitue ainsi la sanction ultime, en raison de ses conséquences possibles : une blessure grave, ou la mort. Certes, il existe bien à l'époque, et surtout à partir des années 1850, des duels factices – « duels littéraires » à l'épée stigmatisés par les Goncourt –, où « les adversaires sanglants et acharnés, pleins de trous dans le corps d'après le procès-verbal des témoins, dînent le soir tranquillement chez Riche [50] », duels arrangés au pistolet, où l'on

La politesse commence par soi-même, rappelle Boutet de Monvel dès la toute première illustration de La Civilité puérile et honnête expliquée par l'oncle Eugène (1887). C'est en se respectant, en sachant se tenir, et d'abord en sachant être propre, que l'on montre aux autres qu'on les respecte aussi.

À l'inverse, « l'égoïsme personnifié », titre de cette estampe de la série Le Bon Genre (1827), est aussi l'incarnation la plus insupportable de l'impolitesse, le grossier élégant qui occupe six chaises ne songeant pas un instant aux trois dames et à la fillette qui attendent debout à ses côtés.

Illustration de Robert Salles pour un abécédaire (1926). © Leemage.

Du point de vue de la politesse bourgeoise, l'enfant mal élevé dit l'échec des parents, qui n'ont pas su lui inculquer les codes de sa caste. D'où l'insistance, relayée par une littérature spécialisée, sur ce qu'il faut faire — saluer comme un grand, étudier studieusement sans donner de coup de pied dans l'estomac de son professeur de piano...

Une petite fille comme il faut fait toujours bon visage à sa maîtresse de grammaire, à sa maîtresse de calcul, à sa maîtresse d'anglais ou d'allemand, en un mot, à toutes les dames ou demoiselles qui viennent lui enseigner quelque chose. Elle apprend et répète ses leçons avec docilité et bonne humeur. C'est surtout pendant les leçons de piano qu'elle montre son gentil caractère et sa parfaite éducation. « Allons, mon enfant, dit sa bonne maîtresse, faites attention que c'est la mesure à quatre temps. Comptez bien vous-même : une, deux, trois, quatre. Vos mains bien posées. Allongez vos petits doigts, mais ne les levez pas en l'air comme des cornes de colimaçon. »

Voyez comme cette chère petite Jeanne s'applique. Elle se mettra d'aussi bonne grâce à ses gammes, quoique ce ne soit guère amusant, et, s'il le faut, pour se délier les doigts, elle recommencera la même dix fois de suite.

Boutet de Monvel, illustration de *La Civilité puérile et honnête*. © BNF.

capables de laisser supposer à votre maître que vous vous ennuyez, car vous risqueriez de lui faire une grave offense.

La leçon finie, vous devez reconduire votre professeur jusqu'à la porte, sans jamais lui dire un mot qui puisse l'amener à croire que vous avez trouvé la leçon trop longue, ou que vous étiez impatient qu'elle fût terminée pour aller jouer aux billes ou à la toupie.

Ce que nous venons de dire s'applique aux jeunes garçons qui travaillent chez leurs parents.

Quant à ceux qui vont déjà à la pension ou au collége, les pensums et les retenues leur ont vite appris ce qu'il n'est pas poli que fasse un écolier ; et les élèves bien avisés ne commettent pas deux fois la même faute contre la civilité en classe, car il n'est certes pas agréable d'être privé de sa sortie du dimanche.

. . . et sur ce qu'il ne faut surtout pas faire : par exemple, bâiller bruyamment en compagnie de grandes personnes.

Somptueusement ganté, chapeau gris perle à la main, Robert de Montesquiou (1855-1921) incarne à lui seul l'élégance fin de siècle. Mais, à y regarder de plus près, le dandy peint par Boldini en 1897, moustache en croc, cravate en bataille, œil glacé, a aussi des airs de fauve, implacable, insolent.

D'importation anglaise, le shake-hand est considéré comme le plus rudimentaire des saluts : il s'impose dans les dernières décennies du XIXe siècle, en même temps que la mode des activités sportives.

Illustration de Rodier pour *Monsieur*, 1921.
© The Bridgeman Art Library.

Couverture de *Monsieur*, 1923. © Collection IM/Kharbine-Tapabor.

Illustration pour *Monsieur*, 1923. © Collection IM/Kharbine-Tapabor.

Le salut à la française permet de jouer sur une gamme de nuances plus large : selon l'inclination de tête et du buste, l'ampleur du geste de la main qui tient le chapeau ou le regard qui l'accompagne. Dans sa version complète, il ne survivra pas aux bouleversements de l'entre-deux-guerres.

Le baisemain est à la courtoisie française ce que la tour Eiffel est à Paris. Pourtant, il n'apparaît en France qu'au tout début du XXᵉ siècle, alors qu'il est déjà répandu en Allemagne, comme le montre la gravure ci-contre de Ferdinand von Reznicek (1900).

Galant et facétieux, le baisemain de Dalí, marquis de Putbol, à la court-vêtue Raquel Welch, devant le portrait « abstrait » de la jeune femme (1965).

Le baisemain fait immédiatement fureur et se pratique alors avec n'importe quelle dame, fût-elle une cocotte ou une danseuse...

Gravure de mode de Barbier, 1917.

Au début du XIXe siècle, le déjeuner s'impose comme le repas familial par excellence, autorisant la décontraction vestimentaire que montre cette représentation d'un intérieur bourgeois sous la monarchie de Juillet.

Moment clé de la vie mondaine, le dîner voit le service à la russe détrôner le service à la française et son savant désordre de mets et de boissons.

Tableau de Paul Chabas (1904), musée des Beaux-Arts de Tourcoing.

À la campagne, les repas, même les plus solennels, demeurent empreints de bonhomie, loin des soucis de préséance et de l'étiquette vestimentaire. Ce repas de noces normand peint par Fourie en 1886 n'est pas sans évoquer celui de la jeune Emma Bovary. Musée des Beaux-Arts de Rouen.

Après la Grande Guerre, le relâchement des usages se manifeste jusque dans les milieux les plus huppés. Dans ce salon peint par Guillaume en 1925, on écoute les musiciens affalés sur des coussins, en fumant et en bâillant.

Le mariage, c'est la grande affaire de l'existence bourgeoise, même si la future épouse n'y prend qu'une part indirecte — comme cette jeune fille, muette et rêveuse, peinte par Jeanniot en 1902.

Musée du Petit-Palais, Paris. © The Bridgeman Art Library.

Fascinée par le spectacle des courses, cette élégante saisie par le peintre mondain de Nittis s'est juchée sur son siège : à ses côtés, l'homme veille, protecteur et respectueux.

Galerie nationale d'art moderne, Rome. © The Bridgeman Art Library.

Tout homme, quels que soient son âge et ses titres, doit manifester sa déférence aux dames — lesquelles sauront se montrer prévenantes avec les vieillards.

Illustration de Sabatier, vers 1910. © Costa/Leemage.

L'excès de politesse est néanmoins proscrit, surtout quand il s'agit d'aborder une dame... avec des vues malhonnêtes.

© Costa/Leemage.

Jusqu'à la Grande Guerre, les dames qui fument, comme dans cette scène peinte par Gervex en 1877, sont souvent des demi-mondaines. The Detroit Institute of Art, Detroit. © The Bridgeman Art Library.

À l'intérieur comme à l'extérieur du café, la fumée est un élément atmosphérique que les peintres se plaisent alors à représenter. Tableau de Louis Sabatier, 1884, galerie Noortman, Maastricht. © The Bridgeman Art Library.

Fumer constitue longtemps un privilège masculin — l'homme étant obligé de ne pas en abuser, contrairement à ce grossier voyageur croqué par Daumier sous le second Empire.

Il faut attendre le début du XXe siècle pour que la femme accède à la liberté de fumer, même si la cigarette demeure nimbée d'un parfum d'interdit, ou d'un soupçon d'érotisme.

Carte postale, vers 1920.

Âge d'or de la politesse, le XIXe *siècle est aussi celui du duel, partie intégrante du savoir-vivre et sanction ultime de ses règles — une sanction souvent fatale.* Lithographie d'Eugène Lami, musée Carnavalet, Paris. © The Bridgeman Art Library.

Si le duel est contesté, c'est aussi pour son manque de sérieux : la fin du XIXe *siècle fourmille de ces duels spectacles arrangés à l'avance et couverts par la presse à sensation.* Caricature de Poulbot parue dans *L'Assiette au beurre* en 1903. © Collection Kharbine-Tapabor.

En mars 1958, le duel entre le danseur Serge Lifar et le marquis de Cuevas, suscité par une querelle chorégraphique et terminé par des embrassades et des congratulations émues, achève de déconsidérer ce qui n'est déjà plus qu'un souvenir. Parmi les témoins, Jean-Marie Le Pen et le danseur Max Bozzoni.

D'hier à aujourd'hui, bien des règles qui gouvernent la bonne tenue à table sont demeurées vivantes : on ne met pas les coudes sur la table, on évite les apartés entre convives, on ne se remaquille pas devant tout le monde. . .

Boutet de Monvel, illustration de *La Civilité puérile et honnête*. © BNF.

Mais le privilège des rois est de pouvoir déroger à la règle, comme le sait sans doute Silvia de Suède, attablée aux côtés de son royal époux (1994). © Gamma/Dana Press photo.

Studio de création Flammarion

Ah ! que non que je ne suis pas partisante de votre escrime : quand nous pourrons nous défendre, on ne nous manquera plus de respect.

Grâce à l'escrime, Mesdames, plus besoin de recourir au sexe fort pour venger ou défendre votre honneur.

peut à l'avance décider d'un commun accord de viser à côté, des témoins complaisants déclarant ensuite « l'honneur satisfait ». Mais les puristes les réprouvent très vivement : « je suis l'ennemi acharné des duels peu sérieux, des rencontres arrangées en vue de la galerie, et qui se terminent par une piqûre au doigt », déclare ainsi Adolphe Tavernier dans son classique *Art du duel*, publié en 1885[51]. Soit il n'y avait aucune offense véritable, et il fallait éviter de se battre, soit l'offense était caractérisée, et en ce cas, « le combat ne doit se terminer que par une blessure grave ». Tout est dans le risque. Et la gravité de ce qu'on encourt explique pourquoi seules les atteintes majeures à la politesse justifient d'y avoir recours.

La sanction comporte toutefois un certain nombre de degrés, variant en fonction de la faute commise, c'est-à-dire de la gravité de l'offense. Plus elle est grave, en effet, et plus l'offensé aura d'avantages sur l'offenseur. Ainsi, explique Gabriel Letainturier-Fradin, l'offense simple donne le choix des armes, l'offense avec insulte, le choix du duel et des armes, l'offense avec voie de fait, le choix du duel, des armes et des distances. Le choix du duel consiste notamment à déterminer si celui-ci sera au premier sang – auquel cas les témoins l'arrêtent dès que l'un des deux adversaires est blessé –, au deuxième sang (à la seconde blessure), à outrance ou à mort[52]. Ce dernier duel, qualifié d'exceptionnel, est cependant condamné par les spécialistes, par les tribunaux, et par l'opinion dominante : « Souvenez-vous seulement, rappelle ainsi le marquis de Villemaurin au héros malheureux du roman d'Edmond About, *Le Nez d'un notaire*, qu'on ne doit jamais tirer à fond : car le duel est fait pour corriger les sots et non pour les détruire. Il n'y a que les maladroits qui tuent leur homme sous prétexte de lui apprendre à vivre [53]. » Ce dont convient, toujours ricanant, l'auteur de *La Physiologie du duel* : « On ne se bat pas pour se tuer. Fi donc ! Une semblable intention serait cruelle et discourtoise [54]. »

Mais si le duel constitue la sanction ultime, c'est aussi parce qu'il est exclusif de toute autre : lorsqu'on a commencé par demander réparation en justice, il est impossible de demander en plus, ensuite, réparation par les armes. Pareillement, le duel fait disparaître l'injure. C'est pourquoi, « pour une même offense, une seule réparation est exigible [55] ». Après la rencontre, tout est fini : il est d'usage de se saluer à l'issue de celle-ci, et même, de se serrer la main.

Enfin, cette sanction est considérée par ses défenseurs comme nécessaire au savoir-vivre et aux principes dont elle châtie la transgression. Telle est notamment, à la fin de l'Empire, l'opinion défendue par un magistrat gastronome, Brillat-Savarin, dans son *Essai historique et critique sur le duel*[56]. À l'en croire, le duel « contribue au maintien des égards qu'on se doit dans la société, en rendant plus important et plus général le principe de l'éducation première, qu'il ne faut offenser personne ». Épée de Damoclès perpétuellement menaçante, suspendue au-dessus de la tête de chacun, le duel lui apparaît comme la garantie ultime de la politesse. Le duel, en somme, paraît indispensable à la civilité, sinon à la civilisation elle-même.

Mais l'idée est loin d'être unanimement admise, comme le rappelle aigrement Jean-Baptiste Salaville dans une brochure qui se veut une réponse « républicaine » à Brillat-Savarin : le « motif que l'on oppose à l'abolition du duel, c'est qu'il oblige, dit-on, à des égards qu'on n'aurait pas les uns pour les autres, si cet usage n'était pas maintenu ; on se gênerait moins dans les procédés réciproques, et dès lors on courrait le risque de voir succéder une grossièreté repoussante à cette politesse exquise qu'on regarde comme le chef-d'œuvre de la civilisation. [...] Mais quelle est cette politesse que produit la crainte du duel ! Est-ce la vraie politesse, celle dont le principe est dans l'humanité, dans la bienveillance que les hommes se doivent réciproquement ? Non. C'est cette politesse bâtarde qu'on a réduite en système, en formules cérémonieuses, en procédés d'étiquette, et qui est à la véritable politesse ce que l'hypocrisie et la bigoterie sont à la religion [57] ».

Le débat est ouvert, deux partis s'affrontent. Durant les premières décennies du XIXe siècle, c'est plutôt celui des adversaires du duel qui semble devoir l'emporter, au nom du Progrès, de la Raison et de l'Humanité.

Le duel, affirme ainsi en 1829 un avocat de Troyes, Charles Bataillard, « tient du suicide et de l'assassinat » : il n'est en aucun cas un auxiliaire de la civilisation. Par suite, « il faut abandonner la politesse à l'opinion et au ridicule, et ne pas trouver bon qu'un manque de civilité soit puni de mort ». Se réclamant explicitement de l'héritage de la Révolution, qui avait interdit le duel et discrédité les règles de bienséance, Bataillard, après Salaville, juge au fond ces dernières trop vaines, trop frivoles, sinon trop suspectes, pour justifier une sanction aussi terrible : « Pour un bien si modique que produirait le duel, et qui ne serait qu'apparent, puisque la politesse ne serait plus du savoir-vivre, mais de la peur, il ne faut pas laisser impunis tous les désordres qu'il traîne à sa suite » [58].

De fait, entre 1820 et 1840, on ne compte plus les duels retentissants, et qui souvent, finissent fort mal : par exemple, celui d'Aymé Sirey, qui en novembre 1835, tue en duel son cousin au motif que ce dernier aurait tenu des propos infamants contre son père, l'éditeur Jean-Baptiste Sirey. L'année suivante, un célèbre journaliste républicain, Armand Carrel, du *National*, se juge offensé par un article d'Émile de Girardin, le fondateur du journal *La Presse* : il choisit le pistolet. En cinq ans, c'est la troisième fois que Carrel se bat. En 1833, il avait déjà été très grièvement blessé lors d'un duel politique qui l'opposait au légitimiste Roux-Laborie, et l'on avait craint pour sa vie, comme le rapporte Alexandre Dumas dans ses *Mémoires*[59]. Mais pour Carrel, cette fois-ci, au matin du 22 juillet 1836, sera la bonne. Les deux adversaires sont placés à quarante pas l'un de l'autre ; au signal donné, ils doivent faire dix pas avant de tirer. Carrel les parcourt rapidement, tire le premier, et blesse Girardin à la cuisse. Mais celui-ci garde son sang-froid, tire à son tour et le touche à l'aine. L'agonie de Carrel durera un jour et une nuit, et sera atroce.

Au même moment, la campagne contre le duel bat son plein. Le 28 février 1835, Lamartine avait prononcé à la Chambre un discours enflammé ; ouvrages, brochures, articles et pamphlets se multiplient, au point que la Cour de cassation, qui s'était prononcée en 1819 pour l'impunité des duellistes, finit par suivre le mouvement. Sous l'impulsion du procureur général Dupin, qui qualifie ces pratiques de « restes grossiers de la barbarie du Moyen Âge, indignes d'un siècle qui se donne avec orgueil comme une époque de philanthropie, de civilisation et de progrès », elle décide, dans un arrêt solennel du 15 décembre 1837, d'infliger aux duellistes les peines qui punissent le meurtre lorsque ceux-ci avaient une intention homicide, pour coups et blessures volontaires dans le cas contraire.

L'affaire est-elle close pour autant ? Non, dans la mesure où l'opinion ne suit pas les juges parisiens : alors que des pétitions contre cette jurisprudence sont présentées à la Chambre des députés, devant les cours d'assises, il arrive le plus souvent que les duellistes soient acquittés par les jurys populaires. Malgré la répression et la réprobation, le duel demeure plus vivace que jamais. Dans sa biographie de Carrel parue en 1857, Hippolyte Castille le compare à nouveau au suicide : « Hélas ! Ces deux plaies de la société sont probablement éternelles. Elles accusent bien plus l'imperfection humaine que l'imperfection des lois[60]. » La preuve ? On peut la trouver selon lui dans le fait que des hommes qui, pour des raisons idéologiques, devraient formellement s'y refuser, comme le républicain Carrel ou le socialiste

Proudhon, finissent pourtant par y céder, malgré leur mépris des conventions mondaines et des chinoiseries du point d'honneur.

Au fond, la société continue de voir dans le duel, même lorsqu'elle ne se l'avoue pas expressément, une institution indispensable. « En France, souligne ainsi l'écrivain Aurélien Scholl à la fin du siècle, tout le monde se bat ou est exposé à se battre. Nul n'y songe à contester la légitimité du duel. La réparation par les armes rend plus de services à l'ordre social qu'un commissaire de police et un tribunal ». Le duel, conclut-il, « est une convention qui non seulement à force de loi, mais qui est supérieure à la loi »[61].

C'est pourquoi il n'est pas question de s'y dérober, du moins, lorsque les conditions d'engagement ont été satisfaites – sous peine de subir les autres châtiments sanctionnant les atteintes au savoir-vivre : l'exclusion, le ridicule ou le déshonneur. C'est ce qu'apprend à ses dépens le romancier Champfleury, l'un des chefs de file de l'école réaliste, en décembre 1856. Cet estimable polygraphe avait lancé une *Gazette* où il avait nommément attaqué l'un de ses confrères, Phyloxène Boyer, qualifié de « grotesque » et accusé de courir Paris « en récitant d'immenses tirades de volupté ». Le lendemain de la parution, Boyer, s'estimant offensé, envoie deux témoins au domicile de Champfleury. Celui-ci est-il parti à la campagne ? Qu'à cela ne tienne, ils reviennent quatre jours tard, et cette fois, ils sont reçus par Champfleury, qui leur promet de les mettre en rapport avec deux de ses « amis »... Mais le lendemain, les deux jeunes gens qui se présentent chez les témoins de Boyer leur avouent qu'ils ne viennent qu'en qualité... d'amis, et non de témoins, Champfleury ayant estimé qu'il était, en raison de sa situation littéraire qu'il juge éclatante, hors d'état de se battre avec l'obscur Boyer. Ce dernier insiste, mais en vain. Champfleury ne veut pas de duel. « Jamais personne ne s'était défilé avec une aussi bonne conscience [...] devant la nécessité d'une réparation d'honneur. L'éclat de rire général ne satisfit pas Phyloxène. Celui-ci rendit public, par lettre au président de la Société des gens de lettres, largement diffusée dans la presse, le déshonneur du principal représentant des réalistes. » Déshonneur persistant, puisque deux ans plus tard, dans l'étude qu'il consacre à Champfleury, l'essayiste Tony Révillon continue d'évoquer cette tache[62].

Quelques années plus tôt, c'est par crainte du scandale que Proudhon, pourtant peu suspect de pusillanimité, avait fini par accepter de se battre. En novembre 1848, vivement pris à partie dans plusieurs de ses articles, le député républicain Félix Pyat, croisant Proudhon dans les couloirs de la Chambre, l'avait traité d'« abominable cochon » – et s'était fait aussitôt rosser en retour. Le lendemain, Pyat envoie ses témoins, qui essuient un refus catégorique. Quelques mois auparavant, Proudhon avait noté dans son Carnet, à la date du 19 juin 1848, qu'« il est permis aujourd'hui à tout honnête homme de refuser un duel sans craindre le ridicule ». Mais devant la campagne de presse que son adversaire monte contre lui, il hésite – « Affaire insignifiante, terminée en cinq minutes, si je veux me battre. Affaire énorme si je refuse le duel » –, puis finit par céder : le jour même où il accepte, il note encore, dans son Carnet : « Tout ce que j'ai écrit plus haut sur le droit où je suis de refuser un duel est bel et bon, mais pas de mise. 1° Le monde ne me reconnaît pas le droit de refuser une réparation ; 2° J'ai été en tort en frappant, même insulté que j'étais ; 3° Le soupçon de poltronnerie est mortel en France, et il est reçu que ce soupçon ne se détruit que par le duel, si ridicule qu'il soit : que le courage moral ne donne pas le brevet d'un homme courageux. » Le duel aura bien lieu, le 1er décembre 1848.

Ce qui vaut pour des gens de plume vaut également, et plus encore, pour les grands bourgeois ou les aristocrates – comme le montre Guy de Maupassant dans le conte, paru en 1884, qu'il consacre à ce cas de figure.

Le vicomte Gontran Joseph de Signoles, dit « le beau Signoles », promène dans le grand monde sa belle allure, ses moustaches de brave et son œil doux. Lorsqu'il envisage, comme tout un chacun, l'éventualité d'un duel, c'est le cœur parfaitement tranquille : « Quand je me battrai, disait-il, je choisirai le pistolet. Avec cette arme, je suis sûr de tuer mon homme. » Or, un soir, invitant deux couples d'amis chez Tortoni, le café huppé de la rue de Richelieu, « il s'aperçut qu'un monsieur assis à une table voisine regardait avec obstination une de ses voisines. Elle semblait gênée, inquiète, baissait la tête ». Le mari ne réagit pas, mais Signoles, ayant invité la dame, juge que c'est à lui que s'adresse l'injure. Il se lève, et somme le malotru de cesser. Celui-ci refuse une première fois, puis une seconde, répondant d'un mot ordurier « qui sonna d'un bout à l'autre du Café [...]. Un grand silence s'était fait. Puis, tout à coup, un bruit sec claqua dans l'air. Le vicomte avait giflé son adversaire. Tout le monde se leva pour s'interposer. Des cartes furent échangées ». Rentré chez lui, Signoles songe à ses témoins, un grand seigneur et un soldat, puis à la rencontre. « En se montrant crâne, résolu à tout, et en exigeant des conditions rigoureuses, dangereuses, en réclamant un duel sérieux, très sérieux, terrible, son adversaire reculerait probablement et ferait des excuses. » Et tout à coup, Signoles se prend à douter, à songer à la mort, et surtout, à la peur qui l'envahit. Le lendemain, voyant ses témoins, il persiste à exiger un duel sérieux, espérant toujours, secrètement, que son adversaire renoncera : « Vingt pas au commandement [...]. Échange de balles jusqu'à blessure sérieuse. » Mais l'autre accepte toutes ses conditions. Alors, resté seul après le départ de ses témoins, le vicomte s'affole : voulant lire, il feuillette la bible des duellistes, le *Code du duel* de Châteauvillard. L'angoisse l'étreint. Prenant son pistolet, « il regardait au bout du canon le petit trou noir et profond qui crache la mort, il songeait au déshonneur, aux chuchotements dans les cercles, au sourire dans les salons, au mépris des femmes, aux allusions des journaux, aux insultes ». Alors, n'en pouvant plus, Signoles s'enfonce le pistolet dans la bouche, et tire. Le conte s'intitule : *Un lâche*[63].

La chose, on le voit, n'est pas douteuse. « Il est des cas où le duel est indispensable[64] », confirme à la même époque Letainturier-Fradin, et où l'on ne saurait y échapper sans déchoir.

Car ceux qui refusent malgré tout de se battre risquent, outre la honte et le déshonneur, d'autres formes de violence, comme le rapporte Léon Daudet dans ses souvenirs parisiens. En 1896, lors d'un séjour à Venise, Léon apprend qu'une caricature très offensante vient de paraître contre lui dans *L'Écho de Paris*. De Venise, il télégraphie aussitôt au rédacteur en chef, Henri Simond, pour lui annoncer qu'il lui en demandera raison dès son retour d'Italie. Revenu à Paris, Léon Daudet constate cependant que le journaliste fautif lui refuse toute réparation par les armes, et même la moindre excuse, qui permettrait d'éviter le duel. Furieux de ce que lui rapportent ses témoins, Daudet pénètre dans les locaux du journal, entre de force dans le bureau de Simond, le saisit par les oreilles et lui administre une magistrale série de paires de claques – jusqu'à ce que « le pauvre type » tombe à terre en glapissant. Jugeant la correction suffisante, Daudet sort, rossant au passage un ou deux adjoints de Simond venus à la rescousse de leur patron, puis s'en va au *Figaro* rédiger un procès-verbal de carence qui, dit-il, fera bien rire les rédactions parisiennes aux dépens du malheureux Simond[65]. Il eut mieux valu un bon duel, ou des excuses sincères...

Phénomène notable, on retrouve des rituels analogues dans le milieu des proxénètes décrit en 1843 par Alexandre Dumas – grand expert en matière de duel, tant sur un plan littéraire que sur un plan pratique, ainsi qu'en attestent ses *Mémoires*. Lors donc qu'un individu prétend entrer dans l'honorable corporation, « l'un des terribles saisit la première occasion pour lui chercher querelle ». Lorsque le nouveau a été insulté, « de deux choses l'une : ou il refuse le combat, et alors il est hué, honni, conspué, chassé, et cela par sa maîtresse la première [...] ; ou il accepte la lutte, et alors on convient des conditions du combat, et du lieu et de l'heure où il sera livré. » Tout en bas de l'échelle sociale, on pratique donc le duel, même si c'est sur un mode caricatural – et sans risquer sa peau, puisqu'on se bat à coup de poing et de pieds, à la savate.

> Si donc, comme nous l'avons dit, le néophyte accepte le défi, les deux champions, accompagnés de leurs témoins, se rendent au lieu désigné, et là le combat s'engage.

> C'est une chose non moins curieuse à voir qu'un duel, je vous jure. D'abord, comme dans un duel, les adversaires se tâtent l'un l'autre par des dégagements et des feintes, chaque savatier commence par ce qu'on appelle les coups de principes attaquant par les coups de pied bas, qui ont pour but de mettre à nu les os des jambes, ripostant par les coups de pied d'arrêt, qui ont pour résultat de couper le diaphragme. Au bout d'un instant de cette lutte préparatoire, comme ils ne connaissent pas encore la boxe-savate et qu'ils s'en tiennent à l'art primitif, c'est-à-dire qu'ils ne se servent que des pieds, ils essaient de se passer la jambe. Enfin, si habiles qu'ils soient tous deux, l'un d'eux finit toujours par tomber ; alors, et le plus souvent, une fois à terre il s'avoue vaincu, non pas en demandant franchement grâce et merci, comme faisaient nos anciens chevaliers, – peste, le Français moderne est trop fier pour cela, – mais en disant, – j'en ai assez –, distinction subtile qui tend à faire croire que le vaincu se retire, non pas parce qu'il reconnaît un vainqueur, mais parce que le jeu qu'il joue commence à l'ennuyer. Si le... nous cherchons un mot pour ne pas dire vaincu, si le... terrassé prononce la phrase sacramentelle, son adversaire cesse de frapper à l'instant même, quelle que soit la haine qui l'enflamme, quel que soit le nombre de coups de pied qu'il ait reçu, quel que soit enfin son désir de les rendre. Le – J'en ai assez – est un talisman suprême, un appel toujours entendu. Un savatier, qui, après ce mot prononcé, toucherait un autre savatier autrement que pour l'aider à se relever, serait un homme aussi profondément déshonoré qu'un duelliste qui, après avoir désarmé son adversaire, lui passerait son épée au travers du corps[66].

Ainsi, même sur le mode du pastiche, le duel obéit toujours à des codes impératifs qu'il ne saurait être question de transgresser. Sanction ultime de la politesse, il est en effet soumis lui-même à des règles extrêmement rigoureuses : si le savoir-vivre implique un savoir-mourir, l'inverse n'est pas moins vrai. On peut tuer ou se faire tuer, mais toujours en galant homme.

Le duel comme objet de politesse

Cette stricte subordination aux exigences du savoir-vivre, on la retrouve à chacune des étapes du duel, ainsi que le rappelle l'un des meilleurs théoriciens de celui-ci, Adolphe Tavernier.

Première étape : l'engagement. « Lorsqu'une offense se produit d'homme à homme – j'entends, entre gens bien élevés –, il y a échange de cartes[67]. » Il va de soi que la carte que l'on donne alors est bien la sienne : ce qui n'empêche pas certains offenseurs d'essayer d'échapper frauduleusement à la sanction de leurs impolitesses en présentant des cartes qui ne sont point les leurs ; au début de la seconde République, on rapporte le cas d'un M. X..., ancien ministre, à qui, un beau matin, deux messieurs distingués, les témoins, viennent demander réparation d'un soufflet qu'il aurait donné la veille ; le ministre, très surpris, demande à être accompagné chez l'insulté, M. Z..., qui reconnaît à son tour ne l'avoir jamais vu, bien qu'étant en possession d'une de ses cartes. « Cet incroyable procédé, note le journaliste de *La Revue comique* qui rapporte ce fait, est moins rare qu'on ne devrait le penser ». Sous la Restauration, un certain M. de C..., connu pour sa lâcheté, avait toujours sur lui des cartes de M. de Bondy, réputé être à l'époque le meilleur tireur de Paris, ce qui, du coup, dissuadait massivement ses adversaires potentiels. Ceci dit, cette fraude à la carte est forcément marginale, et suffisamment rare pour que l'on s'en souvienne vingt ans plus tard. En général, ce sont bien leurs cartes qu'échangent les adversaires. Des cartes, et non des coups, que l'on réserve pour plus tard, ni des injures, qu'on laisse aux personnes mal élevées : « l'affaire étant engagée, toute discussion doit cesser » entre les adversaires. On ne se parle plus, et « il serait parfaitement incorrect d'agir autrement »[68].

Ce sont maintenant les témoins, deux par adversaire, qui sont chargés de parler à la place de ces derniers, et qui, en droit, se trouvent investis du pouvoir de décision : d'où, l'importance de leur choix. « En dehors d'une honorabilité parfaite et incontestée, commente Letainturier-Fradin, le vrai témoin doit encore posséder au suprême degré le tact, si nécessaire dans ces questions[69]. » Quand il n'y a pas eu « provocation instantanée », et donc, rencontre physique entre les deux adversaires, comme c'est le cas lorsque l'offense résulte d'un dessin ou d'un article de presse, les témoins du demandeur, qui se juge offensé, sont envoyés à l'offenseur. Celui-ci est alors « tenu d'accueillir avec courtoisie les mandataires de la partie adverse, d'écouter leur communication, et de leur donner une réponse, sans autre commentaire », mais « avec urbanité »[70]. En cas de provocation instantanée, les témoins se rencontrent et mettent au point, suivant les instructions expresses de leurs mandataires, les conditions précises du duel, dont ils établissent un procès-verbal détaillé et signé.

Deuxième étape : le duel organisé, les adversaires arrivent sur le terrain, accompagnés de leurs témoins et d'un médecin. Si l'on ne précise pas leur tenue, il va de soi qu'elle doit être sobre, et correcte ; certains duellistes vont jusqu'à s'habiller tout en noir, comme Gaillardet lors de son duel avec Dumas en octobre 1834 : « redingote, pantalons et gilet noirs, sans un seul point blanc sur tout le corps », l'objectif étant simplement de rendre plus difficile la tâche de son adversaire, qui manque ainsi d'un repère sur lequel viser. « Lorsque Carrel, un ou deux ans plus tard, fut blessé par Girardin, commente Dumas, il le fut à quelques lignes de la pointe de son gilet jaune, qui dépassait son habit noir[71]. »

Sur le terrain, les adversaires doivent se saluer courtoisement, ainsi que les témoins – Tavernier suggère « un coup de chapeau circulaire » – après quoi ils restent à l'écart pendant les ultimes préparatifs. Durant cette attente, il serait inconvenant qu'ils se parlent, et bien plus encore, quelle que soit la gravité de l'insulte qu'ils ont à venger, qu'ils se précipitent en hurlant l'un sur l'autre pour s'injurier et se frapper. « Cette scène peu neuve, mais d'un mauvais goût suprême et contraire aux usages établis, vous vaudrait probablement un désaveu de la part de vos témoins. » Le duel à la française n'a rien d'un western, et moins encore, d'une bagarre de saloon. Les adversaires, cela va de soi, doivent être sur le terrain à l'heure dite. « En pareille matière, souligne Adolphe

Tavernier, l'exactitude [...] est de règle absolue, et se faire attendre est d'une suprême inconvenance. [...] On s'arrange bien de façon, dans la vie courante, à arriver à l'heure exacte quand on est invité à dîner chez des étrangers[72]. » Le parallèle, on le note au passage, ne manque pas de piquant.

Troisième étape du rituel, le combat lui-même, à l'épée ou au pistolet – les seules armes honorables. Bien entendu, le silence sera de rigueur : on se bat ensemble, certes, mais poliment, et tout cri, toute injure, serait « de très mauvais goût » et « absolument ridicule de nos jours »[73]. Dans le même sens, les codes du duel prohibent les gestes déplacés : en particulier, le fait de se servir de sa main gauche pour détourner le fer, ou pis encore, pour s'en saisir. En 1931, dans *La Grande Peur des bien-pensants*, Georges Bernanos consacre encore un chapitre entier, « Histoire d'une main gauche », au duel qui avait opposé en 1886 le journaliste antisémite Édouard Drumont au patron du quotidien royaliste *Le Gaulois*, Arthur Meyer, pris en flagrant délit d'usage illicite de sa main gauche. Dans ses souvenirs, Meyer avoue avoir failli y perdre sa réputation et son crédit mondain : finalement, on parviendra à étouffer l'affaire, mais l'alerte a été chaude, très chaude : assez pour que l'on continue d'en rire un demi-siècle plus tard – alors même que la pratique du duel tend à devenir un souvenir historique lointain. Dès lors qu'il y a blessure, le duel est en principe arrêté par le directeur du combat, choisi comme arbitre parmi les témoins. Il est alors d'usage, on l'a dit, que les adversaires se serrent la main, ou du moins, qu'ils se saluent. L'affaire est close, l'offense est lavée, il n'y a plus à y revenir, et il faut désormais se comporter à nouveau en hommes du monde.

C'est du reste ce que confirme la dernière étape : après le duel, en cas de blessure de l'un des deux adversaires, l'autre se doit de lui rendre visite, « et, en déposant sa carte, s'informer de la santé qu'il a compromise ». Toutefois, précise Letainturier-Fradin, « si la blessure n'offre aucune gravité, le dépôt d'une carte de visite suffit. Il serait, dans ce cas [...] inconvenant de demander des nouvelles du blessé[74] ». On pourrait d'ailleurs y voir une marque d'ironie, et donc, pourquoi pas, une nouvelle offense : et tout serait à recommencer.

Sanction ultime de la politesse, il est logique que le duel se plie strictement aux exigences de cette dernière, même si, rétrospectivement, la chose peut sembler incongrue. Autres temps, autres mœurs. Au XIXe siècle, et jusqu'au début du XXe, celles-ci semblent plus vivaces que jamais : en 1911, la très officielle Société générale des prisons accueille ainsi l'un des principaux adversaires du duel, l'abbé Lemire, député du Nord, qui vient évoquer « les réformes à introduire dans la législation relative à la répression du duel ». À cette occasion, les intervenants, et notamment un professeur de droit, Jules Cauvière, constatent, pour le déplorer, que le duel « est devenu le code de la morale mondaine, le dernier mot de l'élégance et du bon ton » : « Ce que l'on entend conserver l'épée ou le pistolet au poing, c'est la faveur, c'est le suffrage des gens du bel air. Ce que l'on veut éviter, ce n'est pas le déshonneur proprement dit, c'est la raillerie frivole des salons, le sourire moqueur de quelques femmes superficielles, le dédain affecté de quelques hobereaux [...]. C'est aussi parfois, j'en fais l'aveu, le blâme sincère, le cruel reniement de compagnons d'armes, dont la susceptibilité prend trop vite ombrage au premier soupçon d'une lâcheté ». C'est pourquoi les intervenants restent sceptiques sur la possibilité d'un traitement pénal du problème, à l'instar du sénateur de Lamarzelle : « C'est une réforme des mœurs qu'il faudrait, non de la législation[75]. » Quelques années plus tard, la Grande Guerre leur portera un coup fatal.

7

Les angles morts du savoir-vivre

La légende dorée de la Belle Époque rapporte que Sacha Guitry, lors d'un dîner de grand gala, avait laissé échapper un vent particulièrement sonore ; alors que tout le monde, très gêné, pique du nez dans son assiette, Guitry, en habit noir et cravate blanche, Guitry que rien ne peut décontenancer, se penche vers sa voisine de droite, et lui chuchote, d'une voix parfaitement audible par toute la table : « Ne vous en faites pas, Madame, je dirai que c'est moi. »

Ce que l'on veut dire en citant cette anecdote, c'est que, même durant son âge d'or, la politesse connaît des limites. Comme tout ensemble de règles, elle a un champ d'application déterminé, ce qui signifie qu'elle ne concerne qu'une fraction de la population, et certains types d'activités. Cette population, c'est bien entendu la bourgeoisie, au sens le plus large du terme, c'est-à-dire, la « classe » désormais politiquement, économiquement et culturellement dominante, une « classe » directement intéressée au maintien, au respect et à l'expansion des règles de bienséance... Du reste, ce sont précisément les différents aspects de la vie bourgeoise, vie publique et vie privée, qui vont faire l'objet des réglementations minutieuses et complexes évoquées dans les chapitres précédents : on se rencontre, on se reçoit, on dîne, on se salue, on correspond, on s'aime, on se fiance et l'on se marie, on se quitte, etc. : à chacun de ces actes, quotidiens ou solennels, correspond un article du code précisant ce qu'il faut faire, ce qui est interdit, et ce que l'on risque si l'on ne respecte pas les règles.

À l'inverse, cela implique que les usages en question ne s'appliquent pas à tous, ni à tout. Certaines personnes, certains groupes, certains lieux leur échappent, bénéficiant d'une immunité qui ne paraît, au fond, nullement anormale, et qui ne choque personne.

En définitive, on peut échapper à ces prescriptions dans trois hypothèses distinctes : lorsqu'on est au-dessous, que l'on appartienne à un groupe jugé socialement inférieur ou que l'on exerce une activité honteuse ; lorsque se situe au-dessus d'elles – les Grands n'ont pas à respecter strictement des règles qu'ils pourraient, s'ils le souhaitaient, remodeler à leur guise. Ou encore, lorsqu'on est ailleurs : certains lieux, certains moments particuliers ne sont pas strictement soumis aux contraintes formelles du savoir-vivre, tolérance qui s'étend aux étrangers, dont on n'a pas à exiger la même soumission à des lois qu'ils sont censés ignorer.

L'impolitesse des pauvres

Bien qu'on la qualifie ici de « bourgeoise », la politesse en usage au XIXe siècle n'est pas strictement réservée ni pratiquée par les membres de cette (incertaine) catégorie sociale, même très largement entendue. Toutefois, il faut convenir aussi que durant la plus grande partie de ce siècle, une fraction considérable de la population, notamment les paysans qui, en 1870, représentent encore 70 % des Français, demeure assez éloignée des mœurs et des usages de la bourgeoisie urbaine. Pour ce qui est des « bonnes manières », ceux-ci n'en connaissent que les rudiments, issus de la vieille « civilité puérile et honnête » – rééditée du reste à plus d'une trentaine de reprises, spécialement par des éditeurs de province, entre 1810 et 1865. Dans une certaine mesure, les paysans continuent même de se plier, suivant les régions, à des usages ancestraux, à un savoir-vivre spécifique, qui paraît aux observateurs bourgeois aussi exotique que les cérémonies des « Peaux-Rouges de Cooper [1] ». On a déjà évoqué en ce sens certaines pratiques aux marges de la violence, comme le charivari, par lequel les jeunes d'un village sanctionnent « ceux dont le mariage blesse les usages reçus et rompt l'équilibre des sexes[2] » ; on peut citer aussi les danses, ou encore, les rituels très codifiés qui préludent ou accompagnent les rapports entre jeunes gens et jeunes filles, bourrades, touchers de mains, échanges de cadeaux, offre d'un « mai »[3]. La sociabilité rurale demeure très différente de celle de la bourgeoisie urbaine, marquée par la persistance de solidarités communautaires, familiales et villageoises encore fortes, qui se traduisent dans les règles, dans les contrôles parfois étroits qui sont exercés (comme celui des filles célibataires par les femmes du village), et dans les rites immémoriaux de ce savoir-vivre, au bal, à la fête, au lavoir ou sur la place du village.

Cependant, ce savoir-vivre paysan tend à se désagréger à partir du milieu du siècle, entre 1850 et 1870, peu à peu miné par les bouleversements politiques, économiques et culturels ; ainsi, l'avènement du suffrage universel en 1848 et sa spectaculaire mise en œuvre, la diffusion de la vulgate démocrate à travers les chansons de Béranger, les journaux et les brochures entraînent vers le milieu du siècle une politisation inédite, et parfois radicale, des milieux ruraux, qui se rapprochent ainsi des populations urbaines. *Volens nolens*, les paysans entrent en rapport avec le monde des villes, ses conceptions, ses mœurs et ses manières. Des manières dont l'imitation se trouve accélérée par le grand nombre de paysans qui émigrent temporairement à la ville pour y travailler, facilitée également par des échanges, des contacts que les nouveaux moyens de transport, notamment les chemins de fer, rendent beaucoup plus aisés que jadis. Après 1880, ces coutumes et ces rituels sont donc progressivement délaissés, ou relégués au rang de souvenirs ou de simulacres. « La transformation des danses [...] illustre ce relâchement du lien communautaire : les grandes danses collectives disparaissent, d'abord en se fragmentant en cellules restreintes de quatre, cinq ou six partenaires avant que ne s'impose, avec la diffusion des valses, polkas et mazurkas, la danse par couple. Parallèlement, le bal diurne, organisé dans un champ ou sur la place publique, régresse au profit du bal nocturne à l'auberge : les jeunes danseurs peuvent désormais se soustraire au regard de la communauté. De manière générale, on observe un appauvrissement des rites, qui ne sont plus que prétexte aux divertissements et aux ripailles[4]. » « À la veillée, souligne encore Françoise Mélonio, les vieillards se retrouvent seuls, tandis que les jeunes vont au café. Le charivari n'est plus qu'un charivari pour rire. Les feux de joie, vieux rites de fécondité, sont abandonnés aux enfants », tandis que les fêtes votives paraissent peu à peu délaissées par les villageois. Et ce mouvement, qui tend à éliminer l'ancien savoir-vivre paysan, va trouver un allié actif dans la scolarisation obligatoire imposée par la IIIe République et ses fameux « hussards noirs », les instituteurs, agents fervents d'une normalisation accélérée des mœurs et des usages.

Bécassine chez la marquise

L'uniformisation des mœurs va donc permettre une certaine diffusion des règles du savoir-vivre bourgeois. Toutefois, celle-ci est-elle autre chose qu'un faux-semblant, un simple vernis superficiel ? La lecture de l'un des best-sellers de la littérature de jeunesse, « L'enfance de Bécassine », paru en 1910 dans *La Semaine de Suzette*, conduit au moins à se poser la question. Annaïck Labornez, alias Bécassine, native de Clocher-les-Bécasses, Finistère, est invitée à déjeuner chez la marquise de Grand-Air. L'horrible Mme Quillouch ayant déclaré que la petite Bécassine ferait « une drôle de figure dans le grand monde », son parrain, l'oncle Corentin, se charge de lui apprendre les belles manières. « Et je m'y connais. À preuve que, quand j'étais piqueur de chez défunt M'sieu le marquis, le père de celui de maintenant, y'm disait souvent : Corentin, t'es bien sûr de pas être cousin du roi Louis-Philippe ? C'est étonnant comme tu lui ressembles. » Dupe de cette vieille blague légitimiste, Corentin débute donc ses leçons en apprenant à sa nièce la révérence, et quelques règles de base : « Il ne faut pas laisser languir la conversation. Il faut souhaiter le bonjour à tout le monde... dire des petites malices qui font rire ou se rendre utile quand on peut...

Faire comme les autres si on est embarrassé, etc. » Puis, le grand jour enfin arrivé, il confie à sa nièce un panier contenant un canard et des pommes, « car, dit-il, ça n'est pas poli d'aller manger le fricot des autres sans rien apporter ». Au château, on s'en doute, Bécassine fera tout à tort et à travers, en suivant à la lettre, sans aucun discernement, les préceptes honorables énoncés par son oncle : comme il lui a appris à saluer tout le monde, Bécassine, « soucieuse d'être polie », fait une révérence et salue chacun, y compris le bichon de la marquise, honoré d'un « salut, M'sieu le petit chien d'm'ame la marquise ». Le maître d'hôtel, pour faire diversion, annonce que « Madame la marquise est servie », mais Bécassine s'étonne : « Madame la marquise seulement ? Et nous autres, quand est-ce qu'on ce qu'on mangera ? » On la rassure, puis l'on passe à table. Là, à peine installée, Bécassine sort de sa poche un grand mouchoir à carreaux, avec lequel elle essuie soigneusement ses couverts. « L'oncle Corentin, son professeur de belles manières, fait toujours ainsi. Elle est surprise de voir qu'une action aussi simple provoque des marques d'étonnement, et de la part de Joseph », le maître d'hôtel, « domestique épris de correction », un regard courroucé. Et les catastrophes se succèdent, toujours dues à une interprétation littérale ou erronée des règles de politesse. Dévorant une fricassée de poulet, Bécassine se régale, « mais un des préceptes de l'oncle Corentin la tourmente : on ne doit rien laisser dans son assiette, a-t-il dit : ça n'est pas poli ». Ne pouvant manger les os, elle les essuie donc avec soin avant de les disposer artistiquement sur la nappe, tout autour de l'assiette. Ce qui ne l'empêche point de revenir enchantée de chez la marquise, et toute fière de ses belles manières. « Comment ça s'est passé ? a demandé anxieusement, le soir, l'oncle Corentin. Très bien, parrain, j'me suis rendue utile et agréable [...]. Ils étaient contents. Ils me regardaient tous en riant. J'crois bien qu'on m'invitera encore. »

Ne comprenant ni l'esprit, ni le sens de ces règles, Bécassine n'a pu saisir qu'elle avait fait rire ses hôtes (et ses innombrables lectrices) en les appliquant de façon aberrante. Mais son oncle

Corentin fait montre, au fond, de la même naïveté, et de la même ignorance, n'ayant qu'une connaissance très superficielle des bonnes manières, et ayant oublié d'enseigner l'essentiel à sa nièce – à savoir, que les usages doivent s'appliquer en fonction des lieux, des moments, et surtout des personnes avec lesquelles on se trouve.

Certes, il ne s'agit ici que d'une caricature, qui prétend divertir à peu de frais de jeunes lectrices bien élevées, et non décrire avec exactitude une réalité sociologique. À la veille de la Première Guerre mondiale, les petites paysannes ne se comportent plus comme Bécassine, de même que leurs parents ont cessé de porter, à l'instar de l'oncle Corentin, le costume folklorique – veste brodée, petit chapeau à larges bords, pantalons bouffants et sabots peints – qui le fait ressembler aux chouans romantiques des livres d'images. Mais en même temps, on sait que la caricature n'est efficace que pour autant qu'elle demeure suffisamment proche du modèle original – sans quoi, elle n'est plus ni drôle ni compréhensible. En l'espèce, on peut donc supposer que la scène est moins éloignée qu'on pourrait le croire de ce que devait être la réalité de l'époque. Et l'on peut en déduire aussi que la diffusion du savoir-vivre bourgeois dans les campagnes restait sans doute embryonnaire. C'est ce que semble d'ailleurs confirmer, en négatif, la mansuétude de la marquise et de son époux envers les balourdises de Bécassine, qu'ils paraissent effectivement considérer comme une petite sauvage : comme quelqu'un qui ne relève pas tout à fait, en tant que tel, de la politesse commune qu'ils exigent en revanche de leur propre fille.

Boule-de-suif et ses collègues

Certains groupes, mais aussi certaines activités échappent presque par définition aux obligations de la politesse. Parmi celles-ci figurent évidemment les comportements illégaux : le criminel ne s'excuse pas auprès de sa victime, et le voleur, sauf lorsqu'il s'appelle Arsène Lupin, remercie rarement ceux qu'il a dépouillés. Mais dans une certaine mesure, il en va de même pour certaines activités légales, ou tolérées, comme la prostitution, qui apparaît à cet égard comme un cas de figure extrêmement significatif. Ce que l'on appelle à l'époque le demi-monde, parce qu'il est en contact permanent avec le monde tout court, constitue en effet la face cachée, la part trouble, secrète, de la vie bourgeoise. Une part quantitativement considérable : on chiffre à 500 000 le nombre des prostituées en France avant la guerre de 1914[5]. Maxime du Camp estimait en 1872 à 120 000 les prostituées de la seule ville de Paris, à une époque où l'on en dénombre environ 70 000 à Berlin. Par conséquent, même si, comme la police, on divise ces chiffres par deux ou trois[6], on a encore une population considérable – et une clientèle qui l'est beaucoup plus : « Jamais peut-être, déclare en 1909 une certaine comtesse de la Vigne, la galanterie, dans le sens précis de ce mot, n'a pris des proportions aussi grandes qu'à l'heure actuelle, comme quantité sinon comme qualité[7]. »

Mais aussi, s'interroge l'historienne Laure Adler, « comment, au XIXe siècle, échapper au bordel ? Il se tient là, magnifique et obscène, redouté mais autorisé puisque soumis à la réglementation de la police. Il [...] sert de pôle d'attraction et de sociabilité pour toute une tranche de la population : hommes mariés, soldats, jeunes gens, célibataires, jeunes ou vieux[8] ».

En bref, durant tout l'âge d'or de la politesse bourgeoise, la prostitution, de haute volée ou de bas étage, constitue un fait social majeur, et littéralement incontournable. Est-elle pour autant, du point de vue qui nous intéresse, un monde à part, un point aveugle, échappant aux règles de comportement imposées par le savoir-vivre ? La réponse doit être fortement nuancée, pour des raisons complémentaires qui relèvent d'ailleurs de l'évidence. D'abord, parce que la prostitution se joue au moins à deux, la « fille » et son « miché », sans compter les comparses, parfois nombreux : entremetteuse, patronne de maison, proxénète, commissaire, médecin, etc. À deux : ce qui signifie que le comportement de la dame dépendra, en bonne partie, des attentes de son client – qui, suivant les cas, pourra exiger le respect de bienséances rassurantes, ou au contraire, leur transgression brutale, afin de pimenter la relation vénale et les voluptés qu'il en escompte. Ensuite, seconde raison, le monde de la prostitution n'a rien d'uniforme : pas plus, là encore, que ceux qui le fréquentent, et qui, du souverain au vagabond, appartiennent à toutes les strates de l'échelle sociale.

Revenons à la comtesse de la Vigne – dont le pseudonyme aristocratique ne dissimule pas une courtisane rangée des voitures, ancienne « maréchale de l'armée de Cythère », mais un certain Victor Joze, écrivain spécialisé dans l'anatomie du demi-monde, et dont Toulouse-Lautrec a illustré les ouvrages. Dans la prostitution parisienne, la pseudo-comtesse distingue trois classes. La première regroupe le très petit nombre des « grandes horizontales » : « Quelques mondaines déclassées qui tiennent le haut du pavé au pays de Cythère, et aussi quelques courtisanes sorties du peuple qui, grâce à leur beauté, à leur intelligence, à leur vice aussi, ont su gravir le sommet où elles paradent et trônent comme de vraies reines qu'elles sont [9] ». Ces courtisanes de « grande noce » possèdent hôtels particuliers dans les quartiers les plus chics, voitures, domestiques en livrée, et font tourner la tête aux puissants du jour. Mais elles ne sont qu'une poignée : une quarantaine peut-être sur les 80 000 filles en activité à Paris dans les années 1870, estime Laure Adler [10].

La demi-mondaine de deuxième classe se trouve dans une situation beaucoup moins brillante, et plus incertaine. Si elle a souvent un amant régulier, qui parfois lui verse une petite rente mensuelle, « elle fréquente assidûment, note la comtesse de la Vigne, les maisons de rendez-vous. Elle "fait" les cafés, le Casino de Paris, les Folies-Bergère, tous les endroits où elle peut accrocher le passant ». Issue du peuple, elle est généralement en voie de paupérisation. À cette catégorie intermédiaire, entre le haut du pavé et le bas-fond du trottoir, se rattachent les filles des maisons de tolérance, puis des « maisons de rendez-vous » qui tendent peu à peu à les supplanter.

Enfin, la troisième classe forme un prolétariat du plaisir qui pour l'essentiel travaille dans la rue, dans des garnis lépreux, des arrière-salles de « cafés » minables ou de bouges sordides. « Le gros de sa clientèle se compose d'ouvriers, d'individus misérables et grossiers. Cependant, de temps à autre, un bourgeois, plus rarement un homme du monde, vient chercher là des sensations que ses sens blasés ne trouvent pas ailleurs. »

Ces trois « demi-mondes », s'ils se livrent au fond à la même activité, ne la pratiquent pas avec les mêmes clients, ni par conséquent de la même manière : alors que dans les alcôves de son hôtel, l'« horizontale à la mode » sait se plier aux préceptes de la politesse la plus raffinée, la fille en maison se contente de singer les règles du savoir-vivre que la prostituée de bas étage ignore ou méprise. L'alcôve, le bordel, la rue : trois lieux, trois comportements distincts.

Splendeur des courtisanes : la très grande cocotte, l'hétaïre de luxe, déclare fièrement la comtesse de la Vigne, « est une reine de Paris, au même titre que la mondaine. L'une comme l'autre sont dans le train, se jalousent, s'imitent » : quand la mondaine se fait lascive, voluptueuse, la courtisane affecte de se conformer strictement aux usages, et de se montrer sur ce plan plus royaliste que le roi, comme pour faire oublier la vraie nature de son commerce. Rien ne la distingue plus alors de la femme du meilleur monde – sinon le fait qu'on achète ses faveurs, et qu'en échange, elle-même s'applique à « surjouer » les règles du bon ton. Aucun laisser-aller chez cette grande professionnelle : à parcourir le programme de sa journée décrit par la pseudo-comtesse, on croirait lire les conseils prodigués par la baronne Staffe et ses innombrables concurrentes. L'horizontale de luxe se couche et se lève tôt ; elle respecte l'hygiène la plus scrupuleuse. Lorsqu'elle déjeune chez elle, elle se montre « très, très sobre »[11] : pas question de prendre un gramme. Elle se nourrit donc d'un œuf, de fruits, de légumes et de lait, et pratique tous les sports à la mode : la chasse, l'équitation, le yachting, le tennis, mais aussi, dès la fin du XIXe siècle, l'auto et même l'aérostation.

Précision indispensable : ce que raconte la comtesse révèle évidemment, pour une bonne partie, de la mythologie, celle qui se construit autour de la figure de la grande cocotte. Les témoignages du temps sont en effet loin d'être unanimes sur la question

– et Pringué, par exemple, rapporte dans ses souvenirs une scène peu édifiante, qui a lieu lors d'un souper au « Rat mort ». À la table voisine, deux très célèbres courtisanes, Gaby de Naval et Diane de Lancy – on note le goût immodéré de la particule –, fameuses pour leur luxe et leur beauté, dînent avec deux magnats de la Bourse, « outrageusement fardées, décolletées jusqu'à la nudité, les bras cuirassés de diamants », et se font remarquer par la crudité de leur langage et « leurs gestes des plus osés ». Mais quelques tables plus loin, des femmes du monde qui accompagnent leurs maris se scandalisent, et protestent : sur quoi Diane de Lancy, coupe de champagne au poing, se lève, et leur crie : « Mesdames, nous n'allons pas dans vos salons. Ne venez pas dans les nôtres »[12]. Et l'on rapporte des anecdotes similaires des autres grandes courtisanes du temps, Lolla de Beaumont, Émilienne d'Alençon, la Belle Otéro, Cléo de Mérode ou Liane de Pougy, fameuses pour leur goût de la fête, des beaux équipages et du luxe tapageur.

Toutefois, même s'il faut prendre avec précaution les affirmations de la comtesse de la Vigne, celles-ci comportent sans doute un fond de vérité : de fait, la courtisane de luxe paraît à beaucoup d'égards plus proche de la femme du monde que de ses consœurs en vénalité. La gourgandine de deuxième marque, par exemple, aurait plutôt tendance à s'empâter, d'autant qu'elle s'empiffre volontiers : au début des années 1870, un ami des Goncourt raconte à Edmond « un déjeuner chez des lorettes : une perdrix aux choux entre deux sacs de bonbons [...] choux et bonbons grignotés et picorés en même temps[13] ». Le syndrome Boule de suif, en somme, que la comtesse de la Vigne détaille avec une condescendance narquoise : au restaurant, la cocotte de second ordre « tutoie les hommes ou les garçons, plaisante avec le gérant. Elle est là chez elle et ne se gêne pas. [...] Elle parle haut, rit très fort, sans souci des allées et venues. Elle interpelle d'un bout à l'autre de la salle la personne qui fait le service de sa table, crie un ordre au garçon qui passe, prend son café les deux coudes appuyés sur la nappe et fume une cigarette tranquillement[14]. » La gourgandine de deuxième classe transgresse volontiers les codes de la civilité, du moins lorsqu'elle n'est pas en service. Au restaurant, elle fait tout ce qui ne se fait pas : tutoyer des étrangers, parler et rire bruyamment, manger goulûment, fumer en public, etc.

À ces transgressions, la fille des rues, la prostituée de troisième classe, se contente d'ajouter une dimension sordide. Elle ne déjeune pas au restaurant, mais dans des bars louches, où elle se nourrit mal, et trop. « De plus, accuse la comtesse, ses goûts sont dépravés. Elle mange de préférence des choses très épicées, des vinaigrettes innommables, des ragoûts composés d'un peu de viande faisandée baignant dans une sauce noirâtre, aigre, sentant abominablement l'ail et le vin. Elle raffole de toutes les nourritures où l'oignon entre abondamment, elle adore les tripes, le boudin, les pieds de porc, le petit salé, les escargots[15]. »

Et l'on voit s'esquisser ici – avec les nuances et les précautions évoquées plus haut – trois types de comportements, coïncidant à peu près avec les trois catégories décrites par la comtesse : les cocottes de première marque respectent en principe les règles de la politesse, les filles de troisième ordre ne les respectent jamais ; quant à celles qui figurent dans la catégorie intermédiaire, elles n'y obéissent que lorsqu'elles sont en service, notamment au sein des maisons closes où elles exercent leurs talents.

On trouve une illustration savoureuse de ce qui peut se passer au bordel dans l'une des plus célèbres nouvelles de Maupassant, *La Maison Tellier*, publiée en 1881. S'il faut faire ici, une fois encore, la part de l'invention littéraire, on doit constater aussi que les traits saillants du récit correspondent avec ce que décrivent, à l'époque, les observateurs et les rapports de police – et noter au passage que l'auteur avait de ces endroits une connaissance extrêmement précise.

Cette « Maison » est donc un bordel, situé à Fécamp, et dirigé par Mme Tellier, « issue d'une bonne famille de paysans du département de l'Eure », qui « avait accepté cette profession absolument comme elle serait devenue modiste ou lingère. Le préjugé du déshonneur attaché à la prostitution [...] n'existe pas dans la campagne normande »[16].

« Madame, que tout le monde respectait », et qui depuis son veuvage demeurait « absolument sage », est elle-même très à cheval sur les bienséances : « Les gros mots la choquaient toujours un peu ; et quand un garçon mal élevé appelait de son nom propre l'établissement qu'elle dirigeait, elle se fâchait, révoltée. » On peut faire la chose, mais il est impoli de l'évoquer.

Madame, dessin de C. Guys

Au passage, il faut citer une lettre adressée en 1843 par trois « Madames » au commissaire de la ville de Mâcon, où se situaient leurs établissements : « Les soussignées ont l'honneur de vous exposer qu'elles tiennent depuis longtemps avec la permission de la police des maisons comme il en existe dans toutes les villes où il y a constamment garnison ; qu'elles ont maintenu toujours la plus sévère discipline dans leurs établissements ; et que jamais il ne s'est élevé de rixes ni passé de scènes qui puissent éveiller l'attention du public[17]. » Dans ses *Mémoires* publiés en 1895, l'entremetteuse Berthe Leroy s'excuse d'utiliser l'expression « maisons de passe » : « Pardon de la crudité du mot[18]. »

Pour en revenir au récit de Maupassant, on constate que Mme Tellier a su donner à sa maison une tenue très comme il faut. Là non plus, la chose n'est pas le fruit de l'imagination fertile de Maupassant. Alexandre Dumas rapporte qu'à « 4 heures, on dîne en communauté : chacune a sa place habituelle, comme dans une table d'hôte ; la dame de la maison tient le milieu et veille à ce que tout se passe dans les convenances. Dans quelques maisons, il y a une amende pour toute fille qui jure ou tient des propos licencieux[19] ». Ce que confirme à la fin du siècle le publiciste Charles Virmaître, sur un ton qui frise presque l'apologie : « Parler de décence dans une maison où la licence semble être le fonds de commerce paraîtra un paradoxe ; rien n'est pourtant plus vrai, et n'était-ce la tenue légère des pensionnaires, on ne trouverait rien à redire au point de vue des mœurs. » Pareillement, la tenue à table serait exemplaire : « Pas un mot, pas un geste, le service est fait en silence, on n'entend que ces phrases : Désirez-vous quelque chose ? Oui Monsieur, ou Non Madame. Tout est dit. Le repas terminé, chacune se lève, sans bruit, et fait ce qu'elle veut en attendant le client »[20].

Comme pour montrer à quel point la maison Tellier est intégrée à la société et à la culture bourgeoises, celle-ci se trouve un beau soir, au plus grand désappointement des habitués, fermée « pour cause de première communion » – celle de la filleule de Madame, qui a emmené pour l'occasion toute sa petite troupe festoyer à la campagne.

Et c'est au cours du voyage que le côté « comme il faut » de ce commerce va laisser entrevoir ses limites. À Bolbec, monte un représentant de commerce un peu familier, et à qui on ne la fait pas : « Ces dames changent de garnison ? » Il n'a pas prononcé le mot, mais l'a laissé entendre. Madame « répondit sèchement, pour venger l'honneur du corps : "Vous pourriez bien être poli". Il s'excusa : "Pardon, je voulais dire monastère." Madame, ne trouvant rien à répliquer, ou jugeant peut-être la rectification suffisante, fit un salut digne en pinçant les lèvres. »

Mais le mal est fait : en dehors du service, loin du lieu clos, protégé, que forme la Maison, les filles ne se tiennent plus. Elles se comportent comme leur collègue dans le restaurant évoqué par la comtesse de la Vigne. Le commis voyageur en profite pour asseoir « ces dames sur ses genoux », les faire sauter, les pincer, les chatouiller ; « tout à coup, il les tutoya. » Et les choses empirent lorsqu'il déballe sa marchandise, des jarretières, et qu'il propose aux filles de les essayer sur place : le désordre s'installe, les cuisses se dénudent, une pensionnaire coiffe le commis voyageur de sa jupe, et Madame doit intervenir « pour arrêter cette farce inconvenante ». Mais elle-même s'est laissée enfiler une jarretière, avant de se rebiffer et de remettre vertement le bellâtre à sa place, pour s'être montré « grossier »[21].

Au bordel, la politesse constitue en fait une nécessité absolue. Sur un plan institutionnel, d'abord, dans la mesure où ce groupe de prostituées, qui vivent et travaillent ensemble, jour et nuit, sans la moindre intimité, volerait bientôt en éclats si les rapports et les comportements n'y étaient pas rigoureusement codifiés. Au fond, la politesse entre « ces dames » conditionne le bon fonctionnement et l'existence même de la maison, d'autant que les patrons sont responsables des scandales qui pourraient advenir, et entraîner la fermeture administrative de l'établissement. Mais cette nécessité est aussi commerciale, répondant aux attentes de la clientèle bourgeoise, qui recherche le plaisir d'une fornication bon enfant, d'une volupté pépère, et non point le dépaysement, le risque ou le danger. « On allait là, chaque soir, vers onze heures, comme au café, simplement » : là, c'est-à-dire, à la maison Tellier, « ils s'y retrouvaient à six ou huit, toujours les mêmes, non pas des noceurs, mais des hommes honorables. [...] Et l'on prenait sa chartreuse en lutinant quelque peu les filles, ou bien en causant sérieusement avec Madame [...], puis on rentrait se coucher avant minuit. Les jeunes gens quelquefois restaient[22]. »

Le côté popote et tarte aux pommes est sans doute un peu forcé : mais, au fond, il semble correspondre assez exactement à la réalité de l'époque. La grande entremetteuse Berthe Leroy constate ainsi, dans ses *Mémoires*, que les goûts de la clientèle n'avaient rien d'extravagant, même pour ceux qui avaient des désirs un peu... spéciaux : « Il y en avait un dont le tic était les femmes mariées. Il les voulait dans la bourgeoisie » ; un autre désire des institutrices, un troisième ne veut que des dames de la haute. Alors, on déguise des filles à qui l'on fait la leçon ; la maquerelle en chef commence par faire au client « le plus grand éloge (de sa marchandise) : c'était toujours une femme du monde, du nanan et du vrai ». Puis, s'adressant à la fille : « Tâchez moyen de bien vous tirer de votre rôle de dame comme il faut. Il faut du buste et de la tenue »[23]. Bref, on bamboche, mais sans excès, en respectant les formes et les usages. Et si l'on veut vraiment s'encanailler, il faut changer de genre – et descendre d'un cran, pour s'adresser aux petites femmes de troisième marque, aux filles de la rue.

On parle de la rue pour simplifier la perspective. En réalité, les tapineuses se rencontrent aussi dans certains bordels, dancings, cabarets, cafés et autres. Chez l'honorable Mme Tellier, une partie de l'établissement, située au rez-de-chaussée et ouverte sur le port, accueille matelots et gens du peuple, auxquels on propose indifféremment des alcools frelatés et les imposantes demoiselles qui les servent. Il va sans dire que les deux parties de la maison sont nettement séparées, tant en ce qui concerne les filles, que leurs clients. Les premières, précise Maupassant, « formaient une sorte d'aristocratie, et demeuraient réservées à la compagnie du premier ». Du reste, « une moue inquiète et dégoûtée » se mettait parfois sur leur visage lorsqu'elles entendaient « les cris populaciers des hommes attablés au rez-de-chaussée »[24].

Lorsque des bourgeois ou des gens du monde y descendent, c'est pour y chercher autre chose – ou être quelqu'un d'autre, en secouant un instant le joug des usages et des convenances. Scène de genre rapportée par le sarcastique Frédéric Graindorge : nous sommes dans les années 1860, au bal Mabille, l'un des hauts lieux parisiens de la galanterie vénale :

> Il y a des conversations curieuses ; une grande femme, pimpante, ballonnée, à cheveux crêpés, poudrés, heurte un monsieur qui lui dit :
> — Tiens, c'est vous, Théodora ?
> — Oui, et vous aussi ; vous êtes revenu ?
> — Oui.
> — Vous êtes à Paris ?
> — Oui.
> — Vous viendrez me voir ?
> — Où ça ?
> — Rue des Martyrs, 68.
> — Toujours le même nom ?
> — Toujours !

— Quelle heure ?
— Toute l'après-midi.
— Eh bien ! un de ces jours.
— Lequel ?
— Nous verrons.
— Cette semaine ?
— Nous verrons.
— Eh bien ! Bonsoir. Fichu cancre ! Ils vous remettent tous comme ça !
Beaucoup d'étrangers allemands, italiens, anglais surtout, qui leur prennent le menton. On échange des adresses, on discute les valeurs comme à la Bourse[25].

Les choses sont claires, au moins : Graindorge, non sans un certain malaise, observe les petits jeux de l'amour et de l'argent :

« Enfin, je trouve un coin tranquille, près du grand salon désert ; là sont les gens du monde ; cela est bien visible : ils ont des habits convenables, dont toutes les parties vont ensemble ; ils se traitent avec égards ; ils ont l'air d'être à l'aise, chez eux ; ils rient et raillent de cette façon légère qui est propre aux Français, sans presque y toucher, du moins sans appuyer, en un instant. [...] Ils ont une femme parmi eux, et la tutoient ; entre eux façons parfaites ; avec elle c'est le contraire. L'un d'eux, très grand, à barbe immense, avec une tournure d'officier, lui dit à voix haute des choses salées, plus que salées. On rit ; elle sourit avec un peu d'embarras. [...] Elle n'a pas de mauvaises manières ; mais avec ces femmes le ton est tout à fait grossier. Je suppose qu'ils ont du plaisir à oser, à risquer ; on marche sur une convenance comme on casse les assiettes après souper, par verve, et pour faire du bruit. »

Ce que le client attend, ce qu'il désire, c'est donc la transgression des codes habituels, que celle-ci soit de son fait, ou de celui de la fille. Malheur aux mijaurées ! Du reste, la prostituée de troisième ordre n'a ni le loisir ni même l'idée de « faire des manières ».

Lorsqu'elle ne travaille pas, dans la journée, elle reste, assure la comtesse de la Vigne, au côté de son « petit homme ». Quand celui-ci joue aux cartes avec ses « camaros », « elle est là, attablée devant un verre de vin, les coudes posés sur la toile cirée poisseuse. De temps en temps, elle oublie la partie engagée et se met à parler fort ou à rire bruyamment. Alors son amant l'injurie brutalement et l'envoie voir dehors ce qui s'y passe » : d'où un déchaînement de cris, des insultes, des scènes de ménage en pleine rue : furieuse, la fille « dévisage les passants. Malheur à celui ou à celle qui, cet instant, soutiendra son regard. Ce qu'il entendra d'horreurs est inimaginable. [...] Les gros mots pleuvent dru »[26].

Mais lorsqu'elle est en service, la fille conserve le même genre de comportement, et c'est cela qui plaît à ses « michés ». « La fille attaque dans la rue le client avec force promesses et mots obscènes au lieu de l'attendre passivement sur un canapé dans une pose érotique. Les hommes, poursuit Laure Adler, demandent des partenaires qu'ils puissent au passage avilir quand ils le désirent, et non plus [...] des bonnes à l'ouvrage qui ne rechignent jamais[27]. »

À partir des années 1880, en effet, la demande évolue, entraînant le déclin irrésistible des « maisons » de jadis, du genre de celle de Mme Tellier, remplacées progressivement par des « maisons de rendez-vous » et par des formes de prostitution sauvage, plus conformes à l'évolution des goûts. Les filles, initialement parquées dans certains endroits – le Palais-Royal, le quartier Saint-Denis dans les années 1830 – sont maintenant partout : boulevards, jardins publics, « brasseries de femmes », « boutiques à surprises »... Affublées de sobriquets souvent explicites, – on songe, parmi d'autres, à « la Ventouse » du *Désespéré* de Léon Bloy, aux noms atroces énumérés dans les romans naturalistes ou les rapports de police –, attifées de nippes aux couleurs voyantes, peinturlurées, elles vont et viennent, racolant avec force grimaces, geste obscènes et œillades appuyées. La transgression des codes est ici non seulement ordinaire, mais indispensable : elle constitue l'une des armes dont disposent les filles dans leur chasse à l'homme.

Ainsi, les règles de la politesse et du savoir-vivre ne concernent pas certains groupes, certaines activités inférieures, qui se situent par là même hors de son champ d'application. Les hétaïres de haut vol, qui sont d'ailleurs en très petit nombre, n'échappent à la dérogation que dans la mesure où leur position sociale, leur fortune, leurs relations particulières les rattachent au grand monde.

Du côté des rois

« Ce qui perdit M. de Charlus ce soir-là fut la mauvaise éducation – si fréquente dans ce monde – des personnes qu'il avait invitées et qui commençaient à arriver. Venue à la fois par amitié pour M. de Charlus, et avec la curiosité de pénétrer dans un endroit pareil, chaque duchesse allait droit au baron comme si c'était lui qui avait reçu, me disait, juste à un pas des Verdurin qui entendaient tout : "Montrez-moi où est la mère Verdurin, croyez-vous que ce soit indispensable que je me fasse présenter ? J'espère au moins qu'elle ne fera pas mettre mon nom dans le journal demain, il y aurait de quoi me brouiller avec tous les miens. Comment, c'est cette femme à cheveux blancs ? Elle n'a pas trop mauvaise façon"[28]. »

Petite explication : dans ce passage de *La Prisonnière*, Marcel Proust détaille un événement mondain tout à fait inhabituel. Le baron de Charlus, membre très éminent de la plus haute aristocratie, a fait inviter des gens de son monde à un concert chez M. et Mme Verdurin, qui sont des bourgeois richissimes, certes, mais qui ne sont que cela : des bourgeois. C'est pourquoi les duchesses qui arrivent en masse se permettent la plus invraisemblable grossièreté, négligeant de se faire présenter à leurs hôtes, se les faisant désigner du doigt, portant sur eux, à haute voix, des jugements condescendants, et étalant leur mépris pour le salon où elles sont invitées, comme s'il s'agissait d'un lieu mal famé, d'un bouge où il serait déshonorant de paraître.

Le baron de Charlus s'avère d'ailleurs aussi coupable (d'impolitesse) que les autres : il « oublia entièrement Mme Verdurin et la laissa oublier, jusqu'au scandale, par les gens de "son monde" à lui qu'il avait invités ». Et la grossièreté se prolonge jusqu'à la fin du concert : « M. de Charlus recommença, au moment où, la musique finie, ses invités prirent congé de lui, la même erreur qu'à leur arrivée. Il ne leur demanda pas d'aller vers la Patronne, de l'associer elle et son mari à la reconnaissance qu'on lui témoignait. Ce fut un long défilé, mais un défilé devant le Baron seul [...]. Personne n'eût plus pensé à se faire présenter à Mme Verdurin qu'à l'ouvreuse d'un théâtre où une grande dame a pour un soir amené toute l'aristocratie[29]. »

Le pauvre Charlus ne l'emportera pas au paradis : son manque d'égards et sa légèreté lui vaudront, successivement, d'être ridiculisé, puis exclu du salon Verdurin. Mais ce qui nous intéresse ici, c'est encore autre chose : le fait que les membres de la (très) haute société pouvaient se permettre de transgresser, en connaissance de cause, les préceptes les plus évidents du savoir-vivre : des règles qu'ils appliquaient en revanche strictement lorsqu'ils étaient entre eux, et dont ils exigeaient bien sûr le respect de ceux qu'ils jugeaient socialement inférieurs. C'est à ce paradoxe qu'on voudrait s'arrêter un instant avant de s'intéresser à deux cas de figures similaires, aux tolérances dont bénéficiaient à cet égard les grands artistes et ces princes de la mode que furent, au XIXe siècle, les dandies.

Princesses, duchesses, etc.

En principe, les « grands « sont tenus aux mêmes règles, aux mêmes obligations que les autres ; en un sens, ils y sont même tenus encore plus rigoureusement : « La moindre incorrection dans une parure, expliquait Balzac dans son *Traité de la vie élégante* (1830), peut faire reléguer une duchesse inconnue dans les derniers rangs de la société[30] ». Il s'agit même, affirme un siècle plus tard le duc de Lévis-Mirepoix, d'un impératif catégorique : plus on est élevé, et plus on se doit à soi-même, aux autres et aux usages. « Les personnes bénéficiaires de certains avantages présents ou légataires d'avantages du passé sont tenues, dès le premier abord, à la bienveillance envers de moins favorisés [...]. Entre deux interlocuteurs, celui qui doit se montrer le plus poli est, soit le plus haut placé, soit celui qui représente une tradition plus considérable. Car le fait d'être détenteur d'une haute position ou de l'avoir vue occupée par sa famille rend, en quelque sorte, débiteur de politesse à l'égard du public[31]. » C'est en vertu de ce principe très Ancien Régime que Louis XIV saluait les blanchisseuses, et que Marie-Antoinette, enfermée au Temple avant son procès, obligeait son fils, le Dauphin, à saluer le moindre domestique sous peine de réprimande.

Les grands sont, en théorie, ceux qui connaissent le mieux les codes du savoir-vivre, et donc, ceux qui doivent les appliquer le plus rigoureusement – d'où, un exemple parmi beaucoup d'autres, le terrible problème des préséances à table, qui se pose dans le « monde » avec une acuité évidemment inconnue ailleurs. Plus épineuse encore, ce que l'on pourrait appeler la question du « conflit de normes », dont Proust donne une illustration bouffonne et tragique à la fois dans un passage d'*À la recherche du temps perdu* : la duchesse de Guermantes lui ayant demandé de les accompagner en Italie, elle et son mari, Charles Swann décline poliment l'invitation, avouant à son amie qu'il est très souffrant. Et la duchesse de s'étonner :

> « Oui, mon petit Charles, je trouve que vous n'avez pas bonne mine du tout, je ne suis pas contente de votre teint, mais je ne vous demande pas cela pour dans huit jours, je vous demande cela pour dans dix mois. En dix mois on a le temps de guérir, vous savez. » A ce moment un valet de pied vint annoncer que la voiture était avancée. « Allons, Oriane, à cheval », dit le duc qui piaffait déjà d'impatience depuis un moment, comme s'il avait été lui-même un des chevaux qui attendaient. « Eh bien, en un mot la raison qui vous empêchera de venir en Italie ? » questionna la duchesse en se levant pour prendre congé de nous. « Mais, ma chère amie, c'est que je serai mort, depuis plusieurs mois. D'après les médecins que j'ai consultés à la fin de l'année, le mal que j'ai et qui peut du reste

m'emporter tout de suite, ne me laissera pas en tous les cas plus de trois ou quatre mois à vivre, et encore c'est un grand maximum », répondit Swann en souriant tandis que le valet de pied ouvrait la porte vitrée du vestibule pour laisser passer la duchesse. « Qu'est-ce que vous me dites là ? » s'écria la duchesse en s'arrêtant une seconde dans sa marche vers la voiture en levant ses beaux yeux bleus et mélancoliques, mais pleins d'incertitude. Placée pour la première fois de sa vie entre deux devoirs aussi différents que monter dans sa voiture pour aller dîner en ville, et témoigner de la pitié à un homme qui va mourir, elle ne voyait rien dans le code des convenances qui lui indiquât la jurisprudence à suivre et ne sachant auquel donner la préférence, elle crut devoir faire semblant de ne pas croire que la seconde alternative eût à se poser, de façon à obéir à la première qui demandait en ce moment moins d'efforts, et pensa que la meilleure manière de résoudre le conflit était de le nier. « Vous voulez plaisanter », dit-elle à Swann. « Ce serait une plaisanterie charmante, répondit ironiquement Swann. Je ne sais pas pourquoi je vous dis cela, je ne vous avais pas parlé de ma maladie jusqu'ici. Mais comme vous me l'avez demandé et que maintenant je peux mourir d'un jour à l'autre... Mais surtout je ne veux pas que vous vous retardiez, vous dînez en ville », ajouta-t-il parce qu'il savait que pour les autres, leurs propres obligations mondaines priment la mort d'un ami, et qu'il se mettait à leur place, grâce à sa politesse. Mais celle de la duchesse lui permettait aussi d'apercevoir confusément que le dîner où elle allait, devait moins compter pour Swann que sa propre mort. Aussi, tout en continuant son chemin vers la voiture, baissa-t-elle les épaules en disant : « Ne vous occupez pas de ce dîner. Il n'a aucune importance ! » Mais ces mots mirent de mauvaise humeur le duc qui s'écria : « Voyons, Oriane, ne restez pas à bavarder comme cela et à échanger vos jérémiades avec Swann, vous savez bien pourtant que Mme de Saint-Euverte tient à ce qu'on se mette à table à huit heures tapant. Il faut savoir ce que vous vous voulez, voilà bien cinq minutes que vos chevaux attendent. Je vous demande pardon, Charles, dit-il en se tournant vers Swann, mais il est huit heures moins dix. Oriane est toujours en retard, il nous faut plus de cinq minutes pour aller chez la mère Saint-Euverte[32]. »

Les grands n'ont pas les soucis du commun, et les obligations qu'ils s'imposent peuvent être lourdes. Mais en même temps, ils ont toujours la faculté de s'en affranchir sans encourir pour autant les sanctions ordinaires.

Il faut évidemment s'entendre sur les mots, notamment pour savoir qui peut bien se trouver au-dessus de la règle de bienséance. La « duchesse inconnue » dont Balzac nous confiait tout à l'heure qu'une seule faute suffirait à la faire déchoir, doit être considérée par rapport à son milieu, la cour du Roi, où elle n'est jamais, au fond, qu'une duchesse parmi tant d'autres. En revanche, dans le cadre d'une modeste aristocratie provinciale, au milieu de « collets montés » de sous-préfecture ou de chef-lieu de canton, la petite duchesse serait la reine, elle donnerait le ton sans la moindre discussion, et ses fautes, ses manquements éventuels à la politesse seraient certainement considérés comme des audaces délicieuses, que tous les autres s'empresseraient d'imiter.

En bref, on n'est grand que par rapport à son milieu, de façon relative, et il en va de même à l'égard des règles de bienséance : on doit les respecter avec ses pairs, et plus encore lorsque l'on rencontre un supérieur, mais on a, dans une certaine mesure, la faculté de les négliger quand on se trouve avec des inférieurs – comme c'est le cas des duchesses invitées par Charlus chez les Verdurin. Les seuls à être systématiquement au-dessus sont les souverains et les membres des familles royales : au-dessus des autres, mais également de la norme commune et de la politesse bourgeoise dont ils ont, implicitement, la possibilité d'infléchir les règles. On connaît bien, à ce propos, les anecdotes concernant le prince de Galles, le futur Édouard VII. Celui-ci, explique André de Fouquières, « fut un incontestable arbitre de la mode. Le moindre détail de sa toilette prenait immédiatement force de loi et s'imposait à la "Gentry". Une fois, le Roi parut, le dernier bouton de son gilet déboutonné. Il fut désormais obligatoire à Regent Street et sur les Boulevards de faire de même »[33].

On parle ici de mode, mais c'est de bienséances qu'il s'agit, et de savoir-vivre : ce qui était un signe d'incorrection, de « négligé », le fait de ne pas boutonner entièrement son gilet, devient, parce que le souverain le fait et par cela seul, une marque d'élégance, une véritable règle.

Les choses ne vont pas toujours si loin : la moindre transgression par le Prince ne suffit pas à abolir l'usage qu'il a violé, et à imposer l'usage contraire. En revanche, les « grands », et en particulier le souverain, restent à peu près libres d'en faire à leur guise. Contrairement aux autres, ils ne sont pas astreints aux usages, et leur obéissent parce qu'ils le veulent bien.

D'où une liberté de ton et d'allures qui, dans un ménage bourgeois, passerait pour le comble de la mauvaise éducation. C'est ce que relatent les Goncourt dans leur *Journal*, alors qu'ils viennent de dîner pour la première fois, le 16 août 1862, chez la princesse Mathilde, nièce de Napoléon, fille du roi Jérôme, et cousine très chère de l'empereur Napoléon III : « La Princesse descend. On nous présente. C'est une grosse femme, un reste de belle femme, un peu couperosée, la physionomie fuyante et des yeux assez petits, dont on ne voit pas le regard ; l'air d'une lorette sur le retour et un ton de bonne enfance, qui ne cache pas tout à fait un fond de sécheresse. [...] Pendant le dîner, fort ordinaire comme cuisine, la causerie saute et va, avec un ton d'entière liberté, de certains mots qui sentent un certain monde, des expressions d'atelier, de l'argot de demi-monde, des anecdotes qui frisent la polissonnerie [...]. C'est absolument la conversation chez une lorette qui se tient, avant dîner. [...] Après dîner, on passe des cigares sur le plateau du café et tout le monde se met à fumer en plein salon, autour et presque sous le nez de la Princesse. »

En l'occurrence, on le voit, la liberté d'allures de cette dernière s'étend au milieu qui gravite autour d'elle. Quelques années plus tard, en juillet 1868, c'est d'ailleurs chez elle, dans son fameux salon, que les Goncourt sont témoins d'un « trait de mœurs du grand monde actuel » qu'ils ressentent comme une atteinte grossière au plus élémentaire savoir-vivre : un ministre de Napoléon III, « le jeune Welles de la Valette – il est onze heures – claque des doigts, absolument comme pour appeler son chien : c'est sa femme qu'il appelle. La jeune femme immobile, il lui fait : « Oust ! » pour se faire plus clairement entendre, et comme elle ne bouge pas, il la prend par le bout du nez, la fait lever, la traîne au milieu du salon, où la femme lui rabat la main d'une tape de colère. Et ils sont partis ». Quant aux deux frères, ils en restent médusés.

Il est vrai que les transgressions vont rarement si loin ; le plus souvent, elles se ramènent à des familiarités un peu poussées, comme celles qu'ils relèvent en novembre de la même année, lorsque Mathilde débarque sans crier gare dans leur toute nouvelle maison d'Auteuil. « Elle entre comme une bombe dans la salle à manger, aperçoit sur la table, au milieu des papiers de notre roman, un pot de confiture d'épicier en faïence et un trognon de pain, prend le trognon, plonge la cuiller dans le pot entamé et goûte bravement. Voilà de ces aisances, chez elle naturelles, rondes, familières et charmantes. "Ah, lui dis-je, si la duchesse d'Angoulême vous voyait" ! » Ou comme dans l'anecdote que Mathilde, quinze ans plus tard, rapporte à ses invités, caressant l'un de ses toutous réputé pour son odeur nauséabonde : « Du temps que j'étais encore une jeune femme, et une puissance et la maîtresse d'un salon très couru, j'avais un petit chien qui s'appelait Démoc-Soc. Un jour, un jour où mon salon était tout plein de très grands personnages, d'ambassadeurs, de belles dames, mon pauvre Démoc-Soc lâche une horreur. Vous voyez d'ici tout le monde se bouchant le nez, faisant des têtes impossibles, vous voyez, n'est-ce pas ? Je dis alors très simplement : "Vraiment, Messieurs et Mesdames, vous êtes bien... bien impolis... Car c'est moi !" »[34] Même Sacha Guitry, qui reprendra l'idée, n'osera pas aller si loin...

Sans doute faut-il faire la part des choses, et en l'occurrence, celle de la forte personnalité de Mathilde. Mais au fond, ce type de comportement ne semble pas exceptionnel, dans ces milieux très singuliers qui touchent au pouvoir suprême. À la même époque, le prétendant légitimiste, Henri V, comte de Chambord, qui à bien des égards paraît la discrétion même, tout le contraire de la volcanique Mathilde, se laisse aller parfois, dans le château autrichien où il vit en exil au milieu d'une petite cour de fidèles, à des grossièretés comparables. « Plus le cérémonial est sévère pour les princes qui en sont écrasés, commente alors l'un de ces proches, plus ils éprouvent dans l'intimité le besoin de réagir en prenant le côté comique de ces exigences. » L'étiquette la plus rigoureuse, estimait en effet Chambord, est indispensable au prestige des princes : ce qui ne l'empêchait pas de la détester, et de s'en moquer aussitôt qu'il se trouvait dans l'intimité. Alors, il retrouvait le ton empreint de gauloiserie dont on se distrayait naguère, du temps de son grand-père Charles X.

Au château de Frohsdorf, où vivent l'exilé et sa cour, on conserve donc les usages, mais on persiste à en rire. Les femmes, par exemple, entrant dans la salle où se trouve le prince, doivent faire trois révérences. « Plus la référence était profonde, plus elles étaient distinguées. Les seigneurs de la cour ne manquaient pas d'y donner critique, et de se distraire des comparaisons qui en résultaient. Or, dans le jargon fort peu châtié de la cour à cette époque, ces références de grande cérémonie étaient désignées « à c... ouvert » ; aussi à Frohsdorf, où toutes les traditions avaient gardé leur fraîcheur, le Prince ne manquait pas, quand la réception devait être particulièrement imposante, de le rappeler avec une résignation comique : « Ah, ce soir, c'est à c... ouvert. »

Ce qui frappe ici, c'est finalement le mélange incongru de cérémonial et de grossièreté que l'on retrouve à tout moment. Ainsi, à dîner : « Un soir que, causant avec un familier de la maison, le comte de la Viefville, nous n'avions pas aperçu l'invitation à s'asseoir qu'avait faite Monseigneur à la cantonade, le Prince, avec une charmante bonne grâce, nous dit : “Il faut que je vous apprenne l'adage de la Cour, de s'asseoir quand on peut, de pisser quand on veut, et de demander toutes les places vacantes”[35]. » Dernier exemple : à la Cour, le cérémonial en usage interdisait formellement le tutoiement entre les personnes en présence du Prince. Lui, en revanche, pouvait en user à sa guise : il tutoyait toujours ses neveux et nièces, parfois, dans l'intimité, quelques rares familiers, mais jamais son demi-frère, le duc Della Graza, ni sa demi-sœur.

En définitive, le Prince, de même qu'il est partout chez lui, est à tout moment maître de la règle. Il peut, à l'instar de Chambord, en exiger le respect, comme il peut aussi s'en dispenser et en dispenser les autres, ainsi que le fait parfois Mathilde. La politesse, au fond, n'est faite que pour les bourgeois.

Génies et goujats

Cette tolérance dont bénéficient les Altesses s'étend aux princes de l'esprit, aux grands créateurs. La supériorité reconnue de leur génie les dispense eux aussi, dans une certaine mesure, des rigueurs du savoir-vivre.

Entre eux, ils se montrent fréquemment d'une extrême familiarité – et Victor Hugo, avec sa politesse froide et minutieuse, son côté gentleman, est perçu comme une exception dans ce milieu « où les plus grandes célébrités, notent Goncourt, vous reçoivent à la première entrevue avec un "Tiens, c'est toi, ma vieille"[36] ! » tonitruant.

Mais cette grossièreté de façade se manifeste surtout à l'égard des autres. « Dans tout artiste, remarque un grand couturier mis en scène par Hippolyte Taine, il y a du Napoléon. Quand M. Ingres peignait la duchesse d'A..., il lui écrivait le matin : Madame, j'ai besoin de vous ce soir au théâtre, en robe blanche, avec une rose au milieu de la coiffure. La duchesse décommandait ses invitations, mettait la robe, envoyait chercher la coiffure, allait au théâtre. L'art est Dieu, les bourgeois sont faits pour prendre nos ordres[37]. »

De l'artiste de renom, du créateur à la mode, on est tout prêt à accepter de bonne grâce l'inadmissible : les annales de l'histoire mondaine en rapportent d'innombrables exemples.

Ainsi, au tout début du XXe siècle, la duchesse Alain de Rohan organise dans son hôtel du boulevard des Invalides un grand dîner en l'honneur de l'une des gloires littéraires de l'époque, Pierre Loti. Or, non seulement le romancier arrive avec un retard considérable, mais une fois sur place, il se fait ostensiblement apporter son courrier, se met à ouvrir les enveloppes, à lire les lettres, aussi tranquillement que s'il avait été derrière son bureau. « Avez-vous reçu beaucoup de lettres d'amour ? », hasarde alors la princesse Murat qui, seule, a le courage de briser le silence. « Elle ne rompit pas pour autant le charme dans lequel était perdu l'écrivain, rapporte André de Fouquières, car sans seulement s'apercevoir de nos sourires, Pierre Loti continua le dépouillement de son courrier[38]. » Autre exemple, quelques années plus tard : Anna de Noailles arrive à un déjeuner chez la princesse Jacques de Broglie avec une heure et demie de retard, et à peine arrivée, elle se met à monologuer pendant quatre heures, jusqu'à son départ, sans écouter quiconque ni toucher à la nourriture, sans tolérer la moindre interruption. Et lorsque le grand journaliste Lucien Corpechot tente de prendre la parole, elle l'arrête sèchement : « Tout à l'heure, quand je serai partie[39]. » Incontestables impolitesses : mais parce qu'il s'agit de Pierre Loti et de la comtesse de Noailles, du grand romancier et de l'immense poétesse, on tolère, non sans un certain étonnement il est vrai, qu'ils se comportent de cette manière, en divas ou en demi-dieux.

Là encore, s'il s'agit d'exemples extrêmes, presque légendaires, le cas n'a rien d'unique, pas plus que la mansuétude manifestée par les hôtes. Le génie place celui qui en est doué au-dessus des règles, et ce, qu'il soit l'invité, comme Loti ou Anna de Noailles, ou l'invitant, comme l'aquarelliste Madeleine Lemaire, dont le salon est décrit par Marcel Proust dans un article de 1903 :

> La soirée commence à peine et déjà Mme Lemaire jette à sa fille un regard inquiet en voyant qu'il ne reste plus une chaise ! Et pourtant ce serait le moment chez une autre d'avancer les fauteuils : voici qu'entrent successivement M. Paul Deschanel, ancien président, et M. Léon Bourgeois, président actuel de la Chambre des députés, les ambassadeurs d'Italie, d'Allemagne et de Russie, la comtesse Greffulhe, M. Gaston Calmette, la grande-duchesse Vladimir avec la comtesse Adhéaume de Chevigné, le duc et la duchesse de Luynes, le comte et la comtesse de Lasteyrie, la duchesse d'Uzès douairière, le duc et la duchesse d'Uzès, le duc et la duchesse de

Brissac, M. Anatole France, M. Jules Lemaître [...]. Cela n'arrête pas une minute, et déjà les nouveaux arrivants désespérant de trouver de la place font le tour par le jardin et prennent position sur les marches de la salle à manger ou se perchent carrément debout sur des chaises dans l'antichambre. La baronne Gustave de Rothschild, habituée à être mieux assise au spectacle, se penche désespérément d'un tabouret sur lequel elle a grimpé pour apercevoir Reynaldo Hahn qui s'assied au piano. Le comte de Castellane, autre millionnaire habitué à plus d'aises, est debout sur un canapé bien inconfortable. Il semblerait que Mme Lemaire ait pris pour devise – comme dans l'Évangile : « Ici les premiers sont les derniers », ou plutôt les derniers sont les derniers arrivés, fussent-ils académiciens ou duchesses [40].

Le génie a des droits sur nous, il est au-dessus des usages imposés au commun. Et il doit aller très loin dans la grossièreté pour donner le sentiment de dépasser les bornes – comme ce soir de 1868 où, dans un restaurant du Quartier latin, George Sand, « venue dîner en cabinet particulier avec un jeune homme [...] avait scandalisé les inscandalisables garçons du restaurant des étudiants par les F... et les N... de D... qui sortaient de sa bouche de grand-mère [41] ».

Les ambiguïtés du dandysme

Le dandy, si l'on en croit le *Robert*, pourrait se définir comme « un homme qui se pique d'une extrême élégance dans sa mise et dans ses manières » : définition admissible, à condition toutefois de préciser que cette extrême élégance des manières se situe fréquemment en décalage, et parfois en opposition avec les codes usuels de la civilité bourgeoise.

À ce propos, il faut noter d'abord que ce qu'on appelle le dandysme constitue, même au sens propre, un courant relativement durable : si le mot apparaît sous la plume de Lord Byron autour de 1813, s'il est utilisé en France dès 1817, le comportement qu'il désigne se pratique – sous ce nom ou sous quelques dénominations plus éphémères, « beaux », « lions », etc., qui n'en sont que des variantes locales – du début à l'extrême fin du XIXᵉ siècle. Durable, donc, mais complexe et fluctuant : quoi de commun, en effet, au premier abord du moins, entre l'oracle du dandysme britannique, George Brummel, modèle d'absolue sobriété vestimentaire, et son biographe français, le romancier Jules Barbey d'Aurevilly, célèbre pour ses capes noires à la Velasquez, ses gilets rouges, ses pantalons écossais bariolés, ses cravates de dentelle brodée d'or et les gants blancs couturés de noir qu'il portait, à Paris, jusqu'en plein été ? Quel rapport entre les dandies brutaux et arrivistes qui peuplent l'univers de Balzac, et le dandy fin de siècle, efféminé et sophistiqué, dont le comte Robert de Montesquiou-Fézensac, l'auteur du « Chef des odeurs subtiles », « le cabotin élégant de l'aristocratie[42] », comme le définit Edmond de Goncourt, semble avoir été le type le plus achevé ?

Le dandy, aurait pu rétorquer Baudelaire, est épris avant tout de distinction. Sa passion prédominante, c'est l'originalité, être différent des autres, mais en se mettant au-dessus d'eux, par l'élégance érigée en art de vivre. Ce faisant, le dandy s'oppose radicalement aux antipolitesses évoquées plus haut : à l'antipolitesse morale, qui se ramène à une horreur des apparences suspectée de cacher les vices les plus atroces, et plus encore, à l'antipolitesse égalitaire – le dandysme impliquant par essence une prétention à la supériorité et à la différence. « Éclat d'héroïsme dans les époques de décadence, le dandysme, proclame Barbey, maintient un projet aristocratique contre la marée montante démocratique qui tend à tout égaliser au plus bas niveau[43]. » C'est précisément cette dimension aristocratique qui pousse le dandy à transgresser les règles du savoir-vivre bourgeois, au nom de ce que Baudelaire appelait le « plaisir de déplaire », et avec d'autant plus de violence que ces préceptes ont acquis une importance sociale de premier plan.

Dans les premières années du XIXᵉ siècle, le dandysme semble faire l'unanimité contre lui : Philarète Chasles, dans un texte sur « la société anglaise en 1817 », le décrit « composé de mépris, de fadeur et d'empois, sourcilleux et insultant par état, coudoyant tout le monde, empressé de déplaire ». Musset y voit un jeune homme qui a « appris à se passer du monde entier », et Chateaubriand, dans ses *Mémoires d'outre-tombe*, le juge insupportablement frivole, insolent et grossier[44].

Mais pourquoi cette rage, ou ce plaisir de déplaire ? Pour se singulariser à tout prix. Ce que désire le dandy, c'est d'être autre, de paraître différent dans un monde où tous se ressemblent, et que l'on y reconnaisse sa singularité. Or, note Émilien Carassus, « adopter les règles en usage, les suivre scrupuleusement rangerait le dandy dans le troupeau [...]. Accomplir les gestes que tout le monde accomplit ? Il n'y aurait pas de dandy sans insatisfaction devant cette monotonie [...]. Les codes étroits de la politesse, de la hiérarchie préétablie, du "comme il faut" régissant à l'avance toutes les paroles et les actions l'écœurent ». Pour lui, « les guides de convenance sont des carcans étouffant [...] toute marque de personnalité ». Ainsi, conclut-il, « le dandy constitue en soi, par son être même, un défi insolent aux lois prudentes de la bonne société », où il prétend introduire « l'insolite d'une fantaisie glacée », celle-là même qui va lui permettre de se distinguer[45].

Tout ce qui caractérise son comportement social paraît donc en rupture avec les codes en usage : impertinence, insolence, violence parfois, imprévisibilité aussi souvent que possible – tels sont les modes de transgression que révèlent d'innombrables anecdotes complaisamment colportées par la presse, le roman, le théâtre et les potins.

Brutalité : au début du XIXe siècle, remarque Carassus, « il n'était pas difficile, pour certains, de manifester leur dandysme : il suffisait de bousculer tout le monde sur son passage, de préférence vieux messieurs et vieilles dames. Il suffisait de lorgner passants et passantes avec insistance [...] et de faire preuve en toute occasion de la plus remarquable impolitesse et d'un non moins remarquable sans-gêne[46] ». Durant les décennies suivantes, le dandy se raffine, du moins en général. Sous le second Empire, le héros de Taine, Frédéric-Thomas Graindorge, observe avec ironie son dandy de neveu traiter « les femmes comme des chevaux, et les chevaux comme des femmes ». Le même juge très chic de recevoir son oncle, à héritage pourtant, « enfoncé dans une bergère, les pieds à la hauteur de l'œil, et fumant insolemment des cigares aussi bons » que les siens[47].

« Rien de plus contraire aux règles du haut dandysme, écrit alors Théophile Gautier, que de se reconnaître [...] inférieur à quelque chose[48] » : d'où, son affectation à l'insolence. Sur ce point, on cite fréquemment l'impertinence historique de George Brummel, qui, apercevant son ex-ami et protecteur le prince de Galles suivi par un courtisan de sa connaissance, demandait à haute voix à ce dernier : « Dites-moi, cher ami, quel est donc ce gros homme qui vous accompagne ? ». Mais on attribue des piques comparables au Brummel français, le (très britannique) comte d'Orsay (1801-1852), un temps arbitre des élégances parisiennes et ami intime de Napoléon III. Un soir, lors d'une réception, un richissime financier laisse tomber une pièce de monnaie, et ne faisant ni une ni deux, s'accroupit aussitôt pour la retrouver ; Orsay l'imite, mais pour feindre de mieux chercher, l'endroit étant un peu sombre, il enflamme, sans mot dire, un billet de banque en guise de torche. Quelques décennies plus tard, on pourrait faire un recueil de toutes celles que l'on prête au comte Robert de Montesquiou, perçu par ses contemporains comme l'incarnation même de l'insolence, comme l'atteste le portrait qu'en trace Marcel Proust, pastichant Saint-Simon : « Sa position naturelle [...] était toute de fierté, de hauteur, d'intransigeance à ne plier devant personne et à ne céder sur rien, jusqu'à marcher droit devant soi sans s'occuper du passage, bousculant sans paraître le voir, ou s'il voulait fâcher, montrant qu'il le voyait, qui était sur le chemin, avec un grand empressement toujours entour de lui des gens des plus de qualité et d'esprit à qui parfois il faisait sa révérence de droite et de gauche, mais le plus souvent leur laissait, comme on dit, leurs frais pour compte, sans les voir, les deux yeux devant soi[49] ».

En 1901, trois ans avant la publication de ce billet de Proust, le sulfureux Jean Lorrain s'était inspiré du personnage pour en faire le héros de son roman le plus fameux, *Monsieur de Phocas*.

Dans la première scène du roman, seul dans le bureau de son hôte où un domestique vient de l'introduire, M. de Phocas est décrit feuilletant négligemment, du bout d'une canne luxueuse, un manuscrit posé sur la table parmi les papiers et les livres. « C'était odieux, intolérable et d'une parfaite impertinence », rapporte le narrateur, qui se sent tout à la fois « indigné et ravi, indigné de l'acte, mais ravi de son audace [50] ». Fouiller dans les papiers d'autrui avec une canne : le geste, suprêmement inconvenant, rappelait peut-être au lecteur de l'époque la rumeur atroce (et d'ailleurs fausse) selon laquelle Montesquiou, le 4 mai 1897, au soir du terrible incendie du Bazar de la Charité, serait allé reconnaître les cadavres d'une façon... inhabituelle. « Impeccable, haut sanglé dans la jaquette adéquate du jour, Monsieur soulevait délicatement les uns après les autres les linceuls jetés sur les corps exposés... du bout fin de sa canne ; oui, du bout de sa canne, il remuait les suaires d'un geste lent et combien excédé, à ce point qu'un gardien de la paix lui grommela ces mots : si ça vous dégoûte, laissez-moi ; je vais vous les montrer, moi, les corps... On ne touche pas aux morts avec une canne [51]. » Chez la baronne de Rothschild, l'une des filles du poète Heredia ayant fait allusion à cette rumeur qui courait Paris, Montesquiou se contenta de protester, et il fallut que l'écrivain Henri de Régnier insiste et en rajoute pour qu'il daigne demander réparation – assez flatté, au fond, qu'on lui attribue un acte de cet ordre, et que tout le monde s'en émeuve. Voici bien le dandy : pour lui, la transgression et la volonté de déplaire sont aussi des moyens détournés de dominer, de séduire, fût-ce en scandalisant ou en humiliant.

Ce sont donc les règles de la politesse élémentaire qui se trouvent bafouées – et précisément pour cela, parce qu'elles sont élémentaires et que chacun doit les connaître et les pratiquer, parce qu'elles sont communes et que le dandy exècre par principe ce qu'il juge tel. Tous les dandies, expliquait Baudelaire, « participent du même caractère d'opposition et de révolte » ; tous se sentent animés par « ce besoin, trop rare aujourd'hui, de combattre et de détruire la trivialité ». Ainsi, brutalement ou avec subtilité, ils transgressent. Comme le souligne Barbey dans son essai fondateur, *Du dandysme et de George Brummel*, le dandy « se joue de la règle et pourtant la respecte encore. Il en souffre et s'en venge en le subissant ; il s'en réclame quand il s'y échappe ; il la domine et est dominé tour à tour[52] ». Et l'on perçoit ici toute l'ambiguïté de cette attitude – dans son rapport aux règles du jeu social, et en particulier, de la politesse. La transgression, certes, mais jamais jusqu'au bout, jusqu'au scandale ou à l'exclusion. Si le dandy veut être autre, distingué du troupeau, il exige de l'être à l'intérieur même du groupe auquel il continue d'appartenir, et qu'il prétend dominer. S'il allait trop loin, s'il en était exclu, il ne serait plus distingué, mais en dehors : un paria, et non plus un dandy, comme Oscar Wilde, ostracisé à son corps défendant et jeté en prison pour homosexualité, l'apprendra à ses dépens. Dès qu'il pénètre dans la geôle de Reading, il perd à jamais son statut de dandy pour n'être plus, dans les salons, qu'objet d'horreur ou sujet de moquerie.

Le dandy, lui, se contente donc de jouer avec le feu, même s'il lui arrive de déraper et de s'y brûler les moustaches. Il n'est pas un révolutionnaire, ni même, au fond, un véritable subversif. C'est pourquoi il se permet de défier les mœurs de la société, mais pas le régime politique ; « il s'en prend aux relations de bienséances, à certains préjugés de bonne conduite », jamais au système dans son ensemble[53]. Du reste, on peut parfois le soupçonner de ne se livrer à ces transgressions que par désir de « réclame » : c'est ce qu'Edmond de Goncourt écrit de Barbey d'Aurevilly, qu'il accuse de n'être qu'« un critique épateur de bourgeois [...], un écrivain dont la célébrité a été surtout faite par son costume de faraud imbécile, le mauvais goût de ses cravates à galons d'or, ses pantalons gris perle à bandes noires, ses redingotes à gigots, ses gants crispins, le carnaval enfin qu'il promenait toute l'année dans les rues sur sa personne[54] ».

Et même lorsqu'il s'attaque aux règles de politesse, le dandy agit en franc-tireur, adoptant des comportements qu'il jugerait ridicule de vouloir généraliser – d'autant que l'attaque elle-même se doit d'être imprévisible, sous peine de perdre sa portée, son attrait et sa séduction. Parfois incroyablement grossiers, M. de Phocas, des Esseintes, le baron de Charlus – ou le comte d'Orsay – savent à d'autres moments, et en fait, le plus souvent, se montrer d'une exquise urbanité, et respecter les règles de bienséance avec une exactitude scrupuleuse.

Un lieu à part, le spectacle

Certains lieux échappent aussi, en partie, à l'empire de la civilité : et à cet égard, on peut évoquer en particulier le comportement au spectacle, c'est-à-dire, à l'époque, au théâtre, au concert ou à l'opéra.

Si l'on s'en tenait aux principes, à « l'esprit de la civilité », on devrait en déduire que les exigences du savoir-vivre y sont respectées encore plus strictement qu'ailleurs, afin de n'importuner ni les artistes sur scène ni les spectateurs, souvent inconnus, que l'on côtoie dans la salle. Telle est d'ailleurs l'attitude que prescrivent les bons auteurs : celui du *Manuel de l'homme de bon ton* observe qu'à un concert, « il serait de la dernière impolitesse de fredonner les airs des morceaux de musique qu'on exécute, de battre la mesure de la tête, des mains ou du pied, et de distraire l'attention » des auditeurs. Au théâtre, de même, « il est inconvenant de tourner le dos à la scène, et de rire d'un spectateur qui s'est attendri et laisse échapper des larmes, comme aussi de faire la conversation à haute voix cependant que l'acteur est en scène. Une autre faute de bienséance qui est commune à bien des gens est de suivre tout haut le récit de l'acteur, de faire des remarques sur l'ouvrage ou sur le comédien, de façon à être entendu. Rien n'est plus insupportable aux voisins, qui vont au spectacle pour voir ce qu'on y joue, et non pour entendre des critiques souvent très ridicules [55] ». Cette règle est stricte : elle n'en est pas moins, avoue l'auteur, très communément bafouée – et pas seulement par des spectateurs populaires ou des publics étudiants, ces « enfants du paradis » qui envahissent à l'époque les troisièmes balcons et les places à

— C'est inutile... je n'enlèverai mon chapeau que quand la dame qui est devant moi aura enlevé le sien.

bon marché : il arrive aussi qu'elle le soit par des gens du meilleur monde, en principe très à cheval sur les usages et la bienséance.

Pour évoquer le relâchement ordinaire auquel on assiste alors à l'occasion des spectacles, on peut commencer par faire un crochet outre-Atlantique, où le même sentiment produit les mêmes conséquences : ayant payé sa place, le spectateur estime avoir le droit de se comporter à sa guise, et en particulier, d'exprimer librement, et bruyamment, ce qu'il pense de l'œuvre et de ses interprètes. Au début du XIXe siècle, à New York, le jeune écrivain Washington Irving constate que le public des loges utilise le théâtre « comme une salle de café ou un salon à la mode, où on se permet de parler à voix haute, sans aucun égard pour ses voisins plus attentifs à la pièce[56] ». Le spectacle est dans la salle, et il arrive souvent que le public, enthousiaste, déclame les passages les plus fameux de la pièce, accompagnant et même précédant les acteurs. Quand il a particulièrement apprécié une tirade, une scène, une réplique, il va jusqu'à hurler, à battre des pieds, à utiliser tout ce qui pourrait faire du bruit, les simples applaudissements s'avérant impuissants à manifester son plaisir. À l'inverse, lorsque le public est déçu ou furieux, il le manifeste avec la même violence : cris, sifflets, huées, jets d'objets sur les acteurs sont assez courants.

Quelques décennies plus tard, la romancière anglaise Frances Trollope se scandalise encore du laisser-aller du public américain. Dans toutes les grandes villes qu'elle visite, New York, Cincinnati, Philadelphie, elle rencontre au théâtre quelques rares femmes, certaines en train d'allaiter leurs nourrissons, et surtout des hommes, qui tombent la veste et retroussent leurs manches, qui chiquent, crachent, croquent des noix dont ils jettent les coquilles, étendent leurs jambes sur le rebord de la loge, lisent le journal, se pavanent en gloussant auprès des dames et s'esclaffent bruyamment, tout en gardant, bien sûr, leur chapeau vissé sur la tête. Mais ces comportements sont-ils propres au public américain, qui à en croire miss Trollope, « semble se moquer de toutes les contraintes des manières civilisées »[57] ?

En 1837, Mme de Girardin constate que « l'on entend de nos jours ce que jadis on n'avait jamais entendu, à savoir, des sifflets à l'Opéra. Nous aurions bien, poursuit-elle, quelques reproches à faire aux loges d'avant-scène, aux élégants qui parlent haut, qui ont une gaîté un peu trop sonore et des poses un peu trop avantageuses ; mais ils avaient raison cette fois. [...] D'ailleurs, il faut leur rendre justice ; s'ils se montrent sévères pour les mauvais ouvrages, ils sont pleins d'enthousiasme pour ceux qu'il faut admirer. [...] Les sifflets bruyants partent de leurs loges, c'est vrai, mais c'est de leurs loges aussi que tombent, au jour des triomphes mérités, les couronnes et les bouquets[58] ».

Certes, la bienséance n'est pas vraiment respectée : mais l'enthousiasme et l'ambiance générale excusent bien des fautes. Du reste, ce qui semble inouï à l'Opéra, dans ce « conservatoire des usages de l'ancienne France[59] », paraît ailleurs monnaie courante. Dans la plupart des théâtres parisiens, le laisser-aller est habituel, et la violence même s'y est banalisée : ceux que l'on paye pour applaudir, les hommes de « la claque », exercent un petit métier reconnu, quoique parfois dangereux. Ainsi, note Balzac dans un article paru dans *La Caricature* en septembre 1831, « en parlant d'un succès de la veille, le claqueur se vantera que cette victoire lui a coûté un œil poché, un bras tordu, un pied foulé[60] ».

En France comme aux États-Unis, le laisser-aller peut donc aller jusqu'à la violence, sans que l'on s'en scandalise vraiment. Et cette tolérance est encore plus large lors de certaines « premières », lorsque la nouveauté de l'œuvre est perçue par une fraction du public comme une provocation...

« Les premières représentations, observe encore Mme de Girardin, sont souvent de petites émeutes littéraires que la présence d'un prince du sang ne prévient pas toujours[61] ». Elle-même est d'ailleurs experte en la matière. Âgée de dix-sept ans, elle était apparue pour la première fois en public le soir même de la Bataille d'*Hernani*, en 1830, où les partisans de Victor Hugo parvinrent, *manu militari*, à imposer aux bourgeois conservateurs du Théâtre Français la pièce de leur héros, et le genre romantique. « Quand elle entra dans sa loge, rapporte à son sujet Théophile Gautier, et se pencha pour regarder la salle, qui n'était pas la moins curieuse partie du spectacle, sa beauté – *bellezza folgorante* – suspendit un instant le tumulte, et lui valut une triple salve d'applaudissements ; cette manifestation n'était peut-être pas de bien bon goût, mais considérez que le parterre ne se composait que de poètes, de sculpteurs et de peintres, ivres d'enthousiasme, fous de la forme, peu soucieux des lois du monde[62]. »

Au XIXe siècle, l'histoire des spectacles est une longue suite de « petites émeutes », auxquels les gens du monde prêtent volontiers la main, et dont certaines sont restées dans les mémoires. Outre celle que l'on vient de citer, l'une des plus fameuses est celle que déclenche, en 1861, la représentation à l'Opéra de Paris du *Tannhaüser* de Wagner : le 18 mars, rapporte Wagner lui-même, tout se passait à merveille jusqu'au moment où, « soudain, au deuxième acte, des coups de sifflet stridents se firent entendre, le directeur Royer se tourna vers moi et dit : "Ce sont les Jockeys, nous sommes perdus"[63] ». Les Jockeys, c'est-à-dire les membres du club du même nom, qui réunit la meilleure société parisienne et la plus haute aristocratie. L'un des principaux meneurs, ce soir-là, n'est autre que le prince de Sagan, Charles Guillaume de Talleyrand-Périgord, qui, l'âge venant, avouait ingénument : « On nous avait dit qu'il y aurait du chambard, alors, évidemment, nous y sommes allés[64]. » Et en effet, du chambard, il y en eut, ce soir-là. En fait, les membres du Jockey – pourtant astreints par les statuts de leur club à respecter strictement les règles de la bienséance –, très amateurs de ballet, sont furieux de voir leurs jolies danseuses favorites remplacées par un opéra de ce M. Wagner, un Allemand. Aussi, malgré le soutien apporté au compositeur par l'Empereur et l'Impératrice qui assistent à la représentation, c'est le déchaînement : dans la salle, ce ne sont que rires bruyants, quolibets, insultes, sifflets. Les proches du compositeur sont pris à partie, on se bat, on se gifle. À la troisième représentation, on doit interrompre la séance à deux reprises, alors que des rixes menacent de dégénérer. Le calme rétabli, les Jockeys recommencent à souffler dans leurs sifflets de chasse et leurs flageolets, de sorte qu'ils ont finalement le dernier mot. De leur côté, les wagnériens hurlent « À la porte, à la porte, les Jockeys ». La princesse de Metternich, folle de rage, se retire ostensiblement. Pendant l'entracte, l'un des siffleurs entre dans la loge d'une dame fort distinguée qui le présente à une autre, écumante de fureur : « C'est un de ces misérables, mon cousin ». Le troisième acte, note Wagner écœuré, semble quant à lui s'être déroulé sur un champ de bataille.

De part et d'autre, les règles de la civilité semblent donc avoir été laissées au vestiaire. Mais ce sont les lieux et les circonstances qui l'expliquent, et qui, en partie, l'excusent. Un demi-siècle plus tard, le scandale du *Sacre du printemps* d'Igor Stravinsky, le 29 mai 1913, confirmera avec éclat que rien n'a changé [65] : entre élégants et élégantes, on peut s'injurier, se gifler, se battre même, ou se traiter mutuellement de « garces du XVIe ! » lorsqu'on se trouve au théâtre ou à l'Opéra. Le spectacle ne relève pas de la politesse ordinaire.

III

Le temps des ruptures
(1914-1950)

8

La fin du bon vieux temps

« Au regard du savoir-vivre comme de beaucoup d'autres éléments de civilisation, observent en 1937 le duc de Lévis-Mirepoix et le comte Félix de Vogüe, la Grande Guerre trace une limite dans le temps[1]. » De fait, c'est à ce moment précis, autour de 1914-1918, puis durant les deux décennies qui suivent, qu'est consommée la rupture avec les principes et les usages de la civilité bourgeoise qui avaient dominé le siècle passé. Rupture décisive, donc, puisque celles qui suivront, après 1950, ne feront pour l'essentiel que prolonger ce qu'elle a commencé.

À l'épreuve du feu

« L'état de crise, tel serait, sans aucun doute, le diagnostic d'un observateur des mœurs à qui l'on demanderait de dégager le trait le plus caractéristique de cette époque d'après-guerre », écrit en 1922 le romancier du grand monde, Paul Bourget[2].

La crise, la rupture, les bouleversements qui suivent la guerre paraissent en effet si massifs, qu'ils sont ressentis par tous comme une évidence – y compris, sur un ton primesautier, par une certaine comtesse Gatienne Riguidi qui, dix ans après l'armistice, constate que le vrai savoir-vivre « est aujourd'hui la qualité la plus rare » :

L'argent remplace la politesse et la parvenue se carre dans le fauteuil de la douairière. Je vous jure que j'ai vu, l'autre soir, en plein raout, un industriel qui réclama du maître d'hôtel un couteau pointu pour se curer les dents. Le repas fini, je voulus expliquer à notre homme son incorrection :

— Ce n'est pas propre, lui dis-je, et c'est assez écœurant pour les voisins. Il répliqua avec une logique brutale : peut-être qu'il vaut mieux garder du veau dans ses dents ?

Toute ma jeunesse, j'entendis ma mère me crier : Gatienne, ne mets pas les doigts dans ton nez ! Et pourtant je vous jure que je les mettais dans mes petites narines le plus délicatement possible. Pauvre mère ! Comme elle serait scandalisée de voir les enfants d'aujourd'hui. Je ne parlerai même pas de l'abc des convenances, comme de mettre sa main devant sa bouche quand on baille ; de dire : « Dieu vous bénisse » quand quelqu'un éternue, ou « Excusez » quand, par hasard, des gaz, remontant l'œsophage, s'échappent par l'orifice buccal. Aujourd'hui, à la fin d'un dîner, on se croirait en Espagne, tant on prend de libertés stomacales avec la correction.

Plus une maîtresse ne sait placer les convives à table. Pas une ne sait, dans un salon, tenir la conversation. La politesse est morte, et ce ne sont pas les galopins d'aujourd'hui qui la ressusciteront. Je ne peux croire que ce soit des popotes que les hommes d'aujourd'hui ont rapporté des mœurs aussi effrontées.

Chacun sait que, lorsqu'on trouve un cheveu dans le potage, il convient de l'avaler le plus discrètement possible, sans rien laisser voir son dégoût à ses voisins. L'autre soir, j'ai entendu le vicomte de... (mais je ne dirai pas encore son nom pour cette fois) lâcher un gros juron et crier : Casimir, donnez-moi un peigne pour manger le potage à la tignasse ! Et il montrait le cheveu à toute la table écœurée. Ceci se passait chez sa grand-mère, la femme la mieux élevée de France, qui, dans un mouvement d'émotion bien naturel, laissa choir son râtelier dans le bouillon.

Si vous allez à une réunion dansante, vous êtes suffoquées, mes chères lectrices, de voir jeunes hommes et jeunes femmes tanguer ou fox-trotter les mains nues. Jadis, les jeunes lions ne dînaient pas pour s'acheter des gants. Les temps sont changés et – voulez-vous que je vous dise – sentent singulièrement la purée [...]. Il est bien certain que les jeunes femmes poufferaient de rire en lisant

> aujourd'hui les écrits de Mme de Genlis, de Mme Campan ou de Mme Millet-Robinet. Les manuels les plus récents de la baronne Staffe ou de la vicomtesse de Tramar, qui ne quittent pas mon chevet, provoqueraient chez nos contemporaines une pareille gaieté. Les conseils de savoir-vivre de mes inoubliables « prédécesserices » ne sont plus bons qu'à être bafoués. Voilà où nous en sommes[3] !

Décidément, les temps anciens sont révolus. À ce propos, on se permettra tout de même deux remarques liminaires.

Tout d'abord, il ne s'agit pas, en l'occurrence, d'une rechute dans la rhétorique banale du « bon vieux temps ». Au XIXe siècle, il arrive, à certains moments de transition ou d'incertitude, que celle-ci affleure jusque dans les traités de savoir-vivre : dans les années qui précèdent la chute du second Empire, la comtesse Dash, évoquant ce qu'elle considère comme le déclin général du bon ton, dédie son code du savoir-vivre « à la mémoire d'un passé qui disparaît chaque jour[4] », alors qu'Arnould Frémy, en 1868, consacre le sien à dénoncer *Les Gens mal élevés*. Mais à l'époque, on rencontre ce thème du déclin chez nombre d'esprits éclairés, à l'instar de Maupassant, qui, dans un article paru en 1881, écrit – avec trente ou quarante ans d'avance – la notice nécrologique de la politesse française : « Je ne voudrais point qu'on me crût assez fou pour prétendre ressusciter cette morte : la politesse. Les miracles ne sont plus de notre temps et, pour toujours, je le crains bien, la politesse est enterrée côte à côte avec notre esprit légendaire. Mais je désire au moins faire l'autopsie de cette vieille urbanité française, si charmante, hélas ! Et si oubliée déjà ; et pénétrer les causes secrètes, les influences mystérieuses qui ont pu faire du peuple le plus courtois du monde un des plus grossiers qui soient aujourd'hui [...]. Nous semblons devenus une race de goujats. Depuis quelque temps surtout, il me semble sentir vraiment une recrudescence de grossièreté. Nous y sommes d'ailleurs tellement accoutumés que nous n'y songeons plus guère [...]. Aujourd'hui, on est mal élevé quoique bien né. L'habitude des salons, la fréquentation du monde ne donnent plus le savoir-vivre[5]. »

Seconde précision, qui n'infirme pas la précédente, mais qui la nuance : le bouleversement des mœurs que l'on attribue à la Grande Guerre avait été annoncé par nombre de signes précurseurs. Ainsi, plusieurs années avant que le conflit mondial n'en fasse une rengaine, le thème de « l'américanisation des mœurs », opposée à la courtoisie, à l'élégance et à la « vieille galanterie française », se retrouve aussi bien sous la plume de romanciers à succès, comme Jean Lorrain[6], que dans certains traités de savoir-vivre, dont les auteurs semblent deviner par avance les brèches par où s'engouffreront les changements : « Dans notre marche progressive, l'esprit de famille, le respect de la société, tendent à se perdre. Les inventions du jour veulent vaincre le temps, l'espace, les éléments. On prétend vivre vite, pour aller loin : forcément, la grâce cérémonieuse du geste lent s'efface. Tout se ressent de la célérité de notre marche vers l'avenir. Le costume perd en élégance ce qu'il gagne en confort. Dans la précipitation d'une halte, les repas ne subissent plus l'influence de l'étiquette. Le salut devient bref. On serre, à l'anglaise, la main qui, jadis, élargissait la jupe pour une révérence. La correspondance confie au télégraphe, à la carte postale, le mot laconique, dénué de toutes les formes d'urbanité. Le protocole en a supprimé une grande part. Nous l'imitons. La jeune Amérique veut implanter ses coutumes en Europe. La vie au grand air, les sports, durcissent les fibres de l'homme, le rendent apte à supporter les intempéries, les souffrances ; ils exaltent son courage et son orgueil. Alors, toute habitude polie lui semble une servitude, qui enserre sa liberté[7]. » Tout se transforme, jusqu'à la jeune fille, qui apprend à parler l'argot des héroïnes de Gyp, et s'émancipe en pratiquant la bicyclette ou la gymnastique : « Ce qui restait de la pudeur, se lamente Octave Uzanne en 1898, sombra dans une folle préoccupation des vêtements de dessous ; l'habitude de l'hydrothérapie en commun, la liberté de langage, de manières, d'attitudes, accélérèrent encore cette décadence des mœurs[8]. »

Un changement est en train de s'opérer, mais l'on n'en aperçoit que les prémisses, que seuls quelques esprits chagrins parviennent à trouver préoccupantes. C'est à la Grande Guerre, qui, en un sens, procède du même mouvement de modernisation, qu'il appartiendra de les réaliser, avec une radicalité que n'auraient pu imaginer les observateurs les plus perspicaces, ou les plus pessimistes...

La guerre aura, sur ce plan, deux séries d'effets, d'ailleurs convergents au point de se confondre : des effets indirects, sur l'environnement social, économique ou politique, c'est-à-dire, sur ce qui conditionne la pratique effective et la pérennité du savoir-vivre ; mais aussi, et d'abord, des effets sur son contenu, qui va, dès les premières années du conflit, se trouver bouleversé en profondeur.

De cette rupture majeure, et presque instantanée, on trouve un témoignage précieux dans l'un des grands classiques des bonnes manières, Le *Guide des convenances* de Liselotte, dont l'édition de 1917 paraît précédée d'un chapitre nouveau que le conflit, explique l'auteur, l'a obligée à ajouter à son ouvrage. « Le cataclysme qui a bouleversé notre pays a forcément modifié bien des règles de savoir-vivre ; les rapports sociaux sont actuellement déterminés par des considérations [...] qui dominent, et souvent contredisent, les habituelles conventions du savoir-vivre d'autrefois. Naguère nous étions une nation aimable, policée, qui attachait aux questions mondaines un très vif intérêt ; maintenant nous sommes une nation guerrière et farouchement vaillante [...]. Notre politesse s'est simplifiée en s'élevant ; ce qui en constituait la complication et le luxe a été emporté par le grand souffle patriotique. La communauté des émotions a provoqué un rapprochement sincère des classes... Les petites vanités, les mesquines émulations ont disparu [...]. La diminution générale de toutes les ressources nous a obligés à modifier l'équilibre ordinaire de notre budget [dont le chapitre] de la représentation et du luxe a, pour ainsi dire, été rayé. Nous avons été appelés à nous occuper de blessés, de réfugiés, d'éprouvés de toutes sortes qui nous étaient étrangers jusque-là. La réserve, que nous imposait naguère le protocole, est tombée devant des exigences plus impérieuses et nous avons eu souvent l'occasion d'aborder spontanément des inconnus en invoquant, pour nous présenter, la seule et splendide qualité de Français[9]. »

La mutation la plus spectaculaire, on le voit, tient au patriotisme qui, jusque-là absent du savoir-vivre, va occuper, durant la durée du conflit, la toute première place. Pour les prénoms, par exemple, ce n'est plus celui des parrains et marraines ou celui des aïeux, qui, affirme-t-on, doit déterminer le choix des parents, c'est celui des héros patriotiques à la mode, souverains alliés, régions martyres ou maréchaux triomphants (pour les filles : Albertine, Alsace, Victoire ou Joffrette). Au bébé, il sera de bon ton d'offrir des médailles en émail tricolore, et pour son baptême, des boîtes de dragées ornées de sujets ou de couleurs patriotiques.

Ce patriotisme de la politesse survivra quelques années à l'Armistice : en 1921, Mme Charles-Morice continue ainsi d'écrire qu'« une base unique est nécessaire pour régler notre code social. Nous n'irons pas la chercher plus au nord qu'au sud : c'est chez nous que nous la trouvons. Ce sont les règles de la société française qui ont, de tout temps, servi de modèles aux autres nations. Il n'y a qu'en France qu'on sait se tenir à table[10] ». Quant aux auteurs de *La Politesse française*, qui se présentent comme « un groupe de personnalités du monde », ils en font, en 1924, l'objet même de leur ouvrage : « Quelque influence qu'acquièrent aujourd'hui les mœurs américaines, la politesse française conservera toujours son prestige [...] elle sera toujours l'élégance suprême, ce qui reste quand les modes passent[11]. »

Pourtant, si elle semble moins spectaculaire, la mutation la plus profonde, la plus durable, et surtout, la plus décisive pour l'avenir, consiste en une simplification drastique des usages, ainsi que Liselotte le constate dès 1917.

Pour les faire-part de naissance, par exemple, le luxe disparaît, les formules s'abrègent et le nombre des destinataires diminue, puisqu'ils ne sont plus adressés qu'aux intimes et aux relations proches ; le trousseau des enfants est moins luxueux, moins compliqué que jadis, le baptême « se passe tout à fait simplement », pratiquement sans cérémonie, de même que la première communion, ou encore le mariage. Celui-ci est expédié « rapidement, sans pompe et dans l'intimité », la règle cardinale devant être, en la matière, la discrétion et la retenue, la simplicité, en somme, qui se manifeste également dans le trousseau et la corbeille de la mariée.

Parmi les règles les plus bouleversées par les événements, on trouve naturellement celles qui sont relatives au deuil. Sa durée, « fixée dans le cours de la vie ordinaire à une période plus ou moins longue suivant le degré des parentés a été très modifiée depuis le début des hostilités. On se conforme peu au protocole établi ; les personnes éprouvées par une perte douloureuse règlent elle-même la durée et la sévérité de leur deuil et le fixent à un temps plus ou moins long, suivant leur volonté ». Détail notable : le libre-arbitre, fondé sur le sentiment, fait son entrée en force dans le savoir-vivre, pour en bousculer les usages ; dans le même sens, on observe que « le deuil des enfants se porte d'une façon très rigoureuse ; il n'est pas de règle fixe à ce sujet, car le cœur des mères est enclin à conserver ce deuil plus longtemps que les convenances ne l'exigent ».

Et Liselotte de conclure : « Les modifications que la guerre apporte dans les usages courants [...] procèdent toutes de ce fait que nous sommes devenus, sous l'épreuve, plus simples, plus nobles et plus vrais [12]. » Quoi qu'on puisse penser de ce jugement de valeur, le fait est que ces mutations laisseront des traces profondes : il est toujours très difficile de revenir en arrière.

La fin des rentiers

D'autant que le conflit militaire n'a pas simplement altéré les usages les mieux établis. Sur un mode indirect, par ses innombrables conséquences économiques, politiques et culturelles, il a fragilisé les fondements mêmes de la politesse bourgeoise.

Sur un plan économique, tout d'abord, les dépenses et l'endettement titanesque exigés par l'effort de guerre puis par la reconstruction, et l'inflation qui s'en est suivie, ont porté un coup sévère aux groupes sociaux les plus attachés au maintien du savoir-vivre : la haute et la moyenne bourgeoisie, et ce qui restait de l'aristocratie, dont la fortune demeurait principalement immobilière, et dont les revenus étaient fixes. Les rentiers étaient encore, en 1910, au nombre de 300 000 [13], ce qui, avec leurs familles, représentait une fraction non négligeable de la bourgeoisie française Or, constate Jacques Bainville dès 1919, le résultat presque immédiat de la Grande Guerre, c'est « la fin des rentiers », l'historien notant au passage qu'une « révolution économique » comme celle qui est en cours « entraîne fatalement une révolution sociale, à forme silencieuse ou explosive » [14]. « La richesse, pendant la guerre et depuis, s'est déplacée. Elle a changé de mains. Il y a de nouveaux riches et de nouveaux pauvres. Bien rares sont les patrimoines anciennement constitués qui ont pu se maintenir tels qu'ils étaient. L'avilissement de l'argent, la chute profonde des valeurs mobilières [...] ont retenti sur toutes les fortunes, des plus grandes aux plus petites ».

André de Fouquières le constate avec tristesse à propos du grand monde : « 1914-1918, écrit-il dans ses souvenirs, marque une manière d'équateur qui traverse le temps et le partage ». En deçà, la vie de la société française était radicalement différente de ce qu'elle fut au-delà. En effet, « il devint bientôt impossible de ne pas être frappé par cette évidence qu'une tranchée restait ouverte : entre deux époques, entre deux mondes. Et ce qu'on avait appelé, précisément, "le monde" avant la guerre – cette société policée, héritière de l'aristocratie de l'Ancien Régime, et surtout de la cour des souverains, cette société délivrée par la fortune de tout souci mercenaire – tout cela avait disparu, avait sombré corps et biens. Certes, il restait des "gens du monde" mais impuissants à reformer une société cohérente. Le phénomène de dissociation qu'on savait bien fatal à plus ou moins longue échéance [...] s'était incroyablement accéléré. La fortune, il faut bien le dire, si elle n'est pas suffisante pour donner accès au "monde", est nécessaire. Or, beaucoup de ceux qui naguère, en disposaient, l'avaient perdue ; tandis que d'autres, qui l'avaient brusquement acquise, n'étaient pas capables d'assumer une succession. » Pour Fouquières, observateur à temps plein de ce grand monde, telles sont à cet égard les principales conséquences de la guerre. Les salons, qui après 1870 avaient pris le relais de la Cour pour donner le ton et régler les usages, disparaissent, faute de lieux adaptés – on vend les hôtels particuliers –, de moyens et d'animateurs. Les bénéficiaires de fortunes anciennes, aristocrates ou grands bourgeois, cèdent souvent la place à des nouveaux riches, qui profitent avec insolence d'un argent facilement et rapidement acquis, tout « un monde bigarré, pittoresque, amateur de publicité et qui attira vite l'attention sur ses faits et gestes [15] », une sorte de jet-set avant la lettre, aux manières aussi ostentatoires que celles de l'ancien monde étaient discrètes. Pour cette « société frelatée » issue de la guerre, où se côtoient et se bousculent patriciens et « vedettes de la fortune », on invente d'ailleurs des dénominations nouvelles : les *Happy Few*, ou encore « le gratin », au sein duquel on distingue, pointe extrême, « le gratin révolté », ancêtres aristocrates de nos « bourgeois bohèmes » qui, expliquera plus tard le prince de Faucigny-Lucinge, tentent alors d'assurer « l'alliance objective d'une ancienne classe avec des formes nouvelles [16] ».

Situation magistralement dépeinte par Marcel Proust dans *Le Temps retrouvé* – celle d'une vague de vulgarité submergeant les codes anciens, le baron de Charlus, rencontré par le narrateur, incarnant en quelque sorte la déchéance, le déclin du monde d'avant-guerre : « La vie physique et même intellectuelle de M. de Charlus survivait à l'orgueil aristocratique qu'on avait pu croire un moment faire corps avec elles. Ainsi à ce moment [...] passa en victoria, Mme de Saint-Euverte, que le baron jadis ne trouvait pas assez chic pour lui. Jupien qui prenait soin de lui comme d'un enfant lui souffla à l'oreille que c'était une personne de connaissance, Mme de Saint-Euverte. Et aussitôt, avec une peine infinie, et toute l'application d'un malade qui veut se montrer capable de tous les mouvements qui lui sont encore difficiles, M. de Charlus se découvrit, s'inclina, et salua Mme de Saint-Euverte avec le même respect que si elle avait été la reine de France. [...] La mise à nu des gisements argentés de la chevelure décelait un changement moins profond que cette inconsciente humilité mondaine qui intervertissait tous les rapports sociaux, humiliait devant Mme de Saint-Euverte, eût humilié [...] devant la dernière des Américaines (qui eût pu enfin s'offrir la politesse jusque-là inaccessible pour elle du baron) le snobisme qui semblait le plus fier. [...] M. de Charlus qui jusque-là n'eût pas consenti à dîner avec Mme de Saint-Euverte, la saluait maintenant jusqu'à terre. [...] Or cette nature inaccessible et précieuse qu'il avait réussi à faire croire à Mme de Saint-Euverte être essentielle à lui-même, M. de Charlus l'anéantit d'un seul coup par la timidité appliquée, le zèle peureux avec lequel il ôta son chapeau d'où les torrents de sa chevelure d'argent ruisselèrent, tout le temps qu'il laissa sa tête découverte par déférence [17]... »

Mais le « grand monde » est loin d'être le seul touché par cette mutation fondamentale : c'est le pays tout entier qui est concerné, c'est la France, qui ne peut plus être un « pays de rentiers ». Cette conception de la vie que la tranquillité économique du XIXe siècle avait finie par ancrer dans la mentalité nationale a été brisée par la guerre – et « c'est un mot courant, note Bainville, que d'ici longtemps, on ne reverra plus la "douceur de vivre" à laquelle la tragédie de 1914 a mis fin [18]. »

Douze ans plus tard, l'économiste André Bouton confirme le pronostic, la fin des rentiers, et son effet boule de neige : « Dans son ensemble, la classe bourgeoise de 1913 avait perdu, en 1926, une large partie de son bien-être [19] », ses revenus étant restés stables, mais grevés de lourds impôts, alors que ses dépenses auraient sextuplé. Du haut en bas de l'échelle sociale, cet appauvrissement se répercute sur les modes d'existence, et de là, sur les comportements : car ce sont les conditions socio-économiques du savoir-vivre bourgeois qui s'en trouvent fragilisées. Ainsi, beaucoup n'ont tout simplement plus les moyens matériels et financiers que supposaient les codes sophistiqués de naguère. « Rares sont aujourd'hui les familles qui peuvent encore confier les filles à une gouvernante, note ainsi le duc de Lévis-Mirepoix en 1937. Et nous sommes loin du temps où une jeune fille de milieu aisé ne se serait pas crue, jusque vers la trentaine, autorisée à aller à la messe, seule[20] ! » ; sur un autre plan, constate Paul Reboux en 1930, « les rigueurs de la vie économique » – il écrit, il est vrai, au plus fort de la crise – « ont résolu les difficultés concernant le choix des cadeaux de noces en les supprimant presque toujours. Seuls les intimes et les tout proches parents continuent à en offrir »[21].

Les domestiques, on l'a vu plus haut, étaient l'un des éléments de base de la vie bourgeoise – les plus modestes d'entre eux, comme les effroyables époux Marneffe de *La Cousine Bette*, ayant au moins une bonne à tout faire qui se charge de la cuisine, du service, des courses et du ménage. Au début du XXe siècle, un disciple du sociologue Le Play, Eugène Rostand, estime encore leur nombre à 920 000 – dont 745 000 femmes – non compris les domestiques attachés aux établissements agricoles, industriels et commerciaux, qui sont sans doute plus d'un million. Il note par ailleurs l'augmentation substantielle de leurs gages, environ 30 % en trente ans, mais la stabilité de leur nombre[22]. Après guerre, ce qui était la règle tend à devenir une exception d'un luxe inabordable. « La crise des domestiques, commente ironiquement André Bouton, a fait surgir des vocations insoupçonnées de femmes d'intérieur... après beaucoup de gémissements et d'imprécations[23]. » Et le processus, on le sait, est appelé à se poursuivre durablement.

Mais l'appauvrissement n'entraîne pas seulement une réduction des moyens : il va contraindre les oisifs et les rentiers d'antan à se mettre au travail. La génération nouvelle, estime l'essayiste Lucien Romier à la fin des années 1920, « a le sens de l'instabilité des fortunes acquises ». Désormais, « la fortune de chaque individu est en lui-même, dans sa capacité de travail et d'entreprise »[24]. Cette appréciation est unanimement partagée, y compris par le duc de Lévis-Mirepoix : « La nécessité du travail s'est imposée à tous avec une rigueur plus complète. Bien peu y échappent désormais. Si le bon ton pouvait être donné, naguère, et accepté des autres, par certains milieux de loisirs qui remplissaient ainsi une sorte de mission sociale, il n'y a plus, pour les générations actuelles, de milieux de loisirs. À la vie de société était consacré, même par des gens occupés, un temps beaucoup plus long, lequel aujourd'hui est absorbé par le labeur. D'où une modification sensible des usages. Et l'on peut dire que, si, avant guerre, ils étaient modelés plutôt par le loisir, ils sont aujourd'hui commandés par le travail[25]. »

Le travail des hommes, mais aussi, de plus en plus, celui des femmes : ce qui – toujours l'effet boule de neige –, produit plusieurs séries de conséquences.

D'une part, l'opinion publique éprouve le sentiment d'une accélération de l'existence : tous, semblent prendre modèle sur *L'Homme pressé*, le héros du roman de Paul Morand – l'un des gros succès de librairie de l'époque. Là encore, transformation des comportements et bouleversements économiques paraissent étroitement liés. Si la vie s'accélère, c'est notamment parce que l'on travaille. Si les femmes et les hommes se situent désormais dans un rapport incomparablement plus égalitaire qu'autrefois, c'est parce que certaines femmes gagnent leur vie, et qu'elles ont acquis de ce fait une certaine indépendance, matérielle et morale. En outre, la réduction des fortunes privées a fait disparaître d'autres éléments d'assujettissement. Ainsi, observe encore André Bouton, il n'existe plus de coureurs de dot, pour la bonne raison qu'il n'y a plus de dots : « Les femmes d'autrefois souffraient de l'humiliation que comportait le marchandage du contrat. Les jeunes émancipées d'après-guerre mirent leur honneur à ne plus être achetées [...], elles voulurent être recherchées pour elles-mêmes[26] » pour leurs qualités, leurs charmes, et le cas échéant, pour leur métier.

Mort à la politesse !

La Grande Guerre marque enfin la radicalisation de l'État providence, mais aussi, dans certains pays voisins de la France, la naissance des totalitarismes – ce qui fournit des « modèles » auxquels se rallie une part non négligeable des élites.

L'État gendarme du siècle précédent, celui du « laisser-faire, laisser-aller » cher aux théoriciens libéraux, intervenait fort peu dans l'ordre économique, et moins encore dans la sphère privée. Ainsi, il laissait à la société civile le soin de s'autoréguler, sur un mode juridique, au moyen de contrats et d'accords de volonté, et sur un mode infra-juridique, à travers les règles d'un savoir-vivre codifié, sanctionné, et largement respecté. Après la Première Guerre mondiale, pressés par les circonstances, mais aussi par leurs opinions publiques, les États vont changer leur façon de concevoir leur rôle et leurs missions. La prise en compte des nécessités de l'ordre public et de la sécurité, de la santé publique, de l'hygiène, etc., les poussent à intervenir, parfois massivement, dans des domaines jusqu'alors réservés à l'initiative privée. Et notamment, à substituer de plus en plus largement des normes étatiques aux vieilles règles de la politesse bourgeoise.

La mutation en question est particulièrement visible dans les États totalitaires, dont l'apparition constitue indéniablement le trait le plus saillant, le plus terrifiant, mais aussi le plus original, de l'entre-deux-guerres : des systèmes qui entendent, au nom d'un idéal quelconque, régir et déterminer dans son ensemble la vie de chaque individu, refusant par principe toute séparation entre la sphère privée et la sphère publique. « Tout dans l'État, tout par l'État, rien hors de l'État », proclame Mussolini : rien ne doit échapper à son contrôle ni à ses prescriptions. La naissance de l'Homme nouveau est à ce prix.

Or, par définition, les totalitarismes, qui prétendent encadrer jusqu'aux moindres détails de l'existence individuelle, ne sauraient négliger les codes de politesse, qui organisent et structurent de façon coutumière les rapports sociaux. Ils le peuvent d'autant moins que ces codes reflètent des valeurs, des représentations, des principes qui sont précisément ceux de l'ordre ancien, qu'il faut anéantir, et remplacer par un « ordre nouveau ». Pour ces systèmes, il ne s'agit pas d'abolir toute politesse : simplement, de substituer aux formes anciennes, jugées perverses ou corrompues, des formes neuves, adaptées aux nouveaux idéaux.

De cette antipolitesse institutionnalisée, imposée sous peine de sanctions sévères, les Français de l'époque rencontrent, à leurs portes, un exemple frappant, avec l'Italie mussolinienne.

Le fascisme était initialement très hostile à la bourgeoisie : Mussolini est un ancien leader socialiste, et nombre de ses proches viennent, eux aussi, de l'extrême gauche. Pour des raisons tactiques, cette tendance est d'abord mise sous le boisseau, dans les années qui suivent l'arrivée des fascistes au pouvoir en 1922 – tout en demeurant l'un des traits caractéristiques de la culture et de la mentalité fasciste. Mais cette hostilité foncière finit par refaire surface à partir du milieu des années trente, et surtout, après le grand tournant totalitaire des années 1938-1939, la campagne anti-bourgeoise apparaissant alors comme la base même de la « révolution culturelle » fasciste[27]. L'un des moments clé de cette campagne, qui prétend porter à l'esprit bourgeois une série de « directs à l'estomac », est sans doute le discours que Mussolini prononce, le 25 octobre 1938, devant les instances dirigeantes du Parti national fasciste. Le Duce y prône l'apparition d'une coutume fasciste, et condamne en particulier une formule de politesse traditionnelle, l'usage du pronom *lei*, la troisième personne du singulier, destiné à marquer le respect tout particulier, le rapport de courtoisie et de distance que l'on doit à la personne à laquelle on s'adresse. Cette forme, en effet, est jugée tout à la fois servile, et étrangère. Marinetti, le grand poète futuriste, l'une des principales cautions intellectuelles du régime, déclare de son côté qu'elle n'est pas « en harmonie avec l'esprit de camaraderie et de fraternité qui caractérise les rapports entre fascistes[28] ». Le *lei*, proclament des affiches officielles, est bourgeois et snob, il mérite donc d'être aboli. En février 1938, un règlement relatif aux organisations de la jeunesse fasciste avait déjà stipulé qu'il serait remplacé, dans les rapports entre camarades, par le « tu », signe de « communauté de foi[29] », et par le « vous », lorsqu'on s'adresse à un supérieur. Dans les semaines qui suivent, cette règle est étendue à l'ensemble du Parti, puis à l'Armée et à l'Administration. Parallèlement, le chef du Parti, Achille Starace, invite tous les bons fascistes à « limiter, dans leur correspondance, l'usage des formules de politesse, et à faire preuve de concision ». De même, on les engage à remplacer la poignée de main, étrangère et bourgeoise, par le salut romain, bras et main tendus, jugé plus viril et plus national[30].

Un parallèle s'impose tout naturellement avec l'offensive révolutionnaire contre le vouvoiement. Certes, le contenu de la réforme n'est pas exactement identique : il ne s'agit pas, dans l'Italie fasciste, de supprimer toute référence à l'inégalité et à la hiérarchie – puisque le « vous » subsiste (par exemple, entre soldats et officiers), tout comme la structure verticale du pouvoir. Mais, à ces différences près, les similitudes s'avèrent frappantes : volonté d'établir une certaine uniformité, une homogénéité sociale, désir de rupture avec le passé, thématiques de la fraternité et de la modernité, et surtout, conviction qu'en réformant les usages, on transformera les hommes...

Ultime parallèle : cette antipolitesse imposée d'en haut aura autant de mal à s'acclimater que celle dont se réclamaient jadis les sans-culottes. Si, de Marinetti à Elsa Morante, nombre d'intellectuels s'y rallient, parfois avec un enthousiasme affecté, la masse semble rétive, ou apathique. Dès 1939, des circulaires sont adressées aux ministres afin qu'ils fassent respecter les interdictions dans leurs administrations respectives. En juin, les fonctionnaires sont avertis que des sanctions disciplinaires seront engagées, l'usage du *lei* étant interprété comme un acte de résistance antifasciste. Enfin, en mars 1940, le Duce lui-même prend la parole pour menacer les contrevenants de sanctions « très sévères »[31]. À la chute du régime, en 1943, l'un des premiers actes du nouveau chef du gouvernement, le maréchal monarchiste Badoglio, sera de rapporter l'interdiction.

Tel est le destin habituel de ces antipolitesses totalitaires, qui, décidément, survivent mal au pouvoir qui les a imposées par la force.

En France, les systèmes totalitaires, fascistes ou communistes, n'accéderont jamais au pouvoir. Ce qui ne les empêchera pas d'avoir des partisans qui, entre eux, au sein de leurs propres structures politiques, vont, avec plus ou moins de succès, tenter d'établir des « contre-politesses » conformes à leurs principes.

En ce sens, on peut évoquer pour mémoire le folklore, passablement ridicule, des partis fascistes français – et notamment, du premier d'entre eux, le Faisceau des combattants et des producteurs créé en 1925 par un transfuge de l'Action française, le publiciste Georges Valois. Si ce dernier s'éloigne du mouvement royaliste, c'est par hostilité à la bourgeoisie, un sentiment qui est loin d'être unanimement partagé par l'Action française. D'autant que cette hostilité se transforme bientôt, chez Valois, en une haine obsessionnelle, qui le conduit à opposer de façon systématique ce qu'il appelle l'esprit bourgeois, conservateur, compassé, à cheval sur une bienséance stérile, à l'esprit combattant qui doit seul animer la « Révolution nationale » – un terme repris par Vichy, mais dont il est l'inventeur. Lorsque Valois crée son propre mouvement, le Faisceau, il va imposer à ses membres, sans percevoir tout le grotesque de la chose, un certain nombre de règles qui prennent le contrepied des usages bourgeois. Le bourgeois ne se sépare jamais de son parapluie ? Valois en interdit l'usage à ses militants. Le bourgeois porte des costumes sombres, des cravates noires et des chemises blanches ? Les « légionnaires » de Valois mettront donc des complets bleus, des chemises et des cravates de même couleur, mais jamais de pardessus. Et si d'aventure il fait trop froid, ils se contenteront d'un martial pull-over bleu armée[32]... Le goût de l'uniforme, la nostalgie de la camaraderie du front se combinent en l'occurrence avec le désir frénétique de manifester une rupture avec l'ordre bourgeois.

La vague des totalitarismes n'est donc pas sans effets sur les codes du savoir-vivre, y compris dans les pays qu'elle ne touche pas directement : d'autant que la tendance à l'étatisation et à l'interventionnisme n'épargne, d'une manière ou d'une autre, aucun pays occidental – aux États-Unis, le célèbre 18e amendement, adopté en 1919, prohibait, sur le territoire de l'Union, la fabrication, la vente, le transport et d'importation de « boissons enivrantes ». Prohibition qui, de façon autoritaire et unilatérale, supprimait du coup la raison d'être de tout un pan du savoir-vivre, celui qui, précisément, s'était développé autour de la boisson... Ce que Stendhal appelait « le mur de la vie privée » paraît ainsi de plus en plus mince, de plus en plus poreux, de plus en plus allègrement franchi par les autorités étatiques et administratives.

À ces graves perturbations dans l'ordre économique et politique s'ajoutent enfin des bouleversements culturels, qui à certains égards paraissent susceptibles de produire des effets analogues. L'art, qui était jusqu'alors en accord avec les principes de la société, ou qui du moins manifestait à leur égard une bienveillante neutralité, tend à se construire et à se concevoir, à partir de la guerre, en opposition frontale avec ses valeurs et les comportements qu'ils induisent – l'après-guerre voyant ainsi fleurir toute une série d'« avant-gardes » qui érigent en dogme la rupture avec le passé, la pensée et la civilité bourgeoise. « En matière de révolte, aucun de nous ne doit avoir besoin d'ancêtres[33] », déclare André Breton en 1929 dans le *Deuxième Manifeste du surréalisme*.

Cette posture, qui déborde les frontières entre écoles, se traduit souvent, dans l'ordre politique, par un engagement plus ou moins marqué dans les partis extrêmes, communiste ou fasciste. Mais elle débouche également, et c'est en cela qu'elle nous intéresse, sur une offensive violente contre la bienséance classique, dont les surréalistes, précisément, vont rapidement se faire une spécialité.

Ainsi, peu après la parution du premier numéro de *La Révolution surréaliste*, plusieurs de ses rédacteurs assistent à un dîner littéraire. Mme Aurel, née Marie-Antoinette de Faucamberge, qui vient de faire paraître deux plaquettes de prose, « Simplicité féminine, au secours ! » et « Une politique de la maternité », monopolise, par la grâce de ses charmes mûrissants, l'attention de tous ces messieurs. C'est alors qu'elle est interrompue en pleine péroraison par Breton et Desnos, qui l'apostrophent : « Assez ! », puis qui s'expliquent : « Voilà vingt-cinq ans qu'elle nous emmerde, mais on n'ose pas le lui dire. » Et lorsque l'assistance, scandalisée par le procédé, reproche aux deux trublions leur manque de galanterie, Desnos rétorque : « Ce n'est pas parce qu'on est une femme qu'on doit emmerder les gens toute sa vie. » Par la suite, il poursuivra sur le même ton, en répondant à une lettre de sa victime : « Je vous prie de noter que 1. si mes amis et moi sommes "inconscients", vous en êtes un autre ; 2. je ne saurais être votre frère de travail, tout au plus votre petit-fils ; 3. vous me faites rigoler. Sentiments choisis. Robert Desnos »[34]. À vrai dire, Mme Aurel a l'habitude des quolibets : en 1908, elle se plaignait déjà de ceux que lui infligeait Paul Léautaud, qui comparait son salon à celui des Précieuses ridicules[35]. Mais ceux des surréalistes sont évidemment d'une autre trempe.

Quelques mois plus tard, en juillet 1925, les mêmes sont pourtant invités à un banquet offert au poète Saint-Pol Roux sous l'égide du *Mercure de France*. Cette fois, c'est à une autre femme, la romancière Rachilde, qu'ils entreprennent de s'attaquer. Rachilde ayant déclaré, dans le ton de l'époque, qu'une Française ne saurait épouser un Allemand, Breton se lève et lui jette sa serviette au visage en la traitant de « fille à soldats » – ce qui manque un peu de galanterie à l'égard d'une dame de soixante-cinq ans, mais peut-être pas de sel, si l'on considère que Rachilde, quarante ans plus tôt, était devenue célèbre grâce à la publication de son roman *M. Vénus*, condamné en justice pour outrage aux bonnes mœurs. Cependant, on ne s'arrête pas là. Après les serviettes, on jette des fruits, on renverse les tables, et Rachilde affirmera même avoir été frappée d'un coup de pied au ventre « par un grand escogriffe à l'accent tudesque[36] », probablement Max Ernst.

Qu'y a-t-il de pire, au regard de la politesse bourgeoise, que d'insulter une femme en public ? Le fait de se moquer d'un mort. C'est justement ce que font, en octobre 1924, les auteurs du pamphlet *Un cadavre*, qui prend pour cible un personnage d'un autre calibre que Rachilde ou Aurel, Anatole France, qui vient de s'éteindre. Pour les surréalistes, celui-ci représente à peu près tout ce qu'ils détestent, l'art classique, le génie français, le goût bourgeois. C'est à Breton que revient la médaille d'argent de la transgression, pour son texte « Refus d'inhumer » : « Loti, Barrès, France, marquons tout de même d'un beau signe blanc l'année qui coucha ces trois sinistres bonshommes : l'idiot, le traître et le policier. Avec France, c'est un peu de la servilité humaine qui s'en va. Que ce soit fête le jour où l'on enterre la ruse, le traditionalisme, le patriotisme, l'opportunisme, le scepticisme et le manque de cœur ! [...] Pour enfermer son cadavre, qu'on vide si l'on veut une boîte des quais de ses vieux livres "qu'il aimait tant", et qu'on jette le tout à la Seine. Il ne faut plus que mort cet homme fasse de la poussière[37]. » Mais pour le coup, c'est Aragon qui obtient la palme : « Avez-vous déjà giflé un mort ? » Le scandale, on s'en doute, sera aussi retentissant que pouvaient l'espérer les surréalistes, avides de publicité à bon compte.

Une telle attitude n'est plus réservée aux cercles extrêmes, futuristes, cubistes, dadaïstes ou surréalistes. Une posture anti-bourgeoise, avec tout ce que cela implique, caractérise désormais les tenants les plus avancés, et les plus visibles, de l'art moderne. Jusqu'à la fin du XIXᵉ siècle, l'artiste était, pour l'essentiel, parfaitement intégré à la société. Nulle rupture, nul décalage significatif : peintres, sculpteurs, poètes, dramaturges, musiciens restent des notables qui, comme tels, respectent les us et coutumes de la société. Ils sont même si bien intégrés à cette société, qu'ils peuvent parfois, on l'a vu plus haut, se permettre un instant d'en oublier les règles, d'en transgresser les codes, bénéficiant des mêmes tolérances que les membres de la plus haute aristocratie, et que les plus jeunes d'entre eux s'en font une règle d'or, sans que pour autant leurs commanditaires s'en offusquent. Au fond, les uns et les autres savent qu'il s'agit d'une posture : pas question pour l'artiste de jouer durablement au rebelle, au maudit, ni de contester les principes de l'ordre social. Comme Dulaurier dans *Le Désespéré* de Léon Bloy, il tient trop à ses clients et à sa Légion d'honneur, où il voit « la sanction irréfragable[38] » de son talent et de sa reconnaissance sociale.

Après la Grande Guerre, tout change. La scission, la marginalité tendent à devenir la norme, et avec elles, le refus des valeurs, des attitudes et des comportements classiques. Désormais, – et c'est en ce sens que cette évolution importe –, l'art et les artistes, ou du moins, les « avant-gardes », loin de justifier le système, apparaissent, pour l'essentiel, comme des éléments de contestation, les agents et les promoteurs d'une remise en cause globale et institutionnalisée [39].

Économie, politique, culture, rien n'échappe donc au mouvement qui remet en cause les moyens et la légitimité de la civilité bourgeoise. Après 1918, le bouleversement paraît si profond, qu'il est devenu impossible de l'ignorer. À partir des années 1920, tous les auteurs de manuels de savoir-vivre constatent la rupture. Tous, sans exception, y compris les plus rétrogrades comme le baron Fouquier, que la comtesse Riguidi jugeait pourtant totalement en dehors du siècle, reconnaissent que depuis la fin de la Grande Guerre, « la société s'est considérablement modifiée [...]. Le protocole tend à disparaître ou à se rénover. On ne pense plus, on ne parle plus, on n'agit plus de même [...]. Et cela conduit à la transformation des usages [40] »...

9

La crise de la politesse

Les manuels de politesse, on l'a vu, sont le miroir de ce qui se pratique à un moment donné dans la société : or, ils enregistrent cette fracture, ce changement d'ère, dans leurs conseils, leurs préfaces, et jusque dans leurs titres – tendance qui s'amorce dans les années vingt, et qui, on le verra plus loin, domine sans partage cette production éditoriale depuis la Deuxième Guerre mondiale, les ouvrages qui paraissent s'intitulant désormais *Nouveau Savoir-Vivre*, *Savoir-Vivre moderne*, *Savoir-Vivre actuel*, *Savoir-Vivre aujourd'hui* – les mêmes titres étant d'ailleurs repris à l'identique par des dizaines de manuels concurrents. Et si, comme ces titres le présupposent, on ne doit plus s'intéresser qu'au savoir-vivre d'aujourd'hui, c'est bien parce qu'il est censé différer de façon significative de celui d'hier : d'avant ce temps des ruptures qui s'étend de la Première Guerre mondiale aux années qui suivent la Seconde, au cours duquel les règles de politesse vont à la fois se simplifier, se raréfier, et perdre à peu près toute force contraignante...

Plus vite, plus simple

La révolution culturelle qui suit la Grande Guerre se traduit surtout, à en croire les observateurs, par une égalisation des rapports et par une libéralisation des mœurs, en bref, par ce qu'on appelle depuis le début du siècle une « américanisation », à laquelle on rapporte fréquemment les deux traits précédents.

L'égalisation, tout d'abord, résulte assez directement, estime-t-on alors, des conditions inédites où s'est trouvée toute une génération, celle du Front, qui arrive aux affaires dès les années vingt. La guerre, note ainsi Lévis-Mirepoix, a réuni « dans les tranchées des hommes de toutes les opinions, de toutes les classes et de toutes les provinces, tandis que, dans les hôpitaux, le même événement rapprochait les femmes au chevet des blessés. Fait considérable pour l'historien des mœurs ! Beaucoup de barrières qui avaient été renversées ne devaient pas être relevées. De plus en plus les mondes allaient être obligés de recourir à des vues communes, et par conséquent à des usages semblables » [1].

Semblables, mais aussi, profondément transformés, les règles de politesse ayant été conçues et organisées à partir des notions de différence, d'inégalité, de protection et de hiérarchie qui, si elles ne disparaissent pas au lendemain de l'Armistice, vont tout de même se trouver très significativement perturbées. « La politesse des manières, commente l'essayiste Émile Baumann à la veille de la Deuxième Guerre mondiale, représente un effet des apparences. Seulement, les apparences doivent correspondre à quelque chose de vrai. [...] C'est un hommage rendu à des gens et à des choses considérés comme dignes de respect. Dans la vieille France, le peuple lui-même était poli, parce que les hiérarchies étaient admises, le rang, l'âge, le mérite conféraient des privilèges que l'on ne songeait pas à discuter [2]. » Des privilèges qui, depuis la Première Guerre, ont effectivement été de plus en plus décriés, et discrédités dans leur principe même.

Cette égalisation, qui donne à certains l'impression d'une vraie décadence, entraîne aussi, sur d'autres plans, une plus grande liberté des comportements, des attitudes, et de là, un relâchement, ou du moins, une simplification des règles, ainsi que la disparition de certaines d'entre elles, jugées décidément trop désuètes ou trop contraignantes. Sans doute les « garçonnes » délurées décrites par Victor Margueritte ne sont-elles pas encore tout à fait dans la norme : du moins ne provoquent-elles plus le scandale qu'elles auraient probablement suscité jadis.

« Pour les filles, écrit ainsi le romancier Marcel Prévost en évoquant la guerre, il en résulta tout simplement une révolution. L'instruction des aînées fut arrêtée au point où elle en était ; pour les plus jeunes, elle fut reléguée à l'arrière-plan des préoccupations [...]. Et bientôt il en fut de même de la surveillance. On avait d'autres soucis ; puis, on manquait à la fois de personnel et de loisir. Alors s'établit, dans les familles françaises, une réforme jusque-là seulement amorcée, et bien timidement, par quelques familles novatrices : la jeune fille française sortit seule [...]. Une fois l'exemple donné, tout le monde le suivit. » Et la paix revenue, « personne ne songea plus à chaperonner comme autrefois les filles ». « Tout fut dès lors périmé, du statut français qui réglait les relations entre jeunes gens et jeunes filles. Celles-ci, sortant seules, rencontrèrent librement l'autre sexe » dans les bureaux, les ateliers, dans la rue ou au café[3]...

Et les filles ne sont pas seules à se rebeller, leurs mères s'y mettent aussi. En 1921, une grande bourgeoise bordelaise, auteur avant 1914 d'ouvrages destinés aux futures maîtresses de maison, lance un pavé dans la mare en publiant, sous forme de manifeste, *La Vie domestique d'après-guerre*, où elle s'élève violemment contre « la tyrannie des usages caducs » et des conventions obsolètes : elle va jusqu'à réclamer la tenue d'états-généraux du ménage où les femmes décideraient des mesures à prendre pour adapter « les usages ménagers aux mœurs actuelles ». Ce qu'elle refuse en tous cas, c'est de voir les femmes « retourner en arrière, reprendre au foyer la place effacée et charmante que les hommes leur avaient attribuée »[4].

Tout va plus vite, tout va trop vite. Les douces routines d'antan ne sont plus de mise, confrontées à cette « trépidation ahurissante » où nombre d'observateurs voient, à l'instar du baron Fouquier, le signe distinctif du monde nouveau. La vitesse ! On ne se gêne plus, à la fois parce que l'on se ressemble, et parce qu'on n'en a plus le temps. « Il faut aller vite en tout, même en amour. Dans le train bleu de la Côte d'Azur, on dîne ensemble à Dijon sans s'être présentés ; on se donne l'un à l'autre à Avignon, et on se sépare à Toulon [...]. La génération moderne ignore la contrainte. Elle veut arriver rapidement, l'individu restant seul intéressant pour elle, avec ses instincts qui le poussent parfois à tout bousculer pour atteindre le but[5]. » Attitude évidemment peu compatible avec les rituels complexes de jadis, qui supposaient avant tout qu'on ait le temps, et qu'on puisse le dépenser sans compter. « La jeunesse, confirme le duc de Lévis-Mirepoix, ne se soucie guère d'enfermer les usages dans un moule traditionnel. Elle aurait même tendance à les briser. Il suffit de la regarder vivre à un rythme précipité pour se rendre compte du chemin parcouru[6] » depuis 1914... Par exemple, note-t-il encore, « faire la cour ne signifie plus grand-chose. On est direct, brutal, peut être plus sincère ». On peut même inverser les rôles, comme le décrit Mme Lucie Paul-Margueritte dans *La Jeune Fille mal élevée*, un roman qui porte sur un cas de figure naguère (presque) inimaginable, mais désormais en voie de banalisation, celui de ces « candidates au mariage plusieurs fois "recalées" [...] et qui, ne trouvant plus preneur, vont à la chasse à l'homme avec une audace singulière »[7].

Le romancier René Dumesnil constate en 1929 un autre fait, qui ne lui paraît pas moins inouï : l'égalité devant la moquerie ! « Ce qui est nouveau, c'est qu'un homme rie ouvertement d'une femme, comme il ferait d'un autre homme, sans plus de ménagements ni de respect, et que ce spectacle nous soit donné quotidiennement sans que personne ne proteste. Ce changement de nos mœurs est proprement l'œuvre de la génération née peu avant la guerre. Les jeunes filles trouvent naturel d'être ainsi malmenées. Elles n'ont rien de martyres, cependant, et ne souffriraient pas d'être battues, ces sportives, sans répliquer aussitôt par quelque "direct" ou quelque "crochet" savamment et lestement décoché ; mais elles acceptent très bien d'être traitées sans politesse par les garçons de leur âge. Ne sont-elles pas, ne veulent-elles pas être, à tout prix, les égales des jeunes hommes ?

Fair-play ? Oui, car il y a parfois de la loyauté dans cette façon nouvelle de comprendre les rapports entre les hommes et les femmes. Mais il y a aussi pas mal d'hypocrisie, et de la plus savante : celle qui porte le masque le mieux imité de la véritable droiture : Tartuffe sans le mouchoir et avec l'accent américain[8]. »

Parmi les conséquences au moins indirectes du conflit mondial, les observateurs évoquent aussi, au cours des années qui suivent, la transformation, et de façon générale, la simplification du costume et de ses accessoires, supports naguère indispensables à certaines règles de politesse.

« Dans son ensemble », écrit ainsi André de Fouquières dans un texte publié en 1924 pour l'Agenda du Bon Marché, le plus célèbre et le plus chic des grands magasins parisiens, « la guerre a eu une influence sur les modes masculines, en ce sens que certains ont perdu le goût de l'élégance et d'autres n'ont pas encore la manière. Il importe à l'avenir économique de notre pays et à son prestige à travers le monde que nous maintenions la renommée de l'élégance française. Nous devons rénover la tradition et lui conserver son éclat. [...] Nous nous devons à notre passé[9]. » Sous la plume de Fouquières, le ton est plutôt celui de l'inquiétude, de la méfiance et de la résistance ; dans le petit ouvrage publié deux ans plus tard par Eugène Marsan, *Notre costume*, il serait plutôt à l'enthousiasme, enthousiasme pour cette « divine simplicité » qui, « depuis quelques années » « est allée à pas de géant ». Mais quelles que soient les inclinations personnelles, le diagnostic est à peu près identique : « Nous assistons à une révolution du costume », qui doit, annonce Marsan, entraîner de façon inévitable la mort de l'habit, du frac, et avec elle le dépérissement d'un certain nombre d'accessoires anciens : « Il est impossible que le costume du soir soit longtemps un déguisement insolite. Au beau temps du frac de soirée, le même frac était aussi pour le jour. Il différait à peine de couleur et de coupe. Dans une dizaine d'années, au plus, votre habit aura disparu. Il ne se maintiendra quelque temps que pour habiller les gens de service, s'il en reste. » À la place, Marsan prédit le triomphe du veston, que l'on portera tête nue, ou avec un chapeau mou, « le seul qui convienne à nos mœurs, à notre vélocité, à notre carrure » : déjà, « Nous portons des vestons depuis le 1er janvier jusqu'à la Saint-Sylvestre. Nous courons trop, nous descendons trop vite les escaliers du chemin de fer souterrain, nous y sommes trop pressés ; nous avons à conduire notre petite voiture [...] Le chapeau haut-de-forme heurterait les plafonds, la jaquette se prendrait dans les portières. Nous nous ferions l'effet de chiens savants. Il nous déplaît aussi de trancher sur la foule par des moyens grossiers et apparents » [10]. Désormais, tout va trop vite, tout semble trop violent – y compris la pratique des sports, qui se diffuse à l'époque dans l'ensemble de la société française –, pour que les costumes anciens subsistent, et avec eux, les usages dont ils étaient le support obligé.

Et il en va de même pour la femme : l'Agenda 1925 du Bon Marché publie à ce propos un poème d'André Rivoire, « à propos de gants » :

On put croire un instant perdue
Avec les respects élégants
Dont la femme était défendue,
La mode adorable des gants.
Oh sans doute, par habitude,
On en porte encore... à la main,
Pour la grâce d'une attitude,
Madame, ou d'un geste gamin.
Mais trop souvent, depuis la guerre,
Tourbillonnant, papillonnant,
On a des gants qu'on ne met guère
Dans la hâte de maintenant [11].

De même qu'avec le déclin du chapeau, le salut tend à disparaître ou à s'uniformiser – réduit à une poignée de main égalitaire, incapable d'exprimer les nuances du respect et de la déférence –, de même, la décadence du gant, que l'on ne porte plus guère au salon[12], emporte avec lui des pans entiers de la courtoisie, et peut-être, à en croire certains, son principe même. Durant l'entre-deux-guerres, racontera ainsi André de Fouquières dans ses souvenirs, « il devint de mise, dans certains milieux, de prendre le contre-pied de l'élégance véritable et d'afficher une désinvolture vestimentaire à vrai dire très étudiée. On disait alors que “cela sentait son Montparnasse d'une lieue”. [...] Vers 1931, c'est une face de ce snobisme-là que j'ai stigmatisée, en lui accolant l'étiquette de “snobisme de la purée”[13] ».

On ne salue pas, et on ne se visite plus, ou en tout cas, plus comme avant : si l'usage du « jour » semble déjà battre de l'aile durant les années qui précèdent la guerre, comme le note Albert Flament dans les *Annales* de Noël 1913, c'est bien le conflit qui va lui porter un coup mortel, ou presque : après 1918, alors que les hommes ont perdu le goût et l'habitude de ce genre de visites, qu'ils n'ont d'ailleurs bien souvent plus le temps de faire, les dames préfèrent se retrouver à l'extérieur, dans les cafés chics ou les pâtisseries à la mode[14]. L'usage ancien survit surtout en province, dans certains milieux particuliers, comme celui des officiers, accoutumés à vivre dans un milieu relativement clos : au Mans, par exemple, le Cercle des officiers fait imprimer chaque année, jusqu'à la Deuxième Guerre mondiale, un Carnet d'adresses où figurent les « jours » de toutes les autorités civiles et militaires, récapitulés en fin de volume dans un chapitre intitulé « La semaine mondaine » : on apprend ainsi, dans le Carnet de 1934, que le général Pujos, commandant la 4e région militaire, N.R.P. (ne reçoit pas) en janvier, que le général Reboulleau, 135, avenue Léon Bollée, reçoit les deuxième et troisième lundis, ou que le sous-lieutenant de Hauteclocque, 1, rue de Tessé, reçoit les 2e et 4e jeudis de janvier et février[15].

Quant à la carte de visite, l'un des clous de la politesse classique, son usage se raréfie, en même temps que celui des visites dont elle était l'accessoire obligé : après la Deuxième Guerre mondiale, Marc de Soligny constatera que « l'emploi des cartes tenant lieu de visite de digestion a totalement disparu », et qu'il est désormais « extrêmement rare » que l'on dépose une carte de visite au domicile d'une relation[16]. Cette raréfaction s'accompagne d'ailleurs d'une simplification : avant 1914, « les dames n'y mentionnaient point [...] leur adresse. À cette omission volontaire dérogent [désormais] les personnes occupées que les nécessités de leur situation forcent à faire connaître leur adresse », reconnaît par exemple un manuel anonyme paru en 1932. Et le même signale une curieuse innovation, en rupture totale avec l'esprit d'avant-guerre, la bague de divorce, portée à la main droite, et qui annonce de la façon la plus visible la situation de celle qui la porte[17].

Ce mouvement de relâchement, on vient de le voir, n'est pas uniforme : certains milieux, mais aussi, certains usages y résistent mieux que d'autres. Durant l'entre-deux-guerres, malgré le choc résultant de la récente hécatombe, les règles relatives au deuil semblent ainsi perdurer. En 1932, à la veille du premier anniversaire de la mort de sa mère, Valery Larbaud écrit dans son *Journal* : « Commandé aujourd'hui le papier à lettres, etc. de demi-deuil ; j'aurais voulu commencer très exactement ce demi-deuil le 12 ; mais les vêtements ne seront prêts que le 14 ou le 15, le papier le 17. Mais à la réflexion il ne me déplaît pas de prolonger le deuil de quelques jours[18]. » On ne transige pas sur la durée, au contraire – même si *Le Savoir-Vivre moderne* paru en 1932 conseille déjà, tout en reprenant les usages les plus classiques, d'éviter l'excès et l'ostentation[19].

Toutefois, ce type de résistance relève de l'exception : le courant dominant s'est inversé. C'est pourquoi, dans l'entre-deux-guerres, le thème du déclin de la politesse, à peine esquissé avant 1914, tend à devenir un leitmotiv, une rengaine, une évidence perçue de façon de plus en plus massive, à mesure que les années s'écoulent. À la veille de la Deuxième Guerre, on le retrouve par exemple, sur un mode angoissé, sous la plume de Mlle Burret, qui commence son *Manuel de savoir-vivre* par un « rappel en faveur de la politesse ». Cette dernière « est dangereusement en baisse. S'il lui reste des fidèles, groupés en quelques îlots de la société ou isolés dans la masse, elle est, en général, négligée, méconnue. Sur trop de points, traitée de surannée, elle a même disparu, supplantée par une caricature, une parodie que d'aucuns dénomment "genre", mais qui, loin du bon genre, s'accommode de grossièretés ou plus exactement, les implique[20] ». Les tendances qui s'étaient fait jour au lendemain de la Grande Guerre se sont en effet poursuivies, à la faveur des crises et des troubles d'une époque féconde, mais chaotique.

Et elles s'accentuent encore pendant la Deuxième Guerre mondiale et sous l'occupation, comme l'observe le général X..., auteur d'un *Manuel de savoir-vivre à l'usage du soldat paru en 1942* : « Ayons la franchise de reconnaître que, de nos jours, cette qualité, la politesse, fait souvent défaut aux Français » – les masses ayant été orientées, « après notre victoire épuisante de 1918 [...] vers les facilités d'une existence purement matérielle qui ne devait rencontrer aucune gêne[21] ». Même tonalité dans le *Journal* de Paul Léautaud, qui note à la date du 10 mars 1944 :

> Vendredi 10 mars – comme je lui reparlais de cette façon de se tutoyer qu'ont Mme Florence Gould et Jouhandeau, par exemple, M.D. m'a fait cette réponse : « Mais tout le monde se tutoie, aujourd'hui. C'est la mode. » Je suis décidément d'une autre époque. Ces nouvelles mœurs m'effarent.
>
> Puisque je viens de parler de mœurs nouvelles, à propos de cette mode qu'il est, paraît-il, de se tutoyer, sans que cela signifie plus qu'une mode, je donnerai quelques traits d'aujourd'hui. Les jeunes gens vont tête nue. Quelques hommes également. [...] Une autre mode, qui est, dit M. D., une dégringolade du bon goût et de la bonne éducation, c'est la façon dont les jeunes filles se peignent en public. Dans le métro, au café, au restaurant, ou même, comme je l'ai vu faire à ma boulangerie de la rue Saint-Honoré, dans une boulangerie, les jeunes gens faisant de même, tirant un peigne de leur poche et assurant la bonne tenue de leurs cheveux, sans se douter qu'ils manquent ainsi à la bonne tenue tout court. Se peigner est un acte de toilette, un acte de propreté, qu'on fait chez soi avant de sortir. Il y seulement vingt-cinq ans, on n'aurait jamais

osé le faire en public. Les gens vont depuis quelques années vers un débraillé, une vulgarité, vêture et manières, qui s'accentue tous les jours[22].

La guerre et l'Occupation entraînent donc un certain nombre de mutations spécifiques, dans le prolongement de celles qui avaient suivi le premier conflit mondial. L'hebdomadaire *Elle*, dont le premier numéro paraît le 21 novembre 1945, s'en fait l'écho en proposant à ses lectrices un jeu sur le savoir-vivre, « Un dîner dans le monde », où l'on apprend, à travers les (26) impairs commis par Georges de Tréville, que depuis juin 1940, certaines choses se font, mais que d'autres ne se font plus. Si l'on a le droit de parler, à table, de ce que l'on y mange, on ne dira jamais « un chauffeur nègre », même pour constater combien il est stylé, mais « un chauffeur noir », « nègre étant toujours péjoratif », et désormais impoli. Au début de la IVe République, Marc de Soligny peut légitimement écrire que les deux guerres, ayant profondément modifié les mœurs, ont provoqué la disparition de nombreux usages, l'apparition de règles nouvelles, et rendu nécessaire des ouvrages tenant « compte de cette évolution vers une plus grande simplicité[23] ».

Nivellement des conditions, relâchement des hiérarchies et des règles, perte des repères – et sur d'autres plans, développement du travail des femmes, paupérisation de la bourgeoisie, raréfaction des domestiques, accélération de l'histoire et de l'existence, explosion de l'interventionnisme étatique : tout ce que l'on décelait déjà vingt ans plus tôt, on le retrouve alors porté au degré supérieur. Vingt ans plus tard, Mai-68 ne constituera donc que l'aboutissement d'une évolution qui a débuté un demi-siècle plus tôt.

Car sous d'autres dénominations, la révolution sexuelle, la libéralisation des mœurs, le rejet des contraintes du passé et la révolte contre les vieux de jeunes impatients de jouir au plus tôt des plaisirs de la vie, tout ceci avait déjà eu lieu et même été longuement décrit, pour s'en réjouir ou pour s'en offusquer, par les romanciers, les essayistes ou les mémorialistes de l'entre-deux-guerres.

Même si l'on découvre, de ci de là, des « îlots », des poches de résistance, individuelles ou collectives, et même s'il existe des usages plus résistants que d'autres, les bourgeois appauvris ne peuvent plus se payer le luxe de la politesse classique – une politesse que les nouveaux riches transgressent par ignorance, et que les jeunes générations, par souci de la modernité, sont impatients de faire disparaître.

Anachronismes

La tendance n'affecte pas seulement les usages et les règles du savoir-vivre, elle touche aussi les sanctions qui réprimaient naguère leur transgression : des sanctions dont on a évoqué, dans un précédent chapitre, l'importance, la variété, la sophistication, mais dont on constate, à partir des années vingt, l'affaiblissement progressif, et parfois, la disparition pure et simple.

À ce propos, il est très significatif de noter que c'est précisément la sanction la plus forte, la violence, sublimée en duel, qui a le plus complètement, mais aussi le plus subitement disparu.

« Après 1918, note ainsi l'historien Jean-Noël Jeanneney, la rupture est complète. Le duel disparaît d'un coup. Les rares prolongements qu'il a connus ensuite, jusque dans les années soixante, en témoignent en négatif, tant ils paraissent décalés – jusqu'au grotesque[24]. » Ici, c'est de toute évidence la fantastique boucherie de la Grande Guerre qui a anéanti d'un coup cette « passion française » qui était aussi l'*ultima ratio* de la politesse. Le tout dernier Code du duel, paru en mars 1918, reconnaît du reste qu'après la guerre « le duel ne peut plus exister dans les conditions et sur les bases d'autrefois, il serait ridicule[25] ». Ainsi, déclare son auteur, le célèbre Georges Breittmayer, le duel devrait désormais être réservé à ceux qui ont été au front, et obéir à des règles plus dures, admettre des armes plus dangereuses, le revolver ou la baïonnette : bref, il doit en tous cas cesser d'être une fanfaronnade ou un simulacre. On n'a plus le droit, désormais, de s'amuser à singer la mort, de narguer la sacralité du combat.

Cette ultime défense annonce les raisons du déclin. « Comme toutes les classes sociales, explique Jean-Noël Jeanneney, la bourgeoisie et ce qui restait de l'aristocratie découvrirent jusqu'au fond de l'horreur les loteries sinistres où les corps risquaient à chaque instant leur intégrité et leur survie. Aux yeux de tous, la camarde avait assez joué de sa faux pour qu'on lui refuse au moins la satisfaction de prolonger de la sorte son œuvre, même de façon infinitésimale[26]. » Le traumatisme est trop fort. D'autant que les valeurs, les principes, les usages du savoir-vivre, dont le duel constituait l'ultime garantie, ont également été revus à la baisse, et pour les mêmes raisons. Pourquoi alors risquer sa vie, et celle d'autrui, pour une règle que, de toute façon, plus personne ne respecte, et en sachant parfaitement que nul ne s'offusquera de cette tolérance ?

Après 1918, c'est donc aussi parce que la politesse est en déclin, que le duel est fini, ou peu s'en faut – et que l'on s'étonne désormais des exceptions, comme en 1927, lorsqu'un grand bal masqué sur le thème du romantisme provoque deux duels dans la semaine qui suit[27]. Plus tard, on rencontre bien encore quelques acharnés : Gaston Defferre, par exemple, qui le 29 mars 1947 se bat au pistolet contre Paul Bastid, universitaire, député et ancien ministre radical, qu'il avait giflé dans l'enceinte du Palais-Bourbon pour avoir laissé publier dans *L'Aurore* un article diffamatoire, puis qui se bat à nouveau vingt ans après, à l'épée cette fois-ci, contre le député gaulliste René Ribière, qu'il avait publiquement traité d'abruti[28].

Mais comme le note Paul Guth en 1959, le duel ne se pratique plus désormais qu'« à des fins spectaculaires », dans les milieux du théâtre et de la danse – auquel il faudrait ajouter ceux de la politique, de la presse et du barreau –, « sous les flashs des photographes ». L'année précédente, en mars 1958, le duel risible du marquis de Cuevas, soixante-treize ans, directeur fantasque d'une compagnie de ballet, et du danseur étoile Serge Lifar, avait achevé de discréditer cette pratique, « comme si les protagonistes, écrit l'historien Jean-Noël Jeanneney, avaient cherché à ramasser de façon didactique tous les traits qui rendent le duel incongru dans le monde contemporain ». Devant une cinquantaine de journalistes avides de spectacle, le duel, provoqué par des motifs futiles, est précédé par une petite « improvisation chorégraphique » du sautillant marquis. Comme de juste, il est convenu de s'arrêter au premier sang. À la quatrième reprise, Lifar est très légèrement touché au bras, le sang coule (un peu), et le directeur du combat décide d'y mettre fin. Le petit marquis tombe en sanglotant dans les bras de son témoin, le jeune député poujadiste Jean-Marie Le Pen, tandis que Lifar, refusant qu'on le panse, se précipite avec effusion vers son adversaire : « Je veux d'abord l'embrasser. » Et ils sont encore enlacés lorsqu'un commissaire de la sûreté et les gendarmes du coin arrivent pour effectuer les premières constatations. Le procureur de Mantes-la-Jolie renoncera à poursuivre les auteurs de cette pantalonnade médiatique, qui achève de ridiculiser le noble art.

Désormais, la violence n'a plus sa place dans le cadre du « nouveau savoir-vivre » ; comme la mort, jadis longuement et ostensiblement exhibée à travers le deuil, aujourd'hui soigneusement dissimulée, la violence semble devenue obscène, ignoble ; et si elle continue d'exister, c'est désormais en dehors du cadre de la bienséance. En 1960, lorsque maître Vergès, avocat des militants du FLN devant le tribunal militaire, envoie ses témoins au commandant Girard, commissaire du gouvernement, ceux-ci s'entendent rétorquer par l'intéressé : « qu'ils aillent au diable, je ne suis pas le marquis de Cuevas[29] ». En 1967, le duel Deferre-Ribière, évoqué plus haut, ne suscitera que des quolibets narquois, le prince Michel Poniatowski déplorant pour sa part ces « pitreries anachroniques ». Depuis, les rares duels qui ont encore eu lieu confirment le changement de perspective. Désormais, les duellistes sont déménageurs, agriculteurs, maçons, peintres en bâtiment, serruriers ou ferrailleurs ; ils se battent pour des querelles de bornage, des objets volés, pour conquérir ou retrouver les faveurs d'une belle. Bref, il s'agit toujours d'un combat, mais plus du tout d'un duel au sens où l'entendait la société policée d'avant 1914.

« Un homme ne doit pas se laisser gifler ou traiter publiquement d'idiot, déclare Paul Guth. Il doit exiger des excuses[30]. » Plus question de rendre les gifles, ni de recourir à l'épée ou au pistolet : « depuis l'invention de la bombe atomique, ces armes sont dévaluées ». Mais si l'autre refuse de s'excuser ? Eh bien, on aura toujours la possibilité de rompre, ou de porter plainte. En tout cas, « quelle que soit l'issue, il faut avoir fait quelque chose », même si ce n'est plus grand-chose...

Les autres sanctions spécifiques – le ridicule et l'exclusion – s'en sortent d'ailleurs à peine mieux que le duel, quoique pour d'autres raisons.

L'exclusion, par exemple, ne se conçoit que s'il existe un milieu homogène, stable et reconnu, susceptible d'apprécier la gravité du manquement aux règles de bienséance, puis de décider de châtier le coupable en le retranchant du groupe. Or, de tels « milieux », qui sous l'Ancien Régime puis au XIXe siècle restaient dotés d'une réelle consistance, ont pour l'essentiel éclaté ou disparu au cours du XXe siècle – avec la quasi-disparition de ce qui subsistait encore de l'ancienne aristocratie, l'émiettement de la bourgeoisie, le repli individualiste, la mobilité sociale et géographique. Il n'y a plus un « monde » susceptible de juger et d'exclure : au mieux, il existe encore des associations, clubs ou rallies, etc., appliquant leurs propres règles disciplinaires, et des multitudes de regroupements d'individus, aux contours flous, à l'existence provisoire, qui n'ont finalement ni la légitimité ni la consistance nécessaire pour exclure quelqu'un qui n'en est même pas « membre » – et qui ne peut donc même pas être exclu – parce qu'il aurait violé des règles elles-mêmes incertaines.

Quant au ridicule, sanction de base du temps de l'âge d'or du savoir-vivre bourgeois, c'est peu de dire qu'il ne tue plus. En réalité, il n'est même plus concevable, du moins en tant que sanction de l'impolitesse, dès lors que les règles de bienséance sont devenues insaisissables, mouvantes, contestables, et souvent méconnues. Nul n'est censé ignorer la loi du savoir-vivre ? Mais lorsque la loi est inconnaissable, énigmatique, on risque toujours, à vouloir se moquer d'un impair ou d'une grossièreté, de s'entendre répliquer qu'elle a changé, et que c'est l'ancienne qui est désormais risible.

Si le ridicule a encore sa place en matière de savoir-vivre, ce n'est plus comme sanction sociale, mais seulement comme moyen d'éducation, notamment au sein du cercle familial – et non sans quelques réticences, ainsi que le rapporte par exemple Larbaud dans son journal, à propos d'une enfant adoptive, Laeta, qu'on lui avait confiée, à Milan, « dans un état de quasi-rusticité quant aux manières, à la tenue à table, etc. [...]. J'avais cru devoir réformer ces fautes de civilité par la raillerie, dont on n'avait pas encore usé à son égard. Je me moquais de sa façon de tenir sa fourchette, son verre, de s'essuyer les lèvres, etc. En effet [...] ses manières s'étaient beaucoup améliorées[31] ». Mais malgré ces bons résultats, Larbaud finit par s'interroger sur la légitimité d'un tel usage : le jeu en vaut-il encore la peine – subie et infligée ?

Mufles au volant

Parallèlement aux atteintes directes aux préceptes du savoir-vivre, l'entre-deux-guerres voit se développer des activités qui vont accompagner le mouvement, dans le sens d'une certaine dégradation. À cet égard, on peut s'arrêter quelques instants sur un phénomène qui s'amplifiera encore après la Seconde Guerre et les années 1950, mais dont les effets sur la politesse se font déjà sentir dans les décennies qui précèdent : la « démocratisation » de l'automobile.

À l'origine, les difficultés suscitées par le comportement des automobilistes semblent n'avoir pas été clairement perçues par les observateurs. À l'extrême fin du XIXe siècle, Louis Baudry de Saunier (1865-1938), bientôt rédacteur en chef de *La Vie automobile*, se contente d'exhorter les conducteurs à la prudence et à la politesse : au lieu de prendre des « allures de matamore », le chauffeur doit « se faire gentilhomme parfait » afin de gagner « par son urbanité [...] des partisans à sa cause[32] ». Au même moment, le dramaturge et humoriste Tristan Bernard prophétise que « l'automobile adoucira les mœurs » en entraînant la disparition de la race des charretiers, et avec eux, celle de leur langage et des insultes, injures et autres jurons qu'ils avaient coutume de proférer à l'encontre les uns des autres. « Les gens sur les routes continuent à crier après le chauffeur ; mais ils crient avec de moins en moins de conviction, parce qu'ils s'aperçoivent que leurs injures n'atteignent plus la voiture. [...] Les mécaniciens qui vont vite n'ont pas le temps d'"agrafer" leur prochain qui, au bout de deux secondes, est déjà loin d'eux [...]. Le charretier disparaîtra comme le cocher de fiacre et, avec eux, une certaine verdeur, une assez belle truculence de la langue vulgaire, qu'il faudra sans doute regretter, car le besoin d'être violent et incisif poussait toujours les "empoigneurs" de la rue à chercher des mots nouveaux, non émoussés par leur emploi de tous les jours, et cette recherche et cette invention continuelle donnaient, il n'y a pas à dire, pas mal de nerf au langage[33] ».

Comme quoi tout le monde peut se tromper : trente ans plus tard, Baudry de Saunier doit reconnaître qu'on est bien loin du compte, et il va jusqu'à consacrer un paragraphe de son best-seller, *L'Art de bien conduire une automobile*, à énumérer les diverses catégories de mufles roulants. « La politesse, dont on a badigeonné depuis sa naissance l'homme bien élevé, ne semble pas être, même chez les gens dits du monde, une peinture bien solide. Elle apparaît comme une simple pellicule de vernis étalée sur notre égoïsme constitutif ; le moindre changement de nos mœurs ou même de nos habitudes, nous le constatons tous les jours, détermine dans cette pellicule des craquelures lamentables. Un homme fort poli sur une chaise de salon demeure-t-il toujours, sur le coussin d'une automobile, un homme fort poli ?

Il y a certainement du piquant, peut-être du profit, à en discuter. »

En fait, cette explosion de l'impolitesse est sans doute liée à celle du parc automobile, qui est multiplié par 10, par 20 ou par 30, selon les pays, entre 1914 et 1930 : avec trente millions de véhicules en 1930, il ne s'agit plus d'une activité aristocratique, comme au début du siècle. Mais à ceci s'ajoute le fait, jugé déterminant par Baudry, que l'automobile est, au même titre que la chasse (le parallèle est fréquent) « un instrument qui vraiment surexcite l'égoïsme ». C'est pourquoi « l'automobiliste est à la fois l'être le plus encombrant, le plus tapageur et le plus dangereux qu'on rencontre de nos jours en terrain civilisé ». Car grâce à son automobile, poursuit l'auteur, l'homme peut étaler complaisamment sa supériorité financière et sociale, prouver sa puissance, faire du bruit et jouir quand les autres souffrent ; c'est ainsi que « peu à peu, le propriétaire d'une automobile se prend de dédain pour la tourbe qui n'en possède pas », et se laisse aller à toutes les grossièretés.

Dans la catégorie des conducteurs grossiers, le premier type est celui du « petit mufle ». Celui-ci « ne se laisse dépasser qu'en grognant. Il ne livre au dépasseur que la largeur qui lui est indispensable. Quand il croise, il se déplace à peine du milieu de la route. À un passage à niveau fermé [...] où il arrive le dernier, il cherche à prendre la tête de toutes les voitures pour repartir le premier ».

Mais à côté du petit mufle, caractérisé par un simple manque de savoir-vivre, Baudry repère une catégorie plus dangereuse, dont l'impolitesse s'exprime à travers l'usage de l'automobile elle-même : les grands mufles, parmi lesquels il distingue successivement « le matcheur », qui prend la route pour une piste de course automobile ; « le punisseur », adepte puéril des « queues de poisson » » destinées à « punir » tout automobiliste qui, occupant le milieu de la chaussée, ne se serait pas rabattu assez vite sur la droite pour lui laisser place ; « l'hypocrite », qui, au volant d'une grosse voiture, aime à se rabattre légèrement sur l'automobile qui la double ; « le sournois », qui, s'étant laissé dépasser, accélère dès que le capot de l'automobile qui prétend le doubler arrive à sa hauteur ; « le frôleur », dernier exemplaire de la famille, qui, se croyant « l'un des plus habiles conducteurs que les routes aient jamais portés », s'efforce constamment par des manœuvres qu'il pense de haute précision, de le faire savoir à tout le public roulant. « Dans un embarras de voitures, le frôleur zizague comme une anguille, pour “chiper” une place à l'avant, au grand danger des ailes voisines. Un jour il rate son millimètre... et écrase contre un arbre un innocent »[34]...

Apologiste fanatique de l'automobile, Baudry de Saunier n'en a pas moins repéré l'essentiel du problème. Un problème que résumera bientôt l'un des romanciers fétiches de la Belle Époque, Maurice Dekobra : « Tout le monde a constaté que l'homme courtois et correct dans la vie, l'homme qui ne ferait pas de mal à la mouche d'une vieille marquise, est déchaîné et devient mal embouché dans sa voiture[35]. » On peut d'ailleurs lire le même constat, outre-Atlantique, sous la plume de la grande prêtresse du savoir-vivre américain, Emily Post : « Combien de fois avons-nous observé, non sans une secrète stupeur, qu'Untel, courtois dans les rapports quotidiens, se transforme subitement en un autocrate grossier lorsqu'il conduit sa voiture, et tout particulièrement, sa nouvelle voiture[36] ! » Les mêmes causes suscitent les mêmes effets, et contribuent à obscurcir l'horizon.

IV

L'ère des incertitudes (de 1950 à nos jours)

10

GRANDEURS ET DÉCADENCE DES BONNES MANIÈRES ?

Si le savoir-vivre semble tiraillé depuis la fin de la Première Guerre mondiale par des mouvements contradictoires, il n'en demeure pas moins qu'une tendance prédomine : une tendance que l'on pourra considérer, selon les points de vue, comme un appauvrissement ou, au contraire, comme un rajeunissement. Ceux qui se félicitent de cette modernisation expliquent ainsi que les règles du savoir-vivre ne sauraient être rigides, ni figées : « En ces temps d'évolution rapide, de bouleversement des valeurs, de transformations sociales, déclarait déjà Paul Reboux en 1929, le savoir-vivre ne peut tout de même pas avoir la prétention de demeurer, seul parmi toutes choses, immuable [1] ! » Et ce, d'autant qu'il est de plus en plus souvent perçu comme le reflet de ce qui se pratique, et non plus comme une contrainte imposée par le respect de traditions immémoriales. Le mot savoir-vivre, ajoute Nathalie Pacout, « évoque inévitablement l'image d'un certain milieu qui ne sait pas boire une tasse de thé sans dresser le petit doigt [2] ». Si l'on veut le conserver sans pour autant effrayer ou dégoûter les « jeunes », il faut donc, estiment ces auteurs, le dépoussiérer d'urgence. Le simplifier, l'assouplir, tout en laissant la plus large place à la tolérance et à l'improvisation, à la spontanéité et à la liberté de chacun. Fini la baronne Staffe, à bas l'étiquette [3] ! Plus question d'imposer un code impératif : tout au plus pourra-t-on suggérer, ou proposer, « un ensemble d'indications laissant le champ libre aux interprétations les plus nuancées et les plus personnelles [4] ».

Cette « modernisation », qui est à la politesse classique ce que le déisme est au catholicisme romain, implique, outre l'assouplissement que l'on vient d'évoquer, une simplification draconienne des usages. Désormais, il s'agit de faire prévaloir « la politesse du cœur[5] » – et non plus, de se plier à un cérémonial sophistiqué, impraticable et incompréhensible. Incompréhensible, et peut-être même inadmissible : et l'on devine ici le second aspect du mouvement, qui ne se traduit pas seulement par une libéralisation des pratiques, mais aussi par une certaine égalisation des rapports.

La politesse classique se fondait pour l'essentiel sur l'idée qu'il existe des différences, des inégalités, des hiérarchies légitimes et incontestables. Son but était de « rendre à chacun le sien », de reconnaître en l'autre ses différences, ses privilèges et ses obligations. Ainsi, dans le rituel de la présentation, la règle était-elle encore, au lendemain de la Deuxième Guerre mondiale, de nommer en premier lieu la personne la moins considérable par l'âge, le sexe ou la situation : on présentait un jeune homme à un vieillard, un homme à une femme, un laïc à un ecclésiastique, un instituteur à un professeur d'université, un journaliste à un écrivain célèbre. Le but de la politesse modernisée serait plutôt, écrit Nathalie Pacout, de « neutraliser la présence physique de l'autre, d'annuler son agressivité[6] », bref, de constituer une bulle hermétique, imperméable et sécurisée autour d'individualités interchangeables, et identiquement menacées.

De nos jours, l'hostilité de principe à toute inégalité (entre les âges, les sexes, les conditions), et l'affaissement consécutif des hiérarchies sociales, a suscité tantôt la simplification, tantôt la disparition pure et simple de certains usages. Simplification ou dépérissement : telles sont les manifestations les plus visibles de ce que l'on peut considérer comme le mouvement dominant depuis les années vingt.

Cependant, ces manifestations ne sauraient être conçues de façon abstraite. Pour les comprendre, il faut les rapprocher d'un mouvement parallèle, plus circonscrit dans le temps mais beaucoup plus radical, celui qui voit fleurir, dans la seconde moitié du XXᵉ siècle, de nouvelles antipolitesses. Ces dernières, elles aussi, se réclament de la modernité, de l'égalité et de la liberté, pour justifier, en même temps que le dépassement de la vieille sociabilité bourgeoise, l'éradication de ses rituels et de son savoir-vivre. Comme à l'époque révolutionnaire, ou comme dans la première moitié du XXᵉ siècle, elles sont en effet indissociables d'engagements idéologiques ou culturels radicaux – et elles disparaîtront avec eux, d'où leur caractère historiquement limité. En revanche, et c'est ce qui les singularise, ces antipolitesses ne seront pas sans conséquences sur le mouvement général. Au XIXᵉ siècle, les formes anciennes d'antipolitesse allaient à l'encontre de la tendance lourde que représentait alors la (re)construction et la diffusion d'un savoir-vivre minutieux, précis et codifié, indispensable à la nouvelle société bourgeoise. Les formes modernes, au contraire, ne constituent, à bien des égards, qu'une accentuation, décomplexée et violente, de ce qui résulte du mouvement général. Qu'elles l'accompagnent ou qu'elles le précèdent, ces antipolitesses contemporaines se contentent, pour l'essentiel, d'aller plus loin, plus fort, plus vite. Mais le sens de l'évolution est identique : c'est pourquoi elles ont pu, en fin de compte, favoriser le mouvement général, en le faisant apparaître, par comparaison, à la fois moderne et relativement modéré.

C'est aussi pour cette raison que l'on évoquera d'abord cette version radicale de la remise en cause de la politesse bourgeoise : parce qu'en dépit de sa relative brièveté, elle a pu avoir, autour des années soixante, soixante-dix, un effet d'accélérateur sur le mouvement général de déconstruction du savoir-vivre.

Le féminisme à l'assaut de la politesse des mâles

Avant la Grande Guerre, l'antipolitesse, quels que soient ses fondements ou ses justifications, produit un effet paradoxal, puisqu'elle tend en définitive à favoriser le mouvement dominant, la diffusion et l'enracinement des codes de bienséance. C'est indéniablement le cas, on l'a vu, de l'antipolitesse de la Révolution, dont procède, par réaction, le renouveau du savoir-vivre bourgeois au début du XIXe siècle. Après 1914, en revanche, s'amorce un processus de dégradation de cette politesse – dans son contenu, dans ses prescriptions et dans son champ d'application sociologique. L'histoire change de sens : et l'antipolitesse semble désormais accompagner, et conforter, ce qui est devenu le mouvement général. L'antipolitesse ? Disons plutôt, les multiples formes qui prolifèrent entre les deux guerres, et qui se démultiplieront durant la seconde moitié du siècle : antipolitesses des contre-cultures totalitaires, fondées sur un même rejet des mœurs bourgeoises, antipolitesses égalitaires, comme celle qui conduit la social-démocratie suédoise, vers la fin des années 1960, à imposer le tutoiement généralisé et le bannissement du vous (*Du-Reformen*), antipolitesses féministes, enfin, les plus significatives peut-être, et les seules auxquelles on s'intéressera ici.

Le féminisme, dont le sociologue Gaston Bouthoul affirmait qu'il était la principale innovation politique depuis la Libération, et « la seule qui indiscutablement soit une véritable nouveauté[7] », se fonde sur une idéologie relativement structurée, et s'appuie, dans les années 1960-1970, sur des groupes plus ou moins organisés (Women's Liberation Movement aux États-Unis, MLF ou MLAC en France). Relayé par une presse spécialisée et, indirectement, par certains magazines féminins, il va obtenir alors un large retentissement, bien au-delà des cercles radicaux qui l'ont formulé[8].

À vrai dire, le féminisme n'apparaît pas, subitement, dans la seconde moitié du XXe siècle ; en France, il a une histoire longue et mouvementée, puisqu'il naît avec la Révolution française – sous la plume d'écrivains qui proclament que l'égalité et la liberté ne sauraient être réservées aux hommes, et qu'il faut par principe étendre aux femmes les conquêtes de la Révolution, sans quoi celle-ci serait moins un progrès qu'une régression, puisqu'elle aboutirait à consacrer l'injustice. « Homme, es-tu capable d'être juste ? », s'interroge alors Olympe de Gouges, en introduction à la *Déclaration des droits de la femme et de la citoyenne* qu'elle rédige en 1791 pour faire pendant à la *Déclaration des droits de l'homme* de 1789. « Dis-moi ? Qui t'a donné le souverain empire d'opprimer mon sexe ? Ta force ? Tes talents ? Nulle part dans la nature, on ne rencontre semblable domination. L'homme seul s'est fagoté un principe de cette exception. Bizarre, aveugle, boursouflé de sciences et dégénéré, en ce siècle de lumière et de sagacité, dans l'ignorance la plus crasse, il veut commander en despote sur un sexe qui a reçu toutes les facultés intellectuelles » : un sexe qu'elle nomme, dès le Préambule, « le sexe supérieur en beauté comme en courage dans les souffrances maternelles »[9].

Le principe de son raisonnement figure à l'article 1er de la « Déclaration » : « La femme naît libre et égale à l'homme en droits. Les distinctions sociales ne peuvent être fondées que sur l'utilité commune. » « Le but de toute association politique, précise ensuite l'article 2, est la conservation des droits naturels et imprescriptibles de la femme et de l'homme : ces droits sont la liberté, la propriété, la sûreté, et surtout, souligne Olympe de Gouges, la résistance à l'oppression » : l'oppression des despotes et des rois, mais aussi celle des mâles, ces tyrans quotidiens.

La femme doit être reconnue comme l'égale de l'homme : ce qui aura forcément un impact considérable sur ses comportements, et sur les règles de bienséance gouvernant leurs rapports – celles-ci présupposant en effet, on l'a vu, la supériorité physique, sociale, économique et intellectuelle, du « sexe fort ».

C'est ainsi qu'Olympe de Gouges refuse avec violence les privilèges liés à son sexe et à la soi-disant faiblesse de celui-ci. Ni inégalité, ni différence de traitement : aux railleurs, Olympe de Gouges proposait volontiers des duels au pistolet... D'autres combattirent avec les émeutiers ou dans les armées de la Révolution. Pourtant, à l'époque, leur impact demeure limité : « La Terreur et le fracas des armes, note Gaston Bouthoul, n'avaient que faire des influences féminines. Quelques-unes s'obstinèrent à faire entendre leur voix. Très mal leur en prit[10]. » Théroigne de Méricourt, déculottée et fouettée en public sur l'esplanade des Tuileries par une bande de jacobines enragées ne supporta pas l'humiliation. Ayant perdu la raison, elle restera enfermée à la Salpêtrière de 1793 à sa mort, vingt-quatre ans plus tard, en 1817. Quant à Olympe de Gouges, elle subit avec plus de philosophie des violences comparables. « Un jour, rapporte ainsi Michelet, saisie dans un groupe, Olympe est prise par la tête ; un brutal tient cette tête serrée sous le bras, lui arrache le bonnet ; ses cheveux se déroulent, pauvres cheveux gris, quoiqu'elle n'eût que trente-huit ans [...]. "Qui veut la tête d'Olympe pour quinze sous ?", criait le barbare. Elle, doucement, sans se troubler : "mon ami, dit-elle, mon ami, j'y mets la pièce de 30". On rit, et elle échappa[11]. » Mais un bref instant seulement, puisqu'elle finit bientôt sur l'échafaud, comme Sophie de Condorcet ou Lucile Desmoulins.

Pour le féminisme, les décennies qui suivent marquent un net reflux. Politiquement inexistante, socialement placée dans la situation ambiguë d'une reine enchaînée, la femme est considérée par le Code Napoléon comme juridiquement mineure, ne pouvant disposer ni de sa personne, ni de ses enfants, ni de ses biens. Sur ce plan, la Révolution de 1848 et la floraison utopique qui l'accompagne apparaissent certes comme une rupture, mais plus intellectuelle que pratique, le féminisme restant alors l'apanage de cercles restreints, saint-simoniens, socialistes ou positivistes. Des cercles sans grand succès, si l'on en croit la scène décrite par le romancier Louis Reybaud dans un chapitre particulièrement savoureux de son *Jérôme Paturot à la recherche de la meilleure des républiques*[12], « Malvina au club des femmes » – qui, après avoir démontré la désorganisation et l'absence de programme dudit club, se termine par sa fermeture définitive, sous les applaudissements de l'assistance, au soir de sa première séance.

En France, il faut attendre 1945 pour assister à l'essor d'un courant féministe digne de ce nom – au moment où, pour la première fois, les femmes se voient accorder, par la loi puis par la Constitution, les mêmes droits politiques que les hommes. Quatre ans plus tard, en 1949, Simone de Beauvoir publie ce qui va devenir le bréviaire du féminisme radical, *Le Deuxième Sexe* – livre essentiel, vendu à plus d'un million d'exemplaires aux États-Unis. La thèse centrale de l'ouvrage vise à démontrer le caractère purement socioculturel – et donc, nullement naturel – de la situation de la femme vis-à-vis de l'homme : situation d'oppression, d'aliénation, mais aussi, et plus fondamentalement encore, de différence. « Notre oppression », déclare en 1977 l'article programme de la revue *Questions féministes*, dirigée par Beauvoir, « ne réside pas dans le fait de "n'être pas assez femme", mais bien au contraire, dans celui de l'être trop. Nous sommes empêchées de mener une existence d'individus à part entière, sous le prétexte que nous sommes "femmes", "différentes". C'est le système patriarcal qui nous pose "différentes" pour justifier notre exploitation, la masquer ». S'il faut détruire la différence, ce n'est donc pas seulement pour abolir une distinction artificielle, c'est pour supprimer en même temps la hiérarchie qu'elle implique, et l'infériorisation de la femme qui en résulte. Il s'agit, souligne l'auteur de l'article, de détruire l'idée de « la Femme » pour abolir aussi celle de « l'Homme », et parvenir ainsi à une égalité complète, à une totale indifférenciation : « plus que des femmes, nous sommes des individus »[13].

Or, on l'a vu et répété, la politesse bourgeoise implique nécessairement que soit admise l'existence de différences et de hiérarchies. On ne s'étonnera donc pas que le féminisme, qui atteint son apogée au début des années soixante-dix, en vienne à récuser aussi les bases sociologiques du vieux savoir-vivre. Après avoir dénoncé l'homme comme l'ennemi, au motif que « tous les hommes ont opprimé des femmes[14] », après avoir honni toute tradition (« Nous qui sommes sans passé, les femmes, nous qui n'avons pas d'histoire », proclame l'hymne du MLF), on en vient, à la suite de l'Américaine Kate Millett, à dénoncer la famille, unité patriarcale consacrant une relation de possession exercée sur les femmes[15]. La politesse – c'est l'une de ses fonctions majeures – vise à fluidifier les rapports et les contacts sociaux afin d'éviter la violence. Or le féminisme conteste la possibilité même de cette fluidité, du moins entre sexes opposés, et réhabilite, plus ou moins ouvertement, le recours à la violence, à l'agressivité. Dans le prolongement du manifeste SCUM (*Society for Cutting Up Men*) de Valérie Solanas, la première à avoir « envisagé une planète ressuscitée par la disparition des hommes[16] », l'écrivain Christiane Rochefort écrit ainsi qu'« il y a un moment où il faut sortir les couteaux »[17].

À ce bouleversement total des relations entre hommes et femmes correspond donc une remise en question non moins complète des règles qui les régissaient naguère.

En premier lieu, la femme n'a plus à se prêter au jeu de la séduction, de l'élégance et de la beauté, dénoncé par Simone de Beauvoir comme une servitude. Tel est alors le leitmotiv des périodiques féministes, et notamment, du « journal des groupes tendance lutte des classes du MLF », *Les Pétroleuses*. La séduction est une aliénation ! La beauté, un leurre et un esclavage ! L'égalité réclamée par les féministes les conduit ainsi à une première conclusion : « De cette beauté-là, de cette séduction-là, nous n'en voulons plus ! » « Femme laide, lève la tête ! »[18]. Tout un programme...

Ces conclusions prolongent les textes virulents que l'on trouvait déjà dans *Le Torchon brûle !*, « menstruel » (*sic*) officiel du MLF (1971-1973), caractérisés par une remise en cause systématique de la bienséance sous toutes ses formes, et par un style qui sent un peu sa Mère Duchesne : « Y en a marre », « Faudrait savoir ce qu'on veut, merde », « Et bien, merde, les nénettes, votre raisonnement est con. Vous n'êtes pas libérées, ça non, alors ! [...] ça vous ferait mal aux seins de dire à une nana : Non, on peut pas t'avorter ici, mais tu peux aller en Angleterre[19]. » Au regard de la politesse bourgeoise, et de l'image de la femme qu'elle véhicule, la grossièreté féminine est encore plus insupportable que celle des hommes, et donc, potentiellement, plus révolutionnaire. Cette même revue se flattera d'ailleurs d'avoir été poursuivie pour outrage aux bonnes mœurs après la publication, dans son numéro 2, d'un article « Le pouvoir du con », illustré de photos en gros plan de sexes féminins...

La femme n'a plus à respecter les règles imposées par la domination masculine, de même qu'elle n'a plus à réclamer, en retour, ni même à tolérer, certains comportements pratiqués par l'autre sexe. Et au premier chef, la galanterie, perçue comme humiliante, machiste (elle perpétue l'idée de l'infériorité, ou en tout cas, de la différence de la femme), et sexiste (elle ne serait qu'un moyen détourné, pour le mâle, d'arriver à ses horribles fins). « Je finis par me demander sérieusement », écrit ainsi Colette Guillaumin dans un savant article de *Questions féministes*, « Pratique du pouvoir et idée de nature », « si ce geste masculin supposé galant, et qui, d'ailleurs, tend à disparaître, de laisser le passage à une femme (c'est-à-dire, de la laisser passer devant) n'était pas simplement l'assurance de ne pas la perdre de vue une seconde. On ne sait jamais ; même avec des talons très hauts, on peut courir, et fuir[20]. » On se dit aussi que l'auteur a dû se creuser la tête pour rendre compte de l'usage selon lequel l'homme doit entrer devant la femme au restaurant et dans tous les lieux publics. Toujours est-il que cette (profonde) remarque paraît caractéristique d'un certain état d'esprit. Avec la domination masculine, les féministes rejettent en bloc toutes les marques de cette prédominance, et en particulier, galanterie, égards et règles de politesse. Nombre d'hommes bien élevés avouent en avoir subi les conséquences, recevant d'une dame, pour lui avoir tenu la porte ou laissé le passage, un sourire glacial, un regard courroucé, quand ce n'est pas une bonne paire de gifles. Lorsqu'on adopte la perspective de l'antipolitesse, ce qui était poli devient grossier, et mérite, par conséquent d'être sanctionné comme tel : on l'avait déjà constaté à l'époque révolutionnaire, où pendant une brève période, le voussoiement et l'usage du terme « monsieur » ont pu passer pour gravement discourtois.

Parallèlement, de nouvelles règles apparaissent – conformes, elles, à l'idéologie féministe, et notamment, aux principes d'égalité et d'indifférenciation... C'est ce que décrit John Boyd dans un roman d'anticipation paru en 1970, *Sex and the High Command*[21], où il évoque, entre humour noir et utopie féministe, un monde dont les femmes conjurées ont fini par éliminer tous les hommes. Après leur triomphe, un rapport du « Bureau fédéral pour la réforme du langage », ayant établi avec le plus grand sérieux que le mot *wife* « résume l'histoire de l'asservissement féminin », en conclut qu'il n'a pas sa « place dans un langage poli ». Pure imagination ? Certes, mais l'idée générale est bien vue. À la même époque, les rédactrices du *Torchon brûle !* refusent de signer les articles de leur nom, qui est dans tous les cas celui d'un mâle, leur père ou leur mari. En France, dans les années quatre-vingt, la politique féministe, incarnée par la charismatique ministre des Droits de la femme Yvette Roudy, se traduira d'ailleurs essentiellement sur le plan du langage : comme si la transgression des règles morpho-linguistiques de base était un hommage – tardif – au sexe opprimé...

De la même manière, mais sur un mode plus impératif, les normes du *non sexist language*, imposées outre-Atlantique par les héritiers du féminisme radical, visent à disqualifier et à éliminer tout ce qui rappelle la domination masculine. Certaines publications prestigieuses, comme la respectable revue *Utopian Studies*, publiée par l'université du Missouri, vont jusqu'à imposer des « guides » terminologiques à l'usage des auteurs désireux d'y collaborer. On y apprend par exemple qu'il n'est pas correct – la correction s'étant ici substituée à la politesse, forcément suspecte – d'employer le mot *mankind*, qui marque l'antique suprématie mâle sur le genre humain, et qu'il faut le remplacer désormais par *people* ou *humanity*. De même, il ne faut plus dire *policeman*, mais *police officer*. Plutôt que « la victime était une jolie blonde de vingt-deux ans », on restera évasif et neutre : « la victime était une jeune femme de vingt-deux ans ». On ne dira pas, pour d'évidentes raisons de décence, « ma mère repasse ma chemise », ce qui laisse entendre qu'il est naturel qu'elle le fasse, et qu'elle ne sait rien faire d'autre, mais « un parent repasse ma chemise »[22].

À la politesse classique, fondée sur la reconnaissance et même l'affirmation des différences naturelles, le féminisme et ses avatars substituent donc, de façon extrême et spectaculaire, une nouvelle bienséance, qui postule leur négation – même s'il faut pour cela renoncer à la précision du langage ou frôler le ridicule. Mais peu importe, s'il s'agit de sauver les principes...

Ça s'en va et ça revient

Les antipolitesses du XXe siècle se donnaient pour des négations pures et simples des usages de savoir-vivre, jugés indissociables d'une certaine forme sociale, la société bourgeoise, libérale, capitaliste ou patriarcale. Elles procédaient, au fond, d'une perspective explicitement révolutionnaire, visant à rien de moins qu'à saborder le système dans sa totalité.

Par comparaison, le mouvement général de « modernisation » des usages se situe, lui, dans une perspective beaucoup plus modeste, simplement réformiste. Si les principes sont parfois analogues, si dans les deux hypothèses on se réclame de la modernité, il ne s'agit plus, dans celle qui nous occupera désormais, de mettre fin à la politesse bourgeoise, mais seulement d'éliminer ce qui la rattache trop étroitement à un passé révolu.

Le terme « élimination » ne doit d'ailleurs pas dissimuler la complexité du processus, ni laisser croire à l'existence d'une volonté ordonnatrice, décidant de supprimer tel ou tel usage, de dépoussiérer telle ou telle règle. En l'espèce, le mouvement général résulte d'une combinaison aléatoire entre des comportements, individuels ou collectifs, et le sentiment des observateurs, gens de lettres ou de presse, auteurs de traités de savoir-vivre, etc., qui vont, dans une certaine mesure, enregistrer ces mutations, et en tirer des conséquences du point de vue des règles du savoir-vivre. Mais notre ambition, en l'occurrence, n'est pas celle du sociologue, ni du philosophe, qui pourraient tenter de percer à jour la question des causes de cette évolution. Ici, on se contentera d'en analyser les effets, et de les resituer dans leur processus historique, où l'on est tenté de discerner deux temps forts, 1968 et les années 1990.

Les auteurs des manuels de savoir-vivre publiés autour de 1968 se bornent le plus souvent à reprendre et à accentuer les constats et les explications avancés durant les décennies précédentes. Ainsi, l'auteur d'un très moderne *Top savoir-vivre* :

> Vivre en société... C'est là tout le secret d'un nouveau savoir-vivre revu et corrigé à l'époque des satellites ! Depuis cinquante ans, tout a changé. La triple révérence, le baisemain, la cravate blanche, les gants beurre frais ne sont plus de mise. L'ère bénie des châteaux grands comme trois HLM est révolue. Nous vivons au mètre carré... Le moindre centimètre carré est fonctionnel, tout s'emboîte et se déboîte. Les murs résonnent comme des caisses de violon. Les cages d'ascenseur, les vide-poubelles, les conduites d'eau, sont les tam-tams de notre vie quotidienne. Nous prenons le métro, l'avion, le taxi. Les satellites directs, semi-omnibus ou omnibus ne sont pas loin. Nous manions le téléphone, la radio, la télévision. L'ère du presse-bouton ! Tant il est vrai que même l'équilibre du monde dépend d'un téléphone rouge et d'un bouton que l'on pousse... Tous les hommes, les enfants et même les nouveau-nés vont d'un continent à l'autre en quelques heures. On voyage... Les femmes rajeunissent. On suit des régimes. On se donne et on manque des rendez-vous d'un avion à l'autre. Tout va très vite. Le temps c'est l'argent, et le temps presse. Le « chrono » a remplacé la vieille horloge de grand-mère. Les rentiers, les oisifs, les oncles d'Amérique, les chaperons de la fiancée, n'existent plus. D'autres ont pris la relève. Pour ces nouveaux personnages, vivant dans un monde nouveau avec des instruments nouveaux, il est indispensable de réviser sans cesse le code des bonnes manières[23].

Mais l'histoire se poursuit. Après le tournant de 68, celui de la fin des années quatre-vingt, s'il confirme certaines des tendances précédentes, en infirme ou en nuance d'autres, au point d'avoir pu être analysé comme un véritable retour en force de la bienséance. La modernisation du savoir-vivre n'obéit donc pas à un mouvement simple, linéaire, de simplification ou d'épuration : il peut se faire, dans le même temps, qu'elle se traduise par le regain de certaines formes et de certains usages – confirmant les analyses de Régis Debray, selon lequel « le temps ne s'écoule plus, il reflue, tourbillonne, bifurque », l'époque fourmillant d'anachronismes, de « retours de lenteur », d'« oasis d'immobilité », et l'avenir promettant de contenir « beaucoup plus de passé » qu'on se l'imaginait naguère[24].

Vers une simplification de la politesse

Le mouvement le plus visible, on l'a déjà noté, se traduit par une rétractation, une simplification qui, assez souvent, n'est que le prélude à une disparition pure et simple. Tel est par exemple, dans la seconde moitié du XXe siècle, le singulier destin du deuil, progressivement abrégé, allégé et simplifié, avant de disparaître presque totalement – les manuels de politesse les plus récents n'évoquant même plus ce qui était, jadis, l'un des pivots de la vie sociale, et le morceau de bravoure des traités de savoir-vivre.

À cet égard, on ne peut que souscrire aux explications serrées que développe l'historien Philippe Ariès en 1967. Alors que, d'une part, le mourant se trouve en quelque sorte privé de sa mort, que l'on va tenter de lui cacher jusqu'au dernier moment, son entourage va être, dans une certaine mesure, privé de deuil : la société moderne « interdit au vivant de paraître ému par la mort des autres, elle ne leur permet ni de pleurer les trépassés, ni de faire semblant de les regretter[25] ».

Le deuil, note Ariès, constituait autrefois la douleur par excellence, un sentiment dont l'expression paraissait à tous parfaitement normale et auquel le XIXe siècle n'avait apporté aucune modification notable, sinon pour donner aux personnes endeuillées le droit implicite de transgresser la bienséance ordinaire en se laissant aller à exprimer une douleur excessive. À cet égard, le siècle d'or de la politesse bourgeoise est même, on l'a vu, « une période de dolorisme exalté, de manifestation dramatique et de mythologie funèbre[26] » – ainsi que le montrent les rituels longs et complexes détaillés dans les manuels de savoir-vivre. « Le deuil est un culte », proclame, dans les dernières décennies du siècle, une « réclame » pour un magasin spécialisé, qui propose à ses bons clients un choix absolument complet d'articles de deuil. Un culte ? Avant 1914, ces prescriptions impérieuses avaient fini par devenir d'une minutie, d'une rigueur, d'une lourdeur quasi liturgique, que même les plus traditionalistes jugeaient insupportables : « le papier à lettres, les cartes de visite étaient bordés d'une bande noire dont la largeur devait décroître après un

nombre de mois variable selon le degré de parenté. Le mouchoir lui-même était bordé de noir[27] » – les codes de la bienséance précisant, on l'a vu, les durées impérativement requises pour la mort des parents, grands-parents, frères et sœurs, beaux-frères et belles-sœurs, cousins germains ou à la mode de Bretagne, oncles, tantes, parrains et marraines, tuteurs, maîtres, étrangers vous ayant couchés sur leur testament, etc., ainsi que les types de vêtements, les étoffes, les couleurs, les bijoux susceptibles d'être portés, et les activités conseillées, tolérées ou illicites. À travers ce deuil, c'était le poids des parentés et des alliances qui se manifestait, caractéristique d'une société où l'individu isolé n'avait pas tout à fait sa place, où la famille patriarcale demeurait indiscutablement la cellule fondamentale, et où l'enracinement territorial était encore une réalité significative pour l'immense majorité. Le deuil apparaissait comme le rituel social par excellence, un rituel qu'il importait donc de définir aussi rigoureusement que possible.

Or, tout ceci va changer au cours du XXe siècle. « À la nécessité millénaire du deuil, plus ou moins spontanée ou imposée selon les époques, constate Philippe Ariès, a succédé au milieu du XXe siècle son interdiction. Pendant la durée d'une génération la situation a été renversée. Ce qui était commandé par la conscience individuelle ou par la volonté générale est désormais défendu. Ce qui était défendu est aujourd'hui recommandé. Il ne convient plus d'afficher sa peine ni même d'avoir l'air d'en éprouver[28]. »

Du côté des convenances, c'est d'abord la durée du deuil qui se réduit peu à peu. Les manuels des années 1950 distinguent, dans des tableaux chiffrés, les délais requis par ce qu'ils appellent « le savoir-vivre traditionnel », de ceux, plus modestes, qu'imposent les « usages nouveaux ». En 1950, Liselotte, dans une nouvelle édition de son *Guide des convenances*, note ainsi que le deuil de la veuve s'est réduit de sept mois et demi (il en reste tout de même dix-huit), et celui du veuf, de cinq mois (passant de vingt à quinze). Neuf ans plus tard, Paul Guth constate qu'on a encore abrégé les délais : un an pour les veuves, tout compris... Détail notable, c'est à chaque fois de Paris que viennent les innovations. En 1959, observe-t-il, cette réduction à un an du deuil de la veuve reste typique de la capitale : dans certaines villes de province « où les gens observent des coutumes strictes, les veuves portent pendant deux ans un deuil sévère, avec voiles de crêpe »[29]. On se croirait dans Balzac... Mais les nouveautés finissent par s'imposer, puis par être dépassées par d'autres, plus radicales encore : en 1972, alors que cette durée d'un an du deuil des veuves est devenue la règle, Myrette Tyano constate qu'on la respecte de moins en moins, sans manquer pour cela aux règles du savoir-vivre : la règle, explique-t-elle, est devenue purement facultative[30].

On observait à l'instant que les innovations viennent de Paris ; en poursuivant l'enquête, on constaterait qu'elles trouvent souvent leur origine outre-Atlantique. « Le savoir-vivre américain, observait à ce propos Roger Kempf, prétend moins à l'action qu'aux ruses de la parole et du silence. [...] Il convient de déguiser son ressentiment, de taire ses maladies, de maquiller sa vieillesse. Rien d'étonnant si la mort elle-même se travestit ou s'efface pour ne pas offusquer la sérénité des vivants. Aussi bien l'étiquette funéraire se propose-t-elle de donner le change en débarrassant de leur morbidité les rites et les lieux. Le deuil passe de mode et d'invisibles convois se transportent par magie dans de charmants cimetières, verdoyants et moelleux comme des terrains de golf[31]. »

Et si on la dissimule, c'est parce que la mort est devenue obscène, et le deuil, pornographique – les guerres mondiales ayant joué à cet égard, estiment certains sociologues, un rôle d'accélérateur de l'évolution. Dans la seconde moitié du XXe siècle, le tabou majeur, la chose innommable n'est plus le sexe, c'est la mort[32]. Quant à ceux qui sacrifient encore aux us et coutumes d'antan, ils sont soupçonnés d'ostentation, et pourquoi pas, d'hypocrisie. Ils apparaissent suspects. Les grandes douleurs sont muettes, elles doivent donc rester invisibles. À force de se simplifier, la norme s'est inversée : le deuil se doit être aussi discret que possible. « Dans les semaines qui suivent, précise Françoise Le Focalvez, le savoir-vivre actuel fait un devoir de ne pas imposer aux autres un chagrin qui n'est pas le leur[33]. » Aujourd'hui, on « fait son deuil », on ne le porte plus à l'extérieur, au regard et à la connaissance des autres, sous peine d'impudicité...

Désormais, explique encore Ariès, « Ce ne sont plus les enfants qui naissent dans les choux, mais les morts qui disparaissent parmi les fleurs. Les parents des morts sont donc contraints de feindre l'indifférence. [...]. Le survivant malheureux doit cacher sa peine, renoncer à se retirer dans une solitude qui le trahirait et continuer sans une pause sa vie de relations, de travail et de loisirs. Autrement il serait exclu, et cette exclusion aurait une toute autre conséquence que la réclusion rituelle du deuil traditionnel[34]. »

Dans ce constat, l'élément le plus intéressant tient sans doute à cette symétrie inversée entre le sexe et la mort. Toutefois, depuis la fin des années 1960, alors que l'interdit qui pesait sur le sexe a totalement disparu, jusqu'à faire des rapports amoureux l'objet d'un nouveau savoir-vivre, d'une bienséance particulière, il semble que le tabou pesant sur la mort se soit quelque peu relâché : en bref, la symétrie ne fonctionne plus de façon aussi évidente qu'à l'époque où écrivait Ariès. Si la société n'est pas revenue aux rituels doloristes du XIXe siècle, il n'est pas contestable en revanche qu'elle se montre à nouveau relativement compréhensive à la douleur des survivants, et soucieuse de leur fournir une aide et une assistance, que celle-ci soit matérielle ou psychologique. S'ils ne sont plus obligatoires, le deuil, les larmes et l'isolement ne sont plus scandaleux, comme ils tendaient à le devenir à la fin des années soixante.

En définitive, les victimes de ces hésitations, de ces oscillations successives autour de la figure de la mort, ce sont les règles du savoir-vivre, désormais privées de consistance, de valeur contraignante, et laissées – ce qui constitue la véritable nouveauté – à l'appréciation discrétionnaire de chacun. Le deuil, de plus en plus, tend à être conçu comme strictement personnel, il ne regarde pas les autres et n'intéresse pas la société. Dès lors, écrit Arlette Royer au début des années quatre-vingt, chacun l'entend à sa convenance [35], et Marie Gosset affirme qu'il n'existe plus de période officielle pendant laquelle le port du deuil est de rigueur. Chacun est libre [36]. Le véritable deuil, proclament d'une même voix les grandes prêtresses de la politesse nouvelle, se porte dans le cœur, et non plus sur les vêtements ou dans les attitudes extérieures [37]. Il s'agit d'une affaire intime : la mort d'un individu, pleuré par d'autres individus pour des raisons exclusivement personnelles, parce qu'ils l'ont librement décidé, et de la manière dont ils l'entendent, démonstrative, recueillie ou décontractée.

Ce type de transformation affecte l'ensemble des usages régissant la vie privée. Ce qui signifie qu'il n'épargne, en définitive, que certains pans de la vie professionnelle et de la vie publique, ainsi que quelques groupes sociaux bien déterminés. Faute de pouvoir énumérer ici toutes les mutations, tâche aussi vaine que fastidieuse, on se bornera à mettre en avant quelques exemples particulièrement caractéristiques de ce processus.

La simplification des rapports entre parents et enfants semble moins récente qu'on pourrait le croire. Dès les années trente, Lévis-Mirepoix oppose à la « crainte révérentielle », encore fréquente au XIXe siècle, « cette autre attitude plus répandue de nos jours, la camaraderie, allant parfois jusqu'à l'extrême familiarité entre parents et enfants ». Cette méthode, estime le duc, est aussi déplorable que la précédente, puisqu'elle pousse les enfants « à négliger, envers les ascendants, cette politesse [qu'ils doivent] au premier venu », et qu'ils finissent, en définitive, par refuser aussi à ce dernier. D'où la nécessité de trouver un point d'équilibre, qui ménage l'amour et la confiance sans altérer le respect. « Pour tout dire, conclut le duc, s'il y a des dangers à être trop les camarades de nos enfants, il n'y a que des avantages à être leurs amis[38]. »

Mais c'est seulement dans les années soixante que va se produire, sur ce plan, le véritable tournant : un tournant qui renvoie au musée des antiquités les préceptes que les manuels de savoir-vivre détaillaient encore complaisamment dix ans plus tôt.

Mai 68 consacre en effet la naissance de ces deux êtres inédits, l'enfant-roi, et le jeune. C'est ce que rapporte la monumentale *Encyclopédie du savoir-vivre d'aujourd'hui* publiée en 1973 sous la direction d'Annie Morand : on y constate notamment qu'entre parents et enfants, « il n'y a plus de code rigide [...]. Il n'est plus question d'exercer sur les enfants une autorité aussi "paternaliste" que naguère[39] », ni d'imposer des décisions sans l'accord exprès des intéressés, ni d'en exiger, bien sûr, des comportements fondés sur l'idée d'une subordination naturelle, d'une inégalité ou d'une hiérarchie quelconques : « une nouvelle coexistence s'établit », marquée par la réduction des distances, et par la volonté d'accroître la franchise et la netteté des rapports.

Ce qui vaut pour les enfants vaut, plus encore, pour les adolescents. « Traitez-les en camarades, conseille Françoise Le Focalvez, pourvu que vous ne perdiez jamais le sens des proportions[40] » – lesquelles restent, il est vrai, à la libre appréciation de chacun. Ce qui a changé, c'est que l'adolescent, le « jeune », se trouve désormais doté d'un statut, social, culturel, économique et même politique. Il n'est plus, comme naguère, un enfant qui a grandi ou un adulte à venir : mutation dont les manuels de savoir-vivre vont devoir prendre acte.

L'adolescent, nous dit-on, doit adopter un style bien à lui, « ni guindé (ce n'est plus la mode), ni débraillé (ce n'est pas une mode). Un juste milieu paraît convenir, avec plus de laisser-aller et de décontraction[41]. Mais même lorsque leur rejeton chéri abuse, qu'il porte des tenues extravagantes et des coiffures peu orthodoxes, les parents doivent laisser faire : « ne vous en formalisez pas », conseille la baronne de Rothschild, « et n'en faites pas un sujet de discorde » : « L'essentiel, c'est qu'ils ne soient pas crasseux. » Une seule limite à cette tolérance parentale, précise tout de même la baronne : « s'ils arborent un costume impeccable ou un comportement militaire, reflet d'une tendance politique extrémiste », il faudra savoir être vigilant, se montrer intraitable, et entreprendre de corriger au plus vite cette politesse... politiquement incorrecte[42]. Un certain extrémisme serait-il mal élevé ?

Pour ce qui est de l'adolescent normal, du jeune ordinaire, il utilise un langage particulier, avec pour seule obligation, soulignent les manuels contemporains, de le châtier un peu lorsqu'il s'adresse à des adultes. Il a ses rites, ses fêtes, et notamment, la fameuse « surprise-partie », qui deviendra bientôt « surpatte », puis « surboum », puis « boum » ou « teuf », à laquelle il est vivement conseillé aux parents de ne pas assister. Plus question, du reste, de restreindre ou d'encadrer les sorties, bien s'il reste permis aux parents, même parfaitement « in », de s'enquérir (discrètement) du lieu où se rendent leurs chers bambins et de l'heure à laquelle ils comptent regagner le domicile parental.

Quoi qu'il en soit, on est effectivement bien loin de l'avant Mai 1968, quand, comme le rappelait nostalgiquement Maurice d'Amécourt, « la vie mondaine des jeunes gens [...] s'organisait exclusivement, et de façon charmante bien que très conventionnelle, dans le sillage de leur famille, dans son milieu »[43].

Comme pour le deuil, la modernisation des relations « entre jeunes » se traduit par le relâchement du lien familial et de ses traditions, et par l'affirmation de l'individu, émancipé, libre d'organiser lui-même et de « gérer » comme il l'entend ses chagrins, ses loisirs ou ses relations.

Il en va de même des relations entre garçons et filles. Là encore, c'est la liberté et l'égalité qui dominent, imposant une rectification des usages.

Dès la première rencontre, sans même s'être enquis du nom de la personne, on commence par la « bise » sur les deux joues, qui, selon certains observateurs (manifestement mal informés, ou peu observateurs), se serait substituée au baisemain. Deux bises, mais pas moins – on pourrait y déceler une intimité secrète –, et surtout pas plus : trois ou quatre, prévient-on, manifestent un tropisme rural ou banlieusard que les adolescents bien élevés devront éviter à tout prix, sous peine de passer pour franchement ploucs. « Si la rencontre se fait dans la rue ou dans un lieu public, précise Nathalie Pacout, l'homme évitera bien sûr les clins d'œil, sifflements ou attouchements mal venus, qui pourraient se solder immédiatement par une gifle[44]. » Remarque tout à fait caractéristique, notons-le en passant, de la désagrégation du savoir-vivre, puisqu'il faut maintenant rappeler des règles qui ne font plus figure de truismes – comme s'il était utile de préciser qu'on ne vient pas torse nu à un dîner en ville, et qu'il vaut mieux éviter de se moucher dans les rideaux du salon.

Seconde étape, le tutoiement : courant depuis l'entre-deux-guerres, il est aujourd'hui systématique, même avec les jeunes filles, et quand bien même celles-ci n'en auraient pas donné la permission expresse. « Il est certain, remarque Françoise Le Focalvez avec un brin de nostalgie, que la mixité à l'école, excellente à beaucoup d'égards, n'encourage pas la galanterie. Il faut dire aussi que les jeunes filles ne la favorisent pas en affichant une allure sans gêne et garçonnière[45]. »

Troisième étape, la sortie, toujours placée sous le signe d'un égalitarisme décontracté, puisque le partage des frais est désormais la règle. Une ou deux limites ont pourtant longtemps subsisté. Au cinéma ou au théâtre, c'est aux jeunes gens qu'il appartenait de donner le pourboire aux ouvreuses ; plus généralement, il était encore exclu, au début des années quatre-vingt, qu'une jeune fille paye pour un garçon. Si elle ne pouvait faire autrement, il lui fallait inventer de pieux mensonges, prétextant par exemple une invitation, un billet de faveur, pour ne pas heurter la susceptibilité de son petit camarade. Les années quatre-vingt-dix semblent avoir fait justice de ces derniers vestiges...

Si le garçon entreprend de courtiser la demoiselle, les règles, là encore, lui paraîtront infiniment moins contraignantes qu'elles l'étaient jadis. En réalité, sous couvert d'une plus grande « spontanéité », celles-ci ont pratiquement disparu. Mais si le garçon renonce au flirt, et choisit de s'en tenir à une stricte camaraderie, il constatera avec plaisir qu'il peut, désormais, n'en faire qu'à sa tête. S'ils vont au restaurant, plus besoin de se soucier de qui entrera le premier, de la porte à tenir ou du menu pour dames à réclamer au maître d'hôtel : il s'agit, déclare Marie Gosset en 1983, de marques de courtoisie déplacées, presque insultantes, à l'égard des femmes. S'il faut monter un escalier, remarque-t-elle encore, l'oubli de la règle selon laquelle l'homme précède la femme en montant et en descendant, ne choquera plus personne. Et si, en fin de compte, un peu ou beaucoup plus tard, le jeune homme change d'avis et décide de demander la jeune fille en mariage, il pourra se faire la même réflexion : les choses ont bien changé.

Y a-t-il encore en effet, se demande la baronne de Rothschild, des pères de famille qui, en pantalon rayé et gants beurre frais, comme le président Dieulafoy dans la célèbre scène des *Tontons flingueurs*, s'en vont demander la main d'une jeune fille pour leur fils ? « J'ai interrogé l'un de mes amis, grand bourgeois s'il en est. Se plierait-il à cette tradition ? » « Aller moi-même chez les parents de la jeune fille ? Et déguisé ? Tu n'y penses pas ! J'enverrais un fax ou un e-mail [46]. » Ce cérémonial majestueux paraissait il est vrai déjà passablement suranné à Michel Audiard dans les années soixante, et même au duc de Lévis-Mirepoix au milieu des années trente. La baronne, elle, est cependant persuadée que « dans nos bonnes provinces les grandes familles perpétuent la tradition ». En fait, ce qui distingue encore, peut-être, les groupes sociaux restés fidèles au savoir-vivre ancien, c'est moins le déguisement et la formule pompeuse que le fait, moins spectaculaire mais plus significatif, que la demande continue d'être formulée par le père du garçon aux parents de la jeune fille. Ailleurs, c'est-à-dire, à peu près partout, c'est l'intéressé lui-même, fille ou garçon, qui en fera la demande, directement, à son ou à sa partenaire. Et ce, de la façon la plus fantaisiste, puisque celle-ci peut être formulée à tout moment, dans n'importe quelles circonstances, et même, osons le dire, dans n'importe quelle position. Là encore, il s'agit désormais d'une question d'ordre personnel, intime, qui échappe, de ce fait, aux rigueurs de l'étiquette. Et il en va de même, notons-le au passage, de la notion de fiançailles, ou du terme « fiancé(e) », jadis embaumé d'un parfum de fleur d'oranger, aujourd'hui plutôt employé pour désigner la personne avec qui l'on sort...

L'étiquette ne réapparaît, dans une certaine mesure, qu'au moment précis où ce rapport sort de l'intimité pour s'officialiser et se rendre public, avec la cérémonie du mariage.

Même si celui-ci n'a plus tout à fait la solennité d'autrefois, et bien qu'il autorise dans une certaine mesure, qui est celle du bon goût, quelques fantaisies limitées (format, libellé ou illustration du faire-part, forme et ornement des alliances, couleur de la robe, choix des témoins ou du lieu de la réception), le mariage demeure envers et contre tout un rituel intouchable, qui résiste pour l'essentiel au mouvement général de simplification et de modernisation du savoir-vivre. Certains éléments, situés en amont ou en aval de la cérémonie, ont certes disparu : ainsi, la dot, autrefois constituée par les parents de la jeune fille, le trousseau (linge de table, de literie, de toilette et d'office) également fourni par ces derniers, ou la corbeille, contenant des présents parfois somptueux, offerte par le futur à sa promise. D'autres ont pris un coup de jeune, pour le meilleur ou pour le pire. Ainsi, les « listes de mariage », parfois surprenantes ou franchement prosaïques, qui se généralisent depuis les années soixante, et qui ont pour objet d'éviter les cadeaux inutiles de naguère, tout en prenant acte du fait qu'on n'offre pas la même chose à des oies blanches, et à des concubins qui régularisent une vie commune parfois ancienne.

Mais au fond, l'essentiel subsiste, jusque dans les détails, surtout lorsque le mariage civil est suivi par un mariage religieux. Celui-ci ne diffère pas de façon significative des cérémonies décrites, au début du siècle, dans les romans ou les traités de savoir-vivre. Ainsi constitue-t-il l'un des rares cas où la simplification des usages n'a pas conduit à leur appauvrissement, sinon à leur quasi-disparition.

Des rites disparus

Si certaines règles de savoir-vivre finissent par disparaître, c'est qu'elles semblent surannées, bizarres, ou encore, parce qu'elles heurtent trop directement l'évolution des mœurs : par exemple, l'interdiction stricte faite aux fiancés, avant 1914, de se voir seuls en tête-à-tête, de sortir sans une garde tutélaire et, bien sûr, d'habiter sous le même toit, y compris entre le jour du mariage civil et celui du mariage religieux. À l'impossible, nul est tenu, ou en tout cas, pas longtemps. Autre exemple du même ordre, l'interdiction faite aux femmes d'inscrire leur adresse sur leurs cartes de visite personnelles – prohibition devenue impraticable dès l'après-guerre, avec l'essor du célibat et du travail féminin. Mais si la règle de savoir-vivre disparaît, c'est, bien souvent, parce

que l'activité qu'elle régissait naguère n'existe plus, victime de l'évolution technologique, des changements dans la société, ou tout simplement, de la mode – comme celle qui, un beau jour, mit fin au port du chapeau, et du même coup, à la pratique du salut. Résultat de cette disparition, prédit dès après la Première Guerre, mais constaté par Mme Astruc en 1957 : « Comment, à l'ère où nous vivons, décrire encore le rituel du salut, puisque filles et garçons ont pour la plupart renoncé à porter un couvre-chef[47] ? »

L'une des manifestations les plus caractéristiques de la politesse bourgeoise était, on l'a vu, le rituel développé autour de la visite – et de l'usage des cartes, déposées cornées pour attester du passage des visiteurs. Mais il était inévitable, là aussi, que l'accessoire disparaisse en même temps que le principal : « Les mœurs nouvelles ont tué tout cela, constate Raymond Lindon en 1971. Les visites ne sont plus guère que celles, d'affection, que l'on fait à une personne, âgée ou malade, ou celles, d'intérêt, que l'on fait à une personne de qui l'on escompte un service. Le téléphone permet de s'assurer que l'on ne trouvera pas porte close, et même de convenir d'une heure. C'est donc tout à fait exceptionnellement que l'on laissera sa carte au domestique qui ouvre la porte ou au concierge[48] ». Quant à l'usage de la « corne », il paraît désormais passablement obscur. Comment faire ? Faut-il corner le haut ou le bas, à droite ou à gauche, vers l'intérieur ou l'extérieur ? Et pourquoi faire ? Certains esprits chagrins assurent qu'il s'agit seulement d'éviter que la carte ainsi déposée soit utilisée après coup à l'insu et au détriment de son propriétaire. D'autres jugent ce type d'explication radicalement étranger à l'esprit de la politesse classique. « La vérité, corrige Lindon, est sans doute que cet usage est la dernière survivance d'un temps où un code ésotérique donnait une signification particulière aux diverses formes et places de la corne[49]. » Le lecteur n'en est pas beaucoup plus avancé, mais il devine du moins l'une des raisons de la désuétude de l'usage : une règle finit inévitablement par se décomposer, puis par disparaître, lorsque ses destinataires n'en connaissent plus le détail, la signification ni la raison d'être.

Ce sont également les mutations économiques qui ont fait disparaître les domestiques – et avec eux, une part non négligeable du savoir-vivre, les règles régissant les relations entre maîtres et serviteurs, qui occupaient jadis, on l'a vu, une place notable dans les traités de bonnes manières. Ici encore, on peut dater assez précisément le moment où ces règles disparaissent : dans l'édition de 1950 de son *Manuel de convenances*, Berthe Bernage leur consacre encore une bonne dizaine de pages, rappelant, par exemple, qu'on appelle une employée de maison par son prénom, mais qu'un domestique s'adresse à ses patrons à la troisième personne, qu'il leur dit « Madame », « Mademoiselle », « Monsieur », et que pour les enfants de la maison, quel que soit leur âge, il doit faire suivre le mot Monsieur, Mademoiselle, du nom de baptême (Monsieur Jean, Mademoiselle Sophie), etc. En bref, on y retrouve l'essentiel des règles de base en usage avant 1914. C'est durant la décennie suivante que ces précisions vont disparaître des manuels, victimes, sans doute, du rajeunissement de ces derniers, mais surtout, de la raréfaction de la domesticité. Alors que les Frères Jacques chantent « Quand y'a plus d'bonnes, y'a plus d'bourgeois », des rejetons de la plus vieille aristocratie, comme Béhotéguy de Téramond, publient des ouvrages pratiques pour expliquer à leurs compagnes d'infortune « Comment bien recevoir sans personnel » (1965) : « Nos grands-mères, plus favorisées que nous sur ce point, ignorant l'étroitesse du logis et l'absence de personnel, pouvaient en toute tranquillité se consacrer à leur rôle essentiel : diriger leur maison et en faire largement les honneurs. Mais il est vain de se pencher avec nostalgie sur ces années passées, pleines de charme et de fantaisie » : il faut s'adapter pour vivre avec son temps, et pour cela, sacrifier certains principes et certaines règles afin de sauvegarder l'essentiel...

Car cette disparition des domestiques entraîne, par ricochet, d'autres mutations spectaculaires, et notamment, celle du rituel de la table. Le respect des préséances, la question du placement à table, constituaient, jusque dans les années cinquante, des points essentiels du savoir-vivre. En 1957, Mme Astruc constate encore que « les gens continuent d'attacher à la place qui leur est assignée une importance démesurée »[50]. Pourtant, malgré les apparences, cet attachement tend à devenir résiduel – sauf, bien sûr, lors des réceptions officielles, dans le très grand monde ou dans certains milieux traditionnels, qui conçoivent le savoir-vivre comme un mode de survie ou de résistance à la modernité. Ailleurs, dans l'immense majorité des cas, la question de l'étiquette à table a disparu en même temps que les dîners de jadis, rendus pratiquement impossibles par l'absence de personnel et l'exiguïté des appartements. Comment, en effet, organiser les places d'honneur en fonction de la maîtresse de maison si celle-ci doit, à chaque instant, se précipiter aux fourneaux pour vérifier la cuisson du gigot ou pour rapporter les hors-d'œuvre ? Désormais, le placement à table, sauf exceptions rarissimes, se fait sans trop se soucier des préséances ou des supériorités sociales, dont l'égalitarisme ambiant tend à récuser le principe même. Si hommes et femmes, jeunes et vieux, riches et pauvres, nobles et roturiers sont foncièrement égaux entre eux, au nom de quoi s'inquiéter de la place qu'ils devraient occuper à table ? Et comment pourraient-ils s'en formaliser sans ridicule, et au fond, sans inconvenance ?

Et la cascade se poursuit, cette transformation en entraînant d'autres à son tour.

Il y a déjà longtemps, il est vrai, que les règles de la bienséance à table, souvent inutilement complexes et parfois franchement aberrantes, font l'objet d'une contestation frontale au nom du bon sens et de l'opportunité. C'est ainsi que l'écrivain Paul Reboux, dans une conférence prononcée à Monte-Carlo en décembre 1929, prétendait lever contre elles « les étendards de la révolte » :

> Quoi ! On défend de manger avec les doigts ! Eh bien, et les écrevisses ? Et les crevettes ? Et les pattes du homard ? Et les moules ? Et les petits oiseaux ? Et les cerises ? Et les prunes ? Nos doigts sont propres. Je parle pour nous. Un bol permettra, aussitôt après usage, de leur rendre leur pureté. Va-t-on, sous prétexte de protocole, nous priver de toutes ces bonnes choses, incomestibles autrement ? Quoi ! On nous défend de mettre les coudes sur la table ? Est-il pourtant un signe plus net d'intimité, de cordialité, de bien-être ? [...] Quoi !

> On nous défend de couper nos feuilles de salade ? Absurdité ! [...] Quoi ! On nous défend de nous protéger par une serviette ? Est-il donc bienséant d'avoir sur son devant de chemise une de ces taches de bourgogne ou de sauce, à l'image d'un point d'exclamation inversé ? [...] Quoi ! On nous enseigne : les gens bien élevés ne parlent pas de ce qu'ils mangent ? Je m'inscris en faux, et de toute ma vigueur, contre ce rigorisme stérilisateur ! Il est impoli, au contraire, de ne pas accorder une louange à une maîtresse de maison qui s'est donnée la peine d'ordonner un menu et d'indiquer la préparation du plat [...]. Tout cela, c'est du bon sens, de la logique toute simple [51].

Depuis bien longtemps, la révolte gronde ; toutefois, c'est essentiellement autour des années 1960 que l'on passe à l'acte – et au-delà. C'est ainsi que Jean Baudry souligne, en 1973, que ce qui eût paru inconcevable dix ans plus tôt, comme le fait d'inviter des amis, même lointains, à dîner à la cuisine, se fait aujourd'hui couramment. Ce glissement, poursuit-il, « n'est pas une déchéance, ni un abandon, comme l'assurent des esprits chagrins, mais [...], au contraire, une simplification souvent confortable et heureuse [...]. On préfère aujourd'hui aux repas guindés d'autrefois, figés par un service impeccable, une sorte de libre-service où, à la limite, chacun s'assied où il peut, sur une chaise, un tabouret, un divan, voire même sur un coussin à terre. Pourquoi ne pas admettre ce que notre époque nous impose », dès lors qu'elle rend les rapports « moins superficiels, moins factices, plus directs, plus spontanés, sinon fraternels ? » [52].

À la même époque, Guislaine Lavergne, dans un ouvrage audacieusement sous-titré « le savoir-vivre du bonheur », déconseille seulement de laisser les invités participer à la vaisselle : même si cela se fait à l'étranger (ah, le modèle suédois !), et même lorsque l'invité le propose, il est préférable de se réserver la corvée. Et si l'invité insiste, mieux vaut lui donner autre chose à faire – « la moindre des choses qui ne nous aidera en rien, mais (lui) donnera l'illusion d'être utile : pousser une table roulante, servir le jus de tomate ou le café, rassembler les couverts. C'est ce qu'un homme spirituel nomme déculpabiliser les hôtes » [53].

Même si, comme s'en étonne Nathalie Pacout au milieu des années quatre-vingt, le placement reste parfois « une tâche délicate, car il faut savoir ménager les susceptibilités, même encore aujourd'hui[54] », l'art de la table constitue l'une des pointes avancées de la modernisation, et semble resté assez largement réfractaire au mouvement inverse qui est alors en train de s'amorcer, comme on le verra un peu plus loin.

Une récente enquête menée par le CREDOC à l'initiative du Comité des arts de la table soulignait ainsi la multiplication des « dîners-télé », jugés de plus en plus « tendance », y compris par les adultes, et notait que « l'invité, qui autrefois mettait les pieds sous la table, peut désormais s'attendre à devoir porter la main à la pâte. Il a même une chance sur dix de se voir réquisitionner pour la vaisselle. Avis aux fainéants : les jeunes, les célibataires et les hommes ont le moins de scrupules en la matière. Cela tiendrait à leur vision moins sacralisée de la réception », et au désir de « préserver la sacro-sainte ambiance conviviale, citée par 63 % des Français comme premier gage d'un repas réussi »[55]. Les mêmes préceptes produisent les mêmes effets : « l'effritement des schémas traditionnels » manifeste « une convivialité qui se dénude et devient plus chaleureuse ». Signe des temps, la baronne de Rothschild elle-même ne daigne consacrer que quelques lignes à ces questions : « Si vos invités sont tous sur le même plan, les places d'honneur reviennent soit aux personnes que vous invitez pour la première fois, soit aux personnes les plus âgées, soit à celles dont la fonction est la plus importante. » Sujet libre, en somme : décidément, les temps ont changé.

De façon générale, les années soixante et soixante-dix apparaissent, dans l'ordre du savoir-vivre, comme un « creux » particulièrement net, et dont atteste, entre beaucoup d'autres choses, le succès d'un livre de San-Antonio, *Le Standinge selon Bérurier*, sous-titré « le savoir-vivre de Bérurier », – fable rabelaisienne, certes, mais révélatrice de ce que peut être, sur ce point et à ce moment, l'état approximatif de l'opinion, de ce qu'elle veut et de ce qu'elle peut entendre. Une opinion pour laquelle le savoir-vivre demeure quelque chose d'assez familier, d'assez présent encore pour qu'elle puisse rire de transgressions grossières, mais qui n'en semble pas moins prête à se débarrasser de ces usages qu'elle juge périmés.

Le difficile, expose l'auteur du *Standinge* dans une introduction en forme de manifeste, « ce n'est pas de vivre sa vie [...] mais de supporter celle des autres. Pour cela, on fait appel à une science très complexe appelée justement savoir-vivre. Ce qu'elle a de plus simple, en vérité, c'est son nom. [...] Un jour, l'homme eut honte de manger le mammouth avec ses doigts et commença de se composer un manuel de convenances. Au fil des siècles, celui-ci s'organisa et devint de plus en plus minutieux et draconien ; si bien qu'aujourd'hui, il emprisonne l'individu dans le rigide carcan des usages, et le transforme en une sorte de robot bien élevé qui sait baiser des mains, peler des pêches et faire l'hommage de son plus profond respect à la reine d'Angleterre, mais qui perd de plus en plus contact avec la vie véritable. En somme, pour bien savoir-vivre (ou pour savoir bien vivre), il convient avant tout de se méfier du savoir-vivre. Fort de cette certitude, il m'a semblé intéressant de relater les mésaventures et les réflexions de mon cher Bérurier, lequel a entrepris d'enseigner ici le guide des bonnes manières en y apportant tous les correctifs que sa nature simple et généreuse lui dicte ». Je suis persuadé, conclut l'auteur, que « ces pages seront utiles aux jeunes, car elles leur apprendront à ne pas devenir des aimables momies entortillées dans les convenances. Le rude bon sens de Bérurier réforme la politesse, élargit les usages, secoue les conventions, en un mot, aide l'homme moderne à s'affranchir des préjugés bourgeois et des mondanités en lui permettant d'asseoir son *standinge* (ou de s'asseoir dessus) ».

L'argument romanesque est assez sommaire. Entiché d'une (soi-disant) comtesse, Bérurier décide pour lui plaire d'apprendre les belles manières. Il débute donc par la lecture assidue d'une (imaginaire) *Encyclopédie des bonnes manières*, signée Ghislaine de Noblebouf et datée de 1913. Mais comme rien ne vaut la pratique, son ami le commissaire San-Antonio, à l'occasion d'une enquête à l'école de police de Saint-Cyr-au-Mont-d'Or, parvient à lui faire attribuer une place de « professeur de bonnes manières » dans ladite école. C'est de cette chaire improbable que Béru va déclamer, à l'attention de ses étudiants enthousiastes, les préceptes d'un Code de savoir-vivre à sa façon – pastiche argotique et gargantuesque des manuels d'autrefois.

Comment ridiculiser les bonnes manières ? D'abord, ainsi que Bérurier ne manque pas de le faire, en citant des extraits choisis hors de leur contexte. Ensuite, en singeant les préceptes classiques : par exemple, pour un faire-part de naissance, le maître recommande d'éviter à tout prix, comme trop guindé, le traditionnel « Monsieur et Madame René de la Descente sont heureux de vous faire part de la naissance de leur fille Marie Micheline. 1er octobre 1910. 105, rue de Rivoli ». À cela, on préférera quelque chose du genre « Coucou, me v'la. Je m'appelle Riri et je suis le fils à M'sieur et Mahame Tricard-Déteint » ; « ça a son mérite, comme formule ; mais moi je vais vous donner mon aperçu : une naissance, c'est un événement joyeux ; donc, il faut l'annoncer joyeusement. Pas du chichi, du débonnaire ». On imagine sans peine ce que peuvent donner les leçons suivantes, professées *ex cathedra* dans l'ordre habituel des traités de bienséance : comment élever nos enfants ; la première communion ; l'adolescence, les fiançailles, le mariage, les usages mondains, comment se tenir à table ou pratiquer le baisemain, rebaptisé « baise-pogne », tout en souplesse et sans « faire miauler son bécot » – en bref, « ce qu'il faut faire et pas faire, dire et pas dire, chez soi, dans la rue, ou ailleurs. Vous mordez le topo ? ».

Bérurier serait-il perdu pour la cause ? Deviendrait-il, *in petto*, l'un de ces « salonnards qui, à force de vouloir s'éloigner de la bête, finissent par ressembler à des singes descendus de l'homme » ? Ce destin tragique lui sera épargné – lorsqu'il aura appris que sa comtesse tenait un claque à Montbrison et qu'il l'aura entendue exprimer le peu de cas qu'elle fait de ses efforts : « Tu peux t'en farcir des guides de bonnes manières avant de choper la dégaine Grand Siècle ! »[56] Comme quoi, la politesse des manières et celle du cœur ne vont pas toujours de pair.

Le récent retour des bonnes manières

Sur ce plan, on l'a noté, les années soixante-dix constituent sans doute un creux, dont il semble toutefois que l'on soit assez largement revenu, sauf dans certains domaines particuliers, où le retour des bonnes manières paraît décidément « en panne ».

Au milieu des années 1980, alors que le reaganisme bat son plein outre-Atlantique, la droite, en France, remporte les élections législatives et retrouve une certaine légitimité morale. Parallèlement, les grandes manifestations pour l'école libre, la mode BCBG (le concept est inventé par Thierry Mantoux en mai 1985), la critique des idées et des conséquences de Mai 68, tout ceci révèle un climat favorable à un certain retour en grâce de la politesse bourgeoise. « La politesse revient. Elle intéresse », souligne ainsi, en 1991, Régine Dhoquois dans sa préface à un ouvrage collectif qui fait à l'époque un certain bruit, *La Politesse, vertu des apparences* : « Jeunes et moins jeunes se disent concernés par elle. [...] La politesse refait son apparition dans le cortège des valeurs que l'on nous invite à réinventer pour échapper aux formes les plus [...] sauvages de l'exclusion[57] »... En 1994, les auteurs d'un guide de savoir-vivre très grand public constatent ainsi que « depuis quelques années, la politesse, que l'on croyait en voie de disparition, est revenue en force dans le peloton de tête des valeurs appréciées des Français [...]. Un nombre croissant de personnes, surtout parmi les jeunes, éprouvent le besoin de redécouvrir les usages propres à réintroduire un peu de délicatesse dans la vie de tous les jours[58] ». Et neuf ans plus tard, Ewa Lochet constate que si l'on a pu instruire, dans un passé récent, « le procès de la politesse au nom de l'authenticité des relations et du refus des apparences, nous savons que, pour vivre en société, il faut y mettre les formes[59] ». Autrement dit, puisque ces formes existent, il faut renouer avec « les bonnes manières, les égards (qui) sont là pour désarmer la violence et l'agressivité et pour adoucir les inégalités ». Un ton plus haut, on retrouve le même son de cloche chez certains philosophes à la mode, comme André Comte-Sponville, interrogé en 1995 par le magazine *Vital*. Le savoir-vivre est-il ringard ? « C'est une préoccupation très moderne, au contraire. Montrer à l'autre qu'on le respecte, avoir des attentions pour plus faible que soi, c'est aller contre le culte de l'argent et de la réussite individuelle. Contre cet égoïsme triomphant, ce renfermement de chacun sur soi. C'est très impoli, l'égoïsme ! »

Et l'on ne se contente plus de vœux pieux. Dans les pays francophones, notamment au Canada, on renoue, à l'école et à l'université, avec le vouvoiement entre professeurs et étudiants – rompant avec un quart de siècle de tutoiement systématique, initialement associé aux thématiques de la libération, de l'égalité et de la convivialité, mais qui avait souvent favorisé la violence. En France également, l'institution scolaire du troisième millénaire entend insister sur ces valeurs et ces méthodes. Au nom du combat contre l'incivilité, et à travers le thème du « respect », omniprésent dans le discours médiatique, on entreprend d'enseigner, sous forme ludique, les rudiments de la bienséance aux collégiens. En 2003, dans un entretien au journal *Le Parisien*, le ministre de l'Enseignement scolaire, Xavier Darcos, se demande si le rétablissement du vouvoiement à l'école ne permettrait pas d'apaiser un climat de plus en plus lourd. À Montpellier, en janvier 2005, la « Maison pour tous » Léo-Lagrange attire l'attention de la grande presse en organisant des stages de politesse de quelques jours au profit de jeunes issus de milieux défavorisés. Un chercheur de l'INSEE, N. Herpin, note alors que c'est « en particulier dans les familles des milieux populaires » que « l'importance accordée à l'enseignement des bonnes manières ne cesse de croître parmi les valeurs éducatives[60] ». Mais la demande est générale : en septembre 2005, c'est à un tout autre public que s'adresse la baronne de Rothschild en créant, dans le quartier le plus huppé de Genève, la « Belle École », qui vise à enseigner à des dames soucieuses de tenir leur rang aux côtés de leur mari, l'art de vivre, l'étiquette et « les règles actuelles de la bienséance ». En novembre, dans un article du journal *Le Monde* intitulé « Le réveil des bonnes manières », J.-M. Normand constate ainsi que, « longtemps brocardée, la politesse est réhabilitée dans les familles et même dans le monde des affaires[61] ». Et même si « les nouveaux zélateurs des règles de courtoisie refusent d'être accusés de tenter de restaurer la bienséance bourgeoise », c'est bien, au fond, de cela qu'il s'agit.

La presse écrite, qui multiplie articles de fond, jeux, tests ou concours, n'est d'ailleurs pas la seule à s'y intéresser : la télévision est aussi de la partie, y compris sur le mode le plus commercial et le plus racoleur qui soit, celui de la télé-réalité. En février 2006, M6 lance ainsi une émission intitulée « En voilà des manières ». « Huit jeunes femmes d'aujourd'hui plutôt fâchées avec les règles élémentaires du savoir-vivre », explique à l'époque un magazine TV, doivent ouvrir, au bout d'un mois, un grand bal très distingué – ce qui signifie qu'elles auront, dans ce délai, à apprendre tout ce qu'elles ignoraient jusque-là : parler, marcher, répondre, danser suivant les usages de la bienséance et de la bonne éducation. Au-delà du côté Pygmalion, ou *Pretty Woman*, ce type d'émission confirme l'intérêt renouvelé pour le savoir-vivre – et traduit l'opinion générale sur l'utilité, sociale et personnelle, de la politesse. En mars 2006, un sondage Ipsos/*Point de vue* révèle que, pour 95 % des Français, elle est un atout – ce qui en fait sans doute la valeur consensuelle par excellence... même si, comme toute valeur de consensus, elle recouvre par définition même des représentations et des approches extrêmement variables.

Ce retour ne constitue pas une restauration pure et simple : d'abord parce que ça n'est plus guère possible dans un monde consacré à la vitesse et au travail. Mais aussi, parce que les rapports, les hiérarchies, les valeurs ont changé : les années quatre-vingt sont aussi le moment où le culte de l'argent-roi commence à s'afficher au grand jour, à gauche comme à droite, dans tous les milieux et d'une manière totalement décomplexée. Si certaines traditions anciennes conservent ou retrouvent une part de prestige et de séduction, l'attrait de l'argent facile leur livre une concurrence inégale – la « jet-set » tendant ainsi à se substituer au grand monde dans l'imaginaire collectif, en même temps que le manuel de mademoiselle Toja fait oublier ceux d'André de Fouquières et du duc de Lévis-Mirepoix...

Enfin – et peut-être, surtout –, il ne faut pas se dissimuler le fait qu'il s'agit, à beaucoup d'égards, moins d'un retour aux pratiques du savoir-vivre que d'une prise de conscience de sa nécessité, particulièrement nette dans une société où la désacralisation de l'autorité, le refus des distances, du respect et des hiérarchies se traduit par une explosion des incivilités[62] ; en somme, il s'agit pour l'essentiel du retour d'un discours sur la politesse, même si celui-ci paraît à la fois fort, clair et consensuel...

II

LES SANCTUAIRES DE LA POLITESSE

Le déclin de la politesse bourgeoise, s'il constitue sans doute le mouvement dominant depuis la Grande Guerre, se combine avec des mouvements contraires, et suscite même l'apparition de « poches de résistance » où les usages anciens continuent d'être pratiqués. Il s'agit toujours, on le devine, de milieux où les notions de hiérarchie, de gradation et de distinction conservent une importance de premier ordre : l'armée, l'administration et la diplomatie, où un protocole hérité de l'Ancien Régime continue de régir les rapports et les comportements, ainsi qu'on le verra dans le chapitre suivant, mais aussi la « haute société », conservatoire par excellence de cette bienséance classique dont elle a toujours été l'initiatrice.

Aristocrates et grands bourgeois

Alors qu'elle est ailleurs en voie d'appauvrissement, ou du moins, de simplification, la politesse classique subsiste encore dans une certaine mesure au sein de la grande bourgeoisie et de l'aristocratie. Une fois énoncé ce truisme, plusieurs questions demeurent irrésolues. D'une part, l'identification précise de ces milieux, réfractaires aux courants dominants ; d'autre part, les raisons de cette résistance à la « modernisation » ; enfin, les modalités de cette persistance des usages, puisqu'il ne s'agit évidemment pas d'un simple maintien à l'identique, la survie de telles règles impliquant en tout état de cause un certain type d'évolution.

Le cercle et la lignée

L'effondrement des règles du savoir-vivre au sein de la société française est imputable, on l'a vu, à un ensemble complexe de causes qui se combinent à partir de la Première Guerre mondiale. Parmi ces causes, l'une des plus actives est sans doute l'affaiblissement de la structure familiale, la remise en question de son importance centrale et, au-delà, le relâchement des solidarités sociales liées à la parenté. Avec ces liens disparaissent en effet les vecteurs privilégiés de transmission des règles et des principes qui les fondent, mais également, une part de ce qui en justifie le respect, ainsi que les organes normalement appelés à en sanctionner la transgression. Le déraciné, « né orphelin et mort célibataire », l'individu issu d'une famille décomposée ou recomposée pourront se montrer d'une politesse exquise : mais de toute évidence, ils avaient au départ moins de chances que le rejeton d'une lignée stable de connaître, dès leur prime enfance, le code des convenances. Et ils étaient, d'autre part, moins incités à s'y soumettre, l'institution familiale n'ayant plus les moyens ni la légitimité suffisante pour imposer cet ensemble de références, de règles et de rites qui constituent le savoir-vivre traditionnel.

Or, précisément, ce qui distingue à cet égard la « haute société », c'est la (relative) persistance du fait familial, qui conserve souvent dans ce milieu une densité qu'il a perdue ailleurs.

Pour la noblesse, ce constat relève de l'évidence – comme le rappelle le « Code éthique de la noblesse européenne » adopté en 1990 par les associations nobiliaires des différents pays d'Europe. « La noblesse, souligne ce code, constitue un ensemble de familles plutôt que d'individus. Sa spécificité est d'inscrire l'accomplissement personnel de ses membres dans une continuité familiale. Elle voit dans la famille la cellule de base de la société, le milieu idéal pour l'épanouissement des personnes et le véhicule par lequel se transmettent les valeurs qui lui sont propres[1]. »

La noblesse n'existe que par la famille. D'où l'affirmation, inlassablement répétée, de son importance cruciale. Il suffit, pour s'en convaincre, de parcourir le *Bulletin de l'Association d'entraide de la noblesse française* (ANF), qui regroupe environ la moitié des 3 500 familles authentiquement nobles de France. L'ANF, en effet, n'a de cesse de souligner le rôle central de la famille, « intermédiaire entre l'individu et la collectivité[2] », et de dénoncer le processus contemporain de « déstabilisation, d'appauvrissement spirituel, de décomposition et de perte de sens » qui la frappe : une attitude qui la conduit, par exemple, à refuser d'admettre en son sein des femmes divorcées, même non remariées[3].

Mais cet attachement à la famille n'est pas propre à la noblesse. Il s'avère également très profond dans la grande bourgeoisie, que l'on pourrait définir, faute de mieux, comme un ensemble de familles dont les membres occupent, depuis plusieurs générations, des positions élevées au sein de l'État, de l'armée, dans le négoce, la finance ou l'industrie. La grande bourgeoisie se trouve d'ailleurs, de nos jours, étroitement alliée à l'aristocratie : le *Bottin mondain*, qui constitue en quelque sorte l'annuaire officieux de cette haute société, comprend, dans ses dernières éditions, plus d'un tiers de couples « mixtes », l'un des deux époux appartenant à la noblesse, authentique ou non, l'autre, à la bourgeoisie. La famille est au cœur des réseaux et des stratégies de la grande bourgeoisie : comme le constatait naguère le sociologue Pierre Bourdieu, « les grands ont de grandes familles [...]. Malgré toutes les forces de fission qui s'exercent sur elle, la famille reste un des lieux d'accumulation, de conservation et de reproduction des différentes sortes de capital[4] ». À cet égard, le terme de « dynasties bourgeoises » reste, plus que jamais, à l'ordre du jour. Pour revenir au *Bottin mondain* – considéré ici comme révélateur de l'état d'esprit de la société qu'il regroupe, soit environ 180 000 personnes, enfants compris –, l'historien Cyril Grange a noté le caractère essentiellement familial des mentions. Le *Bottin* dédaigne la profession, les études et la fortune au profit de la famille, et réunit majoritairement des « élites de naissance », ce que manifeste par ailleurs la quasi-absence de célibataires, à peine un millier d'entrées sur un total de 44 000. Pour le *Bottin*, mais plus largement, pour cette *upper-class* qu'il regroupe, « l'individu n'a de vérité qu'inscrit dans sa famille : ce n'est pas un individu qui entre dans le *Bottin mondain*, mais un couple et sa progéniture [5] », un nom, des alliances, des généalogies.

La « Haute société » reste donc structurée par la famille, et ses membres ont pleinement conscience du rôle déterminant joué par celle-ci dans la préservation, l'apprentissage et la transmission des règles de politesse.

Dans une « Causerie » reprise en 1992 par le *Bulletin de l'ANF*, le comte de Saint-Priest s'excuse par avance auprès de ses nobles lecteurs d'évoquer ce qui va de soi : « bien loin de moi l'idée de vous donner des conseils en matière de politesse : nos parents nous les ont prodigués et vous les avez suivis [6] ».. Publié dans le même bulletin, le « Code éthique de la noblesse », après avoir souligné l'importance du fait familial, assignait d'ailleurs à l'aristocratie le maintien des « usages et coutumes, et en particulier, la pratique de la courtoisie qui exprime le respect d'autrui et entretient l'harmonie des relations humaines » [7]. Dans cette perspective, famille et savoir-vivre apparaissent intimement liés : l'un n'existe pas sans l'autre, estiment les membres de ces élites aristocratiques ou bourgeoises. « Par respect pour les traditions de la famille, reconnaît l'un d'entre eux, mon père était très sensible au qu'en-dira-t-on. Une grande injure à faire à mes parents aurait été de leur dire que leurs enfants étaient mal élevés » : ce qui eût été une marque, non seulement de laxisme de leur part, mais aussi d'affaiblissement, de dilution du lien familial, la preuve de son incapacité à jouer son rôle de vecteur [8].

De là également, le sentiment partagé du caractère naturel, quasiment héréditaire, de la politesse. Et le regard narquois généralement porté sur les manuels de savoir-vivre : « Nous n'avions pas de manuels de bonnes manières. C'était absolument impensable, parce que nous savions la politesse », déclare une aristocrate née en 1921. Ces manuels, déclare une autre, sont pour les parvenus. Pour nous, ajoute-t-elle, « c'est en regardant nos parents que nous apprenions le savoir-vivre »[9]. Comme le proclame Thierry Mantoux dans son *Guide du bon chic bon genre*, « on devient riche, mais on est BCBG »[10].

Si la famille demeure l'espace privilégié d'apprentissage, de transmission et de sanction des règles de savoir-vivre, on ne saurait pour autant négliger le rôle d'autres groupes, auxquels les membres de la haute société peuvent appartenir en tant que tels, comme les cercles, les clubs ou les rallyes.

Ces derniers, détail significatif, n'apparaissent qu'assez récemment, leur véritable essor datant des années soixante – au moment précis où s'accentue la libéralisation des mœurs, le relâchement du lien familial et le déclin corrélatif de la politesse bourgeoise. En fait, il s'agit, pour leurs créateurs, de préserver les enfants de la bonne société de cette « révolution culturelle », et de leur inculquer, au sein d'espaces clos, inaccessibles aux intrus, « les critères de goût et les manières d'être de leur milieu »[11].

Le rallye – le terme, détail significatif, est emprunté au vocabulaire de la chasse à courre – n'est, à cet égard, que le prolongement de la sphère familiale. Ce sont habituellement des mères qui les organisent, pour leurs filles ; et c'est sur une base exclusivement familiale que sont sélectionnés les participants – chaque rallye recrutant dans un segment déterminé de la haute société, aristocratie, bourgeoisie d'argent, milieux catholiques, protestants, etc. Enfin, ce sont les familles qui reçoivent, soit chez elles, soit dans des lieux plus ou moins prestigieux loués pour l'occasion : salons du Jockey-Club, du Cercle interallié, France Amérique, Pré Catelan, Maison des Polytechniciens, etc. Là, les invités pourront s'amuser entre eux, entre jeunes de bonne compagnie, sous l'œil attentif des parents, traditionnellement présents en début de soirée. Ainsi, le rallye renoue-il avec les « grands bals » du début du siècle, jusque dans le respect le plus strict du Code de convenance. « Le rallye, c'est aussi cela : savoir se tenir en société, et le savoir suffisamment bien, c'est-à-dire, l'avoir intériorisé, assimilé, en sorte que les bonnes manières soient devenues une seconde nature, inséparable de la personne[12]. » C'est d'ailleurs ainsi qu'ils se montrent, dans les photo-reportages que leur consacrent les revues mondaines, comme *L'Éventail*, créé en France en 1985, et qui se présente comme le mensuel de « l'aristocratie sous toutes ses formes ». Jeunes filles saines en robes décolletées Lanvin, Dior ou 14-18, colliers de perles, jeunes gens très comme il faut en smoking et nœud papillon, éventuellement en habit – avec parfois un tête-en-l'air vêtu d'un costume sombre, manifestement mal à l'aise dans cet accoutrement négligé. Discrétion et retenue sont de rigueur – notamment dans les grands rallyes chics, La Bretesche-Broglie-Montmorin, Lorrain-Bouillé, Mac-Mahon, Schlumberger, etc., même lorsque ces chers petits s'amusent. On ne fume pas, sinon le cigare, on ne s'embrasse pas à bouche que veux-tu, on ne se grime qu'avec pudeur et avec goût : rester digne en toute occasion. Les lieux, souvent prestigieux, les invitants et les invités rendraient toute autre conduite incongrue, et ridicule. Quant à ceux qui ne joueraient pas le jeu – en refusant de porter les vêtements et les accessoires requis, en négligeant de répondre aux cartons d'invitation ou en adoptant au cours de la soirée une conduite indécente, ils risquent l'exclusion, prononcée par les organisatrices du rallye, les mères, juges suprêmes du respect des règles de bonne éducation.

Les cercles et les clubs – où se retrouve, une fois venu l'âge adulte, une proportion notable de cette *upper-class* – sont plus anciens. Le plus sélect de tous, le Jockey-Club, est fondé en 1833, sous la monarchie de Juillet, et c'est à cette époque que débute l'essor des cercles, parallèlement au déclin des salons qui s'amorce alors.

L'admission dans les plus prestigieux d'entre eux – Jockey, Automobile club, Cercle interallié, Nouveau Cercle, Tir aux pigeons – s'effectue exclusivement par cooptation, le candidat étant présenté par des parrains qui s'en portent garants. Par ce biais, notamment, l'enracinement familial continue d'y jouer un rôle prédominant. Ces cercles, réunissant « l'élite de l'élite », constituent ainsi l'une des poches de résistance les plus assurées de la bienséance classique. On peut parfois y pratiquer la transgression comme un jeu, à condition de garder la mesure, et parce qu'il est entendu qu'il ne s'agit que d'un jeu, d'une variation dissonante sur un air parfaitement maîtrisé.

Mais pour l'essentiel, le respect du savoir-vivre s'impose comme une évidence, et se ressent jusque dans les moindres détails – comme indique, par exemple, l'Annuaire 2004 de l'Automobile club (ACF). D'emblée, la première rubrique, « la vie du cercle », précise : « Le port de la veste et de la cravate en toute saison, par les membres et leurs invités, est un usage respecté depuis la création de l'ACF. » Il rappelle aussi que les téléphones portables doivent être débranchés dans les salles à manger, et que les porte-documents, attachés-cases et documents de travail n'y sont pas admis : il est malséant de traiter des affaires à table. C'est ce que détaille le règlement du cercle, qui souligne dans son préambule que les membres respectent « les mêmes us et coutumes ». « La tenue de toute personne entrant au cercle, lit-on plus loin, doit être particulièrement correcte, quel que soit le lieu du cercle où elle se rend. Pour les messieurs, le port de la cravate est obligatoire et la tenue des dames doit être élégante. Un ensemble plus sportif, mais restant distingué, peut être adopté par les participants et par les jeunes au "brunch" du dimanche. Toutefois, les jeans et les baskets n'y sont pas tolérés. » De même, les jeunes, apparentés à des membres, et admis de ce fait à participer aux activités sportives du cercle, ont eux aussi l'obligation « de respecter l'esprit et l'essentiel des us et coutumes. » L'accès, même pour eux, « est conditionné par le port d'une tenue de bon aloi », la pratique sportive n'autorisant pas de dérogations aux règles de bienséance [13].

Ultime précision de ce règlement : la sanction est toujours possible. « Si l'on ne peut douter de la parfaite éducation dispensée dans les familles des membres du cercle, l'on ne peut exclure non plus d'éventuels manquements aux règles de bon aloi » : en ce cas, les infractions seraient signalées et entraîneraient, outre la mise en cause de la responsabilité morale des parrains, l'exclusion temporaire ou définitive des fautifs.

L'insistance sur ces questions signale leur importance, mais aussi, peut-être, le sentiment que l'on se trouve au sein d'une forteresse assiégée, et parfois même, menacée de l'intérieur. Dans les années soixante-dix, par exemple, la croissance mal maîtrisée des effectifs du « Cercle du bois de Boulogne » s'est traduite, ainsi que le déploraient ses responsables, par des « manquements caractérisés aux règles de courtoisie [14] ». « Les manières d'être sont inférieures. Cela, même les membres du personnel s'en sont aperçus. Autrefois, ils étaient traités comme les membres d'une même famille. Tandis qu'aujourd'hui, il y a des membres qui disent : puisque j'ai payé, j'ai droit à... » Ainsi, « on ne tiendra pas la porte à un vieux monsieur, on ne lui laissera pas sa chaise à la buvette ». De là, l'importance croissante des instances disciplinaires, chargées, le cas échéant, de prononcer l'exclusion de membres coupables d'avoir transgressé de façon excessive les règles du savoir-vivre – comme cette dame, cooptée depuis une semaine au Polo de Bagatelle, et qui, ayant oublié sa carte de membre, gifla de rage le vieux gardien qui refusait de lui ouvrir. Dans le règlement de ce cercle, l'article 26, relatif à la Commission chargée de veiller au respect « des lois de l'honneur et de la bienséance », n'occupait que quatre lignes dans l'annuaire de 1886 : il s'étale de nos jours sur une bonne demi-page.

Si l'on cerne assez facilement les groupes qui continuent, en dépit de l'évolution générale, à pratiquer fermement les règles du savoir-vivre traditionnel, on peut être plus perplexe sur les raisons qui leur font adopter une telle attitude – l'existence d'une structure familiale dense étant certes une condition nécessaire, mais sans doute pas suffisante. Ce qui pousse les membres de la *upper-class* à respecter ces codes est plus profond, et plus général : le fait de s'y soumettre leur permet à la fois de se reconnaître, de se percevoir comme appartenant à ce groupe, et de se distinguer de ceux qui n'en sont pas, comme le démontre leur méconnaissance des règles du jeu.

Si le respect des règles de politesse correspond, dans ces milieux, à une volonté d'identification, c'est sans doute en raison des origines aristocratiques de celles-ci. La soumission à un code vénérable implique, en l'espèce, la fidélité aux usages de sa propre lignée – y compris pour les membres de la grande bourgeoisie, les préceptes de la civilité d'Ancien Régime ayant été absorbés, au XIXe siècle, au sein de la politesse bourgeoise.

« La politesse, observe l'historien Éric Mension-Rigau, occupe la première place dans la définition de l'identité noble. » Voilà pourquoi, « dans les familles de vieille souche, on accorde une importance primordiale » aux bonnes et aux mauvaises manières, voilà pourquoi « la pratique du commerce avec autrui [y] est l'objet d'une attention scrupuleuse »[15], et que l'on ne cesse d'en parler et de s'en soucier. Elle est perçue comme un signe de reconnaissance, qui permettra de savoir qui l'on est, et à qui l'on a affaire. Comme l'écrit le comte Jean de Bodinat en 1990 dans le *Bulletin de l'ANF*, « dans notre différence [...], il y a la politesse qui est un état d'âme, une conception de la vie, il y a le code des usages qui correspond aux situations sociales. Perdre ses composantes de notre identité en les rejetant comme des oripeaux d'un autre âge, c'est amputer celle-ci gravement, peut-être même la tuer, car être comme les autres, ce serait ne plus être nous-mêmes »[16].

Et l'on aperçoit ici le second aspect de la question. « Si les bonnes manières sont ressenties comme une nécessité absolue par les membres de cette "haute société", c'est, estime encore Éric Mension-Rigau, parce qu'elles tracent une frontière entre ceux qui savent vivre et les autres[17]. » Ceux qui savent vivre : c'est-à-dire ceux qui ont parfaitement intégré les règles, jusque dans leurs détails les plus infimes – des détails qui seront, ici, jugés hautement significatifs et discriminants.

Ainsi, dans *Les Aristocrates* de Michel de Saint-Pierre, portrait romancé mais relativement ressemblant de la noblesse provinciale d'après-guerre, ce qui stigmatise l'absence de savoir-vivre du parvenu, le (soi-disant) prince de Conti, et provoque la stupeur amusée de son voisin, aristocrate de vieille souche, c'est moins la particule usurpée ou le titre de complaisance, que la somptuosité ostentatoire de ses cartons d'invitation : « Les dimensions mêmes de la carte lui semblaient trop belles pour être vraies. Quant aux armes gravées, elles ahurissaient délicieusement le bon héraldiste qu'il était. [...] Le snobisme est tout de même une chose extraordinaire [18]. » Le bon ton – que le snobisme viole ici en tentant de le singer – consiste à rester discret, à ne jamais se faire remarquer : règle cardinale du savoir-vivre *high life*. Tel est du reste « le fond des griefs développés par les vieilles familles françaises envers les nouveaux enrichis [19] ». Ce qu'on leur reproche surtout, c'est leur tendance à l'exhibition, jugée caractéristique de leur manque de tenue.

Mais au fond, cette absence même est la bienvenue : car elle va permettre de tracer les frontières du groupe – et de signifier aux grossiers, aux nouveaux venus et aux parvenus, qu'ils n'en font point partie. La politesse, le fait qu'on la respecte alors que d'autres la méconnaissent, permet ainsi de se sentir différent, et quoi qu'on dise, supérieur – notamment, comme le marquis de Maubrun des *Aristocrates*, en affectant une extrême courtoisie avec ceux qui, de leur côté, se montrent parfaitement impolis.

Une citadelle assiégée

Une fois identifiés les groupes où se perpétue le savoir-vivre classique, reste à s'interroger sur les modalités de cette conservation – puisqu'il va de soi qu'il ne s'agit pas d'un simple maintien en l'état, mais plutôt, d'un certain type d'évolution, distinct du courant dominant.

Si l'on reprend ce que l'on vient de montrer, on constate que le « groupe » en question constitue une minorité. Une minorité cohérente, immergée dans la civilisation moderne, et qui voit dans la bienséance un signe de reconnaissance : le moyen d'affirmer sa singularité et sa supériorité. De là, un certain nombre de conséquences. Ne pouvant ignorer l'évolution des choses, des mœurs et des mentalités, la « haute société » est contrainte d'abandonner certains usages : elle n'échappe pas complètement au mouvement de simplification, au grand dam des puristes. Mais pour l'essentiel, elle tient ferme sur ce qui la distingue. Même si, comme toute minorité, elle prend parfois ses distances avec le savoir-vivre, sur le mode de l'autodérision, cette « haute société » a plutôt tendance à renforcer son contrôle, et, au fond, à rendre les usages plus rigides et plus complexes qu'ils ne l'étaient au XIXe siècle, et même, dans la première moitié du XXe.

Si la « haute société » demeure attachée à des règles qu'elle juge constitutives de son identité, cet attachement n'est ni intégral, ni intégriste. Le grand monde n'est pas hors du monde. De même qu'il fut contraint de renoncer aux chapeaux haut-de-forme ou aux voitures à cheval, il a été obligé d'abandonner certains usages, certains comportements incompatibles avec notre époque. C'est ce que détaille Albane de Maigret dans l'ouvrage publié en 2003 pour le centenaire du *Bottin mondain*. Ce qui a changé, y compris dans ces milieux, depuis la première édition du *Bottin* en 1903 ? Beaucoup de petites choses : les gants, la correspondance sophistiquée, le rituel ampoulé des fiançailles, les visites innombrables. Mais si le regard porté sur les règles paraît un peu différent, si l'aristocratie et la grande bourgeoisie n'échappent pas tout à fait à la modernisation, du moins, assure Hermine de Clermont-Tonnerre, demeurent-elles respectueuses des principes essentiels [20].

Cela ne va pas toujours sans quelques flottements. Même au sein du sanctuaire de la noblesse authentique que constitue l'ANF, on déplore, à l'instar du comte de Bodinat en 1990, « une amorce de détérioration [...] des comportements et [...] de la connaissance des usages, naguère rigoureusement suivis » [21]. Et le comte de citer une série d'impolitesses, commises par des membres de l'ANF : ainsi, le fait désormais courant de ne plus se présenter au téléphone : « Aujourd'hui, l'on va trop souvent droit au fait sans se préoccuper de préambules, circonlocutions et autres ronds de jambe obsolètes. » Ou encore, l'habitude de remplacer les salutations d'usage, lorsqu'on se rencontre en chair et en os, par « un bonjour tout sec qui ne tient aucun compte des nuances de situations ou de génération ». Dernier exemple, la recherche (déplorable) de la fantaisie et de l'originalité dans les faire-part : « Jusqu'ici, note M. de Bodinat, ces produits d'une créativité sympathique mais un peu “à côté” n'apparaissaient pas dans nos familles. L'on y vient. » Notamment, dans les faire-part de naissance, en attendant que les faire-part de mariage connaissent eux aussi ce triste sort.

Certes, conclut-il, « tout le monde fait comme cela. Mais sommes-nous obligés de faire comme tout le monde ? Jusqu'à présent, c'était plutôt le contraire ».

Il faut résister au courant : mais cela n'est pas toujours possible. Même dans l'aristocratie la plus ancienne, il arrive désormais que l'on oublie « le bon usage d'antan ». On se laisse aller, en famille, à des pratiques qui, naguère, eussent paru intolérables, comme de « finir la sauce de son assiette avec un morceau de pain piqué dans sa fourchette », ou de « manger un fromage dur sans pain en le prenant avec les doigts, pour les femmes soucieuses de leur ligne ». Et même en matière de placement à table – le nirvana du savoir-vivre – on prend souvent l'habitude, du moins lors de dîners entre amis, de négliger les préceptes canoniques du protocole : tout au plus l'invité le plus prestigieux, ou le plus âgé, sera-t-il convié à s'asseoir à la droite de la maîtresse de maison [22].

Même le grand monde ne peut faire comme si l'histoire n'avait pas eu lieu, comme si rien n'avait changé depuis la Première Guerre mondiale...

« À l'encontre d'un préjugé trop répandu, déclarait Marc de Saligny en 1948, l'aristocratie, qui devrait donner l'exemple, se distingue surtout par ses mauvaises manières : non point qu'elle pèche par ignorance, comme la bourgeoisie, mais par cette secrète conviction que tout lui est permis : elle cultive la méchanceté et l'insolence, incompatibles avec la vraie politesse [23]. » Préjugé contre préjugé, celui qu'exprime Marc de Saligny ne vaut pas beaucoup mieux que le précédent – même s'il n'est pas tout à fait dépourvu de fondements.

Ce qui n'est pas contestable, en effet, c'est que la « haute société » n'a jamais répugné pas à affecter une certaine grossièreté, à exhiber sa capacité à transgresser les codes les mieux établis de la bienséance, ainsi qu'on l'a vu. L'impertinence aristocratique, cette impolitesse au second degré, se manifeste de mille façons. Au Jockey-Club, dans les années cinquante, elle peut ainsi se traduire par le refus de serrer la main d'un membre qui vous la tend, et par le fait de lui répliquer par un « courtois mais ferme "abonné" » (à ne pas serrer les mains). Seules des années de présence au Jockey-Club et beaucoup d'autorité, explique toutefois l'historiographe de cette vénérable institution, peuvent justifier cette dérogation aux usages »[24]. Toujours au Jockey, dans le saint des saints du grand chic parisien, « c'est une plaisanterie plus qu'admise, entre personnes assez liées pour se le permettre, de violer la règle » suivant laquelle la particule ne se prononce, en principe, qu'après le titre ou le prénom : « Ainsi entendra-t-on fuser d'emphatiques "bonjour, de Rochechouard" répondant à des "bonjour, de Flers". Ces barbarismes ont le goût du fruit défendu[25] ». Ce faisant, les membres du Jockey ne sont, il est vrai, que les continuateurs d'une vieille tradition d'insolence, celle qui conduisait leurs aînés, à la fin du XIXe siècle, à saboter les opéras de Wagner et les pièces de théâtre naturalistes.

Ce type d'attitude se retrouve, sous des formes diverses, dans l'ensemble des « poches de résistance » évoquées plus haut. La noblesse, la grande bourgeoisie n'ont jamais dédaigné la gauloiserie, les plaisanteries salaces et la grossièreté affectée. Dans *Les Aristocrates*, de Michel de Saint-Pierre, Osmond et Louis César, les deux jumeaux du marquis de Maubrun, manifestent « à l'égard des femmes une courtoisie singulière, spontanée. Ils détestaient leur tante Mathilde – mais ils n'auraient pas supporté qu'elle ramassât un objet tombé à terre. Une seconde nature semblait jouer alors chez ces garçons, et Jeanne éprouvait du plaisir à voir l'un d'eux se précipiter d'un mouvement élégant et naturel, saisir l'objet et le tendre avec un sourire particulier, une sorte de déférence intime, de respect qui lui changeaient le visage ». Mais dans le même temps, les jumeaux émaillent leur conversation de tournures argotiques, l'argot de l'époque, qui ressemble encore à celui des gouapes d'Aristide Bruant ou des truands d'Albert Simonin : « Aboule tes brèmes », « mince de souris ! », « et maintenant nous, on décarre en douce, mon petit pote ». Ce qui enchante d'ailleurs le marquis : « Par amusement pur et dilettantisme, il avait la faiblesse de tolérer l'argot – sauf à table et au salon »[26].

Il ne s'agit pas d'une conjonction imaginaire. La combinaison de la plus exquise délicatesse et du langage le plus ordurier paraît, en fait, presque banal : c'est le moyen le plus sûr de laisser paraître une certaine ironie, une distance à l'égard d'un savoir-vivre si profondément intégré que l'on peut se permettre de telles incartades.

Cinquante ans après les personnages de Michel de Saint-Pierre, c'est encore ainsi qu'affectent de parler les duchesses où fréquente Charles de Castries : chez nous, proclame l'une d'elles lors d'un dîner en ville, on ne dit pas mince, ou crotte, « on dit merde ! Ça veut bien dire ce que ça veut dire ! moi, ce qui me gêne le plus, répond son voisin, ce sont les sujets à ne pas aborder à table, l'argent, le sexe, la religion et la politique – je vous comprends, mon cher, si on s'y tenait, de quoi parlerions-nous[27] ? »

Lesdites duchesses piétinent allègrement les conventions, et s'en prennent volontiers « au dernier manuel de savoir-vivre qui fait fureur dans les Intermarchés de province. Je ne sais pas qui est cette baronne qui semble vouloir prêcher la bonne parole aux gens du commun, mais si on suivait à la lettre les préceptes désuets qu'elle y prône, la vie serait un enfer[28] ! ». Or, sans le savoir, lesdites duchesses ne font que reproduire, deux ou trois tons en dessous, les postures de certains de leurs arrière-grands-parents, croqués par Proust, « pour qui l'exercice de l'impertinence [...] semblait être la seule occupation. Ne pas répondre à un salut ; si l'homme poli récidivait, ricaner d'un air narquois ou rejeter la tête en arrière d'un air furieux ; faire semblant de ne pas reconnaître un homme âgé qui leur avait rendu service ; réserver leur poignée de main et leur salut aux ducs et aux amis tout à fait intimes des ducs que ceux-ci leur présentaient : telle était l'attitude de ces jeunes gens et en particulier du prince de Foix [...], inspirée par un snobisme de caste suraigu[29] ». Rien de bien nouveau sous le soleil, en somme.

Cette transgression volontaire et maîtrisée opère, elle aussi, comme un signe de reconnaissance – au second degré, en quelque sorte –, puisqu'elle ne se produit qu'entre gens du même monde, pour choquer le petit-bourgeois pudibond, à qui l'on rappelle de la sorte que, si respectueux soit-t-il des usages, il ne joue pas, décidément, dans la cour des Grands.

Un dernier mot sur ce point pour observer que, parfois, c'est la politesse elle-même qui conduira à transgresser le savoir-vivre. Il faut en effet, enseigne-t-elle, s'adapter toujours au milieu où l'on évolue, aux personnes que l'on fréquente – afin de ne pas les choquer, ni leur faire honte de leur méconnaissance des usages. Invité à un banquet populaire, l'homme bien élevé saura donc oublier les usages au nom de la délicatesse – et manger, boire, rire et chanter comme ses voisins de table. Autre exemple – qui relève presque du mythe, ou de la rumeur, puisqu'on le retrouve cité dans les souvenirs familiaux d'un grand nombre de personnes, et notamment, ceux de la comtesse de Paris : un jour, à table, un invité modeste mais respectable, curé de campagne, précepteur des enfants, régisseur, etc., croyant avoir affaire à un rafraîchissement inédit, avale d'un trait le rince-doigts placé devant lui. Au lieu de lui en faire la remarque – ce qui serait effectivement le comble de l'impolitesse –, ou de feindre hypocritement de n'avoir rien vu, les hôtes s'empressent de l'imiter afin de le mettre à l'aise, et de ne pas lui laisser deviner qu'il a commis un impair. Il sera toujours temps d'en sourire par la suite, sans lui faire de peine, lorsqu'il aura quitté la table...

Un durcissement paradoxal

Ayant précisé le sens de ces transgressions au deuxième degré, et rappelé que dans l'ordre du savoir-vivre, rien n'est jamais simple, il semble moins paradoxal de constater qu'elles coexistent, dans les mêmes milieux, avec un réel durcissement des règles de politesse, qui, sur certains points, semblent devenir plus rigides et plus complexes.

L'un des exemples les plus significatifs de cette évolution est sans doute le baisemain. Celui-ci, dont on a vu qu'il est beaucoup plus récent qu'on ne le pense, ne s'est jamais répandu au-delà de certains milieux privilégiés, même au temps de son apogée, durant l'entre-deux-guerres. L'évolution a seulement conduit à restreindre son usage, et surtout, à le soumettre à des prescriptions de plus en plus strictes, parfois perçues par ceux qui les appliquent comme des normes impératives, incontestables et immémoriales – alors qu'elles sont aussi récentes qu'arbitraires.

« Les gens de la bonne société, ricane l'abbé Mugnier dans son *Journal*, transforment leurs habitudes en principes[30]. » En l'occurrence, ce sont effectivement eux qui ont décrété, un beau jour, que le baisemain ne devrait se pratiquer que dans certains lieux, dans certaines conditions et avec certaines personnes. C'est ce à quoi s'amuse le baron Fouquier, en 1925, dans son ouvrage *Des usages et de l'élégance*, où il pose au législateur – rôle, contrairement à d'autres, comme le comte d'Orsay ou le prince de Sagan au siècle précédent, qu'il n'a jamais exercé au sein du grand monde. Rappelons ici que le baisemain est alors un usage récent – à peine un quart de siècle – et qu'il était pratiqué jusque-là de façon essentiellement spontanée : en 1917, lorsqu'elle évoque cette « jolie coutume qui tend à se généraliser », Liselotte conseille aux hommes de la pratiquer aussi souvent que possible, avec toutes les femmes, et « même dans la rue »[31]. Au contraire, le Baron Fouquier souhaite éviter que la mode du baisemain ne se développe exagérément, afin de pouvoir en faire un signe de reconnaissance : « Il faut, dit-il, le restreindre au salon. Cela est facile à comprendre. Cet acte est l'expression [...] de la grande politesse qu'un homme doit à une femme. Or, évidemment, ce n'est pas dans la rue, ou au dehors, qu'il doit se manifester. Je m'élève donc contre la diffusion du baisemain en toute occasion. C'est diminuer sa valeur que de l'adopter à n'importe quelle rencontre. » Pour être chic, pour continuer à jouer son rôle discriminant, le baisemain doit rester rare : « Gardons, ajoute le baron Fouquier, le plaisir d'être [...] extrêmement poli pour des réunions privées de gens du même milieu. » Voilà pourquoi, conclut-t-il, on ne doit le pratiquer qu'entre soi : au théâtre ? Mais seulement dans une loge privée. Au restaurant ? Très bien, mais dans un cabinet réservé. En plein air, mais alors au golf, au tennis, au polo, en aucun cas sur un stade ou à la piscine [32]...

Étant parfaitement arbitraires, ces règles mettront du temps à se fixer et à paraître aller de soi. Au moment où écrit le baron Fouquier, un « groupe de personnalités du monde », comme il s'intitule lui-même, estime ainsi que l'on peut pratiquer le baisemain dans un lieu public, que l'on est « dispensé de baiser une main gantée », mais que « cependant cela se fait, selon le lieu ou la personne » [33]. La coutume est en train de naître. Elle est encore souple, mais elle va peu à peu se rigidifier. De nos jours, le site internet du *Bottin mondain* précise que ce geste est « interdit dans un lieu public ou découvert, sauf sur le parvis d'une église », qu'il ne se fait qu'aux femmes mariées, sur des mains nues, et la tête découverte. Dans un dossier, enthousiaste, qu'il lui consacrait en 2005, l'hebdomadaire *Point de vue* présentait ces règles comme des impératifs aussi évidents qu'indiscutables : « Jamais en public. Toujours à une femme, mariée ou divorcée. Les habitués jugeront d'emblée s'ils ont affaire à une mondaine ou à une novice. Et s'offusqueront de ceux qui ne connaissent pas les bonnes manières. "J'ai vu des baisemains à des enterrements, témoigne Nadine de Rothschild, de la part de messieurs pourtant très bien élevés, des baisemains au rallye de Monte-Carlo et même à l'hôpital Américain quand une patiente importante pénétrait dans la salle d'attente d'un médecin" » [34]. Ce qui eût semblé tout naturel avant 1914, et encore parfaitement tolérable durant l'entre-deux-guerres, est perçu aujourd'hui comme inadmissible – du moins, par certains : dans le même numéro, Adélaïde de Clermont-Tonnerre se réjouit du fait qu'« il est désormais quasiment impossible de traverser un premier rendez-vous galant sans se voir gratifiée d'un baisemain. Et c'est très bien ! » – malgré l'inconvenance supposée d'un tel geste...

Autre exemple caractéristique : la persistance, et même la systématisation du voussoiement entre parents et enfants, voire entre époux. Parmi les critères du BCBG, Thierry Mantoux plaçait d'ailleurs le voussoiement des parents en deuxième position, juste après la pratique du baisemain, mais loin devant le port du loden vert, les vacances à l'île de Ré ou l'assistance à la messe dominicale.

Baisemain et voussoiement manifestent au fond la même volonté de garder ses distances. Le premier, en limitant le salut à une inclination suivie d'un effleurement, ce qui l'oppose à la brutalité anglo-saxonne du *shake-hand* comme à la promiscuité plébéienne de la « bise ». Le second, en se démarquant explicitement de la familiarité égalitaire du tutoiement : les vouvoiements soulignent l'existence d'une hiérarchie, d'une différence entre les interlocuteurs. *A contrario*, le tutoiement sera réservé à ceux que l'on considère comme ses égaux, ses pairs : camarades de cercle ou de promotion, amis proches, ou encore, chez les plus jeunes, relations de rallye, puisqu'il est habituel de s'y tutoyer d'emblée, dès la première rencontre. « Dans un milieu où la politesse et la courtoisie ont tant de place, observent M. Pinçon et M. Pinçon-Charlot, un tel usage est lourd de sens [...]. Le tutoiement n'est pas autre chose, ici, que la reconnaissance mutuelle de l'appartenance à un même milieu[35]. » Celle-ci « n'autorise pas pour autant le relâchement du contrôle de soi et l'abandon des barrières » – bien au contraire ; en l'occurrence, le tutoiement a la même fonction que le voussoiement : signe de reconnaissance, d'appartenance au groupe, mais également signe de distinction, puisque les jeunes gens et les jeunes filles qui se tutoient ne manqueront pas, en revanche, de voussoyer les serveurs de champagne ou les dames du vestiaire.

Ainsi, confiaient à Éric Mension-Rigau quatre jeunes couples, membres de l'ANF, « l'actuelle liberté des usages [...] incite à renforcer l'apprentissage de la politesse, d'autant plus distinctive qu'elle devient rare ». « Le savoir-vivre, commente l'historien, apparaît en définitive comme ce qui est seul capable de résister à l'érosion des privilèges [36]. »

C'est d'ailleurs ainsi qu'il est parfois perçu dans les autres milieux : comme quelque chose qui, désormais, caractérise la haute bourgeoisie, seule à avoir maintenu des usages tombés en désuétude. Sentiment dont se font l'écho certains manuels de politesse, qui ne manquent pas d'expliquer que telle formule, telle attitude, tel geste « ne s'emploient plus que dans les milieux distingués » [37]. Revers de la médaille : on en déduit aussi qu'en se conformant à ces usages, on accédera, ou du moins, que l'on se rapprochera de ces « milieux distingués ». Le savoir-vivre est une frontière, il peut aussi, estiment certains, devenir une passerelle, un moyen de parvenir.

12

LE CONTINENT PROTOCOLE

Sur le site Internet officiel du ministère des Affaires étrangères, les pages consacrées au service du protocole sont illustrées par le portrait d'un homme censé incarner ce dont il fut le chef durant plusieurs décennies – Pierre de Fouquières, Introducteur des ambassadeurs, photographié vers 1922 en grand uniforme d'apparat, étroitement sanglé dans son habit de drap bleu à boutons et broderies d'or, pantalon bleu à une bande d'or sur le côté, ceinture de soie et d'or, épée à poignée en nacre, bicorne à plumes d'autruche frisées blanches, décorations en sautoir, innombrables. « Pour des esprits superficiels – ou plus simplement, mal avertis, commentera son frère, André de Fouquières, au début des années 1950, le protocole peut apparaître comme une manière d'archaïsme, dont la survivance ne se justifie pas, comme un legs des temps révolus, des civilisations disparues. Pour peu qu'on y réfléchisse, on s'aperçoit qu'il en est tout autrement. Il y a une politesse des personnes et il y a une politesse des groupes humains, des sociétés. Les règles en varient au cours des âges. Elles sont sensibles aux mœurs, aux événements, aux lieux. Le protocole, c'est un peu la politesse des nations, un langage conventionnel et dont il est sans doute bien difficile de pouvoir se passer, puisqu'il existe sous toutes les latitudes et qu'il a existé de tout temps, et sous tous les régimes [1]. »

Constitué par un corps de normes de conduite gouvernant des relations sociales au sein de groupes déterminés, se traduisant par des rites, des gestes, des formules, assortis de sanctions infligées à ceux qui les transgressent, le protocole apparaît en effet à beaucoup d'égards comme un genre particulier de politesse, ne différant de cette dernière que par son objet.

Le savoir-vivre des nations

On peut citer, à titre d'exemple, les règles relatives à la discipline parlementaire – qui constitue l'une des (multiples) branches du protocole. Ces règles tendent pour l'essentiel à limiter, à prévenir et, le cas échéant, à punir les paroles, les gestes et les comportements blessants, portant atteinte au respect dû à l'Assemblée, à ses membres, ou encore, aux autres autorités publiques, nationales ou étrangères. C'est ainsi que, sous la IIIe République, un parlementaire peut se voir infliger la sanction de base – le rappel à l'ordre – lorsqu'il prend la parole alors que le président de séance la lui refuse, ou encore, lorsqu'il qualifie une loi de « scélérate », ou une décision de la chambre de « vote de guerre civile »[2]. Lorsque l'injure est plus grave, plus attentatoire au savoir-vivre parlementaire, elle fait encourir aux coupables des peines alourdies, comme la censure, et même la censure avec exclusion temporaire. Telle est la peine infligée, à la suite de l'affaire Dreyfus, à un député ayant accusé un ministre de s'être fait « l'avocat du traître » et traité les membres de la Cour de cassation de « magistrats prévaricateurs et faussaires ». En revanche, un député ayant qualifié une loi de « spoliatrice » n'aurait mérité qu'une protestation du président, et au pire, un simple rappel aux « convenances parlementaires ». Comme pour la politesse ordinaire, il existe en la matière des gradations subtiles, et des sanctions appropriées à chaque hypothèse : un député habillé de façon insuffisamment convenable, par exemple, ne portant pas de cravate, pourrait ainsi se voir refuser l'entrée dans l'hémicycle, sans autre punition.

Dans l'ordre international, où le protocole a toujours joué un rôle central, les sanctions peuvent être encore plus considérables. En effet, souligne Jean Serres, leur violation « manifeste la volonté de celui qui ne les applique pas de se soustraire aux obligations consenties dans l'intérêt de tous. Lorsqu'une infraction à ces règles est délibérée, elle est toujours interprétée comme une manifestation de défiance à l'égard du diplomate qui en est la victime, ce qui réagit immanquablement sur les rapports entre deux gouvernements »[3]. En avril 1827, le fameux coup d'éventail porté par le dey d'Alger, Hussein, au consul français Pierre Deval, conduira le gouvernement de Charles X à organiser le blocus de la ville qui se terminera, en juin 1830, par le débarquement des troupes françaises. Peu importe, en l'occurrence, que le coup de chasse-mouches n'ait été qu'un prétexte, et que le consul, connu pour son arrogance, ait joué dans l'affaire un rôle assez trouble : l'essentiel est qu'une règle majeure, l'intangibilité des représentants diplomatiques, ait été violée, et que le coupable ait refusé de présenter ses excuses, ce qui rendait la sanction inévitable...

Dotées de structures identiques, les normes protocolaires ont du reste des finalités comparables à celles des règles de politesse. Comme ces dernières, elles servent, d'une part, à manifester des différences, des hiérarchies, entre des corps et entre des personnes ; d'autre part, elles tendent, au sein des groupes concernés, à améliorer le fonctionnement harmonieux de l'ensemble en organisant la prévention des heurts et des conflits ; enfin, elles visent à faciliter l'intégration des individus dans le groupe particulier auquel ils appartiennent. Intégration, différenciation, pacification : les finalités sont analogues, et c'est pourquoi les solutions obéissent, fondamentalement, à des principes généraux identiques. Des principes que Jacques Gandouin, l'un des meilleurs spécialistes français du protocole, mais aussi du savoir-vivre, range en sept catégories, qui valent pour l'un comme pour l'autre : la hiérarchie des valeurs, la bienveillance du chef ou du supérieur, la cordialité des égaux entre eux, la déférence du subordonné ou de l'inférieur, l'exactitude, la discrétion, et enfin, la similitude réciproque des formes – qui consiste à être toujours au moins aussi poli avec l'autre, qu'il l'a été avec vous[4].

Cette proximité remarquable entre politesse et protocole se traduit, dans les faits, par le parallélisme de leurs histoires respectives, au moins jusqu'au XXe siècle. À l'époque révolutionnaire, en particulier, au moment où triomphe l'antipolitesse égalitaire des sans-culottes, la chute de la monarchie s'accompagne de celle des étiquettes et du protocole qui réglaient jusqu'alors de façon précise les différents aspects du cérémonial public – et notamment, de la disparition de la charge d'introducteur des ambassadeurs. « Ce vide protocolaire – unique dans l'histoire de la France moderne – provoqua, note Yves Deloye, une certaine gêne dans le fonctionnement des pouvoirs publics[5]. » Ainsi, le 9 août 1794, quelques jours seulement après la chute de Robespierre, le nouvel ambassadeur des États-Unis, James Monroe, arrivant à Paris, constate avec stupeur que rien n'a été prévu pour le recevoir – ce dont il fait part sur le champ aux membres de la Convention. Ces derniers, après avoir tenté de résoudre au mieux cette difficulté, prennent conscience du problème, et le Comité de salut public décide de faire étudier « les cérémonies consacrées par l'usage chez les divers peuples de l'Europe lors de la réception des ambassadeurs ». Dès l'année suivante, le décret du 4 floréal an III institue donc un nouveau système de règles pour l'introduction des ambassadeurs, mis en œuvre pour la première fois en 1795 pour recevoir le nouvel ambassadeur de Suède, le Baron Staël de Holstein.

Au-delà de cette question particulière, on commence aussi à songer à la restauration d'un cérémonial général : mais celui-ci ne sera codifié que neuf ans plus tard, par le décret du 24 messidor an XII (13 juillet 1804), qui détermine la liste des « préséances » (c'est-à-dire, des rangs occupés dans les cérémonies publiques par les différents corps, autorités et personnalités), et des « honneurs », des marques de déférence officielles auxquelles ont droit ces corps et ses personnalités. Deux ans plus tard, Talleyrand institue d'ailleurs une commission au sein de son ministère, chargée de le conseiller sur toutes les questions de cérémonial, de protocole et d'étiquette[6]. En somme, le rétablissement s'achève à une époque où, comme on l'a noté plus haut, le renversement de tendance en matière de savoir-vivre finit de s'accomplir, salué par une moisson de manuels de bonnes manières qui reprennent en les modernisant les usages anciens.

Cette résurgence parallèle de l'étiquette et de la politesse sera, en partie, l'œuvre des mêmes personnes – et en particulier, de Mme de Genlis, naguère préceptrice des enfants du duc d'Orléans, bientôt oracle écouté du savoir-vivre bourgeois, à qui l'Empereur demandera de l'aider à rétablir le cérémonial de la cour, en échange d'une pension et d'un appartement à la bibliothèque de l'Arsenal.

Cependant, proximité ne signifie pas identité : le protocole se distingue de la politesse générale par son objet, et donc, par son contenu, par la valeur obligatoire des règles qui le composent, et en définitive, par la plus grande stabilité de ces dernières.

La différence essentielle tient naturellement à l'objet du protocole. « Savoir-vivre des nations[7] », « expression de l'ordre dans la République[8] », selon l'expression du général de Gaulle, le protocole ne concerne pas, *a priori*, l'ensemble de la société, mais seulement un groupe particulier au sein de celle-ci, ce que l'on pourrait appeler « les gouvernants » au sens large, ce qui comprend la classe politique, mais aussi, les diplomates, les corps constitués, l'administration et la fonction publique, ou encore, l'armée. Plus précisément, le protocole et le cérémonial n'envisagent pas l'ensemble des actes et des comportements des gouvernants. Par exemple, à l'occasion d'un dîner officiel, le protocole déterminera évidemment l'ordre dans lequel on se place à table, mais pas la manière dont les convives devront se tenir, ni à la façon dont il faut couper le poisson ou peler les fruits – questions qui, non moins évidemment, continuent de relever du seul savoir-vivre, quel que soit le statut des dîneurs. Le protocole n'est donc pas, à proprement parler, la politesse des gouvernants, mais l'ensemble des règles régissant les rapports entre eux, tant sur un plan interne que sur un plan international, ainsi que les rapports que l'on peut avoir avec eux à l'occasion de l'exercice de leurs fonctions. C'est ainsi qu'il s'appliquera, le cas échéant, à de simples particuliers, par exemple, lorsqu'ils écrivent à un chef d'État, à un souverain, à un ambassadeur, à une personnalité administrative, politique ou militaire, ou encore, lorsqu'ils sont invités par ces derniers à un dîner ou à une cérémonie officielle.

Cette spécificité de l'objet du protocole entraîne logiquement celle de son contenu, c'est-à-dire des règles qui le composent. Si certaines d'entre elles se contentent de reprendre sans transformation les principes correspondants de la politesse classique, la plupart des règles du protocole sont nettement distinctes de celles du savoir-vivre : notamment, parce que l'étiquette refuse de prendre en considération des éléments essentiels du point de vue de la politesse ordinaire, comme l'âge, le sexe, le statut d'invité, ou encore, les titres de noblesse ou le rang occupé au sein du clergé. C'est pourquoi, explique Jean Serres à l'attention des diplomates français, inévitablement confrontés à des difficultés de cet ordre, il peut exister « des conflits entre les préséances de droit et les préséances de courtoisie », auxquels il n'est pas possible de donner de solution de principe, et qu'ils doivent apprendre à régler au mieux : « Lorsque le caractère rigoureusement officiel d'une réunion empêche de reconnaître une préséance de courtoisie, il est préférable de ne pas inviter la personnalité qui pourrait se froisser du traitement dont elle serait l'objet. » En revanche, dans les réunions où le caractère officiel n'est pas exclusif, on pourra admettre certaines préséances de courtoisie[9].

Dans ce cas, il s'agira donc de concilier, lorsque cela est possible, des normes distinctes. Dans d'autres, on se bornera à constater leur incompatibilité : ainsi, à en croire Bernard Moreau, chef du protocole de l'Assemblée nationale, « les règles du débat parlementaire, qui cherchent à provoquer le choc des idées et l'affrontement plus ou moins courtois des personnes, sont à l'opposé de celles de la civilité, qui veulent au contraire que de telles situations soient proscrites dans les salons et les réunions privées : dans la mesure où les règles de la vie parlementaire [...] ont bien pour objet d'organiser une vie collective tout en "s'épargnant la politesse", elles sont bien des règles protocolaires »[10]. Mais, là encore, il est peut-être excessif de parler d'opposition : car il s'agit en réalité d'arriver au même objectif – le maintien d'un ordre minimal, la prévention des conflits et de la violence – par des moyens qui, vu la différence des activités concernées, sont nécessairement distincts.

L'objet particulier des règles protocolaires, qui explique leur spécificité, justifie également leur caractère obligatoire, beaucoup plus nettement marqué que celui des préceptes du savoir-vivre ordinaire.

Ces derniers, on l'a vu, n'ont de valeur juridique que de façon exceptionnelle ; en temps normal, les sanctions dont ils sont assortis sont d'ordre social, ou moral, et n'ont plus, dans la société contemporaine, qu'une assez faible densité. Les règles de protocole, au contraire, sont toujours dotées d'un fondement juridique – avec le décret de messidor an XII, auquel se sont ajoutés, puis substitués, de nombreux textes réglementaires, ordonnances, décrets, circulaires, etc. Alors qu'une certaine fantaisie gouverne les règles de politesse, celles du protocole, insiste Jacques Gandouin, sont de stricte interprétation et de stricte observance – sauf, peut-être, au sommet de l'État, où il arrive que l'on se permette avec elles le même genre de libertés qu'avec les dispositions constitutionnelles. Claude Dulong, témoin privilégié des fastes présidentiels du temps du général de Gaulle, observe ainsi que ce dernier, lors des déjeuners organisés dans ses appartements à l'Élysée, « ne se comportait pas en chef d'État, mais en maître de maison. C'est-à-dire qu'il passait le dernier dans la salle à manger et se faisait servir après tout le monde, jusques et y compris ses collaborateurs »[11]. Sans que personne y trouve à redire, le général de Gaulle appliquait alors les règles du savoir-vivre bourgeois, qu'il jugeait sans doute plus appropriées aux lieux. Et il ne se pliait aux règles protocolaires officielles que lors de déjeuners plus solennels, comme ceux organisés, hors de ses propres appartements, dans le salon Murat : il se comportait alors à nouveau en chef d'État, exigeant à ce titre d'être servi le premier, conformément à l'usage.

Dans le même sens, on peut citer l'un des successeurs du Général, le président Giscard d'Estaing, qui, après son élection en 1974, obtint des parlementaires que, contrairement à un usage centenaire, ils n'écoutent pas debout, mais assis, le message qu'il leur adressa [12] ; ou encore, plus récemment, l'infraction aux usages commise par le Premier ministre Dominique de Villepin, lorsqu'il prit la parole avant le premier président de la Cour de cassation lors de la rentrée solennelle de la magistrature, en janvier 2006.

Néanmoins, de telles fantaisies ne sont concevables qu'au sommet de la hiérarchie. Aux échelons inférieurs, la liberté n'existe pas, et les règles protocolaires, obligatoires et assorties de sanctions dissuasives, administratives et disciplinaires, sont en principe strictement appliquées.

Ordre et forme de l'État, le protocole est décidément trop important, par son objet même, pour être abandonné au bon vouloir de ses destinataires. De là une stabilité accrue de ses règles : accrue, mais nullement absolue, puisqu'elle connaît aussi, ainsi qu'on le verra pour terminer, un certain nombre de limites.

Une bienséance officielle

Avant d'aller plus loin, on peut noter que ce point – la plus grande stabilité du protocole – a été contesté par certains observateurs avertis. « La politesse, écrit ainsi Jacques Gandouin, survit aux révolutions, même lorsque celles-ci prétendent en répudier l'esprit, alors que les modifications institutionnelles et administratives affectent toujours les règles du protocole [13] », qui reflètent, confirme Bernard Moreau, « la réalité des forces politiques [14] » en présence.

Les usages

En fait, il faut s'entendre sur les mots. Dans l'ordre du savoir-vivre, le cadre général, ce que l'on appelle « la politesse », étranger aux mutations du droit public et lié à l'état général de la société, semble en effet pratiquement immuable – sauf lorsque se produisent de grands basculements comme celui qui a lieu après la Première Guerre mondiale. En revanche, les règles particulières qu'il réunit s'avèrent, au moins pour une part d'entre elles, extrêmement changeantes, soumises, ainsi qu'on l'a vu tout au long de ce livre, aux circonstances, aux modes, aux tendances du moment. Dans l'ordre protocolaire, c'est à peu près l'inverse. Les différentes règles bénéficient d'une stabilité remarquable. Ce qui change, ce sont les cadres successifs, juridiquement codifiés, qui les réunissent et qui les organisent.

Et encore faut-il relativiser la mutabilité de ces derniers. Ainsi, sur le plan du cérémonial public, le XIXe siècle reste-t-il tout entier dominé par le décret de messidor an XII – avec les ajustements marginaux rendus nécessaires par la valse des régimes et des constitutions, sept ou huit suivant les modes de calcul, de Napoléon à la IIIe République. Au fil des révolutions et des coups d'État, le pouvoir change de mains, les souverains se succèdent, mais le décret subsiste dans ses grandes lignes. Après la chute de Napoléon III, en 1874 puis en 1877, des commissions spéciales sont bien instituées pour procéder à une révision d'ensemble, mais en vain. Quelques modifications continuent d'intervenir ça et là, notamment, inspiré par le climat anticlérical de la fin du siècle, le décret du 20 octobre 1883, qui supprime l'escorte et les postes d'honneur dont bénéficiaient les évêques et les archevêques. Mais il faut attendre le décret Fallières du 16 juin 1907, dû à l'énergie réformatrice de Clemenceau, pour assister à une refonte véritable, et à une mise en harmonie des honneurs et préséances avec les institutions républicaines – plus de trois décennies après leur instauration. Il s'agit notamment, explique Clemenceau dans le rapport qu'il adresse au président de la République, de prendre acte de la séparation de l'Église et de l'État intervenue en 1905, de faire prévaloir les pouvoirs élus sur les autorités nommées, de supprimer les dignités qui « constituaient l'apanage du sang, de la fortune ou d'une classe », ainsi que les honneurs dont « l'apparat et le formalisme » paraissaient « inconciliables avec la simplicité du régime républicain »[15].

Ce nouveau décret est pourtant loin de constituer une révolution dans l'ordre du protocole. Il ne prétend pas soumettre ce dernier au vieux fantasme de l'antipolitesse révolutionnaire, ni même niveler les hiérarchies au sein de l'État – mais simplement, modifier l'ordre des rangs attribués à tel ou tel corps, et en particulier, dans le prolongement de l'affaire Dreyfus, confirmer la prééminence des civils sur les militaires.

Et c'est une semblable permutation que réalise, au fond, la dernière révision majeure, réalisée par le décret du 13 septembre 1989 : avec trente ans de retard, celui-ci prend acte des nouveaux équilibres constitutionnels, et de la primauté de l'exécutif, le Premier ministre occupant désormais le second rang dans la hiérarchie des préséances devant le président du Sénat et celui de l'Assemblée nationale... Comme l'écrit l'un de ses promoteurs, il n'y a en la matière que rappel des règles de politesse, « apprentissage des bonnes manières », moyen ingénieux d'éviter incidents et bousculades[16].

Le protocole diplomatique, qui relève à la fois de normes nationales et de traités internationaux, est soumis à des rythmes analogues : avant 1815, rappelle Jean Serres, « Le problème des préséances entre représentants des États n'avait pu trouver de solution. Les ambassadeurs de chacune des grandes puissances excipaient tous d'excellentes raisons pour soutenir le droit du souverain qu'ils représentaient à la place d'honneur. Le règlement de Vienne du 19 mars 1815 a apporté une solution définitive au problème en fixant les classes des chefs de missions diplomatiques et en basant leur rang sur la date de leur prise de fonction[17]. » Il faut ensuite attendre un siècle et demi, et un bouleversement complet de la carte du monde, pour que l'on entreprenne de remettre en cause ce cadre conventionnel : à partir de 1949, la Commission du droit international des Nations unies va travailler à la codification des relations et des immunités diplomatiques, qui aboutira aux conventions de Vienne du 18 avril 1961 sur les relations diplomatiques, et du 24 avril 1963 sur les représentations consulaires. Ainsi, ce n'est qu'en 1961 que sera remis en cause le vieux privilège accordé en 1815 à la nonciature, c'est-à-dire, aux représentants du Saint-Siège : désormais, les États souverains étant égaux en vertu de la Charte des Nations unies, les ambassadeurs qui les représentent se trouvent sur un pied d'égalité, leur rang dépendant uniquement de l'ancienneté de la présentation de leurs lettres de créance. La primauté accordée au nonce apostolique représentant l'État du Vatican subsiste néanmoins dans certains pays de tradition catholique, comme la France, où le nonce est notamment le premier à présenter ses vœux au chef de l'État lors de la cérémonie des vœux au palais de l'Élysée : preuve spectaculaire, plus d'un siècle après la loi de séparation de l'Église et de l'État, de la persistance des usages en la matière.

En bref, même si les cadres changent, assez lentement, les règles qu'ils énoncent demeurent, et sont scrupuleusement observées – manifestant la stabilité remarquable de ce sous-ensemble particulier de la politesse. Une persistance que l'on peut constater, aussi bien dans l'ordre interne que dans l'ordre international.

En matière diplomatique, le protocole paraît encore plus fondamental que dans l'ordre interne. C'est d'ailleurs au ministère des Affaires étrangères qu'est situé le Protocole français, les services protocolaires qui existent ailleurs, à l'Assemblée nationale ou au Sénat par exemple, n'ayant que des prérogatives subsidiaires, coutumières et empiriques. Le protocole, précise encore Jean Serres, continue de jouer un rôle non négligeable dans les rapports entre États. « De simples difficultés de préséance ont, dans le passé, provoqué des conflits qui, à l'heure actuelle, nous paraissent quelque peu disproportionnés avec l'importance des intérêts en jeu. » Cependant, ajoute-t-il, « si nous sommes maintenant moins chatouilleux que nos ancêtres à l'endroit de l'honneur, tout au moins dans nos rapports privés, l'honneur de l'État qu'un diplomate ou un consul représentent peut encore éveiller les passions »[18].

D'où, l'importance des règles qui permettent de se conformer à cet honneur, et tout spécialement, de leur stabilité, comme le rappelle l'ancien directeur du protocole au ministère des Affaires étrangères, Pierre de Fouquières, dans la préface au *Manuel* de Jean Serres, écrite au lendemain de la Deuxième Guerre mondiale : « Il est bon, pendant les années troubles et incertaines que nous traversons et qui ont apporté tant de changements dans notre existence, que le passé ne disparaisse pas. Les règles et coutumes qui ont contribué à conserver à notre pays son renom de politesse et d'élégance morale peuvent utilement servir d'exemple à ceux qui ont le souci constant de bien remplir leurs fonctions. Car, malgré le désir du nouveau qui est la caractéristique de notre époque, il y a cependant des obligations nationales et internationales dont on ne pourrait s'écarter sans dommages[19]. »

On retrouve donc, en la matière, un certain nombre d'usages et de rites analogues à ceux qui gouvernaient, au XIXe siècle, les comportements en société, usages largement oubliés, sinon abolis, dans le cadre de la vie moderne. Ainsi, pour un dîner de cérémonie, les invitations, sur lesquelles figure la tenue que l'on désire voir porter, doivent-elles être envoyées au moins huit jours à l'avance, la personne invitée devant répondre immédiatement, que ce soit pour l'accepter ou pour la décliner, en motivant alors son refus par quelque empêchement sérieux. « La personne qui tarde trop à répondre met son hôte dans l'embarras en le laissant dans l'indécision pour la préparation du repas et l'organisation de sa table et en l'empêchant de profiter de la circonstance pour inviter une autre personne. Celui qui, en différant sa réponse, met son hôte dans l'obligation de la lui demander et surtout qui omet de répondre commet une grave correction. » Quant à la forme que prend cette réponse, elle obéit à des règles plus exigeantes que celles qu'impose le savoir-vivre mondain : « Il est plus correct d'adresser sa réponse à une invitation par lettre ou carte de correspondance que de répondre sur une carte de visite[20]. » À table, la première place est à la droite du maître de maison, sauf quand son épouse participe au repas, auquel cas la première place est à la droite de celle-ci – le rang des invités étant déterminé selon des règles strictes, énoncées par les textes réglementaires.

Ces règles peuvent se trouver perturbées dans des circonstances exceptionnelles, comme, par exemple, la présence d'un souverain, d'un chef d'État ou d'une altesse royale. Dans les locaux diplomatiques, en effet, ceux-ci sont considérés comme se trouvant chez eux, ce qui signifie que la présidence de la table leur appartient, et qu'ils sont censés recevoir eux-mêmes[21]. De même, c'est à eux que le maître d'hôtel s'adressera pour déclarer que le repas est servi, et ce sont encore eux qui passeront les premiers dans la salle à manger, accompagnés, le cas échéant, par la maîtresse de maison, le maître de maison y entrant alors le dernier. À l'issue du dîner, l'usage exige, comme au XIXe siècle, que l'on dépose sa carte de visite chez la maîtresse de maison, une carte qui équivaut, on s'en souvient, à une « visite de digestion ».

Au lendemain de la Deuxième Guerre mondiale, l'usage des cartes de visite conserve ainsi, dans l'ordre du protocole diplomatique, une importance qu'il a perdue depuis plusieurs décennies dans la vie mondaine : on considère toujours qu'un célibataire déposant des cartes au domicile d'un ménage doit laisser deux cartes ; et qu'un homme doit déposer une carte chez la personne de rang plus élevé, ou plus âgée, ou encore, chez la dame à laquelle il a été présenté – ce qui implique, dans ce dernier cas, qu'il en dépose une autre pour le mari de ladite dame, même s'il ne lui a pas été présenté [22]... Mais il est surtout frappant de constater qu'il subsiste encore, inchangé, au début du XXIe siècle, ainsi qu'en atteste la dernière édition, datée de 2005, du légendaire *Manuel* de Jean Serres : un diplomate transféré dans un autre poste devra, par exemple, envoyer à tous les membres du corps diplomatique et à toutes les autorités auxquelles il a été présenté sa carte de visite avec les initiales *p.p.c.*, pour prendre congé. En poste, il devra apprendre le sens des initiales inscrites sur ces cartes : *p.r.*, pour remercier, *p.f.c.*, pour faire connaissance, *p.p.*, pour présentation, ou *p.f.n.a.*, pour fêter le Nouvel An [23] – usages imaginés par ses prédécesseurs un siècle et demi auparavant.

Dans l'ordre interne, le protocole parlementaire est sans doute le plus intéressant, et le plus conservateur, qui puisse se rencontrer.

Le plus intéressant, dans la mesure où les assemblées parlementaires, situées au sommet de l'État, établissent en partie leurs propres usages protocolaires, lesquels présentent souvent une certaine ancienneté. Par ailleurs, si ces assemblées paraissent, sur ce plan, spécialement conservatrices, c'est par souci de maintenir des règles éprouvées, mais également par volonté de manifester leur autonomie et leur singularité.

Le protocole parlementaire s'étend, pour l'essentiel, à deux séries d'hypothèses : d'une part, à ce qui a trait à la vie interne des assemblées (préséances entre élus, déroulement des séances publiques, cérémonies internes comme les hommages funèbres), d'autre part, à ce qui touche aux relations, en quelque sorte externes, avec l'exécutif (visites du président, comportements à l'égard ou en présence du gouvernement et du Premier ministre), avec des invités étrangers ou avec l'autre chambre. Or, sur ces deux plans, interne et externe, on constate effectivement la ferme volonté de maintenir les us et coutumes – une volonté qui va parfois au-delà de la simple conservation, lorsque les parlementaires entreprennent de renouer avec des usages oubliés, ou encore, de prolonger ceux qui existent.

Le désir de conserver les usages en vigueur traduit souvent la volonté d'affirmer sa dignité et son indépendance : ainsi, lorsqu'en 1974, Valéry Giscard d'Estaing, qui vient d'être élu à la présidence de la République, décide d'abandonner la jaquette et l'habit que ses prédécesseurs portaient toujours dans les cérémonies publiques, le président de l'Assemblée nationale entre en résistance, refusant de se plier à cette simplification. On ne s'y pliera finalement que sept ans plus tard, lorsque l'alternance de 1981 aura porté au « perchoir » un président socialiste, Louis Mermaz, qui déclarera alors qu'il faut « vivre avec son temps et porter des vêtements de son époque [24] ». De son époque ? Quelle que soit la volonté de moderniser les choses, celle-ci n'est pas allée très loin : si les parlementaires ne sont plus astreints, comme sous le Directoire, au port de certaines tenues officielles, « il est généralement admis qu'ils doivent porter cravate et veston, ce qui est en particulier imposé par des décisions formelles du Speaker à Londres et du bureau de l'Assemblée à Paris [25] » ; de même, on doit éviter de pénétrer dans l'hémicycle revêtu d'un manteau ou d'un imperméable ; quant aux femmes, députées ou fonctionnaires des assemblées, elles doivent éviter le pantalon, même si la réprobation est incomparablement moins forte qu'elle ne l'était jadis, et elles ne sauraient entrer dans l'hémicycle les épaules ou le dos nus. Si de telles restrictions subsistent, c'est parce que la tenue vestimentaire, le comportement des membres du Parlement, constituent des éléments essentiels du décorum – mais aussi, parce qu'ils influent par là même sur le regard que l'opinion publique portera sur l'institution et sur son activité. Au fond, le principe est simple, et très en rapport avec la logique profonde du savoir-vivre : avant tout, il s'agira d'être convenable, et donc, de s'adapter à la majesté d'un lieu où, théoriquement, siège le souverain lui-même.

En 1974 encore, un député, soucieux lui aussi de démocratiser les usages, demande la suppression du cérémonial militaire d'entrée en séance, qui remontait à un arrêté du 27 nivôse an VIII. Mais le président Edgar Faure refuse tout net, déclarant qu'il s'agit d'un hommage rendu à l'assemblée elle-même, et qu'en outre, il n'a pas à suivre, en matière protocolaire, l'initiative d'aucune autre autorité, quelle qu'elle soit[26]. Ce n'est, là aussi, que plusieurs années plus tard, sous le premier septennat de François Mitterrand, que le bureau de l'Assemblée consentira à la suppression du piquet d'honneur des séances du matin.

Malgré les deux exemples que l'on vient de citer, il serait pourtant erroné de voir dans le changement de majorité de 1981 un tournant radical, aboutissant à un abandon généralisé du cérémonial parlementaire. Ainsi, c'est en 1983 que l'Assemblée décide que, lors des visites de personnalités étrangères, les piquets devront porter la grande tenue – dont l'usage avait pourtant quasiment disparu, y compris au palais de l'Élysée. De même, toujours à l'Assemblée nationale, c'est un socialiste, le président Le Troquer, qui avait en 1954 renoué avec l'usage de l'habit afin de solenniser les débats. En la matière, l'engagement politique, à droite ou à gauche, n'est pas, ou en tout cas n'est plus véritablement pertinent : si le général de Gaulle a été, après 1958, soucieux de renouer avec les fastes de l'étiquette, au motif que « tout compte s'il s'agit du prestige de l'État[27] », c'est un autre président de droite, Valéry Giscard d'Estaing, qui fut le principal artisan de la simplification du protocole, poursuivie après lui par le président Chirac.

Au fond, au-delà des engagements partisans, la volonté de maintenir les usages rappelle la tendance constatée dans les groupes sociaux qui entendent rester fidèles aux préceptes du savoir-vivre. Tout comme les membres de ces groupes, les parlementaires ne se bornent pas à conserver, ni même à renouer avec des usages anciens, il leur arrive d'établir des règles nouvelles : ainsi, la révision constitutionnelle de 1995, qui manifeste le souci de renforcer les pouvoirs du parlement, a-t-elle été accompagnée, sur un plan protocolaire, de la mise en place de gardes républicains en grande tenue aux portes du Palais-Bourbon, ce qui constitue une innovation totale[28]. Et l'on comprend ici dans quelle mesure le renforcement du cérémonial peut présenter aussi un caractère véritablement politique. Si les principaux intéressés manifestent ainsi leur volonté de maintenir et de développer les usages, ce n'est pas simplement pour des raisons pratiques, afin de faciliter le bon déroulement des activités, mais aussi parce que le protocole se trouve, par essence, intimement associé au pouvoir lui-même : il manifeste en quelque sorte l'existence de ce pouvoir, il apparaît d'ailleurs en même temps que lui, et lorsque ce pouvoir s'affaiblit, lorsqu'il s'étiole, les règles protocolaires sont toujours les dernières à disparaître.

Une stabilité exceptionnelle

Si ces usages protocolaires sont, dans leur grande masse, probablement appelés à durer, leur stabilité n'est pourtant pas absolue, pour au moins deux raisons.

En premier lieu, comme toutes les règles de savoir-vivre, dont elles ne constituent au fond qu'un sous-ensemble particulier, les règles protocolaires se trouvent inévitablement affectées par les nouvelles conditions de la vie moderne, par son accélération, ou encore, par les mutations sociologiques contemporaines. C'est ce qui transparaît à la lecture de l'article consacré au service du protocole figurant sur le site Internet du ministère des Affaires étrangères. Le contraste est en effet frappant entre le portrait qui illustre l'article – celui, décrit plus haut, du chef du protocole Pierre de Fouquières en uniforme de gala –, et le travail effectif de ce service du Quai d'Orsay, qui de nos jours consiste à organiser, au profit des personnalités étrangères, des visites « où s'équilibrent en un laps de temps de plus en plus court, entretiens de fond, contraintes politiques, repas officiels, rencontres avec les milieux économiques, les assemblées parlementaires, les clubs de réflexions ainsi que conférences de presse et entretiens télévisés ».

On retrouve la même tendance dans l'ordre interne : par exemple, dans le cadre du cérémonial parlementaire, avec les usages relatifs aux obsèques des députés : jadis, lors du service funèbre, l'Assemblée était représentée par une délégation pléthorique de vingt-cinq membres, incluant un vice-président, deux secrétaires et un questeur. « De nos jours, constate Bernard

Moreau, l'accélération et la complication du mode de vie des parlementaires ont conduit à adopter une procédure plus informelle et la représentation est généralement confiée à un membre du bureau [29] » – même si, en l'espèce, tout dépend en définitive de la notoriété du défunt ou de ses relations personnelles. Quoi qu'il en soit, la vie politique, administrative, diplomatique s'accélère, et c'est au cérémonial qu'il appartient de s'adapter. De même qu'il doit se plier, dans l'ordre interne comme dans l'ordre international, au bouleversement majeur que représente la féminisation des hauts responsables, élus, ministres, fonctionnaires ou diplomates : lorsqu'une femme occupe le poste de chef de mission diplomatique, il faut repenser les plans de table en fonction de Mme l'Ambassadeur, et déterminer, le cas échéant, la place qu'occupera son mari – qui ne saurait être la même que celle accordée aux épouses des ambassadeurs [30]...

Outre cette première cause d'instabilité, qui affecte les règles protocolaires au même titre que l'ensemble des préceptes du savoir-vivre, il existe sur ce plan une seconde cause de perturbation, spécifique celle-ci, qui tient aux évolutions constitutionnelles dont le protocole subit inévitablement le contrecoup.

L'un des exemples les plus caractéristiques de ce type de mutation a trait à la cérémonie des vœux au président de la République. Avant 1958, alors que ce dernier, doté de pouvoirs restreints, n'était pas élu par le peuple, mais par les deux chambres du parlement réunies en congrès, l'usage voulait que les bureaux du Sénat et de la Chambre des députés se rendent séparément à l'Élysée, le 1er janvier, pour lui présenter leurs vœux. Après quoi, conformément à ce qu'exige la politesse ordinaire entre égaux, le chef de l'État leur rendait leur visite le jour même, dans les résidences des présidents des deux assemblées. Depuis 1958, en revanche, c'est-à-dire depuis que le président de la République est devenu le détenteur suprême du pouvoir de l'État, les bureaux des deux assemblées ne vont plus présenter séparément leurs vœux à l'Élysée, ils y vont ensemble, accompagnés, qui plus est, du bureau du Conseil économique et social, comme pour manifester de façon encore plus éclatante le changement de statut du pouvoir législatif ; par ailleurs, « et ceci est fort significatif, le président de la République ne leur rend plus leur visite. La manifestation est donc banalisée, les assemblées réunies et ravalées au rang des corps constitués[31] », face à un président en majesté, désormais incontestablement supérieur, et qui, comme tel, n'a plus à rendre les visites qui lui sont faites.

Toutefois, le protocole ne connaît en définitive que des mutations marginales. « La seule existence des rangs dans une société implique les rites et les formules qui expriment la diversité de ces rangs. Il est presque inévitable que les inégalités naturelles ou artificielles se traduisent par des différences dans les communications : salut, titre, lettres, audience, visite, préséance ; l'ensemble de ces formes est l'étiquette ou le cérémonial[32] », expliquait Maurice Block à la fin du XIXe siècle dans son *Dictionnaire politique et social.* Le protocole, l'étiquette sont inhérents à tout système hiérarchisé, c'est-à-dire, à tout système de pouvoir. Ils y constituent, on l'a vu, un moyen de prévenir ou de régler les conflits, une technique indispensable pour déterminer le rang et les prétentions des différentes personnes, et pour faciliter le fonctionnement correct de l'ensemble – ce qui apparaît tout particulièrement important lorsque ces personnes peuvent *a priori* prétendre aux mêmes places, comme cela a pu être le cas entre diplomates, représentants d'États souverains, ou comme c'est encore le cas au parlement, où le problème consiste à classer des centaines d'élus dotés de la même légitimité, investis des mêmes pouvoirs, se connaissant personnellement, et relevant en outre d'une pluralité de hiérarchies croisées[33].

La persistance du protocole a des raisons pratiques, mais aussi politiques. Et ce lien entre protocole et pouvoir n'entraîne pas seulement le maintien des usages anciens, sur un mode obsidional, au sein de groupes ou d'institutions qui sentent leurs prérogatives menacées ou en voie de déclin. Il explique également l'élargissement contemporain du champ du protocole, qui se manifeste partout là où apparaissent de nouveaux pouvoirs venant concurrencer la souveraineté de l'État.

C'est ainsi que la décentralisation va susciter l'apparition de règles supplémentaires, non seulement en faisant naître de nouvelles collectivités territoriales, comme la région, et donc, de nouvelles fonctions auxquelles il faudra bien attribuer un rang lors des manifestations officielles, mais aussi, parce qu'elle accorde aux collectivités en question des pouvoirs étendus et une réelle légitimité. À l'époque où la commune, étranglée dans le carcan de la centralisation napoléonienne, ne disposait d'aucune autonomie, le cérémonial auquel elle était astreinte n'avait qu'une valeur symbolique. Depuis les lois de décentralisation de 1982, en revanche, et plus encore, depuis la révision constitutionnelle de mars 2003, la remarque de Michel Péricard prend pleinement son sens, qui soulignait les « conséquences dommageables pour une commune d'un discours mal ordonné, de préséances bafouées, de manquements aux règles républicaines[34] ». Comment, alors qu'elles disposent désormais de pouvoirs dotés d'une densité véritable, ces collectivités doivent-elles organiser leurs rapports, avec les autres collectivités territoriales ou avec l'État ? Telles sont les questions auxquelles le protocole permettra de répondre.

13

Les incivilités devant le gendarme

Abbeville, le 1er juillet 1766. Une pluie battante n'a pas empêché la foule de se masser sur la place du marché pour assister à l'exécution d'un jeune homme de dix-neuf ans, Jean-François Lefèbvre, chevalier de la Barre. Ayant subi la question, c'est les os brisés par les tortures que ce fils de bonne famille monte sur l'échafaud. Trois semaines plus tôt, la plus haute juridiction du royaume, le Parlement de Paris, l'avait condamné « à avoir à la tête tranchée et être son corps mort et sa tête jetés au feu dans un bûcher ardent pour y être réduits en cendre, et ses cendres jetées au vent ». Son premier biographe, l'avocat voltairien Cassen, précise que son héros montra alors un « courage tranquille [...] : tout ce qu'il dit aux religieux qui l'assistaient se réduit à ces paroles : je ne croyais pas qu'on pût faire mourir un gentilhomme pour si peu de chose » [1]. La foule applaudira lorsque le bourreau lui coupera la tête, et encore une fois lorsqu'il l'empoignera pour la lui présenter.

Quel est donc le crime atroce qui a bien pu justifier un châtiment aussi terrible ? C'est un acte qui, quelques décennies plus tard, aurait été considéré, tout au plus, comme une simple impolitesse : on reproche au chevalier de la Barre d'avoir, ainsi que plusieurs témoins le confirment, « par impiété et de propos délibéré, passé le jour de la Fête-Dieu à vingt-cinq pas du Saint-Sacrement qu'on portait à la procession des religieux de Saint-Pierre, sans ôter son chapeau, qu'il avait sur la tête, et sans se mettre à genoux » [2]. Un autre témoin dépose que le chevalier « a proféré un mot impie en parlant de la Vierge Marie », un autre encore, qu'il l'a entendu chanter deux chansons libertines.

À l'époque, en plein siècle des Lumières, cette exécution va faire du bruit : Voltaire, l'oracle des temps nouveaux, se déchaîne, et l'opinion éclairée s'émeut, y compris dans le monde judiciaire. Pourtant, ce qui choque les critiques de l'époque, c'est le caractère manifestement excessif de la sanction, eu égard aux actes effectivement commis par le chevalier : c'est sa disproportion, et non pas le fait que ce type de comportement fasse l'objet de règles juridiques, et qu'il puisse être sanctionné pénalement par la puissance publique. En 1781, le grand juriste Muyard de Vouglans qui, en 1766, avait protesté contre la condamnation du chevalier, n'en estime pas moins fort nécessaires les ordonnances de police prévoyant des amendes pécuniaires contre ceux qui, lors des grandes processions religieuses, tireraient des pétards ou commettraient « quelques irrévérences »[3].

Ainsi, un comportement qui de nos jours ne relève plus que de la politesse, de la bonne éducation, est alors unanimement perçu comme intéressant l'autorité publique et la loi. À l'inverse, il existe à l'époque de nombreux agissements dont le législateur se désintéresse, et qui ne concernent alors que la bienséance, alors qu'ils se trouvent aujourd'hui juridiquement sanctionnés. S'il était jadis malséant de fumer en public, de proférer certains types d'insultes, ou d'abuser de sa position pour obtenir les faveurs de subordonnés, employés, petites bonnes ou jolies domestiques, il n'existait aucune loi réprimant de tels actes : et les seules sanctions applicables étaient donc, peu ou prou, celles qui sanctionnaient l'impolitesse.

Ce que l'on veut montrer par là, c'est que rien n'est fixe : Sade et d'innombrables utopistes après lui ont imaginé des systèmes où les crimes les plus abominables, meurtre, viol, inceste, relèveraient de la courtoisie, et où certains gestes insignifiants, certains actes *a priori* sans importance, pourraient faire l'objet des derniers supplices. Sans aller aussi loin, il faut bien reconnaître que, sur ce plan, la stabilité n'existe pas : tout ce qui relève de la politesse pourrait relever de la loi, comme (presque) tout ce qui relève (habituellement) de la loi, pourrait ne concerner que la politesse.

Le passage d'un ordre à l'autre, de la politesse au droit, et vice versa, semble d'autant plus facile que ces deux types de règles sont, ainsi qu'on l'a déjà noté, structurellement identiques. Quant aux motifs qui justifient ce passage et entraînent la mutation, ils sont toujours les mêmes : à un moment donné, un certain type de comportement, d'activité, etc., va être jugé (socialement, politiquement, etc.) trop important pour être régi par des normes privées, incertaines et infra-juridiques, et surtout, pour ne pas faire l'objet d'une véritable sanction en cas de transgression. À un certain moment, on va donc estimer qu'il faut réprimer l'abus de tabac et d'alcool, les propos racistes ou le harcèlement sexuel. À d'autres moments, à l'inverse, on va considérer qu'il n'appartient plus à l'État de punir le nudisme, les pratiques « contre nature » ou le blasphème.

De telles mutations sont évidemment capitales dans le cadre d'une histoire de la politesse – puisque la loi va, tout ensemble, se superposer aux usages existants, et les remplacer, ou en altérer le contenu. Exemple caractéristique, les règles de politesse relatives à l'usage du tabac, relativement anciennes et consacrées, ont été transformées en profondeur par les vagues successives de la législation anti-fumeurs. C'est d'ailleurs sur ce point que l'on peut s'arrêter d'abord – parce qu'il est le plus spectaculaire, et le plus significatif de ce processus de mutation des règles – avant de se pencher sur deux cas de figure également intéressants, en ce qu'ils manifestent la diversité des modes de substitution : le problème du bruit, et celui du sport...

Où l'on revient au tabac

Un historien des pratiques sociales qui s'intéresserait aux avatars du tabac au XXe siècle enregistrerait une série de mouvements contradictoires, situés sur deux plans distincts. Côté politesse et bonnes manières, nous l'avons vu, on constate une tolérance, et même une faveur croissante. Assez rapidement, dès les premières décennies du siècle, le fait de fumer en public cesse d'être inconvenant, et c'est même le non-fumeur qui tend à apparaître comme un fâcheux, un désagréable gêneur. Côté législation, c'est l'inverse. Après avoir longtemps ignoré le phénomène, les pouvoirs publics finissent par s'émouvoir, au nom de l'intérêt général et de la préservation de la santé publique. À partir des années soixante-dix, des dispositions législatives interviennent pour réglementer la consommation du tabac, notamment dans les lieux publics. Leur durcissement progressif au cours des années quatre-vingt-dix finira par influer sur le savoir-vivre, soit en remplaçant les usages en vigueur, soit en les transformant de façon significative.

Côté politesse : une tolérance croissante

Au XIXe siècle, on l'a vu plus haut, le tabac est presque exclusivement réservé aux hommes. En France, la femme bien élevée est censée détester le tabac, sa fumée et son odeur, et l'homme poli fera donc en sorte de ne pas la gêner. Mais ce principe s'est peu à peu estompé à partir de la fin du siècle, et il a disparu à la fin de la Grande Guerre : désormais, tout le monde fume, les femmes comme les hommes, sans que plus personne trouve à y redire.

C'est en effet la Première Guerre mondiale qui marque le véritable envol de la consommation du tabac, en Europe et en Amérique du Nord[4]. Pendant le conflit, chaque soldat, fumeur ou non, disposait de sa ration quotidienne de cigarettes, et le général américain Pershing déclarait que pour gagner la guerre, le tabac est aussi indispensable que les obus. Mais les hommes qui reviennent du front ne sont pas les seuls à avoir pris l'habitude de fumer. Pour les femmes aussi, la guerre représente une vraie révolution culturelle, suscitant une vague d'égalitarisme et d'émancipation qui va faire sauter de très nombreux tabous – et notamment, celui du tabac. La cigarette est de plus en plus largement perçue comme symbole de liberté, et d'égalité : et pas

seulement par les garçonnes délurées ou les dames du monde qui fréquentent les dancings à la mode, et qui, plus encore que les hommes, y « fument sans répit, dansant la cigarette aux lèvres ou tenue entre deux doigts[5] ». En 1925, la marque Philip Morris lance ainsi une nouvelle variété de cigarettes, *mild as may*, qui vise expressément le public des femmes respectables et bien élevées. Neuf ans plus tard, on appellera Éléanor Roosevelt *the first lady to smoke in public*. Désormais, même si la femme n'est pas à cet égard tout à fait l'égale de l'homme, le tabac n'est plus réservé à un sexe : il fait l'objet d'une tolérance croissante, en même temps qu'il suscite l'apparition d'usages de plus en plus précis.

« Un certain degré de répulsion pour [le tabac] équivaut aujourd'hui à une tendance gênante dans la vie de société[6] » note le duc de Lévis-Mirepoix en 1937. En 1950, André de Fouquières rapporte, comme un fait digne d'attention, qu'il a, autrefois, « connu des maîtresses de maison qui bannissaient de leur salon le cigare ou la cigarette[7] ». Mais au moment où il écrit, une telle attitude serait extravagante, presque inconcevable : au lendemain de la Deuxième Guerre mondiale, on peut fumer partout, n'importe quand, avec n'importe qui et n'importe quoi.

Partout ? « Il est normal de fumer dans un salon, au cours d'une réunion mondaine [8] ». Mais il est aussi admis de fumer à table – même si les puristes contestent l'opportunité d'une telle tolérance, et se querellent sur ses limites. « On ne me fera jamais croire qu'allumer une cigarette après le potage ajoute aux plaisirs d'un bon repas », note Fouquières, qui cite à l'appui de son humeur chagrine l'une de ces anecdotes dont il est friand : « On m'a raconté la mésaventure d'un inconscient qui avait cru pouvoir fumer avant même qu'on eût servi l'entrée. Le maître de maison, un chirurgien célèbre, appela son maître d'hôtel, lui donnant un ordre à voix basse. Quatre flacons d'éther furent apportés sur la table et débouchés. Alors l'hôte se tournant vers son invité désinvolte : j'espère, lui-il, que l'odeur de l'éther ne vous incommode pas [9] ? »

Mais si ce fumeur impénitent a mérité d'être ridiculisé en public, c'est qu'il n'a pas demandé l'autorisation, puis parce qu'il s'est mis à fumer trop tôt. Et tel demeure, au fond, le seul point en débat : fumer à table, d'accord, mais à partir de quand ? À tout moment ? Après le fromage ? Après le dessert, en tout cas, même si certains continuent de réprouver cette « habitude américaine [10] »... On fume partout – sauf, bien sûr, dans les lieux où cette activité pourrait être perçue comme dangereuse pour autrui (hôpitaux, chambres de malades, stations d'essence), ou scandaleuse (églises, cimetières), ou manifestement gênante (salles de spectacle, bals, magasins).

Partout, et n'importe quoi : les cigares – à condition, certes, qu'il ne s'agisse pas de ces cigares à bon marché « qu'il faut être dépourvu de tout odorat pour les supporter quelques minutes » [11] – comme ces cigarillos chantés par Gainsbourg, qui « ont cet avantage de faire le vide autour » de celui qui les fume ; les cigarettes, bien sûr, blondes ou brunes – Lucienne Astruc conseille à ce propos à la maîtresse de maison accomplie d'avoir toujours en réserve, pour ses invités, quelques paquets de caporal ou de maryland [12]. Le cigare, donc, les cigarettes, certes, mais aussi la pipe, de plus en plus largement tolérée : à cet égard, rien n'est encore acquis au lendemain de la Deuxième Guerre mondiale, et Fouquières, très traditionaliste, persiste à dire que « la pipe s'accorde à la robe de chambre, ou bien aux bottes : on la fume chez soi, seul, ou bien en plein air. Une bonne pipe, conduite par un fumeur expérimenté, est certes délicieuse, mais pour celui qui la fume, et on ne saurait imposer son odeur à son prochain »[13] – surtout s'il s'agit d'une dame. Pourtant, quelques années plus tard, Lucienne Astruc, dans son *Savoir vivre aujourd'hui*, rappelle ladite dame à ses devoirs : « N'oubliez jamais, Madame, avant même qu'il ne vous en demande la permission, d'autoriser le plus maniaque de vos amis à rallumer cette pipe qu'il vient pour vous d'éteindre. Vous en serez quitte, après son départ, pour ouvrir largement les fenêtres[14]. » En 1983, enfin, Marie Gosset, auteur d'un *Savoir-Vivre moderne*, confirme l'évolution : « L'usage de la pipe après dîner commence à être admis[15]. » Disons plutôt qu'il a fini par l'être...

En apparence, c'est donc la tolérance la plus large qui règne. Mais celle-ci n'implique pas pour autant l'absence de règles, bien au contraire : on est libre de fumer, mais pas n'importe comment, et cette « manie » suscite un véritable arsenal d'usages, qui s'imposent certes aux fumeurs, et aux fumeuses, mais aussi aux non-fumeurs, et à leurs hôtes.

« Fumer : c'est un art qui s'apprend[16] », déclare, péremptoire, l'auteur d'un *Livre d'or du savoir-vivre* paru en 1965 ; et pas seulement un art : en 1929, l'écrivain Eugène Marsan évoquait déjà l'existence d'une « morale » et d'un « savoir-vivre du cigare »[17].

La première obligation du fumeur consiste à demander la permission à ceux que la fumée pourrait gêner : demande expresse lorsque l'on fume la pipe, ou que l'on se trouve à table, en présence de dames ou de supérieurs. Encore faut-il que la question ne soit pas formulée de telle sorte qu'il soit pratiquement impossible d'y répondre par la négative : « Et l'on aggrave son cas quand on la pose avec une cigarette à moitié sortie de son paquet, et un briquet prêt à entrer en action[18]. » Le savoir-vivre exige même que l'on en fasse la demande dans des lieux où l'on a, en principe, le droit de fumer, comme un compartiment fumeur. La politesse ne se confond pas, en effet, avec la norme juridique : elle impose en l'occurrence des exigences plus fortes, et plus subtiles. Par exemple, celle de proposer une cigarette à celui à qui l'on demande la permission de fumer.

Seconde obligation : il faut fumer correctement, avec naturel, et posément, sans conserver sa cigarette, son cigare ou sa pipe à la bouche lorsque l'on parle ou que l'on salue, sans bien sûr envoyer cette fumée au visage de ses voisins, et sans répandre ses cendres un peu partout, sur les tapis ou dans son assiette : « Utiliser la vaisselle d'une maîtresse de maison, même par hasard, comme cendrier, c'est la faute majeure, celle que seule l'exclusion peut expier. Si l'on ne vous invite plus dans une maison où vous l'avez fait, n'en cherchez pas plus longtemps la raison [19] ! »

Parmi les rites les mieux réglés figure celui de l'allumage : un homme offrira du feu d'abord aux femmes, ensuite aux hommes, et ce, dans l'ordre de préséance. C'est d'ailleurs toujours une flamme que l'on offre : « Peu à peu, note Eugène Marsan en 1929, la convenance a changé. Tendre sa cigarette a paru une familiarité insoutenable, réservée à l'amitié, à l'amour. » Le plus convenable sera donc de tendre la flamme d'un briquet ou d'une allumette – et le plus vite possible, s'il s'agit d'une femme. Ce faisant, on n'allumera jamais plus de deux cigarettes avec la même flamme – si l'on ne veut pas voir reculer le troisième fumeur, terrorisé à la pensée d'une mort inévitable dans le courant de l'année, conformément à une superstition qui remonterait à l'époque de la guerre des Boers : « Pourquoi, demande encore Marsan, ne croirais-tu pas un peu à la fatalité des trois cigarettes ? En tout cas, tu l'observeras [...] religieusement. Car tu ne donnes pas du feu pour désobliger [20]. »

Le cigare, devenu au XXe siècle un produit de luxe, relativement rare et coûteux, obéit quant à lui à certaines règles particulières, voluptueusement détaillées par Marsan dans le petit livre qu'il consacre à cette « Addition à l'art du bonheur » : « Si par malheur tu n'as qu'un cigare, ton hôte le fume. Tu lui as caché que tu n'en avais qu'un. Cigare à soi, on lui enlève à l'instant son bel anneau [...]. À cigare donné, on n'ôte pas trop tôt la bague. C'est la manière de marquer que "tu es sensible". On ne tire pas sur un cigare comme un désespéré. On l'alimente, on le conduit, on le tient en haleine, on le hume aussi, on s'en délecte de toutes les façons [...]. Ce n'est pas la peine de couper au canif le bout de ton cigare, et tu n'as pas le droit de l'arracher d'un coup de dent. » Enfin, on n'allumera jamais un cigare au briquet à essence, mais avec des allumettes en bois, ou à la bougie[21].

Malgré l'évolution, hommes et femmes demeurent toutefois inégaux devant le tabac. D'une part, en effet, le savoir-vivre interdit aux femmes de fumer autre chose que des cigarettes, filtres et blondes de préférence : la brune est jugée incongrue, et la pipe extravagante, malgré une brève percée vers la fin des années 1920 rapportée, une fois de plus, par Eugène Marsan : « Il ne s'agit point de vieilles drôlesses alcooliques mais, au contraire, de jeunes femmes élégantes et fines, même un peu précieuses. La nouveauté est grande. Ce sont de petites pipes qu'elles fument, des pipettes montées, ajustées comme des bijoux. Elles mettent dans la sobre bruyère [des] mixtures anglaises, odorantes, épaisses, onctueuses[22]... » Durant cet apogée du tabagisme féminin, certains, comme le journaliste Pierre de Trévières, annoncent que les dames de 1924 vont incessamment se (re) mettre à priser ; d'autres, qu'elles seraient sur le point de se convertir au Havane : deux fausses rumeurs, bientôt démenties par l'usage. La femme, contrairement à l'homme, ne saurait fumer n'importe quoi, ni n'importe où : le fait qu'elle fume dans la rue, par exemple, n'a jamais été pleinement admis. Celle qui s'y risque, écrit Fouquières en 1950, « comprendra bien vite, aux regards qui la suivent, sinon aux réflexions dictées par le bon sens populaire, qu'elle a franchi une frontière interdite »[23]. À la même époque, Lucienne Astruc le déconseille formellement à ses lectrices, même si elles en ont très envie[24]. Mais la règle finit tout de même par s'assouplir. Si l'on constate encore, dans les années 1970, que beaucoup de femmes évitent de le faire[25], un changement s'opère au cours de la décennie suivante : fumer dans la rue paraît désormais admis « par souci d'égalitarisme », même si, comme le note Marie Gosset, les femmes « se font toujours plus remarquer que les hommes dans la même situation »[26]. L'égalité, décidément, n'est pas totalement acquise.

Mais les obligations qu'impose le savoir-vivre ne concernent pas les seuls adeptes du tabac. Elles touchent aussi, par ricochet, ceux qui s'en abstiennent. Au XXe siècle, des années vingt aux années quatre-vingt, c'est, on l'a dit, le non-fumeur qui est considéré comme un gêneur. Pour lui, la politesse consiste à ne pas exiger des autres qu'ils renoncent à leurs manies. En septembre 1940, Emily Post, l'oracle du savoir-vivre outre-Atlantique, déclare ainsi que, les fumeurs étant infiniment plus nombreux que ceux qui ne sont pas, ce sont ces derniers qui doivent s'adapter. Lorsqu'ils sont en contact avec des fumeurs, il ne serait pas correct que les moins nombreux puissent interdire aux plus nombreux la pratique de leur plaisir[27]. Au-delà, on considère qu'il y aura même une certaine impolitesse à refuser à qui le demande l'autorisation de fumer. Le refus, estime-t-on, était permis à la rigueur aux douairières du XIXe siècle. Sauf cas très particulier, il ne l'est plus au siècle suivant.

Le tabac en majesté : telle est, sur le plan des bonnes manières, la situation du fumeur entre la fin de la Première Guerre mondiale et les années quatre-vingt-dix. Une situation qui va peu à peu se trouver en porte-à-faux avec les exigences de la santé publique, puis avec une législation de plus en plus coercitive.

Côté législation : une sévérité assumée

Si l'on envisage la réglementation sur le long terme, on constate que le tabac a fait à de nombreuses reprises, depuis sa découverte vers 1500 et son importation en Europe, l'objet de mesures de police sévères, notamment au XVIIe siècle. En 1619, Jacques Ier d'Angleterre en interdit l'usage à la Cour. En 1633, le sultan de Turquie, Mourad IV, punit rigoureusement les marchands de tabac et les fumeurs. En 1642, c'est le pape Urbain VII qui l'interdit dans les églises, alors qu'en 1655, le tsar Alexis de

Russie punit les fumeurs de déportation en Sibérie. Mais il s'agit de mesures sporadiques, sans vraie justification et sans postérité, qui n'empêchent en rien l'enracinement progressif de l'usage du tabac dans toutes les couches de la société.

En un sens, on pourrait faire la même remarque à propos de la législation antitabac adoptée au début du XXe siècle par plusieurs États américains : en 1900, les États de Washington, de l'Iowa, du Tennessee et du Dakota du Nord interdisent la vente de cigarettes. En 1904, à New York, une femme est emprisonnée pendant un mois pour avoir fumé devant ses enfants. Une autre est arrêtée au motif qu'elle fumait en voiture. Quelques années plus tard, en 1908, le Sullivan Act oblige les tenanciers d'établissement ouverts au public à interdire aux femmes d'y fumer. Mais là encore, la tentative est vouée à l'échec, faute de motivations suffisamment fortes pour l'emporter sur les souhaits du public – et sur la puissance montante des grandes compagnies. Après la guerre, on l'a vu, l'affaire est réglée. En dépit des ligues antitabac qui font campagne pour que la prohibition de l'alcool s'étende aux cigarettes, le tabac a gain de cause : en 1927, le Kansas sera le dernier État à lever l'interdiction de vente de cigarettes. En fait, jusqu'aux années soixante-dix, le législateur renoncera à intervenir sur ce qui est devenu une source majeure de revenus publics, et un fait social de première importance. C'est à cette époque que s'élabore, dans l'ordre du savoir-vivre, la réglementation minutieuse que nous venons d'évoquer.

Cet immobilisme des pouvoirs publics connaît toutefois une exception significative. Une exception qui constitue le précurseur – sulfureux et inacceptable, mais certain – de la législation contemporaine : la réglementation antitabac imposée dans les années trente par l'Allemagne hitlérienne.

Dès 1933, mais surtout après 1938, l'État national-socialiste va mener, au nom de la protection de la race et de la lutte contre le cancer, une véritable guerre contre le tabac, décrit par Hitler lui-même comme « la vengeance de l'homme rouge contre l'homme blanc pour lui avoir donné l'alcool ». « Utopie sanitaire » obsédée par l'hygiène, la pureté, la santé physique et mentale, le régime hitlérien encourage notamment la création, en 1941, à l'université d'Iéna, d'un Institut pour la recherche sur les dangers du tabac, dirigé par un SS de très haut rang, le professeur de médecine Karl Astel. L'institut sera financé directement par Hitler sur les fonds de la Chancellerie[28].

Le tabac, assimilé par la propagande aux ennemis de l'ordre nouveau – Staline, Roosevelt, Churchill et de Gaulle sont de gros fumeurs, alors que ni Hitler, ni Franco, ni Mussolini ne fument – est ainsi prohibé dans les administrations, les hôpitaux, les maisons de repos, les locaux du parti et les universités. En 1939, Himmler interdit aux policiers et aux SS de fumer pendant le service, et Goering fait de même pour les soldats en campagne. En 1943, il devient aussi illégal, pour les mineurs de dix-huit ans, de fumer en public. L'année suivante, toujours à l'initiative de Hitler, la prohibition s'étend aux transports publics, afin, précise-t-on, de ne pas exposer les jeunes conductrices à la fumée. Les femmes, garanties ultimes de la pureté et de l'avenir de la race, sont d'ailleurs particulièrement visées par cette législation. Celles qui sont enceintes ou âgées de moins de vingt-cinq ans n'ont pas droit aux coupons de ravitaillement en tabac ; les cafés et les restaurants ont l'interdiction de leur vendre des cigarettes : « La femme allemande ne fume pas », déclare hautement le slogan d'une association féminine officielle. Et bientôt, l'homme lui aussi ne fumera plus, espèrent les autorités nazies, qui conçoivent cette politique comme « le début de la fin » de l'usage du tabac en Allemagne.

Bien entendu, il n'en sera rien. Si la consommation de cigarettes diminue effectivement, en Allemagne, pendant la guerre, la chute du IIIe Reich – et le suicide, en 1945, des deux maîtres d'œuvre de cette politique, les médecins SS Karl Astel et Léonardo Conti – mettra un terme à l'offensive, de même qu'il entraînera la disparition de l'Institut de recherche sur les dangers du tabac. En 1948, en vertu du plan Marshall, 93 000 tonnes de tabac de Virginie seront livrées à l'Allemagne.

À partir des années quatre-vingt, en France et aux États-Unis, on retrouve cette idée que les règles privées, notamment le savoir-vivre, sont inadaptées et insuffisantes. Inadaptées, puisqu'elles se contentent d'exiger du fumeur qu'il respecte les autres, qu'il fasse en sorte de ne pas (trop) les gêner, mais qu'elles demandent aussi au non-fumeur de prendre son mal en patience, et finalement, de se plier de bonne grâce aux désirs et aux manies du plus grand nombre. Et même s'il en était autrement, ces règles paraîtraient insuffisantes – vu l'importance de l'enjeu. La sauvegarde de la santé publique exige en effet que l'État, totalitaire ou libéral, s'y intéresse, et qu'il intervienne de façon active : bref, qu'il impose ses propres règles à la place de celles que la société elle-même avait pu inventer.

Depuis les années soixante-dix, et en France, depuis la loi Veil du 9 juillet 1976, complétée par la loi Évin du 10 janvier 1992, ce sont les pouvoirs publics qui, dans cette même perspective sanitaire, ont donc pris le relais des règles de savoir-vivre.

L'élément central de l'arsenal législatif, formant le titre 5 du code de la santé publique, est constitué par l'article L. 3511-7, qui dispose qu'« il est interdit de fumer dans les lieux affectés à un usage collectif [...] et dans les moyens de transport collectifs, sauf dans les emplacements expressément réservés aux fumeurs ». Un décret du 29 mai 1992 précise que celui qui ne respecterait pas cette règle serait passible d'une amende d'un montant de 450 €.

On comprend d'emblée l'importance du changement. D'abord, la liberté de fumer n'est plus le principe : elle devient une exception, de plus en plus chichement mesurée. Par conséquent, on n'énumère plus, comme dans les manuels de politesse de l'ancien temps, les lieux où l'on ne doit pas fumer (ce qui suppose qu'on peut le faire ailleurs), on énonce un interdit général, qui dans certains pays, en Amérique ou en Europe, tend à être conçu de façon extensive, incluant les cafés, les restaurants, les rues, etc. L'impératif légal se substitue ainsi au jeu complexe et nuancé de la sociabilité : on n'a plus, côté fumeur, à demander l'autorisation, de même que, côté non-fumeur, on n'a plus à accepter ou à refuser, puisque la tabagie est, soit interdite, soit autorisée par la loi. Dans ce dernier cas, le fumeur aura spontanément tendance à ne plus demander la permission à ses voisins, lesquels n'auront qu'à aller voir ailleurs, et laisser les fumeurs tranquilles.

Pour ce qui est de la pratique de la politesse, la loi, autant qu'on puisse en juger, semble avoir eu des effets dévastateurs. De fait, on n'importune plus ses voisins, comme naguère, mais ce n'est point par politesse. C'est seulement parce que l'on y est contraint, par la peur du gendarme ou le regard réprobateur de ses auxiliaires potentiels. À l'inverse, on ne prend plus garde aux autres lorsqu'on est dans son droit : quand une loi existe, c'est à elle, et elle seule, que l'on aura tendance à se plier. En ce sens, là où elle s'impose, la loi risque parfois de tuer la politesse. Et même là où elle n'intervient pas directement, ou pas encore, dans la rue, les lieux privés, etc., elle n'est pas sans influencer les règles du savoir-vivre. Naguère, on était en principe libre de fumer à condition d'en avoir demandé l'autorisation, laquelle n'était qu'exceptionnellement refusée. « Aujourd'hui, notent les auteurs d'un *Guide de savoir-vivre* publié en 2003, on fume moins qu'autrefois, et c'est au fumeur de faire le sacrifice de sa cigarette face à ceux qui ne fument plus [...]. Si vous faites partie de ceux qui ne supportent pas l'odeur du tabac, éloignez-vous du fumeur en expliquant que le tabac vous donne des allergies respiratoires : s'il est poli, il éteindra sa cigarette [29]. » « Le fumeur, souligne encore Michel Gassé, s'abstiendra autant que possible de fumer [30]. »

L'évolution est encore plus sensible sur le point de savoir si on peut fumer à table. « En principe, non, à moins que les maîtres de maison n'en donnent eux-mêmes l'exemple », déclarait déjà Maurice d'Amécourt en 1983 : désormais, cet interdit semble presque unanimement acquis, au point d'être devenu une « règle incontournable : on ne doit pas fumer pendant la durée du repas. Pas de cigarettes à table [31] ! ».

Sur ce plan, Nadine de Rothschild donne le ton : dans les dernières éditions du *Bonheur de séduire, l'art de réussir*, lorsqu'elle évoque le tabac, c'est simplement pour expliquer à ses lecteurs comment savoir s'arrêter de fumer : « Les fumeurs, c'est vrai, ne respectent pas les non-fumeurs. Est-ce par manque de savoir-vivre ? Non, car ils sont soumis à un besoin qu'ils ne contrôlent plus[32]. »

Pour le reste, il est vrai, les guides de savoir-vivre récents reprennent sans les modifier les règles classiques. C'est ainsi que le fumeur, même lorsque la loi l'y autorise expressément, « demandera toujours la permission de fumer. Si elle lui est refusée, il devra se montrer beau joueur. Sans nuire à autrui, d'autres occasions de fumer se présenteront à lui »[33]. Mais cette superposition de règles est-elle tenable ? N'entraînera-t-elle pas le dépérissement ou la mutation de la plus faible ?

Où l'on se plaint du bruit

En 1929, voici ce que raconte le romancier René Dumesnil dans son *Supplément aux ridicules du temps :*

> J'ai un ami, un intime ami, juste de mon âge. Il habitait naguère (peut-on dire naguère, ou, déjà, faut-il dire jadis ?) une maison paisible. Ses voisins ont dû partir. [...] Ses anciens voisins partis, le hasard ou le diable emménagea juste au-dessus de sa tête un jeune couple pourvu de tous les agréments modernes, mais manquant totalement de politesse : ascenseur gardé au mépris le plus beau des autres locataires, tapis secoués à toute heure et par n'importe quelle fenêtre, TSF, bar, piano mécanique, chapeau vissé sur la tête quand on rencontre une femme dans le vestibule, siffler à tue-tête dans l'escalier ; de tous ces petits signes de la muflerie contemporaine, aucun ne leur fait défaut. Évidemment la TSF, le piano mécanique et l'auto ne sont point des exceptions : mais c'est la façon dont ces gens en usent qui est peu commune. Ils n'ont point d'heure pour ces choses, les pratiquent à leur caprice et comme s'ils prenaient à tâche d'ameuter la maison. Sortent-ils ? C'est à grands coups de trompe

et de klaxon, à grandes pétarades d'échappement libre. Rentrent-ils à onze heures du soir ? En avant la TSF. Le haut-parleur hurle dans la nuit, toutes fenêtres ouvertes. Fermez les vôtres, voisins, si l'on vous gêne ! Cet hiver, la jeune dame s'est mise en tête d'apprendre le banjo. [...] Une calamité. Elle chante, grattant les cordes pour s'accompagner. Elle chante d'une voix acide les plus ineptes refrains, tirés des « comédies musicales » les plus bêtes, les *Rose-Mary*, les *Obligado*, les *Show Boat* et autres musiques à l'usage des mélomanes hurons ou hottentots.

Mais mon ami a trouvé la parade. Il a fait emplette d'un phonographe du dernier modèle, et l'autre soir, au moment que la jeune bécasse commençait à gratter langoureusement son banjo [...], il lui a lâché d'un seul coup et sans crier gare les 600 exécutants de la *Messe en ré*, soli, chœurs, grandes orgues et orchestre du Staat Opéra de Berlin. Ah ! *Rose-Mary* n'a pas pesé lourd, je vous en réponds ! Les écluses de Beethoven ouvertes ont emporté comme fétu cette pauvre musique et fait sombrer du même coup le malheureux *Show Boat* !

La petite dame a tenté de recommencer. Mon ami, cette fois, l'a submergée sous le *Magnificat* de Bach. Les trompettes du vieux Cantor, allégrement, ont mis en fuite le professeur de banjo. Comme je le félicitai : J'ai tout un arsenal, m'a-t-il confié. Tiens, voici mes munitions. Tu peux voir qu'elles sont de gros calibre ! Et il a tiré de son armoire à disques la *Chevauchée des Walkyries*, la *Traversée du Feu* de Siegfried, les *Danses polovtsiennes* et les *Chœurs du Prince Igor*, et du Strauss, et du Stravinsky, la *Marche au Supplice* et la *Nuit au Sabbat* de la *Fantastique*, des enregistrements de grandes orgues, d'orchestres de balalaïki. Voilà pourtant la guerre allumée entre les deux étages. La joueuse de banjo s'est tue. Mais elle est humiliée. Que réserve-t-elle à mon ami ? Celui-ci ne dort plus tranquille[34].

L'anecdote n'est pas seulement caractéristique de la rupture majeure que représente, pour ceux qui les ont vécues, les suites de la guerre de 14-18. Elle cerne aussi les éléments d'un nouveau problème, jusqu'alors marginal, mais dont l'importance va peu à peu s'imposer comme une pénible évidence : le bruit. Le savoir-vivre contemporain n'ignore plus ce qui est devenu l'une des difficultés quotidiennes de la vie moderne, mais il s'avère souvent impuissant à faire respecter les interdits les plus sommaires, et l'on risque toujours une surenchère dans l'incivilité, qui dégénère parfois jusqu'à la guerre ouverte et à la violence physique, à coups de poing ou à coups de fusil. D'où la nécessité d'une prise en charge légale, certes insuffisante, mais qui n'en est pas moins, dans certains cas, le seul moyen de donner un peu de consistance au principe qui commande de respecter autrui.

La politesse réduite au silence

Au cours du XIXe siècle, le bruit commence à être pris en compte par le savoir-vivre. Mais il l'est essentiellement sur un mode négatif, à travers la valorisation du silence, de la discrétion et de la capacité à contrôler sa voix. Contrairement au « peuple », qui continue d'affectionner toutes sortes de pratiques bruyantes et qui manifeste de façon sonore ses joies et ses peines, « les élites, observe l'historien Jean-Pierre Gutton, savent de mieux en mieux ne pas hausser la voix, parler bas, ne jamais crier, et elles imposent cette règle à leur entourage : aux enfants, par exemple, à qui l'on apprend à ne pas parler à table, ou aux domestiques. Bourgeois et aristocrates, de même qu'ils apprennent à se désodoriser, commencent alors à se "désonoriser", cet apprentissage de la discrétion étant conçu comme un pas supplémentaire dans la civilisation des mœurs, dans la maîtrise des corps et des passions. Comme un moyen, aussi, de se reconnaître entre personnes du même monde et de prendre ses distances avec les "couches populaires"[35] ». Savoir se tenir signifie donc savoir se taire, et plus généralement, éviter d'être bruyant, par soi-même, ou à travers les êtres et les choses qui dépendent de soi.

Au XIXe siècle, cependant, c'est surtout l'odeur qui paraît stigmatisée dans le discours médical, scientifique ou journalistique[36] ; quant aux bruits que l'on met en accusation, ce sont pour l'essentiel les bruits industriels, beaucoup plus que ceux que sont susceptibles de produire des voisins ou des particuliers indélicats. Dans ce monde sans voitures, sans tondeuses ni perceuses, sans radio ni télévision, sans électrophones et sans téléphones, bref, dans ce monde où les moyens mécaniques de gêner autrui en produisant du bruit n'existent pas encore, le problème ne peut avoir qu'une acuité réduite. À l'époque, ce sont surtout des écrivains aux nerfs fragiles, de Flaubert à Huysmans et à Proust, qui semblent en souffrir, et s'en plaindre – avec une vivacité qui, rétrospectivement, au regard des conditions ordinaires de la vie contemporaine, paraît d'ailleurs passablement disproportionnée.

Sur ce plan, ce sont (une fois de plus) les frères Goncourt qui remportent la palme, leur horreur du bruit constituant l'un des fils d'Ariane de leur célèbre *Journal.* Le ton est donné dans une note du 5 février 1868 : « Sous l'agacement du bruit, il arrive une espèce de maladie nerveuse de l'oreille. L'acuité de la perception devient douloureusement infinie ; elle ne souffre pas seulement du bruit, mais de la prévision et de l'attente du bruit ; et le bruit fait, elle souffre de ce qu'il est si long à mourir dans les ondes sonores. » Cette souffrance peut résulter de n'importe quel bruit – y compris, de « la musique après dîner » (août 1866) ; mais c'est en ville qu'elle s'avère la moins supportable, au point que les deux frères décident de quitter la capitale pour Auteuil, faubourg résidentiel où ils espèrent jouir, enfin, du calme. En vain. « Pour nous qui fuyons le bruit de Paris, il y a le bruit d'un cheval dans la maison de droite, le bruit d'enfants dans la maison de gauche », se plaignent-ils dès le lendemain de l'emménagement (septembre 1868). « Le bruit ! Toujours le bruit ! Ça a l'air d'une persécution personnelle », ajoutent-ils le jour suivant. Même dérisoire, le bruit peut tourner à l'obsession paranoïaque, et faire haïr ceux qui le produisent sans se soucier du repos des autres : en l'occurrence, « outre un cheval dans notre mur de gauche, cinq enfants du midi perpétuellement criant ou pleurant dans le jardin, à notre gauche ! » (avril 1869). Des enfants que les Goncourt vont bientôt prendre en grippe : « Depuis sept heures du matin jusqu'à neuf heures du soir, le bruit de cinq méridionaux, la criaillerie pénétrante, torturante, les pleurs hurlants de trois petites filles, nous [chassent] de notre jardin, de nos salons, de tout le frais de notre maison » (mai 1869), – et les obligent à s'en aller dormir à l'hôtel, à Passy, ou, dans la journée, à s'étendre sur les gazons du bois de Boulogne, « comme des malheureux qui n'ont pas de domicile » (juillet 1868). Un cheval, des enfants : le cauchemar, on le voit, reste encore assez mesuré.

Soixante-dix ans plus tard, les plaintes de Paul Léautaud paraissent autrement fondées. Dans une lettre adressée le 30 mai 1937 au maire de Fontenay-aux-Roses, l'écrivain se plaint des abus de la TSF : la rue où j'habite, écrit-il, « commence, comme elle l'a été tout l'été dernier, à être inhabitable, journées et soirées, par les excès de sons auxquels se livrent les habitants de certains pavillons qui non seulement font marcher leur appareil au plus haut diapason, mais encore en tenant leurs fenêtres toutes grandes ouvertes, ou en plaçant même ledit appareil dans leur jardin. La liberté, vous le savez, c'est le droit pour chacun de faire ce qui lui plaît jusqu'à la limite du droit d'autrui »[37]. Toutefois, ce n'est qu'à partir des années cinquante, qui voient se démocratiser jusqu'à saturation les appareils sonores en tout genre, que le problème prend une ampleur socialement préoccupante.

Préoccupante, parce que le bruit touche désormais tout le monde. En 1948, un sondage révèle que 23 % des personnes interrogées se sentent gênées, d'une manière ou d'une autre, par des bruits excessifs[38]. La question paraît déjà suffisamment grave pour que la presse s'en empare, et pour qu'un magazine grand public comme *Fémina pratique* lui consacre, dans son numéro d'octobre 1953, un long dossier, suite à la lettre exaspérée d'une lectrice. « Notre époque, reconnaît la journaliste chargée du dossier, est caractérisée par une augmentation très forte des bruits qui nous entourent, les sirènes des usines et leurs moteurs, le vacarme de l'autobus ou du camion qui dévale notre rue, le changement de vitesse des automobiles et leurs avertisseurs, la pétarade des motocyclettes, la TSF des voisins (et la nôtre d'ailleurs), le ronronnement de l'aspirateur de la dame du troisième, tout cela remplace désavantageusement, si j'ose dire, les gammes de la jeune pianiste ou les vocalises de Mimi Pinson dont se plaignaient nos grands-parents. Et parallèlement à cette recrudescence sonore, notre protection contre les bruits est allée s'amenuisant[39]. » Depuis, les choses n'ont fait qu'empirer, avec cette précision que le bruit touche en priorité l'habitat populaire et les milieux défavorisés, où il risque encore plus facilement qu'ailleurs de dégénérer.

Ainsi, le bruit heurte de front les règles et les objectifs élémentaires de la politesse : respect d'autrui, et spécialement des plus faibles, renoncement à faire passer son plaisir personnel, sa jouissance propre, avant le bien-être des autres, neutralisation de la violence physique, maîtrise du corps, des passions et des émotions, répudiation de toute forme de débordement. Il manifeste au plus haut point l'affirmation de l'égoïsme, et au-delà, comme le note Jean-Michel Delacomptée, « la dégradation croissante du lien social ». C'est d'ailleurs pour cela que ce bruit proliférant paraît peu susceptible d'être régulé par les seuls préceptes du savoir-vivre : parce que ceux qui le produisent ne sont guère accessibles à ses recommandations ; violant ouvertement les règles de politesse, ils manifestent qu'ils ne leur accordent aucune importance. Non content de heurter violemment le savoir-vivre, le bruit le nargue.

En fait, le savoir-vivre n'est jamais parvenu à sanctionner le bruit en général. Du XIXe siècle à nos jours, les manuels de bonnes manières, quand ils l'abordent, n'envisagent le problème que de façon sommaire, – comme s'il s'agissait d'une évidence qui ne mérite pas d'être mentionnée, ou d'un phénomène trop marginal pour que l'on ait à en parler. Ainsi, Paul Reboux, lorsqu'il évoque, dans son *Nouveau savoir-vivre*, « le phono, la TSF et la bienséance », ne parle à aucun moment du bruit excessif qu'il importe d'éviter à ses voisins ou à ses invités. Quelques années plus tard, Liselotte, dans son *Guide des convenances*, se contente de rappeler que « parler très fort n'est ni distingué ni discret. On impose ainsi ce qu'on dit à tout le monde au risque de l'ennuyer »[40]. Paru en 1971, alors que l'on commence à se préoccuper du problème, le *Guide du nouveau savoir-vivre* de Raymond Lindon constitue à cet égard l'une des rares exceptions. L'auteur convient ainsi que le bruit est, « en notre temps, l'ennemi numéro 1. [...]

Partout, il suffit de mettre une pièce de monnaie dont la fente d'un juke-box pour avoir un rock qui dure dix minutes ; mais en certains endroits, il faut payer le double pour immobiliser l'appareil pendant le même temps. Nous vivons dans une civilisation où le silence est frappé d'une taxe de luxe. Alors, la grande règle, en matière de bruit, c'est de l'épargner à ses semblables ». De là, un certain nombre de préceptes, que Lindon décline avec ironie : « Si vous faites une rencontre dans le métro et que vous êtes assis à côté de l'autre, il y a pas d'objection à ce que vous conversiez, en articulant bien ; mais si vous êtes assis l'un en face de l'autre, alors, de grâce, ne parlez qu'aux arrêts de stations. De même, le bruit des trains n'est pas gênant [...]. Mais les jacassements qui le recouvrent sont horripilants. Qu'un homme monte à Strasbourg dans un compartiment où il y a cinq autres hommes, il arrivera à Paris sans qu'une parole ait été échangée [...]. Mais s'il voyage avec cinq dames qui, au départ, ne se connaissaient pas, il y a de grandes chances pour qu'avant Bar-le-Duc, il sache combien chacune a d'enfant, quels sont leurs ennuis domestiques, leurs préférences en matière de villégiature, la nature des opérations qu'elles ont subies ou des régimes qu'elles doivent observer, leurs opinions sur les vedettes de la télévision, et, à l'exception de leur âge, toute leur existence »[41]. Toutefois, même si des règles, assez informelles, existent bien, les sanctions susceptibles d'être infligées à ceux qui les transgressent apparaissent problématiques – notamment, on vient de le noter, parce que ceux qui s'en rendent coupables au point d'importuner sérieusement leurs voisins sont généralement peu sensibles aux sanctions relevant du savoir-vivre.

Lorsque votre voisin (de palier, de compartiment, de rame, de plage, etc.) est bruyant, et qu'il refuse obstinément de déférer à vos demandes, si polies ou si fermes soient-elles, il ne reste en somme que trois échappatoires. La première consiste à se taire, à serrer les dents, et à supporter stoïquement les incivilités – quitte à se répandre en injures, plus tard, contre le butor en question. La deuxième solution, parfois tentante, est celle de la riposte – qui ira, en l'occurrence, du coup de balai frappé au mur, au plafond ou au plancher, jusqu'à la production d'un bruit encore plus dérangeant que celui que font les coupables. Mais on sort alors du savoir-vivre, puisque celui-ci n'autorise pas une réponse qui se ramène à une violation délibérée de ses propres règles. Il n'y a pas de légitime défense en matière de bonnes manières, et il sera toujours impoli de se montrer mal élevé avec un grossier personnage, même lorsque ce dernier a commencé les hostilités. La troisième solution paraît donc, à cet égard, la plus satisfaisante. Elle consiste, après avoir essayé en vain de rester sur le terrain de la courtoisie, à saisir le juge pour qu'il fasse respecter une règle qui, par ailleurs, est aussi une norme juridique.

Les insuffisances du droit

À vrai dire, il faut nuancer d'emblée ce qu'on en a dit plus haut : le législateur ne s'est jamais totalement désintéressé de la question, et dès le XIXe siècle, il met en place deux types de dispositions.

D'une part, des règles civiles permettent de mettre en cause la responsabilité pécuniaire de ceux qui causent une gêne et d'assurer une réparation à leur victime, dès lors que le bruit en question excède les « charges normales du voisinage » – comme dans cette affaire où la cour avait reconnu le « bruit épouvantable » causé par des enfants « à toutes heures et par tous les temps », au point de s'entendre de la maison voisine « toutes portes et fenêtres fermées »[42].

À cela s'ajoutent, d'autre part, des règles pénales visant à réprimer les bruits manifestement abusifs susceptibles de « perturber la tranquillité publique », le Code pénal de 1810, dans son article 479, qualifiant déjà de contravention de 3e classe les « bruits ou tapages injurieux ou nocturnes, troublant la tranquillité des habitants ».

Toutefois, les juridictions répressives hésiteront longtemps sur le parti à prendre en la matière. Alors que certaines décisions manifestent une indéniable sévérité, comme celle, sous le second Empire, qui juge que la contravention existe dès lors que le prévenu a fait du bruit pendant la nuit « sans qu'il y ait lieu à examiner si ce bruit a été plus ou moins bruyant, ni à tenir compte de ce que personne ne s'est plaint[43] », d'autres traduisent une certaine mansuétude à l'égard des coupables. Ainsi, les bruits produits par un particulier à son domicile sont considérés en général comme manifestant l'exercice d'un droit, celui de jouir pleinement de sa propriété. Ces hésitations de la jurisprudence démontrent d'ailleurs, à elles seules, le caractère encore assez marginal du problème.

Ce n'est que progressivement – la question du bruit devenant de plus en plus sensible –, que les juridictions pénales vont durcir leur position, et accepter, notamment, de sanctionner les bruits excessifs produits par un particulier à son domicile. Un arrêt de la chambre criminelle de 1928 confirme ainsi la condamnation d'une personne à qui l'on reprochait d'avoir organisé chez elle une soirée dansante excessivement bruyante, avec « jazz-band » et accessoires, sans se soucier le moins du monde de la gêne occasionnée.

Du côté des pouvoirs publics, on commence aussi à réagir : en 1950 est adoptée une ordonnance préfectorale sur le bruit dont l'article 1er dispose que « sont interdits tous bruits causés sans nécessité ou dus à un défaut de précautions et de nature à troubler le repos ou la tranquillité des habitants ». Parmi les règles énoncées, figure celle qui précise que la période pendant laquelle on a légalement droit au repos est comprise entre 22 heures et 7 heures du matin, sauf les samedis, dimanches et jours de fêtes, où elle ne commence qu'à 23 heures. « Vous pouvez demander à un agent de venir constater une infraction à l'ordonnance sur le bruit. Il est tenu de le faire, mais si c'est un bruit intérieur (TSF, danses trop bruyantes, etc.) il doit téléphoner au commissariat de police qui enverra un cycliste », explique à l'époque la rédactrice de *Fémina pratique*[44].

Pourtant, ces moyens sont loin d'être à la hauteur d'un problème de plus en plus envahissant. En 1961, ce ne sont pas moins de 50 % des sondés qui se plaignent de la gêne occasionnée par le bruit, un chiffre qui ne cesse d'augmenter durant les années suivantes. À Paris, un Bureau des nuisances est créé à la préfecture de police en novembre 1971. Au cours de ses trois premières années d'existence, il ne recevra pas moins de 4 700 plaintes pour bruits domestiques ou de voisinage...

En 1971, on institue également un ministère de l'Environnement, devenu en 1974 ministère de la Qualité de la vie. Les pouvoirs publics, au plus haut niveau, ne peuvent plus négliger la question, ni l'abandonner aux seuls préceptes d'un savoir-vivre qui, à cette époque, dans le prolongement de Mai 68, se trouve très largement battu en brèche.

C'est donc à partir des années 1970 que le bruit tend à être progressivement saisi par le droit, celui-ci sanctionnant des infractions qui constituent également, au fond, des atteintes aux règles du savoir-vivre. Ainsi, le 4 février 1970, la Chambre criminelle de la Cour de cassation confirme la condamnation d'une dame qui s'était rendue coupable à deux reprises, entre 21 heures et 23 heures, de bruits « volontairement et malicieusement causés dans le but évident de troubler la tranquillité de la famille » habitant l'appartement en dessous. « À notre époque, avait déjà jugé la cour d'appel, où la population est concentrée dans des immeubles collectifs et de grands ensembles, les habitants doivent être protégés contre les bruits, intolérables pour eux, résultant d'actes personnels et volontaires des colocataires ou des copropriétaires[45]. » Peu importe, estiment désormais les juridictions répressives, qu'ait été troublée la tranquillité d'une seule personne, peu importe même qu'un seul individu, et non plusieurs, soit à l'origine du tapage intempestif, ou que celui-ci ait été produit à l'intérieur d'un même immeuble, au domicile du coupable. Sanctionnant un certain mépris d'autrui, de son repos et son bien-être, la contravention pour tapage nocturne est constituée dès lors que celui-ci résulte d'agissements personnels et volontaires, l'auteur du tapage ayant eu conscience du trouble causé au voisinage et n'ayant pris aucune mesure pour y remédier.

À ce raidissement de la jurisprudence correspond d'ailleurs un développement sensible de la législation répressive. Ainsi le nouveau Code pénal prévoit-il que les personnes coupables de tapage nocturne ou injurieux encourent, outre les amendes normales, « la peine complémentaire de confiscation de la chose qui a servi ou était destinée à commettre l'infraction » (R. 623-2). Le téléspectateur indélicat, le joueur de batterie noctambule, le champion de claquettes insomniaque pourront ainsi se voir priver de ce qui leur permettait d'empoisonner la vie du voisinage ; le problème demeure cependant entier pour les amateurs d'exploits érotiques tapageurs...

Toutefois, à notre époque, où 100 000 plaintes sont déposées tous les ans contre des agressions sonores et où le bruit tend à être perçu comme la première cause de nuisance quotidienne par 54 % des Français, ce type de réponse, normative et jurisprudentielle, continue de sembler dérisoire. Dans ce domaine où les agissements gênants sont à la fois trop nombreux pour ne pas échapper aux filets grossiers de la loi et souvent trop infimes pour justifier une répression sérieuse, ce n'est que d'un renouveau de la politesse que l'on pourrait espérer une amélioration significative...

Où l'on s'intéresse au sport

Jusqu'à la fin du XVIIIe siècle, on ignore en France le sport au sens moderne du terme. Les activités physiques auxquelles on se livre, la chasse, l'équitation, l'escrime, ne sont pas conçues comme des sports, avec ce que cela implique de ludique et de désintéressé, mais plutôt comme des exercices présentant une utilité pratique ou mondaine immédiate : des entraînements. En définitive, si le mot est relativement nouveau, n'étant largement employé qu'à partir du dernier quart du XIXe siècle, la chose qu'il désigne n'est pas beaucoup plus ancienne. En France, ce n'est qu'autour de 1850 que se développent les premières sociétés d'aviron ; le premier club de golf est créé à Pau en 1856, le premier club de tennis à Dinard en 1878, le premier club de football au Havre en 1891. C'est à l'initiative de lycéens parisiens que l'on doit la fondation, en 1882 et 1883, du Racing club de France et du Stade français – les sports demeurant longtemps réservés à une petite élite fortunée, celle qui a les moyens et le temps nécessaires pour les pratiquer. Et il faut attendre le XXe siècle, les lendemains de la Première Guerre mondiale et surtout, la seconde moitié du siècle, pour assister à une véritable « démocratisation » des activités sportives et de l'intérêt qu'elles suscitent auprès des masses.

En ce qui concerne le savoir-vivre, on devine les conséquences de ce développement tardif : les sports, et tout particulièrement, les plus récents, semblent échapper pour l'essentiel à l'emprise de la politesse, et les manuels de bonnes manières du XIXe siècle, si minutieusement détaillés sur d'autres plans, persistent à ignorer superbement ce type d'activité, considérant sans doute, et peut-être à juste titre, que les aristocrates et les grands bourgeois qui se livrent à ce genre de plaisirs le font en respectant les préceptes auxquels ils sont accoutumés à se plier dans la vie de tous les jours.

Plus étonnant, ce désintérêt va résister à l'émergence du sport de masse, après la Deuxième Guerre mondiale. Ainsi, par exemple, *Le Guide des convenances* de Liselotte, dans son édition de 1917, après avoir noté la multiplication des sociétés sportives, se borne à énumérer quelques sports à la mode, évoquant le polo, le football, le tennis, pêle-mêle avec d'autres beaucoup plus improbables, comme le bull board, le rounders ou le spira pole. Mais dans son édition de 1950, alors que la révolution sportive a bien eu lieu, Liselotte ne se montre pas beaucoup plus diserte : si elle reconnaît que « les sports connaissent aujourd'hui une vogue universelle », elle ne se préoccupe que de leur degré d'« élégance », c'est-à-dire, de ce qu'il y a en eux de plus étranger au sport : précisant ainsi qu'il existe aujourd'hui des clubs de tennis « extrêmement élégants », que « l'aviron est un sport élégant », ou que « monter à cheval a toujours été un plaisir extrêmement élégant et distingué »[46], comme le montre du reste la tenue des cavaliers, à laquelle Liselotte consacre un long développement. Certains manuels plus récents n'en parlent même pas, d'autres, comme celui de Jacques Gandouin, paru au début des années 1970, continuent à ne mentionner, en fait de sports, que le ski, l'aviation, l'équitation, la chasse à tir et la chasse à courre...

Cette distance paraît de nos jours d'autant plus étrange que la pratique des sports, et surtout, leur massification, suscite un nombre considérable d'atteintes aux préceptes du savoir-vivre. Le premier cas recensé de « hooliganisme » remonterait à 1909, lors de la finale de la coupe d'Écosse de football opposant les Celtics aux Rangers. Mais depuis, les problèmes se sont développés en proportion : violences entre joueurs ou spectateurs, insultes, obscénités, comportements discourtois sont le lot quotidien des activités sportives. Comment expliquer, alors, la persistance de ce décalage ? Celle-ci résulte peut-être du fait que le savoir-vivre traditionnel a été, en la matière, comme absorbé et combiné avec un savoir-vivre spécifique aux activités sportives, l'un et l'autre se trouvant d'ailleurs codifiés, et le cas échéant, sanctionnés, par les instances sportives. Quant à ces dernières, elles sont placées sous le contrôle des pouvoirs publics – qui vont se montrer d'autant plus vigilants qu'ils considèrent le sport comme un service public à part entière, une véritable affaire d'État...

Du marquis de Queensbury à Zinedine Zidane

L'homme en blanc paraît impassible ; on le voit faire quelques pas vers le ballon, puis se retourner, tout en souplesse, s'avancer vers le joueur en bleu qui se trouvait derrière lui, et, toujours sans un mot, lui décocher un terrible coup de tête dans le plexus ; devant des centaines de millions de téléspectateurs médusés, le 9 juillet 2006, Matterazzi s'effondre comme un pantin sur la pelouse du Berliner Stadium, tandis que Zidane recule, et dénoue son brassard de capitaine. Dans un silence de mort, il vient, involontairement, de remettre en avant le lien, complexe mais nécessaire, entre sport et politesse.

Quel que soit le sport que l'on pratique, « il va de soi », observait René Lefebvre en 1952, que « les principes généraux du savoir-vivre demeurent à l'honneur »[47]. Qu'ils soient effectivement respectés est une autre affaire : en tout cas, ils sont fermement rappelés par l'ensemble des fédérations, et sévèrement sanctionnés[48]. Ce respect du savoir-vivre est d'ailleurs minutieusement justifié par les instances de certains sports, comme la Fédération française de football, qui se livre à cet exercice d'explicitation, d'incitation et de pédagogie dans une « charte éthique » dont le préambule insiste sur la nécessaire exemplarité du football. Les préceptes que la charte développe ensuite se ramènent aux fondamentaux de la politesse classique – appliqués à une activité qui, au même titre que la vie sociale, doit se caractériser par son « pacifisme » : « L'adversaire n'est pas l'ennemi, il est le partenaire indispensable. Même si on joue contre lui, en fait on joue avec lui. On joue pour gagner, mais on doit se rappeler que la victoire est éphémère, voire dérisoire au regard de la poignée de main, de l'échange des maillots, du pot d'après match. » De là, un certain nombre de recommandations – par exemple, visant à « instituer des protocoles de rencontres sportives exprimant, par la courtoisie, la reconnaissance du rôle de chacun »[49].

Parallèlement au savoir-vivre *dans* le sport, ce que l'on peut appeler le savoir-vivre *du* sport réunit des règles générales, valables pour l'ensemble des activités sportives, et des bienséances particulières, propres à certains sports souvent perçus comme socialement connotés.

Dans tout sport, les règles constitutives et le fair-play dans leur application ont une importance de premier ordre.

Les premières, qualifiées de règles du jeu, ont en effet pour fonction de « constituer » la discipline sportive qu'elles organisent. « L'ancienneté et leur relative stabilité, note Gérald Simon, sont les caractéristiques communes à ces règles, ce qui leur confère un rang particulier les faisant regarder comme des principes fondamentaux de la discipline[50] », c'est-à-dire, comme ce qui la distingue des autres sports. C'est ainsi que le football obéit depuis sa création à dix-sept « lois du jeu », que le rugby a vu ses règles codifiées entre 1846 et 1877, ou que la boxe anglaise demeure régie par les douze règles établies en 1865 par le marquis de Queensbury. Ces règles doivent donc faire l'objet d'un respect de tous les instants. Le sport, souligne par exemple la charte éthique du football, « est un jeu défini par des règles, sans lesquelles il n'est pas de compétition sincère. Le respect absolu de la règle est la condition de l'égalité des chances entre les compétiteurs et peut, seul, garantir qu'à l'arrivée, le résultat se fonde uniquement sur la valeur. Le respect de la règle doit être recherché non seulement dans sa lettre, mais aussi dans son esprit : c'est la "déontologie" du sportif ».

Au-delà des techniques propres à chaque sport, notait Emily Post dans son incontournable *Blue Book of Social Usage*, l'étiquette, ou plus exactement, les principes de base de la sportivité sont les mêmes. Le premier impératif en la matière, rappelle Miss Post, est de savoir montrer bonne figure, et de prendre les choses, victoires ou défaites, avec une grâce et une humeur constantes. Un autre consiste à ne pas se dévaloriser soi-même, publiquement et ostensiblement, avant un match ou une partie, à seule fin de déconcerter l'adversaire ou de susciter la surprise admirative des spectateurs. Notons au passage que l'attitude inverse – les fanfaronnades, vantardises et rodomontades d'avant match – est tout aussi malvenue, et encore plus ridicule.

Par ailleurs, dans certains sports « socialement connotés », escrime, tennis, polo, golf, équitation, l'accent est volontairement mis sur l'étiquette : de là, une bienséance particulière, n'existant pas ailleurs, ou du moins, beaucoup plus présente que dans les autres sports.

Le tennis insiste ainsi sur la courtoisie qui doit régner entre les adversaires, non seulement à l'issue de la partie, où elle se manifeste par la poignée de main qu'ils échangent, mais également au cours du jeu – par exemple, par l'obligation, en cas d'absence d'arbitre, de céder à l'autre le bénéfice d'un point en cas de doute : dans un match en double sans arbitre, « si le joueur et son partenaire ne s'entendent pas pour déterminer si la balle des adversaires était bonne ou non, ils doivent l'appeler bonne. Il est plus important d'accorder à ses adversaires le bénéfice du doute que d'essayer de ne pas frustrer son partenaire. La façon la plus subtile de procéder est de dire discrètement à son partenaire qu'il a commis une erreur et de le laisser corriger son appel lui-même[51] ».

Ce type de précepte apparaît particulièrement décisif dans le golf – qui est du reste la seule activité sportive à faire l'objet d'un paragraphe entier dans le fameux *Blue Book* d'Emily Post, et à susciter la parution régulière d'ouvrages exclusivement consacrés à l'étiquette et à la bienséance. Le golf, déclarent ainsi les porte-parole d'un grand club américain, n'est pas un sport anarchique. Et de fait, les auteurs spécialisés, les instances responsables et les clubs insistent unanimement sur ce point, décrit comme « la règle d'or » de ce sport, et qui paraît à certains égards presque plus important que les performances que l'on peut y accomplir : en 1904, Emily Holt déclarait déjà qu'« un golfeur peut être trop peu ambitieux pour apprendre à bien jouer, trop indolent pour posséder toutes les règles de ce jeu, du moins l'étiquette du parcours ne saurait-elle être oubliée ou négligée, et celui ou celle qui, par ignorance ou par égoïsme, y manque à la courtoisie, est certain d'être aussi unanimement condamné que celui qui se montrerait grossier dans le salon d'une dame »[52].

« Du premier au dernier jour de votre vie de golfeur, confirme de nos jours un site Internet américain, respectez l'étiquette. Enseignez-la à ceux qui ne la connaissent pas, et rappelez-la à ceux qui l'oublient. » L'étiquette « est un ensemble de conseils de savoir-vivre et de sécurité sur le parcours. Ne pas les observer [...] marque de façon indélébile le golfeur sur le parcours. C'est son respect qui fait la grandeur universelle du golf ». Plus encore, assure l'un des grands prêtres de l'étiquette golfistique, Jim Corbett, elle serait au fond ce qui distingue le golf de tous les autres sports.

Cette étiquette omniprésente vient en partie du caractère sociologiquement marqué de ce sport, encore réservé à des milieux familiers de ce genre de règles – et au-delà, du snobisme qui l'a toujours caractérisé, comme le déplorait déjà la duchesse de Gramont dans son ouvrage sur le golf paru en 1930, où elle stigmatisait ces joueurs qui « s'imaginent que faire partie d'un club de golf les investit d'une noble supériorité, les assimile à l'élite et les distingue du reste de l'humanité »[53].

Cet aspect un peu particulier de l'étiquette du golf – où l'on retrouve certains éléments évoqués plus haut à propos des persistances sociales du savoir-vivre – s'est longtemps traduit par des exigences et des interdits vestimentaires pointilleux – si impératifs que même des personnalités prestigieuses ne parvenaient pas à y déroger. On raconte ainsi que le général Eisenhower, membre du Golf Club d'Augusta, en Géorgie, avait été nommé à une fonction administrative quelconque au sein du club, ce qui impliquait la réalisation d'un portrait officiel destiné au « club house », le local où se retrouvent les membres. Mais il fallait pour cela poser dans la tenue réservée aux membres du club, une veste vert gazon du plus bel effet. Le général, soucieux de son prestige, exigeait quant à lui de poser en grand uniforme de commandant en chef de l'armée américaine, avec toutes ses décorations ; les autorités du club refusèrent, et après plusieurs mois de tractations, ce fut le général, futur président des États-Unis, qui finit par céder[54]. De nos jours, de même, la plupart des clubs de golf continuent d'interdire les tenues un tant soit peu négligées, et notamment, pour les femmes, les vêtements laissant la gorge, les épaules ou le dos découverts : si l'on pénètre désormais quasiment torse nu dans les églises et les palais nationaux, on s'habille pour entrer sur un parcours de golf, sous peine d'expulsion immédiate.

Mais l'omniprésence de l'étiquette tient aussi à la structure même du jeu et, en particulier, au fait que celui-ci se déroule en continu sur un parcours unique, commun à tous les joueurs, et relativement fragile. Alors qu'au tennis, au football ou en athlétisme, les usagers d'un court, d'un terrain ou d'une piste n'influencent en rien le jeu ou les performances des suivants, au golf, au contraire, les joueurs doivent tenir compte des autres golfeurs engagés après eux sur le parcours, et du terrain lui-même.

De là, une courtoisie obligatoire parce que nécessaire, qui se modèle sur le parcours, du point de départ (le tertre d'où le golfeur armé de son club frappe sa première balle) jusqu'au point d'arrivée (le « green », périmètre de gazon ras au centre duquel se trouve le trou, signalé par un drapeau, où il devra faire entrer sa balle à l'aide d'un club spécifique, le « putter »).

Pour commencer, le golfeur devra s'assurer que personne ne risque d'être frappé par le club, la balle, ou par des cailloux, des branches ou tout autre objet qu'il pourrait soulever dans son élan. Règnent alors une immobilité et un silence religieux : nul ne doit bouger, parler ou se tenir à proximité de la balle lorsque le golfeur prépare son coup puis la frappe. Celui-ci ne joue pas tant qu'il risque d'atteindre les joueurs qui le précèdent, ou toute personne qui passerait sur sa trajectoire. Si sa balle partait accidentellement en direction de quelqu'un, il devrait l'en avertir en criant « balle ! » ou « fore ! », afin que la personne menacée puisse se protéger. C'est d'ailleurs l'unique hypothèse où il est permis de hausser la voix : en temps ordinaire, on ne parle pas, ou très bas et le moins possible.

Sur le parcours, le golfeur doit respecter des règles de priorité relativement complexes. Ainsi, sauf règlement local contraire, un groupe de deux joueurs aura préséance sur un groupe de trois ou quatre, lesquels doivent inviter les premiers à passer devant, à moins qu'ils ne jouent une partie complète et que les autres en jouent une plus courte. Un joueur seul, en revanche, doit céder la place à un groupe. Les trous, numérotés de 1 à 18, se jouent dans l'ordre : il est interdit de couper le parcours si quelqu'un se trouve sur le trou précédent.

La vitesse de jeu a toujours constitué le point central du savoir-vivre du golfeur : celui-ci doit jouer aussi vite que possible, ne pas réfléchir trop longtemps à ses coups au détriment des suivants (les règles autorisent quarante secondes), quitter immédiatement le green une fois la balle rentrée, ou faire signe aux golfeurs qui le suivent de passer devant, lorsqu'il a égaré sa balle sur le parcours et qu'il estime que la recherche pourrait se prolonger. Un joueur ou un groupe de joueurs lents ou inexpérimentés suivis par des golfeurs nettement plus rapides seraient bien venus de leur proposer de passer devant ; mais s'ils manquaient de leur manifester cette marque de courtoisie, ces derniers pourraient leur demander la permission de les dépasser, permission qu'il serait extrêmement impoli de leur refuser[55].

Autre point essentiel : chaque joueur devra prendre soin du parcours – afin de ne pas le rendre impraticable pour les suivants. Dans un « bunker », par exemple – obstacle de sable non gazonné destinés à corser le jeu, puisque le malchanceux dont la balle y tombe devra tenter de l'en extraire –, l'étiquette exige que le joueur veille, au moment de le quitter, à niveler le sable et à effacer toute trace de son passage. De même, sur la partie entretenue et tondue du parcours, le joueur devra replacer les « escalopes d'herbe » arrachées par ses clubs. Sur les greens, enfin, qui sont les surfaces les plus fragiles du parcours, il est interdit d'abîmer le terrain en y faisant des trous, des creux ou des bosses. En l'occurrence, le savoir-vivre du sport conditionne la pratique même de ce dernier : d'où, l'importance (apparemment) démesurée qui est la sienne.

Une affaire d'État

Le sport, en se démocratisant puis en devenant un fait social de première grandeur, a acquis le caractère d'un service public – reconnu explicitement par les juridictions depuis les années 1970. De là, le rôle particulier confié aux instances sportives, et notamment aux fédérations, mais aussi, le rôle éminent que se sont attribué les pouvoirs publics, tant en matière de contrôle que de sanction. Le savoir-vivre et le fair-play ne suffisent plus.

À la fin du XIXe siècle, avant que ne s'amorce la « révolution du sport », les différentes activités sportives se trouvaient regroupées au sein d'un unique groupement, créé en 1889 à l'initiative du Racing club et du Stade français, l'Union des sociétés françaises de sports athlétiques (USFSA). Celle-ci gérait, de loin, des activités sportives encore exclusivement pratiquées par des amateurs issus le plus souvent de la bourgeoisie aisée – au grand dam de Coubertin, qui déclarait en 1889 que les sports ne devaient pas rester « le monopole des riches et des fainéants »[56]. Ce n'est qu'un quart de siècle plus tard, alors que débute la massification du sport, que l'unité éclate. La Fédération française de football est la première à prendre son indépendance, en 1919, mais dès l'année suivante l'USFSA disparaît, remplacée par des fédérations consacrées à un sport unique.

Depuis, la reconnaissance officielle de ces fédérations chargées par l'État d'assurer et d'encadrer le service public du sport, en a fait les premières régulatrices de cette activité. Ce sont elles qui énoncent les normes essentielles, elles aussi qui punissent ceux de leurs membres qui y contreviennent, exerçant sur ces derniers une « justice privée » habilitée par la puissance étatique – laquelle d'ailleurs, en cas de contestation, un contrôle de ces décisions disciplinaires.

Or, parmi les fautes susceptibles d'être ainsi sanctionnées, figurent en bonne place les atteintes, plus ou moins graves, au savoir-vivre du sport, quand ce n'est pas au savoir-vivre tout court : c'est ainsi que les très officielles « lois du golf » précisent, dans leur article 33-7, qu'un joueur coupable, sur le parcours, d'un manquement sérieux à l'étiquette, encourt la disqualification. Mais ce type d'infraction, et les sanctions qui l'accompagnent, se retrouvent dans tous les sports, qui ne sauraient admettre, ni se permettre, des atteintes frontales à l'autorité des arbitres ou au fair-play.

Les observateurs constatent du reste l'efficacité du dispositif répressif fédéral, la plupart des sentences prononcées étant exécutées de bonne grâce par les intéressés, et la proportion des décisions contestées s'avérant finalement dérisoire. Lorsque qu'il y a litige sur une sanction, les juridictions étatiques sont saisies par la personne sanctionnée ; or, si ces juridictions refusent de se prononcer sur les fautes proprement sportives, elles contrôlent en revanche très étroitement les sanctions fondées sur des agissements contraires à « l'éthique sportive » ou à la « déontologie du groupe »[57], en particulier « les manquements à la bienséance » – l'imprécision des formules et des usages laissant en la matière la porte ouverte à tous les abus. Lorsque la politesse est intégrée à la loi, il importe que le juge reste vigilant, sous peine de dérives.

En France, c'est au lendemain de la Première Guerre mondiale que l'État commence à s'intéresser au sport, qui tend à devenir un fait de société incontournable. Dès 1920, alors que l'USFSA éclate, on crée un premier organisme public de coordination, le haut-commissariat à l'éducation physique, rattaché en 1932 au ministère de l'Éducation nationale. En 1937, Léo Lagrange obtient la création d'un sous-secrétariat d'État des sports et des loisirs. Mais c'est après la Deuxième Guerre mondiale, et surtout, à partir des années 1960, que le sport, bénéficiant du poids sans cesse croissant que lui donnent les médias, tend à devenir une « affaire d'État ». Sous l'impulsion directe du président de la République, est créé en 1963 un secrétariat d'État à la jeunesse et aux sports, puis, en 1966, un ministère autonome – cette rapide promotion du sport dans les structures gouvernementales confirmant l'attention que lui portent désormais les pouvoirs publics.

Celle-ci s'explique, en particulier dans les années soixante, par des enjeux de prestige international et de santé publique. Mais bientôt, ce sont d'autres considérations qui entrent en jeu, et notamment, les dérapages massifs, les troubles à l'ordre public et les violences que risque de susciter une pratique massifiée, et passionnée, de certaines activités sportives.

L'implication des pouvoirs publics en la matière correspond donc à une vraie préoccupation, que reconnaît volontiers le ministre des Sports dans la préface d'un *Guide juridique destiné aux clubs et aux fédérations*, paru en 2004. « La pratique sportive, constate-t-il, est aujourd'hui confrontée à des phénomènes d'incivilités et parfois à des actes de violence inadmissibles. » On note que ce discours relie explicitement les incivilités aux violences, comme les deux faces, ou les deux temps, successifs, d'un même problème, bien qu'il reconnaisse la nécessité de les distinguer.

Les incivilités, poursuit le guide, si elles n'ont pas de définition juridique précise, se ramènent à un « déni de la politesse », à un refus exprès de ce qui permet de « normaliser les relations entre les personnes d'une manière empreinte de respect et de courtoisie ». Le combat contre les impolitesses s'inscrit donc dans le cadre de la lutte contre la violence. Il peut du reste se fonder sur la loi, puisque ces « incivilités », qui « ont tendance à se banaliser, constituent en réalité des infractions pénales ».

En définitive, les sports apparaissent donc, sur ce plan, dans une situation singulière. Plus le sport implique la participation de personnes appartenant à des milieux où la bienséance ne se pratique pas de façon habituelle, plus il paraît difficile de faire respecter les règles du savoir-vivre sportif sans intervention disciplinaire ou étatique. En bref, plus un sport est massifié, plus ses enjeux sociaux, économiques et politiques s'accroissent, et plus les pouvoirs publics se trouvent contraints, de façon directe ou indirecte, de codifier, de diffuser et de sanctionner les règles de conduite sans lesquelles la compétition sportive risquerait de tourner à l'affrontement, sinon à la guerre ouverte. « Le sport, écrivit un jour Henry de Montherlant, est ce que le font les mœurs, et les mœurs sont ce que les font ou leur permettent d'être les pouvoirs publics [58]. »

14

Une politesse mondialisée ?

Les nouvelles règles de politesse, les nouveaux usages, qui apparaissent surtout au cours du dernier tiers du XXe siècle, sont liés à des mutations culturelles (libération sexuelle), technologiques (Internet, téléphone portable) ou économiques (explosion du parc automobile et du nombre de conducteurs), qui se manifestent au même moment et de façon comparable dans la plupart des pays développés. Les mêmes problèmes appelant des réponses similaires, les règles de bienséance qui naissent alors s'avèrent pratiquement identiques d'un pays, d'un continent à l'autre, au point que l'on peut parler, sur ce plan, d'une amorce de mondialisation du savoir-vivre. Une mondialisation d'autant plus accentuée que les mutations, et les préceptes qui en découlent, sont récentes : celle des règles relatives au téléphone fixe étant par exemple nettement moins poussée que celle des usages régissant la bonne utilisation du cellulaire ou d'Internet. Une mondialisation qui, par ailleurs, explique le caractère généralement peu sophistiqué de ces règles. Le plus souvent, en effet, le savoir-vivre en question semble procéder du simple bon sens, de quelque chose qui rappelle la « civilité puérile » de jadis – même lorsqu'il porte sur des objets high-tech, ou jadis perçus comme scabreux, et échappant comme tels à l'empire de la politesse.

Si, sur ce plan, l'on prétendait à l'exhaustivité, la tâche serait immense, et sans doute fastidieuse ; immense, parce que le XXe siècle a vu se produire des mutations radicales dans la plupart des champs de l'activité humaine et des rapports sociaux ; mais fastidieuse, aussi, dans la mesure où ces changements ont suscité, dans l'ordre du savoir-vivre, des types de réponse globalement similaires. Plutôt que de se livrer à une énumération répétitive, on se contentera donc de parcourir trois domaines particulièrement caractéristiques de ces mutations : dans l'ordre d'apparition, l'automobile, la communication et les rapports amoureux.

De la Panhard et Levassor à l'automobile de masse

Au début du siècle, on ne compte que quelques milliers d'automobiles dans le monde. Mais tout change entre les deux guerres, alors que l'on organise la production à la chaîne d'automobiles bon marché, type Ford T ou Volkswagen, et que la conduite se massifie – ce dont s'émeuvent à juste titre les pouvoirs publics. C'est ainsi que l'État entreprend, en France, d'encadrer une activité désormais socialement et économiquement essentielle en créant, dès 1922, le permis de conduire, substitué au très rudimentaire certificat de capacité exigé depuis 1893. En 1960, près de 30 % des Français adultes conduisent une voiture ; au début du XXIe siècle, ils seraient 80 %, 30 millions d'automobilistes « tous lancés dans la nature en même temps, se supportant difficilement, se gênant, s'injuriant, se frappant, entrant en collision, se blessant, s'entretuant. Un film d'horreur ? Non, un pays de 60 millions de personnes, dont beaucoup de mal élevés » [1].

Mais des mal élevés dont les victimes se comptent chaque année par milliers. En 1789, aux premiers jours de la Révolution, l'auteur anonyme d'un pamphlet intitulé *Les Assassins* n'hésite pas à forcer le trait lorsqu'il déclare pouvoir établir « avec exactitude que, dans cette capitale, plus de cent personnes, par an, sont tuées, estropiées ou blessées par les voitures de toute espèce qui y sont conduites avec autant de rapidité que de négligence. Il y a même des années où ce nombre peut être porté à près du double » [2]. En 1971, on dénombre plus de 17 000 morts sur les routes de France. Le législateur, à partir des années soixante-dix, décide donc de prendre des mesures préventives, qui vont aller en se multipliant : ceinture de sécurité obligatoire à l'avant (1973) puis à l'arrière (1990), limitations de vitesse (1974), délit d'alcoolémie (1983), etc.

Mais la loi ne peut, sur ce plan, se substituer totalement au savoir-vivre, dont la nécessité n'a d'ailleurs cessé d'être réaffirmée avant de faire, à une date récente, l'objet d'une promotion quasi officielle – partant de l'idée que la peur du gendarme (ou du radar) ne saurait suffire à elle seule à modifier les comportements.

Mais qu'est-ce qu'un automobiliste poli ? Dans son best-seller des années trente, Louis Baudry de Saunier, pionnier et législateur incontestable de l'art de bien conduire une automobile, ne s'est pas contenté de détailler les variétés du grossier personnage, il a également imaginé ce que pourrait être la perle rare, l'exception qui confirme la règle, bref, l'automobiliste courtois, un être d'autant plus singulier et méritant que « sa nature et sa machine l'incitent à l'impolitesse » :

> Sur la route, il est courtois avec tous et toutes, même avec un poulet. Il n'envoie de blessantes paroles ni au charretier qui tarde à déplacer son lourd attelage, ni au voiturier qui, au mépris du Code, chemine sur sa gauche. L'un et l'autre ont le droit de « penser à autre chose » [...]. Il ralentit quand sur une route couverte de flaques d'eau, il circule tout près des passants. Il prévient de la voix, et non de l'avertisseur, lorsqu'il roule tout doucement, une personne distraite qui se trouve à quelques mètres devant lui. Il ralentit et même s'arrête quand un cheval témoigne de sa peur. Il ralentit devant des ouvriers qui font des travaux sur la route. Il remercie d'un geste de la main le passant qui se dérange aimablement, l'automobiliste qui gracieusement s'est effacé pour lui laisser passage [...]. Il laisse à tout véhicule, au croisement ou au dépassement, plus que la largeur de chaussée qui lui est nécessaire. Dans les agglomérations, si minces qu'elles soient, il ralentit à l'extrême, parce qu'il a le souci de n'incommoder les gens que dans la mesure la plus faible, [et] le klaxon se tait[3].

Ce que détaille Baudry à travers cette figure de l'automobiliste idéal, ce sont surtout, on le voit, les règles relatives à la conduite elle-même – la politesse au volant, en somme –, qui sont évidemment les plus importantes. Comme le souligne à juste titre Jacques Gandouin, « la première politesse en auto consiste à conduire de telle façon que la sécurité ne soit pas compromise : le conducteur redoublera d'autant plus de prudence qu'il sera accompagné et qu'il aura auprès de lui des personnes âgées ou des enfants. Il s'abstiendra de ce que l'on appelle la conduite sportive et qui n'est le plus souvent qu'une mauvaise conduite. Il évitera de conduire avec brusquerie, de freiner brutalement, de prendre ses virages à la corde, refusant toute manœuvre risquée ou éprouvante pour les nerfs des passagers »[4]. En la matière, confirme le duc de Brissac, la politesse est une absolue nécessité[5], une question de vie ou de mort.

Selon un récent sondage, 93 % des automobilistes seraient satisfaits de la façon dont ils conduisent. Mais la chose est vieille comme le monde, ou du moins, comme l'automobile : Emily Post constatait ainsi que la possession d'une voiture suscite automatiquement, chez son propriétaire, la conviction inébranlable qu'il est un conducteur de premier ordre. Et de là, le sentiment qu'il peut tout se permettre, tout ce qu'il n'oserait jamais entreprendre dans la vie ordinaire. La même remarque vaut, ajoute-t-elle d'ailleurs, pour le conducteur sous l'emprise de l'alcool, qui prendra des risques avec la plus grande insouciance, à ses dépens, mais aussi, au détriment des autres.

La courtoisie, en voiture plus encore que dans la vie ordinaire, exige que l'on sache pardonner les offenses, c'est-à-dire, en l'occurrence, les atteintes au savoir-vivre que les autres peuvent commettre. On l'a vu plus haut, il est impoli de reprocher à quelqu'un une impolitesse. « Sur la route, ironise à ce propos Raymond Lindon, si vous avez lieu de déplorer la façon de conduire de celui qui vous dépasse ou qui vous croise, il ne sert à rien, sinon à favoriser un accident, de ne conserver qu'une main sur le volant pour évoquer de l'autre un tournevis pénétrant dans la tempe. Même inutilité et même risque, quand on double pour la troisième fois celui qui vous a lui-même dépassé deux fois, à lui tirer la langue[6] », et plus encore, à lui faire une queue de poisson...

La vérité est dans les nuances, la politesse est dans la mesure, affirmait le duc de Lévis-Mirepoix. Il en va ainsi sur la route : le conducteur trop audacieux la viole, mais l'automobiliste exagérément timide fait parfois de même. « Au feu, si vous êtes en tête de file, conseille encore Raymond Lindon, soyez prêt à bondir dès qu'il passera au vert. Sinon, ne vous irritez pas de ce que le camionneur qui vous suit vous crie : "Et alors, tu attends qu'il mûrisse ?"[7]. » Avant de démarrer, il s'assurera tout de même qu'aucun piéton ne se trouve engagé sur le passage : il y a, bien sûr, des priorités absolues, et le conducteur doit toujours avoir à l'esprit, note Miss Post, que vis-à-vis d'un piéton, une impolitesse équivaut parfois à un assassinat... En l'occurrence, la politesse élémentaire consiste donc à respecter les autres, passagers, piétons, usagers de la voie publique : c'est-à-dire, pour l'essentiel, à connaître et à respecter la loi.

Cette étroite liaison entre politesse et législation – la loi punissant les atteintes à la courtoisie, et le savoir-vivre réprouvant avec vigueur toute infraction au code de la route –, a d'ailleurs conduit certains spécialistes de la prévention routière (réunis dans l'Association française de prévention des comportements au volant) à tenter de combiner leurs effets en organisant, en France, des « Journées nationales de la courtoisie au volant » soutenues par le ministère des Transports. La brochure d'information diffusée à l'occasion de sa 7e édition, le 13 avril 2006, manifeste clairement cette conjonction inédite. « Parler de courtoisie au volant, déclarait ainsi le président de l'Association organisatrice, M. Josselin Édouard, c'est interpeller l'usager [...] sur un registre différent [du] strict code de la route. C'est valoriser chacun d'entre nous dans ce qu'il a de plus noble [...]. Cela contribue à faire de la rue et de la route un espace de civilisation, et non plus de barbarie[8]. »

À vrai dire, le savoir-vivre en automobile ne s'arrête pas là. Il comporte d'autres types de règles, mais celles-ci ont un caractère nettement moins impératif, et pour cause.

Il en va ainsi des normes d'ordre protocolaire. En principe, note Jacques Gandouin, « dans les voitures françaises, où la conduite est à gauche, la place protocolaire est la place à droite, à l'arrière des véhicules. C'est donc à cette place qu'on invitera la personne à qui l'on veut faire honneur », si du moins il s'agit d'une voiture avec chauffeur. Dans le cas contraire, « et s'il n'y a que deux personnes, la deuxième personne se place évidemment à l'avant, à côté du conducteur. Cela dit, la plus grande liberté est admise. Lorsque le conducteur est un homme et qu'il est accompagné d'un autre homme et d'une femme, c'est généralement la femme qui se place à ses côtés. Si le conducteur est accompagné de deux femmes et d'un homme, c'est généralement l'homme qui se place à côté de lui et les deux femmes à l'arrière ; l'inverse est également possible. Quand le conducteur est une femme et qu'il est accompagné d'une femme et d'un homme, c'est la femme qui prend place à côté du conducteur et l'homme à l'arrière. Tout cela n'est évidemment pas obligatoire et dépend des circonstances et de liens qui unissent les intéressés »[9].

Si l'on s'en tient au principe traditionnel qui régit les rapports entre les deux sexes, c'est-à-dire, à l'idée de protection, il importe surtout que la femme bénéficie de la place la plus sûre ; la place à droite du conducteur étant jugée, depuis les années soixante-dix, comme la plus dangereuse, du fait des règles de priorité, il est possible, et même poli, de proposer à sa passagère de prendre place à l'arrière. Toutefois, estime Maurice d'Amécourt, « celle-ci doit, en principe, refuser sauf si elle est accompagnée d'un enfant en bas âge ». De même, il appartient désormais aux femmes, tant qu'elles ne sont pas impotentes, de dispenser les hommes de « l'effort exténuant et souvent ridicule »[10] consistant à leur ouvrir les portières – un effort qui apparaît du reste physiquement improbable lorsque plusieurs dames ont pris place à l'avant et à l'arrière du véhicule.

La tradition du quolibet n'a pas disparu, loin de là, avec l'essor de l'automobile – même si l'exercice relève désormais moins du dialogue et de la déclamation, que du monologue, éventuellement assorti d'une gestuelle appropriée. Un monologue rigoureusement prohibé par les manuels de savoir-vivre, qui, moins sensibles que Tristan Bernard aux beautés de la langue verte, le jugent inadmissible, tant à l'égard des autres occupants du véhicule que des autres usagers de la route, fussent-ils dans leur tort. Il faut savoir se comporter dans sa voiture comme on le ferait au dehors : et notamment, éviter les bruits gênants, à l'intérieur de la voiture – l'autoradio ne sera utilisé qu'avec modération, et après en avoir demandé la permission aux passagers –, comme à l'extérieur. L'usage intempestif du klaxon, il est vrai un peu passé de mode depuis les années soixante et la grande époque du « Fanfaron », les portières claquant à qui mieux mieux au beau milieu de la nuit, les crissements de pneus à tout bout de champ ne sont pas seulement risibles ; ils sont aussi parfaitement incorrects. Emily Post les juge aussi déplacés en ville que le seraient des croquenots de randonnée dans une salle de bal. À la bonne tenue du conducteur doit correspondre, enfin, celle de son véhicule : dans les années soixante-dix, on insiste sur sa nécessaire propreté, on rappelle qu'il est malséant de laisser l'intérieur en désordre, et ridicule d'accrocher au rétroviseur « quelque animal en peluche, danseuse espagnole ou marionnette quelconque. Cela gêne la visibilité et n'est pas d'un goût très sûr »[11].

Mais en la matière, seules les règles étroitement rattachables à la question de la sécurité conservent une importance significative : la conduite est un art trop risqué, la mort y est trop présente pour que le véritable savoir-vivre ne se confonde pas, au fond, avec un savoir ne pas mourir, et ne pas tuer les autres.

Des demoiselles du téléphone à la nétiquette

Jusqu'au XXᵉ siècle, les seuls modes de communication sont, outre le contact direct, oral ou gestuel, l'écrit sur papier, sous forme de lettres, de cartes, de télégrammes ou de pneumatiques. À ce propos, on pourrait dire du XIXᵉ siècle qu'il fut le siècle du courrier, l'essor de la correspondance se trouvant facilité par le développement du commerce et des transports, l'alphabétisation ou encore, la création du timbre-poste autour des années 1850. Ces derniers sont d'ailleurs un signe tangible de cette intensification : au début du second Empire, entre 1853 et 1862, le timbre bleu de 20 centimes à l'effigie de Napoléon III, destiné aux lettres ordinaires, sera tiré à 1 246 000 000 d'exemplaires.

Toutefois, si intense soit-elle, cette activité n'entraîne en rien une mutation foncière des relations sociales. On n'écrit qu'à des correspondants que l'on connaît personnellement, que l'on a ou que l'on a eu l'occasion de rencontrer, et à l'égard desquels on demeure soumis aux règles ordinaires de la courtoisie. Une courtoisie codifiée et diffusée par les innombrables manuels de correspondance qui forment sur ce plan le pendant des traités de savoir-vivre, et qui sont souvent écrits par les mêmes auteurs, au premier rang desquels la prolifique baronne Staffe.

Ainsi, il y a peu de différences objectives, à cet égard, entre la communication orale directe et la communication écrite. Mais tout ceci va changer au cours du XXᵉ siècle, d'abord avec le développement et la sophistication du téléphone, puis surtout, durant la dernière décennie du siècle, avec l'apparition d'Internet.

À propos d'Internet, on retrouve certaines des mutations que l'on constatera plus loin à propos des rapports amoureux. La « nouvelle sexualité », libérée des anciens interdits moraux, sociaux et religieux, ainsi que des risques de la procréation, autorise, le cas échéant, des rapports amoureux fréquents, fugaces, aléatoires, aventures d'une nuit, d'un soir ou d'une heure, jadis pratiquement inconcevables, entre des personnes qui, parfois, ne se connaissent pas, et qui, assez souvent, ne se reverront plus.

Des personnes qui, de ce fait, ne se sentent pas tenues par les obligations qu'impose toute relation sociale construite, suivie et durable. De là le nécessaire développement d'un savoir-vivre minimal, visant simplement à éviter que ces rapports sexuels ne basculent dans la violence, l'anomie, la loi de la jungle, ce qui finirait par les rendre insupportables.

Il en va de même pour Internet, puisque ce nouveau mode de communication, fait absolument inédit, permet à des anonymes, étrangers les uns aux autres et généralement appelés à le rester, d'échanger des idées, des messages, de communiquer, y compris sur des questions très personnelles, sinon intimes. Internet autorise ainsi l'émergence d'une sociabilité sans société. Mais, dans ces conditions, la première ne saurait être vivable sans l'existence de règles de conduite – qui, pour certaines, s'inspirent directement de la courtoisie ordinaire, mais qui, pour d'autres, constituent des préceptes spécifiques, adaptés aux particularismes de ce nouveau mode de communication. Ce savoir-vivre paraît du reste si indispensable qu'il a rapidement été dénommé (c'est la « nétiquette »), codifié, et qu'il peut même faire, dans certaines hypothèses, l'objet de sanctions frappant ceux qui ne le respectent pas... C'est ce qu'on verra dans un second point, après s'être intéressé à un domaine où le savoir-vivre paraît *a priori* moins problématique et moins structuré, celui des rapports téléphoniques.

Téléphoner

Si le téléphone n'est pas une nouveauté, sa diffusion massive n'a lieu qu'au cours de la seconde moitié du XXe siècle. D'où, la nécessité de préciser ou de rappeler certains usages de politesse, comme ne manquent pas de le faire les manuels de savoir-vivre contemporains. Par ailleurs, certaines innovations, développées au cours des dernières décennies, ont elles aussi conduit à l'apparition de règles nouvelles : ainsi, le répondeur téléphonique, et plus encore, le téléphone portable, dont Hermine de Clermont-Tonnerre se demande s'il est plutôt ange ou démon, et dont elle constate qu'il constitue en tout cas un véritable nid à impolitesses.

« Mon arrière-grand-père, précise-t-elle, ne consentit jamais à répondre au téléphone, sous prétexte que c'était lui qui sonnait pour appeler quelqu'un, et non l'inverse [12]. » Refuser le téléphone pour ne pas être sonné comme un laquais : cet état d'esprit savoureusement réactionnaire, que l'on attribue également aux peintres Degas et Forain, à une demi-douzaine d'écrivains fin de siècle et à quelques grands avocats ou chirurgiens d'avant-guerre, on le retrouve encore en 1947, dans *Le Nouveau Savoir-Vivre* de Paul Reboux, qui qualifie le téléphone de « vainqueur » qui « vous asservit sans scrupule », et qui conclut les pages qu'il lui consacre par ce sage conseil : « À moins d'urgence absolue, ne téléphonez jamais [13]. »

Mais les choses ont bien changé. Du plus haut au plus bas de l'échelle, le téléphone est devenu, au cours de la seconde moitié du XXe siècle, un outil indispensable à la vie sociale, sinon à la vie tout court. Ce qui a suscité, de façon automatique, l'apparition d'un certain nombre de règles de conduite – que le duc de Lévis-Mirepoix réclamait déjà en 1937, estimant qu'un « code du téléphone » serait presque aussi indispensable que le code de la route [14].

Certaines de ces règles n'ont eu, il est vrai, que le temps de naître puis de disparaître, victimes de l'évolution accélérée des techniques : ainsi, celles qui concernaient les fameuses « demoiselles du téléphone » chantées par Marcel Proust, « servantes toujours irritées du Mystère », « ombrageuses prêtresses de l'Invisible », bref, les standardistes – qu'il était effectivement d'usage d'appeler « Mademoiselle », sauf lorsque la voix s'avérait trop évidemment masculine [15]. Du côté desdites demoiselles, il était considéré comme fort impoli de décrocher et de laisser le demandeur dans le vide, ou pire encore, de décrocher avant de poursuivre une conversation personnelle avec sa voisine sur les oreillons du petit dernier ou le sourire du chef de service : pour le demandeur, notait ironiquement Raymond Lindon, « chacune de ces épreuves détermine une usure des nerfs entraînant elle-même un blanchissement des cheveux, un approfondissement des rides et une abréviation de l'existence »[16]. « Dante, s'il avait connu le téléphone, ne lui aurait-il pas réservé, dans son Enfer, un chant tout entier[17] ? », s'interrogeait alors le duc de Lévis-Mirepoix.

Mais si certaines règles ont disparu, d'autres subsistent, notamment celles qui déterminent la durée des appels, les heures où l'on peut les passer, les formules et le ton requis, ou encore, les hypothèses où le téléphone est interdit. Des règles qui ont eu tendance à se préciser, et dans une certaine mesure, à se rigidifier depuis les années 1950.

On remarque, d'emblée, l'importance de la question du temps : elle vient de ce que, comme le note Nadine de Rothschild, « la sonnerie du téléphone s'apparente par bien des côtés à un vol par effraction ; on vient cavalièrement vous ravir votre temps », acte particulièrement grave à une époque où celui-ci se fait de plus en plus rare, de plus en plus cher. De là, l'incorrection dont se rendent coupables, peut-être sans en avoir pleinement conscience, ces maniaques du téléphone qui « parlent des heures durant, mènent de front plusieurs conversations qu'ils infligent à tous [...], vous appellent à n'importe quelle heure du jour ou de la nuit, vous retiennent une heure ou une seconde selon leur caprice ou la nécessité du moment, vous préviennent qu'elles vous rappelleront dans un instant parce qu'elles sont interrompues par l'arrivée de leur petit déjeuner ou de la masseuse ou du petit chien qui vient de bondir sur leur lit » et qui « vous oublient, tout aussitôt »[18].

On ne doit jamais faire perdre son temps à son correspondant, ce qui suppose que la conversation soit brève et précise ; de même, il est considéré comme discourtois de faire appeler par un intermédiaire, domestique, employé ou secrétaire, une personne à qui l'on souhaite parler – car on ne doit jamais faire attendre celui que l'on dérange. Le correspondant serait alors en droit de raccrocher[19]. Enfin, arrivé au terme de ce que l'on a à dire, il faut savoir terminer une conversation : en principe, c'est celui qui appelle qui devrait prendre l'initiative de clore l'entretien[20] ; à défaut, si la conversation s'éternise, celui qui a été appelé, c'est-à-dire, celui que l'on dérange, pourra sans impolitesse prendre les devants, à condition de le faire avec tact et délicatesse.

Cette exigence de brièveté s'impose de façon encore plus impérative dans certaines circonstances particulières, par exemple, lorsque l'on se trouve chez des amis d'où l'on appelle ou chez qui l'on se fait appeler ; ou encore, si l'on téléphone d'une cabine publique et que d'autres personnes attendent (en pestant) que l'on en ait terminé.

Si l'on ne peut appeler trop longtemps, il est également incivil de téléphoner à n'importe quel moment. Sauf lorsqu'il s'agit d'un parent ou d'un proche, on ne téléphonera jamais avant neuf heures du matin, ni le soir après 21 heures 30 ou 22 heures, en tenant compte, naturellement, de l'éventuel décalage horaire. En outre, il est d'usage de respecter l'heure des repas, ainsi que, désormais, l'heure des informations télévisées, le fameux « JT », devenu lui aussi un élément à part entière de la vie quotidienne. Enfin, on évitera bien sûr d'appeler les jours fériés, et même le dimanche ; lorsqu'on ne peut faire autrement, les manuels de savoir-vivre recommandent d'être encore plus bref que d'ordinaire, et naturellement, de présenter ses plus plates excuses à celui que l'on dérange peut-être.

Celui qui appelle, présumé empiéter sur le temps de celui qu'il veut joindre, ne doit pas, quant à lui, se montrer trop impatient. Ainsi, il devra laisser sonner assez longtemps, une à deux minutes, estime Nadine de Rothschild, huit sonneries, conseille Hermine de Clermont-Tonnerre, avant de raccrocher. À l'arrière-plan de cette règle, il y a toujours l'image de celui que l'on dérange sous sa douche, qui en sort aussi vite que possible, vaguement vêtu d'une serviette éponge, qui humecte ses tapis et ses parquets en courant vers le combiné téléphonique, mais qui y arrive au moment précis où la sonnerie cesse.

Si l'on n'appelle pas n'importe quand, on n'appelle pas non plus n'importe qui. Telle est même la toute première règle énoncée par Jacques Gandouin dans son *Guide du protocole et des usages* : on ne joint par téléphone « que ses égaux ou ses inférieurs, jamais les personnes plus élevées dans la hiérarchie ». On retrouve ici un principe cardinal de la politesse, qui lie la déférence à l'effort et à la dépense : plus le mode de communication est facile, simple, etc., et moins on manifeste en l'utilisant de respect envers la personne avec laquelle on communique : avec un supérieur, la lettre reste donc requise, « sauf s'il y a urgence, un intérêt qui le justifie ou si ces personnes vous y ont autorisé »[21]. De même, et bien que la règle soit moins impérative au début du XXIe siècle que dans les années cinquante, on doit éviter de téléphoner à une personne à laquelle on s'adresse pour la première fois[22].

Lorsque celui que l'on appelle décroche, il faudra se présenter dans les formes. « Le comble de l'impolitesse, note à ce propos Hermine de Clermont-Tonnerre, serait de commencer par un tonitruant "Allô ? Qui est à l'appareil ?"[23]. » En fait, il y a encore pire : ne pas dire son nom, ce qui est « grossier, car on ne sait pas qui est au bout du fil, et l'appel anonyme est aussi prohibé que la lettre »[24]. On se présente donc à celui que l'on joint en lui disant simplement qui l'on est, étant précisé qu'un homme ne donnera jamais son nom précédé du mot « Monsieur », qu'on ne se limitera pas au prénom (Nathalie ?... mais laquelle ?) et que l'on commencera toujours par demander à la personne appelée si on la dérange, et si elle ne préfère pas qu'on la rappelle plus tard. Celui que l'on appelle évitera autant que possible, de son côté, de sauter sur l'occasion. Sous peine de muflerie, il ne devra jamais reconnaître qu'on le dérange, sauf en cas de force majeure, et il fixera alors une heure où il sera possible de se rappeler. S'il peut prendre la communication, il lui appartiendra de le faire en se conformant aux règles classiques du savoir-vivre, notamment, en répondant à son interlocuteur avec cordialité. « L'appelé, observait déjà Lévis-Mirepoix, ne saurait oublier qu'il est toujours soumis à la règle de l'accueil qui lui commande, d'abord, de ne pas laisser percer sa mauvaise humeur, en ce ton désagréable que bien des gens, il faut l'avouer, prennent avant de s'être laissés reconnaître[25]. »

L'usage du téléphone reste toutefois proscrit dans certaines hypothèses, qui sont d'ailleurs allées en se raréfiant à mesure que cet usage se diffusait.

« On s'imagine, écrit Paul Reboux dans l'édition de 1947 de son *Nouveau Savoir-Vivre*, qu'on donne un signe d'égards en téléphonant pour demander des nouvelles d'un malade. Au contraire, c'est se montrer l'ennemi déclaré de son repos que de troubler peut-être, à coups de sonnette, sa torpeur sédative.

Ne vous servez pas du téléphone pour inviter à déjeuner ou à dîner. Êtes-vous donc un illettré ? Ne savez-vous donc pas écrire ?

Et surtout, ne commettez pas cette suprême insolence qui consiste à téléphoner pour remercier ou pour féliciter. Il est inimaginable que des gens doués de raison la perdent au point de croire accomplir un acte de politesse en dérangeant quelqu'un pour lui exprimer de la gratitude ![26] »

Vingt ans plus tard, dans son *ABC du savoir-vivre*, Françoise Le Focalvez se montre beaucoup moins affirmative : « vous pouvez remercier la maîtresse de maison qui vous a reçu ou bien accuser réception d'une invitation » ; au même moment, Françoise Brizay montre la même tolérance, tout à fait dans l'esprit du temps : « Si vous devez remettre votre lettre de château de jour en jour, après un charmant week-end chez des amis, alors n'hésitez pas et saisissez votre téléphone. Votre geste spontané fera oublier votre manque de savoir-vivre et vous aurez peut-être évité ainsi une brouille, ne serait-ce que passagère[27]. »

Mais à l'heure actuelle, la règle semble avoir retrouvé un peu de sa rigueur originelle. On ne téléphone, en toute hypothèse, que pour des choses secondaires ; dans les circonstances importantes de la vie, en revanche, naissance, baptême, mariage, décès, décoration, ou encore, lorsqu'il s'agit de remercier après une grande soirée, un week-end ou des vacances, il reste d'usage d'écrire une lettre ou une carte (mais jamais un e-mail), cette forme écrite manifestant des égards par définition étrangers au téléphone. Dans l'idéal, il faut s'abstenir de téléphoner dès lors qu'il serait possible d'écrire.

À partir des années quatre-vingt, un nouvel instrument fait son apparition : le répondeur téléphonique. Les manuels de politesse s'intéressent alors à deux points : l'usage qu'on en fait, et le message – celui qui est enregistré dans l'appareil, et ceux que l'on pourra y déposer.

Le message que l'on enregistre, conseille Hermine de Clermont-Tonnerre, doit être bref. « Gardez-vous des interminables discours d'un humour discutable, et épargnez à vos auditeurs, en guise de message, l'audition de tout le 4e mouvement d'une symphonie de Mahler [28]. » « Ne cherchez pas nécessairement être original, à faire preuve d'humour, confirme Mme de Rothschild. Un message simple, clair et bref est toujours préférable [29]. » On ne fait pas le clown en public.

Lorsque l'on tombe soi-même sur un répondeur, en revanche, il est impoli de raccrocher aussitôt sans laisser de message : « Laissez votre nom, même si vous n'aimez pas parler à une machine [30] », écrit Hermine de Clermont-Tonnerre. Pourquoi ? Ne serait-ce que pour épargner à son correspondant « la déception d'entendre résonner une sonnerie anonyme » [31]. Certains jugent également de mauvais goût la blague téléphonique, qu'elle emprunte ou non le truchement du répondeur : elle « n'est comique que pour celui qui la fait », estime Maurice d'Amécourt, qui la juge « franchement mal élevée [32] ».

Enfin, lorsque l'on se trouve chez soi, il paraît préférable de débrancher le répondeur, celui-ci n'ayant pas pour vocation de filtrer les indésirables [33]. Lorsqu'on le laisse malgré tout en fonctionnement, mieux vaut laisser ceux qui vous appellent enregistrer leur message et ne les rappeler qu'un peu plus tard, en leur disant gentiment : « Je viens de rentrer, je suis ravi de t'entendre » – plutôt que, les ayant reconnus, décrocher le téléphone en trombe alors même qu'ils sont en train de vous laisser un message. « Il est préférable de glisser à l'oreille un petit mensonge que d'y distiller le poison du doute [34] », qui risquerait de naître dans l'esprit des correspondants lorsque, plus tard, ils appelleront et que personne ne décrochera.

Mais de nos jours, c'est le téléphone portable, apparu au début des années quatre-vingt-dix, qui suscite le plus d'interrogations – une récente enquête américaine affirmant que 68 % des sondés constateraient au moins une fois par jour une infraction aux bonnes manières liée à l'usage du portable[35].

De fait, s'il est souvent utile, son usage abusif suscite à lui seul un jet continu d'impolitesses, surtout de la part de « ces obsédés du portable qui, s'emporte Hermine de Clermont-Tonnerre, ne pensent qu'à se réfugier dans leurs petites bulles sonores, l'oreille vissée à leurs joujoux. Qui, entre deux appels, font des jeux, se baladent parmi les options, s'amusent à changer indéfiniment de sonneries. Qui n'hésitent pas à vous "planter" sans vergogne au beau milieu d'une conversation ou d'une promenade pour vociférer interminablement dans leurs petits appareils »[36]. Qui, au début d'un dîner, commencent par poser leur appareil à droite de leur assiette pour pouvoir s'en saisir aussi vite que possible, et qui, au moindre appel, se mettent à converser en aparté, sans plus se soucier de leurs voisins de table. Qui le portent « comme un colt accroché à la ceinture, prêts à dégainer au moindre coup de sonnette[37] », ou qui téléphonent au volant, sans penser aux dangers qu'ils courent et qu'ils font courir aux autres usagers de la route.

Bref, conclut Hermine de Clermont-Tonnerre, décidément très remontée, « il y a des limites à ne pas franchir[38] ! », des limites qui sont, pour l'essentiel, celles que suggère le bon sens.

Tout d'abord, il est des lieux, et des moments, où l'usage du portable, et le simple fait de ne pas l'avoir débranché, constituent des atteintes impardonnables au savoir-vivre. Inutile de souligner la gêne affreuse que suscite la sonnerie badine, hip-hop ou jazzy, d'un téléphone portable lors d'une messe d'enterrement, ou au cimetière, pendant une inhumation : le cas est extrême, mais il n'est malheureusement pas aussi rare que l'on pourrait l'espérer. Sur un mode moins dramatique, on raconte qu'à Broadway, les sonneries des portables étaient devenues si fréquentes au théâtre ou au cinéma que la ville de New York a été contrainte de les interdire officiellement lors des spectacles et dans les musées, sous peine d'une amende de 50 $ – en vain. En France, chacun a eu le plaisir de constater que le grand costaud du troisième rang, non seulement, n'a pas eu le bon goût de débrancher sa machine, mais qu'il a poursuivi sa conversation à haute voix pendant dix minutes, sans tenir compte le moins du monde des protestations de ses voisins.

Quoi qu'il en soit – quel que puisse être, une fois encore, le fossé existant entre le principe et la pratique –, la politesse exige impérativement qu'on ne laisse pas son portable allumé dans les espaces où le silence est la règle, et où il pourrait gêner les voisins.

Chez des amis, pendant une réception ou lors d'un dîner, il est naturellement de mauvais ton de ne pas se déconnecter, sauf si l'on attend un message urgent. « En ce cas, conseille Roselyne Messager, prévenez les maîtres de maison, présentez vos excuses, et, aussitôt votre appel reçu, éteignez votre appareil[39]. » Si l'on a été invité en week-end, le portable peut s'avérer bien utile (notamment, parce qu'il permet de ne pas utiliser le téléphone de la maison), même si, là encore, il importe de respecter certaines règles : laisser son portable dans son sac ou dans sa poche afin de ne pas risquer d'importuner ses hôtes ou ses voisins ; lorsque l'on est en compagnie, déconnecter son appareil ou le mettre en mode vibreur, ce que l'on appelle justement, observe Nadine de Rothschild, la « touche de politesse[40] ». Enfin, bien sûr, s'isoler pour passer ou pour recevoir un appel.

La règle vaut également au restaurant : vos voisins ne sont probablement pas venus pour bénéficier des charmes subtils de votre conversation ni pour recueillir des détails croustillants sur votre vie intime. Si vous attendez un coup de fil indispensable, faites en sorte de déranger le moins possible ceux qui dînent autour de vous, en allant répondre dehors, et surtout, en abrégeant la conversation. D'autant que, comme l'affirme Hermine de Clermont-Tonnerre, utiliser son mobile en pleine rue, dans le métro ou dans l'autobus, ne paraît pas non plus « très distingué ni très pudique »[41]. Si l'on n'a pas le choix, il sera de bon ton de ne parler qu'à voix basse, aussi discrètement que possible[42].

Et même chez soi, s'il faut en croire la baronne de Rothschild, il serait au fond préférable de savoir éteindre son téléphone : prenez cette habitude « dès que vous ouvrez la porte de votre appartement : la paix du ménage vaut bien ce petit sacrifice[43] », le mari ou la femme d'un (ou d'une) obsédé(e) du portable pouvant dans le cas contraire prendre ombrage de ces sonneries à répétition. En définitive, on pourrait résumer assez brièvement les enseignements du savoir-vivre à l'égard du portable : jamais en public, et le moins possible.

Internet et nétiquette

Le cas d'Internet est encore plus intéressant, en raison du caractère mondial de ce mode de communication, de sa nouveauté (le World Wide Web n'est ouvert au public qu'en 1993), et de ses dimensions, un milliard d'internautes circulant sur la toile. Dans cette « communauté » surdimensionnée mais virtuellement anarchique, la politesse est aussi évidemment indispensable, qu'elle semble délicate à imposer – la chose n'étant vraiment possible qu'au niveau des sites, qui apparaissent alors comme autant de groupes particuliers, générant parfois un savoir-vivre spécifique.

Dans un ouvrage paru en 1993, le journaliste américain Howard Rheingold définissait les « communautés virtuelles » comme des « regroupements socioculturels qui émergent sur les réseaux lorsqu'un nombre suffisant d'individus participent à des discussions publiques pendant assez longtemps en y mettant suffisamment de cœur pour que des réseaux de relations humaines se tissent au sein du cyberespace ». Cette définition met en évidence une forme originale de sociabilité, une sociabilité de substitution, suscitée par l'étiolement de ce que l'on pourrait appeler la sociabilité réelle, ou ordinaire. « La définition des communautés virtuelles peut être précisée par l'idée que ces groupes ont nécessairement une frontière et des règles, mais que ces éléments siègent non pas dans une réalité physique et tangible, mais dans la conscience des membres du groupe[44]. »

C'est donc en fonction de ces particularismes que va prendre corps une forme de savoir-vivre (partiellement) nouvelle, à la fois par son contenu propre, et par sa dimension universelle.

Tous ceux qui traitent des règles applicables aux internautes insistent sur un point essentiel : ces derniers doivent se comporter sur la toile comme dans la vie ordinaire, comme s'ils se trouvaient en présence de personnes « véritables ». Il faut faire « comme si... » C'est ce que souligne d'emblée la créatrice du terme « nétiquette », qui est aussi la première codificatrice de ces règles, Virginia Shea : on doit toujours se souvenir que c'est avec un être humain que l'on communique. Le caractère impersonnel du médium, l'interposition de la machine tend à dépersonnaliser les rapports ; des internautes échangeant des messages ont trop souvent tendance à se comporter comme des conducteurs au volant de leur voiture, comme des brutes sauvages, bref, à agir comme jamais ils n'oseraient le faire chez eux ou au travail. Ainsi, suggère-t-elle, faut-il toujours se demander avant d'envoyer un message : « Dirais-je la même chose si la personne se trouvait en face de moi ? » « Si la réponse est non, réécrivez et relisez. Répétez le processus jusqu'à ce que vous ayez l'impression que vous pourriez dire ces mots à la personne en chair et en os aussi facilement que vous les lui transmettriez par Internet. Bien sûr, il est possible que vous adoriez dire des choses extrêmement grossières aux personnes que vous côtoyez. Dans ce cas, la nétiquette ne saurait vous aider. Commencez par acheter un manuel de bonnes manières »... Cette première règle cardinale est d'ailleurs complétée par une seconde : « Adoptez les mêmes règles de conduite sur le Net que dans la vraie vie », des règles qui peuvent certes être différentes, mais qui ne sont pas moins exigeantes que dans la vie réelle[45].

Elles sont cependant plus sommaires, on l'a dit, à la fois parce qu'Internet se prête mal au cérémonial, et parce que la politesse en question, se voulant universelle, ne peut être que le plus petit dénominateur commun : un ensemble de règles basiques, acceptables et compréhensibles par tous. Sans doute Nadine de

Rothschild estime-t-elle qu'il faudrait proscrire le tutoiement lors de la première conversation, soulignant – non sans raisons – que « beaucoup n'apprécient ni la familiarité ni l'absence de formules de politesse[46] » ; il n'empêche que le savoir-vivre sur Internet demeure nécessairement assez rustique – tout ce que l'on exige, c'est de respecter les canons usuels de la correspondance, de soigner l'orthographe et la ponctuation, de ne pas oublier de signer et d'indiquer l'adresse –, ce qui ne l'empêche pas d'être fréquemment violé.

De façon générale, il est conseillé aux internautes de ne manier l'humour qu'avec réserve, toute plaisanterie pouvant aisément y être interprétée comme une critique. La méfiance à l'égard des railleries remonte au XVIIe siècle : on en retrouve ici une version adaptée aux nouvelles réalités techniques. Sur Internet, bien écrire demeure un art difficile, où l'ironie voisine aisément avec le sarcasme et la blague avec la grossièreté. La prudence reste donc de rigueur. Et l'on est tenté de faire le même constat à propos de la règle selon laquelle il serait discourtois de reprocher aux autres leurs éventuels manquements à la nétiquette : il faut pardonner, si l'on veut voir pardonnés ses propres impairs, et savoir s'excuser lorsque l'on a commis une faute contre la nétiquette.

Ces règles sont assez nombreuses, puisqu'aux grands principes que l'on vient de rappeler s'ajoutent des règles spécifiques, résultant directement des particularités techniques de ce nouveau mode de communication : concision – il importe de respecter le temps des autres et la capacité de réception de leurs ordinateurs –, précision, prise en compte du caractère mondial du réseau et des spécificités du langage Internet – ainsi, l'usage qui assimile les majuscules à un cri, qu'il ne faut donc utiliser qu'à faibles doses.

En revanche, ces règles ne présentent pas une grande consistance, Internet restant, par définition et par principe, un lieu très peu contraignant ; les normes n'y sont ni très strictes, ni véritablement effectives, elles demeurent molles et incertaines, et en un sens, personne ne souhaite qu'il en aille autrement.

Une règle de politesse n'existe pourtant pleinement, on l'a montré, que lorsqu'elle se trouve assortie d'une certaine forme de sanction. Or, en ce qui concerne la nétiquette, celles-ci restent limitées, faute d'organe capable de les infliger : il n'y a personne, aucune autorité, aucun organisme spécifique pour faire respecter les usages plus ou moins implicites qui régissent le Net – sauf lorsque les transgressions commises sont également punies par les lois en vigueur, ou qu'elles entraînent un préjudice civilement réparable. En clair, sauf lorsqu'il revient aux tribunaux de prendre le relais. Et, en définitive, c'est surtout au niveau particulier des différents sites – où peut émerger un certain sentiment communautaire, qui fait défaut au sein du groupe indéfiniment extensible des utilisateurs du Net, et où existent nécessairement des instances responsables, susceptibles d'établir des codes de conduite et de sanctionner les contrevenants – que l'on pourra constater l'apparition d'un « savoir-vivre » spécifique : un savoir-vivre certes sommaire, mais fortement affirmé, sanctionné et donc, respecté.

Et le sexe, dans tout ça ?

Durant le XIXe siècle et une bonne partie du XXe, le savoir-vivre et les rapports amoureux relèvent de deux sphères non seulement distinctes, mais totalement imperméables l'une à l'autre. « On a coutume, écrit encore Paul Reboux en 1930, de ne pas étendre l'enseignement de la civilité au-delà de la vie publique ou du moins de la vie de salon [47]. » L'idée même d'une étiquette de l'érotisme, d'un savoir-vivre sexuel apparaît à l'époque inconcevable, ou subversive.

Inconcevable : la politesse s'arrête, de l'aveu général, à la porte du boudoir ou au rideau de l'alcôve. Elle s'y arrête parce qu'il s'agit de choses, d'activités dont on ne parle pas, dont on ne doit point parler. La politesse bourgeoise, en effet, consiste notamment à ne jamais l'évoquer, toute allusion étant assimilée à une impardonnable grossièreté : le sexe est indicible. Rejeton d'une famille illustre, Hermine de Clermont-Tonnerre raconte ainsi qu'« à la maison, le sujet était tabou. Mes parents ne nous ont jamais entretenu ni de sexe ni d'argent. J'avais vingt-sept ans lorsque ma mère osa me demander, après moult hésitations, si je prenais... “Heu... Quelque chose ?”. Le mot “pilule”, trop trivial, n'arrivait pas à franchir le seuil de ses lèvres. Quant au mot “préservatif”, n'en parlons pas[48] ! »

Mais si savoir-vivre et sexualité sont foncièrement étrangers l'un à l'autre, c'est aussi parce que cette dernière ne saurait être codifiée, réglementée, et qu'en outre, on ne saurait imaginer de sanctions sociales en cas de transgression. En la matière, les seules règles susceptibles de s'appliquer sont, au fond, celles qui gouvernent les rapports conjugaux, ou plus généralement, les rapports entre hommes et femmes.

Le fait de vouloir appliquer la politesse à la sexualité est inconcevable : et lorsqu'on les rapproche tout de même, c'est presque toujours dans un but de dérision, de déstabilisation de l'ordre bourgeois, avec une intention clairement subversive – ainsi, lorsqu'en 1919 paraît anonymement un ouvrage dont la réputation sulfureuse se répandra vite, le *Manuel de civilité pour les petites filles à l'usage des maisons d'éducation*. Son auteur, Pierre Louÿs (1870-1925) est, de longue date, un écrivain reconnu et installé. En 1896, son *Aphrodite* lui avait valu une célébrité immédiate – d'ailleurs largement due au zèle du poète ultra-conservateur François Coppée, qui avait alors crié au chef-d'œuvre. Et ce coup d'essai avait rapidement été confirmé par le succès des ouvrages suivants, notamment par celui de *La Femme et le Pantin*, en 1898. Ainsi, Pierre Louÿs s'était fait un nom en exploitant, non sans talent, le filon très fin de siècle de l'érotisme cultivé, de la perversité de bon aloi. Mais avec *Le Manuel*, il va beaucoup plus loin, l'ouvrage n'étant rien moins qu'un pastiche pornographique des traités de politesse enfantine. En respectant strictement les canons du genre, la structure ordinaire de ce type d'ouvrage (à la maison, à l'office, à table, etc.), et surtout, leur ton docte et gentiment compassé, *Le Manuel de civilité* égrène, avec une affectation de sérieux jamais démentie, les plus invraisemblables abjections.

La question qui se pose ici, est celle de l'intention de son auteur. Outre le caractère inévitablement comique de ce type de texte, dont l'humour noir et rose préfigure le projet surréaliste – André Breton écrira de Louÿs qu'il était « l'homme qu'il aurait le plus aimé connaître[49] » –, sans doute y a-t-il chez lui le désir de repousser les bornes, de choquer le bourgeois, de le déranger, de le perturber dans ses routines les plus intimes, les plus intouchables...

La situation commence à évoluer durant les décennies qui suivent la Grande Guerre, comme en témoignent, sur ce ton mi-sérieux, mi-humoristique que l'on va retrouver jusqu'à nos jours, les pages que Paul Reboux consacre en 1930 à ce qu'il appelle « La bienséance à deux » : « Je veux parler du tête-à-tête qui n'est pas conjugal. » Prenons, à titre d'exemple, « Un amoureux sincère, ardent, brillant [qui] a su réussir à se faire agréer par une femme réservée, sentimentale, sensible aux appels du cœur et des sens. Ils se sont mis d'accord pour matérialiser leur bonne entente ». (On goûtera l'art du sous-entendu)

> Il a préparé le studio près duquel est la chambre. Les boissons alcooliques ou glacées sont auprès des friandises. Le vaporisateur a discrètement mêlé un parfum à celui des cigarettes d'Orient, allumées pour occuper par quelques bouffées les moments d'impatience. Car – vous le pensez bien ! – voilà une demi-heure qu'est passé l'instant fixé pour le rendez-vous...

(Le tabac est licite, et le retard tombe sous le sens).

> Enfin, la sonnette... [...] Durant le début de l'entretien, les deux amants ont été aussi intimidés l'un que l'autre. Il est donc bien inutile de leur donner des conseils de bienséance puisqu'ils ont perdu le sens critique.
> Mais les voici engagés dans cet ordre de réalisations grâce auxquelles la race humaine doit de n'avoir pas été limitée aux hôtes du paradis terrestre.

À ce moment crucial, note Reboux, il est un « divertissement » que « l'amoureuse se doit de dispenser en devinant qu'on le souhaite et sans attendre qu'on le demande » :

> En ce cas, il est très incivil de l'empêcher d'accomplir son dessein et de la retenir à une place qu'elle fait mine d'abandonner. Il faut se contenter de clore les paupières, et se garder de frissonner sottement comme un chatouilleux si l'on est effleuré par une mèche descendante.
> D'autre part il n'est pas de la bienséance de considérer une compagne comme trop modeste et de ne point lui être agréable en retour. Aucun homme de qualité ne néglige d'accorder aux dames celui des soins qui leur est le plus précieux.
> Ce serait une incivilité choquante que d'attendre d'elles une invitation précise, alors que, par timidité naturelle, elles n'expriment souvent leur penchant pour un agrément de cette sorte qu'en se haussant un peu parmi le désordre des coussins.

Ici, la règle d'or est de comprendre à demi-mot, les mots eux-mêmes n'ayant pas à être prononcés... Après les préliminaires, il convient de s'attaquer aux caresses, tout spécialement lorsqu'elles s'avèrent quelque peu... décevantes, et qu'elles suscitent un effort sur le plan de la politesse.

> Il est, dans les relations conjugales – voire dans celles qui le seront ou qui auraient pu l'être – un cas où les femmes ont besoin de conseils.
> Ce cas est plus fréquent qu'on ne peut le croire. Il concerne non seulement les quinquagénaires qui se vantent d'avoir accompli des prouesses analogues à celles dont leur jeunesse leur a laissé le souvenir, mais aussi des hommes dans la force de l'âge, et que la fatigue, ou l'émotion, rendent incapables de justifier ce qu'on peut attendre de leur valeur. C'est manquer gravement au savoir-vivre que d'accueillir une telle carence par quelque moue, quelques mots railleurs ou offensants. [...]
> En pareil cas, l'esprit est souvent plus malade que le corps.
> La victime d'une telle défaillance se conformera au savoir-vivre en renouvelant patiemment les préliminaires de l'entreprise, tout en s'interdisant de la poursuivre jusqu'au bout. C'est le moyen de ne

> pas se laisser obséder par la possibilité d'un échec. Il faut penser fortement à l'obligation de s'abstenir. Ainsi se dissipera la crainte de sembler inférieur à soi-même.
>
> Que la compagne, en pareil cas, participe à cette cure. Qu'elle fasse, par jeu, le nécessaire pour obtenir l'hommage interdit. Mais cet hommage, qu'elle le repousse avec une grande égalité de caractère. Qu'elle précise une date avant laquelle il sera interdit à son conjoint de se conduire en homme de bonne compagnie intime. Le moment viendra vite où elle pourra donner au devoir accompli les agréments de la faute, avancer le délai convenu et assaisonner de scrupules stimulants l'occasion, retrouvée enfin [50].

L'ouvrage de Reboux, sous-titré « Pour balayer les vieux usages », se veut explicitement iconoclaste, flirtant avec le scandaleux : il se moque au passage de ceux qui pourraient l'accuser « d'avoir épilogué avec complaisance sur ce thème où abondent les risques de privautés excessives » [51]. Il demeure donc une exception, et ce n'est que beaucoup plus tard, bien après la libération sexuelle des années soixante et soixante-dix que les rapports amoureux vont faire leur entrée dans les manuels de savoir-vivre – allant jusqu'à susciter des ouvrages spécifiquement consacrés à l'étiquette sexuelle, comme si cette dernière était devenue une branche à part de la politesse.

Faut-il toutefois, en l'espèce, parler d'innovation ? Un observateur impartial pourrait noter qu'il s'agit moins de l'apparition de règles nouvelles, que de l'extension du champ d'application de la politesse à des activités ou à des comportements qui, naguère encore, lui échappaient complètement. Il ajouterait en outre que ce qui change en l'occurrence, c'est moins la politesse elle-même, que les manuels de savoir-vivre, ou certains d'entre eux.

Car l'on constate à cet égard un phénomène largement inédit. Durant toute la période qui a été analysée dans ce livre, des lendemains de la Révolution à nos jours, ces manuels se contentaient d'être le reflet exact, la transcription (relativement) fidèle d'une bienséance vivante, et effectivement pratiquée ; leurs prescriptions se bornaient à reprendre, en le systématisant plus ou moins, ce qui se faisait dans la « bonne société ». Or, l'affaissement de ces usages, la disparition ou la marginalisation des milieux de référence, remettent en question sinon le rôle des manuels, du moins leur fonction de « miroirs » ; s'ils continuent à prescrire, ce qu'ils recommandent n'a souvent plus rien à voir avec ce qui se fait – sinon, peut-être, dans les microcosmes ultra-branchés que leurs auteurs jugent, sans y croire vraiment, susceptibles de donner le ton au reste de la société. D'où, lorsqu'ils traitent d'une question qui demeure, en pratique, aussi délicate, aussi ambiguë que celle-ci, leur tendance à osciller, comme du temps de Reboux, entre sérieux et dérision, entre premier et second degré, sans qu'il soit toujours possible de les distinguer l'un de l'autre.

En bref, s'il n'y a pas vraiment d'innovation en la matière, c'est parce que ce « savoir-vivre » de la sexualité n'existe pas, et qu'il n'y a en la matière qu'un discours, plus ou moins influent, plus ou moins prescriptif aussi, sur ces improbables « civilités érotiques ».

Sexualité et libéralisation

À propos de ce discours sur la sexualité, le changement majeur vient sans doute de sa libéralisation, et de la banalisation qui s'en est suivie : en quelques décennies, l'érotisme est passé de l'obscène à l'ordinaire, du comptoir des sex-shops aux gondoles des supermarchés.

Ce phénomène inédit emporte toute une série de conséquences : notamment, le fait qu'il est désormais plus facile d'en parler, mais aussi, qu'il paraît plus nécessaire que jamais de fixer des règles et de proposer des réponses. À l'époque où les rapports amoureux, principalement situés dans le cadre conjugal, étaient en tout cas limités par les risques de grossesse et le poids des mœurs, la question ne pouvait que se poser différemment. De nos jours, c'est précisément l'éclatement des barrières et la libéralisation des pratiques qui suscite un tel besoin. Le constat n'est pas neuf : plus une activité se libère, plus elle doit être régulée.

Or, comme le constatait Céline Gérent sur un ton très militant au début des années 1990, s'il existe des vingtaines de livres de savoir-vivre, ô stupeur, il n'existe aucun livre de savoir-vivre sexuel. C'est, expliquait-elle alors, la « conspiration du silence, celle que beaucoup d'entre nous ont connue jusque dans les années soixante, mais qui muselle encore bien des parents, des éducateurs, et rend à peu près muets les médias »[52]. Certains, reprend aujourd'hui l'essayiste canadienne Josey Vogels, rétorqueront que sexe et étiquette sont deux mots qui vont mal ensemble. Toutefois, « une sexualité libérée n'implique pas la grossièreté. Et nous aurions avantage à respecter une courtoisie de base, même dans nos aventures les plus échevelées. Les bonnes manières ne sont que l'expression d'un respect mutuel, et le respect est la condition *sine qua non* de relations sexuelles agréables ».

De fait, le sujet – bienséance et sexualité – a récemment inspiré, outre-Atlantique, une nouvelle catégorie d'auteurs, qui se qualifient eux-mêmes de « sexperts », et suscité une floraison d'ouvrages spécialisés destinés au grand public. Ce même mouvement a conduit, en France, les auteurs des manuels de savoir-vivre les plus récents à faire place, dans leurs ouvrages, à ces prescriptions jusqu'alors pour le moins inusitées.

Ces règles, on l'a déjà noté, ne présentent pas d'originalité particulière. Pour Josey Vogels, elles se ramènent à cinq préceptes fondamentaux : Connais-toi toi-même. Conduis-toi envers autrui comme tu voudrais qu'on se conduise envers toi. Apprends et respecte tes limites et celles des autres. N'oublie jamais de dire « merci » et « s'il vous plaît ». Ne te laisse jamais aller au rire et à la moquerie. La seule singularité notable vient donc de l'objet auquel s'applique cette civilité puérile et honnête (?) d'un nouveau genre – ce qui permet d'en répartir les préceptes en trois sous-ensembles : avant, pendant, après.

Avant ? Il importe, en premier lieu, de respecter l'autre, de ne jamais le considérer (même au beau milieu des orgies les plus frénétiques) comme un objet interchangeable, ni comme un être dépourvu de libre arbitre. Toute personne a droit au respect, rappellent ainsi nos « sexperts » attitrés, mêmes ceux qui voient dans la partouze quelque chose comme l'idéal irrécusable d'une humanité moderne et décomplexée. Ce respect suppose, entre autres, de ne pas décevoir ce qu'autrui peut considérer comme une avance : c'est ce qu'Olivia Toja appelle « la question du dernier verre » : « Attention ! [...] Il est très mal venu de lancer cette invitation lorsque l'on n'a pas du tout l'intention d'aller plus loin. » L'allumeuse est une malpolie : une fois que l'on a commencé le jeu, la nouvelle bienséance exige que l'on aille jusqu'au bout de la partie. Dans le même sens, lorsque se pose « la grande question du chez toi ou chez moi », l'homme « doit avoir la courtoisie de vous laisser choisir l'endroit où vous serez le plus à l'aise. En général, c'est chez elle qu'une femme se sent le plus en confiance »[53]. Le respect des autres (et de soi-même) impliquera également une hygiène rigoureuse et une propreté impeccable, sur laquelle insistent tous les auteurs de manuels de savoir-vivre, qu'ils soient spécialisés ou généralistes : la douche est impérative, le brossage des dents et le déodorant aussi. Pour les femmes, certaines recommandent de ne se démaquiller qu'après, pour pimenter la relation et pour « rester glamour », au moins la première nuit – mais sur ce point, la doctrine reste indécise, comme sur l'épineuse question de l'épilation, laquelle semble surtout préoccuper les Américain(e)s.

Pendant ? Ici, c'est toujours la même idée qui prévaut, résumée un peu cavalièrement par Hermine de Clermont-Tonnerre : « Ben quoi, ce n'est pas parce qu'on est en position horizontale qu'on est dispensé de se montrer courtois[54]. » Bien au contraire.

En pratique, à rebours d'une pornographie d'où toute humanité semble exclue par principe, et qui verse forcément dans l'obscène, le brutal et le répétitif, les spécialistes recommandent aux amants « in » et bien élevés « un échange verbal tendre, affectueux, sensible, sensuel, bien sûr, mais dénué de vulgarité [...] ou de vocabulaire ordurier ». Le mufle et son alter ego féminin, qui confondent « conversation et propos orduriers, franchise et indélicatesse »[55], doivent être fuis au plus vite. Sur ce plan, on perçoit même, y compris chez les observateurs les plus délurés, une moindre tolérance à l'égard de débordements verbaux naguère décrits comme habituels, sinon indispensables. La vulgarité passe de plus en plus mal : il importe donc de savoir renvoyer celui qui aurait le mauvais goût de refuser un préservatif ou de garder ses chaussettes, fussent-elles d'une grande marque ; quand à celle qui aurait « l'orgasme bruyant », comme l'écrit Olivia Toja, elle devra essayer d'elle-même de ménager l'oreille de son partenaire, et la tranquillité de ses voisins [56].

Après ? Il ne faut jamais oublier que les paroles que l'on prononce alors peuvent être lourdes de conséquence : mieux vaudra donc en dire le moins possible, note l'éditorialiste américain David Strovny, qui rapporte que nombre d'hommes n'ont jamais eu de seconde chance avec des femmes que pourtant ils appréciaient, parce qu'ils avaient eu l'imprudence de dire ce qu'il ne fallait pas au mauvais moment. Les « sexperts » enseignent aussi la manière dont on doit, de façon bienséante, s'éclipser en douceur lorsque l'on veut quitter son partenaire sans laisser son numéro de téléphone, ou comment on se comporte le lendemain matin (doit-on prêter sa brosse à dents, en avoir une de rechange, ou disposer de toute une palette, pour que l'invité(e) puisse en choisir la couleur ?).

Sans doute certains de ces auteurs déclarent-ils vouloir « dépoussiérer » la courtoisie – objectif ambitieux, d'ailleurs commun à tous ceux qui ont entrepris d'écrire sur la question depuis au moins un siècle. L'étiquette sexuelle, explique ainsi la journaliste Sylvie Saint-Pierre, se propose de revisiter les bases de la courtoisie à l'ère des aventures d'un soir, des rencontres sur Internet, des soirées fétichistes et des couples « ouverts ». Néanmoins, il ne s'agit en rien d'une mutation révolutionnaire : mais simplement, de l'application, telle que certains peuvent l'imaginer, des règles « modernisées » du savoir-vivre courant aux rapports sexuels. Le seul changement notable consiste, on l'a vu, en une « normalisation » de ces rapports.

Sexualités et tolérance

Parallèlement à l'irruption du savoir-vivre dans les rapports amoureux, effet paradoxal mais certain de leur libéralisation, la politesse tend en effet, à en croire les auteurs précités, à gouverner les relations que l'on peut avoir avec ceux qui pratiquent des sexualités « alternatives » ; sexualités jadis honteuses ou interdites, mais aujourd'hui affichées, et bénéficiant d'une tolérance obligatoire qui oblige à les considérer comme « normales ».

Outre-Atlantique et dans le monde anglo-saxon, très en pointe en ce domaine, cette revendication va très loin : puisque tout comportement laissant supposer qu'on les considère autrement pourrait être perçu comme intolérant, et discourtois. Sasha Van Bon Bon, qui signe une chronique sur la sexualité dans le *Mirror*, raconte ainsi avoir assisté à un mariage accompagnée d'un ami transgenre. Après la cérémonie, une dame se précipite vers lui en s'exclamant : « Oh mon Dieu ! Mais vous avez changé de sexe ! » « La façon dont elle s'est comportée était clairement inappropriée, commente, outrée, la « sexperte » londonienne. C'est étonnant comme les gens manquent de civisme, lorsqu'ils sont confrontés à des situations qui les mettent mal à l'aise. » Manifestement, « shocking » et « comme il faut » ont (eux aussi) changé de côté, dociles aux injonctions du politiquement correct.

En France, les choses n'en sont pas encore arrivées à ce point : on ne va pas jusqu'à se scandaliser de tels comportements. Mais ceci n'empêche pas les manuels de savoir-vivre les plus récents de faire une large place aux sexualités alternatives, à l'instar de Nadine de Rothschild, qui consacre dans les dernières éditions de son *Savoir-Vivre au XXI*e *siècle* un chapitre entier à la question de l'homosexualité.

Ce qu'elle appelle « le savoir-vivre des amours homosexuelles » recouvre à la fois le savoir-vivre des homosexuels, celui qu'ils doivent respecter entre eux et vis-à-vis de l'extérieur, et le comportement que l'on doit adopter à leur égard. Pour ce qui est du premier, la baronne leur conseille la discrétion, forme classique du respect puisqu'il s'agit, au fond, de ne pas gêner les autres. « Tant que vous habitez sous le toit familial, n'affichez pas vos penchants par des tenues extravagantes, des bijoux, des amitiés exclusives. Comportez-vous le plus discrètement possible. En présence de vos parents, n'ayez à l'égard de votre ami aucun geste qui puisse les choquer. » De même, dans votre milieu professionnel, au bureau ou ailleurs, « ne cherchez pas la provocation par vos propos ou par une tenue vestimentaire différente ». Au fond, le savoir-vivre d'un ou d'une homosexuel(le), caractérisé par la discrétion et le respect de l'autre, ne se distingue en rien de celui d'un ou d'une hétérosexuel(le). En revanche, l'homosexuel a des droits particuliers, et notamment, estime la baronne, celui de ne pas admettre les marques d'intolérance. « Avec vos amis : vivez dans la clarté. Présentez leur vôtre, ou vos compagnons. S'ils manifestent de la gêne, il vous faudra soit attendre qu'ils s'habituent à vos fréquentations, soit chercher des amis libérés des vieux préjugés.[57] » Car à leur égard, les hétérosexuels doivent eux aussi se montrer aussi discrets et tolérants que possible : « Si vous invitez un couple d'hommes ou de femmes homosexuels, vous leur adressez deux cartons d'invitation, même s'ils partagent le même domicile. Si vous les recevez en week-end, vous prévoyez deux chambres. À moins que le couple ne vous ait annoncé son union, rien dans votre comportement ne doit laisser deviner que ces deux amis vivent ensemble. » Ultime trace de réprobation bourgeoise à l'égard d'une sexualité marginale ? Même pas, puisqu'il en irait de même s'il s'agissait d'un couple de concubins ou d'amants hétérosexuels : sur ce plan, on ne marque aucune différence, on fait, très exactement, comme si de rien n'était.

C'est dans le cadre de groupes beaucoup plus restreints que l'on va voir apparaître des règles nouvelles. Les naturistes, par exemple, insistent sur l'importance capitale du savoir-vivre, perçu non sans raison comme la seule frontière tangible séparant ce que leurs théoriciens décrivent comme « une nouvelle phase du développement de la sociabilité » (Alain Delcamp), d'un exhibitionnisme de masse ou d'un voyeurisme industrialisé. « La nudité collective conduit à éviter spontanément toute attitude choquante, tout geste inconvenant, toute tentative déplacée. Le comportement de chacun demeure correct [...] en toutes circonstances », explique le site officiel de la Fédération française de naturisme[58]. Les différents groupes naturistes insistent donc régulièrement sur l'importance cruciale de ces obligations, allant jusqu'à parler d'une « éthique naturiste ». Ce n'est pourtant pas précisément ainsi que semble l'avoir vécu un personnage mis en scène par le romancier Benoît Duteurtre qui, obligé de traverser tout habillé une plage naturiste, suscite chez les vacanciers une réaction peu amène : « Quelques-uns éclatent de rire. D'autres sont plus agressifs. Une voix crie : "Pas de voyeurs ici ! À poil, comme tout le monde"[59] ! »

Toutefois, il est vrai que ces communautés restreintes, relativement homogènes et porteuses d'un sentiment d'identité collective longtemps entretenu par leur marginalisation, peuvent, et d'ailleurs, doivent impérativement, pour survivre, imposer à leurs membres des normes de bienséance spécifiques. Mi-sérieux, mi-ironique, le Bruno des *Particules élémentaires* de Michel Houellebecq décrit ainsi les dunes de Marseillan-plage, vouées à la sexualité la plus débridée, comme « le lieu adéquat d'une proposition humaniste visant à maximiser le plaisir de chacun sans créer de souffrance morale insoutenable chez personne ». Entre échangisme et orgie en plein air, les activités qui s'y pratiquent sont marquées, affirme-t-il, par « l'extrême correction des participants masculins » : « Lorsqu'une femme souhaite se soustraire à une caresse non désirée, elle l'indique très simplement, d'un signe de tête – provoquant aussitôt, chez l'homme, des excuses cérémonieuses et presque comiques. » Ce qui surprend, conclut Bruno, « c'est que des activités sexuelles aussi diversifiées [...] puissent se dérouler sans engendrer la moindre violence, ni même le plus léger manquement à la courtoisie »[60].

Tel est aussi le sentiment que suscite un autre best-seller (quasi) autobiographique, *La Vie sexuelle de Catherine M.*, dont l'auteur déclare, non sans une certaine complaisance il est vrai, que « sauf au Bois – et encore ! [...], on ne se mêle pas sans s'être auparavant salué, sans avoir respecté une distance de transition où quelques mots s'échappent[61] ». Avant le coït, l'animal reste bien élevé ; ensuite...

Conclusion

On a évoqué, au tout début de cet ouvrage, la différence, réelle ou supposée, qui existe au XIXe siècle entre le savoir-vivre à la française, marqué par la tradition monarchique et par la volonté d'exorciser le traumatisme révolutionnaire, et les manières plus frustes en usage, à l'époque, aux États-Unis : des manières dont le caractère sommaire, sinon brutal, se réclament parfois explicitement du principe démocratique. En démocratie, en effet, dans un régime dominé par l'individualisme, l'égalitarisme et la liberté, les délicatesses du savoir-vivre à la française sont perçues comme les restes abjects de l'hypocrisie, de la subordination et du despotisme.

Ce dédain républicain à l'égard des bienséances trouve à l'époque un écho chez Tocqueville, qui, de retour des États-Unis, consacre un chapitre de *La Démocratie en Amérique* à « Quelques réflexions sur les manières américaines » : « Dans les pays démocratiques, écrit-il autour de 1840, les manières ont d'ordinaire peu de grandeur, parce que la vie privée y est fort petite. Elles sont souvent vulgaires, parce que la pensée n'y a que peu d'occasions de s'y élever au-delà de la préoccupation des intérêts domestiques. La véritable dignité des manières consiste à se montrer toujours à sa place, ni plus haut ni plus bas ; cela est à la portée du paysan comme du prince. Dans les démocraties, toutes les places paraissent douteuses ; d'où il arrive que les manières, qui y sont souvent orgueilleuses, y sont rarement dignes. De plus, elles ne sont jamais ni bien réglées ni bien savantes. Les hommes qui vivent dans les démocraties sont trop mobiles pour qu'un certain nombre d'entre eux parviennent à établir un code de savoir-vivre. » On conçoit mal, estime cet étrange légitimiste démocrate, l'émergence et la pratique d'une politesse consistante en l'absence de groupes sociaux suffisamment stables, constitués et hiérarchisés pour en énoncer les règles et pour les sanctionner. À l'inverse, en démocratie, et spécialement, dans ce qui est à l'époque la seule république importante du monde civilisé, chacun agit « à peu près à sa guise, et il y règne toujours une certaine incohérence dans les manières, parce qu'elles se conforment aux sentiments et aux idées individuelles de chacun, plutôt qu'à un modèle idéal donné d'avance à l'imitation de tous ».

Sur ce plan comme sur tant d'autres, ce qui frappe le lecteur du XXIe siècle chez Tocqueville, c'est sa finesse d'analyse, et la prescience qu'elle lui confère : avec un siècle et demi d'avance, il semble avoir tout compris, et (presque) tout prévu. Une prescience qui, lorsqu'il décrit l'état des manières dans des sociétés récemment devenues démocratiques, lui fait deviner et retracer, en quelques mots, le destin du savoir-vivre en France, et plus précisément, son état présent : « On se souvient encore qu'il a existé un code précis de la politesse ; mais on ne sait déjà plus ni ce qu'il contient ni où il se trouve. Les hommes ont perdu la loi commune des manières, et ils n'ont pas encore pris parti de s'en passer ; de telle sorte que les manières n'ont ni la régularité ni la grandeur qu'elles font souvent voir chez les peuples aristocratiques, ni le tour simple et libre qu'on leur remarque quelquefois dans la démocratie ; elles sont tout à la fois gênées et sans-gêne. »[1]

Toutefois, la méditation de Tocqueville permet aussi de comprendre que l'histoire des idées et le destin des mœurs ou des représentations n'est pas le résultat mécanique de causalités simples et prévisibles ; il n'y a pas de déterminisme, pas plus qu'il n'existe de sens de l'évolution, ou du moins, de sens unique. Le savoir-vivre, comme l'ensemble des valeurs et des principes qui s'y rattachent, a connu, depuis la Révolution, des hauts et des bas ; rien n'est donc joué, rien n'est jamais sûr, ni le pire ni le meilleur. L'avenir reste à écrire : telle est peut-être la seule certitude que puisse nous offrir une histoire de la politesse.

Notes

Introduction

1. A. Karr, *Une poignée de vérités*, Michel Lévy frères, 1866, p. 303.
2. J. Perret, « La France vue par un Français », *Savoir-Vivre international*, ODE, 1951, p. 14, 18 et 20.
3. J. Boulenger, *Les Dandys*, Calmann-Lévy, 1932, p. 191.
4. H. de Balzac, « Des mots à la mode », *Œuvres diverses*, t. II, Louis Connard, 1938, p. 34.

Introduction de la première partie

1. A. Goujon, *Manuel de l'homme de bon ton, ou Cérémonial de la bonne société*, Parmantier et Audin, 3e éd., 1825, p. 2.
2. Mme de Genlis, *Mémoires*, Mercure de France, 2004, p. 334.
3. Cl. de La Colombière, *Réflexions chrétiennes*, Lyon, Anisson, Posuel et Rigaud, 3e éd., 1689.

Chapitre I (Une offensive violente)

1. Cité dans J.-F. Kasson, *Les Bonnes Manières, savoir-vivre et société aux États-Unis*, Belin, 1993, p. 83.
2. L.-A. de Saint-Just, *Fragments sur les institutions républicaines*, UGE, 1963, p. 144.
3. L.-M. Henriquez, *Principes de civilité républicaine, dédiés à l'enfance et à la jeunesse, sous les auspices de Jean-Jacques Rousseau*, Hugard, an III de la République, p. 37.
4. J.-J. Rousseau, « Discours si le rétablissement des sciences et des arts a contribué à épurer les mœurs », *Du contrat social*, Garnier Frères, 1962, p. 4 *sq.*

5. *Le Père Duchesne*, rééd. EDHIS, 1969, t. VII, n° 201, 1792, p. 5.

6. L.-M. Henriquez, *Principes*, *op. cit.*, p. 80.

7. *Secrétaire des républicains, ou Nouveaux Modèles de lettres sur différents sujets*, Barba, 1793, p. 75-76.

8. Gerlet, *Pensées républicaines pour tous les jours de l'année, à l'usage, surtout, des enfants*, Le Petit, an II de la République, p. 55, p. 60-61.

9. M. Robespierre, *Textes choisis*, éd. J. Poperen, Éditions sociales, 1958, t. III, p. 112 *sq*.

10. Cité dans P. Caron, *Paris pendant la Terreur, Rapports des agents secrets du ministre de l'Intérieur*, Librairie Alphonse Picard et fils, 1914, t. II, p. 259.

11. Cité dans L. Gallois, *Histoire des journaux et des journalistes de la Révolution française*, Bureaux de la Société de l'industrie fraternelle, 1845, t. I, p. 565.

12. *Ibid.*, p. 575.

13. F.-A. Aulard, « Le tutoiement pendant la Révolution », *La Révolution française*, t. XXXIV, février 1898, p. 481.

14. C*** B***, « Sur l'influence des mots et le pouvoir de l'usage », *Le Mercure national*, 14 décembre 1790, p. 1813-1814.

15. F.-A. Aulard, « Le tutoiement », art. cit., p. 482.

16. J. Michelet, *Les Femmes de la Révolution*, A. Delahays, 1855, p. 191.

17. A. Soboul, *Les Sans-Culottes parisiens en l'an II. Mouvement populaire et gouvernement révolutionnaire, 2 juin 1793-9 Thermidor an II*, Clavreuil, 1958, p. 655.

18. *Le Moniteur*, cité dans A. Soboul, *Les Sans-Culottes*, Le Seuil, « Points », 1979, p. 215.

19. Dorvigny, *La Parfaite Égalité, ou les Tu et Toi*, Barba, an III.

20. Cité dans l'avertissement à *ibid.*, p. 3.

21. Cf. Ph. Wolff, *Vous, une histoire internationale du vouvoiement*, Toulouse, Signes du monde, 1993, p. 213.

22. Rapport de pourvoyeur, cité dans P. Caron, *Paris pendant la Terreur*, *op. cit.*, t. I, 1910, p. 409.

23. Cité dans A. de Baecque, F. Mélonio, *Lumières et Liberté*, Le Seuil, 2004, p. 205.

24. Cité dans J. Robiquet, *La Vie quotidienne au temps de la Révolution*, Librairie Hachette, 1938, p. 64-65.

25. Cité dans F. Brunot, *Histoire de la langue française*, Armand Colin, 1937, t. IX, 2e partie, p. 683.

26. *Ibid.*, p. 684.

27. Cité dans J. Robiquet, *La Vie quotidienne au temps de la Révolution*, *op. cit.*, p. 67.

28. M. Robespierre, *Textes choisis*, *op. cit.*, t. III, p. 175.

29. A. Soboul, *Les Sans-Culottes*, *op. cit.*, p. 408.

30. *Ibid.*, p. 701.

31. Saint-Just, *Fragments sur les institutions républicaines*, *op. cit.*, p. 158.

32. O. de Gouges, *Œuvres*, Mercure de France, 1986, p. 101.

33. *Épîtres et évangiles du Républicain, pour toutes les décades de l'année, à l'usage des jeunes sans-culottes*, Nouvelle éd., Troyes, A. André [s.d.], p. 48.

34. *Secrétaire des républicains*, *op. cit.*, p. 89 et 91.

35. J. Michelet, *Les Femmes*, *op. cit.*, p. 309-310.

36. Ph. Buonarotti, *Conspiration pour l'égalité*, Éditions sociales, 1957, t. I, p. 204, p. 164.

37. Cité dans P. Caron, *Paris pendant la Terreur*, *op. cit.*, t. III, p. 363.

38. *Secrétaire des républicains*, *op. cit.*, p. 72 et 10-12.

39. E. et J. de Goncourt, *Histoire de la société française pendant le Directoire*, Charpentier, nouvelle éd., 1898, p. 196.

40. P. Caron, *Paris pendant la Terreur*, *op. cit.*, t. II, p. 101.

41. *Ibid.*, p. 125 ; de même, rapport Dugas, 2 janvier, p. 135.

42. Cf. P. Caron, *Paris pendant la Terreur*, *op. cit.*, t. III, p. 255.

43. Gerlet, *Pensées républicaines*, *op. cit.*, p. 94 et p. 97.

44. Prévost, *Véritable Civilité républicaine à l'usage des citoyens des deux sexes, présentée à la Convention nationale*, Rouen, Imprimerie Pierre Lecompte, an II de la République, p. 39.

45. *Secrétaire des républicains*, *op. cit.*, p. 85.

46. Cité dans A. Soboul, *Les Sans-Culottes parisiens en l'an II*, *op. cit.*, p. 658.

47. *Le Père Duchesne*, n° 311.

48. Prévost, *Véritable Civilité républicaine*, *op. cit.*, p. 3.

49. Docteur Faust, *De quelques idées sur un vêtement uniforme et raisonné à l'usage des enfants*, Strasbourg, 2e éd., 1792, p. 40.

50. Prévost, *Véritable Civilité républicaine*, *op. cit.*, p. 3 et p. 4.

51. Cité dans N. Pellegrin, *Les Vêtements de la liberté*, Aix-en-Provence, Alinéa, 1989, p. 73.

52. *Ibid.*, p. 98.

53. Cité dans P. Caron, *Paris pendant la Terreur*, *op. cit.*, t. II, p. 320, et t. III, p. 284.

54. Prévost, *Véritable Civilité républicaine*, *op. cit.*, p. 1-2.

55. L.-M. Henriquez, *Principes de civilité*, *op. cit.*, p. 8.

56. Rapport Latour-Lamontagne, cité dans P. Caron, *Paris pendant la Terreur*, *op. cit.*, t. II, p. 68.

57. Cité dans N. Pellegrin, *Les Vêtements de la liberté*, *op. cit.*, p. 85.

58. E. de Goncourt, *L'Amour au XVIIIe siècle*, Dentu, 1875, p. 17, 18 et 61.

59. Cf. J.-C. Bologne, *Histoire de la pudeur*, O. Orban, 1986, p. 72-75.

60. Cité dans Ph. Buonarotti, *Conspiration pour l'égalité*, *op. cit.*, t. I, p. 49.

61. Prévost, *Véritable Civilité républicaine*, *op. cit.*, p. 2.

62. *Adresse de la Convention nationale au peuple français*, 16 prairial an II, p. 6.

63. Prévost, *Véritable Civilité républicaine*, *op. cit.*, p. 7.

64. Cf. A. Soboul, *Les Sans-Culottes parisiens en l'an II*, *op. cit.*, p. 409.

Chapitre 2 (Un feu de paille)

1. *Ibid.*, p. 657.
2. Prieur de la Côte-d'Or, *Adresse de la Convention nationale au peuple français, op. cit.*, p. 5-6.
3. *Rapport sur la nécessité et les moyens d'anéantir les patois, et d'universaliser l'usage de la langue française*, séance du 16 prairial an II, Imprimé sur ordre de la convention nationale, an II, p. 7
4. Cf. F. Brunot, *Histoire de la langue française, op. cit.*, t. IX, 2ᵉ partie, p. 686.
5. Gerla, *Rapport sur la proposition d'abolir l'usage des mots sieur et monsieur dans les lettres de change*, De l'Imprimerie nationale, germinal an VI, p. 3 et 5.
6. *Second rapport sur les anciennes qualifications*, De l'Imprimerie nationale, thermidor an VI, p. 5 et 8-9.
7. F. Brunot, *Histoire de la langue française, op. cit.*, p. 687.
8. *Tous les partis dévoilés*, C.F. Patris, 27 fructidor an III, p. 1.
9. A. Soboul, *Les Sans-Culottes parisiens en l'an II, op. cit.*, p. 657.
10. J.-F. Laharpe, *Lycée ou Cours de littérature ancienne et moderne*, Agasse, an XII, t. IV, p. 201.
11. L.-M. Henriquez, *Principes de civilité républicaine, op. cit.*, p. 13.
12. L.-M. Henriquez, *La Dépanthéonisation de J.-P. Marat*, Prévost [s.d.] (1794).
13. L.-M. Henriquez, *Principes de civilité républicaine, op. cit.*, p. 38, p. 8.
14. J.-F. Laharpe, *Lycée ou Cours de littérature ancienne et moderne, op. cit.*, t. VIII, p. 15 et p. 6.
15. E. et J. de Goncourt, *Histoire de la société, op. cit.*, p. 169-171.
16. *Le Ton de la bonne compagnie, ou Règles de la civilité à l'usage des personnes des deux sexes*, Rondonneau, an X-1802, p. 4, p. 6-7.
17. J.-B. Costard, *L'Homme de bonne compagnie, ou l'art de plaire dans la société*, Leprieur, an XIII-1805 p. 61, p. 125.
18. Cité dans J.-P. Bertaud, *Quand les enfants parlaient de gloire. L'armée au cœur de la France de Napoléon*, Aubier, 2006, p. 103.
19. *Ibid.*, p. 112-113.
20. *Ibid.*, p. 114.
21. J.-F. Kasson, *Les Bonnes Manières..., op. cit.*, p. 39-40.
22. Ch. Baudelaire, Préface à E. A. Poe, *Histoires extraordinaires*, M. Lévy, 1857, nouvelle éd., p. x.
23. *Domestic Manners of the Americans*, New York, Knopf, 1949, p. 186 ; éd. fr. : Baudry, 1832.
24. H. Taine, *Vie et opinions de M. Frédéric-Thomas Graindorge*, Hachette, 1867, p. 119.
25. *Our Manners at Home and Abroad, a Complete Manual on the Manners, Customs and Social Forms of the Best American Society*, 1883, cité dans J.-F Kasson, *Les Bonnes Manières..., op. cit.*, p. 81-82.

26. *How to behave, Pocket Manual of Republican Etiquette*, cité *ibid.*, p. 57.

27. *Conkling, Américan gentleman's guide*, 1857, cité *ibid.*, p. 79 ; dans le même sens, les remarques de Andrew Saint-George, *The Descent of Manners, Etiquette, Rules and the Victorians*, Londres, Chatto and Windus, 1993, p. 160.

28. *Letters from the Earth*, cité dans J.-F. Kasson, *Les Bonnes Manières..., op. cit.*, p. 85.

29. M. Twain, *Un pari de milliardaires*, trad. F. de Grail, Mercure de France, 1905, p. 32-33.

30. Cité dans J.-F. Kasson, *Les Bonnes Manières..., op. cit.*, p. 84.

31. Préface à E. A Poe, *Nouvelles Histoires extraordinaires*, M. Lévy, 1859, p. XIV.

32. F. Giraudeau, *La Cité nouvelle*, Amyot, 1868, p. 28.

33. E. Renan, « La monarchie constitutionnelle en France », in *La Réforme intellectuelle et morale*, Michel Lévy frères, 1872, p. 280.

34. H. de Balzac, *Lettres à Mme Hanska*, Les bibliophiles de l'originale, 1971, t. IV, p. 212.

35. A. Chenu, *Les Conspirateurs*, Garnier Frères, 9e éd., 1850, p. 87 et 92.

36. Cité dans *Histoire illustrée de six ans de guerre et de révolution*, Librairie illustrée [s.d.] (1876), p. 588.

37. E. et J. de Goncourt, *Journal*, Robert Laffont, « Bouquins », 1989, II, p. 416 et 431.

38. Cité dans M. Crapez, *La Gauche réactionnaire*, Berg international, 1997, p. 44.

Introduction de la deuxième partie

1. *Dictionnaire des usages du monde*, Mongie-Ainé, 1818, t. I, p. 75.

2. *Code de la politesse, ou guide des jeunes gens dans le monde*, par M. B..., Veuve Gueffier, 1808, p. VI.

3. N. Élias, *La Société de Cour*, Flammarion, 1985, p. 63-64.

4. Mme de Genlis, *Souvenirs de Félicie L****, Maradon, an XII-1804, p. 319.

5. N. Élias, *La Société de Cour, op. cit.*, p. 65.

6. Cf. M. Reinhard, A. Armengaud, J. Dupaquier, *Histoire générale de la population mondiale*, Montchrestien, 1968, p. 345 *sq*.

7. Cf. A. Daumard, in F. Braudel, E. Labrousse, *Histoire économique de la France*, PUF, 1979, t. I, p. 51.

8. Sur cette littérature, on se reportera à Michel Lacroix, *De la politesse, essai sur la littérature du savoir-vivre*, Julliard, 1990, à Alain Montandon (dir.), *Pour une histoire des manuels de savoir-vivre en Europe*, Clermont-Ferrand, Association des publications de la faculté des lettres et sciences humaines, 1994, ainsi qu'au catalogue en deux volumes réunis par ce dernier : Alain Montandon (dir.), *Bibliographie des traités de savoir-vivre en Europe, du Moyen Âge à nos jours*, Clermont-

Ferrand, Association des publications de la faculté des lettres et sciences humaines de Clermont-Ferrand, 1995.

9. *La Politesse qui régnait à l'ancienne Cour de France comparée au ton de la Cour de Bonaparte*, Renand, 1814, p. 7.

10. *Chansons de P.-J. Béranger*, Perrotin, 1866, p. 65.

11. Cf. J. Boulenger, *Les Dandys*, *op. cit.*, p. 18.

12. H. de Balzac, *Autre étude de femme*, *Œuvres*, Gallimard, « Bibliothèque de la Pléiade », 1952, t. III, p. 205.

13. Cf. R. Muchembled, *La Société policée, politique et politesse en France du XVIe au XXe siècle*, Le Seuil, p. 219.

Chapitre 3 (L'étiquette intime)

1. A. de Fouquières, *Cinquante ans de panache*, Pierre Horay, 1951, p. 39.

2. Mme Celnart, *Nouveau manuel complet de la bonne compagnie, ou guide de la politesse et de la bienséance*, nouvelle éd., Roret, 1838, p. 31-35.

3. Mme d'Alq, *Le Savoir-Vivre en toutes les circonstances de la vie, librairie de la famille*, François Ebhardt, 24e éd., 1879, p. 209.

4. Ph. Perrot, *Les Dessus et les Dessous de la bourgeoisie, une histoire du vêtement au XIXe siècle*, Bruxelles, Complexe, 1984, p. 169.

5. *Le Diable rose*, n° 4, t. 3, 20 juillet 1862.

6. A. Franklin, *La Vie privée, les magasins de nouve*autés, t. II, Plon, 1895, p. 12.

7. Baronne Staffe, *Usages du monde*, Havard, 1891, p. 336.

8. Cf. G.-L. Pringué, *Trente ans de dîners en ville*, Éditions Revue Adam, 1948, p. 42.

9. Cité dans A. Franklin, *Les Salons de Paris*, *op. cit.*, t. II, p. 253.

10. *Mémoires sur la vie privée de Marie-Antoinette*, Mongie-Aîné, 1823, t. III, p. 62.

11. G. Guénot-Lecointe, *Physiologie du gant*, Desloges, 1841, p. 86, 84.

12. A. Dumas, *Mes Mémoires*, Calmann Lévy, 1886, t. II, p. 182.

13. Baronne Staffe, *Usages du monde*, *op. cit.*, p. 337.

14. G. Guénot-Lecointe, *Physiologie du gant*, *op. cit.*, p. 85.

15. *Revue anecdotique*, 1858, vol. VII, p. 551.

16. E. Marsan, *Les Cannes de Monsieur Paul Bourget et le bon choix de Philinte, Petit manuel de l'homme élégant*, Le Divan, 1924, p. 89.

17. Ph. Perrot, *Les Dessus et les Dessous de la bourgeoisie*, *op. cit.*, p. 172-173.

18. *Ibid.*, p. 168.

19. *Code de la mode*, chez l'auteur, rue Scribe, 1866, p. 85 et 70.

20. Mme d'Alq, *Le Savoir-Vivre en toutes les circonstances de la vie*, *op. cit.*, p. 211.

21. H. Despaigne, *Code de la mode*, chez l'auteur, rue Scribe, 1866, p. 59.

22. Mme Celnart, *Nouveau manuel complet de la bonne compagnie*, *op. cit.*, p. 22.

23. *Ibid.*, p. 60-61.

24. Baronne Staffe, *Usages du monde*, *op. cit.*, p. 80.

25. Comtesse de Gencé, *Savoir-Vivre et usages mondains*, Bibliothèque des ouvrages pratiques [s.d.] (1907), p. 239.

26. Comtesse Drohojowska, *De la politesse et du bon ton, ou des devoirs d'une femme chrétienne dans le monde*, 2e éd., V. Sarlit, 1860, p. 110.

27. Ph. Perrot, *Les Dessus et les Dessous de la bourgeoisie*, *op. cit.*, p. 182.

28. Mme d'Alq, *Le Savoir-Vivre en toutes les circonstances de la vie*, *op. cit.*, p. 214.

29. Comtesse de Bassanville, *La Science du monde, politesse, usages, bien-être*, J. Lecoffre, 1859, p. 8.

30. Mme d'Alq, *Le Savoir-Vivre en toutes les circonstances de la vie*, *op. cit.*, p. 216.

31. Baronne Staffe, *Usages du monde*, *op. cit.*, p. 334.

32. *Agenda de la baronne Staffe, 1897*, Havard, 1897, p. 73 ; de même, « De la mode et du bon goût », *Le Messager des modes et de l'industrie*, n° 2, t. I, 1853. Sur l'évolution des goûts et des règles en la matière, cf. A. Corbin, *Le Miasme et la Jonquille*, Flammarion, « Champs », 1986, p. 226 *sq.*

33. *Ibid.*, p. 51.

34. Cité dans Ph. Perrot, *Les Dessus et les Dessous de la bourgeoisie*, *op. cit.*, p. 189.

35. Cité *ibid.*, p. 201.

36. L. Verardi, *Almanach de la politesse, Nouveau guide pour se conduire dans le monde*, Passard, 1853, p. 96.

37. *La Vie élégante à Paris*, cité dans Ph. Perrot, *Les Dessus et les Dessous de la bourgeoisie*, *op. cit.*, p. 203.

38. A. de Fouquières, *De l'art, de l'élégance, de la charité*, Fontemoing, 1910, p. 136.

39. G. Flaubert, *Madame Bovary*, Michel Lévy Frères, 3e éd., 1857, p. 39.

40. *Ibid.*, p. 40-41.

41. *L'Univers illustré* du 27 avril 1889, p. 258.

42. H. de Balzac, *Physiologie de la toilette*, *Œuvres diverses*, *op. cit.*, p. 47.

43. *Ibid.*

44. Ph. Perrot, *Les Dessus et les Dessous de la bourgeoisie*, *op. cit.*, p. 208 *sq.*

45. H. de Balzac, *Physiologie de la toilette*, *op. cit.*, p. 47-48.

46. G.-L. Pringué, *Trente ans de dîners en ville*, Éditions Revue Adam, 1948, p. 18.

47. G. Fraisse, M. Perrot, in G. Duby, M. Perrot, *Histoire des femmes en Occident*, Plon, 1991, t. IV, p. 13.

48. Baronne Staffe, *Indications pratiques pour obtenir un brevet de femme chic*, Flammarion, 1907, p. 230.

49. Mme Celnart, *Nouveau Manuel complet de la bonne compagnie*, *op. cit.*, p. 134.

50. H. de Balzac, *Les Employés* [1837], *La Comédie humaine*, Le Seuil, t. IV, 1966, p. 519.

51. Baronne Staffe, *Indications pratiques pour obtenir un brevet de femme chic*, *op. cit.*, 1907, p. 230.

52. Mme Celnart, *Nouveau manuel complet de la bonne compagnie*, *op. cit.*, p. 267-268.

53. Comtesse de Gencé, *Savoir-Vivre et usages mondains*, *op. cit.*, p. 11-12.

54. Mme Celnart, *Nouveau Manuel complet de la bonne compagnie*, *op. cit.*, p. 270.

55. E. Marsan, *Savoir vivre et savoir s'habiller*, Éditions de France, 1926, p. 178.

56. Cité dans L. Daudet, *Paris vécu*, 1re série, Rive droite, 1929, p. 109.

57. Comtesse de Gencé, *Savoir-Vivre et usages mondains*, *op. cit.*, p. 5.

58. Baronne Staffe, *Usages du monde*, Éditions 1900, 1989, p. 104.

59. Baronne Staffe, *Indications pratiques pour obtenir un brevet de femme chic*, *op. cit.*, p. 78.

60. Baronne Staffe, *Usages du monde*, *op. cit.*, p. 103.

61. *Dictionnaire de l'étiquette*, *op. cit.*, t. II, p. 347.

62. M. Barrès à A. de Noailles, lettre du 6 août 1903, in *Correspondance*, L'Inventaire, 1994, p. 29.

63. G. Legouvé, *Le Mérite des femmes*, Camuzeaux, 1835, p. XLVII.

64. *Le Conseiller des dames, journal d'économie domestique et de travaux d'aiguille*, 1847-1848, t. I, p. 1.

65. Comtesse de Gencé, *Code mondain de la jeune fille*, Bibliothèque des ouvrages pratiques, 1909, p. 32.

66. Cité dans Madame de Saint El..., *Les Femmes au XIXe siècle*, Philippe Libraire, 1828, p. 102-103.

67. Baronne Staffe, *Usages du monde*, *op. cit.*, p. 226.

68. Mme Celnart, *Nouveau manuel complet de la bonne compagnie*, *op. cit.*, p. 49.

69. Comtesse Drohojowska, *Conseils à une jeune fille sur les devoirs à remplir dans le monde*, Lyon, Périsse, 1853, p. 98.

70. Marquise de Pompeillan, *Usages du monde dans la société moderne, le guide de la femme du monde*, Pontet-Brault, 1898, p. 228.

71. Comtesse de Gencé, *Code mondain de la jeune fille*, *op. cit.*, p. 32, p. 228.

72. A. Corbin, in Ph. Ariès, G. Duby, *Histoire de la vie privée*, Le Seuil, 1987, t. IV, p. 540.

73. Cf. A. Montandon, « Civilités érotiques », in *Civilités extrêmes*, Clermont-Ferrand, Association publication faculté Clermont-Ferrand, 1997, p. 115 *sq.*

74. *Dictionnaire de l'étiquette*, t. II, *op. cit.*, p. 75-76.

75. Cf. A. Corbin, in Ph. Ariès, G. Duby, *Histoire de la vie privée*, *op. cit.*, p. 544.

76. Cf. *L'Univers illustré*, 9 février 1889, p. 84.

77. P. Bourget, *Physiologie de l'amour moderne*, Lemerre, 1891, p. 148, 149 et 164.

78. A. Corbin, in Ph. Ariès, G. Duby, *Histoire de la vie privée*, *op. cit.*, p. 540.

79. E. et J. de Goncourt, *Journal*, *op. cit.*, t. II, p. 510, p. 1089.

80. Mme Celnart, *Nouveau manuel complet de la bonne compagnie*, *op. cit.*, p. 25.

81. M. Chambon, *Dictionnaire du savoir-vivre*, Lethielleux, 1907, p. 390.

82. Cités dans A. Tolédano, *La Vie de famille sous la Restauration et la monarchie de Juillet*, Albin Michel, 1943, p. 116, p. 120, p. 123.

83. E. et J. de Goncourt, *Journal*, *op. cit.*, t. II, p. 223.

84. Lettre du 15 mai 1847, *Lettres à Mme Hanska*, *op. cit.*, t. IV, p. 6.

85. A. Raymond, *Le Savoir-Vivre, les usages, le monde*, Bibliothèque de la maîtresse de maison, Librairie de Paris, 1909, p. 83.

86. Cité dans Abbé Mugnier, *Journal*, Mercure de France, 1995, p. 296.

87. A. Raymond, *Le Savoir-Vivre et les Usages du monde*, *op. cit.*, p. 83.

88. Marquise de Pompeillan, *Guide de la femme du monde*, *op. cit.*, p. 149.

89. Baronne Staffe, *Usages du monde*, 1989, p. 347.

90. Mme Celnart, *Nouveau Manuel complet de la bonne compagnie*, *op. cit.*, p. 23-24.

Chapitre 4 (En famille)

1. Mme d'Alq, *Le Savoir-Vivre en toutes les circonstances de la vie*, *op. cit.*, p. 20-22.

2. J.D. Wyss, *Le Robinson suisse*, précédée d'une introduction de Charles Nodier, Lavigne, 1843, p. III.

3. A. Fremy, *Les Gens mal élevés*, Michel Lévy, 1868, p. 52, 53, 281 et 286.

4. Lady Blessington, *The Idler in France*, cité dans A. D. Tolédano, *La Vie de famille*, *op. cit.*, p. 175-176.

5. H. de Balzac, *L'Interdiction*, *Œuvres*, Gallimard, « Bibliothèque de la Pléiade », t. III, p. 78.

6. Mme d'Alq, *Le Savoir-Vivre en toutes les circonstances de la vie*, *op. cit.*, p. 18-19.

7. *Ibid.*, p. 20.

8. *Ibid.*, p. 22.

9. Comtesse de Gencé, *Savoir-Vivre et usages mondains*, *op. cit.*, p. 25.

10. Mme d'Alq, *Le Savoir-Vivre en toutes les circonstances de la vie*, *op. cit.*, p. 26, p. 25.

11. Comtesse de Gencé, *Savoir-Vivre et usages mondains*, *op. cit.*, p. 28.

12. *Du savoir-vivre en France au XIXe siècle, ou instructions d'un père à ses enfants*, 4e éd., Strasbourg, Berger-Levrault, 1853, p. 157.

13. Comtesse Dash, *Comment on fait son chemin dans le monde, code du savoir-vivre*, Michel Lévy frères, 1868, p. 129.

14. Mme Celnart, *Nouveau Manuel complet de la bonne compagnie*, *op. cit.*, p. 18.

15. A. Teyssier, *Les Enfants de Louis-Philippe et la France*, Pygmalion, 2006, p. 44.

16. *Almanach de la politesse*, Passard, 1853, p. 6.

17. Comtesse de Gencé, *Savoir-Vivre et usages mondains*, *op. cit.*, p. 24.

18. M. Chambon, *Dictionnaire du savoir-vivre*, *op. cit.*, p. 396.

19. S. Guitry, *Mon père avait raison*, La Petite Illustration théâtrale, Nouvelle série, n° 9, 10 janvier 1920, p. 4 et 11.

20. Comtesse de Gencé, *Savoir-Vivre et usages mondains*, *op. cit.*, p. 25-26.

21. L. Prudhomme, *Miroir de l'ancien et du nouveau Paris*, Prudhomme fils, 1804, t. I, p. 236.

22. *L'Art de donner à dîner, de découper les viandes, de servir les mets, de déguster les vins, de choisir les liqueurs, etc., etc.*, Urbain Canel, 1828, p. 125.

23. Cf. M. Guillemot, *8 heures, Dîners parisiens*, Société d'éditions littéraires et artistiques, 1901.

24. H. de Balzac, « Nouvelle théorie du déjeuner », *Œuvres diverses*, *op. cit.*, t. II, p. 44.

25. Cf. A. Franklin, *La Vie privée d'autrefois*, Plon, 1887-1902, p. 120.

26. A. Dumas, *Mes Mémoires*, *op. cit.*, 4e série, 1888, p. 218-219.

27. H. de Balzac, « Nouvelle théorie du déjeuner », art. cit., p. 44-45.

28. G. Flaubert, *Madame Bovary*, *op. cit.*, p. 78.

29. H. de Balzac, *Les Comédiens sans le savoir*, *Œuvres*, Gallimard, « Bibliothèque de la Pléiade », t. VII, p. 14.

30. Baronne Staffe, *Usages du monde*, *op. cit.*, p. 179.

31. Mme d'Alq, *Le Savoir-Vivre en toutes les circonstances de la vie*, *op. cit.*, p. 82.

32. J.-P. Aron, *Le Mangeur au XIXe siècle*, Denoël-Gonthier, 1976, p. 120.

33. Mme d'Alq, *Le Savoir-Vivre en toutes les circonstances de la vie*, *op. cit.*, p. 83.

34. Cf. J.-P. Aron, *Le Mangeur au XIXe siècle*, *op. cit.*, p. 198.

35. Baronne Staffe, *La Maîtresse de maison*, Havard, 29e éd., 1892, p. 201.

36. A. France, *Monsieur Bergeret à Paris*, Calmann-Lévy [s.d.], p. 2-3.

37. Baronne Staffe, *La Maîtresse de maison*, *op. cit.*, p. 239.

38. Comtesse de Gencé, *Savoir-Vivre et usages mondains*, *op. cit.*, p. 76.

39. Baronne Staffe, *Usages du monde*, *op. cit.*, p. 244.

40. *Ibid.*, p. 250.

41. Mme d'Alq, *Le Savoir-Vivre en toutes les circonstances de la vie*, *op. cit.*, p. 255.

42. Cité dans J. Picon, *Mathilde, Princesse Bonaparte*, Flammarion, 2005, p. 139.

43. Baronne Staffe, *Usages du monde, op. cit.*, p. 250.

44. Baronne Staffe, *La Maîtresse de maison, op. cit.*, p. 6.

45. P. Boucineau-Gesmon, *Domestiques et maîtres, à propos de quelques crimes récents*, E. Dentu, 1885, p. 68-69.

46. Cité dans M. Cusenier, *Les Domestiques en France*, Rousseau, 1912, p. 188.

47. P. Boucineau-Gesmon, *Domestiques et maîtres, à propos de quelques crimes récents, op. cit.*, p. 73 et 78.

48. Mlle Dufaux de la Jonchère, *Ce que les maîtres et les domestiques doivent savoir*, Garnier Frères, 1884, p. 59.

49. Baronne Staffe, *Usages du monde, op. cit.*, p. 163.

50. E. et J. de Goncourt, *Journal, op. cit.*, t. II, p. 1288.

51. *Nouveau manuel complet de l'homme de la bonne compagnie, op. cit.*, p. 27 *sq.*

52. Mlle Dufaux de la Jonchère, *Ce que les maîtres et les domestiques doivent savoir, op. cit.*, p. 361-373.

53. Comtesse de Gencé, *Savoir-Vivre et usages mondains, op. cit.*, p. 66.

54. C. Albaret, *Monsieur Proust*, Robert Laffont, 1973, p. 41.

55. Mlle Dufaux de la Jonchère, *Ce que les maîtres et les domestiques doivent savoir, op. cit.*, p. 368.

56. *Ibid.*

57. M. Cusenier, *Les Domestiques en France, op. cit.*, p. 193.

58. Mlle Dufaux de la Jonchère, *Ce que les maîtres et les domestiques doivent savoir, op. cit.*, p. 373.

59. Mme Celnart, *Nouveau Manuel complet de la bonne compagnie, op. cit.*, p. 27.

60. Comtesse Dash, *Comment on fait son chemin dans le monde, op. cit.*, p. 46.

61. Mme d'Alq, *Le Savoir-Vivre en toutes les circonstances de la vie, op. cit.*, p. 30 ; Comtesse de Gencé, *Savoir-Vivre et usages mondains, op. cit.*, p. 63.

62. Comtesse de Gencé, *Savoir-Vivre et usages mondains, op. cit.*, p. 48, p. 63.

63. Baronne Staffe, *La Maîtresse de maison, op. cit.*, p. 161-162.

64. *Guide des convenances*, Éditions de Montsouris, 1950, p. 167.

65. Mme Celnart, *Nouveau Manuel complet de la bonne compagnie, op. cit.*, p. 323.

66. L. Verardi, *Almanach de la politesse, op. cit.*, p. 160.

67. Mme d'Alq, *Le Savoir-Vivre en toutes les circonstances de la vie, op. cit.*, p. 134.

68. Comtesse de Gencé, *Savoir-Vivre et usages mondains, op. cit.*, p. 83-84.

69. Mme d'Alq, *Le Savoir-Vivre en toutes les circonstances de la vie, op. cit.*, p. 136.

70. Baronne Staffe, *Usages du monde, op. cit.*, p. 4.

71. Comtesse de Gencé, *Savoir-Vivre et usages mondains, op. cit.*, p. 88.

72. Baronne Staffe, *Usages du monde*, *op. cit.*, p. 4.

73. Tableau VII, cité dans A. Franklin, *La Vie privée d'autrefois*, Plon, 1895, p. 233.

74. Mme d'Alq, *Le Savoir-Vivre en toutes les circonstances de la vie*, *op. cit.*, p. 146 et 149.

75. Baronne Staffe, *Usages du monde*, *op. cit.*, p. 12.

76. H. Raisson, *Code civil, Manuel complet de la politesse, du ton, des manières de la bonne compagnie*, 2e éd., Roret, 1828, p. 55.

77. Baronne Staffe, *Usages du monde*, *op. cit.*, p. 22-23.

78. Mme d'Alq, *Le Savoir-Vivre en toutes les circonstances de la vie*, *op. cit.*, p. 155.

79. Baronne Staffe, *Usages du monde*, *op. cit.*, p. 25.

80. *Ibid.*, p. 27.

81. Comtesse de Gencé, *Savoir-Vivre et usages mondains*, *op. cit.*, p. 124.

82. Mme d'Alq, *Le Savoir-Vivre en toutes les circonstances de la vie*, *op. cit.*, p. 161.

83. *Ibid.*, p. 165.

84. Baronne Staffe, *Usages du monde*, *op. cit.*, p. 32.

85. H. de Balzac, *Le Contrat de mariage*, *Œuvres*, Gallimard, « Bibliothèque de la Pléiade », t. III, p. 149, 157, 171.

86. Cf. A. Martin-Fugier, *La Bourgeoise*, *Femme au temps de Paul Bourget*, Grasset, 1983, p. 46.

87. Cité *ibid.*, p. 45.

88. S. Guitry, *Un beau mariage*, L'Illustration théâtrale, n° 198, 1912, p. 32.

89. Baronne Staffe, *Usages du monde*, *op. cit.*, p. 48.

90. Mme Celnart, *Nouveau Manuel complet de la bonne compagnie*, *op. cit.*, p. 319.

91. Comtesse de Gencé, *Savoir-Vivre et usages mondains*, *op. cit.*, p. 160.

92. Baronne Staffe, *Usages du monde*, *op. cit.*, p. 49.

93. Cité dans A. Teyssier, *Les Enfants de Louis-Philippe et la France*, *op. cit.*, p. 122-123.

94. Mme Celnart, *Nouveau manuel complet de la bonne compagnie*, *op. cit.*, p. 321.

95. G. Flaubert, *op. cit.*, p. 38.

96. Comtesse de Gencé, *Savoir-Vivre et usages mondains*, *op. cit.*, p. 171.

97. Cité dans A. Martin-Fugier, *La Bourgeoise*, p. 74-75.

98. G. Flaubert, *Madame Bovary*, *op. cit.*, p. 43.

99. Cité dans A. Martin-Fugier, *La Bourgeoise*, *op. cit.*, p. 73-74.

100. G.-L.Pringué, *Trente ans de dîners en ville*, Éditions Revue Adam, 1948, p. 23.

101. Cf. A. Montandon, « L'étiquette du deuil dans les traités de savoir-vivre au XIXe siècle », in A. et C. Montandon, *Savoir-Mourir*, L'Harmattan, 1993, p. 135-137.

102. Baronne Staffe, *Usages du monde*, *op. cit.*, p. 299.

103. Cf. M.-Cl. Grassi, « Langages et pratiques du deuil : autour des faire-part et des lettres de consolation, XVIIe-XXe siècle », in A. et C. Montandon, *Savoir-mourir*, *op. cit.*, p. 81.

104. *Journal pour tous*, 4 novembre 1896, p. 7.

105. Mme Celnart, *Nouveau Manuel complet de la bonne compagnie*, *op. cit.*, p. 333.

106. C. Juranville, *Le Savoir-faire et le savoir-vivre, guide pratique de la vie usuelle à l'usage des jeunes filles*, Librairie Larousse [s.d.] 1891, p. 229.

107. Mme Celnart, *Nouveau manuel complet de la bonne compagnie*, *op. cit.*, p. 333.

108. Mme d'Alq, *Le Savoir-Vivre en toutes les circonstances de la vie*, *op. cit.*, p. 191-192.

109. A. Montandon, « L'étiquette du deuil dans les traités de savoir-vivre au XIXe siècle », art. cit., p. 145.

110. H. Raisson, *Code civil*, *op. cit.*, p. 127.

111. C. Juranville, *Le Savoir-faire et le savoir-vivre*, *op. cit.*, p. 231-232.

112. Baronne Staffe, *Usages du monde*, *op. cit.*, p. 300.

113. Comtesse de Gencé, *Savoir-Vivre et usages mondains*, *op. cit.*, p. 203.

114. Baronne Staffe, *Usages du monde*, *op. cit.*, p. 304.

115. Cité dans C. Albaret, *Monsieur Proust*, *op. cit.*, p. 176.

116. Cité dans A. Franklin, *La Vie privée, les magasins de nouveautés*, t. III, p. 141.

117. Mme Celnart, *Nouveau manuel complet de la bonne compagnie*, *op. cit.*, p. 334.

118. Comtesse Dash, *Comment on fait son chemin dans le monde, code du savoir-vivre*, *op. cit.*, p. 105, p. 107.

119. C. Juranville, *Le Savoir-faire et le savoir-vivre*, *op. cit.*, p. 233 et 200.

Chapitre 5 (En public)

1. H. Monnier, *Les Bourgeois de Paris, scènes comiques*, Adolphe Delahays, 1855, p. 355-356.

2. P. Vassili, *La Société de Paris*, 7e éd., Nouvelle Revue, 1887, t. I, p. 406.

3. D. de Girardin, *Le Vicomte de Launay, Lettres parisiennes*, Michel Lévy frères, t. I, p. 111-113.

4. Cf. A. Martin-Fugier, *Les Salons de la IIIe République*, Perrin, 2003, p. 101.

5. D. de Girardin, *Le Vicomte de Launay, Lettres parisiennes*, *op. cit.*, p. 113.

6. P. Vassili, *La Société de Paris*, *op. cit.*, t. I, p. 407.

7. Baronne Staffe, *Usages du monde*, *op. cit.*, p. 79.

8. *Ibid.*, p. 70.

9. Mme d'Alq, *Le Savoir-Vivre en toutes les circonstances de la vie*, *op. cit.*, p. 121.

10. Stendhal, *Armance, ou quelques scènes d'un salon de Paris en 1827*, GF-Flammarion, 1994, p. 128-129.

11. Baronne Staffe, *Usages du monde*, *op. cit.*, p. 71.

12. Cité dans A. Martin-Fugier, *Les Salons de la IIIe République*, *op. cit.*, p. 107-108.

13. Baronne Staffe, *Usages du monde*, *op. cit.*, p. 85.

14. Mlle Dufaux de la Jonchère, *Ce que les maîtres et les domestiques doivent savoir*, *op. cit.*, p. 362, 371-372.

15. Baronne Staffe, *Usages du monde*, *op. cit.*, p. 90.

16. A. de Noailles à M. Barrès, lettre du 19 juillet 1903, *Correspondance*, *op. cit.*, p. 26.

17. Baronne Staffe, *Usages du monde*, *op. cit.*, p. 89.

18. M. Proust, *Le Côté de Guermantes*, I, *À la recherche du temps perdu*, éd. J.-Y. Tadié, Gallimard, « Bibliothèque de la Pléiade », 1987-1989, t. II, p. 573-574.

19. Duc de Lévis-Mirepoix, comte Félix de Vogüe, *La Politesse, son rôle, ses usages*, Éditions de France, 1937, p. 83.

20. Cf. comtesse Jean de Pange, *Comment j'ai vu 1900*, Grasset, 1965, t. II, p. 24.

21. A. Goujon, *Manuel de l'homme de bon ton*, 4e éd., Philippe, 1830, p. 75.

22. *Ibid.*, p. 75.

23. Mme d'Alq, *Le Savoir-Vivre en toutes les circonstances de la vie*, *op. cit.*, p. 132.

24. *Ibid.*, p. 128.

25. E. Holt, *Encyclopædia of Etiquette, A Book of Manners for Everyday Use*, New York, Mc Lure, Phillips & Co, 1904, p. 67.

26. H. Taine, *Sa vie et sa correspondance*, Hachette, 1907, t. IV, p. 192-193.

27. *Ibid.*, p. 227-230.

28. Cf. J. Picon, *Mathilde*, *op. cit.*, p. 330.

29. J.-P. Aron, *Le Mangeur au XIXe siècle*, *op. cit.*, p. 135.

30. *La Gastronomie*, in J. Améro, *Les Classiques de la table*, Librairie de Firmin Didot Frères, 1855, p. 359.

31. C. Juranville, *Le Savoir-faire et le savoir-vivre*, *op. cit.*, p. 198.

32. J.-P. Aron, *Le Mangeur au XIXe siècle*, *op. cit.*, p. 207.

33. *Ibid.*, p. 207.

34. Comtesse de Gencé, *Savoir-Vivre et usages mondains*, *op. cit.*, p. 365.

35. Cité dans J.-P. Aron, *Le Mangeur au XIXe siècle*, *op. cit.*, p. 201.

36. Mme d'Alq, *Le Savoir-Vivre en toutes les circonstances de la vie*, *op. cit.*, p. 96.

37. Cité dans G.-L. Pringué, *Trente ans de dîners en ville*, *op. cit.*, p. 93.

38. G. Flaubert, *Madame Bovary*, *op. cit.*, p. 70.

39. L. Verardi, *Almanach de la politesse*, *op. cit.*, p. 30 et p. 31.
40. Comtesse de Gencé, *Savoir-Vivre et usages mondains*, *op. cit.*, p. 385.
41. Mme d'Alq, *Le Savoir-Vivre en toutes les circonstances de la vie*, *op. cit.*, p. 99.
42. *Manuel de l'homme du monde, Guide complet de la toilette et du bon ton*, Audin, 1828, p. 204.
43. H. Monnier, *Les Bourgeois de Paris*, *op. cit.*, p. 117, 120 et 124.
44. E. et J. de Goncourt, *Journal*, *op. cit.*, t. II, 14 nov. 1867, p. 118.
45. Brillat-Savarin, *Physiologie du goût, ou méditations de gastronomie transcendante*, Garnier Frères, 1876, p. 122.
46. *Ibid.*, p. 345-346.
47. Bradi, *Du savoir-vivre en France au XIXe siècle*, 4e éd., Strasbourg, Vve Berger-Levrault, 1853, p. 88.
48. L. Verardi, *Almanach de la politesse*, *op. cit.*, p. 33.
49. Comtesse de Gencé, *Savoir-Vivre et usages mondains*, *op. cit.*, p. 357.
50. A. Martin, *Manuel de l'homme du monde*, *op. cit.*, p. 92.
51. Mme de Genlis, *Dictionnaire de l'étiquette*, *op. cit.*, p. 337.
52. Mme d'Alq, *Le Savoir-Vivre en toutes les circonstances de la vie*, *op. cit.*, p. 92-93.
53. Comtesse de Gencé, *Savoir-Vivre et usages mondains*, *op. cit.*, p. 387.
54. A. Franklin, *La Vie privée*, *Les repas*, Plon, 1889, p. 13.
55. Cf. M. Sert, *Misia*, Gallimard, 1952, p. 126.
56. A. de Fouquières, *Cinquante ans de panache*, *op. cit.*, p. 79-80.
57. Comtesse de Gencé, *Savoir-Vivre et usages mondains*, *op. cit.*, p. 389.
58. A. de Noailles à M. Barrès, lettre du 15 novembre 1904, in *Correspondance*, *op. cit.*, p. 263.
59. Cité dans J. Bertaut, *Le Faubourg Saint-Germain sous l'Empire et la Restauration*, Tallandier, 1949, p. 283.
60. A. Martin, *Manuel de l'homme du monde*, *op. cit.*, p. 109.
61. Mme d'Alq, *Le Savoir-vivre en toutes les circonstances de la vie*, *op. cit.*, p. 107-109.
62. A. Martin, *Manuel de l'homme du monde*, op. cit., p. 161.
63. Mme d'Alq, *Le Savoir-Vivre en toutes les circonstances de la vie*, *op. cit.*, p. 115.
64. Duc de Lévis-Mirepoix, comte de Vogüe, *La Politesse*, *op. cit.*, p. 133.
65. *Ibid.*, p. 136.
66. *Ibid.*, p. 139.
67. *Ibid.*, p. 149.
68. J. Picon, *Mathilde*, *op. cit.*, p. 204-205.
69. G.-L. Pringué, *Trente ans de dîners en ville*, p. 255-256.
70. M. Anty, *Le Savoir-Vivre à la chasse, usages et bienséances cynégétiques*, E. Nourry, 1911, p. 5.
71. *Ibid.*, p. 16.

72. Comtesse de Gencé, *Savoir-Vivre et usages mondains*, *op. cit.*, p. 435.
73. *Ibid.*, p. 437.
74. *Ibid.*, p. 436.
75. Mme d'Alq, *Le Savoir-Vivre en toutes les circonstances de la vie*, *op. cit.*, p. 59.
76. M. Anty, *Le Savoir-Vivre à la chasse*, *op. cit.*, p. 7.
77. *Ibid.*, p. 12, 28, 111-112, 122, 126.
78. Zola, *La Curée*, cité dans Roger Kempf, *Mœurs, ethnologie et fiction*, Le Seuil, 1976, p. 43.
79. Mme de Genlis, *Dictionnaire de l'étiquette*, *op. cit.*, t. II, p. 325.
80. H. de Balzac, « Physiologie du tabac », *Œuvres diverses*, *op. cit.*, t. II, p. 438.
81. H. de Balzac, « Nouvelle théorie du déjeuner », art. cit., p. 44.
82. H. de Balzac, *La Comédie humaine*, Le Seuil, 1966, t. VII, p. 602.
83. Vicomte de Launay, *Lettres parisiennes*, t. I, *op. cit.*, p. 82.
84. M. Chambon, *Dictionnaire*, *op. cit.*, p. 95.
85. A. Luchet, *Les Mœurs d'aujourd'hui*, Coulon-Pineau, 1854, p. 12-13.
86. Duc de Lévis-Mirepoix, comte F. de Vogüe, *La Politesse*, *op. cit.*, p. 71-72.
87. Baronne d'Orval, *Usages mondains*, *op. cit.*, p. 499.
88. G. Flaubert, *Madame Bovary*, *op. cit.*, p. 80.
89. H. de Balzac, « Nouvelle théorie du déjeuner », art. cit., p. 44.
90. H. de Balzac, « Physiologie du cigare », art. cit., p. 439.
91. Comtesse de Gencé, *Savoir-Vivre et usages mondains*, *op. cit.*, p. 6.
92. M. Chambon, *Dictionnaire*, *op. cit.*, p. 95.
93. Mme d'Alq, *Le Savoir-Vivre en toutes les circonstances de la vie*, *op. cit.*, p. 228-231.
94. E. et J. de Goncourt, *Journal*, *op. cit.*, t. II, p. 273.
95. Mme d'Alq, *Le Savoir-Vivre en toutes les circonstances de la vie*, *op. cit.*, p. 231.
96. Comtesse de Gencé, *Savoir-Vivre et usages mondains*, *op. cit.*, p. 18.
97. G.-L. Pringué, *Trente ans de dîners en ville*, *op. cit.*, p. 257.
98. Mme d'Alq, *Le Savoir-Vivre en toutes les circonstances de la vie*, *op. cit.*, p. 227.
99. Baronne Staffe, *Indications*, *op. cit.*, p. 77.
100. Comtesse de Gencé, *Code mondain*, *op. cit.*, p. 34.
101. M. Baring, *La Tunique sans couture*, Plon, 1932, p. 70.
102. Comtesse de Gencé, *Code mondain*, *op. cit.*, p. 34.
103. E. et J. de Goncourt, *Journal*, *op. cit.*, t. II, p. 793.
104. J. d'Antilly, *Journal pour tous*, 12 février 1896, p. 7.
105. M. Chambon, *Dictionnaire*, *op. cit.*, p. 95.
106. P. Pascal « Comment on se salue à Paris », in Gavarni, Granville, etc., *Le Diable à Paris, Paris et les Parisiens*, J. Hetzel, 1868, p. 146-148.
107. M. Proust, *Le Côté de Guermantes*, II, *op. cit.*, t. II, p. 738.

108. M. Proust, *Du côté de chez Swann*, *ibid.*, t. I, p. 117-118.
109. *Ibid.*, p. 122-123.
110. M. Proust, *Le Côté de Guermantes*, II, *ibid.*, t. II, p. 333.
111. *Le Code de la politesse, ou guide des jeunes gens dans le monde*, *op. cit.*, p. 171.
112. M. Chambon, *Dictionnaire du savoir-vivre*, *op. cit.*, p. 344.
113. A. Raymond, *Le Savoir-Vivre, les usages, le monde*, Bibliothèque de la maîtresse de maison, Librairie de 1909, p. 67, 68.
114. Baronne Staffe, *Usages du monde*, *op. cit.*, p. 98.
115. Comtesse de Gencé, *Savoir-Vivre et usages mondains*, *op. cit.*, p. 9.
116. M. Chambon, *Dictionnaire du savoir-vivre*, *op. cit.*, p. 303.
117. A. Raymond, *Le Savoir-Vivre*, *op. cit.*, p. 68.
118. M. Chambon, *Dictionnaire du savoir-vivre*, *op. cit.*, p. 303.
119. *Ibid.*, p. 39.
120. *Les Usages du monde*, Deslinières, 1895, p. 203.
121. Baronne d'Orval, *Usages mondains*, *op. cit.*, p. 114.
122. A. Raymond, *Le Savoir-Vivre*, *op. cit.*, p. 69.
123. M. Chambon, *Dictionnaire du savoir-vivre*, *op. cit.*, p. 39-40.
124. Comtesse de Magalon, *Guide mondain*, Larousse, 1932, p. 12.
125. M. Chambon, *Dictionnaire du savoir-vivre*, *op. cit.*, p. 40.
126. E. Marsan, *Savoir vivre en France et savoir s'habiller*, Éditions de France, 1926, p. 30-31.
127. *Ibid.*, p. 31.
128. Duc de Lévis-Mirepoix, comte de Vogüe, *La Politesse*, *op. cit.*, p. 91.
129. A. de Fouquières, *La Courtoisie moderne*, Pierre Horay, 1952, p. 97-98.
130. É. von Arnim, *Élizabeth et son jardin allemand*, Salvy, « 10-18 », 1996, 137-138.
131. Comtesse de Magalon, *Guide mondain*, *op. cit.*, p. 11.
132. Baronne d'Orval, *Usages mondains*, *op. cit.*, p. 114.
133. G.-L. Pringué, *Trente ans de dîners en ville*, *op. cit.*, p. 84.
134. Comtesse de Gencé, *Savoir-Vivre et usages mondains*, *op. cit.*, p. 214.
135. *Ibid.*, p. 216.
136. C. Juranville, *Le Savoir-faire et le savoir-vivre*, *op. cit.*, p. 218.
137. Comtesse de Gencé, *Savoir-Vivre et usages mondains*, *op. cit.*, p. 230.
138. Duc de Lévis-Mirepoix, comte de Vogüe, *La Politesse*, *op. cit.*, p. 179.
139. Comtesse de Gencé, *Savoir-Vivre et usages mondains*, *op. cit.*, p. 230.
140. *Ibid.*, p. 456.
141. A. Goujon, *Manuel de l'homme de bon ton*, *op. cit.*, p. 151.
142. Baronne Staffe, *Correspondance dans les circonstances de la vie*, Havard, 22e éd., 1899.
143. *Ibid.*, p. 179-180.
144. *Ibid.*, p. 8.
145. *Manuel*, 1830, *op. cit.*, p. 151

146. Baronne Staffe, *Correspondance*, *op. cit.*, p. 12.
147. Mme d'Alq, *Le Savoir-Vivre en toutes les circonstances de la vie*, *op. cit.*, p. 68.
148. J. Gandouin, *Guide du protocole et des usages*, Stock, 1972, p. 68.
149. A. Dumas, *Mes Mémoires*, *op. cit.*, 3e série, 1888, p. 206.
150. A. Goujon, *Manuel de l'homme de bon ton*, *op. cit.*, p. 155-156.
151. Cf. Baronne Staffe, *Correspondance*, *op. cit.*, p. 13-14.
152. *Ibid.*, p. 26.
153. A. Goujon, *Manuel de l'homme de bon ton*, *op. cit.*, p. 156.
154. Mme d'Alq, *Le Savoir-Vivre en toutes les circonstances de la vie*, *op. cit.*, p. 66.
155. Duc de Lévis-Mirepoix, comte de Vogüe, *La Politesse*, *op. cit.*, p. 47.
156. Baronne Staffe, *Correspondance*, *op. cit.*, p. 30.
157. J. Clarétie, *La Vie à Paris*, 1880, Havard [s.d.] 1881, p. 44-49.
158. Baronne Staffe, *Correspondance*, *op. cit.*, p. 19.
159. *Ibid.*, p. 1-2.

Chapitre 6 (Châtier l'impolitesse)

1. J. Austen, *L'Abbaye de Northanger*, trad. P. Arnaud, Gallimard, 2004, p. 112-113.
2. E. et J. de Goncourt, *Journal*, t. II, *op. cit.*, p. 514.
3. Cité dans G.-L. Pringué, *Trente ans de dîners en ville*, *op. cit.*, p. 44.
4. R. Ogier, « Sanctions diffuses », *Revue française de sociologie*, XXXI, 1990, p. 603.
5. Abbé Mugnier, *Journal*, *op. cit.*, p. 116, 133 et 141.
6. J.-B. Morvan de Bellegarde, *Réflexions sur le ridicule et sur les moyens de l'éviter*, Trévoux, Imprimerie du Prince de Dombes, 3e éd., 1697, p. 19 et 239.
7. Cité dans R. Ogier, « Sanctions diffuses », art. cit., p. 591.
8. M. Proust, *Le Côté de Guermantes*, II, *op. cit.*, t. II, p. 877-882.
9. J.-B. Morvan de Bellegarde, *Réflexions sur le ridicule*, *op. cit.*, p. 17-19.
10. M. Proust, *La Prisonnière*, *op. cit.*, t. III, p. 735.
11. *Réflexions sur la politesse des mœurs*, Amsterdam, Schelte, 10e éd., 1712, p. 5-6.
12. É. Faguet, *Molière*, Nelson, t. I, p. 318.
13. J.-B. Morvan de Bellegarde, *Réflexions sur le ridicule*, *op. cit.*, p. 42.
14. *Dictionnaire de savoir-vivre*, E. Flammarion, 1898, cité dans D. Bertrand, « Le ridicule », in A. Montandon, *Dictionnaire raisonné de la politesse*, Le Seuil, 1995, p. 794.
15. A. de Fouquières, *Cinquante ans de panache*, *op. cit.*, p. 61-62.
16. Goncourt, *Journal*, *op. cit.*, t. II, p. 938.
17. H. de Balzac, « Nouvelle théorie du déjeuner », art. cit., p. 45.

18. W. M. Thackeray, *Le Livre des snobs*, Hachette, 1857, p. 8-10.

19. H. Taine, *Vie et opinions de M. Frédéric-Thomas Graindorge*, *op. cit.*, p. 57.

20. Statuts du cercle, adoptés les 3 et 9 février 1836.

21. *Mémoires de la comtesse de Boigne*, Mercure de France, « Le temps retrouvé », 1999, t. II, 1820-1840, p. 22-23.

22. M. Proust, *Du côté de chez Swann*, II, *op. cit.*, t. I, p. 284.

23. M. Proust, *La Prisonnière*, *ibid.*, t. III, p. 822-823.

24. E. About, *Le Nez d'un notaire*, Fayard/Mille et une nuits, 2000, p. 94-95.

25. M. Proust, *La Prisonnière*, *op. cit.*, t. III, p. 769-770.

26. R. Carite, *L'Infraction d'injure devant le présidial de Montpellier 1750-1780*, Mémoire de DEA, Histoire du droit, Montpellier, 1993, p. 20.

27. *Juris-classeur pénal*, V° « tapage injurieux ».

28. M. Segalen, « Les derniers charivaris » in J. Le Goff, J.-C. Schmitt, *Le Charivari*, Mouton, 1981, p. 66.

29. Cour de cassation, chambre criminelle, 4 octobre 1851.

30. Cour de cassation, chambre criminelle, 5 novembre 1886.

31. Cour de cassation, chambre criminelle, 6 août 1887.

32. A. Weill, *De la notion d'injure grave en matière de divorce et de séparation de corps*, Giard et Brière, 1906, p. 12.

33. *Ibid.*, p. 43.

34. Cour de Bruxelles, 24 avril 1866 ; tribunal de Lyon, 26 novembre 1896 ; cour d'appel de Rennes, 17 février 1835 ; cour d'appel de Paris, 23 juin 1909.

35. Cour de cassation, chambre des requêtes, 19 avril 1825.

36. Cour de cassation, chambre criminelle, 28 janvier 1858.

37. Muyard de Vouglans, *Les Loix criminelles de la France*, Neufchatel, Société typographique, 1781, t. I, p. 314.

38. Cité dans R. Carite, *L'Infraction d'injure*, *op. cit.*, p. 101.

39. F. Nicolaÿ, *Les Enfants mal élevés*, Librairie académique Didier, 1890, p. 197.

40. Abbé Meusy, *Code de la religion et des mœurs*, Humblot, 1770, t. I, p. 66-67.

41. *Ibid.*, p. 82.

42. J.-B. Thiers, *Traité des jeux et des divertissements*, A. Dezalliers, 1686, p. 288.

43. Christophe, *La Famille Fenouillard*, Armand Colin, « Bibl. du petit Français », 24e éd., 1925, p. 76-77.

44. M. Proust, *Le Côté de Guermantes*, I, *op. cit.*, t. II, p. 478-479.

45. A. Goujon, *Manuel de l'homme de bon ton*, *op. cit.*, p. 141.

46. Cité dans G. Letainturier-Fradin, *Le Duel à travers les âges*, Marpon et Flammarion, 1892, p. 223.

47. A. Goujon, *Manuel de l'homme de bon ton*, *op. cit.*, p. 141-142.

48. A. D'Almbert, *Physiologie du duel*, Charpentier, 1853, p. 15.

49. G. Letainturier-Fradin, *Le Duel à travers les âges*, *op. cit.*, p. 224.

50. E. et J. de Goncourt, *Journal*, *op. cit.*, t. II, p. 182.
51. A. Tavernier, *Art du duel*, Marpon et Flammarion, 1885, p. VI.
52. G. Letainturier-Fradin, *Le Duel à travers les âges*, *op. cit.*, p. 225.
53. E. About, *Le Nez d'un notaire*, *op. cit.*, p. 62.
54. A. D'Almbert, *La Physiologie du duel*, *op. cit.*, p. 15.
55. G. Letainturier-Fradin, *Le Duel à travers les âges*, *op. cit.*, p. 225.
56. Brillat-Savarin, *Essai historique et critique sur le duel*, Cille et Ravier, 1813, p. 88.
57. *Essai sur le duel, sur la nécessité et sur le moyen d'en abolir l'usage*, Aimé Comte, 1818, p. 28-29.
58. Ch. Bataillard, *Du duel*, Lecointe, 1829, p. 8, p. 24.
59. A. Dumas, *Mes Mémoires*, 10e série, *op. cit.*, p. 300.
60. H. Castille, *Armand Carrel*, F. Sartorius, 1857, p. 57.
61. Préface à *L'Art du duel*, p. III-IV.
62. S.-C. David, *Phyloxène Boyer*, Ramsay, 1987, p. 234.
63. *Contes et Nouvelles*, Gallimard, « Bibliothèque de la Pléiade », t. I, p. 1159-1166.
64. G. Letainturier-Fradin, *Le Duel à travers les âges*, *op. cit.*, p. 220.
65. L. Daudet, *Paris vécu*, 1re série, Rive droite, *op. cit.*, p. 120-121.
66. *Filles, lorettes et courtisanes*, Flammarion, 2000, p. 31 et p. 37-38.
67. A. Tavernier, *Art du duel*, *op. cit.*, p. 27.
68. *Ibid.*, p. 27-28.
69. G. Letainturier-Fradin, *Le Duel à travers les âges*, *op. cit.*, p. 227.
70. A. Tavernier, *Art du duel*, *op. cit.*, p. 30.
71. A. Dumas, *Mes Mémoires*, *op. cit.*, 9e série, p. 227.
72. A. Tavernier, *Art du duel*, *op. cit.*, p. 58, p. 59, 272.
73. *Ibid.*, p 164.
74. G. Letainturier-Fradin, *Le Duel à travers les âges*, *op. cit.*, p. 264.
75. *Revue pénitentiaire et de droit pénal*, 1911, n° 4, p. 494, p. 482.

Chapitre 7 (Les angles morts du savoir-vivre)

1. H. de Balzac, *Les Paysans* [1844], GF-Flammarion, 1970, p. 85.
2. F. Mélonio, in A. de Baecque, F. Mélonio, *Lumières et Liberté*, *op. cit.*, p. 420.
3. Cf. J.-Cl. Farcy, *La Jeunesse rurale dans la France du XIXe siècle*, Éditions Christian, 2004.
4. F. Ploux, « Jean-Claude Farcy : *La Jeunesse rurale dans la France du XIXe siècle* », *Revue d'histoire de XIXe siècle*, 2004-29.
5. J.-P. Cogniard, cité dans L. Adler, *La Vie quotidienne dans les maisons closes, 1830-1930*, Hachette, 1990, p. 12.
6. Cf. L. Adler, *La Vie quotidienne dans les maisons closes*, *op. cit.*, p. 31.

7. Comtesse de la Vigne, *Les Usages du demi-monde*, L'édition, 1909, p. 43.

8. L. Adler, *La Vie quotidienne dans les maisons closes*, *op. cit.*, p. 53-54.

9. Comtesse de la Vigne, *Les Usages du demi-monde*, *op. cit.*, p. 66.

10. L. Adler, *La Vie quotidienne dans les maisons closes*, *op. cit.*, p. 45.

11. Comtesse de la Vigne, *Les Usages du demi-monde*, *op. cit.*, p. 68-69, 72, 73 et 163.

12. G.-L. Pringué, *Trente ans de dîners en ville*, *op. cit.*, p. 43-44.

13. E. et J. de Goncourt, *Journal*, *op. cit.*, t. II, p. 559.

14. Comtesse de la Vigne, *Les Usages du demi-monde*, *op. cit.*, p. 170-171.

15. *Ibid.*, p. 175.

16. G. de Maupassant, *Contes et Nouvelles*, Gallimard, « Bibliothèque de la Pléiade », 1974, t. I, p. 256.

17. Cité dans L. Adler, *La Vie quotidienne dans les maisons closes*, *op. cit.*, p. 61.

18. *Mémoires de Berthe Leroy racontées par elle-même*, Bruxelles, H. Kistermaeker, 1895.

19. A. Dumas, *Filles, lorettes et courtisanes*, *op. cit.*, p. 49.

20. Ch. Virmaître, *Trottoirs et Lupanars*, Librairie Jouffroy [s.d.], vers 1894, p. 41-42.

21. G. de Maupassant, *La Maison Tellier*, *op. cit.*, p. 264-266.

22. *Ibid.*, p. 256.

23. *Mémoires de Berthe Leroy racontées par elle-même*, *op. cit.*, p. 128 et p. 135.

24. G. de Maupassant, *La Maison Tellier*, *op. cit.*, p. 258.

25. H. Taine, *Vie et Opinions de M. Frédéric-Thomas Graindorge*, *op. cit.*, p. 48-50.

26. Comtesse de la Vigne, *Les Usages du demi-monde*, *op. cit.*, p. 145-146.

27. L. Adler, *La Vie quotidienne dans les maisons closes*, *op. cit.*, p. 145.

28. M. Proust, *La Prisonnière*, *op. cit.*, t. III, p. 749-750.

29. *Ibid.*, p. 770-771.

30. H. de Balzac, *Traité de la vie élégante*, *Œuvres diverses*, *op. cit.*, p. 181.

31. Duc de Lévis-Mirepoix, comte de Vogüe, *La Politesse*, *op. cit.*, p. 75-76.

32. M. Proust, *Du côté de Guermantes*, II, *op. cit.*, t. II, p. 882-883.

33. A. de Fouquières, *Cinquante ans de panache*, *op. cit.*, p. 95.

34. E. et J. de Goncourt, *Journal*, *op. cit.*, t. I, p. 843, et t. II, p. 164, 179 et 1025.

35. R. de Monti de Rezé, *Souvenirs sur le comte de Chambord*, Émile-Paul, 1932, p. 32, 33 et 43.

36. E. et J. de Goncourt, *Journal*, *op. cit.*, t. II, p. 333.

37. H. Taine, *Vie et Opinions de M. Frédéric-Thomas Graindorge*, *op. cit.*, p. 175.

38. A. de Fouquières, *Cinquante ans de panache*, *op. cit.*, p. 66.

39. G.-L. Pringué, *Trente Ans de dîners en ville*, *op. cit.*, p. 100.

40. M. Proust, « La cour aux lilas et l'atelier des roses », *Écrits sur l'art*, GF-Flammarion, 1999, p. 146.

41. E. et J. de Goncourt, *Journal*, *op. cit.*, t. II, p. 181.
42. E. et J. de Goncourt, *Journal*, *op. cit.*, t. III, 1166.
43. É. Carassus, *Le Mythe du dandy*, Albin Michel, 1971, p. 10.
44. Cité dans A. Montandon, *L'Honnête Homme et le dandy*, Tubingen, G. Narr, 1993, p. 138, 142.
45. É. Carassus, *Le Mythe du dandy*, *op. cit.*, p. 113-114, p. 124.
46. *Ibid.*, p. 121
47. H. Taine, *Vie et Opinions de M. Frédéric-Thomas Graindorge*, *op. cit.*, p. 147, p. 132.
48. T. Gautier, *Le Roman de la momie*, Hachette et Cie, 1858, p. 34.
49. « Fête chez Montesquiou à Neuilly », in *Écrits sur l'art*, *op. cit.*, p. 161.
50. J. Lorrain, *Monsieur de Phocas*, GF-Flammarion, 2001, p. 49-50.
51. J. Lorrain, *Pall Mall*, 14 mai 1897, cité dans A. Billy, *L'Époque 1900*, Tallandier, 1951, p. 386.
52. Cité dans É. Carassus, *Le Mythe du dandy*, *op. cit.*, p. 113.
53. *Ibid.*
54. E. et J. de Goncourt, *Journal*, *op. cit.*, t. III, p. 262.
55. A. Goujon, *Manuel de l'homme de bon ton*, *op. cit.*, p. 120, p. 110.
56. Cité dans J.-F. Kasson, *Les Bonnes Manières...*, *op. cit.*, p. 270.
57. *Domestic Manners of the Americans*, cité dans M. Parent, *Mrs Trollope and America*, thèse de lettres, 1962, p. 124 ; de même, J.-F. Kasson, *Les Bonnes Manières...*, *op. cit.*, p. 270.
58. D. de Girardin, *Vicomte de Launay*, *op. cit.*, t. I, p. 177.
59. A. de Fouquières, *Cinquante ans de panache*, *op. cit.*, p. 89.
60. H. de Balzac, *Œuvres diverses*, *op. cit.*, t. II, p. 422.
61. D. de Girardin, *Vicomte de Launay*, *op. cit.*, p. 297-298.
62. T. Gautier, introduction à *ibid.*, p. IV.
63. R. Wagner, *Ma vie*, trad. M. Hulot, Buchet-Chastel, 1983, p. 388.
64. Cité dans M. Gregor-Dellin, *Richard Wagner*, trad. O. Demange, Fayard, 1981, p. 463.
65. F. Lesure, « L'accueil parisien du Sacre », *Le Sacre du printemps*, Cicero, 1990, p. 20.

Chapitre 8 (La fin du bon vieux temps)

1. Duc de Lévis-Mirepoix, comte de Vogüe, *La Politesse, op. cit.*, p. IV.
2. P. Bourget, *Au service de l'ordre*, Plon, 1929, p. 217.
3. Comtesse Riguidi, *Savoir-Vivre, savoir s'habiller, savoir plaire*, Éditions Montaigne, 1928, p. 91-92.
4. Comtesse Dash, *Comment on fait son chemin dans le monde*, *op. cit.*, p. 87.
5. G. de Maupassant, « La politesse », *Le Gaulois*, 11 octobre 1881.
6. J. Lorrain, *Pélléastres*, A. Méricant, 1910, p. 224.

7. M. M. Girodroux, *La Société et ses Usages*, Librairie des annales, 1911, p. 5.

8. *Les Modes de Paris*, 1898, cité dans A. Martin-Fugier, *La Bourgeoise*, *op. cit.*, p. 52.

9. Liselotte, *Le Guide des convenances*, 14e éd., Bibliothèque du petit écho de la mode, 1917, p. 1.

10. Mme E. Charles-Morice, *La Politesse, usages mondains et savoir-vivre*, Armand Colin, 1921, p. 4.

11. *La Politesse française*, Tours, A. Mame, 1924, p. 7.

12. Liselotte, *Le Guide des convenances*, p. 2-4.

13. Cf. A. Daumard, in F. Braudel, E. Labrousse, *Histoire économique et sociale de la France*, PUF, 1979, t. IV, vol. 1, p. 445.

14. J. Bainville, *Comment placer sa fortune*, Nouvelle librairie nationale, 1919, p. 14.

15. A. de Fouquières, *Cinquante ans de panache*, *op. cit.*, p. 58, p. 164, p. 192.

16. Cité dans A. Martin-Fugier, *Les Salons*, *op. cit.*, p. 153.

17. M. Proust, *Le Temps retrouvé*, *op. cit.*, t. IV, p. 438-439.

18. J. Bainville, *Comment placer sa fortune*, *op. cit.*, p. 244.

19. *Histoire des fortunes privées en France depuis 1914*, M. P. Trémois, 1932, p. 177.

20. Duc de Lévis-Mirepoix, comte de Vogüe, *La Politesse*, *op. cit.*, p 19.

21. P. Reboux, *Le Nouveau Savoir-Vivre*, *op. cit.*, p. 21.

22. E. Rostand, *Les Domestiques d'aujourd'hui, comité de défense et du progrès social*, 1902.

23. A. Bouton, *Histoire des fortunes privées en France depuis 1914*, *op. cit.*, p. 182.

24. Cité *ibid.*, p. 16.

25. Duc de Lévis-Mirepoix, comte de Vogüe, *La Politesse*, *op. cit.*, p. V.

26. A. Bouton, *Histoire des fortunes privées*, *op. cit.*, p. 183.

27. Cf. R. de Felice, *Le Fascisme, un totalitarisme à l'italienne* ? FNSP, 1988, p. 113.

28. Cf. M.A. Matard, « L'Anti-*lei* : utopie linguistique ou projet totalitaire ? », *MEFRM*, t. 100, 1988-2, p. 992.

29. Cf. *ibid.*, p. 977.

30. *Ibid.*, p. 980.

31. *Ibid.*, p. 985.

32. Cité dans R. Soucy, *Le Fascisme français, 1924-1933*, PUF, 1989, p. 133.

33. Cité dans M. Nadeau, *Histoire du surréalisme*, Le Seuil, « Points », 1970, p. 33.

34. Cf. *Ibid.*, p. 59.

35. Cf. A. Martin-Fugier, *Les Salons*, *op. cit.*, p. 232.

36. M. Nadeau, *Histoire du surréalisme*, *op. cit.*, p. 79.

37. *Ibid.*, p. 60-61

38. L. Bloy, *Le Désespéré*, Mercure de France, nouvelle édition, 1914, p. 30.

39. Cf. J.-L. Harouel, *Culture et Contre-cultures*, PUF, « Quadrige », 2e éd., 2002, p. 53 *sq*.

40. Baron Fouquier, *Des usages et de l'élégance*, Émile-Paul, 1925, p. I-II.

Chapitre 9 (La crise de la politesse)

1. Duc de Lévis-Mirepoix, comte de Vogüe, *La Politesse, op. cit.*, p. 15-16.

2. J. Burret, *La Politesse*, Lyon, Vitte, 1941, p. II.

3. M. Prévost, *Nouvelles lettres à Françoise*, J. Ferenczy, 1932, p. 76-78.

4. Cité dans Claudine Marenco, *Manières de table, manières de mœurs, XVIIe-XXe siècle*, Cachan, éditions de l'ENS Cachan, 1992, p. 137.

5. *Jours heureux d'autrefois*, Albin Michel, 1941, p. 8 et 336-337.

6. Duc de Lévis-Mirepoix, comte de Vogüe, *La Politesse, op. cit.*, p. 18.

7. Cité dans P. Bourget, *Au service de l'ordre*, *op. cit.*, p. 220.

8. *Supplément aux ridicules du temps*, Éditions du Trianon, 1929, p. 60-61.

9. *Au Bon Marché*, Agenda 1925, Lahure, 1924, 107.

10. E. Marsan, *Notre costume*, Liège, À la lampe d'Aladin, 1926, p. 82, 23, 24-25, 34 et 52.

11. *Au Bon Marché*, Agenda 1925, Lahure, 1924, p. 35.

12. M. Sachs, *Au temps du bœuf sur le toit*, 1939, cité dans A. Martin-Fugier, *op. cit.*, p. 151.

13. A. de Fouquières, *Cinquante ans de panache*, *op. cit.*, p. 239.

14. Cité dans A. Martin-Fugier, *Les Salons*, *op. cit.*, p. 101-102.

15. Imprimerie Chaudourne, Le Mans, 1933.

16. *Précis des nouveaux usages*, Éditions Prisma, 1948, p. 40.

17. *Le Savoir-Vivre moderne, nouveau guide des convenances*, Éditions Deux-Trois, 1932, p. 92, p. 133.

18. V. Larbaud, *Journal, 1912-1935*, Gallimard, 1955, p. 251.

19. *Le Savoir-Vivre moderne*, *op. cit.*, p. 141.

20. J. Burret, *La Politesse*, *op. cit.*, p. 11-12.

21. *Manuel de savoir-vivre à l'usage du soldat*, Lavauzelle, 1942, p. 5.

22. *Journal littéraire*, Mercure de France, p. 743.

23. *Précis des nouveaux usages*, *op. cit.*, p. 9.

24. J.-N. Jeanneney, *Le Duel, une passion française, 1789-1914*, Le Seuil, 2004, p. 193.

25. *Code de l'honneur et du duel*, Devambez, 1918, p. 5.

26. J.-N. Jeanneney, *Le Duel*, *op. cit.*, p. 193.

27. A. de Fouquières, *Cinquante ans de panache*, *op. cit.*, p. 187.

28. J.-N. Jeanneney, *Le Duel*, *op. cit.*, p. 194.

29. Cité dans M. Monestier, *Duels, les combats singuliers des origines à nos jours*, Sand, 1991, p. 305.

30. P. Guth, M. Maurois, *Le Savoir-Vivre actuel, Dictionnaire*, Gallimard, 1959, p. 100.

31. V. Larbaud, *Journal, op. cit.*, p. 308.

32. *L'Automobile théorique et pratique*, Neuilly, Louis Baudry de Saunier, 1899, p. 416.

33. T. Bernard, *Les Veillées du chauffeur*, Ollendorff, 1909, p. 231.

34. L. Baudry de Saunier, *L'Art de bien conduire une automobile*, Flammarion, 1921, p. 267, 269, 272-273 et 274-276.

35. *Le Crapouillot*, n° 19, 1952, p. 48.

36. *Etiquette, The Blue Book of Social Usage*, nlle éd., Funk and Wagnals Company, New York, 1950, p. 589.

Chapitre 10 (Grandeur et décadence des bonnes manières)

1. P. Reboux, *Le Nouveau Savoir-Vivre*, Monaco, Société des conférences, 1930, p. 6.

2. N. Pacout, *Le Savoir-Vivre aujourd'hui, op. cit.*, p. 11.

3. Cf. C. Silvin, Cl. de Prémont, *Le Savoir-Vivre sans étiquette*, Verviers, Marabout, 1980.

4. F. Le Focalvez, *Savoir-Vivre aujourd'hui*, Nathan, 1984, p. 5.

5. Ch. Collange, *La Politesse du cœur*, Stock, 1993.

6. N. Pacout, *Le Savoir-Vivre aujourd'hui, op. cit.*, p. 9.

7. G. Mosca, G. Bouthoul, *Histoire des doctrines politiques*, Payot, 1966, p. 335.

8. Cf. B. Lhomond, « L'évolution de la presse féministe », *Économie et humanisme*, n° 244, 1979, p. 9 *sq*.

9. *Déclaration des droits de la femme et de la citoyenne*, septembre 1791, Mille et Une Nuits, 2003, p. 11, p. 12, p. 14.

10. G. Mosca, G. Bouthoul, *Histoire des doctrines politiques, op. cit.*, p. 336.

11. J. Michelet, *Les Femmes de la Révolution, op. cit.*, p. 106.

12. *Jérôme Paturot à la recherche de la meilleure des républiques*, M. Lévy frères, 1848, t. II, p. 267 et *sq*.

13. *Questions féministes*, n° 1, novembre 1977, p. 5, p. 12.

14. B. Jones, J. Brown, citées dans G. Castro, *Radioscopie du féminisme américain*, FNSP, 1984, p. 76.

15. *Ibid.*, p. 86.

16. F. d'Eaubonne, *Les Bergères de l'apocalypse*, Jean-Claude Simoën, 1977, p. 167.

17. Cité dans B. Anton, *Féminisme et Politique en France*, DES Sciences politiques, Paris-II, 1978, p. 35.

18. *Les Pétroleuses*, n° 3, 1975, et n° 2, 1974.

19. *Le Torchon brûle !*, n° 6, 1973.

20. *Questions féministes*, n° 2, février 1978, p. 6.
21. *Lysistrata 80*, traduction C. Elsen, Stock, 1971.
22. *Utopian Studies*, vol. 13, n° 1, p. 264-265.
23. J. Bus, *Top savoir-vivre*, Dupuis, 1967, p. 11-12.
24. *Supplique aux nouveaux progressistes du XXIe siècle*, Gallimard, 2006, p. 43-45.
25. Ph. Ariès, « La mort inversée. Le changement des attitudes devant la mort dans les sociétés occidentales », *Essais sur l'histoire de la mort en Occident, du Moyen Âge à nos jours*, Le Seuil, « Points », 1975, p. 189.
26. *Ibid.*, p. 193.
27. A. de Fouquières, *La Courtoisie moderne*, *op. cit.*, p. 334.
28. Ph. Ariès, *Essais sur l'histoire de la mort en Occident*, *op. cit.*, p. 193.
29. P. Guth, M. Maurois, *Le Savoir-Vivre actuel, Dictionnaire*, *op. cit.*, p. 97.
30. *Savoir-Vivre*, Solar, 1972, p. 78.
31. *Mœurs, ethnologie et fiction*, Le Seuil, 1976, p. 159.
32. Cf. Ph. Ariés, *Essais sur l'histoire de la mort en Occident*, *op. cit.*, p. 199.
33. F. Le Focalvez, *ABC du savoir-vivre*, *op. cit.*, p. 181.
34. Ph. Ariès, *Essais sur l'histoire de la mort en Occident*, *op. cit.*, p. 200.
35. A. Royer, *Le Savoir-Vivre aujourd'hui*, Larousse, 1981, p. 194.
36. M. Gosset, *Le Savoir-Vivre moderne*, De Vecchi, 1983, p. 44.
37. Cf. N. Pacout, *Le Savoir-Vivre aujourd'hui*, *op. cit.*, p. 103.
38. Duc de Lévis-Mirepoix, comte de Vogüe, *La Politesse*, *op. cit.*, p. 194.
39. *Encyclopédie du savoir-vivre d'aujourd'hui*, *op. cit.*, p. 392.
40. Le Focalvez, *ABC du savoir-vivre*, *op. cit.*, p. 56.
41. *Ibid.*, p. 55.
42. N. de Rothschild, *Le Bonheur de séduire*, *op. cit.*, p. 120.
43. M. d'Amécourt, *Savoir-Vivre aujourd'hui*, Bordas, 1988, p. 192.
44. N. Pacout, *Le Savoir-Vivre aujourd'hui*, *op. cit.*, p. 15.
45. F. Le Focalvez, *ABC du savoir-vivre*, *op. cit.*, p. 57.
46. N. de Rothschild, *Le Bonheur de séduire*, *op. cit.*, p. 49.
47. L. Astuc, *Savoir-Vivre aujourd'hui, ABC de la vie quotidienne*, A. Fayard, « Elle Encyclopédie », 1957, p. 126.
48. R. Lindon, *Guide du nouveau savoir-vivre*, Albin Michel, 1971, p. 158.
49. *Ibid.*, p. 159.
50. L. Astruc, *Savoir-Vivre aujourd'hui*, *op. cit.*, p. 108.
51. *Le Nouveau Savoir-Vivre*, Monaco, Société des conférences, 1930, p. 36-38.
52. A. Morand, *Le Savoir-Vivre aujourd'hui*, *op. cit.*, p. 396-367.
53. *La Maison ouverte*, Centurion/Grasset, 1970, p. 60.
54. N. Pacout, *Le Savoir-Vivre aujourd'hui*, *op. cit.*, p. 58.
55. F. Viollet, *Libération*, 25 février 2004.
56. San-Antonio, *Le Standinge selon Bérurier, ou le savoir-vivre de Bérurier*, Fleuve Noir, 1965, page sans folio, 107-108, 346 et 416.

57. *La Politesse, vertu des apparences*, Autrement, 1991, p. 14.

58. A.-S. Beaucourt, F. Massonnaud, *Le Savoir-Vivre aujourd'hui*, Sélection du Reader's Digest, 1994, p. 3.

59. E. Lochet, *Le Savoir-Vivre d'aujourd'hui*, Larousse, « Guides pratiques », 2003, p. 8.

60. Cité dans J.-M. Normand, *Le Monde*, 10 novembre 2005, p. 28.

61. J.-M. Normand, art. cit.

62. Cf. R. Muchembled, qui qualifie le dernier tiers du XXe siècle de « temps des incivilités », *La Société policée*, *op. cit.*, p. 304-305.

Chapitre II (Les sanctuaires de la politesse)

1. *Bulletin de l'ANF*, n° 208, juillet 1991, p. 32.

2. *Bulletin de l'ANF*, n° 171, avril 1982, p. 15.

3. Cf. *Bulletin de l'ANF*, n° 243, octobre 2000.

4. Cité dans M. Pinçon, M. Pinçon-Charlot, *Grandes Fortunes*, Payot, 1998, p. 150.

5. C. Grange, *Les Gens du Bottin mondain*, Fayard, 1996, p. 68.

6. *Bulletin de l'ANF*, n° 211, 1992, p. 7.

7. *Bulletin de l'ANF*, n° 208, 1991, p. 34.

8. Cf. É. Mension-Rigau, *Aristocrates et grands bourgeois*, Plon, 1994, p. 245.

9. Cf. É. Mension-Rigau, *L'Enfance au château*, Rivages, 2006 p. 173 et 268.

10. Th. Mantoux, *Guide du bon chic bon genre*, Hermé, 1985, p. 11.

11. M. Pinçon, M. Pinçon-Charlot, *Dans les beaux quartiers*, Le Seuil, 1989, p. 147.

12. *Ibid.*, p. 171.

13. ACF, annuaire 2004, préambule, p. 45, 47, 59.

14. M. Pinçon, M. Pinçon-Charlot, *Dans les beaux quartiers*, *op. cit.*, p. 248.

15. É. Mension-Rigau, *Aristocrates*, *op. cit.*, p. 264 et 234.

16. *Bulletin de l'ANF*, n° 205, p. 26.

17. É. Mension-Rigau, *Aristocrates*, *op. cit.*, p. 259-260.

18. M. de Saint-Pierre, *Les Aristocrates*, LGF, « Livre de Poche », 1965, p. 67.

19. M. Pinçon, M. Pinçon-Charlot, *Nouveaux patrons, nouvelles dynasties*, Calmann-Lévy, 1999, p. 192.

20. H. de Clermont-Tonnerre, *Politesse oblige, savoir vivre au XXIe siècle*, L'Archipel, 2003, p. 13.

21. *Bulletin de l'ANF*, n° 205, octobre 1990, p. 23-26.

22. X. de Givry, *Bulletin de l'ANF*, n° 192, juillet 1987, p. 83.

23. M. de Saligny, *Précis des nouveaux usages*, *op. cit.*, p. 11.

24. G. de Chaudenay, *Physiologie du Jockey-Club*, Éditions mondiales, 1958, p. 121.

25. *Ibid.*, p. 118.

26. M. de Saint-Pierre, *Les Aristocrates*, *op. cit.*, p. 87-88.
27. Ch. de Castries, *Manuel de savoir survivre en société*, Éditions du Rocher, 2002, p. 55.
28. *Ibid.*
29. M. Proust, *Le Côté de Guermantes* II, *op. cit.*, t. II, p. 696.
30. Abbé Mugnier, *Journal*, 31 juillet 1917, *op. cit.*, p. 316.
31. Liselotte, *Le Guide des convenances*, *op. cit.*, p. 307.
32. *Des usages et de l'élégance*, *op. cit.*, p. 140-141.
33. Baron Fouquier, *La Politesse française*, *op. cit.*, p. 88.
34. *Point de vue*, n° 2988, 26 octobre 2005, p. 15.
35. M. Pinçon, M. Pinçon-Charlot, *Dans les beaux quartiers*, *op. cit.*, p. 184-185.
36. É. Mension-Rigau, *Aristocrates*, *op. cit.*, p. 290-291.
37. Cf. N. Pacout, *Le Savoir-Vivre aujourd'hui*, *op. cit.*, p. 14.

Chapitre 12 (Le continent protocole)

1. A. de Fouquières, *Cinquante ans de panache*, *op. cit.*, p. 336.
2. E. Pierre, *Traité de droit politique*, supplément, 2e éd., Librairies Imprimeries réunies, 1910, p. 362-363.
3. J. Serres, *Manuel pratique de protocole*, Courbevoie, Éditions de la Bièvre, 2005, p. 24.
4. Cf. J. Gandouin, *Guide du protocole et des usages*, *op. cit.*, p. 53.
5. Y. Deloye, in Y. Deloye, C. Haroche, O. Ihl, *Le Protocole ou la mise en forme de l'ordre politique*, L'Harmattan, 1996, p. 52.
6. Cf. *Les Introducteurs des ambassadeurs*, 1585-1900, Félix Alcan, 1901, p. 37.
7. J. Serres, *Manuel pratique de protocole*, Simonnet, Hachette et Cie, Nlle éd., 1952, p. 8.
8. Cité dans B. Moreau, *Protocole et cérémonial parlementaire*, L'Harmattan, 1998, p. 16.
9. J. Serres, *Manuel pratique de protocole*, *op. cit.*, p. 78-79.
10. B. Moreau, *Protocole et cérémonial parlementaire*, *op. cit.*, p. 161.
11. Cl. Dulong, *La Vie quotidienne à l'Élysée au temps de Charles de Gaulle*, Hachette, 1974, p. 201.
12. Cf. B. Moreau, *Protocole et cérémonial parlementaire*, *op. cit.*, p. 66.
13. J. Gandouin, *Guide du protocole et des usages*, *op. cit.*, p. 53.
14. B. Moreau, *Protocole et cérémonial parlementaire*, *op. cit.*, p. 142.
15. Cité dans Y. Deloye, C. Haroche, O. Ihl, *Le Protocole...*, *op. cit.*, p. 251.
16. Cité *ibid.*, p. 234.
17. J. Serres, *Manuel pratique de protocole*, *op. cit.*, p. 68.
18. *Ibid.*, p. 9.
19. A. de Fouquières, préface au *Manuel* de Serres, *op. cit.*, p. 7.

20. *Ibid.*, p. 81-82.
21. *Ibid.*, p. 82.
22. *Ibid.*, p. 92-93.
23. *Ibid.*, 2005, p. 40 et 261.
24. Cité dans B. Moreau, *Protocole et cérémonial parlementaire*, *op. cit.*, p. 59.
25. *Ibid.*, p. 96.
26. *Ibid.*, p. 66.
27. Cité dans Cl. Dulong, *La Vie quotidienne à l'Élysée...*, *op. cit.*, p. 195.
28. B. Moreau, *Protocole et cérémonial parlementaire*, *op. cit.*, p. 59.
29. *Ibid.*, p. 85.
30. Cf. J. Serres, *Manuel*, 2005, *op. cit.*, p. 247.
31. B. Moreau, *Protocole et cérémonial parlementaire*, *op. cit.*, p. 143.
32. M. Block, *Dictionnaire politique et social*, Perrin et cie, 1896, p. 301.
33. B. Moreau, *Protocole et cérémonial parlementaire*, *op. cit.*, p. 89.
34. Cité dans N. Loux, *Le Protocole dans les collectivités locales, mode d'emploi, usages et pratiques*, Le Moniteur, 2001, p. 19.

Chapitre 13 (Les incivilités devant le gendarme)

1. M. Cassen, *Relation de la mort du chevalier de la Barre, à M. le marquis de Beccaria*, 1766, p. 14.
2. Arrêt du Parlement de Paris, Grande Chambre assemblée, 4 juin 1766, cité dans Muyard de Vouglans, *Les Loix criminelles*, *op. cit.*, t. I, p 87.
3. *Ibid.*, t. I, p. 332.
4. Cf. D. Nourrisson, *Histoire sociale du tabac*, Éditions Christian, 1999, p. 123.
5. Sem, *La Ronde de nuit*, A. Fayard, « Le livre de demain », 1923, p. 23.
6. Duc de Lévis-Mirepoix, comte de Vogüe, *La Politesse*, *op. cit.*, p. 71.
7. A. de Fouquières, *La Courtoisie moderne*, *op. cit.*, p. 101.
8. *Ibid.*, p. 106.
9. *Ibid.*, p. 102-103.
10. M. Tyano, *Savoir-Vivre*, *op. cit.*, p. 57.
11. *Le Livre d'or du savoir-vivre*, *Dictionnaire illustré de la politesse*, Zurich, Stauffacher, 1965, p. 153
12. L. Astruc, *Savoir-Vivre aujourd'hui*, *op. cit.*, p. 46.
13. A. de Fouquières, *La Courtoisie moderne*, *op. cit.*, p. 106.
14. L. Astruc, *Savoir-Vivre aujourd'hui*, *op. cit.*, p. 107.
15. M. Gosset, *Savoir-Vivre moderne*, *op. cit.*, p. 149.
16. *Le Livre d'or du savoir-vivre*, *op. cit.*, p. 144.
17. E. Marsan, *Le Cigare*, La nouvelle société d'édition, « L'homme à la page », 1929, p. 75 *sq.*
18. *Le Livre d'or du savoir-vivre*, *op. cit.*, p. 153.
19. A. de Fouquières, *La Courtoisie moderne*, *op. cit.*, p. 156.

20. E. Marsan, *Le Cigare*, *op. cit.*, p. 80 et 82.
21. *Ibid.*, p. 37 et 75-16.
22. *Ibid.*, p. 91.
23. A. de Fouquières, *La Courtoisie moderne*, *op. cit.*, p. 104.
24. L. Astruc, *Savoir-Vivre aujourd'hui*, *op. cit.*, p. 44.
25. F. Le Focalvez, *ABC du savoir-vivre*, *op. cit.*, p. 44.
26. M. Gosset, *Savoir-Vivre moderne*, *op. cit.*, p. 148.
27. « The Etiquette of Smoking », *Good Housekeeping*, septembre 1940, p. 37.
28. Cf. S. Zimmermann, « Pioneering Research into Smoking and Health in Nazi Germany », *International Journal of Epidemiology*, 2001, n° 30, p. 35 *sq* ; et surtout, les travaux de Robert. N. Proctor, en particulier *La Guerre des nazis contre le cancer*, Les Belles Lettres, 2001, p. 179-255.
29. E. Lochet, *Le Savoir-Vivre aujourd'hui*, *op. cit.*, p. 12.
30. M. Gassé, *Manuel de politesse*, J.-P. Gisserot, 2001 p. 38.
31. Émilie, *Petit manuel de savoir-vivre*, Infrarouge, 2000, p. 38 ; de même, F. Le Bras, *Livre de bord du savoir-vivre*, Alleur, Marabout, 1995, p. 187.
32. N. de Rothschild, *Le Bonheur de séduire*, *op. cit.*, p. 342.
33. M. Gassé, *Manuel de politesse*, *op. cit.*, p. 39.
34. R. Dumesnil, *Supplément aux ridicules du temps*, *op. cit.*, p. 70-76.
35. J.-P. Gutton, *Bruits et sons dans notre histoire*, PUF, 2000, p. 121.
36. *Ibid.*, p. 143. Sur ce point, cf. A. Corbin, *Le Miasme et la Jonquille*, *op. cit.*
37. Cité dans J.-M. Delacomptée, « Le bruit barbare », *Le Monde*, 7 novembre 2002.
38. Cité dans J. Lamarque, *Le Droit contre le bruit*, LGDJ, 1975, p. 9.
39. *Fémina pratique*, octobre 1953, n° 27, p. 76-83.
40. Liselotte, *Guide des convenances*, *op. cit.*, 1950, p. 435.
41. R. Lindon, *Guide du nouveau savoir-vivre*, *op. cit.*, p. 109, p. 110-111.
42. Civ, 24 mai 1971, cité dans J. Lamarque, p. 183.
43. Cour de cassation, chambre criminelle, 30 novembre 1854.
44. *Fémina pratique*, p. 82.
45. Cité dans note R. S., *Dalloz-Sirey*, 1970, p. 268.
46. Liselotte, *Guide des convenances*, *op. cit.*, p. 301, 304.
47. *Le Crapouillot*, n° 19, 1952, p. 47.
48. G. Simon, *Puissance sportive et ordre juridique étatique*, LGDJ, 1990, p. 81-82.
49. *Ibid.*, p. 28.
50. *Ibid.*, p. 72.
51. *Guide des joueurs pour rencontres sans arbitre*. www.tenniscanada.ca.
52. E. Holt, *Encyclopædia of Etiquette*, *op. cit.*, p. 369.
53. E. de Gramont, *Le Golf*, La nouvelle société d'édition, 1930, p. 12.
54. Cité dans O. Denis-Massé, *Golf*, Mango sport, 1999, p. 8.
55. E. Holt, *Encyclopædia of Etiquette*, *op. cit.*, p. 371.

56. Cité dans D. Lejeune, *Histoire du sport, XIXe-XXe siècles*, Éditions Christian, 2001, p. 48.
57. G. Simon, *Puissance sportive et ordre juridique étatique*, *op. cit.*, p. 292.
58. Cité dans B. Gillet, *Histoire du sport*, PUF, 1965, p. 15.

Chapitre 14 (Une politesse mondialisée)

1. Cité dans « Campagne Journée nationale de la courtoisie au volant », octobre 2003, seniorplanet.fr.
2. *Les Assassins*, À Paris, chez les Marchands-Libraires au Palais royal, p. 6.
3. L. Baudry de Saunier, *L'Art de bien conduire une automobile*, *op. cit.*, p. 270-272.
4. J. Gandouin, *Guide du protocole*, *op. cit.*, p. 286.
5. Duc de Brissac, préface à J. Gandouin, *ibid.*, p. 20.
6. Lindon, *Guide du nouveau savoir-vivre*, *op. cit.*, p. 106.
7. *Ibid.*, p. 168.
8. Brochure d'information diffusée à l'occasion de sa 7e édition, le 13 avril 2006, p. 2.
9. J. Gandouin, *Guide du protocole*, *op. cit.*, p. 285-286.
10. M. d'Amécourt, *Savoir-Vivre aujourd'hui*, *op. cit.*, p. 37.
11. F. Brizay, *Le Savoir-Vivre*, Culture, Arts, Loisirs, 1969, p. 131.
12. H. de Clermont-Tonnerre, *Politesse oblige*, *op. cit.*, p. 127.
13. P. Reboux, *Le Nouveau Savoir-Vivre*, *op. cit.*, p. 64.
14. Duc de Lévis-Mirepoix, comte de Vogüe, *La Politesse*, *op. cit.*, p. 55.
15. R. Lindon, *Guide du nouveau savoir-vivre*, *op. cit.*, p. 78.
16. *Ibid.*, p. 79.
17. Duc de Lévis-Mirepoix, comte de Vogüe, *La Politesse*, *op. cit.*, p. 60.
18. N. de Rothschild, *Le Bonheur de séduire*, *op. cit.*, p. 181, 183.
19. Duc de Lévis-Mirepoix, comte de Vogüe, *La Politesse*, *op. cit.*, p. 58 ; N. de Rothschild, *Le Bonheur de séduire*, *op. cit.*, p. 182.
20. N. de Rothschild, *Le Bonheur de séduire*, *op. cit.*, p. 183.
21. J. Gandouin, *Guide du protocole*, *op. cit.*, p. 307.
22. Cf. R. Lefebvre, « Usages 53 », *Le Crapouillot*, n° 19, 1952, p. 46.
23. H. de Clermont-Tonnerre, *Politesse oblige*, *op. cit.*, p. 129.
24. M d'Amécourt, *Savoir-Vivre aujourd'hui*, *op. cit.*, p. 95.
25. Duc de Lévis-Mirepoix, comte de Vogüe, *La Politesse*, *op. cit.*, p. 58.
26. P. Reboux, *Le Nouveau savoir-vivre*, *op. cit.*, p. 64-65.
27. F. Le Focalvez, *ABC du savoir-vivre*, *op. cit.*, p. 16, p. 52.
28. H. de Clermont-Tonnerre, *Politesse oblige*, *op. cit.*, p. 131.
29. N. de Rothschild, *Le Bonheur de séduire*, *op. cit.*, p. 187.
30. H. de Clermont-Tonnerre, *Politesse oblige*, *op. cit.*, p. 131.
31. N. de Rothschild, *Le Bonheur de séduire*, *op. cit.*, p. 187.

32. M. d'Amécourt, *Savoir-Vivre aujourd'hui*, *op. cit.*, p. 95.
33. H. de Clermont-Tonnerre, *Politesse oblige*, *op. cit.*, p. 131.
34. *Ibid.*
35. J. Krotz, « Cell Phone Etiquette : 10 Dos and Don'ts », www.microsoft.com.
36. H. de Clermont-Tonnerre, *Politesse oblige*, *op. cit.*, p. 132.
37. Ch. Gericot, *Le Savoir-Vivre*, Mango pratique, 1999, p. 132.
38. H. de Clermont-Tonnerre, *Politesse oblige*, *op. cit.*, p. 133.
39. R. Messager, *Le Savoir-Vivre, règles et usages*, Larousse, 2000, p. 114.
40. N. de Rothschild, *Le Bonheur de séduire*, *op. cit.*, p. 189.
41. H. de Clermont-Tonnerre, *Politesse oblige*, *op. cit.*, p. 133.
42. Cf. M. Gassé, *Manuel de politesse*, *op. cit.*, p. 41-42.
43. N. de Rothschild, *Le Bonheur de séduire*, *op. cit.*, p. 189.
44. H. Cassagnabère, « Les communautés virtuelles rattrapées par la société réelle ? », *2050*, n° 1, printemps 2006, p. 35
45. V. Shea, *Nétiquette*, Albion Books, mai 1994, p. 37.
46. N. de Rothschild, *Le Bonheur de séduire*, *op. cit.*, p. 231.
47. P. Reboux, *Le Nouveau Savoir-Vivre*, *op. cit.*, p. 124.
48. H. de Clermont-Tonnerre, *Politesse oblige*, *op. cit.*, p. 304.
49. M. Bouron, préface à Pierre Louÿs, *Manuel de civilité pour les petites filles à l'usage des maisons d'éducation*, Allia, 1992, p. VIII.
50. P. Reboux, *Le Nouveau Savoir-Vivre*, *op. cit.*, p. 124-128.
51. *Ibid.*, p. 125.
52. C. Gérent, *Savoir vivre sa sexualité*, J'ai lu, 1992, p. 9.
53. O. Toja, *Le Nouveau Savoir-Vivre des paresseuses*, Marabout, 2005, p. 202-203.
54. H. de Clermont-Tonnerre, *Un jour mon prince viendra*, Michel Laffont, 2001, p. 121.
55. C. Gérent, *Savoir vivre sa sexualité*, *op. cit.*, p. 184-188.
56. O. Toja, *Le Nouveau Savoir-Vivre des paresseuses*, *op. cit.*, p. 216.
57. N. de Rothschild, *Le Bonheur de séduire*, *op. cit.*, p. 387.
58. www.naturisme.fr
59. B. Duteurtre, *Tout doit disparaître*, Gallimard, « Folio », 2003, p. 119-120.
60. M. Houellebecq, *Les Particules élémentaires*, J'ai lu, 2000, p. 221-222.
61. C. Millet, *La Vie sexuelle de Catherine M.*, Le Seuil, 2001, p. 29.

Conclusion

1. A. de Tocqueville, *De la démocratie en Amérique*, *Œuvres complètes*, Gallimard, 1951, t. I, vol. 2, p. 225-226.

Sources

Petite chronologie des manuels de politesse

Secrétaire des Républicains, ou Nouveaux Modèles de lettres sur différents sujets, Barba, 1793.

Prévost, *Véritable civilité républicaine à l'usage des citoyens des deux sexes*, présentée à la Convention nationale, Rouen, Imprimerie Pierre Lecompte, an II de la République.

Gerlet, *Pensées républicaines pour tous les jours de l'année, à l'usage, surtout, des enfants*, Le Petit, an II de la République.

Louis-Marin Henriquez, *Épîtres et évangiles du Républicain, pour toutes les décades de l'année, à l'usage des jeunes sans-culottes*, Nouvelle édition, Troyes, A. André [s.d.].

Louis-Marin Henriquez, *Principes de civilité républicaine, dédiés à l'enfance et à la jeunesse, sous les auspices de Jean-Jacques Rousseau*, Hugard, an III de la République.

Louis Dubroca, *Le Ton de la bonne compagnie, ou Règles de la civilité à l'usage des personnes des deux sexes*, Rondonneau, an X, 1802.

Stéphanie-Félicité de Genlis, *Souvenirs de Félicie L****, Maradon, an XII, 1804.

J.-P. Costard, *L'Homme de bonne compagnie, ou l'Art de plaire dans la société*, Leprieur, an XIII, 1805.

Étiquette du Palais impérial, Imprimerie impériale, Germinal an XIII.

Le Code de la Politesse, ou Guide des jeunes gens dans le monde, par M. B..., Veuve Gueffier, 1808.

La Politesse qui régnait à l'ancienne Cour de France comparée au ton de la Cour de Bonaparte, par un ancien garde de la Bibliothèque du Roi et ancien censeur royal, Renand, 1814.

Stéphanie-Félicité de Genlis, *Dictionnaire critique et raisonné des étiquettes de la Cour, des usages du monde,... ou l'Esprit des étiquettes et des usages anciens, comparés aux modernes*, Mongie-Aîné, 1818.

Abel Goujon, *Manuel de l'homme de bon ton, ou Cérémonial de la bonne société*, Parmantier et Audin, 1821 ; 3e éd., 1825 ; 4e éd., Philippe, 1830.

Abel Goujon, *Petit Manuel de la politesse*, A. Eymery, 1822.

Horace Raisson, *Code civil, Manuel complet de la politesse, du ton, des manières de la bonne compagnie*, 2e éd., Roret, 1828.

Alexandre Martin, *Manuel de l'homme du monde, Guide complet de la toilette et du bon ton*, Audin, 1828.

Eugène Ronteix, *Manuel du Fashionable*, Audot, 1829.

Mme Celnart, *Nouveau manuel complet de la bonne compagnie, ou Guide de la politesse et de la bienséance*, nouvelle édition, Roret, 1838.

A. Meilheurat, *Manuel du savoir-vivre*, Desloges, 1852 ; 9e éd., Renauld, 1876.

Comtesse de Bradi, *Du savoir-vivre en France au XIXe siècle, ou Instructions d'un père à ses* enfants, 4e éd., Strasbourg, Vve Berger-Levrault, 1853.

Comtesse Drohojowska, *Conseils à une jeune fille sur les devoirs à remplir dans le monde*, Lyon, Périsse, 1853.

Louis Verardi, *Almanach de la politesse, Nouveau guide pour se conduire dans le monde*, Passard, 1853.

Samuel Robert Welles, *How to behave, Pocket Manual of Républican Etiquette*, New York, Fowler and Wells, 1856.

Conkling, *American Gentleman's Guide*, 1857.

Comtesse de Bassanville, *La Science du monde, politesse, usages, bien-être*, J. Lecoffre, 1859.

Comtesse Drohojowska, *De la politesse et du bon ton, ou de devoirs d'une femme chrétienne dans le monde*, 2e éd., V. Sarlit, 1860.

Comtesse Drohojowska, *La Politesse au pensionnat*, V. Sarlit, 1861.

Eugène Chapus, *Manuel de l'homme et de la femme comme il faut*, Michel Lévy Frères, 5e éd., 1862.

Cérémonial officiel, Librairie administrative Paul Dupont, 1865.

Mme de Bassanville, *Code du cérémonial, guide des gens du monde dans toutes les circonstances de la vie*, 3e éd., Lebigre-Duquesne, 1867 ; 33e éd., A. Duquesne, 1888.

Comtesse Dash, *Comment on fait son chemin dans le monde, code du savoir-vivre*, Michel Lévy Frères, 1868.

Arnould Fremy, *Les Gens mal élevés*, Michel Lévy, 1868.

Érasme de Rotterdam, *La Civilité puérile, précédé d'une notice sur les livres de civilité depuis le XVIe siècle*, par Alcide Bonneau, Isidore Liseux, 1877.

Mme Louise d'Alq, *Le Savoir-Vivre en toutes les circonstances de la vie*, Librairie de la famille, François Ebhardt, 24e éd., 1879.

Clarisse Juranville, *Le Savoir-Faire et le savoir-vivre, guide pratique de la vie usuelle à l'usage des jeunes filles*, Librairie Larousse [s.d.] (1891).
Baronne Staffe, *Usages du monde*, Havard, 1891 (voir aussi éditions 1900, 1989)
Baronne Staffe, *La Maîtresse de maison*, Havard, 29e éd., 1892.
Marie de Grandmaison, *Le Savoir-Vivre et ses usages dans la société actuelle, ou Guide de la bienséance pour tous les âges et dans les principales circonstances de la vie*, Bernardin-Béchet et fils, 1892.
Comtesse Berthe, *La Politesse pour tous*, Flammarion, 1893.
Une Parisienne, *Les Usages du monde*, Deslinières, 1895.
Agenda de la baronne Staffe, 1897, Havard, 1897.
Le Savoir-Vivre et les bonnes manières, manuel de la bonne tenue, Vermot, 1897.
Vicomtesse Nacla, *Dictionnaire de savoir-vivre*, Flammarion, 1898.
Marquise de Pompeillan, *Usages du monde dans la société moderne, le guide de la femme du monde*, Pontet-Brault, 1898.
Baronne Staffe, *La Correspondance dans les circonstances de la vie*, Havard, 22e éd., 1899.
Baronne d'Orval, *Usages mondains*, Havard, 1901.
Emily Holt, *Encyclopaedia of Etiquette, A Book of Manners for Everyday Use*, New York, McLure, Phillips & Co, 1904.
Aline Raymond, *Le Savoir-Vivre, les usages, le monde*, Bibliothèque de la maîtresse de maison, Librairie de Paris, 1909.
Baronne Staffe, *Indications pratiques pour obtenir un brevet de femme chic*, Flammarion, 1907.
M. Chambon, *Dictionnaire du savoir-vivre*, Lethielleux, 1907.
Comtesse de Gencé, *Savoir-Vivre et usages mondains*, Bibliothèque des ouvrages pratiques [s.d.] (1907).
Comtesse de Gencé, *Code mondain de la jeune fille*, Bibliothèque des ouvrages pratiques, 1909.
Michel Anty, *Le Savoir-Vivre à la chasse, usages et bienséances cynégétiques*, E. Nourry, 1911.
M.-M. Girodroux, *La Société et ses usages*, Librairie des annales, 1911.
Liselotte, *Le Guide des convenances*, 14e éd., Bibliothèque du petit écho de la mode, 1917.
Mme E. Charles-Morice, *La Politesse, usages mondains et savoir-vivre*, Armand Colin, 1921.
La Politesse française, par un groupe de personnalités du monde, Tours, A. Mame, 1924.
Baron Fouquier, *Des usages et de l'élégance*, Émile-Paul, 1925.

Eugène Marsan, *Savoir vivre et savoir s'habiller*, Éditions de France, 1926.
Comtesse Riguidi, *Savoir vivre, savoir s'habiller, savoir plaire*, Éditions Montaigne, 1928.
Paul Reboux, *Le Nouveau Savoir-Vivre, pour balayer les vieux usages*, Flammarion, 1930.
Paul Reboux, *Le Nouveau Savoir-Vivre*, Monaco, Société des conférences, 1930.
Louise Clermont, *Le Savoir-Vivre*, Tours, A. Mame et fils, 1931.
Le Savoir-Vivre moderne, nouveau Guide des convenances, Éditions Deux-Trois, 1932.
Comtesse de Magalon, *Guide mondain*, Larousse, 1932.
Duc de Lévis-Mirepoix, comte Félix de Vogüe, *La Politesse, son rôle, ses usages*, Éditions de France, 1937.
Mlle J. Burret, *La Politesse*, Lyon, Vitte, 1939 ; 2e éd., 1941.
Général X..., *Manuel de savoir-vivre à l'usage du soldat*, Lavauzelle, 1942.
Vicomtesse de Cressanges, *Savoir-Vivre, ce qu'il faut faire, ce qu'il faut dire, ce qu'il faut taire*, A. Fleury, 1946.
Marc de Soligny, *Précis des nouveaux usages*, Éditions Prisma, 1948.
Berthe Bernage, *Convenances et bonnes manières, le code moderne du savoir-vivre*, Éditions Gautier-Languereau, 1950.
Liselotte, *Guide des convenances*, Éditions de Montsouris, 1950.
Emily Post, *Etiquette, The Blue Book of Social Usage*, Nouvelle éd., Funk and Wagnals company, New York, 1950.
Gisèle d'Assailly, Jean Baudry, *Savoir-Vivre tous les jours*, Tours, Mame, 1951.
Savoir-Vivre international, ODE, 1951
André de Fouquières, *La Courtoisie moderne*, Pierre Horay, 1952.
Les Bonnes Manières, *Le Crapouillot*, n° 19, 1953.
Lucienne Astruc, *Savoir-Vivre aujourd'hui, ABC de la vie quotidienne*, Fayard, « Elle Encyclopédie », 1957.
Paul Guth, Michelle Maurois, *Le Savoir-Vivre actuel*, Dictionnaire, Gallimard, 1959.
Le Livre d'or du savoir-vivre, Dictionnaire illustré de la politesse, Zurich, Stauffacher, 1965.
Chantal Chartier, Thérèse Victor, *Savoir-Vivre aujourd'hui*, SPER, 1967.
Jaqueline Bus, *Top savoir-vivre*, Dupuis, 1967.
F. Brizay, *Le Savoir-Vivre*, Culture, Arts, Loisirs, 1969.
Guislaine Lavergne, *La Maison ouverte, le savoir-vivre du bonheur*, Centurion/Grasset, 1970.
Raymond Lindon, *Guide du nouveau savoir-vivre*, Albin Michel, 1971.

Jacques Gandouin, *Guide du protocole et des usages*, Stock, 1972.
Myrette Tyano, *Savoir-Vivre*, Solar, 1972.
Annie Morand, *Le Savoir-Vivre aujourd'hui*, Culture, Art, Loisir, 1973.
Françoise de Raucourt, *Savoir-Vivre*, Éditions des deux coqs, 1975.
Carole Silvin, Claire de Prémont, *Le Savoir-Vivre sans étiquette*, Verviers, Marabout, 1980.
Arlette Royer, *Le Savoir-Vivre aujourd'hui*, Larousse, 1981.
Marie Gosset, *Le Savoir-Vivre moderne*, Del Vecchi, 1983.
Maurice d'Amécourt, *Savoir-Vivre aujourd'hui*, Bordas, 1983.
F. Le Focalvez, *Savoir-Vivre aujourd'hui*, Nathan, 1984.
Thierry Mantoux, *Guide du bon chic bon genre*, Hermé, 1985.
Nathalie Pacout, *Le Savoir-Vivre aujourd'hui*, Alleur, Marabout, 1988.
Colette Maillard, *Dictionnaire du savoir-vivre*, Solar, 1988.
Michel Guibert, Pauline Delamarque, *Savoir recevoir, savoir-vivre*, France Loisirs, 1990.
Christine Collange, *La Politesse du cœur*, Stock, 1993.
Andrew Saint-George, *The Descent of Manners, Etiquette, Rules and the Victorians*, Londres, Chatto and Windus, 1993.
A.S. Beaucourt, F. Massonnaud, *Le Savoir-Vivre aujourd'hui*, Sélection du Reader's Digest, 1994.
Christine Gericot, *Le Savoir-Vivre aujourd'hui*, Payot, 1994.
Virginia Shea, *Nétiquette*, Albion Books, 1994.
Florence Le Bras, *Livre de bord du savoir-vivre*, Alleur, Marabout, 1995.
Gisèle d'Assailly, Jean Baudry, *Le Savoir-Vivre*, nouvelle éd., Alleur, Marabout, 1996.
Gilles de Janzé, *Le Savoir-Vivre en France*, Éditions Ouest-France, 1997.
Marie-Françoise Loock, *Bien connaître la politesse et les bons usages*, J.-P. Gisserot, 1998.
Sabine Deruelle, *Le Savoir-Vivre, guide des règles et usages d'aujourd'hui*, Larousse/Bordas, 1999.
Christine Gericot, *Le Savoir-Vivre*, Mango pratique, 1999.
Émilie, *Petit manuel de savoir-vivre*, Infrarouge, 2000.
Roselyne Messager, *Le Savoir-Vivre, règles et usages*, Larousse, 2000.
Ilaria Petrovic, *Petit manuel de savoir-vivre en poche, toutes les règles de bienséance en toutes circonstances*, De Vecchi, « Poche », 2000.
Michel Gassé, *Manuel de politesse*, J.-P. Gisserot, 2001.
Ch. de Castries, *Manuel de savoir survivre en société*, Éditions du Rocher, 2002.
Hermine de Clermont-Tonnerre, *Politesse oblige, savoir vivre au XXIe siècle*, L'Archipel, 2003.

Sophie Fontanel, *Le Savoir-Vivre efficace et moderne*, NIL, 2003.
Ewa Lochet, *Le Savoir-Vivre d'aujourd'hui*, Larousse, « Guides pratiques », 2003.
Nadine de Rothschild, *Le Bonheur de séduire, l'art de réussir, Le savoir-vivre au XXIe siècle*, Éditions de la Seine, 2003.
S. de Menthon, *Le Guide du savoir-vivre en entreprise*, Eyrolles, 2004.
O. Toja, *Le Nouveau Savoir-Vivre des paresseuses*, Marabout, 2005.

Aux alentours du savoir-vivre

Alfred d'Almbert, *Physiologie du duel*, Charpentier, 1853.
J. Améro, *Les Classiques de la table*, Librairie de Firmin Didot Frères, 1855.
Jeanne d'Antilly, « Aimez-vous la cigarette ? », *Journal pour tous*, 12 février 1896.
Les Assassins, À Paris, chez les Marchands-Libraires au Palais-Royal, 1789.
L'Art de donner à dîner, de découper les viandes, de servir les mets, de déguster les vins, de choisir les liqueurs, etc., etc., Urbain Canel, 1828.
Charles Bataillard, *Du duel*, Lecointe, 1829.
Louis Baudry de Saunier, *L'Automobile théorique et pratique*, Neuilly, Louis Baudry de Saunier, 1899.
Louis Baudry de Saunier, *L'Art de bien conduire une automobile*, Flammarion, 1921.
Prosper Boucineau-Gesmon, *Domestiques et maîtres, à propos de quelques crimes récents*, E. Dentu, 1885.
Brillat-Savarin, *Essai historique et critique sur le duel*, Cille et Ravier, 1813.
Brillat-Savarin, *Physiologie du goût, ou Méditations de gastronomie transcendante*, Garnier Frères, 1876.
M. Cassen, *Relation de la mort du chevalier de la Barre*, à M. le marquis de Beccaria, 1766.
Code de l'honneur et du duel, Devambez, 1918.
Code de la cravate, Audin, 1828.
Code du duel, Ollendorff, 1897.
Claude de La Colombière, *Réflexions chrétiennes*, Lyon, Anisson, Posuel et Rigaud, 3e éd., 1689.
Le Conseiller des Dames, journal d'économie domestique et de travaux d'aiguille, 1847-1848, t. I.
Cravatiana, ou Traité général des cravates considérées dans leur origine, leur influence politique, physique et morale, leurs formes, leurs couleurs et leurs espèces, Dalibon, 1823.

M. Cusenier, *Les Domestiques en France*, Rousseau, 1912.

H. Despaigne, *Code de la mode*, chez l'auteur, rue Scribe, 1866.

Mademoiselle Dufaux de la Jonchère, *Ce que les maîtres et les domestiques doivent savoir*, Garnier Frères, 1884.

Docteur Faust, *De quelques idées sur un vêtement uniforme et raisonné à l'usage des enfants*, Strasbourg, 2e éd., 1792.

André de Fouquières, *De l'art, de l'élégance, de la charité*, Fontemoing, 1910.

Gerla, *Rapport sur la proposition d'abolir l'usage des mots sieur et monsieur dans les lettres de change*, De l'Imprimerie nationale, Germinal an VI.

Gerla, *Second rapport sur les anciennes qualifications*, De l'Imprimerie nationale, Thermidor an VI.

G. Guénot-Lecointe, *Physiologie du gant*, Desloges, 1841.

M. Guillemot, *8 heures, Dîners parisiens*, Société d'éditions littéraires et artistiques, 1901.

Gabriel Letainturier-Fradin, *Le Duel à travers les âges*, Marpon et Flammarion, 1892.

Auguste Luchet, *Les Mœurs d'aujourd'hui*, Coulon-Pineau, 1854.

M. des Mittres, *Des domestiques en France dans leur rapport à l'économie sociale*, l'auteur, 1837.

Jean-Baptiste Morvan de Bellegarde, *Réflexions sur le ridicule et sur les moyens de l'éviter*, Trévoux, Imprimerie du Prince de Dombes, 3e éd., 1697.

Fernand Nicolaÿ, *Les Enfants mal élevés*, Librairie académique Didier, 1890.

La Politesse, vertu des apparences, Autrement, 1991.

Paul Reboux, *Le Nouveau Savoir-Causer*, Flammarion, 1949.

Eugène Rostand, *Les Domestiques d'aujourd'hui, comité de défense et du progrès social*, 1902, 1930.

Jean-Baptiste Salaville, *Essai sur le duel, sur la nécessité et sur le moyen d'en abolir l'usage*, Aimé Comte, 1818.

Jean Serres, *Manuel pratique de protocole*, Simonnet, Hachette et Cie, Nouvelle éd., 1952, p. 8.

Jean Serres, *Manuel pratique de protocole*, Courbevoie, Éditions de la Bièvre, 2005.

Adolphe Tavernier, *Art du duel*, Marpon et Flammarion, 1885.

Béhotéguy de Téramond, *Comment bien recevoir sans personnel*, La pensée moderne, 1965.

J.-B. Thiers, *Traité des jeux et des divertissements*, A. Dezalliers, 1686.

Sources littéraires, mémoires

Edmond About, *Le Nez d'un notaire*, Fayard/Mille et une nuits, 2000.
Céleste Albaret, *Monsieur Proust*, Robert Laffont, 1973.
Élizabeth von Arnim, *Élizabeth et son jardin allemand*, Salvy, « 10-18 », 1996.
Jane Austen, *L'Abbaye de Northanger*, trad. P. Arnaud, Gallimard, 2004.
Balzac, *Lettres à Mme Hanska*, Les bibliophiles de l'originale, 1971, t. IV.
Balzac, *Œuvres*, Gallimard, « Bibliothèque de la Pléiade », 1952.
Balzac, *Œuvres diverses*, Louis Conard, 1938.
Balzac, *La Comédie humaine*, Le Seuil, « L'Intégrale », 1966.
Maurice Baring, *La Tunique sans couture*, Plon, 1932.
Maurice Barrès, Anna de Noailles, *Correspondance*, L'Inventaire, 1994.
Charles Baudelaire, Préface à E. A Poe, *Histoires extraordinaires*, M. Lévy, 1857, Nouvelle édition.
Charles Baudelaire, Préface à E. A Poe, *Nouvelles histoires extraordinaires*, M. Lévy, 1859.
P.-J. Béranger, *Chansons*, Perrotin, 1866.
Georges Bernanos, *La Grande Peur des bien-pensants*, Grasset, 1931.
Tristan Bernard, *Les Veillées du chauffeur*, Ollendorff, 1909.
Léon Bloy, *Le Désespéré*, Le Mercure de France, nouvelle édition, 1914.
John Boyd, *Lysistrata 80*, trad. C. Elsen, Stock, 1971.
Comtesse de Boigne, *Mémoires*, Le Mercure de France, « Le Temps retrouvé », 1999.
Paul Bourget, *Physiologie de l'amour moderne*, Lemerre, 1891.
Paul Bourget, *Au service de l'ordre*, Plon, 1929.
Mme Campan, *Mémoires sur la vie privée de Marie-Antoinette*, Mongie-Ainé, 1823.
Christophe, *La Famille Fenouillard*, Armand Colin, « Bibl. du petit Français », 24e éd., 1925.
Jules Clarétie, *La Vie à Paris*, 1880, Havard [s.d.] (1881).
Léon Daudet, *Paris vécu*, 1re série, Rive droite, 1929.
Dorvigny, *La Parfaite Égalité, ou les Tu et Toi*, Barba, an III.
Ducancel, *L'Intérieur des comités révolutionnaires, ou les Aristides modernes*, an III.
Alexandre Dumas, *Mes Mémoires*, Calmann-Lévy, 1884-1886.
Alexandre Dumas, *Filles, lorettes et courtisanes*, Flammarion, 2000.
René Dumesnil, *Supplément aux ridicules du temps*, Éditions du Trianon, 1929.
Benoît Duteurtre, *Tout doit disparaître*, Gallimard, « Folio », 2003.

« L'enfance de Bécassine », *La Semaine de Suzette*, 1910.
Françoise d'Eaubonne, *Les Bergères de l'Apocalypse*, Jean Claude Simoën, 1977.
Gustave Flaubert, *Mme Bovary*, Michel Lévy Frères, 3e éd., 1857.
Baron Fouquier, *Jours heureux d'autrefois*, Albin Michel, 1941.
André de Fouquières, *Cinquante ans de panache*, Pierre Horay, 1951.
Anatole France, *Monsieur Bergeret à Paris*, Calmann-Lévy [s.d.] (1900).
Stéphanie-Félicité de Genlis, *Mémoires* [1825], Le Mercure de France, « Le Temps retrouvé », 2004.
Gavarni, Granville, etc., *Le Diable à Paris, Paris et les Parisiens*, J. Hetzel, 1868.
Delphine de Girardin, *Le Vicomte de Launay, Lettres parisiennes*, Michel Lévy Frères, 1857.
Fernand Giraudeau, *La Cité nouvelle*, Amyot, 1868.
Edmond et Jules de Goncourt, *Journal*, Robert Laffont, « Bouquins », 1989, 3 vol.
Edmond et Jules de Goncourt, *L'Amour au XVIIIe siècle*, Dentu, 1875.
Edmond et Jules de Goncourt, *Histoire de la société française pendant le Directoire*, Charpentier, nouvelle édition, 1898.
Olympe de Gouges, *Œuvres*, Mercure de France, 1986.
Olympe de Gouges, *Déclaration des droits de la femme et de la citoyenne*, septembre 1791, Mille et Une Nuits, 2003
Sacha Guitry, *Mon père avait raison.*
Sacha Guitry, *Un beau mariage.*
Michel Houellebecq, *Les Particules élémentaires*, J'ai lu, 2000.
Valery Larbaud, *Journal*, 1912-1935, NRF, Gallimard, 1955.
Paul Léautaud, *Journal littéraire*, Mercure de France, 1955-1982.
Gabriel Legouvé, *Le Mérite des femmes*, Camuzeaux, 1835.
Jean Lorrain, *Monsieur de Phocas*, GF-Flammarion, 2001.
Jean Lorrain, *Pélléastres*, A. Méricant, 1910.
Pierre Louÿs, *Manuel de civilité pour les petites filles à l'usage des maisons d'éducation*, Allia, 1992.
Eugène Marsan, *Les Cannes de Monsieur Paul Bourget et le bon choix de Philinte, Petit manuel de l'homme élégant*, Le Divan, 1924.
Eugène Marsan, *Notre costume*, Liège, À la lampe d'Aladin, 1926.
Eugène Marsan, *Le Cigare*, La nouvelle société d'édition, « L'homme à la page », 1929.
Guy de Maupassant, « La politesse », *Le Gaulois*, 11 octobre 1881.
Guy de Maupassant, *Contes et Nouvelles*, Bibliothèque de la Gallimard, « Bibliothèque de la Pléiade », 1974.

Mémoires de Berthe Leroy racontées par elle-même, Bruxelles, H. Kristermaeker, 1895.
Catherine Millet, *La Vie sexuelle de Catherine M.*, Le Seuil, 2001.
Henry Monnier, *Les Bourgeois de Paris*, scènes comiques, Adolphe Delahays, 1855.
René de Monti de Rezé, *Souvenirs sur le comte de Chambord*, Émile-Paul, 1932.
Abbé Mugnier, *Journal*, Mercure de France, 1995.
Comtesse Jean de Pange, *Comment j'ai vu 1900*, Grasset, 1965.
Marcel Prévost, *Nouvelles lettres à Françoise*, J. Ferenczy, 1932.
G.-L. Pringué, *Trente ans de dîners en ville*, Éditions revue Adam, 1948.
Marcel Proust, *À la recherche du temps perdu*, éd. J.-Y. Tadié, Gallimard, « Bibliothèque de la Pléiade », 1987-1989.
Marcel Proust, *Écrits sur l'art*, éd. J. Picon, GF-Flammarion, 1999.
Louis Reybaud, *Jérôme Paturot à la recherche de la meilleure des républiques*, M. Lévy Frères, 1848.
Jean-Jacques Rousseau, *Discours si le rétablissement des sciences et des arts à contribué à épurer les mœurs*, in *Du contrat social*, Garnier Frères, 1962.
San-Antonio, *Le Standinge selon Bérurier, ou le savoir-vivre de Bérurier*, Fleuve Noir, 1965.
Michel de Saint-Pierre, *Les Aristocrates*, LGF, « Livre de Poche », 1965.
Sem, *La Ronde de nuit*, A. Fayard, « Le livre de demain », 1923.
Misia Sert, *Misia*, Gallimard, 1952.
Stendhal, *Armance, ou quelques scènes d'un salon de Paris en 1827*, GF-Flammarion, 1994.
H. Taine, *Vie et opinions de M. Frédéric-Thomas Graindorge*, Hachette, 1867.
H. Taine, *Sa vie et sa correspondance*, Hachette, 1907.
W. M. Thackeray, *Le Livre des snobs*, Hachette, 1857.
Alexis de Tocqueville, *De la démocratie en Amérique*, in *Œuvres complètes*, Gallimard, 1951.
Frances Trollope, *Domestic Manners of the Americans*, New York, Knopf, 1949, éd. fr., Baudry, 1832.
Mark Twain, *Letters from the Earth*, New York, Harper and Row, 1962.
Mark Twain, *Un pari de milliardaires*, trad. F. de Grail, Mercure de France, 1905.
Paul Vassili, *La Société de Paris*, premier volume, *Le grand monde*, 7e éd., Nouvelle Revue, 1887.

Sources

Comtesse de la Vigne, *Les Usages du demi-monde*, L'édition, 1909.
Charles Virmaître, *Trottoirs et lupanars*, Librairie Jouffroy [s.d.], vers 1894.
Richard Wagner, *Ma vie*, trad. M. Hulot, Buchet-Chastel, 1983.
Wyss, *Le Robinson suisse*, traduit de l'allemand, Lavigne, 1843.

Bibliographie

L. Adler, *La Vie quotidienne dans les maisons closes, 1830-1930*, Hachette, 1990.

B. Anton, *Féminisme et politique en France*, DES Sciences politiques, Paris-II, 1978.

Ph. Ariès, *Essais sur l'histoire de la mort en Occident, du Moyen Âge à nos jours*, Le Seuil, « Points », 1975.

Ph. Ariès, G. Duby, *Histoire de la vie privée*, Le Seuil, 1987.

J.-P. Aron, *Le Mangeur au XIXe siècle*, Denoël-Gonthier, 1976.

M. Albistur, D. Armogathe, *Histoire du féminisme français*, Des femmes, 1977.

F.-A. Aulard, « Le tutoiement pendant la Révolution », *La Révolution française*, t. XXXIV, février 1898.

A. de Baecque, F. Mélonio, *Lumières et Liberté*, Le Seuil, 2004.

J.-P. Bertaud, *Quand les enfants parlaient de gloire, L'armée au cœur de la France de Napoléon*, Aubier, 2006.

J. Bertaut, *Le Faubourg Saint-Germain sous l'Empire et la Restauration*, Tallandier, 1949.

A. Billy, *L'Époque 1900*, Tallandier, 1951.

M. Block, *Dictionnaire politique et social*, Perrin et cie, 1896.

J.-C. Bologne, *Histoire de la pudeur*, O. Orban, 1986.

J. Boulenger, *Les Dandys*, Calmann-Lévy, 1932.

F. Braudel, É. Labrousse, *Histoire économique de la France*, PUF, 1979.

F. Brunot, *Histoire de la langue française*, Armand Colin, 1937, t. IX, 2e partie.

É. Carassus, *Le Mythe du dandy*, Albin Michel, 1971.

R. Carite, *L'Infraction d'injure devant le présidial de Montpellier (1750-1780)*, Mémoire de DEA, Histoire du droit, Montpellier, 1993.

P. Caron, *Paris pendant la Terreur, Rapports des agents secrets du ministre de l'Intérieur*, Librairie Alphonse Picard et fils, t. I, 1910, t. II, 1914.
H. Cassagnabère, « Les communautés virtuelles rattrapées par la société réelle ? », *2050*, n° 1, printemps 2006.
H. Castille, *Armand Carrel*, F. Sartorius, 1857.
G. Castro, *Radioscopie du féminisme américain*, FNSP, 1984.
G. de Chaudenay, *Physiologie du Jockey-Club*, Éditions mondiales, 1958.
A. Corbin, *Le Miasme et la Jonquille*, Flammarion, « Champs », 1986.
A. Corbin, Les Filles de noce,
M. Crapez, *La Gauche réactionnaire*, Berg international, 1997.
S.-C. David, *Phyloxène Boyer*, Ramsay, 1987.
R. Debray, *Supplique aux nouveaux progressistes du XXIe siècle*, Gallimard, 2006.
Y. Deloye, C. Haroche, O. Ihl, *Le Protocole ou la Mise en forme de l'ordre politique*, L'Harmattan, 1996.
O. Denis-Massé, *Golf*, Mango sport, 1999.
Cl. Dulong, La *Vie quotidienne à l'Élysée au temps de Charles de Gaulle*, Hachette, 1974.
R. De Felice, *Le Fascisme, un totalitarisme à l'italienne ?*, FNSP, 1988.
G. Duby, M. Perrot, *Histoire des femmes en Occident*, Plon, 1991.
J. Dupaquier, *Histoire générale de la population mondiale*, Montchrestien, 1968.
N. Élias, *La Société de cour*, Flammarion, 1985.
N. Élias, *La Civilisation des mœurs*, Calmann-Lévy, 1991.
J.-Cl. Farcy, *La Jeunesse rurale dans la France du XIXe siècle*, Éditions Christian, 2004.
A. Franklin, *La Vie privée d'autrefois*, Plon, 1887-1902.
L. Gallois, *Histoire des journaux et des journalistes de la Révolution française*, Bureaux de la Société de l'industrie fraternelle, 1845.
C. Gérent, *Savoir vivre sa sexualité*, J'ai lu, 1992.
C. Grange, *Les Gens du Bottin mondain*, Fayard, 1996.
M.-C. Grassi, « Langages et pratiques du deuil : autour des faire-part et des lettres de consolation, XVIIe-XXe siècle », in A. et C. Montandon, *Savoir-mourir*, L'Harmattan, 1993.
B. Gillet, *Histoire du sport*, PUF, 1965.
J.-P. Gutton, *Bruits et sons dans notre histoire*, PUF, 2000.
M. Gregor-Dellin, *Richard Wagner*, trad. O. Demange, Fayard, 1990.
J.-L. Harouel, *Culture et Contre-cultures*, PUF, « Quadrige », 2e éd., 2002.
Histoire illustrée de six ans de guerre et de révolution, Librairie illustrée [s.d.] (1876).

Les Introducteurs des ambassadeurs, 1585-1900, Félix Alcan, 1901.

J.-N. Jeanneney, *Le Duel, une passion française, 1789-1914*, Le Seuil, 2004.

J.-F. Kasson, *Les Bonnes Manières, savoir-vivre et société aux États-Unis*, Belin, 1993.

R. Kempf, *Mœurs, ethnologie et fiction*, Le Seuil, 1976.

M. Lacroix, *De la politesse, essai sur la littérature du savoir-vivre*, Julliard, 1990.

J. Lamarque, *Le Droit contre le bruit*, LGDJ, 1975.

D. Lejeune, *Histoire du sport, XIXe-XXe siècles*, Éditions Christian, 2001.

B. Lhomond, « L'évolution de la presse féministe », *Économie et Humanisme*, n° 244, 1979.

N. Loux, *Le Protocole dans les collectivités locales, mode d'emploi, usages et pratiques*, Le Moniteur, 2001.

Cl. Marenco, *Manières de table, manières de mœurs, XVIIe-XXe siècle*, Cachan, éditions de l'ENS Cachan, 1992.

A. Martin-Fugier, *La Bourgeoise, Femme au temps de Paul Bourget*, Grasset, 1982.

A. Martin-Fugier, *Les Salons de la IIIe République*, Perrin, 2003.

M.-A. Matard, « L'*Anti-lei :* utopie linguistique ou projet totalitaire », *MEFRM*, t. 100, 1988-2.

É. Mension-Rigau, *Aristocrates et grands bourgeois*, Plon, 1994.

É. Mension-Rigau, *L'Enfance au château*, Rivages, 2006.

A. Montandon, « L'étiquette du deuil dans les traités de savoir-vivre au XIXe siècle », in A. et C. Montandon, *Savoir-mourir*, L'Harmattan, 1993.

A. Montandon, *L'Honnête Homme et le Dandy*, Tubingen, G. Narr, 1993.

A. Montandon (dir.), *Pour une histoire des manuels de savoir-vivre en Europe*, Clermont-Ferrand, Association des publication de la faculté des lettres et sciences humaines, 1994.

A. Montandon, *Bibliographie des traités de savoir-vivre en Europe, du Moyen Âge à nos jours*, Clermont-Ferrand, Association des publications de la faculté des lettres et sciences humaines de Clermont-Ferrand, 1995, 2 vol.

A. Montandon, *Dictionnaire raisonné de la politesse*, Le Seuil, 1995.

A. Montandon, *Civilités extrêmes*, Clermont-Ferrand, Association des publications de la faculté des lettres et sciences humaines de Clermont-Ferrand, 1997.

M. Monestier, *Duels, les combats singuliers des origines à nos jours*, Sand, 1991.

B. Moreau, *Protocole et cérémonial parlementaire*, L'Harmattan, 1998.

G. Mosca, G. Bouthoul, *Histoire des doctrines politiques*, Payot, 1966.

R. Muchembled, *La Société policée, politique et politesse en France du XVI*[e] *au XX*[e] *siècle*, Le Seuil, 1998.
Muyard de Vouglans, *Les Loix criminelles de la France*, Neufchatel, Société typographique, 1781.
M. Nadeau, *Histoire du surréalisme*, Le Seuil, « Points », 1970.
D. Nourrisson, *Histoire sociale du tabac*, Éditions Christian, 1999.
R. Ogier, « Sanctions diffuses », *Revue française de sociologie*, XXXI, 1990.
N. Pellegrin, *Les Vêtements de la liberté*, Aix-en-Provence, Alinéa, 1989.
Ph. Perrot, *Les Dessus et les Dessous de la bourgeoisie, une histoire du vêtement au XIX*[e] *siècle*, Bruxelles, Complexe, 1984.
J. Picon, *Mathilde, Princesse Bonaparte*, Flammarion, 2005.
M. Pinçon, M. Pinçon-Charlot, *Grandes fortunes*, Payot, 1998.
M. Pinçon, M. Pinçon-Charlot, *Dans les beaux quartiers*, Le Seuil, 1989.
M. Pinçon, M. Pinçon-Charlot, *Nouveaux patrons, nouvelles dynasties*, Calmann-Lévy, 1999.
R. N. Proctor, *La Guerre des nazis contre le cancer*, Les Belles Lettres, 2001.
J. Robiquet, *La Vie quotidienne au temps de la Révolution*, Librairie Hachette, 1938.
M. Segalen, « Les derniers charivaris », in J. Le Goff, J.-C. Schmitt, *Le Charivari*, Mouton, 1981.
A. Soboul, *Les Sans-Culottes parisiens en l'an II. Mouvement populaire et gouvernement révolutionnaire, 2 juin 1793-9 Thermidor an II*, Clavreuil, 1958.
A. Soboul, *Les Sans-Culottes*, Le Seuil, « Points », 1979.
G. Simon, *Puissance sportive et ordre juridique étatique*, LGDJ, 1990.
D.-J. Sohier, *Internet*, Québec, Les éditions logiques, 2000.
R. Soucy, *Le Fascisme français*, 1924-1933, PUF, 1989.
A. Teyssier, *Les Enfants de Louis-Philippe et la France*, Pygmalion, 2006.
A. Tolédano, *La Vie de famille sous la Restauration et la Monarchie de Juillet*, Albin Michel, 1943.
J. Vogels, *Bedside Manners : Sex Etiquette Made Easy*, HarperCollins Canada, 2004.
A. Weill, *De la notion d'injure grave en matière de divorce et de séparation de corps*, Giard et Brière, 1906.
Ph. Wolff, *Vous, une histoire internationale du vouvoiement*, Toulouse, Signes du monde, 1993.
S. Zimmermann, « Pioneering Research into Smoking and Health in Nazi Germany », *International Journal of Epidemiology*, 2001, n° 30.

Index

Adolescent, 8, 366-370.
Adresse, 143, 156, 163-164, 217, 335-336, 371, 477.
Alcool, 119, 282, 424, 432, 433, 460, 461.
Américanomanie, 56. Voir aussi *États-Unis.*
Américanisation, 312. Voir aussi *États-Unis.*
ANF, voir *Association d'entraide de la noblesse française.*
Angleterre, 23, 56, 67-68, 83, 84, 85, 86, 171, 192, 356, 377, 431.
Anglomanie, 13, 68. Voir aussi *Angleterre.*
Anneau, 136, 140.
Anniversaire, 118, 120.
Antipolitesse, 13, 20-22, 27-44, 48, 49, 51-54, 57, 60, 321-323, 351-352, 357, 405, 411.
Argot, 58, 290, 312, 378, 396.
Aristocratie, 68, 76, 105, 145, 153, 183, 285-295, 304, 316, 327, 340, 342, 384-401.
Armée, 31, 39, 49, 95, 322, 383, 385, 406, 452.
Association d'entraide de la noblesse française (ANF), 385, 386, 391, 393, 400.
Automobile, 344-345, 460-464.
Automobile club, 388, 389.
Avant-garde, 325-328.

Baisemain, 204-208, 209, 360, 368, 379, 398-399, 400.
Baiser, 10, 37, 38, 109, 120, 136, 137, 138, 203, 205, 207, 208, 233, 341, 377, 399.
Bal, 53, 72, 74-75, 78, 80, 82, 124, 129, 133, 137, 148, 156, 179, 180-182, 218, 270, 282, 340, 381.
Baptême, 129, 130-133, 314, 315, 471.
Bas du pavé, 126.
BCBG, 379, 387.
Bijoux, 79, 80-81, 119, 136, 140, 147, 362, 488.
Bise, 368, 400.
Bottin mondain, 385-386, 393, 399.
Bouquet, 132, 135, 139.
Bras gauche, bras droit, 93-94, 139-141, 176.
Briquet, 428, 429, 430.
Bruit, 172, 174, 241, 280, 302, 345, 436-446.
Brutalité, 56, 297, 400.

Cadeaux de noces, 136-137.
Café, 31-32, 261, 271, 331.
Carte de visite, 130, 156, 158, 163-167, 180, 222, 226-227, 252, 264, 266, 335-336, 372, 414-415.
Carte postale, 220, 312, 471.
Célibataire, 163, 414.
Cercle, 53, 191, 192, 199, 335, 387, 388-390, 400.
Cercle du bois de Boulogne, 390.
Cercle interallié, 387, 388.
Chapeau, 72, 80, 81-82, 84, 87, 89, 96, 147, 161-162, 187, 265, 303, 334, 371-372.
Charivari, 241-242, 247-248, 269-270, 271.
Charretier, 172, 344.
Chasse, 186-190, 448.
Chef d'État, 407-408, 412, 414, 419.
Chemise, 43, 120, 187, 324, 359, 375.
Cigare, voir *Tabac*.
Cigarette, voir *Tabac*.
Cigarillo, voir *Tabac*.
« Citoyen », « Citoyenne », 29, 32-34, 36, 48-49, 58.
Civilité puérile, 65, 66, 167, 269, 458, 484.
Civilité républicaine, 24, 38, 41, 43, 50.
Code Pénal, 67, 240, 241-242, 246, 247, 444, 446.
Code Napoléon, 67, 90, 100, 109, 139, 148, 243, 244, 245, 354.
Collégien, 380.
Comité de salut public, 31, 45, 405.
« Comme il faut » (gens), 23-27.
Commune, 37, 58-59, 421.
Communisme, 41, 323, 325.
Concert, 53, 78, 285-286, 301.
Concubin, 371, 488.
Conservatisme, 76, 304, 324, 415, 479.
Corbeille (de baptême, de mariage), 9, 136-137, 370-371.
Corbillard, voir *Obsèques*.
Correspondance, 37, 145, 211-221, 322, 414, 465.
Correspondance officielle, 85, 214, 218.
Cortège nuptial, 87, 139-140, 141, 146.
Cour, 10, 52, 53, 63, 64, 65, 67, 68, 125, 232, 292, 298, 316-317, 406.
Courtisan, 24, 52.
Courtisane, voir *Prostitution*.
Courtoisie au volant, 7, 462.
Couverts, 69, 118, 132, 172, 233, 234-235, 310. Voir aussi *Découper*, *Fromages*.
Cracher, 55, 57, 223, 302.
Cravate, 87-89, 134, 167, 360, 389, 403, 416.

Dandysme, 295-301.
Danse, 53, 74-75, 94, 119, 149, 180-181, 270, 381.
Décence, 42-43, 46, 51, 64, 93, 104. Voir aussi *Réserve*.
Découper, 116, 117-118, 169.
Déjeuner, 78, 114-116, 186, 277.
Demande en mariage, 134-135.
Demi-mondaine, 275. Voir aussi *Prostitution*.
Deuil, 143-150, 218, 315, 336, 361-365.
Deuil des enfants, 150, 315. Voir aussi *Deuil*.

Demi-deuil, 148, 336. Voir aussi *Deuil.*
Diamants, 80, 117, 139, 277.
Dimanche, 40-41, 118, 155, 157, 389, 444, 469.
Dîner de noces, 129, 141-142.
Diplomatie, voir *Protocole diplomatique.*
Discussion politique, 98.
Distinction, distingué, 54, 57, 71, 77, 81, 102, 197, 217, 218, 296, 300, 383, 389, 400, 448.
Divorce, 35-36, 104, 142-143, 243-245, 336, 385.
Domestiques, 120, 121-128, 159-160, 164, 171, 372, 373.
Dot, 135, 136-139, 320, 370.
Duel, 95, 223, 249-267, 339-342.

E-mail, 370, 471.
Église, 72, 74, 82, 139-141, 399, 432.
Égoïsme, 26, 166, 345, 380, 441, 451.
Élégance, élégant, 40, 78, 97, 139, 192, 230, 295, 448.
Épée, 53, 94, 254, 266, 340, 402.
Féodalité, féodal, 28, 29, 205, 217.
Équitation, 276, 446, 448, 451.
Érotisme, 99-100, 446, 478, 479, 483.
Escrime, 100, 254-255, 446, 451.
États-Unis, 54-55, 56, 65, 69, 196, 302-303, 312, 314, 324, 352, 364, 425, 427, 432, 491.
Étiquette, 52-53, 150, 405-406, 292-293.
Excès de politesse, 209, 217.
Exclusion, 223, 232, 233, 236, 238, 259, 300, 342, 388, 390, 403, 429.
Excuses, 95, 145, 175, 180, 209, 225, 241, 342, 404, 469, 474.

Fair-play, 333, 450, 455.
Familiarité, 46, 99, 111-112, 125, 187, 210, 293, 366, 400, 429, 477.
Fascisme, 322-325.
Faubourg Saint-Germain, 10, 68-69, 180.
Fédérations sportives, 449, 455, 456.
Féminisme, 352-359.
Fête patronymique, 118-119, 120.
Filleul, filleule, voir *Baptême.*
Five o'clock, 86, 149.
Flirt, 69, 100, 369.
Football, 447, 448-450, 455.
Formule de politesse, 205, 210, 322, 477.
Fourrures, 79, 136.
Fraternité, 20, 25, 28, 31, 34, 38, 39, 58, 322, 323.
Fromage, 116, 170, 394.
Fumoir, 9, 191-192, 194.
Fumeur, fumeuse, voir *Tabac.*

Galanterie, 19, 50, 91, 93, 99, 274, 282, 312, 325-326, 357.
Gant, 72-77, 140, 335.
Garçonne, 330, 426.
Gauloiserie, 292, 395.
Gentilhomme, 64, 344, 422.
Girondins, 27, 29, 45.
Golf, 447, 451-453, 455.
Gouvernante, 63, 318.
Grade militaire, 144, 163.
Grand deuil, 81, 147-149, 150. Voir aussi *Deuil.*
Grand bourgeois, 158, 225, 260, 317, 383-401.

Grossièreté, 23, 25, 27, 28, 42, 45, 46, 49, 50, 57, 59, 63, 187, 197, 224, 230, 232, 241, 244, 252, 257, 285-286, 292, 293, 295, 311, 337, 343, 345, 357, 395, 477, 478.

Habit noir, 84-87, 167, 199.
Haut du pavé, 94, 275.
Hébertistes, 25, 27-28, 39, 44, 45, 46, 58.
Homosexualité, 487-488.
Honneur, 97, 251-255, 259-261.
Hypocrite, hypocrisie, 13, 21, 26, 37, 144, 257, 333.
Hygiène, voir *Propreté*.

Incivilité, 7-8, 85, 107, 380, 382, 422-457.
Inégalité, 30, 39, 177, 199, 323, 330, 350, 354, 366, 380, 420.
Insolence, 43, 122, 223, 297, 298, 317, 394, 395, 471.
Internet, 399, 402, 418, 458, 465, 466, 475-478.
Invitation, 85-86, 119, 132, 144, 145, 146, 148, 156, 165, 174, 175, 179, 180, 181, 183-188, 218, 222, 388, 392, 413-414, 471, 488.
Invités, 140-141, 146, 159, 175, 176, 179, 181, 184, 189, 376, 387, 388.

Jacobins, jacobinisme, 13, 20, 25, 35, 46, 48-49.
Jaquette, 85, 87, 299, 334, 416.
Jarretière, 129, 280.
Jet-set, 317, 382.
Jeu, 53, 138, 181, 247, 381, 450, 473.
Jockey-Club, 68, 236, 387, 388, 395.
Jour (avoir son), 153-156, 157, 159, 163, 335.

Législation antitabac, 431-436.
Libération sexuelle, 99, 458, 483-486.
Linge, voir *Chemise*, *Nappe*, *Serviette*.
Liste de mariage, 371.

Maison close, 274-285.
Maître, maîtresse de maison, 38, 118, 158, 170, 173, 175-177, 180, 184, 191, 414.
Manteau, 72, 233, 416.
Maquillage, 41-42, 277, 485.
Marraine, voir *Baptême*.
Merci, 110, 127, 484.
Mode, 26, 68, 76-77, 78, 79, 82, 84, 89, 100, 106, 112, 115, 125, 154, 162, 163, 171, 172, 174, 179, 180, 191-197, 192, 204, 205, 206, 208, 216, 220, 227, 254, 276, 286, 289, 290, 293, 302, 334, 335, 337, 367, 371, 379, 380, 398, 426, 447.
Mondialisation, 458-490.
Monseigneur, 33, 292.
« Monsieur », « Madame », 28, 34, 48, 58, 217, 358, 373, 470.
Montagnard, 43, 58.
Moquerie, voir *Ridicule*.
Mufle, muflerie, 228, 241, 344-345, 437, 470, 485.

Nappe, 115, 171, 252, 272, 277.
Nétiquette, 466, 475-478.
Noblesse, voir *Aristocratie*.
Noël, 119-121.
Nom, 103, 163-164, 167, 215, 217, 373, 470, 472.

Nonce, 412.
Nouveau Cercle, 388.
Nouveaux riches, 51.
Nouvel an, 37-38, 119, 120, 121, 133, 156, 415.

Obscénité, 102, 161, 274, 341, 364.
Obsèques, 144-146, 419.
Odeur, 192, 193, 194, 291, 425, 428.
Officier, 105, 254.
Opéra, 301, 303, 304-305.

Papier à lettres, 218, 227, 336, 362.
Pâques, 118, 121.
Parents et enfants, 36, 107-113, 366-367, 400.
Parfum, 41, 81, 90.
Parisien, Parisienne, 10, 39, 59, 74, 75, 86, 157, 188, 190, 232, 275, 282, 298, 395.
Parrain, voir *Baptême*.
Particule, 277, 392, 395.
Parvenu, 80, 117, 310, 387, 391, 392.
Patriotisme, 31, 32, 48, 313, 314, 327.
Paysans, 86, 189, 269-273, 278.
Petit-déjeuner, 117.
Phobie du contact, 172, 173, 203-204.
Pipe, voir *Tabac*.
Pistolet, 254, 257, 260, 261, 266, 267, 340, 342, 354.
Place d'honneur, 93, 109, 171, 177, 412.
Plaisanterie, 43, 288, 395, 477.
Politesse du cœur, 350.
Polo, 399, 447, 451.
Pornographie, 479, 485.
Portable, 389, 466, 473-475.
Pourboire, 184, 369.
Premier ministre, 7, 409, 411, 415.
Prénom, 125, 132, 144, 163, 215, 235, 314, 373, 395, 470.
Préséances, 20, 52, 117, 170, 189, 287, 374, 405, 407, 411, 415.
Présentation, 137, 182, 199, 350, 415.
Présents, cadeaux, 119-121, 133, 136-137, 270, 319, 371.
Prétendant, 30, 134-135, 213.
Prêtre, 132, 140, 246-247.
Promenade, 53, 72, 78, 79, 82, 129, 184, 193, 201, 222, 473.
Propreté, 39, 41, 71, 104, 174, 188, 276, 321, 338, 433, 485.
Prostituée, prostitution, 274-285.
Protocole, 402-421.
Protocole diplomatique, 403-409, 411-412.
Protocole parlementaire, 412-421.
Province, 32-33, 52-53, 75, 76, 120, 129, 176, 236, 269, 335, 363, 370, 396.
Pudeur, voir *Réserve*.

Rallye, 387-388.
Redingote, 84, 85-88 139, 161, 265.
Règles du jeu, 174-179, 300, 390, 450.
Répondeur téléphonique, 466, 472.
Réserve, 97-99.
Respect, 8, 36-37, 95, 108-111, 124-128.
Retardataire, 175.
Réveillon, 118-120.
Révérence, 208, 232, 238, 271, 272, 292, 298, 312, 360.
Ridicule, 226-232.
Rince-bouche, 174.
Rince-doigts, 397.
Robe, 55, 79, 94, 136, 179, 189, 235, 293, 370, 388.

Robe de chambre, 78, 116, 428.

Salle à manger, 117, 175-176, 191, 408, 414.
Salons, 53, 63, 67, 97, 124, 156, 157, 158, 191, 199, 203, 208, 236, 261, 267, 277, 300, 311, 317, 388, 407.
Sans-culottes 25, 28-31, 36, 39, 41, 42, 45, 49, 57, 323.
Scènes de ménage, 103-104.
Séduction, 35, 40, 301, 356, 436.
Sérieux, 42, 43, 69, 229, 261.
Service à la française/à la russe, 168-170, 173-174, 175.
Serviette, 171, 326.
Sexualité, 99-100, 478-490.
Sexisme, 358.
Signature, 136-137, 215, 220, 477.
Smoking, 69, 189, 192, 388.
Sonnerie, 468, 467, 469, 472, 473.
Soufflet, 59, 250, 261, 264, 340, 342, 357, 368.
Souper, 114.
Surprise-partie, 367.
Surréalisme, 325-327.

Tabac, 190-197, 250, 277, 290, 388, 423, 425, 426-436.
Table, 55, 72, 113-118, 125, 167-174, 176-177, 280, 374, 376, 394, 396, 397, 406, 414, 419, 427, 436.
Tapage, 223, 241, 242, 245, 247, 248, 446.
Télégraphe, 219, 220, 312.
Téléphone, 218-220, 393, 465-471.
Télévision, 381.
Témoin (duel), 253-255, 259-266, 341.
Tennis, 276, 399, 447, 448, 451, 453.
Terreur, 27, 53, 354.
Théâtre, 48, 72, 133, 301-305, 340, 369, 399, 473.
Tir aux pigeons, 388.
Titre de noblesse, 202, 407, 420.
Tribunaux, 52, 156, 226, 239, 248-249, 255, 268, 341, 478.
Trousseau, 136-137, 314-315, 370-371.
TSF, 436-437, 440, 441, 445.
Tutoiement, 29-30, 31-32, 33, 45, 46-49, 58, 102-103, 111-112, 277, 283, 292, 337, 352, 368, 380, 400, 477.

Uniforme, 40, 139, 140, 324, 402, 418, 452.
Utopie, 40, 41, 358, 433.

Vaisselle, 171, 172, 176, 272, 376, 429. Voir aussi *Service à la française/à la russe.*
Veste, Veston, 85, 87, 187, 334, 416.
Vœux, 37, 412, 419-420.
Voisin, 170, 176, 194, 232, 301, 302, 310, 391, 396, 429, 435, 436-437, 441, 442, 443, 473, 474, 486.
Voiture à cheval, 79, 109, 110.
Voiture à moteur, voir *Automobile.*
Vouvoiement, 28, 29, 31, 34, 50, 110-111, 323, 352, 358, 380, 400.
Vulgarité, 111, 136, 215, 338, 344, 486.
Voyage, 72, 78, 82, 85, 165, 210-211.
Voyage de noces, 142, 156.

Remerciements

À l'issue de ce livre, qu'il me soit permis de remercier mes chers amis Hélène Fiamma, sans qui ce livre n'aurait jamais été entrepris, Christophe Boutin et Sophie Poirey, sans lesquels il n'aurait jamais été achevé. Et d'exprimer aussi ma gratitude à Jean-Louis et Sigrid Harouel, à Pierre-Édouard de la Coste, pour ses éclaircissements sur la nétiquette, à son père, pour sa pratique décomplexée du baisemain, à M. Claude Odier, qui m'a ouvert les portes de l'ACF, à son fils Arnaud, recordman de la formule de politesse, à Stéphane Giocanti pour sa lecture enthousiaste, à Ibn Assidim pour sa présence d'esprit, et à mon épouse, Anne, pour son courage et son impatience.

Table

Introduction 9

I
LA POLITESSE EN RÉVOLUTION
(1789-1800)

1. Une offensive violente 23
2. Un feu de paille 45

II
L'ÂGE D'OR DE LA POLITESSE BOURGEOISE
(1800-1914)

3. L'étiquette intime 70
4. En famille 105
5. En public 152
6. Châtier l'impolitesse 222
7. Les angles morts du savoir-vivre 268

III
LE TEMPS DES RUPTURES
(1914-1950)

8. La fin du bon vieux temps 309
9. La crise de la politesse 329

IV
L'ÈRE DES INCERTITUDES
(de 1950 à nos jours)

10. Grandeurs et décadence des bonnes manières ? 349
11. Les sanctuaires de la politesse 383
12. Le continent protocole 402
13. Les incivilités devant le gendarme 422
14. Une politesse mondialisée ? 458

Conclusion 491
Sources 527
Bibliographie 539
Index 543
Remerciements 549

Cet ouvrage a été composé
par IGS-CP à L'Isle-d'Espagnac (16)

N° d'édition : L.01EHBNFU0324N001
Dépôt légal : octobre 2006
Achevé d'imprimer en octobre 2006
par Normandie Roto Impression s.a.s.,
61250 Lonrai (France)
N° d'impression : 062627